江山年鉴

JIANGSHAN ALMANAC

2017

中共江山市委 江山市人民政府 主办

江山市档案局（史志办） 编

方志出版社
Publishing House of Local Records

江山市地方志编纂委员会

《江山年鉴》编辑部

编辑说明

一、《江山年鉴》旨在全面、系统地按年度记载江山市政治建设、经济建设、文化建设、社会建设、生态文明建设发展状况，为各级党政机关和社会各界人士及中外投资者了解、研究、建设江山，提供丰富翔实的资料。

二、《江山年鉴（2017）》的编纂，以马克思列宁主义、毛泽东思想、邓小平理论、“三个代表”重要思想、科学发展观、习近平新时代中国特色社会主义思想为指导，坚持辩证唯物主义和历史唯物主义的立场、观点和方法，严格遵循国务院《地方志工作条例》和上级修志部门的有关规定，全面客观记载2017年江山人民在中共江山市委、市人民政府的领导下，建设幸福江山、发展地方经济的新理念、新举措、新变化、新成就和新经验，着力体现时代特征、年度特点，为江山市经济和社会发展服务。

三、《江山年鉴（2017）》，记事时间为2017年1月至12月，个别资料适当延伸。

四、年鉴以文字记述为主，辅以表格和图片，采用分类编辑法编纂。基本结构为栏目（类目）、分目、条目3个层次。3种标题分别以不同的字号和字体表示。分目一般设概况、综合记事、专题条目，简要记述一个行业、事业、单位的总体情况。单项工作条目是年鉴汇集资料信息的基本单位，目名以黑体字加【】引出，以便查阅。

五、年鉴以市机关各部门、乡镇（街道）和驻江单位为基本记述主体，以事物性质分类，同时，在卷首设特载、专辑、大事记和市情概览，卷末设文件选辑、文件选目和附录。全书共设39个栏目。

六、年鉴资料由全市各部门、乡镇（街道）和驻江山的省、市直属单位提供，稿件由各单位指定专人撰写，经编辑部编定，再经市委办、市府办审核后定稿。未署名的插图均由撰稿单位提供。

七、凡涉及江山市国民经济和社会发展全局性的数据，以市统计局编纂的《江山统计年鉴（2017）》为准，其他数据由各供稿单位提供。

《江山年鉴》编辑部

2018年12月

领导调研

8月16日，全国人大环境与资源保护委员会副主任委员夏宝龙（前左二）在江山市调研美丽乡村建设

11月5日，全国政协文史和学习委员会副主任、中国国际茶文化研究会会长周国富（前中）在江山市调研茶产业

2月8日，浙江省委副书记、省长车俊（右二）在江山欧派门业股份有限公司调研

3月28日至29日，浙江省委副书记、政法委书记袁家军（右二）在江山市调研春耕备耕工作

8月29日至30日，浙江省委常委、省纪委书记、省监委主任刘建超（左三）在江山市调研监察体制改革工作

4月10日，浙江省委常委、公安厅长徐加爱（前右二）在江山市调研公安工作

11月22日，浙江省人民政府副省长熊建平（前右二）在江山市调研民政工作

2月14日，浙江省人民政府副省长冯飞（前右二）在江山市调研工业经济和科技创新工作

9月26日至27日，浙江省人民政府副省长孙景淼（前右二）在江山市调研指导全省美丽乡村和农村精神文明建设现场会筹备工作

11月26日，水利部副部长陆桂华（前右二）在江山市调研指导水利工作

10月28日，衢州市委书记陈新（左一）在江山市调研工业经济

6月27日，衢州市委副书记、市长徐文光（中）在沪昆铁路江山港大桥段指挥并参与爆破抢险工作

重要会议

9月11日，召开中共江山市委十四届二次全体（扩大）会议

2月14日至18日，召开江山市第十六届人民代表大会第一次会议

9月12日，召开江山市十六届人民政府第一次全体（扩大）会议

2月13日至17日，召开政协第十届江山市委员会第一次会议

两学一做

10月28日，中国共产党十九大代表、衢州市委书记陈新在江山市宣讲中共十九大精神

11月2日，江山市委书记童炜鑫在双塔街道宣讲中共十九大精神

9月30日，江山市举行烈士公祭暨烈士陵园开园仪式

3月3日，江山市举行深化“两学一做”学习教育暨“96345”党员志愿服务启动仪式

美丽乡村现场会

11月16日，全省美丽乡村和农村精神文明建设现场会在江山市召开。浙江省委书记车俊讲话，省委副书记、省长袁家军主持。陈金彪、周江勇、袁荣祥、孙景淼、成岳冲、陈小平等出席会议。

主席台

现场会会场

11月16日，参会嘉宾考察石门镇清漾村

11月16日，参会嘉宾考察大陈乡大陈村

“最多跑一次”改革

1. 10月21日，江山市委书记童炜鑫（前中）在市行政服务中心调研“最多跑一次”改革

2. 4月，市卫计局局长应维忠在注册窗口坐班力推“最多跑一次”

3. 江山市加快推进乡镇（街道）“四个平台”建设（图为峡口镇“最多跑一次”便民服务中心）

工业振兴

9月11日，江山市召开全市科技创新大会和人才工作会议

12月9日 ，江山市委书记童炜鑫主持召开工业振兴座谈会，征集各层面发展良策

4月7日，浙商银行江山支行开业，并举行政银企战略合作签约仪式

2月10日，江山欧派门业股份有限公司在上交所A股上市

浙江健盛集团江山基地棉袜编织缝头全自动一体机车间投入使用

浙江科润电力设备有限公司，新三板转主板进入上市辅导期（图为浙江科润电力设备有限公司）

浙江天际互感器有限公司入选2017年浙江省「隐形冠军」企业（图为浙江天际互感器有限公司）

2月16日，恒亮蜂产品挂牌新三板（图为恒亮蜂产品展厅一角）

工业龙头培育企业—浙江雷士灯具有限公司

全域旅游

8月25日，江山市召开创建国家全域旅游示范区工作推进会

2月27日，新晋国家AAAAA级景区发放标牌仪式在北京举行，市委副书记、市长舒畅代表市委市政府接受江郎山·廿八都旅游区AAAAA级景区标牌

10月14日，“归江山居”文旅颐养小镇项目在江山市签约

11月10日，江山市全域旅游大数据中心启用

江山市推进「厕所革命」，打造示范性旅游厕所（图为大陈古村田园里旅游公厕）

2017年，江山市新增5个国家AAA级旅游景区

长寿兴墩

魅力永兴

祈福圣地太阳山

桃园洪福

峡风瓷韵

五水共治

1. 江山市荣获2017年度浙江省“五水共治”（河长制）工作优秀县“大禹鼎”
2. 市领导一线督战“剿灭劣V类水”工作
3. 基层党员干部在清理沟渠
4. 党员志愿者开展剿劣活动

1

2

3 4

文体赛事

11月27日，为纪念撤县设市30周年，江山市举行“美丽新时代”江山市文化礼堂·村歌展演

4月15日至18日，中国·江山“江郎山杯”2017年全国男子举重锦标赛暨第十三届全运会预赛在江山市举行

1月1日，“中国体育彩票”2017全国新年登高健身大会江山主会场开幕

9月23日，2017 MaXi-Race China
江山100国际越野跑在江山市举行

3月26日，2017 中国江山 · 江郎山国际徒步大会开赛

11月30日，“江山如此多娇”第二届浙江省微电影颁奖典礼在江山市举行，江山市被授予“浙江微电影战略合作城市”

6月3日，2016—2017年全国啦啦操联赛（江山站）暨中国啦啦之星争霸赛（江山站）在江山市举行

10月28日，2017全国重阳登高健身大会江山分会场在西山健身公园广场举行

7月9日至16日，全国健美操锦标赛在江山市举行

百姓民生

8月20日，锦绣江山外国语学校建成投用

8月20日，城北幼儿园建成投用

7月28日，贺村镇开通镇域小循环公交线路

1. 9月28日，江山市撤销清湖镇建制，设立清湖街道

2. 11月6日，邵逸夫医院与江山市人民医院医联体合作正式签约

3. 12月31日，江山一杭州开通空中医疗救援通道首飞

艺术作品

汪雪涯的作品入选第26届国际摄影“奥赛”

《以色列》

《约旦河洗礼》

徐则文《君子之交淡如水》西砚获文化部第十一届中国（义乌）文化产品交易会工艺美术金奖

日暮数峰青似染

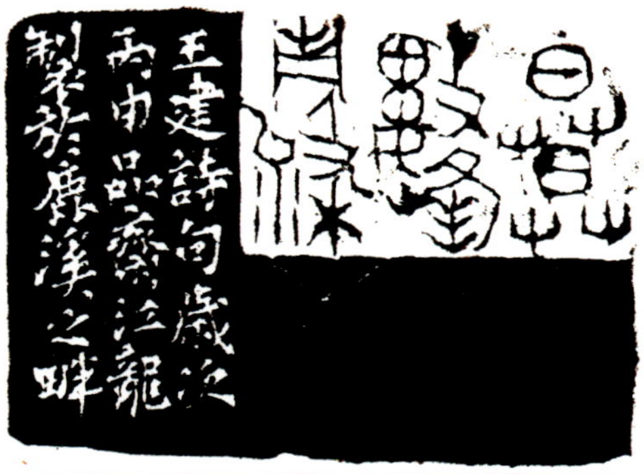

黄江龙的作品入展纪念王国维诞辰140周年——全国古文字书法篆刻大展

陈何军《山环水隐》入选浙江省美协美术作品展

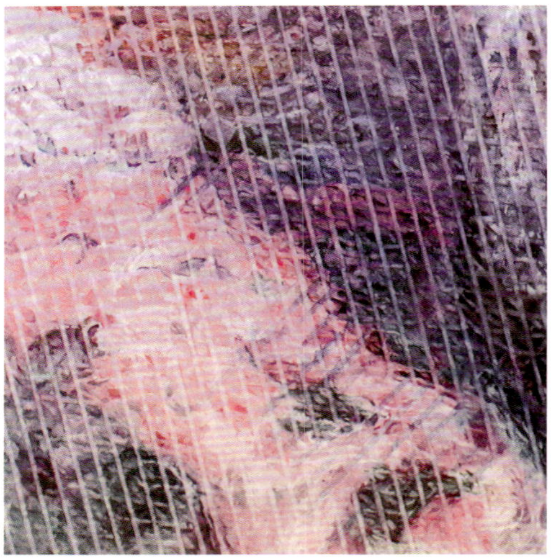

郑荣林《美人溪》入选浙江省美协美术作品展

彩页摄影 沈天法 黄水福 严林忠 姜晨程 姜层层等

目 录

特 载

专 辑

大事记

市情概览

中共江山市委员会

江山市人民代表大会

江山市人民政府

政协江山市委员会

民主党派

社会团体

军　事

法　治

公共管理

工　业

商务经济

商　贸

招商引资

农　业

林　业

水利　电力

交通运输

城乡建设

信息产业

国土资源

生态环境

经济管理

财政税务

金　融

教育 体育

科　技

卫生　计生

公共文化

旅　游

乡镇街道

人 物

艺 文

文件选辑

文件选目

附 录

Contents

Standing Committee of Jiangshan City People's Congress

Jiangshan People's Government

Jiangshan Committee of the CPPC

Democratic Parties

Social Organizations

Military

Political-Legal Departments

Public Administration

Industries

Business Economics

Business and Trade

Investment Promotion

Agriculture

Forestry

Hydraulic and Electrical Engineering

Transportation

Rural and Urban Construction

Information Industry

Land Resources

Ecological Environment

Economic Management

Finance and Taxation

Bank and Insurance Services

Technology

Health and Family Planning

Public Culture

Tourism

Village and Street

Figures

Art and Works

Collection of Important Files

Contents of Files

Appendixes

特 载

建设江山“大花园” 增创发展新优势

——在市委十四届二次全体（扩大）会议上的报告

童炜鑫

（2017年9月11日）

市委书记 童炜鑫

今天会议的主要任务是，深入学习贯彻习近平总书记系列重要讲话精神和治国理政新理念新思想新战略，认真学习习近平总书记“7·26”重要讲话精神，贯彻落实省第十四次党代会、衢州市委七届二次全会重要决策，研究部署江山“大花园”建设任务，努力在实现“两个高水平”征程中增创发展新优势，以优异成绩迎接中共十九大胜利召开。

下面，我代表市委常委会向全会作报告。

一、认真学习贯彻“7·26”重要讲话精神，续写好“八八战略”江山实践新篇章

7月26日，习近平总书记在省部级主要领导干部专题研讨班上发表重要讲话。习总书记的重要讲话，科学分析了当前国际国内形势，深刻阐述了五年来党和国家事业发生的历史性变革，深刻阐述了新的历史条件下坚持和发展中国特色社会主义的一系列重大理论和实践问题，深刻阐明了未来一个时期党和国家事业发展的大政方针和行动纲领，提出了一系列新的重要思想、重要观点、重大判断、重大举措，具有很强的思想性、战略性、前瞻性、指导性，为中共十九大胜利召开奠定了重要的政治基础、思想基础和理论基础。习总书记的重要讲话，通篇闪耀着马克思主义思想光辉，具有重大的政治意义、理论意义和实践意义。

我们要把学习贯彻习总书记“7·26”重要讲话精神作为当前的首要政治任务，与贯彻落实省第十四次党代会、衢州市委七届二次全会精神结合起来，与学习借鉴嘉善经验结合起来，与全面落实市第十四次党代会精神结合起来，切实把思想和行动统一到习总书记重要讲话精神上来，把智慧和力量凝聚到落实中央、省、市的决策部署上来。

1. 要充分认识到，“八八战略”是引领浙江发展，推进各项工作的总纲领总方略，必须长期坚持、长期遵循。“八八战略”是习近平同志在浙江工作期间，在深入调研基础上，围绕如何发挥优势、补齐短板，形成的引领浙江发展、推进各项工作的总纲领总方略。站在新的历史起点上，省委明确提出，要坚定不移沿着“八八战略”指引的路子走下去，充分体现了省委旗帜鲜明讲政治的责任担当，一张蓝图绘到底的战略定力，唱响实干最强音的扎实作风。我们要深刻认识到，“八八战略”与习总书记系列重要讲话精神和治国理政新理念新思想新战略，在精神要旨上是契合的、内在逻辑上是相通的、具体要求上是一贯的。这些年，江山各项事业取得的成就，归根到底靠的是持续深入实施“八八战略”；未来五年，江山要决胜全面小康，打造活力城市，深化幸福江山建设，仍然必须坚持“八八战略”的指引。我们要继续发扬钉钉子精神，坚定不移地把“八八战略”江山实践这篇大文章续写下去，做到一任接着一任干、一以贯之抓落实，既保持工作的连续性和稳定性，又根据新的形势和任务拿出新招数、推出新举措，使“八八战略”在江山的实践更显生机。

2. 要深刻领会省党代会确立的“两个高水平”“六个浙江”“四个强省”是新形势下的新使命，必须不懈努力、不懈奋斗。省第十四次党代会报告提出，确保到2020年高水平全面建成小康社会，并在此基础上，高水平推进社会主义现代化建设。实现“两个高水平”，具体目标是建设富强浙江、法治浙江、文化浙江、平安浙江、美丽浙江、清廉浙江，工作导向是改革强省、创新强省、开放强省、人才强省。我们要积极响应号召，准确把握省委提出的目标任务和工作导向，对存在的问题要“对号入座”，对具体的任务要“对标分解”，对重点的举措要“对照细化”，以实打实的行动，推动省委决策部署在江山落地生根、开花结果。

3. 要认真对照“四个更有作为”、建设“特、富、美、安”新县域的新要求，切实强化担当、强化落实。省第十四次党代会期间，省委车俊书记在参加衢州代表团审议时，要求衢州在绿色发展上更有作为、在深化改革扩大开放上更有作为、在转型升级上更有作为、在共建共享上更有作为；8月2日，省委车俊书记又在嘉善县域科学发展示范点建设现场会上，要求各县（市、区）全力做好“特、富、美、安”四篇文章，着力推动县域发展水平和治理能力再上新台阶。我们一定要认真对照新要求，在历届市委、市政府努力奋斗的基础上，以永无止境的追求、要谋新篇的担当，始终坚持绿色发展主基调、转型升级主路径、改革开放主动力、共建共享主目标，一项一项任务抓落实，一步一个脚印抓推进，以更有作为的担当和成效，推动江山发展再上新台阶。

4. 要紧紧抓住建设“大花园”的重大机遇，加快绿色发展、补齐最大短板、增创发展优势，切实统一思想、统一行动。今年5月省委副书记、省长袁家军在衢州调研时，提出要把衢州建设成为全省乃至长三角地区最美的“大花园”。6月，省第十四次党代会，省委从谋划全省大局出发，提出了“大湾区、大通道、大花园”的发展规划布局，并明确指出要实施“大花园”建设行动纲要，支持衢州等生态功能区加快实现绿色崛起，把生态经济培育成为发展的新引擎。我们要充分认识到，建设“大花园”，是省委基于对全省发展实际和区域特色的科学研判，统筹谋划衢州地区在全省发展战略格局中的定位，审时度势作出的决策部署。这为我们深入践行“八八战略”、全面贯彻“两山”理论指明了新路子，更为我们加快绿色发展、实现绿色崛起创造了新机遇。全市上下一定要牢牢抓住这一重大历史机遇，在思想上强化认识，在行动上抓紧落实，主动融进去，争当排头兵，全力打造“大花园”建设的江山样本，以实实在在的工作业绩向省委、衢州市委交出满意答卷。

同时，我们也要充分认识到，建设“大花园”，既是发展导向，更是民心所向，饱含着对更高能级、更高水平发展的新要求，承载着人民对更加美好生活的新期待，与建设更高层次的幸福江山指向一致、目标一致。今年以来，新一届市委、市政府紧紧围绕年初市第十四次党代会提出的“决胜全面小康、打造活力城市、深化幸福江山建设”目标，深入开展项目攻坚年、效率提升年“两年”活动，经济社会发展实现了“半年红”。一是经济发展稳中向好。上半年，7项主要经济指标6项超额完成预定任务，在衢州市主要经济指标二季度排名中位列第三。特别是工业方面，高规格召开全市工业大会和企业挂牌上市推进会，打出一套以“育强扶优、绩效倒逼”为基本招法的工业转型组合拳，启动实施企业挂牌上市三年行动计划，推动工业经济稳步增长，实现规上工业产值158.7亿元，增长12.2%，江山欧派成功登陆A股市场，全市A股上市企业增至3家，占衢州市一半。旅游方面，江郎山·廿八都景区成功摘取国家5A级景区，国家全域旅游示范区创建进入冲刺阶段，旅游发展呈现新一轮良好势头，景区接待游客、门票收入大幅增加。同时，现代服务业、现代高效农业加快发展。二是项目建设强势推进。上半年完成固定资产投资100.4亿元，增长15.6%，增速位列衢州第一，62个省、市集中开工项目60个已开工；杭衢高铁江山接线、义金衢上高速、江玉公路等重大基础设施项目推进取得重要突破，衢州—江山沿江公路等多个PPP项目开工建设；征迁大会战取得阶段性胜利，部署的60个项目，35个实现“清零”，发展空间进一步打开。三是城乡建设步伐加快。“五四三”环境攻坚整治持续推进，剿劣提前半年完成全年任务，成功创建省基本无违建市，“四边三化”工作连续在衢州排名居首，农村危旧房改造和地质灾害隐患防治工作有序开展，城乡生态环境不断改善。成功荣膺国家卫生城市，谋划启动城区主要乡镇（街道）区划调整，锦绣江山外国语学校建成启用，城北医学康复中心、城北休闲旅游综合体等城市功能设施项目加快建设，“一江两带”、城市绿道等一批城市景观项目稳步实施，美丽江城彰显新面貌。小城镇综合整治扎实推进，集镇全域旅游重要节点和美丽乡村“会客厅”形态进一步展现。全省美丽乡村建设现场会筹备工作有序推进，59个整治建设项目基本完工，带动全市面上美丽乡村建设实现大变样。四是发展环境持续优化。全民创业创新不断深化，全社会发展活力进一步激发，上半年全市新增各类企业和个体工商户2693户，同比增长15%。改革步伐不断加快，“最多跑一次”改革、“四个平台”建设走在全省前列，公布“最多跑一次”事项764项，下放审批权限95项，率先在全省开展的“百名局长驻窗口”活动，得到省委车俊书记两次批示肯定。五是社会大局和谐稳定。民生实事扎实推进，“学在江山”品牌进一步打响，高考成绩取得历史性突破，一段上线人数达到601人。城乡医疗卫生服务体系更趋完善，全市文化、体育等各项事业蓬勃发展。信访稳定工作扎实有效，平安法治工作稳步推进，安全生产“一岗双责”全面落实，全市未发生较大及以上安全生产责任事故，圆满完成沪昆铁路江山大桥抢险救援任务。六是管党治党不断强化。“三严三实”专题教育、“两学一做”学习教育常态化、制度化推进；坚持正确用人导向，全市领导班子和干部队伍建设进一步优化，圆满完成村社组织换届选举工作，“江山铁军”凝聚力、执行力、战斗力明显增强；党风廉政建设持续深化，党内政治生活更加规范，巡察工作扎实开展，风清气正的政治生态进一步形成。

在看到成绩的同时，我们也要清醒认识到，我市经济社会发展仍面临着诸多矛盾和困难，如工业结构偏重、龙头企业带动不强、战略性新兴产业培育不快；旅游资源丰富但分布较散、业态单一，产业融合度不高；城市功能较弱、能级偏低，特别是城市经济发展相对滞后，集聚辐射能力不足等问题，需要我们在以后工作中高度重视，加以解决。全市上下要倍加珍惜时代发展机遇，切准高铁时代、互联网时代、消费升级时代的脉搏，坚定信心、保持定力，切实维护好当前的好势头、好氛围，继续沿着既定的目标任务，坚持“两轮驱动”发展战略不动摇，突出主攻工业经济，大力发展旅游经济，提升发展城市经济，在建设“大花园”的新征程中，增创江山发展新优势。

二、牢牢对标“四个更有作为”新要求，切实把握江山“大花园”建设的目标路径

江山市貌

建设江山“大花园”，根本是要沿着“八八战略”指引的路子，深刻领会“特、富、美、安”县域科学发展新思想，对标“四个更有作为”新要求，准确把握“大花园”的深刻内涵，紧密结合现阶段江山发展实际，找准切入点、抓住关键点、明晰突破点。

首先，要把握江山“大花园”的丰富内涵。省“大花园”建设行动大纲（初稿）指出，建设“大花园”，要充分体现自然山水与人类文明的有机融合，把生态环境作为根本、绿色产业作为核心、重大平台作为支撑、现代交通作为关键、重要改革作为动力，把生态经济培育成为发展的新引擎，着力打造长三角、华东地区乃至全国的生态高地、生态旅游目的地、生态产业集聚地、生态文化样板地，为“两个高水平”建设作出贡献。衢州市委七届二次全会结合全市实际，明确指出，建设“大花园”，要坚守蓝天白云、绿水青山的底色和底线，以富民惠民为根本目的，以“国家公园+美丽城市+美丽乡村+美丽田园”为空间形态，以绿色发展、绿色能源、绿色消费为主要方向，以生产空间集约高效、生活空间宜居适度、生态空间山清水秀为基本要求，不断提升生态保护、修复、治理能力，加快把生态资源转化为发展动能，把生态优势转化为发展优势，使绿水青山源源不断地变为金山银山。建设江山“大花园”，我们必须充分领会省委、衢州市委的决策意图，坚持以优化县域发展空间布局为引领，以提升环境质量、增加美丽颜值为基础，以提升绿色发展水平、增强综合实力为核心，以增进民生福祉、创造美好生活为根本，着力形成物质文明、精神文明、生态文明相统一的发展局面。

其次，要确立江山“大花园”的建设目标。全面把握江山“大花园”建设内涵，突出以加快发展、科学发展为主线，力争通过3—5年努力，全力建设实力支撑、美丽著称、活力开放、人民幸福的江山“大花园”。

——基本完成工业转型任务，初步建立起较为完善的现代工业体系，“三大百亿”主导培育产业产值占工业总产值60%以上，科技创新能力、平台承载能力明显增强，经济发展继续“领跑衢州”，打造实力“大花园”。

——全域旅游发展达到较高水平，旅游业成为国民经济支柱产业，美丽乡村建设成为“全国标杆”，生态环境质量持续提升并实现长效管理，“两山”转化通道进一步拓宽，绿色产业体系基本形成，打造美丽“大花园”。

——对外开放水平进一步提高，城市能级、辐射带动能力明显增强，外来人口特别是引进人才明显增多，重点领域和关键环节改革落地见效，实现办事效率更高、服务环境更优、创业氛围更浓，打造活力“大花园”。

——社会事业全面进步，城乡居民收入保持较快增长，民生保障更加有力，平安建设水平更高，人民群众的获得感和幸福感持续提升，打造幸福“大花园”。

第三，要明晰江山“大花园”的建设路径。立足“四个大花园”的目标要求，牢牢把握加快工业转型、发展全域旅游、深化改革开放、增进民生福祉“四条路径”，全力以赴落实好江山“大花园”建设各项任务。

1. 突出加快工业转型这一主攻方向，建设实力“大花园”。经济强、产业兴是“大花园”的核心要素。工业是江山经济发展的命脉、产业发展的核心支撑、财政税收的主要来源。要围绕打造“升级版”工业强市目标，以转型升级为主线，深入实施创新驱动战略，加快提高工业发展能级，全面夯实江山“大花园”的实力基础。要致力营造合力兴工浓厚氛围，全市上下必须牢固树立“工业强市第一战略、工业经济第一经济”的理念，强化“一把手抓、一把手管”的思想，多为企业雪中送炭，切实帮助企业解决实际问题，真正当好江山工业发展的“店小二”“服务员”，以实际行动提振企业家发展信心。要致力做大做强主导产业和领军企业，认真落实扶优扶强、梯次培育政策，引导更多发展要素和优势资源倾斜集中，切实抓好个转企、小升规、规改股、股上市企业培育工作，加快构建具有较强支撑力和竞争力的现代工业体系。要致力提升平台建设水平，按照“产城融合”的要求，进一步放宽眼界、放大格局，全面优化工业平台布局和功能配套，提升平台承载能力。要致力增强创新驱动能力，进一步建好创新平台，引培创新人才，完善创新机制，着力形成以创新为引领和支撑的工业发展模式。

2. 突出发展全域旅游这一重要抓手，建设美丽“大花园”。生态优、环境美是“大花园”的直观表现。江山旅游资源丰富、生态基础扎实、城乡发展均衡，要牢牢抓住这一有利条件和独特优势，以创建国家全域旅游示范区为契机，努力续写好“后5A时代”旅游发展新篇章，全面提升江山“大花园”的美丽品质。要围绕核心景区主阵地，做实做深做细项目前期，落实好江郎山集聚区、“最江南”绿色休闲试验区、廿八都古镇等重大旅游发展平台的空间、土地、资金等要素保障；突出以运动休闲、养老保健、研学疗养等为方向，紧盯华侨城、开元、物产中大等一批大企业大集团，切实引进一批个性突出、知名度高、带动力强的大项目、好项目，破解当前景区项目偏少、业态单一、休闲功能缺失等突出瓶颈。要紧抓中心城区主窗口，围绕“主攻城南新城、繁荣城北新城、更新中心老城、同步推进城东新城” 的城市发展总体格局，持续深化美丽江城建设。在此基础上，加快启动城北综合交通枢纽、文化艺术中心二期、体育馆、档案馆等一批城市功能项目建设，大力发展酒店宾馆、休闲购物、特色街区、文化创意、商务会展等城市经济。特别是要突出游客需求导向，加快开发城市夜景，培育“夜间经济”，推出一批适合游客、市民出行及消费习惯的夜间旅游项目和地标型夜市，拓展城市深度游、过夜游。要立足美丽乡村主战场，以承办全省美丽乡村建设现场会为契机，紧抓全省推进万村景区化建设重大机遇，持续巩固和扩大“五四三”行动和小城镇综合整治战果，积极开展森林镇村、美丽田园、美丽庭院等创建活动，推进“一村万树”行动，加快美丽乡村建设由点及线、连线成片。大力发展现代生态观光农业，抓紧实施一批田园综合体项目；扎实推进凤林光谷、民国保安、秀美耕读等一批特色小镇建设，拓展开发“旅游+文化”“旅游+农业”“旅游+养生”等新型业态，加快“美丽资源”向“美丽经济”转变。

3. 突出深化改革开放这一关键环节，建设活力“大花园”。活力足、开放度高是“大花园”的本质要求。江山要实现加快发展、科学发展，光靠内生动力远远不够，必须深化“开放江山”建设，以更高的站位、更宽的视野、更大的格局，主动对接“大湾区”，融入“大通道”，不断提升开放水平，全力加快改革步伐，为江山“大花园”建设激发强大活力。要大力实施开放带动战略，进一步打开思维格局和时空格局，一方面紧抓四省边际国家东部生态文明旅游区规划、全省打造山海协作升级版、衢州成为国家绿色金融改革创新实验区等一系列重大机遇，主动融入区域重大战略合作和杭衢市域合作体系，加快搭建多层次对外开放平台，努力在产业转移、园区建设、科技平台和金融服务等方面实现合作共建；另一方面要以构建综合交通网络为突破口，切实抓好杭衢高铁江山接线和义金衢上高速等重大交通基础设施项目前期，全力谋划做好黄山至江山至武夷山高铁、江山港航道、通用航空机场以及通景公路、姜家公路等项目建设，加快形成高铁、高速两纵两横，水陆空齐备的对外开放大格局。要把改革放在更加突出的位置，立足效率提升这个关键，紧紧抓牢“最多跑一次”改革这个全面深化改革的牛鼻子，勇于向经济、社会、民生等各领域具体矛盾、突出问题开刀，特别是在国资体制、投融资机制等重点领域，要进一步探索实践，做实旅发和水务两大集团，加快破除束缚发展的“条条框框”“坛坛罐罐”，确保改革工作继续走在全省前列，切实营造更加优越的内部发展环境。

4. 突出增进民生福祉这一根本目的，建设幸福“大花园”。百姓安、社会稳是“大花园”的最终指向。要始终坚持以人民为中心的发展理念，持续关注民生、改善民生，让全市人民共享江山“大花园”建设福利。要切实强化民生保障，进一步压缩“三公”经费支出，挤出更多财力投向民生事业，引导和鼓励社会资本参与发展民生事业，着力办好安置保障房、危旧房改造等民生实事；大力构筑扩大就业、促进增收的保障网络，以创业带动就业，加大精准扶贫力度，推动城乡居民普遍持续增收；深入推进大社保体系建设，健全社会救助、社会福利、社会慈善等政策，让改革发展成果惠及全市人民。要繁荣发展社会事业，围绕省教育现代化市创建目标，全面深化教育综合改革，持续加大教育投入，超前布局教育项目，加快补齐教育短板，推进教育事业朝着优质、均衡、特色的方向发展，进一步打响“学在江山”品牌。围绕“健康江山”建设，持续深化医药卫生体制改革，加强医疗卫生基础设施建设，优化城区医疗资源布局，适时启动中医院搬迁，推动优质医疗资源“双下沉、两提升”，加快完善医疗卫生服务体系。深入实施文化强市战略，牢牢把握正确舆论导向，积极传承弘扬优秀民俗、乡风乡愁、家风家训等特色文化，引导群众自觉参与社会治理，增强江山“大花园”建设的主人翁意识。要维护社会平安稳定，进一步织密安保防控网络，加强民主法治建设，压实各级平安责任，严厉打击各类违法犯罪行为，严格落实安全生产责任，深化隐患排查治理，努力营造和谐稳定的社会氛围。当前，特别要执行最严格的工作标准，落实最细化的工作举措，实施最严密的监管，使出非常之力，确保平安护航十九大。

三、强化工业经济龙头地位，为江山“大花园”建设提供强大支撑

江山“大花园”建设作为一项系统工程，涉及方方面面，就现阶段而言，我们最根本的任务是要提升经济实力。江山“大花园”的实力支撑和关键，就是工业经济。全市上下一定要把打造实力“大花园”作为江山“大花园”建设最鲜明的特点和最核心的任务，唱响工业强市主旋律，切实强化工业经济龙头地位，着力做强大产业、培育大企业、建设大平台、实施大创新，努力为江山在全省“大花园”建设比拼中站稳脚跟，实现争先进位。

1. 聚焦重点，做强大产业。要落实更加精准的产业政策。正确处理好普惠和特惠的关系，结合重点产业发展需要，引导更多优势资源要素，向输配电、门业、大健康等“三大百亿产业”和化工新材料、电光新能源、消防器材、纺织服装等“四个50亿产业”倾斜，切实提升主导产业竞争力。进一步健全完善市领导、部门挂联产业工作机制，着力做大产业基金，深入实施木门、输配电等重点产业整治提升行动，不断健全产业发展创新、技术等服务体系，助力产业优化升级。要全面提升产业发展能级。加快推进输配电产业向智能化、成套化及高等级、大容量方向发展，木门产业向中高档实木烤漆门、新型阻燃防火门、智能防盗门及家居一体化等高端领域迈进，大健康产业加快形成以食品饮品、新型功能性保健产品及智能医疗器械等多层次的产品体系，全力将我市打造成为省级输配电高端装备制造基地、全国知名中高端门业制造基地和省级健康产业重点基地。要抓实强链补链打造产业集群。把握产业集聚集群发展的内在规律，处理好“大”与“小”的关系，积极开展产业招商、平台招商，鼓励龙头企业引进协作配套项目、扩散加工环节，支持本地中小企业进入龙头企业生产体系，着力拓宽、延伸主导产业链，构建龙头引领、专业分工、集群发展的产业组织体系。充分利用好“江山人经济”的资源优势，借助商会平台，创新政策扶持，积极做好“江商回归”文章，大力推进江商总部回归、资本回归。落实更加务实的招商引资、引税、引技政策，着力扩大工业有效投资，努力以增量提升促进产业结构调整。同时，要深入推进供给侧结构性改革，支持传统产业、水泥企业跨界转型升级，大力发展高新技术产业和战略性新兴产业，积极开展省级军民融合创新示范区创建。要深化工业布局调整，重启江化关停搬迁工作，确保于2020年12月31日前完成，进一步实现产业结构优化。

2. 聚集要素，培育大企业。要全力加快企业兼并重组。充分发挥并购基金作用，鼓励支持欧派、健盛等一批企业通过兼并、收购、联合、参股等多种形式，开展跨地区、跨行业和跨所有制兼并重组及投资合作，加快推动领军企业规模化、集约化发展，着力打造若干个“航母”企业。优化企业兼并重组相关审批流程，完善产业规划和政策措施，切实为企业开辟“绿色通道”。要大力引导企业股改上市。将企业上市作为推动经济转型升级的重要抓手，建立健全“培育目标化、激励细分化、辅导专业化、协调一体化、推动常态化”的工作机制，加快形成资本市场的“江山板块”。通过“储备一批、培育一批、上市一批”的思路，进一步完善股改政策，优化上市政策配套和资金扶持，做好上市服务工作。积极引进一批优质券商、风投机构、基金公司，搭建企业进入资本市场的平台，推动投资合作、股权并购。要着力培育名企名品名家。深入实施“名牌战略”，支持企业参与国家及行业标准制定，树立品牌经营意识，加强品牌建设及渠道维护，提升品牌运作水平，力争推出一批“江山制造”重点培育品牌。高度重视企业家队伍建设，继续加强与清华大学、浙江大学等国内顶尖高校对接合作，开展“私人定制”培训，常态化组织企业家学习发达地区发展理念、先进做法和成功经验，为企业家再教育、再提升搭建多层次平台。同时，要高度重视中小企业发展，加大科技型、成长型企业培育力度，深入实施小微企业成长计划，着力形成数量众多的“专、精、特、新”中小企业发展群落。

3. 聚力提升，建设大平台。要优化平台布局。突出以江山经济开发区为工业发展主阵地，按照“组团连片、滚动开发”的原则，依托莲华山快速通道和江贺经济走廊两条大动脉，加快整合园区间隔地带，推动开发区与中心城区、城南新城、贺村小城市联通连片、一体化发展，全力打造浙西南（县域）工业第一平台。进一步明确开发区各园区的功能定位，制定项目入园标准，引导项目科学布局，促进产业梯度化布局、互补型发展。编制和完善乡镇工业功能区发展空间规划，支持乡镇小微企业创业基地建设，切实为中小微企业发展谋出路。要强化平台功能。按照生产、生活、生态“三生融合”的要求和“缺什么、补什么”的原则，进一步健全和创新开发区管理体制机制，加快完善平台市政基础设施、公共服务设施，切实强化生产性、生活性服务业配套，全力打造产城融合平台。深化“最多跑一次”改革向平台延伸，全力落实好人才、科技、金融等要素支撑，持续优化政策、服务环境，全面增强平台的承载能力。要推进平台集约发展。按照土地节约集约利用原则，实行投资规模确定供地量，建立闲置用地倒逼机制，加大“僵尸企业”处置力度，加快实施园区“腾笼换鸟”，着力提高平台土地的利用率、产出率。紧抓园区循环化改造契机，深入实施资源要素市场化配置和企业分类管理，突出抓好一批循环经济试点项目、一批节能降耗项目、一批资源综合利用项目、一批清洁生产审核项目，加快淘汰落后产能，深化园区生态化改造，全面提升工业平台建设档次。

4. 聚神转型，实施大创新。要建好创新平台。加快完善科创园、工业设计基地等产业创新综合服务平台，着力引进和集聚一批针对我市重点产业发展的科研机构、检测检验、科技服务企业，全面提升创新平台的支撑和引领能力。切实发挥企业创新主体作用，激发企业研发积极性，加快推进“两化”深度融合，深入实施“机器换人”、打造“智能制造”；支持企业加强与科研院所、名校“结亲联姻”，加快建立企业研发中心、工程技术中心、院士工作站等科研机构，主动加快创新转型。要引培创新人才。围绕打造三省边际人才高地目标，深化人才体制机制改革，深入实施“筑梦江山”创业扶持、“智汇江山”人才引进、“成才江山”人才培育和“聚力江山”平台建设等四大行动计划，积极探索“人才飞地”等创新模式，切实引进和培养一批带资金、带项目的领军人才（团队）和各种专业实用人才、工匠人才。落实“乐业江山”人才保障机制，切实解决好人才住房保障、子女入学、安家落户等具体问题，全面提升我市聚才引才的吸引力。要完善创新机制。进一步健全政府科技资金投入机制，完善科技创新券制度，不断扩大科技金融覆盖面和受惠面，着力引导全社会加大科技创新的投入力度。完善科技创新保护机制，深入实施知识产权战略，积极推进“诚信江山”建设，严厉打击假冒伪劣、非法融资行为，着力营造健康和谐的市场环境。

四、大力弘扬红船精神，以实干苦干保障江

山“大花园”建设落到实处

加快江山“大花园”建设，唯有真抓实干、埋头苦干，没有任何捷径可走。全市上下要大力弘扬红船精神，唱响实干的最强音，把全部心思凝聚到干事上，把全部精力集中到工作上，把全部本领施展到落实上，一步一个脚印把江山“大花园”的宏伟蓝图转变为美好现实。

1. 坚定信念不动摇。对于党员干部来说，要旗帜鲜明讲政治，始终坚守共产党人的信仰信念，不断提高政治觉悟和政治站位，严守政治纪律和政治规矩。要做到思想一致。牢固树立政治意识、大局意识、核心意识、看齐意识，坚决拥护以习近平同志为核心的党中央权威和集中统一领导，思想上做到高度信赖、政治上做到坚决拥护、组织上做到自觉服从、情感上做到深刻认同。要做到目标一致。深入学习贯彻习近平总书记系列重要讲话精神和治国理政新理念新思想新战略，持续扎实推进“两学一做”学习教育常态化制度化，切实把“大花园”建设落实到项目上、落实到企业中、落实到民生里。要做到行动一致。自觉在中央、省市的大局下想问题、作决策、办事情，结合实际创造性开展工作，不提新战略，不喊新口号，切实做到中央有号召、我们有响应，省委有决策、我们有行动，市委有部署、我们有落地，确保上级重大决策部署在江山不折不扣落实到位。

2. 提振信心不却步。信心比黄金重要，信心孕育出希望、凝聚出力量。只要我们坚定信心，迎难而上，就能在“大花园”建设的新征程中赢得先机，就能在今后发展道路上取得主动。要保持昂扬向上的斗志。历届市委市政府打下的基础、取得的成就，就是我们今后发展信心的源泉。尽管目前我市经济发展面临一些压力和挑战，但困难是暂时的，只要我们心不散、劲不松、气不泄，始终保持昂扬向上的斗志，就会形成一股势不可挡、势如破竹的强大声势，去冲破挡在我们面前的一切困难和阻碍，进而夺取经济社会发展的新胜利。要树立志在必得的决心。建设江山“大花园”，不可能一蹴而就、一帆风顺，可以预见艰难险阻很多、矛盾困难不少，我们唯有奋勇向前，才能到达成功的彼岸。各级各部门一定要树立必胜的信心和决心，以勇争一流的勇气、舍我其谁的豪气、奋勇争先的锐气，迅速进入实战状态，以一项项工作的落实推进，一个个目标的成功实现，积蓄江山“大花园”建设的大胜。要汇聚众志成城的合力。建设江山“大花园”，需要全市联动、全民动员、全员参与。全市上下要切实把思想和行动迅速统一到全会精神上来，加快营造“党委领跑、政府快跑、人大政协助跑、纪委组织部督跑、全市上下一起跑”的浓厚氛围，进一步凝聚发展共识，形成群策群力、决战决胜的攻坚态势。

3. 强化担当不畏缩。建设江山“大花园”，任务艰巨、使命光荣。开局就是决战，起步就要冲刺，全市党员干部要大力弘扬朱津津等同志为代表的江山人忠于职守、不畏艰险、勇于担当的精神品格，担当起该担当的责任，凝聚起推进工作的强大力量。要勇挑重担冲在前。市四套班子领导要以身作则、率先垂范，发扬求真务实、真抓实干的好作风，既当指挥员，又当战斗员；乡镇（街道）、部门单位领导要以“躺着想事、坐着议事、跑着干事”的劲头，打头阵、冲在前，到现场破解难题，在一线解决问题；各级党员干部要一线拉练，敢于迎难而上、动真碰硬、亮剑出招，叫响“马上办、我来干”的实干最强音。要压实责任强执行。突出“首办责任制”和“一把手责任制”，健全压力传导、督查问责、跟踪问效等机制，以目标倒逼责任，以时间倒逼进度，以结果倒逼过程，形成人人有任务、个个有压力，一级抓一级、层层抓落实的责任体系。强化执行刚性，凡是市委认准的事情、下达的任务、敲定的工作，理解的要执行，不理解的也要执行，决不允许坐地起价、讨价还价。要明晰导向促担当。进一步树立想干事、敢干事、会干事的工作导向，旗帜鲜明地为担当者担当，为负责的干部负责。健全正向激励机制和容错纠错机制，宽容干部在工作中特别是改革创新中的失误，努力消除多干多出事、少干少出事、不干不出事的“劣币驱逐良币”现象，决不让干事有担当的干部受委屈、背包袱。

4. 锻造铁军不松劲。建设江山“大花园”，关键在人，关键在拥有一支坚定意志的“江山铁军”。要强化队伍建设。按照“举旗帜、抓班子、带队伍、促发展”的要求，强化基层导向、实干导向、公认导向，进一步畅通干部流通渠道，营造能者上、平者让、庸者下的良好氛围，永葆干部队伍向上的活力和蓬勃的朝气。要抓实基层党建。压实压紧管党治党主体责任，坚持在“学”上深化拓展、在“做”上对标践行、在“改”上聚焦用力、在“带”上从严要求、在“建”上固本强基，持续深化“党建 5+”，强化基层组织“五项规范”建设，切实推动基层党建工作全面进步、全面过硬。要严肃执纪监督。继续高标准落实中央八项规定精神和省委“28 条办法”“六个严禁”等规定，驰而不息改正作风，持之以恒反对“四风”，加强党风廉政建设和反腐败斗争，实践好监督执纪“四种形态”，用好问责利器，加大对“慵、懒、散、浮”等突出问题的处置力度，不断营造风清气正的政治生态。

同志们，我们党即将召开第十九次全国代表大会，这是全党全国各族人民政治生活中的一件大事。让我们紧密团结在以习近平同志为核心的党中央周围，在中共十九大精神指引下，在省委、衢州市委的坚强领导下，坚定不移沿着“八八战略”指引的路子走下去，迎难而上、真抓实干，全力建设好江山“大花园”，为决胜全面小康、打造活力城市、推进幸福江山建设向更高层次迈进做出新的更大贡献！

政府工作报告

——在第十六届人民代表大会第二次会议上

舒　畅

(2018年2月5日)

市委副书记、市长　舒畅

现在，我代表市人民政府向大会报告工作，请予审议，并请市政协委员和其他列席人员提出意见。

一、2017年工作回顾

过去的一年，是新一届政府的开局之年。市政府在市委的坚强领导和市人大、市政协的监督支持下，以项目攻坚、效率提升“两年”活动为载体，致力于抢机遇、打基础、抓发展、攻项目、促改革、惠民生，较好地完成了各项目标任务。预计全市实现地区生产总值301.64亿元，同比增长7.3%；财政总收入25.21亿元，增长4.6%，其中一般公共预算收入16.67亿元，同口径增长8.6%；固定资产投资207.01亿元，增长13%；社会消费品零售总额126.45亿元，增长11.2%；城乡居民人均可支配收入分别达到41545元和21932元，增长9.1%和9.9%。

（一）乘势而上抓大事，发展格局不断拓宽。抢抓大花园、大通道等战略机遇，谋划推进一批事关江山未来发展格局的重大项目。杭衢高铁延伸至江山完成可研审查并启动初步设计。义金衢上高速已组织线位论证。景区化高速、江遂公路完成初步线位方案。江玉公路完成项目建议书批

江山欧派门业股份有限公司（李治本 摄）

复，列入省重点项目盘子。通用机场确定选址。江山江航道重启前期规划论证。期盼了近10年的通景公路开工建设。“百里须江·美丽长廊”江山港流域综合治理工程启动实施。抢抓PPP窗口期，峡口水库引水工程、中机国能热电联产等5个项目建成，幼儿成长中心、综合交通客运枢纽等8个项目开工建设或完成招标。4个项目列入省发改委PPP示范项目，居全省第一。4个项目列为省财政厅PPP推荐项目，居衢州第一、全省第三。率先实施“凤凰行动”计划。召开企业股改挂牌上市大会，出台三年计划，大力推动规改股、股上市，江山欧派主板上市、成为中国木门“第一股”，科润电力新三板转主板进入上市辅导期，恒亮蜂产品挂牌新三板，挂牌上市企业累计募集资金75.82亿元。大力推动科技创新。出台高含金量的科技创新和人才新政。成立高层次的科技专家咨询委员会。新增国家高新技术企业9家。专利和发明专利授权量首次破千过百。木门产业创新服务综合体入选省首批创建名单。江郎山·廿八都景区成功创建国家5A级旅游景区。新增魅力永兴、桃园洪福、长寿兴墩、峡风瓷韵、祈福圣地太阳山等5个国家3A级旅游景区。旅游大数据中心、君澜·江山国际大酒店投入使用，村味坊、自行车分时租赁骑游平台等项目签约落地，城北童话小镇、“归江山居”田园文旅颐养小镇等项目顺利推进。全国新年登高健身大会、江山100国际越野跑、全国男子举重锦标赛等赛事活动成功举办。全省美丽乡村和农村精神文明建设现场会圆满成功，成为江山撤县设市以来规格最高、规模最大、展示最全、影响最广的一次盛会，被衢州市政府授予集体三等功，实现省新农村建设优秀单位“九连冠”。村庄景区化深入创建，12个村获评3A级景区村庄称号，占衢州总数的三分之一。乡村“村晚”登上央视新闻联播。

（二）强势突破攻难事，发展信心不断提振。举全市之力开展项目征迁攻坚大会战。35个项目实现清坟、清房、清地、无后遗症的“三清一无”目标，征收土地6015亩，历时17年之久的时代广场对面区块和历时7年之久的凝秀南路延伸、汽车城一期项目成功清零，腾出了牛头岭安置地、欧派产业园二期等发展空间。严肃处置抢栽抢种抢建抢养等“四抢”歪风，土地征收秩序得到规范。清理12个供而未用服务业项目，装饰材料综合市场、城南物流中心竣工验收，第二福利院、城北医学康复中心正式开建，水岸江山等5个项目明确建设计划。“最多跑一次”改革深入推进。加快向经济开发区、中介监管、项目兜底服务、工程招投标、乡镇（街道）村（社区）等五大领域延伸，实现95%以上事项“最多跑一次”。“百名局长驻窗口”活动成为全省样板。“四个平台”基层治理体制机制建设全面完成。市、乡两级综合指挥平台建成投用。成功列入全国基层政务公开标准化规范化试点、浙江政务服务网基层业务协同建设试点。12345政府服务平台扩能提质。全面改革不断深化。启动国资体制改革，国有企业管理各项制度逐步完善。完成新一轮行政区划调整，设立清湖街道。建立旅委加旅游警察大队、旅游市场监管分局、旅游巡回法庭的旅游管理体制。行政机关公车改革全面完成。行政复议局挂牌成立。农村土地确权登记颁证、盐业体制改革基本完成。坚持政府工作项目化管理、清单制推进，建立“口子+部门+区块”“钉督落实”等一整套工作推进体系，固化周一市长办公会，推行大谋划、大征迁、大开工、大入库、大建设、大服务、大招商“七大交办”机制，各项重点工作、重大项目、重要指标有效落实。

（三）蓄势而发干要事，发展动能不断增强。兴工氛围更浓厚。召开工业千人大会。开展工业振兴大讨论活动，出台企业绩效评价、上规升级、降本转型等一系列工业新政。扎实开展“百名局长联百企”“店小二”活动，加快涉企政策兑现速度，兑现各类工业扶持资金1.84亿元，减免各类税费2.96亿元。调度企业搭桥专项资金为企业转贷27.51亿元。扶优扶强更聚焦。新认定龙头培育企业1家、单打冠军培育企业2家。重点产业和企业发展势头强劲，门业产值增长15.6%，欧派、健盛两大龙头企业产值分别增长39%和33.1%。健盛产业园一期、欧派产业园一期部分投产。倒逼转型更鲜明。坚持“亩均论英雄”，促进要素向高效产业集聚。新增规上工业企业37家。完成“四无”企业整治966家，盘活工业闲置用地2324亩。招商引资更精准。建立“三招三引”“七箭齐发”招商新体系。组建区域招商局和4个产业招商组。新引进亿元以上项目32个、10亿元以上项目4个，实际到位资金58.14亿元。锂电池新材料、永利百合链传动等一批重大产业园项目签约落地。天地汇、迈微控股、万汇通能源等6个总部经济项目落地发展，成功引税2503万元。

（四）顺势而为办实事，发展环境不断优化。抓创建优环境。短短8个月成功创建国家卫生城市。被评为全国财政管理绩效考核先进县、全国群众体育先进单位。成功创建国家知识产权试点城市、省教育基本现代化市、省体育强市、省环境保护模范城市。木艺时尚小镇成功争列省特色小镇培育名单。江山木门国家级外贸转型升级基地通过省级初审。获评省中药材产业基地、省畜牧业绿色发展示范县。争取省“两山”建设财政专项激励资金3亿元。晚稻亩产再创全省新高。“江山绿牡丹”茶获农产品地理标识标志认证。“学在江山”教育品牌持续打响，高考成绩再创历史新高。抓专项优环境。全域剿灭劣V类水体专项行动提前7个月完成。221省道江山段被评为省级精品示范道路。成功创建省基本无违建市。小城镇环境综合整治规划编制、卫生乡镇创建、线乱拉治理走在全省前列。中央和省环保督察交办问题基本整改到位。重启江化搬迁工作。争列首批全国农村生活垃圾分类和资源化利用示范县、全国畜禽粪污资源化利用整县推进试点。抓项目优环境。城市赋能项目有序推进，城北旅游休闲综合体加快主体建设，文化艺术中心二期完成招标方案，虎山运动公园完成土地报批，中医院迁建开展规划设计方案编制。育仁职校、锦绣江山外国语学校、城北幼儿园建成投用。市人民医院与浙江邵逸夫医院医联体项目签约落地，江山百姓在本地可享受高端医疗资源。责任医生签约和分级诊疗全面实施。发放农户科学储粮仓2500套。烈士陵园建成开放。东岳广场建设工程等代表票决的10件民生实事项目顺利完成目标。636件人大代表议案建议和政协提案全部按时办结。

（五）因势利导做好事，发展实惠不断增加。持续提高社保、养老、就业等保障力度，老百姓的钱袋更厚实。城乡居民、企业职工养老金月均分别增资15元和132.11元。新增就业人数7171人。集体经济薄弱村个数实现清零，202个村集体经济经营性收入达5万元以上。光伏小康工程在全省率先建成、率先实现收益分配。低收入农户人均可支配收入12260元，增长16.6%。贫困残疾人“两项补贴”惠及15710人。着力改善城乡公共交通，群众出行更顺畅。打通江滨南路通禄门段、221省道延伸杨家山段等阻滞多年的4条断头路。西山路南段顺利通车，东岳路南段实现弯改直。新增公共停车位1300个、新能源公交车6辆，公共自行车三期建成投用。新建电动汽车分时租赁网点162个，累计投放电动汽车400辆。突出城区重要节点打造，城市品质更优美。东入城口、西入城口、火车站站前广场、西山公园南入口、江滨南路虎山段景观配套工程顺利推进。西山花海、城区沿江绿道改造提升工程基本完成。建成“一村万树”示范村41个。江山港实行全流域、全时段禁渔。办好民生“关键小事”，群众生活更方便。158座旅游厕所完成新建改建，城区20座公厕完成生态化改造。实现以峡口水库为主水源、碗窑水库为备用水源的“双水源供水”。完成小区管道天然气入户3000户。学校体育场地设施向社会开放。推行“弹性上学”和“四点钟学校”。天余菜市场投入使用，开发区菜市场基本建成。168个自然村完成电网改造，220千伏郎峰变完成前期。打好公共安全主动仗，群众生产生活环境更安稳。城区D级危旧房19天内全部腾空解危，农村危旧房腾空1013栋。47处地质灾害隐患点成功销号。大峦口水库避险解困工程加快推进。碗窑水库除险加固工程开工建设。沪昆铁路江山港大桥抢险救灾工作圆满成功。社会治安深度好转，全市刑事案件和治安案件实现双下降。成立13个专业安全生产委员会，安全生产形势平稳有序，消防安全、犬类管理、食品药品、森林防火等隐患大排查、大整治取得实效。新建城区电动自行车安全充电桩585个。创建全国民主法治村（社区）3个。圆满完成党的十九大、世界互联网大会等维稳安保任务。

与此同时，政府咨询、外事侨务、台湾事务、国防动员、民族宗教、工会、妇女、儿童、青少年、档案、人防、通信、慈善、红十字、气象等事业都得到了新发展。

各位代表，过去一年取得的成绩来之不易，这是上级党委、政府和市委正确领导，市人大、市政协监督支持和全市广大干部群众共同努力的结果。在此，我谨代表市人民政府，向辛勤工作在各条战线上的广大干部群众，向全市人大代表、政协委员、民主党派、工商联、无党派人士和人民团体，向所有关心支持江山建设与发展的各界朋友，表示衷心的感谢和崇高的敬意！

一年来，我们付出了很多，也收获了很多。回顾过去，有六点启示需要我们坚守和发扬。

1. 必须坚持“咬定目标、建功有我”的实干精神。幸福都是奋斗出来的。江山正处于转型发展的重要关口，只有拿出“功成不必在我”的思想境界、“功成必定有我”的实干精神，按照市委市政府确定的战略部署，坚持一张蓝图绘到底，一心一意谋发展，一以贯之抓落实，江山必将迎来美好的明天。

2. 必须坚持“应势而谋、科学超前”的大局思维。谋划是政府的主要功能之一，谋划力是最重要的能力。只有跳出江山看江山，放宽眼界、放大格局，超前规划、科学决策，谋划出更多有助于江山未来发展的重大战略、重大平台、重大政策和重大项目，才能在激烈的区域竞争中抢得先机、赢得未来。

3. 必须坚持“聚焦聚力、纲举目张”的推进方法。发展是解决一切问题的“总钥匙”。一个地区的发展，关键在投资，核心是项目。只有聚焦聚力项目这一牛鼻子，在关键环节上聚焦，在重要领域上聚力，担当尽责、苦干实干，把想干、能干、该干的项目干成，才能为江山的未来打好基础、壮大底气。

4. 必须坚持“迎难而上、敢于亮剑”的担当意识。对于一些“老大难”问题、历史遗留问题，只有发扬“历史的人干历史的事，不错失机遇、不击鼓传花”的攻坚精神，不避难、不惜力、不懈怠，一本经念到底，一件事抓到头，才能在较真碰硬中不断解决问题、加快发展。

5. 必须坚持“能做大事、会干小事”的为民情怀。造福人民是最大政绩。对政府来说，既要干好事关江山发展的大事要事，又要干好事关百姓福祉的实事小事。只有牢固树立以人民为中心的发展思想，把老百姓的安危冷暖时刻放在心上，集中力量办好民生实事，才能从群众的获得感中收获政府的成就感。

6. 必须坚持“案无积卷、事不过夜”的工作作风。抓落实是政府工作的本质属性，人民满意政府的气质表现就是执行铁军。只要牢固树立效率意识和争先意识，大力发扬“马上就办、办就办好”的作风，做到“案无积卷、事不过夜”，我们的各项工作就能不断前进。

各位代表！我们也清醒地看到，江山发展和政府工作仍然面临一些突出困难和问题。主要表现在：经济下行压力依然较大，部分经济指标增速放缓，离高质量发展的要求差距较大；公共服务资源供给不平衡不充分，离满足人民日益增长的美好生活需求还有距离；财政增收乏力，刚性支出逐年增长，收支平衡难度日趋加大；农业持续增产、农民稳定增收、村级实力增强等方面还需加强。此外，政府在职能转变、纠正“四风”和提高效率上仍需持续努力。对此，我们一定高度重视、直面问题、勇于担当，采取切实措施，努力攻坚破难。

二、2018 年政府工作安排

各位代表，2018 年是全面贯彻落实党的十九大精神的开局之年，也是实现“十三五”规划承前启后的关键之年。今年政府工作的指导思想是：高举习近平新时代中国特色社会主义思想伟大旗帜，全面贯彻落实党的十九大精神，牢牢把握高质量发展新要求，按照市委的决策部署，扎实开展工业经济提升年、项目攻坚突破年、作风建设加强年“三个年”活动，提振信心、夯实基础、加快发展，全力推动经济社会统筹发展、各项事业全面进步，在新起点上奋力开创江山“大花园”建设新局面。

全市经济社会发展的主要预期目标为：地区生产总值增长7%左右；城镇和农村居民人均可支配收入分别增长8%和9%；城镇新增就业6000人以上，城镇登记失业率控制在3.5%以内；外贸进出口保持稳步健康发展；供给侧结构性改革取得实质性进展，投资结构优化、投资效益提高，全社会R&D投入提高0.2个百分点以上，单位生产总值能耗和污染排放量确保完成上级下达的目标任务。

根据以上指导思想和目标任务，今年重点做好八个方面工作：

（一）致力于项目建设，谋求新突破

统筹项目盘子。全面落实国民经济、重点实施和重大前期项目、政府投资项目、规划编排、项目征迁、财政预算、国资、用地、用能等九大盘子计划，确保“空间能落、项目能批、土地能供、资金能保、用能能给”。完善立项决策机制，构建战略引领规划布局“一张图”、资源要素优化配置“一本账”、督查考核奖惩问责“一条龙”的“三个一”决策推进体系。深化完善项目谋划擂台赛、“一把手谋划”等机制。对接省“投资新政”，突出重点、优化结构、提升效益，全面落实市长和部门乡镇一把手项目工程，力争交通投资、生态环境和公共设施投资、高新技术产业投资、民间投资均增长10%以上。

落实责任清单。启动实施《江山市“大花园”建设行动纲要》，着力打造“一主三副”工业大平台、江郎山文旅产业集聚发展大平台、公铁海联运物流产业大平台、产城融合创新产业大平台、数字经济产业大平台，落实大通道、大配套、大创新、大生态、大产品等五大领域35个重点项目和工作责任清单。实施重点实施类(S50)和重大前期类（G50）项目100个。开展项目专班专项行动，对事关江山未来发展的重中之重项目，每个项目成立一个专班，一抓到底、确保实效。

强化要素保障。统筹推进指标争取、土地整治、用地出让、盘活利用等工作，确保重点项目土地、资金等要素保障到位。扎实开展土地整治大会战。规划新增耕地面积17500亩，完成验收8688亩。实施建设用地复垦，规划新增耕地面积1172亩，完成验收800亩。扎实开展项目征迁大会战，加速遗留征迁项目清零。成立城南新城征迁指挥部，启动城南新城连片征迁。抓好莲华山工业园、江东工业园五期等重点区域和重要节点土地征迁工作。继续依法依规处置“四抢”行为。

（二）致力于工业强市，夯实新基础

加快质量变革。落实《关于全面振兴江山工业的若干意见》和三年行动计划，开展工业十大专项行动，全力打造工业强市升级版。实施科技创强。新增高新技术企业8家以上。深入推进专利质押贷款工作。借智借力科技专家咨询委员会，加快推动成果转化。有效推进与浙江大学合作共建紫金众创小镇“科创飞地”。全力建设省级木门产业创新服务综合体。加快建设国家消防及阻燃产品质量监督检测中心、省林木产业质量检验中心、浙大江山技术转移中心、沈变院浙江分院等平台。实施标准强市、品牌强市战略，争创全国质量强市示范城市。扎实推进省级园区循环化改造示范试点、省级低碳试点、省级军民融合创新示范区创建工作。办实办好科创园，促进科技服务中介集聚。抓好智能制造示范试点，推进以“互联网+”“标准化+”“机器人+”等为重点的技改项目，实施智能制造项目5个，机器换人项目20个。实施倒逼求强。强化企业绩效评价结果运用，全力推进“小升规”专项行动和以门业整治为重点的“低小散”整治攻坚行动，倒逼中小企业上规升级、低效企业整合进入小微园、“僵尸企业”关停出清。确保“小升规”40家以上。

加快动力变革。实施上市育强。有序推进企业挂牌上市三年行动计划，力争启动股改企业3家、进入主板上市辅导企业2家、新三板挂牌企业2家。重点助推科润电力、科力车控、恒亮蜂产品、天际互感器等企业早日上市，加快珠峰机械、开洋门业等企业挂牌新三板。引进优质券商、风投机构、基金公司，支持企业股改、挂牌上市。力促上市企业募投项目落地江山。实施招大引强。深入开展“三招三引”“七箭齐发”，充分发挥驻外招商局、招商小组及异地商会作用，全面开展专业招商、驻点招商。做好江山人经济和总部经济文章，办好“江山人发展大会”。力争中林木业产业园、天地汇集装箱等一批项目签约落地。主动对接“一带一路”倡议和大都市区、大湾区、大通道、东融杭州等省市战略，打造山海协作升级版。大力发展以数字经济为核心的新经济、新动能、新产业。全力争创全国电商百佳县，实施产业集群跨境电商、批发零售改造提升等一批省级试点。争创全省服务业强市。着力引进一批现代物流、金融服务、研发设计等生产性服务项目。加快推进公铁联运无水港、铁路货场扩建、工业购产业园、快递产业园等项目。加快建设光谷小镇、木艺时尚小镇。落实人才新政32条，吸引优秀人才落户江山、立足江山、服务江山。

加快效率变革。实施扶优扶强和服务帮强。召开全市工业振兴大会。聚力培育门业、装备制造、健康生活、消防应急、新能源、新材料等重点产业。进一步聚焦龙头企业、单打冠军企业，全力支持欧派公司实施“百亿战略”计划，加快推进欧派产业园二期、总部大厦等项目建设。力争健盛一期扩建、永利百合链传动、名雅居、王牌家居、开洋全屋定制、锂电池新材料等重大产业园建成投产。争创中国定制家居名城。全力打造经济开发区主平台，整合提升贺村镇、峡口镇、四都镇工业功能区，合理布局一批小微孵化园。充分发挥五大产业发展服务小组作用。常态化开展“百名局长联百企”“店小二”等暖企暖心活动。深化产教融合，鼓励江山中专打造木工、数控等服务本地产业的王牌专业。在经济开发区、贺村镇等布局建设蓝领人才保障住房。发挥门业、输配电产业并购基金作用。弘扬新时代江山企业家精神，加强新生代企业家培育。开展第二批“江山工匠”评选活动。

（三）致力于全域旅游，迈出新步伐

做大做强核心景区。全力争创国家全域旅游示范区。顺应景区免费游新趋势，加强核心景区建设运营管理。强化全域旅游规划引领，切实保护优质旅游资源。积极引导旅游重大项目、基础设施向江郎山、廿八都集聚，丰富核心景区及周边旅游业态项目布局。完成浮盖山、仙霞岭景区详规编制。加快推进“归江山居”田园文旅颐养小镇、城北童话小镇、“最江南”绿色休闲实验区、“百里须江·美丽长廊”、仙霞关旅游综合体、自行车分时租赁骑游平台等项目建设。启动实施江郎山·廿八都国家级登山健身步道。进一步完善旅游体制机制，在重点乡镇设立旅办，支持市旅发公司开展资产盘活、多种经营和融资投资。力争旅游接待量、旅游经济总收入、旅游业投资均增长20%以上。

做优做特旅游业态。以打造运动之城为目标，办好江山100国际越野跑、全国美丽乡村攀岩赛、全国啦啦操联赛、全国健美操锦标赛、全国举重锦标赛等特色赛事活动。推进国家旅游标准化试点，培育发展恒亮、红盖头等一批工业旅游示范基地，争创省级养生旅游、文化旅游等示范基地各1家。打造省微电影拍摄基地和房车休闲度假基地。加快发展夜间经济，打造高端购物中心、夜间灯光秀、“一江两带”景观长廊等新亮点。建设“大陈小吃”等一批特色美食街区。大力发展星级宾馆、主题酒店，提升旅行社服务水平，提高游客在江山的消费比重。

做精做美乡村旅游。以全域景区化为导向，加快推进百村景区创建工程，打造一批个性十足、富有韵味的美丽乡村景区村。力争创建A级景区村庄30个、国家4A级和3A级旅游景区各1个。持续推进美丽生态牧场、休闲观光农业示范点建设，力争创建省美丽生态牧场20个。充分挖掘森林资源，积极打造中国森林养生基地和全国森林旅游百佳景区。大力发展乡村旅游、养生养老等美丽经济，创建一批内涵丰富、业态多元、文化多样的高端乡村民宿、农家乐，培育省级农家乐集聚村2个。支持石门镇、保安乡争创省级旅游风情小镇。

（四）致力于城市赋能，开创新局面

打开内外通道。力争杭衢高铁江山段开工建设、义金衢上高速列入省交通发展规划、江玉公路完成工可批复、江遂公路开展线位对接、通用机场完成选址报告和飞行程序设计审批。强化景区化高速、衢武高铁等前期对接。丰富完善城乡路网体系，加快沿江公路、通景公路、姜家公路、西山西路改造提升等项目进度，力争桑淤大桥及接线工程开工建设，推进205国道峡口大桥至保安路口段外移前期工作。促进交通微循环，拓宽改造江滨路封门溪段、景星东路与江碗线交叉口等交通堵点。

完善城市功能。按照“启动城东、控制城西、主攻城南、繁荣城北、提升老城”的城市发展总体思路，编制中心城区近三年建设规划、城南新城控制性详细规划。加快推进城市赋能项目建设，力争城北旅游休闲综合体、第二福利院主体完工，虎山运动公园、文化艺术中心二期、综合交通客运枢纽、城区地下管网综合改造等项目动工建设。谋划推进高铁游乐小镇、火车站站场改造、中医院迁建、乌木山公园前期。实施西山景观改造提升工程，推进西山“三泉”保护性开发。实施棚户区改造三年行动。加快推进城区D级危旧房拆除重建试点项目，有序推进城区C级危旧房整治工作。稳步推进江化关停搬迁。

提升管理水平。完善国卫管理长效机制，持续巩固国卫创建成果。大力推进“垃圾革命”，加快实施垃圾焚烧发电、建筑垃圾和餐厨垃圾集中处理等项目，确保城区垃圾分类覆盖率达40%以上。扎实推进“厕所革命”，完成50个厕所新建或改造。理顺体制机制，提升综合执法和城市治理水平。探索市容管理区域社会化服务模式，发动社会力量参与城市管理。开展占道经营集中整治行动，科学规划选点定时临时经营点。加快建设智慧城市，实施城区智能停车项目。

（五）致力于乡村振兴，打造新亮点

夯实生态本底。开展中央、省环保督察“回头看”。坚守生态红线，争创省生态文明建设示范区。打好治水攻坚战。开展“污水零直排区”和“美丽河流”达标县创建。加快推进江东工业园污水处理厂建设。深化砂石资源综合整治。继续推进农村“双治”，创建垃圾分类示范村50个、全域示范乡镇3个，完成农村生活污水治理运维移交。打好治气攻坚战，力争全年空气质量优良率达90%以上。打好治土攻坚战，开展化肥农药减量增效、土壤污染治理等专项行动。强化畜禽养殖污染执法力度，抓好全国畜禽粪污资源化利用整县推进试点。打好治危拆违攻坚战，持续巩固省基本无违建市创建成果。争创省小城镇环境综合整治优秀市。深化珍贵树种“一村万树”行动。实现通景道路、景区间道路美丽精品线创建全覆盖。加快国家森林城市、仙霞岭国家级自然保护区创建。启动江山港国家湿地公园创建。

发展高质农业。高度重视粮食生产，争创全省粮食生产河姆渡杯金奖。加快农业供给侧结构性改革，重点推进蜂业、猕猴桃、茶叶、白菇等农业传统经典产业振兴，发展植物工厂、湖羊养殖、中药材开发等新兴业态。加快建设凤林一二三产业融合示范区、江郎山省级现代农业园区、石门生态循环农业示范区、长台蜂业强镇、中药科教健康小镇，争创全国畜牧业绿色发展示范县、国家级出口蜂产品质量安全示范区、省猕猴桃产业集聚区、省级田园综合体。推动中国南方猕猴桃交易中心建设。强化农业基础设施建设，加快实施第九批小农水、碗窑水库加固改造等项目。

弘扬乡村文化。加快省公共文化服务重点县建设，加大农村文化设施投入，规范改造乡镇（街道）文化站。持续深化“一座礼堂、一首村歌”建设，弘扬农耕民俗、耕读传家等江山特色乡村文化，鼓励开展乡村“村晚”、丰收节、启蒙礼仪等传统特色文化活动，加大江山婺剧等优秀传统文化培育力度。深入实施历史文化村落保护开发建设，加快4个历史文化重点村落保护利用及16个一般村建设。

强化乡村治理。健全法治、德治、自治相结合的乡村治理体系，营造平安稳定乡村环境。发挥全省美丽乡村现场会后续效应，培育壮大一批既有“面子”又有“里子”的幸福乡村。力争全省新农村建设优秀单位“十连冠”。加快推进地质灾害“除险安居”三年行动，加快农村C、D级危旧房治理。加强乡村风貌管控，强化落实衢州农民建房管控和风貌引导“六不能”+“四必须”，健全农村建房带方案审批、外墙粉刷履约金等长效机制。加强乡村债务风险防范和化解。

推进精准扶贫。实施新一轮低收入农户收入全面小康计划。大力推进金融扶贫，发放扶贫小额贷款2000万元。加快异地搬迁，扎实推进万人集聚区建设，全面推行公寓房安置。培育一批“农创客”“新农人”，提高新型职业农民增收能力。实施“十县百亿”电商精准扶贫工程，推进农产品电商标准化体系建设。深入实施“红色物业”经济园、光伏小康工程等项目，加快推进消除集体经济薄弱村三年行动计划。

（六）致力于改革创新，增强新活力

持续深化“最多跑一次”改革。全力推进“最多跑一次”改革向五大领域延伸，全面加强“四个平台”建设，充分发挥“跑小二”作用，真正使企业和基层群众享受改革成果。加快打破信息孤岛，推进数据共享，全面实现“一窗受理”“一证通办”“一次办结”，确保“最多跑一次”改革覆盖100%的行政审批服务事项，力争改革各项工作继续走在全省前列。实施企业投资项目承诺制改革，由开工前审批延伸至竣工验收前“最多跑一次”，持续优化在线平台2.0版，实现“四个百分百常态化”。

积极推进要素配置市场化改革。深化“亩均论英雄”改革，探索开展“标准地”供给，实行带着能耗、环境、建设、亩产等标准进行“招拍挂”。深化国资管理体制改革，加快建立新型国资运营模式，推动国有资本做强做优做大。实施市场准入负面清单制度，着力破除信贷、上市、税收、创新、招投标、人才等方面机制障碍。推动绿色金融改革，创新金融产品，完善与省担保集团合作机制。继续深化“两链”风险化解，开展恶意“逃废债”集中整治行动，切实做好金融风险防控工作。

加快实施重点领域改革。全力推进“多规合一”规划编制工作，强化规划成果管理和运用。深入推进农村“三权到人（户）、权跟人（户）走”改革。加大宅基地空间置换力度。加快生产经营类事业单位转企改制。深化行政复议体制改革。推进县域经济体制综合改革、教育综合改革、医疗体制、投融资机制、户籍制度、农合联“三位一体”、办公用房搬盘整合等各项改革工作。

（七）致力于幸福江山，取得新成效

着力兜牢民生底线。落实就业、社保各项保障机制。深化省“无欠薪”市建设试点。加大罕见病救助力度，推动医疗救助与基本医疗保险、大病保险的衔接。优化完善社会救助政策，稳定低保户保障水平。启动建设第二粮库、灵山公墓一期、殡仪馆改造提升等项目。建成示范性居家养老服务照料中心10个。争创省老年友好城市、中国长寿之乡。烈士陵园争创省级爱国主义教育基地。加快建立多主体供应、多渠道保障、租购并举的住房制度，建设保障性住房292套。

努力办好实事好事。顺应群众日益增长的美好生活需求，全力办好10件民生实事项目。完成上余初中、峡口小学、四都九年一贯制学校、幼儿成长中心等项目，推进开发区小学、集体办幼儿园建设。完善农贸市场建设管理，加快江城菜市场建设。实施10个乡镇农民饮用水巩固提升工程。强化生育缺陷预防。基本完成城乡公交一体化改革。完成水库移民避险解困试点、城关屠宰场迁建等项目建设。全面实行市区电动自行车登记管理。启动救灾救助应急指挥中心、再生资源交易市场建设。

全力加强平安创建。争创平安江山“九连冠”，力夺平安“银鼎”。充分发挥“雪亮工程”作用，扎实抓好智慧治安和智慧交通建设。深入推进“七五”普法，加强国家、省级民主法治村（社区）和市无信访村创建。做好社会化优抚工作，力争省级双拥模范城“九连冠”。强化13个专安委高效运转，坚决遏制重特大安全事故发生。实施城北大桥加固改造。争创省食品安全市。完成省社区治理和服务创新实验区建设。加强应急管理工作，提高防灾减灾和应对突发事件能力。

大力发展社会事业。优先发展教育事业，打响“学在江山”教育品牌。加强智慧教育建设。实现“县管校聘”人事制度改革全覆盖。启动全国义务教育优质均衡市创建，加快教育现代化。推进健康江山建设，制定实施《健康江山2030行动纲要》。加快医联体、医共体建设。全面实施分级诊疗制度。力争责任医生签约覆盖率达35%以上。启动省体育现代化市创建。办好市第十六届运动会。加快政府咨询、外事侨务、台湾事务、国防动员、民族宗教、工会、妇女、儿童、青少年、档案、广播电视、通信、人防、慈善、消防、红十字等各项事业发展。

（八）致力于自身建设，展现新作为

坚持言必行、行必果、果必信。把定下来的实事项目干好干实，把对群众作出的承诺办妥办成。完善考核办法，强化跟踪督查，以实绩论英雄，以结果看成败。大力推进依法行政，加快行政执法标准化建设。深化全国基层政务公开标准化规范化试点，让权力在阳光下运行。完善行政应诉机制，严格行政规范性文件和行政合同备案审查。自觉接受人大法律监督、政协民主监督、司法监督、社会公众监督和舆论监督，广泛听取各方意见建议，认真办理人大代表议案建议和政协提案。

坚持定了干、马上办、办到底。紧紧围绕市委确定的目标、向人民承诺的事项，以上率下、倒逼推进。构建决策、执行、监督“三位一体”高效运行的政府体系。坚持工作项目化、项目清单化、清单责任化、责任链条化，实施政府工作“九五重点专项”，完善钉督落实机制，念好“叮盯钉”三字诀，持续不断“下单子、钉钉子、抽鞭子”，确保每项工作有始有终、善始善终。

坚持扎笼子、扯袖子、紧日子。切实强化“四个意识”，坚定“四个自信”，始终同以习近平同志为核心的党中央保持高度一致。扎实开展“不忘初心、牢记使命”主题教育实践活动。严格遵守中央八项规定实施细则，驰而不息纠正“四风”。加强制度建设，用制度管人管事管钱，筑牢底线、不碰红线。强化正风肃纪，严格问责追责。加强对公共资金、国有资产、政策执行等审计监督。严格落实财经纪律，严控“三公”经费，把有限的资金用在刀刃上，以政府过“紧日子”换来群众和企业过“好日子”。

各位代表！奋斗创造幸福，实干成就梦想。让我们高举习近平新时代中国特色社会主义思想伟大旗帜，在市委的坚强领导，市人大、市政协的监督支持下，不忘初心、牢记使命，真抓实干、锐意进取，加快建设江山“大花园”，为决胜全面小康、打造活力城市，推动幸福江山建设向更高层次迈进而努力奋斗！

专　辑

以"景区化"理念引领美丽乡村"蜕变"升华

中共江山市委　江山市人民政府

国家AAA级旅游景区永兴坞村

江山作为全省首批美丽乡村示范县，近年来，全市上下秉持"绿水青山就是金山银山"的发展理念，深入贯彻落实省委、省政府和衢州市委、市政府决策部署，以翻篇归零的姿态，把美丽乡村作为发展全域旅游，建设江山"大花园"的基本支点，加快推进美丽乡村向美丽村景转变，探索走出了一条"标准引领、特色推进、文化铸魂、产业支撑、共建共享"的景区化乡村建设之路。主要做法是：

一、标准化建设，接力一张图。按照"规划统领，标准引领"的思路，着眼长远编制规划、一张蓝图绘到底。在充分延续多年"中国幸福乡村”建设标准体系基础上，立足美丽乡村景区化发展的新要求，遵循“接地气、不繁琐、做得到”的原则，设置美丽乡村示范村、A级景区村、AA级景区村三个创建层次，科学制定创建考核办法和计分标准，着力构建了一个切合区域实际、顺应群众要求、富有江山特色的景区化发展的标准化、体系化模式。创建体系突出把景色打造作为实现乡村提档升级的重要抓手，增设旅游设施、观光线路等动态特色考评，引领建设“景在村中、村融景中”的百姓新家园。全市已建成美丽乡村示范村31个，A级景区村18个，AA级景区村11个，省AAA级景区村庄12个，6个村荣膺国家AAA级景区。

二、差异化发展，统筹一盘棋。坚决克服“千村一面”“千篇一律”同质化倾向，坚持走差异竞争、特色生存发展之路。在建设中注意保留村庄的原始风貌和地域特色，按照“一村一品”“一村一景”“一村一韵”的要求，深入挖掘村庄的自然地理、历史遗存、风土人情、产业特色等特点，因村制宜、因势利导，从生态、形态、文态、业态等方面进行个性化改造提升，着力打造各类有味道、有品位、有特色的美丽乡村，切实形成了“百家争鸣、百花齐放”发展局面。全市已先后培育了幸福大陈、书香清漾、古韵浔里、秀美耕读、养生兴墩、哲学勤俭和森林龙井等一批风格迥异、富有韵味、个性十足的美丽乡村景区村。

三、乡愁化推进，铸就一个魂。坚持把文化融入作为活化乡村灵魂，负载居民乡愁眷恋的重要载体。深入实施历史文化村落保护开发建设，突出传承培育雅俗共赏、兼容并蓄的乡土文化，让风土民俗成为风景，自然山水成为人文山水，美丽乡村变身情感田园。全市先后有13个村被

乡村坐唱班

命名为中国传统村落，62个村列入省级历史文化名村名录，建成村级各类农耕、民俗、家风家训、红色记忆等博物馆20多家，每年举办民俗麻糍节、乡村春晚等各种特色传统文化活动300多场。特别是突出以“一座礼堂，一首村歌”模式为载体，把农村文化礼堂建成百姓文化的“精神坐标”，把村歌作为唱响百姓幸福生活的“同心曲”，持续深化农村精神文明建设，赋予乡村更多内涵和灵气，礼堂文化、村歌文化已成为江山美丽乡村独树一帜的“品牌标识”和“魅力元素”。目前，全市292个村已建成文化礼堂134家，建成数量和质量处于全省前列；创作村歌163首，江山村歌先后唱进走进省人民大会堂、北京人民大会堂，并入选G20杭州峰会国礼，被誉为“中国村歌发祥地”。

四、产业化助力，点亮一个梦。牢固树立经营村庄的理念，始终把发展乡村美丽经济，作为实现百姓美好富裕生活梦的“第一要务”。依托高品质的美丽乡村环境，大力发展以运动休闲为主题的乡村旅游经济，先后推出世遗江郎风采、古镇养生风韵等6条乡村休闲旅游精品线路和“古道溯源”“最江南”等6大核心景观片区。在此基础上，积极引进高层次运动休闲项目和新型业态，成功固化MaXi-Race100国际越野跑、全

国新年登高等一批休闲体育赛事和重要节会落户江山，乡村休闲旅游已成为江山旅游发展的“主要引擎”和百姓实现增收致富的“黄金产业”。今年以来，全市乡村休闲旅游完成接待游客突破600万人次，实现收入30亿元，同比增长48%和39%。乡村休闲旅游还直接带动民宿经济、农家乐等新兴乡村业态快速发展，加快农业向规模化、休闲化、市场化转变。目前，全市共有各类农家乐经营户463家、民宿床位9000多张；蜜蜂、猕猴桃等特色农业产值超40亿元，直接带动农民户均增收近万元。

五、全员化参与，凝聚一股劲。秉承把美丽乡村建设的主动权“还给基层、交给村民”的理念，以强化基层党组织战斗堡垒作用为核心，深入开展“党建+好班子、党建+好门路、党建+好乡风、党建+好服务、党建+好山水”的“党建5+”建设行动，选优配强村级领头雁和班子队伍，切实增强美丽乡村建设保障能力。同时，注重发挥农民主体作用，建立健全村庄建设事项民主决策和监督机制，有效激发基层组织、广大群众投身乡村建设的主动性、积极性和创造性。每年，全市收到广大村民和在外乡贤捐助新农村建设资金2000多万元。此外，切实发挥政策杠杆“四两拨千斤”效应，采取财政投、部门帮、群众筹、乡贤捐等多元化资金筹措方式，破解美丽乡村建设资金瓶颈，市财政每年整合各类专项资金2亿多元，鼓励不同经济成分和各类投资主体以独资、合资、承包、租赁等多种形式参与新农村建设和产业项目开发资金10亿多元，形成乡村振兴“大合唱”。

下一步，我们将以十九大精神为指引，全面贯彻落实本次会议精神，继续朝着建设江山“大花园”的新目标，大力实施乡村振兴战略，切实把江山美丽乡村建设的成果维护好、经营好、发展好，努力为美丽浙江建设提供“江山样本”。

大 事 记

1月

1日 “中国体育彩票”2017全国新年登高健身大会江山主会场隆重开幕。中华全国体育总会副主席赵勇，浙江省人大常委会副主任毛光烈，衢州市委书记陈新，中华全国体育总会副秘书长、宣传部部长涂晓东，浙江省体育局局长、省体育总会常务副主席孙光明，浙江省体育局副局长李华，衢州市副市长陈锦标，奥运冠军孙杨、石智勇和攀岩世界冠军钟齐鑫等出席开幕式。江山市委书记吕跃龙主持，江山市委副书记、代市长舒畅等四套班子领导参加。

1日至2日 美国杜立特突袭者子女协会代表刘美远女士一行到江山市考察。

4日至5日 省纪委第九纪检监察室主任尹乐平一行到江山市调研党风廉政建设和反腐败工作。

8日 电视连续剧《斗香》开机仪式暨新闻发布会，在江山市廿八都景区文昌宫举行。

9日至10日 由省政府办公厅副巡视员王飞带队的省“基本无违建市”考核验收组到江山市，对江山市创建“基本无违建市”工作进行考核验收。

14日 江山华服文化研究会、中国旗袍专业委员会江山分会成立大会暨2017年春节联欢晚会在市文化馆举行。

18日 由省经信委副巡视员董晓培带队的省特色小镇调研组到江山市，初审江山木艺时尚小镇建设工作。

19日 由省地方统计调查局调研员张荣飞带队的省山海协作产业园考核组到江山市，考核江山—柯桥山海协作产业园2016年建设工作。

20日 江山市召开江山港江山大桥至四都段流域综合治理初步设计方案审查会。市领导吕跃龙、舒畅等参加。

24日 江山市消防行业协会举行四届四次会员代表大会暨消防回归创业创新大会。市委副书记、代市长舒畅，航天部科工二院206研究所副所长张亚林等参加。

是月 江山市获评省级环境保护模范城市。

2月

3日 省政协副主席、民进省委会主委、浙大邵逸夫医院院长蔡秀军一行到江山市，开展新春下基层调研指导活动。

6日 江山市召开机关干部大会暨招商引资、“两年”活动动员会。市领导吕跃龙、舒畅、毛江妹、王水亮、汪胜等参加。

同日 江山市人民政府同新疆鑫宝现代牧业集团成功签约江山鑫宝肉羊经济产业循环项目。

7日 全市扩大有效投资一季度重点项目集中开工仪式举行。

同日 市纪委十四届二次全体（扩大）会议召开。市委书记吕跃龙讲话，舒畅、毛江妹、王水亮、汪胜等市四套班子领导出席。

8日 省委副书记、省长车俊到江山市调研指导工作。省政府秘书长李卫宁，省政府副秘书长王纲，省发改委主任李学忠，省委组织部副部长、省人力社保厅厅长王文序，省交通运输厅厅长郭剑彪参加调研。

10日 江山欧派门业股份有限公司在上交所A股上市。

13日至17日 江山市召开政协第十届江山市委员会第一次会议。会议选举王水亮为政协第十届江山市委员会主席。

14日至18日 江山市召开江山市第十六届人民代表大会第一次会议。会议选举毛江妹为江山市第十六届人大常委会主任，选举舒畅为市人民政府市长，选举郑国昌为市监察委员会主任。

14日 副省长冯飞到江山市调研工业经济和科技创新工作。省政府副秘书长孟刚，省经信委副主任凌云，省科技厅副厅长章一文参加调研。

20日至22日 由海南省卫生和计划生育委员会副巡视员杜建伟带队的全国爱卫办技术评估组到江山市，对江山市创建国家卫生城市进行技术评估。

21日 衢州市政协党组书记吴国升到江山市调研经济社会发展和市政协十届一次会议有关情况。

23日 江山市与衢州学院举行战略合作签约仪式。衢州学院党委书记胡建新、校长胡伟，江山市领导吕跃龙、舒畅等参加签约仪式。

同日 省人大常委会委员、财经委主任委员谢力群带领省企业“降成本”调研组，到江山市调研企业减负担降成本工作。

25日 电影《半个月亮》开机仪式暨新闻发布会在江山市江郎山景区倒影湖举行。市领导舒畅等出席开机仪式。

27日 新晋的国家AAAAA级景区发放标牌仪式在北京举行，市委副书记、市长舒畅代表市委市政府接受江郎山·廿八都旅游区AAAAA级景区标牌。

是月 红军北上抗日先遣队大陈纪念馆获评浙江省党史教育基地。

是月 江山市入选“浙江省全域旅游示范县（市、区）”。

3月

1日 省政协副主席陈艳华一行到江山市调研指导“两路两侧”“四边三化”工作。

3日 江山市举行深化“两学一做”学习教育暨“96345”党员志愿服务启动仪式。衢州市委组织部副部长、市委两新工委书记许存真，市领导吕跃龙、汪胜等参加。

6日至7日 省小城市培育试点工作考核组组长、省发改委副巡视员谢晓波带队到江山市，实地考核2016年小城市培育试点工作。

同日 省茶产业技术创新与推广服务团队到江山市，开展“专家进茶乡、点拔绿牡丹、服务面对面”暨江山绿牡丹茶品质提升科技活动。

7日 省委副秘书长、省农办主任章文彪一行到江山市考察美丽乡村建设。

8日 省住房和城乡建设厅党组书记、厅长项永丹一行到江山市，调研江山市风景名胜区管理等工作。

9日 “最江南”绿色休闲实验区稻香谷项目开工，233.45公顷景观梯田将开发。

10日 省妇联副主席章丽君一行到江山市，调研“会改联”工作。

14日 省林业厅副厅长杨幼平率省“绿化造林月”指导组到江山市检查指导林业重点工作。

同日 省统计局党组书记、局长王杰一行到江山市，调研江山市经济形势和统计工作。

14日至15日 中央电视台科教频道《地理·中国》摄制组到江山市拍摄江郎山和仙霞古道景区。

20日 衢州市人大常委会主任居亚平到联系村四都镇埠头村，宣讲衢州市第七次党代会精神。

23日 由省政协副主席孙文友带队的省政协督查组到江山市，调研剿灭劣V类水工作。

24日 江山市召开全省美丽乡村建设现场会筹备工作动员会。市委书记吕跃龙讲话。

25日 2017全球“旅游+体育”大会·江山峰会开幕。中国旅游研究院院长戴斌，市领导吕跃龙、舒畅等参加。

26日 2017中国江山·江郎山国际徒步大会鸣枪开赛。

28日至29日 省委副书记袁家军到江山市调研春耕备耕工作。省委副秘书长、省农办主任章文彪，省委副秘书长张才方，省农业厅厅长林健东、副厅长陈利江参加调研。

28日 由省科技厅副厅长章一文带队的省特色小镇考核组，到江山市考核光伏小镇建设工作。

29日 衢州市小城镇环境综合整治工作现场推进会在江山市召开。

同日 省农业厅厅长林健东到江山市调研指导农业工作。

同日 省民政厅副厅长、省移民办主任王忠志一行，到江山市调研水库移民避险解困试点工作。

30日 江山市召开工业大会。市委书记吕跃龙讲话，市领导舒畅、王水亮等参加。

31日 中国新闻摄影学会会长徐祖根和全国百余家媒体的148位记者，参加“2017形象中国·百家媒体聚焦魅力江山”活动。

是月 江山市获“放心农贸市场建设先进县市”。

是月 江山市获“浙江省2016年度平安市（县、区）”，实现平安创建工作六连冠。

是月 世界500强企业——霍尼韦尔国际公司安全生产经销商大会在江山市耕读农场举行。

4月

3日 江山市召开异地商会2017年春季交流会，市政协主席王水亮等参加。

5日至6日 全省外商投资企业协会联席会议、联络员工作会议在江山市召开。

6日 由省司法厅巡视员陈钟带队的调研组，到江山市调研看守所与社会医院合作以及监地协作工作。

同日 衢州市委常委、组织部长陈玲玲到江山市调研人才工作。

同日 衢州市人大常委会副主任童建中一行，到江山市调研全域旅游工作。

6日至7日 全省全员人口信息系统推广应用暨网上生育登记服务现场培训会在江山市召开。

7日 政银企战略合作签约暨浙商银行衢州江山支行开业仪式举行。

同日 2017年衢州市野生动植物保护宣传月暨“爱鸟周”活动在江山市启动。

10日 省委常委、公安厅长徐加爱到江山市调研公安工作。

12日 全国工报老总“论道江山”研讨会在江山市举行。

12日至13日 省交通运输厅党组成员、省运管局局长胡嘉临到江山市，调研农村客运及农村物流相关工作。

13日 衢州市推进园中园建设加快产业集聚现场会在江山市召开。

同日 全国政协委员、省政协常委、副秘书长徐向东率省督查组到江山市，就“小微水体”剿劣行动进行调研。

14日 “千年古道·锦绣江山”文化丛书（书画卷）第二辑发行，共收录何东君、方岳年、程逵鹏、周国芳4位书画家的作品。

15日 中国·江山“江郎山杯”2017全国男子举重锦标赛暨第十三届全运会预赛开幕。国家体育总局举重摔跤柔道运动管理中心主任周进强，国家体育总局训练局副局长吕铁杭，国家体育总局举重摔跤柔道运动管理中心举重部部长钱光鑑；省体育局副局长吕林，省体育局党组成员、浙江体育职业技术学院党委书记刘军；江山市领导吕跃龙、舒畅等参加。

18日 “与奥运冠军一起，指点江山”体育旅行自驾游活动在江山市举行。

同日 省方志办主任潘捷军到凤林镇白沙村，调研指导中国名村志文化工程《白沙村志》编纂工作。

20日 省农办副主任严杰一行到江山市，考察指导全省美丽乡村建设现场会筹备工作。

21日 衢州市农业“机器换人”工作现场会在江山市召开。

26日 江山市成为中国职业经理人资质评价与认证试点基地。全市已累计5人获评省杰出职业经理人“金马奖”，4人获评省优秀职业经理人“金牛奖”。

是月 石门镇清漾村被列入中国传统村落。

5月

3日 省整治办副主任、省卫生计生委巡视员叶真一行，到江山市调研小城镇环境综合整治省级样板镇创建工作。

同日 衢州市副市长、江山市委书记吕跃龙督战全域剿灭劣V类水工作。市委副书记、政法委书记、治水办主任汪胜等参加。

4日至5日 绍兴市政府教育督导室主任、省督学陈纪钢带队，对江山市创建省教育基本现代化市进行预评估。

5日 江山市委巡察工作领导小组会议暨第一轮巡察工作动员部署会召开。衢州市副市长、江山市委书记吕跃龙讲话。

9日 全国第二届“万步有约”职业人群健走激励大奖赛江山赛区启动仪式在迎宾广场举行。

9日至11日 由省测绘与地理信息局党委委员、副巡视员徐焕凤带队的省督查组到江山市，开展“五水共治”“三改一拆”和小城镇环境综合整治专项工作督查。

10日至11日 由省委政研室副主任杨守卫带队的省督导组到江山市，调研村社组织换届工作。

16日 江山市召开深化“最多跑一次”改革暨“四个平台”建设现场会。衢州市副市长、江山市委书记吕跃龙讲话，市委副书记、市长舒畅主持。

同日 中央电视台十套《地理中国》栏目首播《凌云霞影》专题片，详细介绍国家AAAAA级景区世界自然遗产江郎山丹霞地貌的形成及演变过程。

18日 衢州市副市长、江山市委书记吕跃龙，市委副书记、市长舒畅，市委副书记汪胜一行到江山市行政服务中心，检查推进“百名局长驻窗口”活动。

同日 江山经济开发区二季度重点项目集中开工仪式，在名雅居产业园项目建设现场举行。

同日 江山市工业设计基地开园仪式在市科创园举行。

19日 江山市举行“全球免费游衢州”活动启动仪式，江郎山、仙霞关、廿八都、清漾、浮盖山等五大核心景区列入免费游名单。

23日 江山市宇航文体、江山多娇等19家体育用品制造企业，参加以“融合拓新共赢”为主题的2017年中国国际体育用品博览会。

25日 江山市召开“百里须江·美丽长廊”工程征迁动员会。衢州市副市长、江山市委书记吕跃龙讲话，市领导舒畅、汪胜等参加。

26日 全市二季度重点项目集中开工仪式在江山城北旅游休闲综合体项目现场举行。

28日至29日 中国·衢州2017国际标准舞蹈全国公开赛暨第二届“华东四省一市”舞蹈大赛在江山市体育馆举行。

30日 “2017永远跟党走”第十二届中国青少年艺术节江山选拔赛暨“凯升”杯才艺大赛举行启动仪式。

6月

2日 江山市与天地汇集团举行物流O2O信息交易中心项目签约仪式。市领导吕跃龙、舒畅等参加。

3日 2016—2017年全国啦啦操联赛（江山站）暨中国啦啦之星争霸赛（江山站），在江山市体育馆举行。全国啦啦操委员会副秘书长李卫东，江山市领导舒畅等参加开幕式。

6日 衢州市人大常委会主任居亚平到江山市考察生态河道建设。

8日 江山市召开企业股改挂牌上市工作推进会暨培训会。

9日 江山市召开“两学一做”学习教育常态化制度化工作座谈会。

17日 省剿灭劣Ⅴ类水督导组到江山市，对剿劣工作进行现场督查指导。

同日 江山市举办第三届残疾人运动会。

20日 由省数据管理中心主任陈新忠带队的调研组到江山市，调研基层治理体系“四个平台”建设工作。

22日 省委常委、宣传部长葛慧君到江山市指导学习省党代会精神。

25日 市领导吕跃龙、舒畅分别带队督查全市防汛工作。

27日 衢州市领导徐文光、汤飞帆，江山市领导吕跃龙、舒畅、汪胜等分别赶赴沪昆铁路江山港大桥段抢险现场，指挥并参与爆破抢险工作。

同日 省发改委副巡视员谢晓波率调研组到江山市，开展空间规划编制和“大花园”建设调研工作。

30日 江山市举行2017年浙江生态日·江山清洁家园日暨全民参与垃圾分类系列活动启动仪式。市领导吕跃龙、汪胜等参加启动仪式。

是月 台湾青年创业总会到江山市考察欧派门业、电商产业园等企业和江郎山、廿八都等旅游景点。

7月

1日 江山市举办新生代企业家联谊会第二届论坛，主题是“科技、金融与实业”。

4日至5日 由省政协副主席张鸿铭带队的督查组到江山市，开展“最多跑一次”改革举措落实情况专题集体民主监督集中行动。

5日 央视发现之旅《匠心智造》栏目组开机拍摄浙江天际互感器有限公司“工匠精神”。

同日 江山市网络作家协会成立。

6日 省委统战部副部长、省社会主义学院党组书记、常务副院长吴振宇到江山市调研统战工作。

8日至9日 张村乡武术队在杭州举行的“和也杯”浙江国际武术比赛中，获15金4银2铜。同时，黄家拳、黄家棍还首次被列入传统武术比赛节目。

11日 “中国·江山”2017年全国健美操锦标赛在江山市体育馆开幕。中国健美操协会主席杨桦，江山市领导吕跃龙等参加开幕式。

14日 根据全国爱卫办组织专家的评审结果，全国爱卫会决定，命名浙江省江山市等69个城市（区）为“国家卫生城市（区）”。

20日 上海市（区）旅游协会到江山考察旅游工作，并与江山市旅游发展公司签订战略合作协议。

21日 “红火”教育奖励基金签约仪式在江山中学举行。

23日 海外华裔青少年“中国寻根之旅”夏令营在江山市举行开营仪式，有15名海外江山籍华裔青少年参加。

26日 衢州市人大常委会主任居亚平带领开化县的衢州市人大代表到江山，对江山市“最多跑一次”改革和“四个平台”建设工作情况进行跨县域视察。

同日 省妇联主席王文娟带队的督查组到江山市，督导调研妇联基层组织改革工作。

31日 江山市举行第二届“江山籍海内外博士家乡行”活动，33名江山籍博士到江山市考察。

8月

1日 市委召开全市领导干部会议，宣布省委、衢州市委关于江山市委主要领导调整的决定。省委决定，任命童炜鑫为中共江山市委委员、常委、书记，免去吕跃龙的中共江山市委书记、常委、委员职务。衢州市委书记陈新到会讲话。

2日 省委老干部局局长马林云到江山市调研老干部工作。

3日 市委书记童炜鑫前往经济开发区，调研全市工业平台建设情况。

7日 市委书记童炜鑫带队，督查全省美丽

乡村建设现场会筹备工作。市委副书记、政法委书记汪胜等参加。

8日 市委书记童炜鑫前往贺村镇调研小城市培育工作。

10日 市委常委会召开会议，传达学习习近平总书记在省部级主要领导干部专题研讨班上的重要讲话精神。市委书记童炜鑫主持会议。

同日 江山市国家森林城市建设总体规划通过评审。

12日 市公安局协警朱津津为抢救落水女青年，不幸牺牲。17日，中共江山市委发出《关于开展向朱津津同志学习活动的决定》。20日，朱津津的遗体告别仪式在江山市殡仪馆举行。省公安厅副巡视员何建军，衢州市副市长、公安局长王顺大，江山市领导童炜鑫、舒畅、王水亮、汪胜等参加。

16日 全国人大环资委副主任委员夏宝龙率全国人大环资委调研组一行到江山市调研。省人大常委会副书记袁荣祥，全国人大环资委办公室主任邵勇，省委副秘书长、农办主任章文彪，省人大环资委主任委员施利民等参加调研。

18日 衢州市委副书记、政法委书记李峰到江山市调研美丽乡村和“四个平台”建设工作。

19日 江山市举行三季度重点项目集中开工仪式。

23日 江山市召开信访维稳、安全生产暨中共十九大维稳安保工作推进会。市委书记童炜鑫出席并讲话。

25日 江山市召开创建国家全域旅游示范区工作推进会。

28日至29日 台湾台北市青年创业协会到江山市考察电商产业。

29日 省建设厅副厅长、省整治办常务副主任张奕率调研组一行，到江山市调研小城镇环境综合整治工作推进情况。

29日至30日 省委常委、省纪委书记、省监委主任刘建超率调研组到江山市调研监察体制改革等工作。

是月 江山市被列入全国基层政务公开标准化规范化试点县（市、区）。

9月

1日至3日 童炜鑫、舒畅、毛江妹、王水亮、汪胜等领导，分组走访慰问部分抗战老兵。

3日 江山市抗日战争文化研究会成立。市委书记童炜鑫等参加。

4日至5日 中组部组织二局巡视员、副局长张金豹一行到江山市，调研基层党建工作。

同日 台湾“中华统一促进党”到江山市走访交流。

4日至6日 省测绘与地理信息局党委委员、副巡视员徐焕凤带队的省督查组到江山市，开展第二轮“五水共治”“四边三化”“三改一拆”和小城镇环境综合整治工作督查。

8日 省财政厅党组书记、厅长、省地税局局长徐宇宁一行到江山市调研。

同日 “江山虎”助学兴教基金签约仪式在江山中学举行。

11日 市委召开十四届二次全体（扩大）会议，市委书记童炜鑫代表市委常委会作题为《建设江山“大花园”增创发展新优势》工作报告。

同日 江山市召开科技创新大会和人才工作会议。

12日 市十六届政府召开第一次全体（扩大）会议，市委副书记、市长舒畅作报告。

18日 江山市召开“平安护航十九大”决战攻坚会议。

同日 市综合指挥中心正式启动运行。

21日 衢州市委书记陈新率队到江山市调研现代农业发展。衢州市委常委、秘书长陈锦标，副市长吕跃龙等参加调研。

23日 2017 MaXi-Race China 江山100国际越野跑隆重开跑。衢州市副市长吕跃龙，江山市领导童炜鑫、舒畅、汪胜，法国极限赛事协会代表罗曼·吉尔曼，安纳西市国际交流与合作处代表史蒂芬·阿格诺里等参加开幕式。

25日 由台湾《中国时报》《台湾新生报》《中时电子报》等9家媒体组成的记者团到江山市采风。

26日至27日 副省长孙景淼一行到江山市调研指导全省美丽乡村和农村精神文明建设现场会筹备工作。省政府办公厅副主任蒋珍贵、省农办副主任高启华、衢州市副市长吕跃龙，江山市领导童炜鑫、舒畅、汪胜等参加。

27日 省审计厅厅长朱忠明到江山市调研指导审计工作。

同日 省供销社党委书记邵峰到江山市调研“三位一体”农合联建设。

30日 江山市举行烈士公祭暨烈士陵园开园仪式。童炜鑫、舒畅、毛江妹、王水亮、汪胜等领导参加。

是月 江山市被国家体育总局授予全国群众体育先进单位称号。

10月

9日 江山市举行“大美江山·郑奇平、杨昕、张良生”书法展。

11日 衢州市委常委、巨化集团董事长胡仲明一行到江山市，调研小城镇环境综合整治工作。

14日 “归江山居”文旅颐养小镇项目签约仪式在江山市举行。浙江蓝城建设管理有限公司董事长宋卫平，江山市领导童炜鑫、舒畅等参加。

18日 中国共产党第十九次全国代表大会在北京人民大会堂开幕。童炜鑫、舒畅、毛江妹、汪胜等市四套班子领导集体收看十九大开幕盛况。

21日 市委书记童炜鑫先后前往市行政服务中心和综合指挥中心，调研“最多跑一次”改革和市综合指挥中心建设情况。

23日 衢州市人大常委会主任居亚平一行到江山市督查“五水共治”工作。

25日 江山市举行江山旅游营销推广战略策划方案汇报会，德安杰环球顾问集团总裁贾云峰作报告。市领导童炜鑫、舒畅等参加。

26日 江山市举行四季度重点项目集中开工仪式。市领导童炜鑫、舒畅、毛江妹、王水亮、汪胜等参加。

28日 中共十九大代表、衢州市委书记陈新到江山市宣讲十九大精神。衢州市委常委、秘书长陈锦标，江山市领导童炜鑫、舒畅、毛江妹、王水亮、汪胜等参加。

同日 江山市召开全市领导干部会议，传达学习中共十九大精神。

同日 2017全国重阳登高健身大会江山分会场在西山健身公园广场举行，2000多名登山爱好者参加。

30日至31日 全省小城镇环境综合整治行动卫生乡镇创建工作现场会在江山市召开。

是月 江山市的江山乌猪、江山乌骨鸡、江山白鹅、浙江中蜂4个土品种被列入省级保护名录。

是月 江郎山景区被评为省运动休闲旅游示范基地。

11月

2日 市委书记童炜鑫主持召开市委常委会，审议通过《关于建立健全产业招商工作机制的通知》等议题。

同日 市委书记童炜鑫到双塔街道宣讲中共十九大精神。

同日 省司法厅厅长马柏伟到江山市调研司法行政工作。

3日 衢州市人大常委会主任居亚平到四都镇埠头村，宣讲中共十九大精神。江山市领导童炜鑫、毛江妹等参加。

同日 江山市召开重点攻坚项目表彰暨全省美丽乡村和农村精神文明建设现场会决战冲刺动员会。童炜鑫、舒畅、毛江妹、王水亮等市四套班子领导参加。

5日 全国政协文史和学习委员会副主任、中国国际茶文化研究会会长周国富一行到江山市调研茶产业发展工作。

同日 江山市开展百名记者“走进美丽乡村”采风行动。

7日 省委副秘书长、省农办主任章文彪一行到江山市，指导省美丽乡村和农村精神文明建设现场会筹备工作。

8日 衢州、江山两级政协委员在江山市督查“五水共治”工作。

10日 江山市全域旅游大数据中心启用。

11日 著名篮球运动员、中国篮球协会主席姚明到江山市参加公益活动。

15日 省农业厅厅长林健东参加江山市举办的水稻高产攻关测产活动。

16日 全省美丽乡村和农村精神文明建设现场会在江山市召开。省领导车俊、袁家军、陈金彪、周江勇、袁荣祥、孙景淼、成岳冲、陈小平等出席会议。衢州市领导陈新、徐文光、李锋、陈锦标、钱伟刚、吕跃龙，江山市领导童炜鑫、舒畅、汪胜等参加。

20日 衢州市政协主席吴国升到江山市调研小城镇环境综合整治工作。江山市政协主席王水亮陪同调研。

21日 江山市特邀中国国防大学战略教研部教授、博士生导师、军事史专家徐焰少将作国防安全专题讲座。

22日 副省长熊建平率队到江山市调研民政工作。

26日 水利部副部长陆桂华率队到江山市调研指导水利工作。

同日 江山市召开部分乡镇行政区划调整暨第四届世界互联网大会维稳安保工作部署会。经省政府批复同意，撤销清湖镇，设立清湖街道。童炜鑫、舒畅、毛江妹、王水亮等市四套班子领导参加。

27日 为纪念江山撤县设市30周年，江山市举行农村文化礼堂·村歌展演。

30日 “江山如此多娇”第二届浙江省微电影奖在江山市举行颁奖典礼。中国电影家协会副主席康健民，省委宣传部副部长唐中祥，省文联党组书记、书记处常务书记田宇原，浙江日报报业集团副总编辑程为民，省电影协会主席高克明，江山市领导童炜鑫、舒畅以及著名表演艺术家岳红、著名主持人舒中胜、著名影视制片人刘志江等嘉宾出席颁奖典礼。

是月 中国生态文化协会授予江山市大陈村为“全国生态文化村”称号。

是月 浙江省人民政府批准朱津津为烈士，中共浙江省委追认朱津津为中国共产党党员。

12月

1日 市委书记童炜鑫率市党政代表团赴新昌县考察科技创新和企业上市工作。

4日 江山市与浙江大学举行大健康产业产学研合作对接会。

6日 广东省梅州市委书记、市人大常委会主任谭君铁率党政考察团一行，到江山市考察美丽乡村建设。

7日 省人大常委会副主任毛光烈率队到江山市调研人大代表联络站工作。

同日 全省防控重大动物疫情演习暨冬季防控视频会在江山市峡口镇枫石村举行。

12日 市委书记童炜鑫主持召开产业招商组及区域招商局成立动员会。

同日 省环境保护第一督查组组长尚清率队到江山市督查环保工作。

20日 电影《半个月亮》首映发布会在江山市举行。

21日 江山市召开振兴江山工作专家研讨会。

同日 浙江健盛集团江山针织有限公司、浙江江山华安电器制造有限公司等9家企业入选科技部火炬中心的国家高新技术企业。全市累计拥有29家高新技术企业。

22日 江山市召开打击抢栽抢种抢养抢建“四抢”行为专项整治推进会。

25日至27日 省“五水共治”“四边三化”“三改一拆”和小城镇环境综合整治工作督查组到江山市督查。

28日 市工商业联合会（总商会）举行第十次会员代表大会。市领导童炜鑫、舒畅、毛江妹、王水亮等到会祝贺。

29日 “九龙谷”万亩土地开发项目举行开工仪式。

是年 江山市旅游厕所已完成新改造158座，其中AAA级旅游厕所9座，A级及以上旅游厕所75座。

市情概览

地理位置

江山市位于浙江省西南部，浙、闽、赣三省交界处。市境最北端位于北纬28° 53′ 27″的四都镇傅筑园村柿树坞口北，最南端位于北纬28° 15′ 26″的廿八都镇坚强村里山南，最东端位于东经118° 48′ 48″的塘源口乡仓源村阴源东，最西端位于东经118° 22′ 37″的大桥镇陈家村马车坳西。南北最长径距70.75公里，东西最宽径距41.75公里。全市地域总面积2019.4平方公里。

全市边界线长315.1公里，东以平埂、青岗尖、石奶尖背、洪公等处与衢州市柯城区、衢江区邻接，东南以金山头、老鹰平尖、苦竹际、仙岭坑尾等山峰与遂昌分界，西北以雪坑尖、石龙岗等山峰与常山县接境，西以古山、东库、茅村弄等处与江西省玉山县为邻，西南以里塘坞、嵩峰山等地与江西省广丰县接壤，南以枫岭（大竿岭）、苏州岭等处与福建省浦城县交界。

江山市区（主城区）位于市境北部偏东，介于北纬28°44′与东经118°37′交点附近。2017年末，主城区（指建成区）面积17.5平方公里。

历史沿革

江山历史悠久。距今4000年前的新石器时期，境内已有人类繁衍生息。春秋战国时期，江山为姑蔑一部分。秦王政二十五年（前222），属会稽郡大末县。东汉初平三年（192），属会稽郡新安县。三国孙吴宝鼎元年（266），属东阳郡新安县。南朝陈天嘉三年（562），属金华郡信安县。隋朝大业三年（607），属东阳郡信安县。唐武德四年（621），分信安县地置须江县，为江山建县之始，隶属衢州。五代吴越宝正六年（931），改须江县为江山县，属衢州。南宋咸淳三年（1267），江山县改名为礼贤县，仍属衢州。元至元十三年（1276），复名江山县，隶属衢州路。明清时期，均属衢州府管辖。民国时期，江山县曾直属于省、金华道、省第五和第三行政督察区。1949年5月，江山解放，属衢州专区。1955年，改属金华专区。1985年，国务院批准设立金华市和衢州市，江山县属衢州市。1987年11月27日，国务院批准撤销江山县，设立江山市，仍属衢州市管辖。

行政区划

2017年，全市共设19个乡镇、街道。其中，街道办事处3个，即双塔、虎山、清湖；建制镇11个，即上余、四都、贺村、坛石、大桥、新塘边、凤林、峡口、廿八都、长台、石门；乡5个，即大陈、碗窑、保安、张村、塘源口。全市设行政村292个、社区13个。

2017年江山市行政村、社区设置情况

乡镇街道	村民委员会和社区名称	村数
双塔街道	陈村、莲塘、郑村、五家山、上耀、社后、金家、天余、缸甫底、召石、新塘坞、坳里、丰足、杨墩、和贤、路垄、黄家、灵泉、塔东、赵家、陶村、大夫弟、迎宾，辖县前、民声、城北、周家青、乌木山5个社区	24
虎山街道	何家山、达道、孝子、平棋、彭里、江山底、荷塘、麻车、店前、金坞、溪东、协里、桑淤、双龙，辖市心、东门、南门、西门、江东、安泰、城南、桐岭8个社区	14
清湖街道	和睦、新塘底、浮桥头、清湖一村、清湖二村、清湖三村、九村、十村、七斗、路口、毛塘、蔡家、路陈、蔡家山、童家、泉家垄、贺仓、读溪口、祝家坂、清泉、前村、乐意、东儒、华夏、花园岗、贺周	26
上余镇	山头、江村、苦叶田、木车、五程、七一、一都江、大溪滩、望江、上余、塘岭一村、塘岭二村、塘岭三村、高洋、李坪、方家、湖珠、余航	18
四都镇	金山、双溪、埠头、前岭、江北、四都、上峰、傅筑园	8
大陈乡	早田坂、夏家、乌龙、大陈、大唐、红星	6
碗窑乡	源口、天井、和源、府前、达河、金龙、红石桥、碗窑、凤凰	9
贺村镇	耕读、羡家、三塘、寺后、长埂、南塘、丰益、溪淤、青塘尾、后源、水晶山底、严麻车、富益、龙头、吴村、诗坊、山底、佛堂、明星、贺山头、友爱、幸福、河东、东山头、湖前、八里坂、大贤坂、敖坪、贺村、狮峰、山塘、永兴坞、高路、华塔、乌鹰垄、万青山、陈塘、通贤、淤前、市上村、达埂、棠坂、石后、淤头、礼贤	45
坛石镇	定家坞、郭丰坞、坛石、新叶、横渡、郭丰、潭边、上溪、五圳、上王、占塘、鳌头、占村	13
大桥镇	冷水、仕阳、大桥、湖游、福塘、葩坞、店边、仕阳尾、西坂、桥头、陈家、新桥、上仓、黄石、芳源	15
新塘边镇	日月、永丰、上洋、彭村、毛家仓、千坞、东亭、毛村山头、勤俭、爱丰、东陈、上平天、东山、达路边、外坞、卅六都、恩深、新塘边、塘边	19
凤林镇	花溪岙、中岗、株树、英岸、苗青头、游溪、大悲山、官田、凤里、南坞、桃源、凤祥、凤溪、高坂、茅坂、政棠、卅二都、白沙	18
峡口镇	连丰、地山岗、定村、新和、枫石、同桥、峡南、峡东、峡西、峡北、峡新、三卿口、广渡、王村、合新、柴村、大峦口、双潭	18
廿八都镇	花桥、林丰、枫溪、山峰、兴墩、浔里、坚强、周村、浮盖山	9
保安乡	龙溪、赵宅门、裴家地、西洋、后坂、保安、化龙溪	7
长台镇	长台、长兴、朝旭、华峰、长安、乾湖、贺新、花园、金檀	9
石门镇	西山、清漾、灵岗口、琚家岗、长山源、溪底、界牌、金炉、泉塘、江郎山、郎峰、达篷、岭底、新群、延龄	15
张村乡	太阳山、塔山、先锋、秀峰、玉坑口、双合丰、琚源、龙头店、毛长甫、安顶、双溪口	11
塘源口乡	塘源、仓坂、冷浆塘、洪福、塘源口、青石、仓源、前墩、白石	9
合计	全市合计3个街道、11个镇、5个乡，292个行政村、13个社区	292

地貌河流

江山市全境分三个地貌区，东部、南部为福建武夷山脉延伸而至呈东北—西南走向的仙霞岭中低山区，海拔多在600米以上。海拔千米以上的山峰在境内有28座，其中最高峰为大龙岗，海拔1500.3米。岩石以中生代火山岩和火山碎屑岩为主，系中生代侏罗纪中期岩浆活动和火山喷发所形成。西北部为江西怀玉山脉延伸而至的低山丘陵区，海拔大多在200米至800米之间，最高峰为湖山尖，海拔859.4米。岩石以石灰岩为主，系由古生代早中期沉积而成。地表多石芽，地下多溶洞。中部河谷走廊地带，系中生代凹陷而成的绍兴——江山断裂谷西段。河谷宽窄不一，海拔多在100米至200米之间，地势相对低缓。清湖以北的冲积平坂，海拔多在100米以下，最低处为大溪滩渡船头，海拔73米。境内呈“凹”字形的三块地貌分区，构成江山半封闭盆地类地形格局，盆口向东北方向敞开，形成冬半年东北季风长驱入境。

江山港（须江）是境内最大河流，是钱塘江水系上源之一。它源于江山市双溪口乡南部浙、闽交界的苏州岭，全长134公里，境内长105公里。江山港干流分上、中、下游3段。自源头至峡口为上游，河水由南向北流，山高谷深，水流湍急，总落差千余米，已建成白水坑水库和峡口水库。峡口至贺村毛塘为中游，河水向西北流至麻溪淤，再折向北流至贺村，又折向东流至毛塘。中游水流自峡口流出山口进入海拔200米以下地区。地势低平，水流变缓，两岸多河漫滩台地，多农田、聚落分布。毛塘以下为下游，水流先向东南流至刘家埂再往东北经市区流至上余余家（余航村）进入衢州市衢江区，并在柯城区与常山港汇合入衢江，下游河段落差20余米。在下游河段接纳长台溪和达河溪（已建碗窑水库）两大支流，因上游干支流修水库，加上中、下游河道采沙石，河道已失去20世纪40年代前的航运之利。境内属于长江水系的主要溪流有新塘边溪、大桥溪和廿八都溪。

气候特征

江山市属亚热带季风气候，四季分明，气候湿润，光照充足。常年（1980—2010年）年平均气温17.4℃，1月平均气温5.4℃，7月平均气温28.8℃，每年3至6月为雨期，常年平均年降雨量1753.8毫米。平均无霜期约224天。自江山气象局建站（1956年）以来极端最高气温41.2℃，出现在2003年7月31日；极端最低气温-11.2℃，出现在1980年2月9日。

据统计，2017年平均气温18.6℃（常年17.4℃），位列建站以来第二位，历史最高出现在2016年达18.8℃；日极端最高气温40.1℃，出现在7月23日；日极端最低气温-2.1℃，出现在2月10日；年内气温≥35℃的高温日数为52天，较常年偏多21天多；该年度年总雨量1654.4毫米（常年1753.6毫米），雨日158天（常年159.4天）属正常略偏少；最大日降水量87.6毫米，出现在6月25日。年总日照时数1782.1小时，常年1757.7小时，较常年正常。主要灾害性天气过程如下：

1. 冷空气影响频繁。2月7—9日、17—18日、22—24日全市受冷空气影响，出现降温、降水及大风天气过程；22—24日，出现雨夹雪天气，部分山区出现积雪。

2. 梅汛期暴雨致洪灾严重。江山市6月9日入梅，6月30日出梅，梅期日数22天。入梅以来，江山市普降大雨、暴雨，局部大暴雨。6月21日全市面雨量52.0毫米，最大为大陈乡夏家村76.4毫米；6月22日全市面雨量69.3毫米，最大为大陈乡夏家村106.5毫米；受梅雨带影响，自23日20时至26日20时，全市过程面雨量193.8毫米，16个站点超过200毫米，最大为四都镇四都村253.8毫米。梅汛期连续强降雨过程造成多个乡镇房屋倒塌、农田渍涝、山体滑坡等次生灾害。

3. 连阴雨天气影响农作物生长。全年出现3次明显的连阴雨天气，分别在3月10—25日、6月8—30日、11月10—22日，尤其是从6月上旬开始到月底持续23天的阴雨天气，对农作物生长以及市民的生活和健康都有不同程度的影响。11月中下旬多日连续阴雨寡照极端异常天气，较大程度影响连晚稻收晒和柑橘采摘。

4. 夏季台风少，高温红色预警连发。受稳定的副热带高压影响，7月、8月出现持续高温晴热天气，7月20—29日连续10天发布高温橙色和红色预警信号。

2017年年平均气温较常年显著偏高，年平均降水量接近常年略偏少，年平均日照时数接近常年。2017年阶段性气象灾害发生频繁，遭受寒潮、连阴雨、局地强对流、梅汛期暴雨、大风、雷电、高温等极端天气气候事件。2017年农业气象条件总体为正常略偏好年，尽管梅汛期暴雨产生灾害明显，但是春茶采摘期没有出现明显的霜冻害，春播期间没有出现倒春寒等灾害；仅出梅后降水异常偏少旱情露头，对柑橘果实膨大有不利影响，对于水利、电力、交通、林业和旅游而言属正常气候年景。

自然资源

江山市土地总面积20.19万公顷。其中，山地、丘陵共17.93万公顷，占总面积的88.8%．河谷平坂地2.26万公顷，占总面积的11.2%，俗称“九分山丘，一分水田”。全市土壤总面积19.17万公顷，其中红壤、黄壤类面积共13.69万公顷，占土壤总面积的70.91%；水稻土类面积3.49万公顷，占土壤总面积18.16%。

江山矿藏以非金属矿为主。已发现30个矿种，129处矿产地。其中，非金属矿产22种，产地99处；能源矿产2种，产地18处。烟煤、无烟煤，主要分布在凤林镇茅村弄，贺村镇石后、道塘山，清湖街道山垄、小清湖等地。石煤，分布在四都、大陈、上余、双塔丰足、坛石横渡、大桥一带，以大桥与双塔丰足最为集中。萤石矿分布在峡口、石门、长台、张村、塘源口等乡镇，地质储量约100万吨。石灰石，主要分布在市境北部的四都、上余、大陈、坛石、大桥等乡镇，储量大。其他矿种有廿八都的硅灰石，双塔赵家的磷灰石，大桥西青垄、虎山街道方家山的硬质耐火黏土等。

江山市林业用地14万公顷，森林面积14.30万公顷。森林蓄积量312万立方米，森林覆盖率达70.8%，其中生态公益林面积5.37万公顷。江山属中亚热带北部亚热带常绿阔叶林浙闽山丘甜槠木荷林植被区，自然植被有常绿阔叶林、针阔混交林、针叶林、灌丛等15个群系，634种。国家一级保护树种有水杉、银杏、红豆杉、伯乐树、香果树、猪血木等，国家二级保护树种有香榧、金钱松、三尖杉、福建柏、鹅掌楸、樟树、花榈木、闽楠等，国家三级保护树种有青檀、天目木兰、黄山木兰等。野生动物中，国家一级保护动物的有白颈长尾雉、黄腹角雉、云豹、黑麂、金猫等，国家二级保护动物的有白鹇、鸳鸯、白鹳、鸢、穿山甲、短尾猴、大灵猫等。

人口民族

2017年末，江山市辖3个街道、11个镇、5个乡，有292个行政村、13个社区居委会，总面积2019.03平方公里。全市年末户籍人口61.65万人，其中男性人口31.62万人，女性人口30.03万人，分别占总人口的51.3%和48.7%。全年出生人口9093人，出生率为14.75‰，死亡人口4497人，死亡率为7.29‰，与2016年相比，2017年全市出生率上升2.58个千分点，死亡率上升1.56个千分点，自然增长率上升7.45个千分点。

江山市共有汉族、回族、畲族、苗族、蒙古族、壮族等28个民族，汉族人口占总人口的99.6%。

2017年江山市国民经济和社会发展情况

2017年是实施“十三五”规划的重要一年，也是新一届政府开局之年，全市上下深入学习习近平新时代中国特色社会主义思想，全面贯彻落实中共十九大精神，坚定不移践行“两山”理念，推动实施“两轮驱动”战略，迎难而上、真抓实干，全力建设实力、美丽、活力、幸福的江山“大花园”，经济社会实现平稳持续健康发展。

一、综合

初步核算，全年全市生产总值301.64亿元，按可比价格计算，比上年增长7.3%。其中，第一产业增加值21.96亿元，增长2.0%；第二产业增加值147.19亿元，增长5.9%；第三产业增加值132.49亿元，增长10.0%。在第三产业中，批发和零售业增长6.8%，住宿餐饮业增长6.5%，房地产增加值增长3.9%，交通运输业增长8.2%，金融业增长6.9%，营利性服务业增加值增长26.6%，非营利性服务业增加值增长4.4%。三次产业增加值结构由上年的8.0∶49.1∶42.9调整为7.3∶48.8∶43.9。全市人均生产总值（按户籍人口计算）49025元，合7261美元，比上年增长8.3%。

全年居民消费价格比上年上涨1.8%。其中，食品烟酒类下降1.4%，衣着类下降0.2%，居住类上涨6.9%，教育文化和娱乐类上涨2.5%，医疗保健类上涨1.7%，生活用品及服务类上涨1.2%，交通和通信类上涨1.3%，其他用品及服务类价格上涨2.3%。

全市新增就业人数7171人，有2803名城镇失业人员实现了再就业，年末城镇登记失业率为2.78%。

二、农业和农村建设

全年实现农林牧渔业总产值38.18亿元，比上年增长3.5%。

全年农作物播种面积49939公顷，比上年下降2.2%。其中，粮食播种面积29280公顷，增长0.1%；油料播种面积8238公顷，下降13.5%；蔬菜种植面积8426公顷，下降0.8%；果用瓜种植面积543公顷，下降12.7%。

全年粮食总产量20.03万吨，比上年增长0.4%。其中，谷物产量18.53万吨，下降0.06%。

油料产量 1.37 万吨，下降 13.1%；蔬菜产量 23.85 万吨，下降 0.4%；果用瓜产量 1.64 万吨，下降 12%。

全年完成造林面积 376 公顷，幼林抚育实际面积 1567 公顷。森林面积 14.52 万公顷，森林覆盖率 71.87%；生态公益林面积 6.67 万顷。

全年肉类总产量为 5.46 万吨，下降 10.3%。其中，猪肉 3.77 万吨，下降 16.6%。全年生猪出栏 55.04 万头，下降 18.2%；羊出栏 1.52 万只，增长 2.7%；家禽出栏 1285.97 万只，增长 3.7%。蜂蜜产量 18100 吨，蜂王浆产量 62.2 万公斤。

新农村建设成效明显，成功承办全省美丽乡村和农村精神文明建设现场会，连续九年获全省优秀县（市）称号。新增省级美丽乡村示范乡镇 2 个、省级美丽乡村特色精品村 5 个。创建美丽乡村示范村 22 个，A 级景区村 15 个、AA 级景区 10 个。完成 97 个村农村生活污水提标改造，282 个村实施农村生活垃圾分类处理，建成示范村 70 个、垃圾兑换超市 282 个、阳光堆肥房 119 个。19 个乡镇全部成功创建“无赤膊墙乡镇”。农家乐（民宿）床位数达到 10050 张，全年接待游客 630 万人次，年营业收入 3.8 亿元。全年培训农民 2857 人。安置异地搬迁农民 1500 人。稳步推进“一村一品”培育，新增专业特色村 8 个。

三、工业和建筑业

全年完成工业增加值 131.21 亿元，按可比价格计算，比上年增长 5.9%。规模以上工业完成总产值 324.50 亿元，增长 11.8%，其中，重工业 241.46 亿元，增长 12%；轻工业 83.05 亿元，增长 11.3%。实现工业销售产值 312.46 亿元，增长 11.5%，产销率达到 96.29%。全年完成工业出口交货值 26.85 亿元，增长 8.1%。

年末全市共有规模以上工业企业单位 280 家，其中主营业务收入亿元以上的企业达到 70 家，减少 17 家；大中型企业 29 家，与上年持平。

在规模以上工业中，机械行业实现产值 88.76 亿元，比上年增长 14.2%；木材加工业 46.23 亿元，增长 9.0%；化工行业 36.38 亿元，增长 14.0%；建材行业 25.5 亿元，增长 44.9%；金属制品业 16.81 亿元，增长 9.8%；电力生产供应业 14.36 亿元，下降 3.1%；专用设备制造业 10.29 亿元，增长 8.7%；食品加工业 10.21 亿元，增长 0.9%；纺织业 9.47 亿元，增长 27.9%；食品制造业 8.23 亿元，增长 12.1%；塑料制品业 7.64 亿元，下降 1%；文体用品制造业 7.22 亿元，增长 6.8%；黑色金属冶压业 7.14 亿元，增长 27.6%。在规模以上工业中，高新技术产业增加值 26.31 亿元，增长 9.1%，占规模以上工业的 36.4%；装备制造业增加值 26.16 亿元，增长 4.1%，占规模以上工业的 36.2%；战略性新兴产业增加值 12.12 亿元，增长 7.0%，占规模以上工业的 16.8%。

全年全社会用电量 23.61 亿千瓦时，比上年增长 7.7%。其中，工业用电量 16.53 亿千瓦时，增长 8.9%。

全年建筑业实现增加值 16.06 亿元，按可比价格计算，比上年增长 6.1%。全市 75 家纳入建筑业统计范围的资质建筑业企业，年末从业人员 2.83 万人。全年建筑企业施工面积 486.47 万平方米，房屋竣工面积 155.95 万平方米。

四、固定资产投资和房地产业

全年固定资产投资 207.01 亿元，比上年增长 13.0%。其中，第一产业投资 2.16 亿元，增长 35.3%；第二产业投资 91.21 亿元，增长 7.1%；第三产业投资 113.65 亿元，增长 17.4%。民间投资134.61亿元，增长10.1%。

在工业投资中，制造业完成投资80.44亿元，比上年增长6.8%。其中，木材加工业投资21.13亿元，增长54.0%；金属制品业投资7.58亿元，增长71.6%；化学原料及化学制品业投资8.05亿元，增长18.7%；工业技术改造投资83.77亿元，增长14.0%。

全市基础设施投资82.38亿元，比上年增长12.4%。其中，交通运输、仓储和邮政业投资5.06亿元，下降9.2%；水利、环境和公共设施管理投资60.48亿元，增长14.7%；电力、燃气及水的生产供应业投资10.77亿元，增长7.5%；教育设施投资4.47亿元，增长35.5%；文化艺术业投资0.21亿元，下降65.3%。

全市房地产开发投资24.24亿元，比上年增长40.5%。房地产开发施工面积111.98万平方米，下降22.1%；竣工面积19.47万平方米，下降75.0%；商品房销售面积49.21万平方米，增长0.7%，其中住宅34.57万平方米，增长13.7%，商业营业用房0.76万平方米，下降82.8%。商品房实际销售额42.73亿元，增长53.4%，其中住宅36.38亿元，增长68.7%。

五、国内贸易

全年社会消费品零售总额126.45亿元，比上年增长11.2%。其中，限额以上消费品零售额20.07亿元，增长16.8%；限额以下消费品零售总额106.38亿元，增长18.8%。按销售单位所在地分，城镇限额以上消费品零售总额为16.77亿元，增长23.1%；乡村限额以上消费品零售总额为3.30亿元，下降7.4%。按消费形态分，餐饮收入限额以上消费品零售总额为0.95亿元，增长11.9%；商品零售限额以上消费品零售总额为19.12亿元，增长17.1%。

2017年全市共有成交额超亿元的各类市场3个，实现成交额48.52亿元，比上年增长4.0%。

六、对外经济

全年进出口总额80755万美元，比上年增长24.4%，其中出口总额79171万美元，增长27.0%。

全市有进出口实绩的企业158家，其中当年新启动出口业务企业16家。出口额在100万美元以上的企业有68家。其中，300万美元以上的企业有43家，1000万美元以上的龙头企业有19家，比上年增加2家。

全年新批三资企业3家，合同利用外资460万美元，实际利用外资705万美元。

七、交通、邮电和旅游业

全年完成交通运输和邮政业增加值9.46亿元，按可比价格计算，比上年增长8.2%。

全年各种运输方式完成货物运输量3254.56万吨。其中，铁路54.56万吨；公路3200万吨，增长14.6%。

全年各种运输方式完成旅客运输量1167.38万人。其中，铁路125.38万人，增长11.2%；公路1042万人，增长5.3%。

全市机动车保有量为117896辆。其中，民用汽车89479辆，挂车933辆，摩托车27484辆，摩托车比去年增长25.3%。

年末全市各类公路里程1842.38公里，其中一级以上公路里程173.63公里，高速公路里程76.28公里。

全年完成电信业务收入2.94亿元，比上年增长4%；年末固定电话用户达6.14万户，下降8.9%；年末移动电话（通话）用户达47.26万户，增长3.6%；国际互联网用户数（不含手机）14.96

万户，增长26.6%。

全年旅游总收入96.53亿元，比上年增长26.3%。其中，接待国内旅游者1504.65万人次，增长20.9%；国内旅游收入95.36亿元，增长26.3%。住宿设施接待入境过夜游客人数6584人次。其中，外国人757人次，港、澳、台同胞5827人次。住宿设施接待入境游客（外汇）收入265万美元。全市拥有旅游星级宾馆饭店6家，客房总数785间。

八、财政、金融和保险

全年实现财政总收入25.2亿元，比上年增长4.6%，其中公共财政预算收入16.7亿元，增长7.1%。在主体税种中，受"营改增"影响，营业税（地方部分）下降101.5%，增值税（地方部分）增长28.7%，个人所得税、城市维护建设税分别增长30.7%、12.7%。全年财政支出45.2亿元，比上年增长7.6%。

年末金融机构本外币存款余额443.73亿元，比上年末增长11.5%，本外币贷款余额325.36亿元，比上年末增长7.6%。年末金融机构人民币存款余额439.34亿元，比上年末增长11.4%。其中，住户存款265.98亿元，非金融企业存款69.15亿元，广义政府存款104.04亿元；年末人民币贷款余额325.25亿元，比上年末增长7.6%。

全市全年保费收入11.21亿元，增长8.6%。其中，寿险保费收入6.82亿元，增长13.2%；财产险保费收入4.40亿元，增长2.1%。

九、教育和科学技术

全市现有普通高中7所，在校生9538人；普通初中15所，在校生18327人；中等职业教育学校2所，在校生6515人；小学41所，在校生31269人。全市拥有幼儿园84所，在园幼儿15918人。

全市小学入学率、巩固率和升学率均为100%；初中入学率、巩固率均为100%；初中毕业升高中段的比例为98.03%，其中升入普通高中的比例为53.02%。

全市普通高中专任教师819人，初中专任教师1414人，小学专任教师2036人，幼儿园专任教师918人。

全市现有衢州市级以上高新技术企业69家，其中国家级高新技术企业29家。全年获得衢州市级以上科技进步奖7项。专利申请受理1920项，专利申请授权1127项。

十、文化、卫生和体育

年末公共图书馆藏书量24.9万册。年末拥有文化馆（站）20个。广播综合人口覆盖率99.58%。有线电视用户16.95万户，其中数字电视用户16.95万户，电视综合人口覆盖率99.58%。市档案馆馆藏档案全宗175个，共计187060卷、66384件。全年查阅档案3672人次，14822卷（件）次。

年末全市共有卫生机构212家（不含诊所），其中医院、卫生院28家。医疗卫生机构病床床位2295张。卫生技术人员2893人。其中，执业医师1026人，执业助理医师169人，注册护士1100人。法定报告传染病发病率为368.31/10万，全市农村安全卫生饮水人口覆盖率99.57%，农村卫生厕所普及率97.53%。

全年举办市级各类体育竞赛活动43次，35535人次参加。在全省及以上各类体育比赛中，全市共获金牌26枚、银牌29枚、铜牌26枚，其他名次奖19个。

十一、人口、人民生活和社会保障

全市年末户籍人口61.65万人。其中，男性人口31.62万人，女性人口30.03万人，分别占总人口的51.3%和48.7%。全年出生人口9093人，出生率为14.75‰，死亡人口4497人，死亡率为7.29‰，与2016年相比，2017年全市出生率上升2.58个千分点，死亡率上升1.56个千分点，自然增长率上升7.45个千分点，变动相对较大。

全市城镇常住居民人均可支配收入41545元，比上年增长9.1%；全市农村常住居民人均可支配入21932元，比上年增长9.9%。城镇居民人均生活消费支出20302元，比上年增长5.3%；农村居民人均生活消费支出14324元，比上年增长6.5%。居民家庭恩格尔系数（食品消费支出占消费总支出的比重），城镇为32.8%，农村为36.1%。2017年城镇居民人均住房建筑面积46.2平方米，农村居民人均住房面积达81.3平方米。

全市参加城镇基本养老保险人数为38.67万人。其中，职工基本养老保险人数为14.41万人，居民基本养老保险参保人数达到24.25万人；城镇基本医疗保险参保人数为55.61万人，其中职工基本医疗保险人数为10.45万人。工伤保险、生育保险、失业保险参保人数分别达7.0万人、5.94万人、5.20万人。年末享受失业保险职工人数为305人。

全市各类养老机构有29家，床位数3511张，年末在院人数1829人。农村五保人员集中供养率达100%，城镇“三无”对象集中供养率达100%。年末全市城镇居民和农村居民最低生活保障已保人数分别为794人和18244人。

十二、资源、环境和社会公共安全

初步预计，2017年全市万元GDP综合能耗下降率为3.5%左右，单位工业增加值能耗下降率为5.3%。

污染整治取得明显成效。完成17家涉水企业整治；整治无环保措施企业213家、完成燃煤锅炉淘汰79家；完成3家水泥企业清洁化改造，完成10家企业VOC废气治理。

环境质量持续改善。城区空气质量AQI优良率为90.7%，同比上升2.4%；PM2.5平均浓度为39微克/立方米，同比下降11.4%；出境水断面水质年均值达到地表水Ⅱ类标准，集中式饮用水源达标率继续保持100%。

2017年，全市累计发生各类事故35起、死亡29人，比上年分别下降23.9%、12.1%。其中，工矿商贸领域发生事故4起、死亡4人；道路交通领域发生事故31起、死亡25人。无较大及以上事故发生。

十三、城市建设

全市建成区面积17.5平方公里，人均城市道路面积23.39平方米。全年供水总量1314.93万立方米，人均日生活用水量143.48升，用水普及率100%。市区用气人口15.4万人，燃气普及率100%。市区污水处理厂1座，日污水处理能力4万立方米，污水处理率为95.6%，生活垃圾无害化处理率100%。建成区绿化覆盖率44.36%，人均公园绿地面积12.39平方米。

注：

1. 本公报数据为年度初步统计数据。

2. 全市生产总值和各产业增加值绝对数按现行价格计算，增长速度按可比价格计算。

3. 人口数为公安部门统计的户籍人口数。

4. 规模以上工业统计标准为年主营业务收入2000万元以上工业企业；固定资产投资统计标准为计划总投资500万元以上项目。

5. 资料来源：

本公报中，新增就业人口、失业人员再就业、社会保障方面等数据来自市人力资源和社会保障局；造林面积方面数据来自市林业局；新农村建设数据来自市农办；全年生产电量来自市供电公司和市水利局；全社会用电量、工业用电量数据来自市供电公司；对外经济数据来自市商务局；车辆拥有量数据来自市交警大队；旅游数据来自市旅游局；财政数据来自市财政局；金融数据来自人民银行江山支行；教育数据来自市教育局；科技方面数据来自市科技局；图书馆藏书、文化站数据来自市文广新局；有线电视方面数据来自市广播电视总台；档案方面数据来自市档案局；卫生方面数据来自市卫计局；体育竞赛活动方面数据来自市体育局；人口数方面数据来自市公安局；养老机构、床位数方面数据来自市民政局；环境数据来自市环保局；社会公共安全数据来自市安监局；城市建设数据来自市城建局；电信业务、保费收入、交通运输客运量、货运量、公路里程等数据来自衢州市统计局；其他数据来自市统计局。

中共江山市委员会

综　述

2017年，是新一届江山市委工作的开局之年，也是江山全市上下喜迎中共十九大，在撤县设市30周年重要节点上谋求新发展、实现新突破进程中很不平凡的一年。一年来，中共江山市委深入贯彻落实中共十九大精神，高举习近平新时代中国特色主义思想旗帜，在浙江省委、衢州市委的领导下，团结带领全市上下，紧紧围绕市第十四次党代会描绘的宏伟蓝图，朝着建设"实力支撑、美丽著称、活力开放、人民幸福"的江山"大花园"目标方向，拥抱新时代、践行新思想、展现新风貌、实现新作为，全力保持经济社会平稳健康持续发展，推动各项工作继续走在衢州前列。

【发展主线进一步明晰】 积极应对经济发展新阶段，深入贯彻落实新发展理念，努力探索符合江山实际的科学发展道路。科学谋划江山大花园的建设路径。紧紧抓住省委、省政府高质量推进大湾区、大花园、大通道、大都市区四大建设的重大历史机遇，认真对照"特、富、美、安"的县域发展新要求，召开市委十四届二次全会，全面把握江山大花园建设内涵，突出以加快发展、科学发展为主线，力争通过3—5年努力，全力建设实力支撑、美丽著称、活力开放、人民幸福的江山大花园——工业转型任务基本完成，较为完善的现代工业体系初步建立，科技创新能力、平台承载能力明显增强，经济发展继续"领跑衢州"，打造实力大花园。全域旅游发展达到较高水平，旅游业成为国民经济支柱产业，美丽乡村建设成为"全国标杆"，生态环境质量持续提升并实现长效管理，"两山"转化通道进一步拓宽，绿色产业体系基本形成，打造美丽大花园。对外开放水平进一步提高，城市能级、辐射带动能力明显增强，外来人口特别是引进人才明显增多，重点领域和关键环节改革落地见效，实现办事效率更高、服务环境更优、创业氛围更浓，打造活力大花园。社会事业全面进步，城乡居民收入保持较快增长，民生保障更加有力，平安建设水平更高，人民群众的获得感和幸福感持续提升，打造幸福大花园。全面明晰经济发展的目标方向。统筹高质量要求和稳增长实际，突出以产业发展为中心，科学构建了以工业经济为核心，旅游经济和城市经济协同发展的"1+2"经济体系，进一步明确了江山市经济发展的重点和方向。聚焦全面振兴工业，深入调研、集思广益、广泛论证，印发《关于全面振兴江山工业的若干意见》，全面系统梳理了工业结构升级、模式升级、要素升级、生态升级方面的目标任务，力争通过3—8年努力，打造质量变革、效率变革、动力变革的工业强市升级版。召开创建国家全域旅游示范区工作推进会，进一步明确旅游经济的发展思路和目标，突出美丽乡村景区化、投资主体市场化、核心景区规模化发展主线，积极推进国家全域旅游示范区创建，全力打造全国一流休闲旅游目的地。在持续深化美丽江城建设的基础上，围绕城市能级偏低、业态缺乏的实际，确立赋能兴产的城市发展主攻方向，完善城市分片打造的规划布局，谋划启动城北高铁小镇等城市发展平台建设。

【综合实力持续增强】 全年实现地区生产总值302亿元，增长7.3%；固定资产投资207亿元，增长13%；财政总收入25.21亿元，增长4.6%，一般公共预算收入16.67亿元，同口径增长8.6%；社会消费品零售总额126.45亿元，增长11.2%；城乡居民人均可支配收入分别为41545元和21932元，增长9.1%和9.9%。工业经济提质增效。召开全市工业发展大会，打出“扶优育强、绩效倒逼”的工业转型组合拳，开展工业振兴大讨论，江山欧派成功登陆A股，企业股改上市三年行动计划深入实施，出台科技创新和人才新政，成立工业设计基地和“一站式”人才服务机构等创新载体，成功引进东华理工大学江山产学研基地，构建科技专家咨询委、百名局长联百企等服务机制。全年实现规上工业产值324.5亿元，完成工业投资91.2亿元，分别增长11.8%和6.9%。重点产业和企业发展势头强劲，门业产值增长15.6%，欧派、健盛两大龙头企业产值分别增长38.9%和33.1%，集聚效应逐步形成。旅游经济发展迅猛。江郎山·廿八都旅游区荣膺国家AAAAA级旅游景区，翻开江山旅游“AAAAA时代”发展的全新篇章。深入推进全域旅游示范区创建，建立健全综合管理机制，深化“旅游厕所革命”，新改扩建旅游厕所137座，建成旅游大数据中心，成功举办2017全国新年登高健身大会、Maxi-Race China江山100国际越野跑等赛事活动，全年新创建国家AAA级景区

国家AAAAA级旅游景区江郎山

5个、省A级以上景区村庄94个，累计接待国内外游客1508.8万人次，旅游经济收入96.51亿元，分别同比增长20.9%、25.9%。城市能级逐步提升。东、西入城口和高铁站出口改造提升全面完成，江滨南路等城市交通动脉建成通车，城市双饮用水源供应体系基本成型，城市天然气进区入户和地下管网改造工程有序推进，城北休闲旅游综合体、综合客运枢纽等一批重大功能项目开工建设，成功创建了国家卫生城市；房地产市场平稳发展，新建商品房49.2万平方米，完成投资24.2亿元。现代农业加快发展。单季晚稻百亩方、攻关田最高亩产破省记录，得到省委书记车俊、省长袁家军批示肯定；江郎山现代农业产业园区获省批复；绿牡丹茶获农产品地理标志认证；蜂业规模和经济效益连续26年位居全国各县市区首位；获评省畜牧业绿色发展示范县、省河姆渡杯粮食生产金奖单位。发展后劲持续增强。149个重点实施项目开建130个，82个省、市重点建设项目完成投资92.6亿元；重大产业、重大基础设施、生态环保“三大结构”投资增幅远远高于15%目标；城南天然气热电联产集中供热等4个项目成功争列省PPP示范项目，数量居全省第一；东华理工大学江山产学研基地落地开工，成功引进永利百合链传动产业园、开洋产业园等一批重大产业项目。全面打赢项目征迁攻坚战，共征收土地362.9公顷、拆迁房屋354户、流转土地93.53公顷，35个项目实现“清零”，为后续发展打开了空间。

【生态环境持续优化】 坚定不移践行“两山”理论，持续打好转型升级“组合拳”，推进生态环境综合治理，确保人民群众坐拥绿水青山，共享“绿色福利”。环境治理扎实有效。统筹推进污水剿灭、治气巩固、治土攻坚三大战役，提前7个月全域剿灭劣V类水体，全面禁止秸秆焚烧，在衢州率先实行危废全过程规范化整治，环境质量明显提升，全年出境水断面水质稳定达标，饮用水源达标率继续保持100%，市区空气质量优良天数达到331天；中央、省环保督查交办事项全部报结，完成整改事项74.5件，成功处置江化“8·24”甲胺泄漏事件，重启江化搬迁工作。城乡面貌持续改善。聚焦全省美丽乡村和农村精神文明建设现场会这一中心工作，举全市之力，汇全民之智，在精心精致精品上做文章，在落细落小落实上下功夫，全方位展示江山经济社会发展、美丽乡村建设的成果，零距离展现江山干部群众新时代的风貌，得到领导好评、嘉宾公认、群众点赞。启动“百里须江·美丽长廊”江山港流域综合治理工程土地征迁，继续推进城市夜景提升、城市绿道、小城镇环境、农村垃圾分类、美丽庭院等一揽子建设，成功承办全省小城镇环境综合整治行动卫生乡镇创建工作现场推进会。美丽经济加速转化。牵头制定生猪养殖“零排放”治污技术省级地方性标准，蜂业规模和经济效益连续26年位居全国各县市区第一位，星菜农业科技公司植物工厂成为全国最大商品化蔬菜工厂，光伏小康工程在全省实现率先建成、率先完成收益分配，打破省单季晚稻两项纪录，获评全国首批农村生活垃圾分类和资源化利用示范县、省中药材产业基地，“景区化”打造美丽乡村的做法得到省长袁家军的批示肯定。

【改革开放持续深化】 着力增强改革的系统性、整体性、协同性，以“最多跑一次”改革为突破口，撬动各领域改革，最大程度释放改革红利。“最多跑一次”改革深入推进。制定出台“2+5”系列方案，加快推进权力下放与数据互联共享，加快改革服务事项、服务内容向经济开发区、中介机构、兜底服务、政府投资、乡镇（街道）村（社区）等“五大领域”延伸。梳理出

692 项“最多跑一次”事项，占全部事项的 95.6%，全市累计代办量达 16 万余次，加快构建更加庞大、更专服务“店小二”“跑小二”队伍。创新推出“百名局长驻窗口”，相关做法经验获省委书记车俊批示肯定，并在全省推广。“四个平台”建设衢州一流、全省领先，全部乡镇（街道）完成规范化建设，清湖街道试点开发的基层治理综合信息平台在全省推广应用，率先在衢州建成市级综合指挥中心。全面改革不断深化。农村“三权到人（户）”改革基本完成，司法体制改革、监察体制改革、“多规合一”空间规划、教师“县管校聘”改革试点取得阶段性成果，国企改革、投融资机制改革全面启动，改革试点层次和数量同步提升，争取到基层政务公开标准化规范化、基层农技推广体系改革创新等重大改革国家级试点 4 个，“无欠薪”县（市、区）建设、服务业强县（市、区）培育提升三年行动计划、电子商务创新发展等省级试点 13 个。开放格局进一步打开。江广公路、48 省道延伸工程全面贯通，沿江公路、通景公路和姜家公路全面开建，江玉公路完成报批。杭衢高铁江山接线工程取得重大突破，相关规划已得到项目可研评审会的初步同意，义金衢上高速公路江山段、江山江航道等项目前期有序推进，开放格局进一步打开。

【民生福祉持续增进】 始终把人民对美好生活的向往作为奋斗目标，切实关注群众最关心最现实最直接的利益问题，使人民获得感、幸福感、安全感更加充实、更有保障、更可持续。社会保障日趋完善。民生投入持续加大，十件民生实事全部完成，加强困难群众、大学生等重点人群就业服务，扎实推进低收入农户认定试点，加大临时救助力度，加快养老服务业发展，推进全民参保计划，城乡居民基本养老保险和医疗保险参保率分别达到 85.8%、99.1%，城乡 D 级危旧房全部实现腾空搬离或修缮重建。社会事业蓬勃发展。顺利通过教育基本现代化市评估，高考再创佳绩，育仁职业高级中学、锦绣江山外国语学校、贺村第二小学投入使用，“学在江山”品牌持续打响；医疗卫生体制改革稳步推进，分级诊疗成效初显，城乡医疗资源持续优化，邵逸夫医联体项目成功签约，“健康江山”建设不断深化；开展“美丽新时代”村歌展演、第二届省微电影大赛颁奖典礼等重大文化活动，启动历史文化名村评选和文化名村丛书编撰，新建文化礼堂 18 个，全年开展各项文化活动近 3000 场；积极推动全民健身运动，全国新年登高大会荣膺 2017 年度省体育十大新闻，获评全国群众体育先进单位、省体育强市。社会治理成效明显。深化各类隐患排查治理，强化维稳信访破难攻坚，积极主动防范化解各类风险，基本走出担保链、担保圈形成的金融风险不良循环，安全生产形势总体保持稳定，食品药品安全形势持续向好，为中共十九大胜利召开营造和谐稳定的社会环境；扎实推进“雪亮工程”建设，加强网络平台管理，严厉打击违法犯罪，重拳打击“四抢”违法行为，圆满完成“6·25”沪昆铁路江山港大桥抗洪抢险救灾任务，有效保障群众生命财产安全，平安江山实现“八连冠”；加快法治江山建设进程，司法体制改革取得阶段性成果，获评全国法治工作先进市。

【党的建设全面加强】 突出以全面从严治党为主线，切实为全市经济社会发展筑起坚强保障。思想政治建设不断强化。坚持把宣传贯彻中共十九大精神作为头等大事，充分发挥市委理论学习中心组“风向标”作用，扎实开展中共十九大精神宣讲“六进”活动，积极营造“党委领跑、政府快跑、人大政协助跑、组纪宣统督跑、全市上下一起跑”的浓厚氛围；结合推进“两学一做”学习教育常态化制度化，引导全市党员干部牢固树立“四个意识”，坚定“四个自信”，自觉在思想上、行动上同以习近平为核心的党中央保持高度一致。队伍结构不断优化。完善干部队伍科学考评机制，实行干部“优进劣出”动态管理，实施干部培养“511”工程，注重在项目建设、征地拆迁等一线历练干部，“江山铁军”凝聚力、执行力、战斗力明显增强。基层基础不断夯实。创新实施党建+好班子、+好门路、+好服务、+好山水、+好乡风工作机制，有效激发了基层党建工作活力，典型做法入选全国基层党建创新优秀案例；强化党委抓党建主体责任，全面推行书记“项目清单”，开展基层党建百日双整双攻坚活动，基层党组织政治功能和服务功能进一步增强；顺利完成区划调整、村（社区）换届选举，对全市村、社区主职进行集中轮训；建立由31个经济薄弱村联建的“红色物业”经济园，村级集体经济持续发展壮大。作风建设不断深化。认真落实中央“八项规定”精神，始终坚持高压态势开展“正风肃纪”系列行动，积极运用监督执纪“四种形态”，高标准完成监察体制改革试点任务，推动作风建设由集中式整治向常态化治理转变。重点围绕全市重点工作、村级组织换届、扶贫领域专项督查开展执纪监督，创新推出“十佳监督执纪立项项目”评选活动，开展农村基层作风交叉巡查，推进清漾廉政教育基地建设。全市查处违反中央八项规定精神问题15起17人，立案查处各类党纪政务案件189件，追逃工作实现“清零”。

在江山召开的省、市重要会议和开展的重大活动

【2017全国新年登高健身大会】 1月1日，“中国体育彩票”2017全国新年登高健身大会江山主会场隆重开幕。中华全国体育总会副主席赵勇，浙江省人大常委会副主任毛光烈，衢州市委书记陈新，中华全国体育总会副秘书长、宣传部部长涂晓东，浙江省体育局局长、省体育总会常务副主席孙光明，衢州市副市长陈锦标，浙江省体育局副局长李华，奥运冠军孙杨、石智勇和攀岩世界冠军钟齐鑫等出席开幕式。江山市委书记吕跃龙主持，市委副书记、代市长舒畅等市四套班子领导参加。全国新年登高活动，是国家体育总局主推的传统全民健身品牌活动。2017年，这一活动再次全面升级，大会设浙江江山和北京八达岭为南北中心主会场，是响应全民支持北京2022年冬奥会和杭州2022年亚运会开展的遥相呼应的持续性活动。南方江山中心主会场活动内容丰富，举行了助力亚运登高、全民健身展示、中国天空跑系列赛等活动。

【车俊到江山调研指导工作】 2月8日，省委副书记、省长车俊到江山调研指导工作。省政府秘书长李卫宁，省政府副秘书长王纲，省发改委主任李学忠，省委组织部副部长、省人力社保厅厅长王文序，省交通运输厅厅长郭剑彪，衢州市领导陈新、徐文光、王建、李锋，江山市领导吕跃龙、舒畅等分别陪同。车俊一行首先到江山港虎山段，详细了解“百里须江·美丽长廊”项目情况。车俊强调，“五水共治”是贯彻“两山”重要思想的生动实践，是治省兴省的关键之策，是倒逼转型的铁腕重拳。扩大有效投资、推进重大项目建设是稳增长调结构、转动力增后劲、补短板优供给的有力抓手，是供给侧结构性改革的重要内容。要坚定不移打好扩大有效投资和重大项目攻坚战，促进新旧动力加快转换，为打造浙江经济升级版提供强大动力。车俊一行前往江山欧派门业股份有限公司实地调研，还前往石门镇

清漾村考察美丽乡村建设。

【2017全球“旅游+体育”大会·江山峰会】 3月25日，由中国旅游研究院指导，江山市人民政府、中华户外网、中法山地发展中心共同主办，以“消费升级、革故鼎新”为主题的2017全球“旅游+体育”大会·江山峰会开幕。市领导吕跃龙、舒畅，中国旅游研究院院长戴斌，以及来自全球数百名体育、旅游、户外休闲等产业领域的嘉宾参加开幕式或颁奖晚宴。市委书记吕跃龙指出，全域旅游是当今旅游发展的“大风向”，“旅游+体育”是旅游产业发展的“新风口”。此次江山峰会，聚集了全球数百名体育、旅游、户外休闲等产业领域的精英，搭建了国内最高规格的体育与旅游跨界交流平台，为大家创造了分享经验、深化友谊、促进合作的良好契机，更为江山学习经验、寻找合作提供了难得的机遇。戴斌发表“旅游+体育，内容的创造与产业的创新”主题演讲。来自国内外知名赛事机构的嘉宾进行了IP品牌推介，并与媒体记者就“旅游+体育”、户外旅游休闲产业发展前景等方面进行探讨交流。峰会还对一批最具投资潜力目的地、最佳体育旅游目的地、最佳户外休闲目的地进行颁奖。

【2017年全国男子举重锦标赛暨第十三届全运会预赛】 4月15日至18日，中国·江山“江郎山杯”2017年全国男子举重锦标赛暨第十三届全运会预赛开幕。国家体育总局举重摔跤柔道运动管理中心主任周进强，国家体育总局训练局副局长吕铁杭，国家体育总局举重摔跤柔道运动管理中心举重部部长钱光鑑；省体育局副局长吕林，省体育局党组成员、浙江体育职业技术学院党委书记刘军；江山市领导吕跃龙、舒畅，以及全体参赛运动员、教练员和裁判员等参加。开幕式上，周进强、吕林、吕跃龙以及奥运冠军石智勇、吕小军等同提杠铃、共举辉煌，运动员、教练员和裁判员代表进行宣誓。共有29支代表队261名运动员，参加8个级别的角逐，每个级别的前16名将获得参加第十三届全运会举重决赛的资格，共产生8枚总成绩金牌。

【“中国·江山”2017年全国健美操锦标赛】 7月11日至15日，“中国·江山”2017年全国健美操锦标赛在市体育馆开幕。中国健美操协会主席杨桦，江山市委书记吕跃龙等参加开幕式。此次赛事共有来自全国14个省（市）68支代表队的560人参赛，分成年组、年龄二组、年龄一组、预备组四个组别，竞技类项目则分为男子单人操、女子单人操、混合双人操、三人操、五人操5个单项，共产生35个冠军。

【全省小城镇环境综合整治行动卫生乡镇创建工作现场推进会】 10月30日至31日，全省小城镇环境综合整治行动卫生乡镇创建工作现场推进会在江山召开。国家卫计委疾控局爱卫工作办主任李全乐作专题培训讲座。省爱卫会副主任、省卫计委主任杨敬，省整治办常务副主任、省住建厅副厅长张奕，省卫计委巡视员、省爱卫办主任叶真，衢州市副市长王良春，江山市领导舒畅、汪胜参加会议。杨敬要求，要补短板强弱项，加快卫生乡镇创建进度，打好明后两年国家卫生乡镇创建攻坚战；要抓示范树典型，提高卫生乡镇创建质量，全面提升乡镇的创建管理水平；要求创新重长效，巩固卫生乡镇创建成果，全民共建共享美丽、健康、宜居的美好家园；要拓内涵促升级，将建设健康城镇作为全省爱国卫生工作重点，抢占健康城镇建设新高地。会上，嘉善县、江山市峡口镇、建德市乾潭镇、泰顺县百丈镇、长兴县吕山乡作交流发言。与会人员还前往保安乡、廿八都镇等地参观考察。

【全省美丽乡村和农村精神文明建设现场会】 11月16日，全省美丽乡村和农村精神文明建设现场会在江山召开。省委书记、省人大常委会主任车俊在会上强调，各地各有关部门要深入学习贯彻十九大精神，全面实施乡村振兴战略，认真践行“产业兴旺、生态宜居、乡风文明、治理有效、生活富裕”的总要求，开启新时代美丽乡村建设新征程，为新时代美丽浙江建设打下良好基础。十九大明确提出坚持农业农村优先发展，实施乡村振兴战略。要全面振兴农村产业，深化以农村产权制度改革为核心的各项改革，鼓励支持资本人才流向农业农村；要全面打造生态宜居的农村环境，认真落实“大花园”建设行动纲要，建设一批具有乡土气息、江南韵味的浙派民居；要全面塑造淳朴文明的良好乡风，用好传统文化在农村底蕴深厚、流传久远的优势，让清风正气充盈每一个乡村，让家教家风滋润每一个家庭，让乡村文脉传承到下一代；要全面加强乡村社会治理，以“最多跑一次”理念推进乡村治理集成化，实现政府治理和社会调节、居民自治良性互动；要全面创造农民群众的富裕生活，积极壮大村集体经济，让农民群众过上幸福美好的好日子。省委副书记、省长袁家军主持，省领导陈金彪、周江勇、袁荣祥、孙景淼、成岳冲、陈小平出席。衢州市委书记陈新介绍了衢州市美丽乡村和农村精神文明建设情况，衢州市领导徐文光、李锋、陈锦标、钱伟刚、吕跃龙，江山市领导童炜鑫、舒畅、汪胜等参加会议。会上，临安区、天台县负责人作交流发言，江山市作书面交流。会议表彰了一批美丽乡村示范县和AAA级景区村庄，江山市耕读村、大陈村获评浙江省 AAA级景区村庄。会前，与会人员分组考察了大陈乡大陈村和石门镇清漾村。

【“江山如此多娇”第二届浙江省微电影奖颁奖典礼】 11月30日，“江山如此多娇”第二届浙江省微电影奖在江山举行颁奖典礼。中国电影家协会副主席康健民；省委宣传部副部长唐中祥，省文联党组书记、书记处常务书记田宇原，浙江日报报业集团副总编辑程为民，省电影家协会主席高克明；江山市领导童炜鑫、舒畅以及著名表演艺术家岳红、著名主持人舒中胜、著名影视制片人刘志江等嘉宾出席颁奖典礼。本届微电影奖由省电影家协会、衢州市委宣传部、江山市委、市政府主办，省微电影专业委员会、江山市委宣传部、浙江法制报社承办，共有610部微电影作品参加评比，30部作品最终入围角逐最佳影片、最佳导演、最佳编剧等各大奖项。江山市《饭碗》等微电影分获9个奖项。此外，浙江省微电影专业委员会还授予江山市“浙江微电影战略合作城市”铜牌，授予耕读小镇“浙江省微电影拍摄基地”铜牌。

【全省防控重大动物疫情演习暨冬季防控视频会】 12月7日，2017年度浙江省防控重大动物疫情演习暨冬季防控视频会议在江山市峡口镇枫石村举行。省政府办公厅副主任、省防治动物疫病指挥部副指挥长蒋珍贵，省农业厅厅长、省防治动物疫病指挥部副指挥长林健东，衢州市副市长马梅芝，江山市委副书记、市长舒畅参加。演习模拟峡口镇富民养殖场发生H7N9流感疫情，江山市启动Ⅳ级疫情应急响应，迅速扑灭疫情的全过程。整个演习由视频展示与现场操作相结合，包含疫情发现、调查诊断、疫情报告与送检、疫情临时控制、疫情确认与报告、应急预案启动、应急预案终止等内容，为大家呈现了一场专业、高效、精彩的实战演习。

【中国登山协会青少年工作年终交流活动暨青委会年会】 12月30日至31日，2017年中国登山协会青少年工作年终交流活动暨青委会年会在江山召开。国家体育总局登山运动管理中心开发部部长、中国登山协会青少年委员会主任丁祥华，中国登山协会副秘书长李豪杰，国家体育总局登山运动管理中心新项目部部长李文茂，国家体育总局登山运动管理中心培训部代理部长王云龙，江山市委副书记、市长舒畅等参加。会议总结 2017 年中国登山协会青少年工作，安排部署 2018 年中国登山协会青少年工作计划，并对 2017 年中国登山协会青少年工作先进单位等进行表彰。

重要会议

【乡镇（街道）党（工）委书记抓基层党建工作述职评议会】 1 月 23 日，江山市召开 2016 年度乡镇（街道）党（工）委书记抓基层党建工作述职评议会。市委书记吕跃龙作重要讲话，衢州市委组织部副部长、编委办主任郑春弟到会指导，舒畅、毛江妹、王水亮、汪胜等市四套班子领导参加。会上，各乡镇（街道）党（工）委书记作了述职，与会人员进行了评议。在听取述职汇报后，吕跃龙对各乡镇（街道）基层党建工作作了点评。吕跃龙强调，要强化“第一责任”，聚焦主业抓党建，从严从实抓整改，一心一意抓队伍，不断提升基层党建工作科学化、规范化水平。要抓实“两大重点”，及早谋划、精心组织，确保村级换届平稳有序、风清气正；统筹谋划好乡村休闲旅游、土地生财、农村电商等文章，因地制宜实施红色物业经济、光伏小康工程等产业项目，千方百计发展壮大村级集体经济。要深化“党建 5 +”，努力形成一批可操作、可复制的“党建+”模式，让“党建 5 +”释放出更大效益。

【全市机关干部大会暨招商引资、“两年”活动动员会】 2 月 6 日，江山市召开机关干部大会暨招商引资、“两年”活动动员会。市委书记吕跃龙作重要讲话，市委副书记、代市长舒畅主持并部署“两年”活动，毛江妹、王水亮、汪胜等市四套班子领导出席。吕跃龙强调，突出重点、深化举措，以招商引资作为项目攻坚的突破口和主抓手。要抓实产业招商、深化“江商回归”工程、培植新增税源、大力推进 PPP 项目，不断强化招商引资工作的精准度和实效性；要压实市领导挂帅招商责任、单位主要领导和广大党员干部招商责任，形成共谋招商、齐促招商的强大合力；要在“实”字上下功夫、“快”

2 月 6 日，江山市召开机关干部大会暨招商引资、“两年”活动动员会

字上求突破、“活”字上做文章，着力提高招商引资工作效率；要以平台建设为重点，以服务提升为关键，努力打造“环境最好、服务最优、效率最高、成本最低”的投资创业环境。要落实保障、强化责任，以干部队伍建设作为提升效率的核心和主线；要强化责任意识、大局意识、创新意识“三个意识”，提振一流的精气神；要锤炼攻坚能力、服务能力、学习能力“三个能力”，强化一流的执行力；要弘扬廉洁自律之风、高效勤政之风、真抓实干之风“三项作风”，汇聚一流的战斗力。

【项目征迁攻坚大会战动员会】 2月23日，江山市召开项目征迁攻坚大会战动员会。市委书记吕跃龙作重要讲话，舒畅、毛江妹、王水亮、汪胜等市四套班子领导参加。吕跃龙强调，要大力弘扬攻无不克、战无不胜的铁军精神，全力打好征迁攻坚大会战；要充分发挥领导干部这一“关键少数”作用，既善于谋划全局、当指挥官，又敢于身先士卒、当战斗员，一级带着一级干，一级做给一级看；要把江山发展的责任牢牢扛在肩上，发扬“四千精神”，调动一切可以调动的力量，想方设法破解难题、攻克堡垒；要按照公开、公平、公正的原则，统一补偿标准，规范操作程序，一把尺子量到底、一本政策管到底，赢得广大群众的理解和支持。吕跃龙与征迁区块挂帅市领导签订军令状，为高铁江山站两侧配套提升工程房屋拆迁工作组授予“铁军”荣誉牌匾。

【市委政法工作会议暨平安信访工作会议】 3月3日，江山市召开市委政法工作会议暨平安信访工作会议。市委书记吕跃龙作重要讲话，市委副书记、市长舒畅主持会议，市委副书记汪胜等参加。吕跃龙强调，全市政法信访战线要进一步强化大局意识，更加精准地服务保障中心工作。聚焦重点工作，保驾护航，全力保障“两轮驱动”战略、“两年”活动、“拆治归”、项目征迁大会战等重点工作顺利推进；聚焦风险隐患，主动出击，切实做到抓早、抓小、抓苗头，确保社会面和谐稳定；聚焦转型发展，破难攻坚，充分发挥好职能作用，为保障企业正常生产经营活动、盘活发展资源、促进转型发展留足空间。要强化担当意识，突出重点、织密社会稳定防护网，改革创新、提高执法司法公信力，执法为民、增强人民群众满意度，更加有效地维护社会平安稳定。要强化争先意识，强党性、坚决听党指挥，强业务、练就过硬本领，强作风、树立良好形象，更加严格地打造过硬政法铁军。吕跃龙、舒畅代表市委、市政府与相关部门乡镇（街道）签订2017年度平安综治维稳和信访工作目标管理责任书。

【全市村和社区组织换届工作部署会】 3月17日，江山市召开村和社区组织换届工作部署会。市委书记吕跃龙作重要讲话，市委副书记汪胜等领导参加。吕跃龙强调，要把握重点，精心组织好村社换届工作。坚持党的领导，严守党管换届，乡镇（街道）党（工）委书记要一线指挥、具体负责，充分发挥乡镇（街道）、联审部门党组织的领导作用，牢牢把握工作主导权；坚持铁军标准，严把人选条件，把优秀人才选进村和社区班子；坚持依法依规，严格程序规范，确保换届选举于法周延、于事简便、高质高效；坚持挺纪在前，严肃选风选纪，营造风清气正的换届选举环境；要凝聚合力，切实做到组织领导到位、舆情监管到位、无缝衔接到位，在做好村社换届工作的同时，重点工作推进不断档、不松劲，实现两不误、两促进。

【全省美丽乡村建设现场会筹备工作动员会】

3 月 24 日，江山市召开全省美丽乡村建设现场会筹备工作动员会。市委书记吕跃龙在会上强调，把握重点、聚焦聚力，精心打造美丽乡村“江山样本”。要护好“底色”，剿灭劣 V 类水，抓实农村垃圾分类，加快小城镇环境综合整治，全力保护好生态环境；要做足“成色”，扮靓盆景、实现点上经看，连线成景、实现线上好看，连片推进、实现面上可看；要展现“特色”，把江山乡村文化的优势发挥好，精心筹备好展演活动，充分彰显独特的江山乡村人文味道；要凸显“本色”，加快发展乡村休闲旅游，大力推进农业供给侧结构性改革，发展壮大村级集体经济，努力把美丽资源转化为美丽经济。要明确职责、统筹力量，全力以赴确保现场会圆满成功；要加强领导，强化责任，按照目标要求，制定方案，明确任务；要统筹资源，整合力量，全力确保土地资源和资金等要素保障，把有限的财力用在刀刃上，将现场会办好、办出彩；要加强督查，狠抓落实，确保按时保质完成工作任务。吕跃龙与一级河长代表签订工作目标责任书。市委副书记、市长舒畅主持，王水亮、汪胜等市四套班子领导出席。

9 月 29 日，市委副书记、政法委书记汪胜(右二)督查十九大维稳安保工作

【全市工业大会】 3 月 30 日，江山市召开全市工业大会。市委书记吕跃龙在会上强调，全市上下要树立组团转型、专注专业、爱才惜才的理念，合力振兴实体经济，做精做强细分行业，

3 月 30 日，江山市召开工业大会

主动淘汰落后产能，招才引智抢占先机，加快工业经济转型跨越发展；要培育一批行业龙头领军企业，以“三大百亿”产业为重点，以兼并重组为路径，以挂牌上市为方向，以品牌建设为着力点，强化工业发展的龙头支撑；要打造一批“专精特新”中小企业，围绕产业发展重点，全力培育单打冠军企业，积极助推小微企业成长，加快企业上规升级；要落实绩效评价机制倒逼加快淘汰落后，推进要素差别化配置，盘活闲置低效用地，加快淘汰低端低质低效企业；要掌握组合拳核心要领，完善工业创新体系，强化创新人才引培，以创业创新引领企业提质增效。舒畅、王水亮等市四套班子领导参加，20位2016年纳税1000万元以上的制造业企业负责人在主席台就座。

【全市一季度经济形势分析会】 4月19日，江山市召开一季度经济形势分析会。市委书记吕跃龙在会上强调，要增强信心、保持工作定力，坚定不移地朝着党代会确定的方向、目标、路径，踏踏实实地干下去，奋力夺取经济工作的半年红、全年红；要集中精力、开足马力，抢抓发展机遇，发挥自身优势，以钉钉子的精神狠抓各项工作落实；要明确责任、分工负责，紧盯目标、真抓实干，力争各项工作在衢州乃至全省争先进位；要转变工作作风，坚持抓具体、具体抓，沉下去、实起来，对经济运行、工业重点企业生产经营、重点项目推进、土地征迁、招商引资、“五四三”专项、小城镇环境综合整治等重点工作和关键环节进行定期监测、跟踪问效，努力破解工作难题和发展瓶颈，确保重点工作取得突破性进展。舒畅、王水亮、汪胜等市四套班子领导参加会议。

【市委常委扩大会议】 4月27日，市委召开常委扩大会议，传达学习衢州市两会精神。衢州市副市长、江山市委书记吕跃龙主持会议并讲话，舒畅、王水亮、汪胜等市四套班子领导参加会议。会议强调，要学深悟透衢州市两会精神，进一步增强信心、保持定力、抢抓机遇，全力拥抱“衢时代”，在事关江山长远发展的大事、要事上谋求突破，推动江山加快奔跑；要在推进全民创业创新上取得突破，深入实施工业强市和旅游富民“两轮驱动”战略，在龙头企业、单打冠军企业培育和企业上市等方面下苦功，全力打造工业强市升级版；要在重大基础设施项目上取得突破，加快推进杭衢高铁、义金衢上高速、江山港航运等项目前期，争取“十三五”期间开工建设、建成投用，切实改善区域交通大格局；要在创建全域旅游示范区上取得突破，明晰“后5A时代”旅游发展路径，加快实现从景点旅游到全域旅游的华丽转型，打造全国一流的休闲旅游目的地；要在加快“山水家园”建设上取得突破，努力建设宜居宜业宜游宜学的现代化美丽江城，全力打造美丽乡村“江山样板”；要在开放发展借力发展上取得突破，紧密对接沿海经济带和杭州都市圈，加快融入山海协作升级版；要在“最多跑一次”上取得突破，继续深化“最多跑一次”改革，向乡镇村、中介机构、企业等三方延伸，营造更优发展环境。

【市委巡察工作领导小组会议暨第一轮巡察工作动员部署会】 5月5日，市委巡察工作领导小组会议暨第一轮巡察工作动员部署会召开。衢州市副市长、江山市委书记吕跃龙作重要讲话。吕跃龙强调，做好巡察工作，要坚定政治方向，准确把握政治巡察的定位，紧盯“党的领导弱化、党的建设缺失、全面从严治党不力”等“三大问题”，把政治巡察的要求不折不扣落实到巡察监督各个环节；要坚持问题导向，紧盯重点人、重点事、重点问题；要保持政治定力，全力打造巡察“铁军”。要加强领导、合力推进，形成步调一致、同频共振的强大合力；要统筹谋划、稳步推进，明确基本流程和工作方法，制订详细的工作方案，做好各类情况的处置预案；要严抓整改、整体推进，切实做到巡察前即知即改、巡察中立行立改、巡察反馈后全面整改，让广大党员和人民群众看到实实在在的变化。

【企业股改挂牌上市工作推进会暨培训会】 6月8日，江山市召开企业股改挂牌上市工作推进会暨培训会。衢州市副市长、江山市委书记吕跃龙在会上强调，规范发展是企业做大做强的内在要求，要走好挂牌上市这条最佳路径，建立现代企业管理制度，确保企业在规范轨道上运行。股份制改造是挂牌上市的“第一步”，找好合伙人团队，用股权换人才、用股权换市场、用股权换资本；新三板仍是很多中小微企业的“不二之选”，找到适合自身发展的上市之路。要转变观念强信心，推行“董事长”工程，坚定企业挂牌上市信心；要精准梯度抓培育，按照“培育一批、股改一批、挂牌一批、上市一批”的要求建好企业库，实施梯队培育；要优化环境聚合力，为企业挂牌上市创造更为有利的环境；要营造声势浓氛围，唱响企业挂牌上市的最强音。市委副书记、市长舒畅等参加，江化、健盛、欧派等3家A股上市企业负责人在主席台就座。

【全市领导干部会议】 8月1日，市委召开全市领导干部会议，宣布省委、衢州市委关于江山市委主要领导调整的决定。省委决定，任命童炜鑫为中共江山市委委员、常委、书记，免去吕跃龙的中共江山市委书记、常委、委员职务。衢州市委书记陈新讲话；衢州市委常委、组织部长陈玲玲宣读省委任免决定；衢州市委常委、秘书长陈锦标，衢州市委组织部副部长、编办主任郑春弟，江山市四套班子领导，各乡镇（街道）党政主要领导，市级各单位党政主要领导，曾担任过实职副处级以上领导职务的离退休干部等参加会议。陈新强调，要旗帜鲜明讲政治，牢牢守住政治安全、经济安全、社会安全、生态安全的底线，努力营造和谐稳定的发展环境；要心无旁骛抓落实，始终坚持发展是第一要务，继续当好衢州发展的“排头兵”，不断优化创业创新环境，深入推进供给侧改革，奋力夺取经济发展“全年红”；要坚持以人民为中心，让发展成果更多地惠及人民群众，让江山老百姓在幸福江山建设中有更多的获得感；要落实管党治党主体责任，推动全面从严治党向纵深推进、向基层延伸、向每一个党支部和每一名党员覆盖，努力锻造一支忠诚干净、敢于担当的“江山铁军”。衢州市委对江山的经济社会发展和领导班子建设寄予了很高的期望，希望大家在以童炜鑫为班长的江山市委领导下，锐意进取，真抓实干，努力创造新的辉煌。

【全市上半年经济形势分析会】 8月12日，江山市召开上半年经济形势分析会，对2017年以来全市经济运行情况进行了深入分析研究。市委书记童炜鑫在会上强调，要珍惜当前时代发展机遇，切准高铁时代、互联网时代、消费升级时代的脉搏，明确目标定位，谋求更大发展。要坚持“两轮驱动”战略不动摇，突出主攻工业经济，大力发展旅游经济和城市经济，着力形成“1+2”的经济发展格局；要着眼各项重点工作的加快推进，继续解放大思想，整合大资源、聚焦大项目、培育大企业、谋划大交通，切实加快补齐发展短板；要积极围绕党委政府形成干事合力，积极营造“党委领跑、政府快跑、人大政协助跑、纪委组织部督跑、全市上下一起跑”的浓厚氛围，迎难而上，奋力攻坚，掀起全市经济建设的新高潮。舒畅、毛江妹、王水亮、汪胜等市四套班子领导参加会议。

【信访维稳、安全生产暨中共十九大维稳安保工作推进会】 8月23日，江山市召开信访维稳、安全生产暨中共十九大维稳安保工作推进会。市委书记童炜鑫出席并讲话，市委副书记、市长舒畅主持，市委副书记汪胜等市领导参加。童炜鑫强调，平安护航十九大是当前压倒一切的首要政治任务，全市各级各部门必须压实责任，筑牢防线，把安全信访维稳各项任务落到实处，为中共十九大胜利召开营造和谐稳定的社会环境。要坚持关口前移，充分发挥基层网格员作用，隐患排查不留死角盲区；要坚持精准施策，严格落实领导包案制度，专项行动破除重点难点；要坚持严惩严打，依法严肃处置蓄意滋事扰序行为，雷霆手段扫除顽疾痼瘴；要以高度负责的态度、舍我其谁的气概，以上率下、带头领责，齐抓共管、守土尽责，强化执纪、严肃问责，从严从细从实完成好各项工作任务，以优异成绩迎接中共十九大胜利召开。

【创建国家全域旅游示范区工作推进会】 8月25日，江山市召开创建国家全域旅游示范区工作推进会。省旅游局党组副书记、副局长、巡视员傅玮到场指导，童炜鑫、舒畅、毛江妹、王水亮、汪胜等市四套班子领导参加会议。傅玮希望江山市进一步增强紧迫感和责任感，在生态旅游上做出示范，在产业融合上做出特色，在旅游项目上做出突破，在乡村旅游上做出品牌，推动幸福江山建设向更高层次迈进。市委书记童炜鑫强调，要全力做强核心景点，坚持招大引强，丰富核心景区旅游业态；要着力培育城市经济，完善旅游配套设施建设，提升城市旅游接待能力；要让旅游特色更鲜明，推进“旅游+体育”“旅游+文化”等融合发展，着力打造运动之城，提升旅游带动效益；要打造更加便捷的交通网络，通过杭衢高铁、义金衢上高速公路等大项目的实施，进一步打开江山对外的大通道。强化保障，加强领导，确保成功创建国家全域旅游示范区。要构建齐抓共管的格局，必须统一思想，形成共识，齐心协力，共同推进。要健全完善各项机制，引导广大企业和群众主动参与全域旅游发展；要严格落实创建责任，倒排时间节点，明确目标任务，逐项抓好落实；要营造浓厚的创建氛围，组织和发动全市广大干部群众、社会各界积极支持创建工作。

【市委十四届二次全体（扩大）会议】 9月11日，市委召开十四届二次全体（扩大）会议，深入学习贯彻习近平总书记系列重要讲话精神和治国理政新理念新思想新战略，认真学习习近平总书记“7·26”重要讲话精神，贯彻落实省第十四次党代会、衢州市委七届二次全会重要决策，研究部署江山“大花园”建设任务，努力在实现“两个高水平”征程中增创发展新优势，以优异成绩迎接中共十九大胜利召开。市委常委会主持会议，市委书记童炜鑫代表市委常委会向全会作工作报告。全会强调，坚定信心、保持定力，继续沿着既定的目标任务，坚持“两轮驱动”战略不动摇，突出主攻工业经济，大力发展旅游经济，提升发展城市经济，在建设“大花园”的新征程中，增创江山发展新优势。要把握江山“大花园”的丰富内涵，着力形成物质文明、精神文明、生态文明相统一的发展局面。要确立江山“大花园”的建设目标，全力建设实力支撑、美丽著称、活力开放、人民幸福的江山“大花园”。要明晰江山“大花园”的建设路径，加快工业转型，建设实力“大花园”；发展全域旅游，建设美丽“大花园”；深化改革开放，建设活力“大花园”；增进民生福祉，建设幸福“大花园”。江山“大花园”的实力支撑和关键，就是工业经济。要聚焦重点，做强大产业；要聚集要素，培育大企业；要聚力提升，建设大平台；要聚神转型，实施大创新。

【“平安护航十九大”决战攻坚会议】 9月18日，江山市召开“平安护航十九大”决战攻坚会议。市委书记童炜鑫出席并讲话，市委副书记、市长舒畅主持，市委副书记汪胜等市领导参加。童炜鑫强调，平安护航十九大是当前压倒一切的政治任务，全市上下要牢牢把握决战决胜十九大阶段的工作重点，突出问题导向，强化底线思维，坚决打好“平安护航十九大”攻坚战，确保实现“六个坚决防止、三个确保”目标。思想要再统一，切实增强维护安全稳定的政治责任感，作最充分准备，尽最大努力，争取最好结果。责任要再落实，切实肩负起促一方发展、保一方平安的政治责任，各负其责、齐抓共管，确保全市社会和谐稳定。举措要再有力，切实增强做好安全稳定工作的思想自觉和行动自觉，推动重心下移、力量下沉、保障下倾，进一步加强安全生产、行业监管、平安巡逻，确保不留隐患、不留死角。督查要再加强，进一步加大专项督查和暗访频次，严肃通报问题，督促整改落实，对因工作不力发生重大问题、造成重大影响的，坚决从严查处，逐级问责追责。

【城镇D级危旧房腾空解危专项行动动员会】 9月22日，江山市召开城镇D级危旧房腾空解危专项行动动员会。市委书记童炜鑫在会上强调，做好D级危旧房腾空解危工作一刻也不能耽搁，要大力弘扬征迁铁军精神，抓紧、抓准、抓严，迅速投入到腾空解危工作中去；要强化人员保障，抽调骨干力量，实行集中办公，各负其责，协调推进，形成解危合力；要强化政策保障，按照标准按时足额发放过渡补助款和搬迁补助款，同时抓紧制定后续补偿安置政策，早日给群众吃下“定心丸”；要强化纪律保障，严肃宣传纪律、保密纪律、廉政纪律，切实做到“四个带头”“六个不准”，严格按照制度和程序办事，坚决打赢这场攻坚战。市委副书记、市长舒畅主持会议，毛江妹、汪胜等市领导参加。

【重点攻坚项目表彰暨全省美丽乡村和农村精神文明建设现场会决战冲刺动员会】 11月3日，江山市召开重点攻坚项目表彰暨全省美丽乡村和农村精神文明建设现场会决战冲刺动员会。市委书记童炜鑫在会上强调，两项重点攻坚项目工作的阶段性胜利来之不易，充分展现江山干部群众上下同心、科学统筹、苦干实干的精神特质。省美丽乡村和农村精神文明建设现场会筹备工作已进入决战冲刺阶段，要把现场会的筹备作为当前的首要政治任务，继续发扬重点攻坚项目工作中展现出的良好精神状态，全力冲刺最后的筹备工作；要牢固树立全市“一盘棋”思想，全市动员、全员参与、全面发动，配合完成现场会筹备各项任务；要进一步深化和细化筹备方案，加强统筹协调，狠抓短板查补，确保现场会取得圆满成功。会议授予在征迁工作中表现突出的7个征迁工作组“铁军”荣誉称号，表彰了29名一线征迁干部，还对在城镇D级危旧房腾空解危行动中表现突出的13个先进集体以及57名先进个人予以表彰。市委副书记、市长舒畅主持会议，毛江妹、王水亮、汪胜等市领导参加。

【市委常委扩大会议】 11 月 11 日，市委召开常委扩大会议，传达学习省委十四届二次全会精神。市委书记童炜鑫主持并讲话，市委副书记、市长舒畅传达省委全会精神，毛江妹、王水亮、汪胜等市领导参加。会议强调，要深刻领会和准确把握“忠贞不渝紧跟习近平总书记这个核心走”的重大意义，坚定不移地用习近平新时代中国特色社会主义思想不断武装头脑、指导实践，忠诚核心、拥戴核心、维护核心、紧跟核心；要深刻领会和准确把握“推进‘两个高水平’建设”的战略安排，认真对照十九大和省委全会提出的战略目标和任务举措，结合江山实际，一条一条抓好落实，加快形成具有鲜明江山特色的实践探索；要深刻领会和准确把握“不断提高各级党委把方向、谋大局、定政策、促改革的能力和定力”这个党的建设新要求，进一步加强党的基层组织和高素质干部队伍建设，提高拒腐防变和抵御风险能力，把全面从严治党引向深入，不断营造政治生态上的绿水青山。会议还分析总结江山市三季度经济运行情况，部署下一阶段的工作。

【部分乡镇行政区划调整暨第四届世界互联网大会维稳安保工作部署会】 11 月 26 日，江山市召开部分乡镇行政区划调整暨第四届世界互联网大会维稳安保工作部署会。市委书记童炜鑫作重要讲话，市委副书记、市长舒畅主持，毛江妹、王水亮、汪胜等市领导参加。经省政府批复同意，江山市撤销清湖镇，设立清湖街道；上余镇迎宾村、陶村村、大夫弟村 3 个村划归双塔街道管辖；碗窑乡双龙村、桑淤村、协里村 3 个村划归虎山街道管辖。童炜鑫强调，做好此次行政区划调整是全市人民政治生活中的一件大事，也是江山市经济社会发展史上具有里程碑意义的一件大事。要抓紧开展工作，推动干部群众以实际行动支持配合行政区划调整工作；要抓细交接工作，做到各个环节无缝对接，确保社会和谐稳定；要抓严工作纪律，做好资产处置、财务清算以及档案移交等工作，严防国有、集体资产流失；要按照统筹兼顾、加快发展、转变职能的要求，务求各项工作都有新的起色、新的亮点、新的突破，确保圆满完成各项年度工作目标任务。

市委办公室工作

市委办公室召开“践行‘两学一做’，开展‘联包干’行动”部署会

【概况】 2017 年，市委办公室在市委的领导下，在上级党委办公室的正确指导下，全面把握和深刻领会习近平总书记中办重要讲话精神的丰富内涵和精神实质，紧紧围绕中央、省委、市委决策战略，增强“四个意识”，自觉践行“五个坚持”，不断提高“三服务”水平，以“参”在点子上、“谋”在关键处为追求目标，全力助推全民创业创新，充分保障市委工作的规范高效运转，为推动江山市经济社会科学发展做出了积极贡献。

【严把文稿质量】 面对综合文字工作量增大、领导要求严的新情况，紧跟领导思路，紧扣发展形势，着力在“准、快、优”上下功夫，发扬“五加二”“白加黑”精神，加班加点、苦干实干。严把“出炉”关，努力多出“精品”“免检”文稿，不让领导在文字上分心。一年来先后高质量完成市委十四届二次全会、机关干部大会、工业大会、全域旅游示范区创建工作推进会、全省美丽乡村和农村精神文明建设现场会书面交流材料等一系列重要会议活动各类文稿300余篇。

【加强调查研究】 围绕全市经济社会发展中的重大问题、群众关心的热点难点问题，先后开展江山“大花园”建设路径、工业振兴、全市经济社会发展情况等事关全市发展大局的一系列调研，完成《关于“后5A时代”江郎山—廿八都核心景区发展的建议》等一系列重要调研成果。着力抓好成果转化，精心提炼江山市在转型升级、工业振兴、项目建设、社会管理创新等方面的成功做法和特色亮点，做好向上对接，及时转化为领导报告和调研文章并向上推荐发表，先后在《浙江日报》《今日浙江》《政策瞭望》《衢州日报》《衢州通讯》等刊物上发表《坚决扛起新使命 建设江山“大花园”》《打造“实力大花园” 增创江山科学发展新优势》等文章10多篇。同时，精心编发《江山政研》。

【加大采编力度】 各类信息是领导决策和指导工作的重要依据，全方位、多领域、多角度地为市委领导提供准确的信息，确保呈送的信息对领导决策有参谋意义。坚持有喜报喜、有忧报忧原则，紧紧围绕市委市政府中心工作，加大信息编发力度，及时报送事关全局的重要情况和社情民意，使各级领导全面掌握各项工作进展情况，及时采取应对措施。全年共编发本级信息90期，其中市领导批示共计10人次。加大对上报送和对外宣传力度，展现江山市各个阶段的重点亮点工作。全年向中办、省委办和衢州市委办共报送各类信息600多篇，采用149篇，省委办采用每日汇报7篇、工作情况交流1篇，一大批特色亮点工作进入上级领导的视野。加强策划，做好江山市中心工作、重点工作、特色亮点工作对外组合宣传，全年在《浙江日报》《今日浙江》《衢州日报》《衢州通讯》等衢州市级以上党报党刊刊发稿件380多篇。采写的“最多跑一次”报道——《江山百名局长驻窗口》，在《浙江日报》头版头条刊登，浙报后续评论获得省委书记车俊批示。同时，以提高办刊质量为目标，抓好《江山通讯》编辑工作，发挥“传递市委声音、服务发展大局”的作用。

【抓好决策落地】 配合服务上级开展各类督查调研活动20余次，实现“零差错”；根据衢州“大主题、大联动”督查机制，主动配合做好省、市重点工作督查，确保督查活动顺利开展；借助衢州督查力量，推进乡镇、部门基层工作进度。开展项目、征迁督查18次，发布督查通报8期，向市委主要领导报送专报4期。做好专项督查，针对发现相关问题督促落实好整改，确保十九大维稳安保、省美丽乡村现场会等重点工作圆满完成。多次组织召开各个层面考核分析部署会，主动向上向下做好沟通对接，推动各项工作落到实处，牵头起草《关于加强全市经济指标工作的通知》《进一步加强向上对接工作的通知》，强化季度主要经济指标考核责任落实，推动各责任单位赴杭赴衢早对接。探索构建分工协作、多级联动的督查工作网络，解决“多头督查”“扎堆督查”现象。根据年度重点工作督查计划，对相关联的重点工作进行合并督查，一套人马多项任务，减轻基层乡镇负担，提高督查实效。利用“本周聚焦”栏目影响，把督查与新闻舆论监督有机地结合起来，推动各项工作的落实。年内，曝光问题40余件，曝光的问题基本得到解决。坚持问题导向，着力发现问题、解决问题，对部分落实周期较长、难度较大的工作事项，持续跟踪进展情况，以“钉钉子”的精神抓好深化落实，对容易反弹的问题开展“回头看”，反复抓、抓反复，巩固成效、取信于民。

【提供优质服务】 发挥市委办承上启下、联系左右、协调各方、服务全局的作用，做到主动不盲动、到位不越位、补台不拆台，加强与各级各部门的工作交流和联系，共同做好重点工作的推进落实和重大活动的有序开展。贯彻落实市委安排的工作，对基层和部门请示市委的事项，及时呈批，反馈意见，绝不拖延迟办、久压不办。对部门之间需要沟通的问题，主动协调，确保政令畅通和上下协调。贯彻落实中央“八项规定”和省委“六个严禁”要求，按照必需、节俭的接待原则，细致周到地完成全国人民代表大会环境与资源保护委员会副主任委员夏宝龙，省委书记车俊，省委副书记、省长袁家军等150余批次、1700余人次的接待任务。参与全国新年登高大会、全省美丽乡村和精神文明现场会等大型活动和会务的筹备接待工作，探索公务接待新方式，提高工作实效和水平。贯彻落实习近平总书记对机要密码工作“命门”“命脉”的批示精神，全年共收发办理各类电报1300余份，无一起压误、漏办、错办事故发生。先后保障中央、省、市各级视频会议80余次，重点保障全省美丽乡村现场会等上级重要领导到江山随行服务3次，执行应急密码通信系统演练20次，提升应急保障能力水平。保密检查有序开展，审查上报两家印制企业申报国家秘密载体印制资质，做好重要领导到江山市红机通讯保障4次。严把文件格式关，对部门、乡镇（街道）报送的文件进行仔细校对，确保文件格式合理规范。全年共流转各类纸质文件1700多份。做好公文阅办系统日常管理，共制作网发市委各类文件300多份，分发衢州下发文件3900多份，核对网发江山市各类文件2400多份，确保系统运行正常。在重大会议和活动的统筹中，主动牵头，组织联络，协调多个部门相互配合、形成合力，保障市委全会、全省美丽乡村和农村精神文明建设现场会、全国新年登高等各项重大活动的顺利开展。

【锻造干部铁军】 研究出台干部专项考评机制，量化工作标准，制订出台《市委办公室关于推进“两学一做”学习教育常态化制度化的实施方案》，组织开展“联包干”行动，成立办公室“征迁攻坚组”“项目推进组”“信访化解组”等专项工作组，全员参加，推动干部在急难险重任务中走在前，在重点工作中作表率，在抓好重点工作落实中发挥主力军作用。协助乡镇（街道）完成双塔街道金家村棚户区征迁项目实现“清零”目标，推动2个项目落地开工，化解5个信访积案。高度重视学习型机关建设，把加强学习放在突出位置来抓，使班子和整个办公室处在不断学习，不断创新，不断提高的良性循环之中。开设“委办大讲堂”，通过邀请嘉宾专家授课、领导讲课、办公室“老兵”返办传授经验，丰富办公室干部的知识储备、提高业务能力水平。举办“委办微课堂”，围绕工业振兴等主题开展讨论交流，运用钉钉工作群、“江山委办”微信公众号等载体，定期编发轮流推送好文章、好经验、好做法，在交流中互相学习。加强对干部的培养、选拔、交流，全年共有6名干部提拔职级，办公室中层干部任职严格按照《党政领导干部选拔任用工作条例》规定执行，坚持公开公正、集体讨论的原则，通过轮岗锻炼、择优选调、完善考核等措施，形成正确的用人导向，充分调动大家的工作积极性和创造性，形成心齐劲顺、严肃活泼、团结和谐的良好氛围。

（市委办）

纪检监察工作

【概况】 江山市纪律检查委员会（市监察委员会）下设基层纪检监察机构42个，其中乡镇纪委16个，街道纪工委3个，市纪委、市监委派驻（出）机构23个。2017年，全市各级纪检监察组织树立“四个意识”，聚焦中心工作，聚力主责主业，强化监督执纪问责和监督调查处置，为全市经济社会发展提供有力的纪律保障，追逃追赃、案件监督管理、落实中央八项规定精神和纠正“四风”等多项工作受到中央纪委和省、衢州市纪委领导的肯定。

【加强党的政治建设】 紧扣市委、市政府“两年”活动以及全省美丽乡村和农村精神文明建设现场会、项目征迁攻坚大会战、打击“四抢”行为专项整治、“最多跑一次”改革、中共十九大维稳安保等重点工作部署开展立项监督，严纠党员干部纪律不守、执行不力、作风不实等问题，保障党委、政府决策部署落到实处。创新推出“2017年度十佳监督执纪立项项目”评选活动，打造立项监督升级版。全市各级纪检监察组织共开展监督检查1073次，督促整改问题734个，运用“四种形态”处理207人次，其中党纪政务处分“为官不为”干部29人。加强换届纪律监督，办理反映换届纪律信访举报26件。坚持严惩纠错与容错免责相结合，坚决为担当尽责的干部壮胆撑腰，市纪委、市监委共为干部澄清举报失实问题50个。

【推进监察体制改革】 严格落实党中央和中央纪委决策部署，成立由市委主要领导为组长的市深化监察体制改革试点工作小组，按照上级确定的改革时间表和路线图，完成市监委组建和挂牌。市监委与市纪委合署办公，实现对全市行使公权力的公职人员监察全覆盖。优化人员机构整合，改革后市纪委、市监委机关共设内设机构12个，其中监督执纪一线部门的机构数、编制数分别占总数的75%和71.4%。加速队伍融合步伐，市纪委班子领导与14名转隶干部逐一谈心谈话，转隶干部与原纪委干部全部混岗安排，通过集中培训、举办“清风讲堂”、组织业务知识竞赛、推行“传帮带”机制等方式，实现思想不乱、队伍不散、工作不断。依照法定程序规范监委履职，加快推进新核实性谈话场所建设。履行监委的监督、调查、处置三大职责，依法合理运用12种监察措施。

7月17日，市委常委、纪委书记、监委主任郑国昌（左二）督查推进欧派产业园项目

用留置取代“两规”，共对6名被调查人采取留置措施，办结的案件中被留置的监察对象全部移送起诉；未采取留置措施，直接移送检察机关审查起诉的3人。

【强化管党治党责任】 牢牢抓住全面从严治党主体责任这个“牛鼻子”，督促各级党委（党组）第一责任人带头履责，一级抓一级，层层抓落实。严格落实主体责任报告评议制度，做到书面报告全覆盖、主体责任集中评、现场提问找短板，乡镇（街道）、部门当面报告率分别达100%、66%，市纪委委员当面提出质询问题20个，督促落实整改措施29条。全面推行履行“两个责任”纪实制度，不定期开展履责记录本记录情况抽查。强化对下级党组织的监督，针对执纪审查中发现的重点问题和苗头性倾向性问题，发出交办单、建议书75份。严格执行派驻机构廉情报告制度，报告率达100%。协助市委抓好落实全面从严治党主体责任情况检查考核，将发现的问题作为巡察、执纪监督的重点，推动责任深层落实。坚持失责必问、问责必严，严格执行“一案双查”责任追究制，共对9名履行“两个责任”不力的领导干部进行问责。

【深化作风建设】 坚持把作风建设往深里抓、实里做，协助市委制定贯彻落实中央“八项规定”实施细则的操作办法，巩固深化工作成果，严防“四风”问题反弹回潮。盯牢年节假期，持续开展“廉节清风”专项行动，邀请市人大代表参与监督、媒体记者跟踪报道，共开展专项督查13次，查处违规违纪问题76个，问责59人。开展公务用车管理使用情况专项督查，督促未车改的国有企事业单位整改公务用车管理使用问题76个。把顶风违纪行为作为执纪审查的重点，严格执行查处违反中央“八项规定”精神问题提前报告制度，共查处违反中央“八项规定”精神问题13起27人，其中党纪政务处分13人、点名道姓通报14人。加大对群众身边不正之风和腐败问题的查处力度，开展扶贫领域专项督查，共检查扶贫项目671个，涉及资金7.49亿元，取消收回不合规项目补助资金340余万元，对20名履责不到位干部进行问责。开展农村基层侵害群众利益信访举报突出问题集中攻坚和专项治理，市纪委、市监委领导共包案疑难复杂信访件14件，给予党纪政务处分4人。全年共通报群众身边的不正之风和腐败问题4期26人。

【深化运用“四种形态”】 全市各级纪检监察组织运用“四种形态”处理610人次。注重抓早抓小，突出抓好“第一种形态”运用，全市各级纪检监察组织共开展提醒谈话162人次、诫勉谈话80人次。充分发挥监察体制改革后体制机制方面的新优势，始终保持惩治腐败高压态势，实现反腐败力度更大、节奏更快。全市各级纪检监察组织共处置问题线索593件，同比上升173.3%；党纪政务立案189件，同比上升8%；党纪政务处分201人。开展追逃追赃工作，与市公安机关成立追逃工作小组，成功追回潜逃在外职务犯罪嫌疑人3名，其中2名已外逃17年，共追回赃款50万元，“猎狐”追逃工作实现“清零”目标。狠抓纪检监察信访举报办理质量，开展办信“回头看”和“护航十九大”信访举报专项督导行动，中共十九大期间全市未发生纪检监察业务范围内的赴省去京越级访。加强审查调查统计分析，工作经验在中央纪委召开的座谈会上作汇报交流。深化纪律教育，推进清漾廉政教育基地建设，廉政微电影《面子》获第二届浙江省微电影奖铜奖。

【加强党内监督】 落实政治巡察要求，全面启动市委巡察工作，制定市委巡察工作实施细则和巡察工作五年计划。坚持市委对巡察工作的领导，市委常委会先后5次专题研究部署巡察工作，市委五人小组专题听取每轮巡察情况汇报，市委巡察工作领导小组直接指导线索核查和整改落实。推进巡察工作机制建设，选优配强巡察力量，制定人才库建设管理办法，举办全市巡察工作培训班，探索前审后巡的审计巡察协作配合机制，提升巡察工作成效。开展新一届市委三轮巡察，巡察单位14个，发现问题494个，移交问题线索13件，问责32人，挽回经济损失43.1万元，发出巡察建议书7份；2016年启动以来，已巡查行政村（社区）213个，发现问题1588个，问责228人。深化派驻监督工作，强化对部门党委（党组）和干部的监督，各派驻机构向驻在单位提出书面廉政建议193条，函询93人次，提醒谈话96人次，诫勉谈话47人次。以监察体制改革试点为契机，市纪委派驻纪检组更名为市纪委、市监委派驻纪检监察组，赋予部分监察职能。

【加强纪检监察队伍建设】 开展纪检监察系统学习贯彻中共十九大精神系列活动，市纪委常委会带头学习贯彻，专题研究部署。深化全市纪检监察系统“转作风、强素质、促融合”主题实践活动，完善纪检监察组织季度例会、周一夜学、清风讲堂等制度，浓厚学习氛围，提升履职能力。着力于查短板、找差距、促整改，开展纪检监察“金点子”征集活动，征集意见建议131条。加强对纪检监察干部的教育和培养，组织52名干部参加上级组织的业务培训，选派3名干部到上级纪委顶岗锻炼。强化内部监督管理，探索实施市纪委、市监委机关“六比四评计分制”考评模式；开展“弘扬优良传统·传承良好家风”家庭助廉主题活动，组织68名干部家属前往浙江省第一监狱接受廉政教育，召开家属助廉座谈会；加强干部八小时之外管理，执行个人重大事项和节假日外出报告制度。严明工作纪律，严管干部队伍，调查核实涉及纪检监察干部信访件10件。

（市纪委）

5月16日，江山市举行纪检监察业务知识竞赛

组织工作

【概况】 2017年全市党的基层组织共1209个，其中党委56个、总支部48个、党支部1105个。全市党员30760名，其中预备党员472名，占1.53%；女党员6472名，占21.04%；少数民族党员69名，占0.22%。全市新发展党员390名，其中女党员103名，占26.4%。全市1707家非公有制经济控制的企业法人单位中，单独建立党委的9家、建立总支部的4家、建立党支部的305家、建立联合党支部1293家，联合党支部45个。

【“两学一做”学习教育】 3月3日，

召开全市深化“两学一做”学习教育暨“96345”党员志愿服务启动仪式。6月9日，举行“两学一做”学习教育常态化制度化工作座谈会，对常态化制度化扎实推进“两学一做”学习教育做出全面部署，市委书记吕跃龙带头讲专题党课。在学习教育中，一以贯之做好《我是党员》学唱、“九问一评”拷问、“口袋读本”摘编等特色经验做法。开展“回想入党那年”“我最喜欢的习总书记的一句话”主题征文大赛，发动广大党员重温入党初心、常学讲话精神，并将获奖作品编印成册、编制微信在基层党组织及党员中广泛转发。举办“7个一”庆“七一”活动，不断传递党的好声音、正能量，展现江山3万多名党员积极进取、健康向上的时代风采。在衢州市率先启动96345党员志愿服务，探索出以民政局96345社会公共服务中心为主阵地、以团省委开发的“志愿汇”APP为主纽带的“线上”接单、“线下”服务的一站式管理模式，发动5000多名党员到社区报到，15000多名党员注册使用“志愿汇”APP，成立各类党员志愿服务队215支，发起党员志愿活动2700多起，服务总时长达20多万小时。

【“党建5+”建设】 找准基层党建融入中心大局与乡村振兴的切入点，围绕“五位一体”总体布局，探索出以“党建+好班子、+好门路、+好山水、+好服务、+好乡风”为主要内容的“党建5+”工程，从2000个案例中获第四届全国基层党建创新百佳案例。突出“强”，以“党建+好班子”领跑基层建设，实施好班子“百千万”工程，重点抓实“领头雁”工程，建立以“两晋双停”为内容的履职承诺“年检制”，从严管理，压实责任，打造基层铁军队伍。创作村书记之歌《我是领头雁》，推动新任村干部唱出激情，唱出责任。突出“富”，以“党建+好门路”破解增收难题，因地制宜推出美丽撬动、电商孵化、光伏增收等“致富九法”，实现消薄任务三年目标两年完成，年收入10万元以下的村已全部消除，经营性收入5万元以上的村有202个，占69.17%。突出“美”，以“党建+好山水”践行两山理论，借势全省美丽乡村现场会，把“绿水青山”纳入每个基层党组织党建工作成效的“评价单”，广泛开展红色治水、先锋剿劣、党员美丽庭院等行动，以红色党建引领绿色发展，成功创建国家AAAAA级旅游景区、国家级卫生城市、省AAA级景区村12个、省美丽宜居示范村13个，党员美丽庭院400户。突出“淳”，以“党建+好服务”密切党群关系，以基层服务型党组织建设为目标，做优“一窗受理、集成服务”，推动“最多跑一次”改革向基层延伸，同时组建以各村党员志愿者、村民小组长为骨干的兼职“跑小二”，实行全程代办制，以优质高效的服务密切党群关系。突出“安”，以“党建+好乡风”深化基层治理，推动党建引领下的“四个平台”建设，以“书记就是网格长，党员都是网格员”为标准，构建党群“1+7”（一家亲）全科网格服务管理模式，把党小组建在网格上，真正使基层党组织成为治理核心组织，全市共设网格长305名，网格员3298名，以党风促民风，全年创建无信访村96个，十九大护航期间平稳有序。同时，开展“万名党员树家风传家训立家规”活动，推动党员群众正党风、重家风、严作风，引领社会新风尚。

【村社换届】 四都镇作为省级试点率先启动村级组织换届，并归纳总结“破难九法”，为衢州面上推开积累经验。坚持党管换届不动摇，全面推行“两承诺一宣誓”，将“过得硬、敢担当、

11月4日，市委常委、组织部长叶骏（左二）调研督导基层党建"双整"工作

能带富、会服务、善治理"的选人标准一竿子插到底，圆满完成村社换届。全市共选出新一届村社干部2005名，其中书记294名，女书记30名，新当选61名；主任305名，女主任33名，新当选103名。

【"双整"工作】 全面深入开展"双整"工作百日攻坚行动，逐条落实"双整"工作浙江20条、衢州30条，全市305个村社党组织全部达标验收，成功创建新塘边美丽党建、大陈幸福党建等5大示范区和"两山理论"践行带、"红色基因"传承带等4条示范带，衢州市"双整"百日攻坚行动总结会在江山成功召开。围绕"全领域建强、全区域提升"目标，以"五项规范"建设为抓手，细化出台农村党建30条、机关党建15条、学校党建310标准等底线要求，推行党建"一线督跑"机制，对1195个党组织进行全方位立体化"体检"，分领域落实、逐领域攻破。

【两新组织党建】 组织22家市级双重管理两新组织党组织书记述职评议。组织14家市委两新工委成员单位领办党建项目15个。部署推进全市两新组织领域"两学一做"常态化制度化。先后组织3轮两新组织党建工作专项督查。选派82名退二线市管干部担任两新组织党建工作指导员。举办两新组织党建工作推进会暨党务工作培训会，市委两新工委成员单位、各乡镇（街道）、两新组织党组织书记、两新组织党建工作指导员等共160余人参加。开展"百企示范、千企争先"专项行动，创建衢州市"百佳"两新组织党组织20家。

【干部教育培训】 围绕市委中心工作和干部人才需求，结合"两学一做"学习教育，以党校为主阵地，实施"靶向"培训。将加强党性教育作为干部教育培训的第一要务和"核心课程"。实施干部"专业能力提升工程"，突出经济发展、基层治理、法治建设和服务群众等方面教学内容，探索符合专业型干部特点和成长规律的培养方式。全年共举办项目征迁、招商引资、金融发展、十九大轮训班等各类专题培训班39期，参训学员5077人次。

【干部选拔任用工作】 突出实干实绩导向，注重在"五四三"、美丽乡村现场会、项目征迁大会战、D级危房改造搬迁等中心工作主战场发现干部、识别干部、选拔干部，优先提拔使用工作有激情、干事有闯劲、遇事有办法、攻坚有利器的"狮子型"干部和埋头苦干、任劳任怨的"老黄牛"式干部。全年共提拔重用61名在市委市政府中心工作中敢于冲在一线、敢于负责、业绩突出的干部。

【一线大练兵】 确立"后备干部必须到主战场锻炼，拟提拔干部必须到主赛场比拼，新提拔干部必须有主考场成绩"的"三个必须"干部选育原则，筑牢实战磨炼的大平台。将各部门政治素质高、业务能力强、工作有担当的优秀年轻干部选派到项目建设一线、征迁拆迁一线、招商引资一线、矛盾调处一线等进行墩苗历练。将中青年干部培训班学员全部脱产安排到5个征迁工作任务较重的乡镇（街道）进行为期3个月的实践锻炼，形成在实干中识别干部、在实干中提升能力、在实干中推进事业发展的良性循环。

【实施“511工程”】 针对各层次后备干部短缺的现状，实施“511工程”，推进干部项目化培养工作。在综合分析识别干部的基础上，结合不同类型岗位特征，分类制定选拔标准，筛选出50名党政“一把手”培养对象、100名班子副职培养对象和100名结构性干部培养对象。对培养对象进行建档入库，结合干部能力特长、性格特点、成长经历及能力短板等，分类制定培养计划，并依据其表现实行“优进劣出”的动态管理。

【人才新政】 制定出台《关于加快人才集聚激发人才创业创新活力的若干政策意见》32条及37个配套办法。对原有政策进行整合修改完善，形成人才新政“整合版”，实施人才政策“一文通”，推进人才创业扶持、培养引进、评价发现、分配激励等改革，加快人才创业创新要素集聚和融合，改革力度和深度走在衢州各县市区前列。

【人才引进】 召开高规格科技创新和人才工作大会，18名著名专家被聘为科技顾问。组织开展第二届江山市海内外博士家乡行活动，邀请了33名江山籍寓外博士回乡献智，首聘“引才大使”5人，建立美国、上海、西安等3个人才工作站。编制《江山市企业跨地区高校人才引进工作指南》，建立江山市校企合作高校数据库，助力企业吸纳高校毕业生400余人。新建院士工作站、博士工作站等人才平台4个，其中天蓬集团陈焕春院士专家工作站被评为省级优秀院士专家工作站。全年引进博士学历人才14人，硕士学历以上人才50余人。

【人才培养】 举办“江山市企业家厦大创新驱动专题研修班”，50名企业家参加培训。江山市被授予“中国职业经理人资质评价与认证浙江省试点基地”。开展创业创新职业技能大赛，全市50支代表队152名选手参赛。开展新一轮“千名技师带高徒”活动，全市248名技师、高级技师结成了“师徒对子”。投资200万元，建成人才联谊中心，打造集政策、信息、服务、联谊等为一体的人才综合服务平台。培育一批新型农民，为幸福乡村建设积蓄人才，全年共培训农村实用人才3500名。

（江 组）

宣传工作

【概况】 2017年，全市宣传思想文化战线全面贯彻落实中共十九大精神，以习近平新时代中国特色社会主义思想为指导，围绕中央、省、市的各项决策部署，坚持“围绕中心、服务大局”的基本职责，唱响主旋律，打好主动仗，弘扬正能量，为决胜全面小康、建设江山“大花园”提供思想保证、舆论支持、精神动力和文化支撑。

【注重理论武装】 以习近平新时代中国特色社会主义思想为重点，在全市掀起中共十九大精神学习宣传贯彻热潮，邀请衢州市委领导到江山作中共十九大精神专题报告，组织市领导赴各乡镇（街道）、村开展宣讲，共开展宣讲150余场次，受众达10万余人次。做好省第十四次党代会、衢州第七次党代会、江山市委十四届二次和三次全会等精神的学习宣传，共编印《领导干部理论夜学参阅》5期1200本，推荐好书7期350本，供领导参阅。召开市委理论学习中心组（扩大）学习会，专题研讨“后5A时代”江山旅游、“最多跑一次改革”等，全年共开展理论中心组学习15次。组织开展“我最喜爱的习总书记的一句话”、剿灭劣V类水、“水清岸绿·锦绣江山”等宣讲活动，获评全省“我最喜爱的习总书记的一句话”主题宣传活动成绩突出单位。

9月29日，市委常委、宣传部长汪黎云（左二）为“大美江山”诗文朗诵获奖者颁奖

【抓好新闻宣传】 抓好工业经济宣传，开设“最多跑一次”“百名局长联百企”“项目征迁大会战”等专栏，开展“我在项目一线”大型新闻行动，营造工业强市的浓厚氛围。《今日江山》全年刊发工业强市稿件220多篇，电视台播出相关新闻250余条。围绕学习贯彻十九大精神、全省美丽乡村和农村精神文明建设现场会、项目征迁攻坚大会战、城镇D级危旧房腾空解危、抗洪抢险等重点工作，做精专项主题宣传，营造积极向上的舆论氛围，推进市委、市政府各项重点工作的落实。做亮对外宣传，组织开展“百家媒体聚焦魅力江山”全国新闻摄影采风等活动，全年累计接待外媒70多批400余人次，在省级以上主流媒体刊播各类报道600多篇，其中大陈乡“六村赛歌斗舞闹新春”等3条新闻登上央视《新闻联播》，萧日法先进事迹等2条新闻登上《人民日报》头版，“最多跑一次”改革宣传得到省委书记车俊的批示肯定，立法推进“河长制”在央视、人民日报、新华社等权威媒体刊播。

【推进文化建设】 深入推进农村文化礼堂建设，开展文化礼堂星级评定和运行管理“回头看”考评工作，对软硬件设施进行改造提升，全年新建文化礼堂18家，总数达152家，其中三星级文化礼堂30家，四星级文化礼堂10家，五星级文化礼堂5家，建成数量与质量持续走在全省前列。加快推进文化艺术中心二期和耕读村“阅读小镇”建设，提升公共文化服务水平。丰富城乡文化活动，《那里有个名叫江山的地方》《妈妈的那碗大陈面》《让世界听到中国幸福乡村的声音》等3首村歌唱响全省美丽乡村和农村精神文明建设现场会，受到与会嘉宾广泛好评。举办“美丽新时代”文化礼堂村歌展演，开展“幸福江山”文化周系列活动，庆祝江山撤县设市30周年，成功承办“江山如此多娇”第二届浙江省微电影大赛颁奖典礼，作品《饭碗》获最佳影片奖，婺剧团演员郑华敢获最佳男演员奖，江山市被授予“浙江微电影战略合作城市”，耕读小镇被授予“浙江省微电影拍摄基地”。各地文化礼堂活动蓬勃开展，春节期间有100多家文化礼堂开展迎新春活动，全年在文化礼堂开展的活动近3000场。推进文艺精品创作，电视连续剧《斗香》开机拍摄，大型公益电影《半个月亮》完成拍摄并在全国各大院线上映，由同名村歌改编而成的全国首部文化礼堂孝道影视剧《妈妈的那碗大陈面》获北京国际电影节网络电影单元奖，《幸福大陈》《书香清漾》《古韵浔里》3本村书作为全省美丽乡村和农村精神文明建设现场会文化礼品，深受欢迎。

【构筑最美环境】 开展文明单位、文明村镇创建工作，国网江山市供电公司、大陈乡大陈村分别获得国家级文明单位和全国文明村的称号，全市共有国家级文明单位 2 家；省级文明单位 27 家、文明乡镇 3 个、文明村 12 个、文明社区 5 个；衢州市级文明单位、文明乡镇、文明村共 109 家。以举办全省美丽乡村和农村精神文明建设现场会为契机，推进文明家庭评选、美丽庭院创建、家风家训传承等活动，城乡精神文明建设得到有效提升。开展“最美江山人”评选、“最美行业”创建等工作，全年有 56 人参加“最美衢州·身边好人”评选，其中入选中国好人榜 1 人、浙江好人榜 10 人、衢州好人榜 11 人，朱津津、萧日法被评为第六届最美衢州人年度人物，朱津津被国家民政部授予“烈士”称号，被浙江省人民政府追授为“见义勇为先进分子”，并追记一等功。举办第三届“最美江山人”颁奖典礼，开展“万朵鲜花送雷锋”活动，慰问身边好人 50 余人次。推进社会文明建设，举办“明智饮酒·健康江山”大型公益活动，聘请知名公益人士姚明担任大使。推进志愿服务常态化、制度化，全市共有注册志愿者 7.3 万人，志愿服务团队 200 余个，开展各类志愿服务 2300 余场次。

【做好舆论导控】 做好网络舆情的研判和处置工作，有效确保中共十九大、全省美丽乡村和农村精神文明建设现场会、第四届世界互联网大会等重要会议期间网络环境的安全稳定。全年共编报《每日网络舆情》210 期、《一周网络舆情》41 期、《网络舆情专报》171 期，市委、市政府主要领导先后 8 次作出重要批示，向全市 47 个单位发出《舆情提示单》171 期，舆情提示回复率达 100%。推进网络文化家园创建，发展健康向上的网络文化，成立江山市网络作家协会，邀请浙闽赣皖四省网络作协到江山开展“鸡鸣四省”采风活动。加强舆论引导，妥善处置突发舆情，处置“浙赣铁路抢险”“江化 8·24 泄露事故”“朱津津跳水救人英雄事迹”等重大舆情事件，控制负面舆情，传播正能量。其中，朱津津舍己救人的最美事迹获时任省委常委、政法委书记、公安厅长徐加爱和衢州市委市政府主要领导的批示肯定。

【加强党风廉政建设】 加强班子队伍建设，切实落实好党风廉政建设主体责任和“一岗双责”，严格执行民主集中制，完善领导班子议事规则，全年召开部务会议、部长办公会议 15 次，讨论决定重大事项 30 余项，召开领导班子民主生活会，查摆问题 25 个，制定整改措施 30 个。健全完善财务管理、机关考勤、谈心谈话等 20 余项制度。加强机关支部建设，开展支部书记领衔领办党建项目行动，领衔的《农村文化礼堂“文化+党建”提升工程》项目成效显著，定期开展党员活动，组织全体党员参观“竹子林革命遗址”，召开机关支部民主生活会，促进组织生活的正常化、常态化。广泛开展党员志愿活动，全年部机关发起志愿活动 6 次，党员干部完成各类志愿服务 300 余小时。坚持干部集中学习制，全年开展干部“夜学”32 次，邀请专家领导授课，提升干部“能说、会写、精谋划、善操作”的本领。

（江 轩）

统战工作

【概况】 2017 年，江山市委统战部紧扣市委市政府中心工作，探索具有江山特色的统战工

7月7日，衢州市委常委、统战部部长傅根友（左）到江山调研统战工作。江山市委常委、统战部部长姜方云（右）陪同调研

作平台和载体，努力让统战在党委中心工作上彰显作用和地位。江山市工商联被全国工商联授予“全国五好县级工商联”称号，“乡镇书记讲统战故事”被省委统战部评为全省统战工作实践创新案例，“江山打好四张牌做足浙商回归工程”等三项工作获得衢州市委常委、统战部部长傅根友批示肯定。

【建设异地商会】 推动市委、市政府成立书记、市长亲自挂帅的“发展江山人经济领导小组”，出台市领导挂联服务异地商会制度，推动异地商会建设。在全国各地已成立35家商会，基本实现全国副省级以上城市全覆盖的目标。

【实行商会招商奖励】 出台异地商会招商引资奖励办法，强化异地商会招商引资功能，全市引进江商回归项目26个，其中亿元以上项目5个，总投资15.68亿元；兑现各异地商会招商引资奖金86万元，其中江山市杭州商会一家就兑现奖金23万元。

【加强党外人士队伍建设】 5名党外人士进入市四套领导班子，9个乡镇（街道）配备了10名党外领导干部，7名党外干部得到提拔或转任重要岗位。编印助力“最多跑一次”党外建议专刊。

【开展党派联谊活动】 强化党派、知联会的成员之间联谊交流，按照“一月一主讲、二月一考察、一季一联赛、全年比贡献”的安排，先后举办8期知识讲座，开展羽毛球、茶艺、摄影等比赛，组织新的社会阶层人士、党外干部两期培训班。

【举办江山籍香港青少年到江山活动】 4月，组织江山籍香港青少年故乡行活动，53名香港青少年回乡考察，并与江山中学、恒泰小学等学校开展联谊沟通，激活他们的家乡归属感和自豪感。8月，承办香港青年浙江逐梦之旅江山站活动，160名香港青年到清漾、廿八都、永兴坞参观考察，感受江山的绿水青山和人文历史，中央统战部公众微信号大篇幅报道江山站相关活动。

【举办江山籍博士论坛】 8月，开展“江山籍海外博士家乡行”活动，100多名海外博士应邀回乡参加江山籍博士座谈会，并参与和江山企业专题对接。同时，在美国和上海、西安设立3家海内外人才工作站，聘请5名“引才大使”和

8月1日，江山市开展第二届“江山籍海内外博士家乡行”活动。市委副书记、政法委书记汪胜（右一）参加授牌仪式

3 名海外“友好大使”，推动人才回归。

【加强“亲清”政商关系建设】 围绕“亲清”政商关系要求，制定出台市领导联系非公企业人士制度，四套班子领导每年主动走访慰问非公人士 2 次以上，工商联所有副主席、副会长均有市领导联系。在市工商联挂牌成立检察官联络室，通过安排资深检察官，邀请外来专家开展非公企业法律宣讲，为非公企业送上“法律大礼包”。

【开设新生代论坛】 加强新生代企业家教育培养，开设新生代论坛，先后邀请吴水根、曹冠晖、毛晨等市内外优秀企业家与新生代进行面对面对话，引导他们一起探讨创业、转型、成长之路。

4 月 27 日，江山市新生代企业家联谊会举办首期新生代论坛——“与吴水根面对面”

【加强宗教信仰场所管理】 规范全市 81 处民间信仰活动场所管理，实行登记编号，其中甲类 18 处，乙类 63 处。妥善处理民族宗教重点事件，同时开展“文明敬香、建设生态寺观”活动。

【启动新的社会阶层人士统战工作】 成立了江山市新的社会阶层人士联谊会，建立了由市委统战部等部门组成新的社会阶层人士统战工作联席会。编制《新的社会阶层人士统战工作 21 问》普及读本，全面系统梳理知识点。建立市政府部门对接联系新联会制度，相关活动经费参照民主党派列入财政预算。同时，牵头协调成立江山市抗日文化研究会、江中全球校友会、新生代论坛、海外博士论坛等组织。

（市委统战部）

机构编制工作

【概况】 2017 年，市编委办坚持改革统领，注重法治思维，培育贯彻落实中央、省、市关于机构编制工作的指示要求，推进行政体制改革和机构编制管理创新，各项工作稳步推进，获全省“最多跑一次”改革过程性指标考核第四名、衢州市基层治理“四个平台”建设工作专项考核第一名、衢州市机构编制工作目标考核一等奖等成绩。

【牵头实施“最多跑一次”改革】 拟定改革方案，建立工作专班，部署推进工作，梳理规范“最多跑一次”事项和公共服务事项，会同各部

12 月 5 日，全市深化“最多跑一次”改革暨推进行政审批职能再集中工作会议召开（王淑贞 摄）

门推进“最多跑一次”改革。按照省统一标准梳理出群众和企业到政府办事事项 724 项，692 项已实现最多跑一次，占 95.58%；实现工业投资项目 50 天、服务业项目 100 天、政府投资项目模拟审批 5 天办结的高效审批，群众和企业到政府部门办事满意率显著提升，得到省委书记车俊、衢州市市长徐文光的充分肯定。

【推进乡镇（街道）“四个平台”基层治理体系建设】 成立工作小组，深化网格整合，构建指挥体系，实行属地管理，加强标准建设，推进精品线建设，打造江山样本。全市乡镇（街道）、村、社区以下共划分 1066 个网格，设网格员 3298 名，其中网格长 306 名、专职网格员 1066 名，网格指导员 385 名、兼职网格员 1541 名。在省两轮专项督查中，江山市“四个平台”建设工作得满分，为全省前列；在衢州市的三轮专项督查和年终考核中，江山市均为第一名；江山被衢州市列为争创改革标杆县，贺村镇、清湖街道为标杆乡（镇）；清湖街道的基层治理综合信息系统开发试点工作得到省长袁家军的肯定，并在全省 53 个县（市、区）推广应用。

【重点领域体制改革】 推进旅游体制改革，建立“1+3”旅游综合管理体制，重新制定旅委“三定规定”，调整旅委机关及其下属事业单位的设置及相关职能，重点强化旅委的全域统筹协调、涉旅项目的前期审核及世界自然遗产地江郎山和江郎山国家级风景名胜区的保护和管理职责，做到政企分开、科学管理；深化监察体制改革，印发《关于调整市纪委（市监委）机关内设机构和人员编制的通知》《关于调整市纪委派驻纪检组机构编制的通知》，统筹全市编制情况，充实纪委（监委）人员力量，理顺派驻纪检监察组的机构编制设置；配合上级部门，做好地税系统稽查、住房公积金等体制改革工作，科学制定方案，优化资源配置，及时将机构编制和人员调整到位。

【事业单位法人登记管理】 全年共办理事业单位法人设立登记事项 2 件，变更登记事项 46 件，机关群团统一社会信用代码证书变更事项 25 件，完成全市 223 家事业单位法人年度报告公示工作，合格率为 100%。推广中文域名注册，开展党政机关事业单位网站挂标督导工作，推进事业单位绩效评估，开展生产经营类事业单位专题调研，奠定改革基础。

【严控机构编制总量】 推行纸质编制核准单制度，全年审核 192 条用编计划申请、办理 1260 条人员进出编及 129 条职务变动；建立用编计划申报核准制度，审核同意 2018 年招考公务员用编需求计划 107 名，2017 年选调公务员用编 46 名，招聘事业人员用编需求 100 名，选调事业人员用编 22 名；继续落实周转编制制度；创新人员培养机制，同意定向培养基层卫技人才 20 名和定向培养基层林技人员 4 名；在卫生、教育系统年度用编需求上给予支持，同意 2017 年度卫生系统人才招聘计划 112 名，2017 年公办学校招聘新教师用编总额控制在 198 名以内。

【规范编外用工管理】 全年共受理机关事业单位编外用工使用申报 66 起，同意新增编外用工控制数 17 名，收回编外用工控制数 43 名；同意控制数内新增 8 名、递补 27 名；同意使用临时用工 1 名。编外用工管理列入市纪委（监察委）监督执纪立项工作，定期不定期开展全市机关事业单位编外用工管理办法及配套政策落实情况监督检查，督促编外用工管理从严从紧，规范有序。

（王淑贞）

对台工作

【概况】 2017年，中共江山市委台湾工作办公室围绕“紧贴中心，突出重点，促进交流，强化服务”的工作思路，坚持为中央对台工作大局和全市中心工作服务，挖掘全市对台工作资源，以“两岸一家亲”为理念，以促进两地基层交流为重点，深入开展对台交流。同时，牵头成立江山市抗日战争文化研究会。

【召开全市对台工作会议】 4月25日，江山市召开全市对台工作会议，传达贯彻中央、省对台工作会议精神，回顾总结2016年对台工作，部署2017年工作任务，并对2016年度对台工作先进单位和个人进行了表彰。

【接待台湾青年创业总会】 6月12日至14日，接待台湾青年创业总会副主委黄维钧率领的台湾青年企业家考察团一行27人。考察团一行参加江山市举行的项目招商对接交流会，考察欧派门业、电商产业园和恒亮蜂产品等企业，参观江郎山、廿八都古镇、戴笠秘宅、大陈村等旅游景点。在交流会上，江山市青年联合会和台湾青年创业总会两岸交流委员会还进行结对签约，建立长效合作交流机制。

【接待台湾国姓乡基层交流团】 6月14日，由台湾国姓乡妇联会主席邱美玲率领的台湾国姓乡基层交流团一行26人，到江山市开展交流活动。交流团一行观看大陈村村民自编自演的村歌节目，参观大陈村古村落，感受中华民族源远流长的传统文化。大陈乡早田坂村与台湾国姓乡长富村进行结对签约，两村成为友好结对村。10月26日，台湾国姓乡基层交流团一行23人再次到江山市交流考察，参观江郎山景区、廿八都古镇，并在廿八都镇浔里村进行座谈交流。廿八都镇浮盖山村、浔里村分别与国姓乡福龟村、国姓村进行了结对签约，成为友好结对村。

【接待台湾台中、高雄围棋协会交流团】 6月19日，接待台湾台中市围棋协会交流团商谈江山台湾围棋友好交流等发展工作，并借机宣传推介江山。10月25日，台湾高雄围棋协会一行7人到江山市考察交流。先后前往大陈村、耕读村及日月村考察幸福乡村建设。在日月村，高雄围棋协会嘉宾与江山市围棋协会成员进行围棋友谊赛。

10月25日，高雄围棋协会嘉宾与江山市围棋协会成员在日月村进行围棋友谊赛（戴华龙 摄）

【接待台湾媒体到江山采风】 9月25日，由台湾《中国时报》《台湾新生报》《中时电子报》等9家媒体组成的记者团到江山采风。记者团先后到石门镇清漾村、世界自然遗产江郎山采访。台湾中国电视公司《大陆寻奇》节目组，从历史形成、神话传说等角度，对江郎山景区进行拍摄。在廿八都古镇，旺旺中时媒体集团的《开放·新中国》节目组，用镜头记录古镇的人文、环境、历史等，全面报道江山的自然、历史、人文和旅游资源等情况，介绍江山的好山好水、风土人情。

【组团赴台考察】 12月11日至17日，市委副书记汪胜率旅游与基层交流考察团一行11人赴台考察。赴台期间，考察团一行拜会旅台同乡联谊会，拜访南投县国姓乡、花莲县凤林镇等台湾基层组织，考察南投县原力农场、南投县遊山茶坊、花莲县林田山林场等地。

（戴华龙）

档案史志工作

【概况】 江山市档案局（馆）与中共江山市委史志办公室合署办公，现有馆藏档案194641卷62965件，图书资料1.8万册。2017年共接待查档人员3672人次，调阅档案8232卷次，提供档案证明7012页。江山市档案文化建设走在全省前列，在浙江省档案公共服务推进会上交流《挖掘档案资源，展现档案魅力——在档案馆外建展馆的体会》一文，受到省档案局领导的肯定。

【推进档案馆迁建项目】 7月，向市府办提交《江山市档案局关于要求建设市档案馆新馆的请示》。9月，市政府召开规划国土工作第二次联席会议，讨论档案馆迁建项目，市长舒畅及相关部门负责人参加。之后，多次和市府办、发改局、文化局、规划局、国土局等部门协调对接，经过协调会、现场考察、专家咨询等，档案馆迁建工程选址最终确定为城北新城礼贤路西侧、残联大楼与城北加油站之间区块。主要建设内容及规模：项目总用地面积1.14公顷，总建筑面积20000平方米，一期建筑面积约12000平方米（其中地下1600平方米），二期建筑面积8000平方米。档案馆迁建工程建设主要包括库房、档案业务及技术用房、对外服务用房、工作及配套附属用房等。项目建设周期为2018年1月至2020年12月。

【与美国杜立特突袭者子女协会合作交流】 1月和3月，二次接待美国杜立特突袭者子女协会代表，陪同前往遂昌北洋、双溪口东积尾、张村龙头店小南坑口、长台朱氏树滋堂等美军飞行员救护地及中美联手抗日纪念馆等地，采访江山民众营救杜立特行动飞行员事件，并拍摄纪录片。4月18日，该纪录片在美国举行的杜立特行动75周年纪念活动中播放，受到美方高度关注。

【争取国家重点档案项目资金】 2017年，争取国家重点档案项目资金40万元，用于“浙江军民营救美军飞行员”相关档案资料的征集、修复与翻译，加强该组档案的保护与开发利用。2月，通过省档案局项目验收小组对“浙江军民营救美军飞行员”项目2016实施情况的检查验收，验收组认为江山市档案局的经验和做法值得在全国范围推广。

【编制江山市民生档案查阅指南】 编印并发放《江山市民生档案查阅指南》1000册，共收录江山市档案馆馆藏和市场监管、民政、国土、住建等22个单位保管的重要民生档案，并列明74类民生档案的形成单位、保管部门、档案内容、查阅方法、查阅地点和查阅电话等信息。

12月，《江山年鉴（2016）》出版

【编辑出版《江山年鉴（2016）》】 12月，完成《江山年鉴（2016）》1000册的出版印刷。全书设38个栏目，200余个分目，1100余个条目，共61.2万字，全面客观记载2016年江山市政治建设、经济建设、文化建设、社会建设、生态文明建设发展状况，为各级党政机关和社会各界人士及中外投资者了解、研究、建设江山，提供丰富翔实的资料。

【指导第三部《白沙村志》编纂】 江山市白沙村是习近平曾经视察过的村庄，当年他曾翻阅过首部《白沙村志》。第三部《白沙村志》是浙江省唯一一部入选中国名村志编写的志书。市档案局（史志办）与省、衢州市方志办积极对接，协助解决编纂过程存在的问题，向上争取《白沙村志》编纂资金9.9万元，现第三部《白沙村志》已通过省、市、县三级审稿。

【谋划重大项目前期“仙霞抗战小镇”】 市档案局（史志办）谋划的“仙霞抗战小镇”项目获江山市第三届项目谋划擂台赛暨“一把手赛谋划”成果展示活动“一把手”专场一等奖。项目规划占地面积约4平方公里，总投资10亿元左右，拟建设起止年限为2018—2020年，拟建地点位于保安乡。项目以“抗战文化”为主题对仙霞关景区进行重新规划建设，在对戴笠秘宅、中美联手抗日纪念馆、仙霞关等原景点进行提升的基础上，新建浙赣会战纪念馆、105师师部旧址、74军军部旧址、58师师部旧址、仙霞岭战场模拟体验区等。

12月7日，“仙霞抗战小镇”获“江山市第三届项目谋划擂台赛暨‘一把手赛谋划’成果展示活动”一等奖

【研究江山抗战文化】 7月，市档案局（史志办）成立档案征集组，前往中国第二历史档案馆（南京）查阅浙赣战役相关资料，复印资料15卷88页，拷贝地图2页。考证江山抗战的整个过程，包括国军和日军双方的作战部队、时间、地点、经过等情况，相继发现105师师部驻地上灰山、105师誓师的金氏祠堂以及74军局部驻地鳌顶，完成仙霞关战役的史料整理、文稿撰写和修改发表。查明第66后方医院、86军江山留守处具体情况，其中位于凤林镇的第66后方医院驻地周氏祠堂正在复建，计划打造成爱国主义教育基地。

【加强档案接收进馆】 指导并验收婚姻登记处业务档案、妇保院出生医学证明档案、发改局2010年以前文书档案、清湖镇2010年以前文书档案，其中已接收进馆的有2004年12月至2015年12月的婚姻登记档案75160卷、电子条目75160条、图像数据86364页；发改局（含原物价局）1981—1996年、2002—2009年的文书档案1115卷、2946件、图像数据165623页。

【建设数字化档案馆】 加快推进数字档案馆建设，全年共完成原工资调整办、人口普查办、贺村区、双溪口乡、保安乡、王村乡、何家山乡等单位的档案数字化加工11055卷，1046件，并实现在线查阅利用，形成文件级条目184375条，图像数据总页数932081页。年内，馆藏档案数字化率达到70%。

（姜燕萍　王慧芬）

监督管理工作

【概况】 2017年，全年市级平台共办理公共资源交易项目557个，交易金额559552.69万元。其中,建设工程项目282个,成交额200737.48万元，与预算金额220721.28万元相比节约财政资金19983.79万元，节约率为9.05%；政府采购项目231个，交易金额7622.37万元，与预算金额8718.41万元相比节约资金1096.04万元，节约率为12.57%；产权交易项目12个，预算金额1340.86万元，交易金额1525.18万元，资金增加率13.75%；土地出让32宗，起始价261794.18万元，成交价349667.65万元，增收87873.47万元。市政府新投资代建项目6个，代建面积3.78万平方米，建成代建项目18个，建成面积16.96万平方米，总投资额11246.15万元。评审政府投资项目247个，审核总造价95671万元，核减财政支出1992万元，平均核减率为2.32%。

【改革政府投资项目招投标工作】 扩大乡镇街道、部门单位公共资源交易平台权限，将乡镇街道、部门公共资源交易平台的交易规模从50万元提高到200万元。延伸两级公共资源交易平台，在招标项目较集中阶段，在乡镇街道、部门单位交易场所或招标代理机构符合条件的场所交易。简化小额公共资源交易规则。法定招标范围和规模标准以下的项目，从发布招标公告到投标截止时间由原来的不少于7日缩短为不少于3日，中标公示时间由不少于3日缩短为不少于1日。缩减市级平台交易项目流程。网上报名系统一次备案，当场受理，当即办理，投标人报名、保证金收退全程网上进行。建立特殊交易方式分级审定机制，将原乡镇街道、部门单位建设工程施工不公开招标的审定权限从50万元提高到200万元。

【推进基层政务公开标准化规范化试点工作】 2017年，江山市被列入基层政务公开标准化规范化试点工作全国100个试点县市区之一。在确定专人负责的基础上，重视与住建、交通、水利等公共资源交易各行政主管部门的联系协作，最大限度争取支持配合。按照“应公开，尽公开”的原则，对公共资源交易中涉及的内容进行分门别类，包括建设工程、政府采购、国有建设用地使用权出让、产权交易、资源要素交易5个方面，共梳理公开事项51项。明确信息主动公开和依申请公开流程。

【助力重大项目建设】 全程指导全省美丽乡村暨农村精神文明建设现场会、江山港流域综合治理、城市综合交通客运枢纽、文化艺术中心二期、城市智能停车场等一系列项目招投标工作，最大程度加快项目在招投标环节的速度和效益。为项目前期和招标做好指导和咨询，全年参与各类项目推进协调会130余次。

【推进公共资源交易“数据上传”工作】 根据省发改委的要求，从5月开始，每个县（市）的公共资源交易数据都要上传至省公共资源交易中心并进行考核。及时召开工作推进会，主动与衢州市监管办、交易中心、软件公司加强对接、沟通和协调，坚持一手抓进度，一手抓质量，严格按照时间节点、对照标准，立足本职工作，确保准确、及时完成数据上传工作。

【加强公共资源交易薄弱环节监管】 牵头各行政主管部门、市公共资源交易中心等职能部门，明确责任和措施。与行政服务中心联合出台《关于加强评标专家抽取监管的意见》。重申职责分工，强化履职监督。根据《市纪委关于省扶贫领域专项督查反馈问题及整改落实责任分工》安排，研究整改方案，认真部署落实，对全市各乡镇（街道）自行组织公开招标、邀请招标和未招标的工程建设项目进行专项检查。出台《关于重申招投标业务重点把握若干问题的通知》，牵头组织全市各乡镇（街道）的公共资源交易业务人员、监管人员针对性培训。

（郑云芬）

机关党建工作

【概况】 2017年，按照机关党建走在党的基层组织建设前头的要求，以支部规范化建设为主抓手，不断推动“两学一做”学习教育常态化制度化，推动全面从严治党各项要求延伸到基层、规范到支部、落实到党员。

【开展机关党建工作规范化建设】 8月，市委组织部和机关工委联合在全市机关部门中开展机关党建工作规范化建设百日攻坚行动，制定出台《江山市机关党建工作规范化建设十五条要求》，全面推行机关党建“一线督跑”和“党建报表”机制，采取领域交叉、单位交叉等“互督互学互比”模式，对全市79个机关部门按类别组建5支督查组进行全方位立体化“体检”，动态掌握党建任务落地情况，并定期划分成ABCD四档进行通报，实行挂牌督办，对未达到标准、整改速度缓慢的，做到不达标不销号。自“百日攻坚”行动开展以来，全市各单位制定的474项具体整改任务已经全部整改到位。

【机关基层组织建设】 2017年，新建党支部2个，更名机关支部2个，撤销机关党支部（党总支）6个；指导督促30个任期届满的机关基层党组织按期进行换届选举，对13个机关基层党组织进行调整充实，调整党支部领导班子成员26名。同时，全年共发展预备党员29名，预备党员转正式党员33名。

【开展“党章党规在我心”知识竞赛活动】 为深化“两学一做”学习教育，进一步推动广大党员党章党规学习教育，全面、准确、深刻地掌握其基本内容，把握其精神实质，由市委组织部、机关工委联合举办“党章党规在我心”知识竞赛活动。同时，创新学习载体，广泛开展“颂歌献给党”合唱比赛、“重走洪岩顶”薪火接力等活动，在衢州“喜迎十九大·永远跟党走”机关合唱大赛中江山代表队荣获金奖。

【党内教育培训】 3月，举办入党积极分子培训班，对市直机关及直属企事业单位党组织的80多名入党积极分子作党章、党史、党纪党规等有关党的基本理论、基本知识专题培训。11月，举办市直机关党务干部培训班，按照“缺什么、补什么”原则，邀请相关领导和党建专家进行授课，围绕不足补短板、立足实际找问题，对100多名机关党务干部开展“点穴式”培训，提升机关党务工作者理论水平和业务知识。

（机关工委）

党校工作

【概况】 2017年市委党校坚持“紧贴中心、服务大局”的工作方向和“开放办学、品牌兴校”的办学方针，共举办市管干部学习贯彻中共十八届六中全会精神3期轮训班、2017年度招商引资专题培训班、入党积极分子培训班、乡镇（街道）环保负责人培训班、江山市新阶层新组织代表人才培训班、市管领导干部2期进修班、第十七期中青年干部培训班、江山市村社主职干部3期培训班、江山市科技管理干部培训班、全

12月18日，江山市举办市管干部学习贯彻中共十九大精神集中轮训班（周 满 摄）

市水库移民局美丽乡村培训班、江山市公安局优秀党员民警培训班、江山市2017年公务员学法用法4期轮训班、江山市市管干部学习贯彻中共十九大精神3期集中轮训班等计划内班次20个，受训学员达3497人次。共举办清风讲堂、虎山街道征迁大会动员大会、环保统计报表培训、虎山街道换届选举动员大会、房管处房产中介工作培训班、全市民政工作暨村（居）换届选举培训班、政务信息培训班、住建局建筑工程施工图电子化联合审查培训、全市事业单位车辆人员基本情况调查业务培训、江山市“水清岸绿·锦绣江山”微宣培训班、江山市2017年度舆情信息员培训班、全域旅游统计培训等计划外班次20个，受训学员达2155人次。获全省党校系统第六届科研工作进步奖。

【优化教育课程】 加强主课设置，把马克思主义基本原理、中国特色社会主义理论、习近平总书记系列重要讲话、党史国史和党章党规党纪等作为重要课程，引导学员系统掌握马克思主义立场观点方法。在市管领导干部进修班和中青年干部培训班上，安排《全面从严治党净化政治生态》《〈共产党宣言〉及当代意义》《强化全面从严治党持续深化作风建设》《人民代表大会制度专题讲座》等主业主课。全年主体班次理论教育和党性教育达到总课时的86%，党性教育达到总课时的34%。对部门联合办班实行“1+X”的课程设计模式，确定“1”即必须设置专门的理论教育和党性教育课程，“X”为自选专题课程，保证理论教育和党性教育的主课地位。

【强化师资配备】 在主体班次的培训上，江山市领导和部门领导给予大力支持。市委书记童炜鑫在市管领导干部学习贯彻中共十九大精神集中轮训班开班典礼上作动员讲话；市委常委、组织部长叶骏分别在市管领导干部进修班开班典礼、市管领导干部学习贯彻中共十九大精神集中轮训班上为学员做动员讲话。5位江山市市级领导、14位部门领导、19位衢州以上的专家、领导先后到主体班次上讲话或授课。

【发挥学员主体作用】 强化课堂比选，在课堂上先后设置“无领导小组讨论”面试、优秀年轻干部进行工作交流和才艺展示等课程环节。强化课堂比选，发掘一批年轻干部好苗子。在第十七期中青年干部培训班上开展“我最感动的一项工作”“学员微讲堂”等交流活动，记录每位学员发言内容，总结每位学员的逻辑能力、表达能力、协作能力等。在年轻干部培训班上开展“我为江山献一策”项目谋划，就江山市平台建设、体制机制创新、人才聚集等开展谋划，强化项目实战能力，积极建言献策。

【科研工作成果】 全年科研立项数、发表数、获奖数处于衢州党校系统领跑地位，在第六届全省党校系统科研工作组织奖评审中获进步奖。在课题申报上，江山市委党校有9个课题在浙江省党校（行政学院）系统中国特色社会主义理论体系研究中心第十九批规划课题申报中立项；2个课题在2018年省社科联研究课题申报中立项为一般课题；2个课题在浙江省党校（行政学院）系统中国特色社会主义理论体系研究中心“改革开放40年研究”专项课题立项；13个课题在衢州市党校系统市情研究中心第十批规划课题申报中立项；4个课题在2017年度衢州市级社科规划课题申报中立项为一般课题，5个课题在2017年度衢州市级社科规划课题申报中立项。在论文发表上，全年共发表论文30篇，其中《“人的新农村”建设背景下留守妇女获得感的提升途径探索》《产业链视角下特色小镇的价值整合机制与路径选择》《生态美学视阈下乡村特色文化构建研究》《供给侧改革视野下工业用地使用权弹性出让的政策研究》等在《新农村》《经济》《文化研究》《衢州论坛》上发表。在科研资政方面，《统筹规划　宜居适度　建管并重——江山市以景区村创建推进“大花园”建设的实践与启示》在衢州党校《领导参阅》上发表，并获得相关部门采纳；《“人的新农村”建设背景下留守妇女获得感的提升途径探索》获得江山市副市长张志军的批示，并在全省党校系统优秀资政文章评选中获三等奖。

（王成冲）

老干部工作

【概况】 2017年，全市共有离休干部135人，其中行政事业单位离休干部91人，企业离休干部44人，享受地厅级待遇1人，县处级待遇47人，科级待遇87人。全市老干部政治生活待遇落实到位，老干部队伍和谐稳定。市委老干部局获“最佳满意部门（单位）”。

【注重老干部思想政治引领】 先后组织老干部参加市委全委会报告征求意见座谈会、政府工作报告征求意见会、市两会、全市领导干部大会、情况通报会、工业大会等各类会议21次。组织老干部参观考察城市建设重点项目、调研江山港流域综合治理工程、参加工业振兴调研座谈会等“走基层、看变化、促发展”活动6次。举办全市离退休干部学习中共十九大精神读书班，200多名离退休干部参加政治学习。

【落实老干部政策待遇】 开展“关爱老干部，情暖夕阳红”真情关爱集中大走访活动，对100多名老干部一一上门走访看望，征集意见建议20多条。年内日常走访老干部252人次，其中生病住院的83人，生日祝寿的47人，后事处理的6人，春节老年节走访88人，困难老干部走访10人，异地走访10人，抗战老兵7人。对151位老干部进行体检，分2批组织17位老干部赴衢江健康休养，对未参加健康休养的144名老干部，逐一上门看望。根据省文件有关规定，及时落实“关于提高我省生活长期完全不能自理的离休干部护理费标准和高龄护理补贴”的政策，把护理标准每人每月从1000元提高到2500元。积极争取市委市政府领导重视，主动沟通财政部门，提高老干部健康体检、生病看望、节日走访慰问的待遇标准，并纳入年度财政预算，让老干部共享改革发展成果。

【推进学习活动阵地建设】 全年，老干部活动中心日均活动人数达300多人。老年大学新增古筝、黄梅戏等4门新课，课程由32门增加到36门，教学班从50个增加到54个，注册学员2780人次。投资50多万元，修建教师办公室和老干部活动中心，新安装电子屏幕、文化橱窗，购置古筝、音响系统等教学设备。制定学员守则、班委职责、教师职责、教室管理规定等制度，并上墙；建立学员信息档案，充分发挥资料库数据库统计分析功能，掌握门科分类、学员报名及班级规模等情况，规范化办学水平得到提升。从增收学费、课程报名、校刊改版三个方面改革。学费从每学期30元提高到50元，增幅67%，并开始差异化收费，一般课程为每人每学期50元，古筝为每人每学期90元，保证老年大学各项经费的有效运转；调整优化招生办法，每人限报3门学科，让400多名新生走进老年大学；及时进行校刊思路调整及版面改革，将校刊按“时政动态、校园动态、师生风采、教学天地、社会服务、大事喜事、好人好事”等版面进行扩充调整，解决校刊图片过多、稿源不足等问题。借助教育部门资源优势，建立教师资源储备库。坚持开门办学的理念，老年大学的各个文艺社团多个途径、多种渠道走向社会、服务社会，先后代表多个单位部门参加各类比赛，取得可喜的成绩。7月，组织干部参加江山市“颂歌献给党”合唱大赛获金奖、参加衢州市委老干部局举办的“庆祝建军90周年合唱比赛”中荣获金奖。10月30日，老年大学武术班学员参加2017亚洲国际武术交流大会暨亚洲武林百杰邀请赛，获银奖。

【开展多姿多彩的正能量活动】 4月，组织

6月，举行庆祝建党96周年主题党日活动

200多名党员骨干，参加“铭记先烈遗志感恩幸福生活”清明祭扫烈士陵园活动；5月，老年大学常青艺术团先后赴淤头敬老院、张村敬老院等多个敬老院开展“银辉助老情暖夕阳”文化走亲活动；6月，举办庆祝建党成立96周年主题党日活动，130多名老党员老同志参加“坚定理想信念汇聚传递正能量”专题党课；9月，结合开学典礼，举办“欢歌十九大盛世夕阳红”文化艺术节，开展书画摄影展、文艺表演活动，表彰“优秀学员风范长者”和“优秀班干部”代表；

10 月，组织 100 多名骨干学员参加重阳登高健身大会开幕式；银发志愿者走进网吧走入农村社区，开展网络监督、“五水共治”义务巡逻等活动；开展“庆祝建市 30 周年，喜迎中共十九大”主题征文，评比表彰 70 多篇征文；结合“两学一做”，在全市各离退休支部召开“畅谈新变化，建言十九大”座谈会，收到建言 150 多条，开展“网下我点赞，网上晒风采”支部亮星活动，点赞社会发展变化。

【关心下一代工作】 3 月，召开全市关心下一代工作表彰会议。组织发动“五老”志愿者义务开展暑期各类辅导、培训、讲座、夏令营等活动，全市约有 300 余人次参与暑期青少年校外教育活动，组织开展各种寓教于乐的活动 50 多次，受教育青少年达 1 万余人。为 34 名贫困大学新生资助 19.4 万元，为 15 名贫困小学生筹集善款 5 万元；市滴水公益关工委发起“10 元公益助学”筹资活动，得到 1000 多名爱心人士的支持，累计筹资 2 万元，为 15 名贫困学子发放 1200—1600 元不等的公益助学金。

（周雪琴）

关工委工作

【概况】 全市共有各级关工委组织 464 个，其中 7 个部门关工委，19 个乡镇（街道）关工委，13 个社区关工委，2 个民营企业关工委，292 个村级关工委组织和 126 个关工小组，参与基层关心下一代工作的“五老”志愿者达到 3800 多人。2017 年，被评为衢州市关心下一代工作先进集体。

【主题教育】 6 月，联合市委宣传部、教育局、新华书店开展“浙江好家风”主题征文，经过广泛宣传发动，全市共有 33 所中小学、300 多名学生参与投稿，累计投稿 350 篇。8 月，联合市委宣传部、市文联、教育局成立新一届少年作家协会并复刊《江山少年作家报》。10 月，联合市委宣传部、教育局、新华书店等开展“浙江好家风”主题演讲比赛。联合团市委、文明办、文广新局等开展“放飞童星梦建设大花园”首届童星选拔大赛。同时，在大陈乡大陈村的中国工农红军北上抗日先遣队纪念馆挂牌建立青少年爱国主义教育基地。12 月，联合市文联、教育局开展“我心中的江山”主题征文暨“最美江山”书签设计制作比赛，共收到 1000 余篇参赛作文和 500 多份书签参赛作品。

【帮困助学】 年内，筹集帮困助学资金达 42.4 万元，为全市 154 名贫困学子送去温暖。7 月，对接杭州狮子会、滴水公益等社会组织，为 30 名贫困学生发放助学金 7 万元。12 月，争取省关工委基金会支持，开展“爱心圆梦”资助活动，为 50 名贫困学生发放助学金 10 万元。同时，联合江山市绿业公司、太阳山寺，资助学生 40 名，共发放助学金 6 万元。

【关爱“留守儿童”】 5 月，联合滴水公益关工委在塘源口小学举办“彩虹送暖”庆“六一”活动，为来自塘源口和张村小学的山区留守儿童送去 600 份“彩虹盒子”（一件雨衣、一双雨鞋、两双棉袜、一双手套及一套文具用品）。

【扶持特殊教育】 “六一”节，与市民盟领导一起看望慰问江山市培智学校的教师和学生，与智障儿童们欢度节日，并送去节日礼物。8 月，与杭州狮子会一起为下肢残疾女孩“小蜜蜂”（化名）送去3000元慰问金和慰问品。

【公益活动】 6月，联合市教育局、市市场监督管理局、毛源昌眼镜江山分店开展“6·6爱眼日”免费赠镜公益活动。免费为全市患有视力健康问题且家庭相对困难的中小学生赠镜800副，为中小学班主任赠镜1100副。同时组织毛源昌眼镜江山分店工作人员为师生开展免费验光、免费清洗维护眼镜、讲解爱眼护眼知识等活动。

【“五老”义务监督队】 4月，经过社区推荐，选取20名经验丰富、时间充裕、乐于奉献的“五老”志愿者成立“五老”文化市场义务监督队。全年共开展巡查4次，检查网吧20多家，书店10多家，提出整改意见12条，其中一家书店因未配备消防设施受到处罚。

（汪伶俐）

4月27日，成立“五老”文化市场义务监督队

江山市人民代表大会

综　述

2017年，江山市人大常委会在中共江山市委的正确领导下，围绕改革发展大局和民主法治建设，依法履行各项职权，为坚持和完善人民代表大会制度、推进江山“大花园”建设作出重要贡献。全年共举行常委会会议18次、主任会议33次，听取和审议工作报告40个，作出决议决定9项，开展执法检查7次、专题询问2次，组织代表视察4次，依法任免国家机关工作人员80人次。4月1日，市第十六届人大常委会召开第四次会议，新任命的政府工作部门局长（主任）领取任命书。

【市第十六届人大第一次会议】 于2月14日至2月18日在城区举行。该届共有代表236名，出席大会代表235名，因事因病请假1名。列席大会人员303名，出席政协第十届江山市委员会第一次会议的全体委员列席会议。大会主席团56人，主席团常务主席14人，秘书长1人

4月1日，在市第十六届人大常委会第四次会议上，新任命的政府工作部门局长（主任）领取任命书（沈天法 摄）

（兼），副秘书长4人，财政预算审查委员会9人，议案审查委员会10人。会上，市人民政府代市长舒畅作《政府工作报告》，市人大常委会主任毛江妹作《江山市人民代表大会常务委员会工作报告》，市人民法院院长崔正华作《江山市人民法院工作报告》，市人民检察院检察长郑柯迅作《江山市人民检察院工作报告》，市发改局、市财政局分别书面报告《关于江山市2016年国民经济和社会发展计划执行情况及2017年国民经济和社会发展计划草案的报告》《关于江山市2016年财政预算执行情况和2017年财政预算草案的报告》。会议审议并通过上述各项报告，作出相应决议。大会依法选举毛江妹为市第十六届人大常委会主任，选举舒畅为市人民政府市长，并进行宪法宣誓；选举郑国昌为市监察委员会主任，选举王旭、毛正彩、宁晔、毛吉泽、毛长明、李培荣为市第十六届人大常委会副主任，选举王子平、巫小雄、何正芳、张志军、郑贤文、杨君为市人民政府副市长；选举崔正华为市人民法院院长，选举郑柯迅为市人民检察院检察长（须报衢州市人民检察院检察长提请衢州市人大常委会批准）；选举丁向英等26人为市第十六届人大常委会委员，选举占剑等68人为衢州市第七届人民代表大会代表；以无记名投票方式，确定10个项目为2017年市政府民生实事项目；表决通过市第十六届人民代表大会专门委员会组成人员名单。会后，新当选的市第十六届人大常委会副主任、委员，市人民政府副市长，市监察委员会主任，市人民法院院长，市第十六届人民代表大会专门委员会组成人员进行宪法宣誓。2月17日，出席市第十六届人大第一次会议的全体代表还前往健盛产业园、江山港流域综合治理项目和江滨南路延伸工程现场、城北小学等地，视察经济社会发展情况。

【收到的议案和建议】 市第十六届人大第一次会议，共收到代表10人以上联名提出的议案335件。大会主席团根据地方组织法和代表法的有关规定，将本次会议收到的335件议案全部改作建议。大会还收到代表提出的建议、批评和意见31件，连同改作建议办理的议案，交市人民政府和有关机关、组织办理。经过市人大常委会的有力督办和办理部门的认真办理，366件议案建议全部办理完毕。

市人大常委会会议

【第十五届人大常委会第六十次会议】 于1月11日在政府大楼八楼会议室举行。市人大常委会主任毛江妹，副主任王旭、毛赛春、徐大清、徐柏民、徐惠民、毛建华及委员参加会议。市人民政府副市长巫小雄，市人民法院院长崔正华，市人民检察院检察长郑柯迅，市人民政府金融办以及市人大常委会办事机构负责人列席会议。会议审议通过江山市第十五届人大常委会代表资格审查委员会关于市第十六届人民代表大会代表资格的审查报告，作出关于召开江山市第十六届人民代表大会第一次会议的决定，审议通过有关人事事项。会后，新当选的国家工作人员向宪法宣誓。

【第十五届人大常委会第六十一次会议】 于1月25日在政府大楼八楼会议室举行。市人大常委会主任毛江妹，副主任王旭、徐大清、徐柏民、徐惠民、毛建华及委员参加。市人民政府副市长巫小雄，市人民法院院长崔正华，市人民检察院检察长郑柯迅，市府办以及市人大常委会办事机构负责人列席会议。会议作出关于实施市政府民生实事项目人大代表票决制的决定，研究召开江山市第十六届人民代表大会第一次会议的有关事项，讨论并原则通过江山市人民代表大会常务委员会工作报告，审议通过有关人事事项。会后，新当选的国家工作人员向宪法宣誓。

【第十五届人大常委会第六十二次会议】 于2月7日在政府大楼八楼会议室举行。市人大常委会主任毛江妹主持，副主任王旭、徐大清、徐惠民、毛建华及委员参加会议。市人民政府副市长王子平，市人民法院院长崔正华，市人民检察院检察长郑柯迅，市府办以及市人大常委会办事机构负责人列席会议。会议审议通过有关人事事项。

【第十六届人大常委会第一次会议】 于2月18日在政府大楼八楼会议室举行。市人大常委会主任毛江妹，副主任王旭、毛正彩、宁晔、毛吉泽、毛长明、李培荣，党组成员周吉云及委员参加会议。市监察委员会主任郑国昌，市人民政府常务副市长王子平，市人民法院院长崔正华，市人民检察院检察长郑柯迅，市府办以及市人大常委会办事机构负责人列席会议。会议讨论通过市人大常委会2017年工作要点，原则通过《市人大常委会议事规则（试行）》《市人大常委会任免国家机关工作人员暂行办法》《市人大常委会关于加强自身建设的决定》，审议通过有关人事事项。毛江妹主任对常委会全体组成人员提出了具体要求和希望。会后，新任命的国家工作人员进行宪法宣誓。

【第十六届人大常委会第二次会议】 于3月23日在政府大楼八楼会议室举行。市人大常委会副主任王旭、毛正彩、宁晔、毛长明、李培荣，党组成员周吉云及委员参加会议。市人民政府副市长何正芳，市人民检察院检察长郑柯迅，市监察委员会、市人民法院、市府办、市国土资源局、市规划局以及市人大常委会办事机构负责人列席会议。部分乡镇人大主席、市人大代表应邀参加会议。会议听取和审议市政府关于城乡规划实施情况的报告、土地利用总体规划实施情况的报告。

【第十六届人大常委会第三次会议】 于3月29日在政府大楼八楼会议室举行。市人大常委会副主任王旭、毛正彩、宁晔、毛长明、李培荣及委员出席会议。市人民政府副市长郑贤文，市人民法院院长崔正华，市人民检察院检察长郑柯迅，市府办及市人大常委会办事机构负责人列席会议。部分乡镇人大主席、市人大代表应邀参加会议。会议作出关于建立市第十六届人民代表大会代表组织的决定，审议通过市第十六届人大常委会代表资格审查委员会名单、市第十六届人大常委会各工作委员会组成人员名单和人大工作联络员名单。会后，市人民检察院检察长郑柯迅进行宪法宣誓。

【第十六届人大常委会第四次会议】 于4月1日在金陵大酒店举行。市人大常委会主任毛江妹，副主任王旭、毛正彩、宁晔、毛吉泽、毛长明、李培荣，党组成员周吉云及委员参加会议。市委书记吕跃龙到会指导。市人民政府市长舒畅，市人民法院院长崔正华，市人民检察院检察长郑柯迅，市府办以及市人大常委会办事机构负责人列席会议。市委组织部相关人员、各乡镇人大主席、部分市人大代表应邀参加会议。会议审议通过新一届政府工作部门有关人事事项，拟任命的新一届政府工作部门负责人向市人大常委会作履职承诺。会议在审议通过人事任命事项后，毛江妹为新任命人员颁发了任命书，新任命的国家工作人员向宪法宣誓。吕跃龙书记在会上作重

4月1日，在市第十六届人大常委会第四次会议上，拟任命新一届政府工作部门负责人向市人大常委会作履职承诺（沈天法 摄）

要讲话，毛江妹主任对新任命人员提出具体要求和希望。

【第十六届人大常委会第五次会议】 于4月10日在政府大楼八楼会议室举行。市人大常委会副主任王旭、毛正彩、宁晔、毛长明，党组成员周吉云及委员参加会议。市人民政府副市长何正芳，市人民法院院长崔正华，市人民检察院、市府办、发改局、教育局、民政局、公安局、财政局、文广新局、规划局以及市人大常委会办事机构负责人列席会议。部分乡镇人大主席、市人大代表应邀参加会议。会议听取和审议市政府关于学前教育布局、文化艺术中心二期工程、健康养老产业等重大社会事业项目谋划推进情况的报告。

【第十六届人大常委会第六次会议】 于5月16日在政府大楼八楼会议室举行。市人大常委会主任毛江妹，副主任毛正彩、宁晔、毛吉泽、李培荣，党组成员周吉云及委员参加会议。市人民政府常务副市长王子平，市人民法院院长崔正华，市人民检察院、市府办、交通运输局、发改局、国土资源局、规划局、铁办以及市人大常委会办事机构负责人列席会议。部分乡镇人大主席、市人大代表应邀参加会议。会议听取和审议市政府关于重大交通项目前期工作情况的报告，审议通过有关人事事项。新任命国家工作人员进行宪法宣誓。

4月1日，在市第十六届人大常委会第四次会议上，新任命的市人民政府工作部门局长（主任）进行宪法宣誓（沈天法 摄）

【第十六届人大常委会第七次会议】 于6月2日在政府大楼八楼会议室举行。市人大常委会主任毛江妹，副主任王旭、宁晔、毛吉泽、毛长明、李培荣，党组成员周吉云及委员参加会议。市人民政府副市长郑贤文，市人民检察院检察长郑柯迅，市人民法院、市府办、编委办、发改局、民政局、经信局、财政局、国土资源局、住建局、市场监管局、行政服务中心管理办公室以及市人大常委会办事机构负责人列席会议。部分乡镇人大主席、市人大代表应邀参加会议。会议听取和审议市政府关于“最多跑一次”改革工作情况的报告，听取和审议市政府关于调整部分乡镇（街道）行政区划的议案，作出《关于同意部分乡镇（街道）行政区划调整的决议》。

【第十六届人大常委会第八次会议】 于6月26日在政府大楼八楼会议室举行。市人大常委会主任毛江妹，副主任毛正彩、宁晔、毛吉泽、李培荣，党组成员周吉云及委员参加会议。市人民政府常务副市长王子平，市人民检察院检察长郑柯迅，市人民法院、市府办、发改局、水利局、交通运输局、经济开发区管委会、铁办、江山港流域综合治理工程建设指挥部、虎山街道以及市人大常委会办事机构负责人列席会议。部分乡镇人大主席、市人大代表应邀参加会议。会议听取和审议市政府关于重大项目推进工作情况的报告，讨论并原则通过《江山市人民代表大会常务委员会任命的国家机关工作人员履职报告办法》《江山市人民代表大会常务委员会关于政府民生实事项目人大代表票决制实施与监督办法》《江山市人民代表大会常务委员会监督司法机关工作办法》《江山市人民代表大会常务委员会关于重大政府投资项目监督暂行办法》《江山市人民代表大会常务委员会关于全市各级人民代表大会代表联系人民群众办法》，审议通过有关人事事项。会后，新任命的国家工作人员进行宪法宣誓。

【第十六届人大常委会第九次会议】 于7月24日在政府大楼八楼会议室举行。市人大常委会主任毛江妹，副主任王旭、毛正彩、宁晔、毛吉泽、毛长明、李培荣，党组成员周吉云及委员参加会议。市政府常务副市长王子平、副市长巫小雄，市人民法院院长崔正华，市人民检察院检察长郑柯迅，市府办、发改局、财政局、审计局以及市人大常委会办事机构负责人列席会议。部分乡镇人大主席、市人大代表应邀参加会议。会议听取和审议市政府上半年工作情况和下半年工作意见的报告，审议2017年上半年国民经济和社会发展计划执行情况的报告。会议听取和审议2016年财政决算草案和2017年1—6月预算执行情况的报告、2016年度预算执行和其他财政收支的审计工作报告，作出《关于江山市2016年财政决算的决议》。会议听取和审议江山市2017年地方政府债务限额及新增债务预算调整方案的议案，作出《关于批准江山市2017年地方政府债务限额及新增债务预算调整方案的决议》。会议审议通过有关人事事项。巫小雄代表市政府作表态发言。会后，新任命的国家机关工作人员进行宪法宣誓。

【第十六届人大常委会第十次会议】 于8月25日在政府大楼八楼会议室举行。市人大常委会主任毛江妹，副主任王旭、毛正彩、宁晔、毛吉泽、毛长明、李培荣，党组成员周吉云及委员参加。市政府副市长张志军，市人民法院院长崔正华，市人民检察院检察长郑柯迅，市府办、农业局、水利局、农办、林业局、住建局以及市人大常委会办事机构负责人列席会议。部分乡镇人大主席、市人大代表应邀参加会议。会议听取和审议市政府关于村级集体经济发展、农民饮用水扩面提升、农民增收等工作情况的报告，讨论并原则通过市人民代表大会代表辞职办法，审议通过有关人事事项。

【第十六届人大常委会第十一次会议】 于9月28日在政府大楼八楼会议室举行。市人大常委会主任毛江妹，副主任王旭、毛吉泽、毛长明，党组成员周吉云及委员参加。市人民政府副市长巫小雄，市人民法院院长崔正华，市人民检察院检察长郑柯迅，市府办、经信局、金融办、统计局、发改局、招商局、科技局、经济开发区管委会、人行江山支行以及市人大常委会办事机构负责人列席会议。部分乡镇人大主席、市人大代表应邀参加会议。会议听取和审议市政府关于“三大百亿”产业及龙头企业培育、服务企业活动及减负帮扶解困、金融机构服务实体经济等工作情况的报告。

【第十六届人大常委会第十二次会议】 于10月31日在政府大楼八楼会议室举行。市人大常委会主任毛江妹主持，副主任王旭、毛吉泽、毛长明，党组成员周吉云及委员参加。市人民政府副市长郑贤文，市人民法院院长崔正华，市人民检察院检察长郑柯迅，市府办、公安局、司法局、财政局、国土资源局、住建局、人行江山支行以及市人大常委会办事机构负责人列席会议。部分乡镇人大主席、市人大代表应邀参加会议。会议听取和审议市政府关于加强辅警队伍建设管理工作和“七五”普法规划实施工作、市人民法院关于推进“基本解决执行难”工作、市人民检察院关于民事行政检察工作等情况的报告。

【第十六届人大常委会第十三次会议】 于11月14日在政府大楼八楼会议室举行。市人大常委会主任毛江妹，副主任王旭、宁晔、毛吉泽、毛长明、李培荣及委员参加。市人民政府副市长杨君，市人民法院院长崔正华，市人民检察院检察长郑柯迅，市府办、发改局、环保局、林业局、水利局、旅委、交通运输局、规划局以及市人大常委会办事机构负责人列席会议。部分乡镇人大主席、市人大代表应邀参加会议。会议听取和审议市政府关于市第十六届人大第一次会议代表议案建议办理情况报告、市人大常委会代表与选举任免工委关于市第十六届人大第一次会议代表议案建议督办情况报告。会议听取和审议市政府关于生态保护红线划定方案情况的报告。会议审议意见高度一致，着重提出碗窑水库生态保护红线，事关江山长远发展，事关江山长期稳定，事关江山人民长远利益，建议保留碗窑水库库区生态保护红线，饮用水主水源调整后，将碗窑水库纳入城市饮用水备用水源予以保护，审议意见会后抄告政府研究落实。会议作出《关于设立市人大常委会清湖街道工作委员会的决定》，审议通过市人大常委会执法检查工作办法、规范性文件备案审查办法以及有关人事事项。11月20日，市委书记童炜鑫主持召开江山市生态红线划定征求意见座谈会，专题听取市人大常委会组成人员对生态保护红线划定方案的意见建议，市委副书记、市长舒畅，市人大常委会主任毛江妹，副主任王旭、毛正彩、宁晔、毛吉泽、毛长明、李培荣，党组成员周吉云及驻会委员，市委办、市府办、环保局、水利局、住建局等部门单位主要领导参加会议。与会的市人大常委会组成人员一致认为，生态保护红线划定事关重大，一致建议保留碗窑水库库区生态保护红线，饮用水主水源调整后，将碗窑水库纳入城市饮用水备用水源予以保护。市委、市政府高度重视，人大常委会的建议得到及时采纳。

【第十六届人大常委会第十四次会议】 于11月24日在政府大楼八楼会议室举行。市人大常委会主任毛江妹，副主任王旭、毛正彩、毛吉泽及委员参加。市人民政府常务副市长王子平，市人民法院、市人民检察院、市府办以及市人大常委会办事机构负责人列席会议，市委组织部相关人员应邀参加会议。会议审议通过有关人事事项。会后，新任命的国家工作人员进行宪法宣誓。

【第十六届人大常委会第十五次会议】 于12月28日在政府大楼八楼会议室举行。市人大常委会主任毛江妹，副主任王旭、毛正彩、毛吉泽、毛长明、李培荣及委员参加。市人民政府副市长何正芳，市人民法院院长崔正华，市人民检察院、市府办以及市人大常委会办事机构负责人列席会议。会议作出《关于召开江山市第十六届人民代表大会第二次会议的决定》，审议通过有关人事事项。会后，新任命的国家工作人员进行宪法宣誓。

市人大常委会主任会议

【第十五届人大常委会第一百四十九次主任会议】 于1月3日召开，市人大常委会主任毛江妹，副主任王旭、徐大清、徐惠民、毛建华参加会议。会议讨论市人大常委会工作报告，听取各工委2017年工作思路。

【第十五届人大常委会党组会议、第一百五十次主任会议】 于1月11日召开，市人大常委会主任毛江妹，副主任王旭、毛赛春、徐大清、徐柏民、徐惠民、毛建华，党组成员周中太参加会议。会议讨论市第十六届人大代表资格的审查报告、市人大常委会部分工作机构调整有关事项，研究召开市第十六届人大第一次会议有关事项、衢州市第七届人大代表连任人选有关事项，研究市人大常委会、市政府有关人事事项以及市人大机关内部有关人事事项。

【第十五届人大常委会党组会议、第一百五十一次主任会议】 于1月25日召开，市人大常委会主任毛江妹，副主任王旭、徐大清、徐柏民、徐惠民、毛建华，党组成员周中太参加会议。会议讨论市人大常委会工作报告，研究市第十六届人大第一次会议有关事项以及市人大常委会有关人事事项，讨论实施民生实事项目人大代表票决制的决定草案。

【第十五届人大常委会第一百五十二次主任会议】 于1月25日召开，市人大常委会主任毛江妹，副主任王旭、徐大清、徐柏民、徐惠民、毛建华参加会议。市人民政府副市长巫小雄，市府办、财政局有关负责人列席会议。会议听取和审议市政府关于江山市2017年财政预算草案编制情况汇报。

【第十五届人大常委会党组会议、第一百五十三次主任会议】 于2月7日召开，市人大常委会主任毛江妹，副主任王旭、徐大清、徐惠民、毛建华，党组成员周中太参加会议。会议听取和审议市委组织部关于市监察委员会组建及组成人员人选情况的报告，听取召开市第十六届人大第一次会议筹备有关事项的汇报。

【第十五届人大常委会党组会议、第一百五十四次主任会议】 于2月7日召开，市人大常委会主任毛江妹，副主任王旭、徐大清、徐惠民、毛建华，党组成员周中太参加会议。会议研究市人大机关内部有关人事事项。

【第十六届人大常委会第一次主任会议】 于

2月18日召开，市人大常委会主任毛江妹，副主任王旭、毛正彩、宁晔、毛吉泽、毛长明、李培荣，党组成员周吉云，各委室主任、副主任及专职委员参加会议。会议研究市第十六届人大常委会主任、副主任以及专职委员的分工安排，讨论并原则通过市人大常委会主任会议议事规则，回顾市第十六届人大第一次会议的有关会务工作。毛江妹主任对常委会领导提出具体要求和希望。

【第十六届人大常委会第二次主任会议】 于3月2日召开，市人大常委会主任毛江妹，副主任王旭、毛正彩、宁晔、毛吉泽、毛长明、李培荣参加会议。会议讨论并原则通过市人大常委会2017年主要工作安排。

【第十六届人大常委会第三次主任会议】 于3月17日召开，市人大常委会主任毛江妹，副主任王旭、宁晔、毛长明、李培荣，党组成员周吉云、各委室负责人及专职委员参加会议。市人民政府副市长巫小雄，市经济开发区管委会、环保局、经信局有关负责人列席会议。会议听取和审议市政府关于大气污染防治、工业固体废物处置、经济开发区管委会2016年预算执行和2017年预算编制等工作情况的报告，巫小雄代表市政府作表态发言。会议研究部署市人大常委会各工作委员会委员人选推荐有关事项。

【第十六届人大常委会党组会议、第四次主任会议】 于3月29日召开，市人大常委会副主任王旭、毛正彩、宁晔、毛长明、李培荣，党组成员周中太参加会议。会议研究并原则同意关于开展剿灭劣V类水工作专项监督的实施方案，讨论通过常委会工作机构对口联系部门，讨论关于建立市第十六届人大代表组织的决定草案、市第十六届人大代表编组名单草案、市第十六届人大常委会代表资格审查委员会名单草案、市第十六届人大工作联络员名单草案，研究常委会各工作委员会组成人员名单草案，研究并确定常委会领导和工委重点督办的代表议案，研究4月常委会主要工作安排。

【第十六届人大常委会党组会议、第五次主任会议】 于4月1日召开，市人大常委会主任毛江妹，副主任王旭、毛正彩、宁晔、毛吉泽、毛长明、李培荣，党组成员周吉云、周中太参加会议。会议研究市政府有关人事事项。

【第十六届人大常委会第六次主任会议】 于4月5日召开，市人大常委会副主任王旭、毛正彩、宁晔、毛长明、李培荣，党组成员周吉云，各委室负责人及专职委员参加会议。市人民政府副市长何正芳，卫计局、公安局、人力社保局、环保局、住建局、市场监管局、综合执法局、编委办等部门和双塔、虎山、贺村等街道（镇）有关负责人列席会议。会议听取和审议市政府关于第二人民医院建设、国家卫生城市创建工作情况的报告，何正芳代表市政府作表态发言。

【第十六届人大常委会第七次主任会议】 于5月2日召开，市人大常委会副主任王旭、毛正彩、宁晔、毛长明、李培荣参加会议。会议讨论通过关于开展行政诉讼法等法律法规执法检查的通知、关于开展对教育局、交通运输局工作评议的实施方案，研究5月常委会主要工作安排。

【第十六届人大常委会党组会议、第八次主任会议】 于5月16日召开，市人大常委会主任毛江妹，副主任毛正彩、宁晔、毛吉泽、李培荣，党组成员周吉云、周中太参加会议。会议研究市政府有关人事事项。

【第十六届人大常委会党组会议、第九次主任会议】 于6月1日召开，市人大常委会主任毛江妹，副主任毛正彩、宁晔、毛吉泽、李培荣，党组成员周吉云、周中太参加会议。会议研究近期市人大机关有关工作、部分乡镇（街道）行政区划调整有关事项、6月常委会主要工作安排。

【第十六届人大常委会党组会议、第十次主任会议】 于6月21日召开，市人大常委会主任毛江妹，副主任毛正彩、宁晔、毛吉泽、李培荣，党组成员周吉云、王红梅，各委室负责人及专职委员参加会议。市人民政府副市长杨君，市府办、民政局、农业局有关负责人列席会议。会议听取和审议市政府关于村（居）民委员会换届选举工作情况的报告，杨君代表市政府作表态发言。会议研究设立乡镇（街道）人大办公室有关事项。

【第十六届人大常委会党组会议、第十一次主任会议】 于6月26日召开，市人大常委会主任毛江妹，副主任毛正彩、宁晔、毛吉泽、李培荣，市人大常委会党组成员周吉云、王红梅参加会议。会议讨论市人大常委会任命的国家机关工作人员履职报告办法、政府民生实事项目人大代表票决制实施与监督办法、监督司法机关工作办法、重大政府投资项目监督暂行办法、全市各级人民代表大会代表联系人民群众办法等制度，研究市人大常委会、市政府有关人事事项。

【第十六届人大常委会党组会议、第十二次主任会议】 于6月26日召开，市人大常委会主任毛江妹，副主任毛正彩、宁晔、毛吉泽、李培荣，党组成员周吉云、王红梅参加会议。会议研究市人大机关日常管理有关事项。

【第十六届人大常委会第十三次主任会议】 于7月4日召开，市人大常委会主任毛江妹，副主任毛正彩、宁晔、毛吉泽，党组成员周吉云，各委室负责人及专职委员参加会议。市人民政府副市长郑贤文，市府办、法制办、民宗局、财政局、环保局、水利局、林业局、综合执法局等单位有关负责人列席会议。会议听取和审议市人大常委会执法检查组关于行政诉讼法、预算法、固体废物污染环境防治法、野生动物保护法、衢州市城市市容和环境卫生管理条例、浙江省少数民族权益保障条例、水土保持法等法律法规贯彻实施情况的报告，郑贤文代表市政府作表态发言。会议讨论通过市人大常委会组成人员联系市人大代表名单，研究7月份常委会主要工作安排等有关事项。

【第十六届人大常委会党组会议、第十四次主任会议】 于7月24日召开，市人大常委会主任毛江妹，副主任王旭、毛正彩、宁晔、毛吉泽、毛长明、李培荣，党组成员周吉云、王红梅参加会议。会议听取和审议市财政局关于江山市2017年地方政府债务限额及新增债务预算调整方案的汇报，研究市政府有关人事事项。

【第十六届人大常委会第十五次主任会议】 于8月2日召开，市人大常委会副主任毛正彩、宁晔、毛吉泽、毛长明参加会议。会议研究8月常委会主要工作安排。

【第十六届人大常委会第十六次主任会议】 于8月9日召开，市人大常委会主任毛江妹，副主任王旭、毛正彩、毛吉泽、毛长明、李培荣，党组成员周吉云，各委室负责人及专职委员参加会议。市人民政府副市长巫小雄，市府办、水利局、治水办、公安局、环保局等单位有关负责人列席会议。会议听取和审议市政府关于全域剿灭劣V类水、清水河道渔业资源保护开发利用工作情况的报告，巫小雄代表市政府作表态发言。

【第十六届人大常委会党组会议、第十七次主任会议】 于8月25日召开，市人大常委会主任毛江妹，副主任王旭、毛正彩、宁晔、毛吉泽、毛长明、李培荣，党组成员周吉云、王红梅参加会议。会议研究市人民代表大会代表辞职办法以及市人民法院有关人事事项。

【第十六届人大常委会第十八次主任会议】 于8月25日召开，市人大常委会主任毛江妹，副主任王旭、毛正彩、宁晔、毛吉泽、毛长明、李培荣参加会议。会议研究2017年市政府民生实事项目监督工作安排。

【第十六届人大常委会第十九次主任会议】 于9月8日召开，市人大常委会主任毛江妹，副主任王旭、毛正彩、宁晔、毛吉泽、毛长明、李培荣参加会议。会议学习传达王辉忠副主任在全省各级人大常委会主任学习会上的讲话精神，研究"代表连心面对面"、代表联络站活动、重点议案建议督办工作安排等事项以及9月常委会主要工作安排。

【第十六届人大常委会第二十次主任会议】 于10月11日召开，市人大常委会主任毛江妹，副主任王旭、毛吉泽、毛长明参加会议。会议听取市人大常委会各组关于"代表连心面对面"、代表联络站活动、部分重点议案建议及民生实事项目集中督办情况的汇报，研究10月常委会主要工作安排。

【第十六届人大常委会第二十一次主任会议】 于10月31日召开，市人大常委会主任毛江妹，副主任王旭、毛吉泽、毛长明参加会议。会议研究11月常委会主要工作安排。

【第十六届人大常委会第二十二次主任会议】 于11月9日召开，市人大常委会主任毛江妹主持会议，副主任王旭、毛吉泽、毛长明，党组成员周吉云，各委室负责人及专职委员参加会议。市人民政府副市长何正芳，市府办、法制办、财政局、环保局、林业局、综合执法局、民宗局、水利局有关负责人列席会议。会议听取和审议市政府关于行政诉讼法、预算法、固体废物污染环境防治法、野生动物保护法、衢州市城市市容和环境卫生管理条例、浙江省少数民族权益保障条例、水土保持法等相关法律法规执法检查意见落实情况的报告，何正芳代表市政府作表态发言。

【第十六届人大常委会党组会议、第二十三次主任会议】 于11月9日召开，市人大常委会主任毛江妹，副主任王旭、毛吉泽、毛长明，党组成员周吉云、王红梅参加会议。会议讨论设立市人大常委会清湖街道工作委员会有关事项。

【第十六届人大常委会党组会议、第二十四次主任会议】 于11月14日召开，市人大常委会主任毛江妹，副主任王旭、宁晔、毛吉泽、毛长明、李培荣，党组成员王红梅参加会议。会议研究代表辞职有关事项以及市人大常委会执法检查工作办法、规范性文件备案审查办法等制度。

【第十六届人大常委会党组会议、第二十五次主任会议】 于11月24日召开，市人大常委会主任毛江妹，副主任王旭、毛正彩、毛吉泽，党组成员王红梅参加会议。会议研究市人大常委会、市人民法院有关人事事项。

【第十六届人大常委会党组会议、第二十六次主任会议】 于12月25日召开，市人大常委会主任毛江妹，副主任王旭、毛正彩、毛吉泽、毛长明、李培荣，党组成员王红梅参加会议。会议研究市人大机关内部有关人事事项，讨论并原则通过市人大机关内部管理制度，研究召开市第十六届人大第二次会议的有关事项、市人大常委会有关人事事项。

【第十六届人大常委会第二十七次主任会议】 于12月29日召开，市人大常委会主任毛江妹，副主任王旭、毛正彩、毛吉泽、毛长明、李培荣参加会议。会议研究2018年市政府民生实事备选项目。

常委会视察

【常委会视察健盛、欧派产业园建设及输配电产业发展情况】 于4月17日组织视察健盛、欧派产业园建设及输配电产业发展情况。市人大常委会副主任王旭、毛正彩、宁晔、毛长明、李培荣，党组成员周吉云及委员参加视察。市人民政府副市长巫小雄，经信局、财政局、商务局、科技局、统计局、招商局、江山经济开发区管委会、国网江山供电公司等部门单位负责人陪同视察。视察组先后前往欧派产业园、健盛产业园等项目建设现场视察，并听取两个产业园建设以及输配电产业发展情况的汇报，巫小雄代表市政府作表态发言。

【常委会视察政府民生实事项目实施情况】 于6月13日组织视察政府民生实事项目实施情况。市人大常委会主任毛江妹，副主任毛正彩、宁晔、毛吉泽、李培荣及委员参加视察。市人民政府副市长何正芳，市府办、教育局、住建局、交通运输局、商务局、规划局、经济开发区管委会、上余镇等单位负责人陪同视察。视察组实地察看了上余初中迁建、管道天然气进区入户、农村公路改造提升、江滨（虎山段）市民休闲景观带等项目建设现场，并听取市政府关于民生实事项目进展情况的报告，何正芳代表市政府作表态发言。

【常委会视察城市停车难行车难问题解决情况】 于7月11日组织视察城市停车难行车难问题解决情况。市人大常委会主任毛江妹，副主任王旭、毛正彩、宁晔、毛吉泽、毛长明、李培荣，党组成员周吉云及委员参加视察。市人民政府常务副市长王子平，市府办、住建局、经济开发区管委会等单位负责人陪同视察。视察组实地察看西山路南段、江电路、站前广场地下停车库等项目建设现场，并听取市政府关于城市停车难、行车难问题解决情况的报告，王子平代表市政府作表态发言。

【常委会视察江山港流域综合治理项目及乡村休闲旅游发展情况】 于8月4日组织视察江山港流域综合治理项目及乡村休闲旅游发展情况。市人大常委会副主任毛正彩、宁晔、毛吉泽、毛长明，党组成员周吉云及委员参加视察。市人民政府副市长张志军，市府办、农办、水利局、旅委、江山港流域综合治理工程建设指挥部等单位负责人陪同视察。视察组先后前往田园里·大陈休闲农庄、大陈萃文养正居农家乐综合体以及江山港碗窑段治理工程等项目建设现场进行实地察看，并听取市政府关于江山港流域综合治理项目及乡村休闲旅游发展情况的报告，张志军代表市政府作表态发言。

工作评议

【概况】 自5月上旬开始，市人大常委会根据《关于开展对教育局、交通运输局工作评议的实施方案》，组织对教育局和交通运输局开展工作评议。整个评议工作在市委领导下进行，由市人大常委会组织实施并成立两个评议工作小组，整个评议工作分为准备发动、调查、评议、整改提升四个阶段。评议的内容是近三年来教育局、交通运输局依法履行工作职责情况，主要包括：贯彻实施宪法、法律法规情况，贯彻执行党的路线方针政策和市委决议、决定情况；依法履行职责，发挥职能作用，推动发展，落实服务民生要求的情况；执行市人大及其常委会决议、决定，办理人大代表提出的议案、建议、批评和意见，以及落实市人大常委会审议意见情况；群众普遍关心和迫切需要解决问题的处理情况。

【评议教育局、交通运输局工作动员会】 于5月24日在金陵大酒店金陵厅召开。市人大常委会主任毛江妹，市委副书记、政法委书记汪胜，市人大常委会副主任毛正彩、宁晔、毛吉泽、李培荣，党组成员周吉云及委员参加会议。市委常委、副市长项柳福应邀参加会议。市委办、市府办、乡镇（街道）人大负责人，评议工作小组成员，市人大工作联络员，部分市人大代表，教育局、交通运输局中层以上干部参加会议。毛江妹主持会议，汪胜作讲话，毛正彩部署工作评议有关事项，李培荣宣读评议工作小组名单，教育局、交通运输局负责人作表态发言。

【评议教育局、交通运输局工作会议】 于8月30日在金陵大酒店金陵厅召开。市人大常委会主任毛江妹，市委副书记、政法委书记汪胜，市人大常委会副主任王旭、毛正彩、毛吉泽、毛长明、李培荣，党组成员周吉云及委员参加会议。市委常委、副市长项柳福应邀参加会议。市委办、市府办、乡镇（街道）人大负责人，评议工作小组成员，市人大工作联络员，部分市人大代表，教育局、交通运输局中层以上干部参加会议。毛江妹主持会议，汪胜作讲话，毛正彩、李培荣分别宣读对教育局、交通运输局工作的评议报告，部分基层人大代表作评议发言，教育局、交通运输局负责人作表态发言。

代表工作

【建立完善人大代表组织】 2017年初，市人大常委会按照统一部署，圆满完成人大代表换届选举工作，选出新一届市级人大代表236名和乡级人大代表989名。根据代表法等法律法规精神，市人大常委会召开会议，作出关于建立市第十六届人民代表大会代表组织的决定，审议通过市第十六届人大常委会代表资格审查委员会名单、市第十六届人大常委会各工作委员会组成人员名单和人大工作联络员名单，并按照便于组织开展活动的原则，建立机关一组、二组和驻江部队代表小组，乡级层面分五个片组共19个代表小组，为人大代表在闭会期间有序依法开展履职活动提供组织保障。

【代表联络站、“代表连心面对面”活动】 指导19个乡镇（街道）建立网上代表联络站，推进代表联络站向基层延伸，建成26个村（社区）代表联络站。组织在江山的省、衢州、江山、乡镇四级人大代表1378人次进站接待人民群众1456人次，收集补齐经济社会发展短板、推进全民创业创新、促进工业经济发展、打造全域旅游、发展民生事业、代表议案建议办理等方面工作的意见建议782条，并及时抓好意见建议的反馈落实。深入开展“代表连心面对面”活动，常委会组成人员走访、接待一线人大代表，共召开座谈会14次，走访代表38人，征集并反馈落实意见建议152条。

【代表主题活动】 开展剿灭劣V类水、代表在行动主题活动，组织全市在江山的各级人大代表，对辖区内所有河道、沟渠、山塘水库、小微水体的水质和水体隐患排查工作，做到底子清，目标明，督查有的放矢。开展“最多跑一次”改革代表督查主题活动，精心组织开展“人大代表进窗口”集中督查活动，邀请 11 名市、县人大代表参加，通过现场“挑刺”和“模拟审批”，深入查找问题，积极建言献策。在行政服务中心建立了人大代表联络站，安排人大代表开展接待人民群众活动，助推“最多跑一次”改革。同时，抓好乡镇层面的监督工作，要求各乡镇人大成立“最多跑一次”改革工作督察组，组织代表通过不定期明查或暗访开展督查。全市有357 名各级人大代表担任村级行政审批事务网格员（即“跑小二”），在改革向基层延伸和乡镇“四个平台”建设中发挥了重要作用。根据衢州市人大的统一安排，组织衢州市人大代表江山中心组前往开化县开展县域视察工作。

【规范乡镇人大建设】 常委会积极争取市委的重视和支持，配足配好各乡镇（街道）人大专职主席（主任）、副主席（副主任），切实加强乡镇（街道）人大工作机构建设，全市 19 个乡镇（街道）全部设立人大办公室，配备办公室主任17 名、专职工作人员 19 名。依法设立人大常委会清湖街道工作委员会。规范开好每年两次乡镇人代会，指导各乡镇（街道）全面推行民生实事项目代表票决（会商）制。

【加强乡镇代表工作】 常委会首次组织 162 名市人大代表开展跨乡镇（街道）视察活动，实地察看工作平台建设、乡村休闲旅游、集镇改造提升等方面项目 41 个，开展座谈交流 16 次，现场提出意见建议 86 条，增强代表履职意识，拓宽履职视野。探索开展代表向选民述职活动，指导各乡镇（街道）组织召开代表述职会议，并进行满意度测评，全市共 227 名市乡两级代表向选民述职。

专题询问

【城市治堵工作工作情况专题询问会】 于 9 月 8 日在政府八楼会议室召开。市人大常委会主任毛江妹，副主任王旭、毛正彩、宁晔、毛吉泽、毛长明、李培荣，党组成员周吉云及委员参加会议。市人民政府副市长项柳福，相关部门、单位负责人以及部分市人大代表列席会议。市人大常委会组成人员结合平时调研了解到的情况，围绕城市路网规划建设、重大交通项目推进、城市交通管理等方面问题进行了询问。市住建局等 12 个部门单位负责人到会接受询问，并就有关问题作出答复和承诺。项柳福代表市政府作表态发言。

【民生实事项目实施情况专题询问会】 于 10 月 17 日在政府八楼会议室召开。市人大常委会主任毛江妹，副主任王旭、毛吉泽、毛长明，党组成员周吉云及委员参加会议。市人民政府常务副市长王子平，相关部门单位负责人以及部分市人大代表列席会议。围绕北关路东延伸工程、上余初中及峡口小学迁建工程、西山公园南入口工程等项目的实施情况进行询问。市住建局等 7 个部门单位负责人到会接受询问，并就有关问题作出答复和承诺。王子平代表市政府作表态发言。

【执法检查】 5 月至 6 月，市人大常委会组成 7 个执法检查组，深入各乡镇（街道）、有关部门、企业，通过实地检查、听取汇报、组织座谈等方式，对行政诉讼法、预算法、固体废物污染环境防治法、野生动物保护法、水土保持法、浙江省少数民族权益保障条例、衢州市城市市容和环境卫生管理条例等法律法规情况进行检查。7 月 4 日召开主任会议，听取和审议行政诉讼法有关法律法规贯彻实施情况的报告，并将执法检查意见抄告市政府及相关职能部门，督促整改落实。11 月 9 日召开主任会议，听取和审议市政府关于行政诉讼法等 7 部法律法规执法检查意见落实情况的报告。何正芳代表市政府作表态发言。

【规范性文件备案审查】 配强工作力量，增设备案审查科，制定出台规范性文件备案审查办法，建立报送备案、主动审查、督促纠正等工作机制。按照“有件必备、有备必审、有错必纠”的工作原则，对降低企业成本优化发展环境、城区危旧房治理改造、农村留守儿童关爱保护等 22 个规范性文件进行备案审查，保障宪法法律实施，维护国家法制统一。

【积极参与中心工作】 根据市委安排，市人大常委会领导认真做好输配电产业服务工作，走访调研输配电企业 30 多家，引导企业走科技创新发展之路，指导申报科技计划项目 13 项、申请专利 26 件、培育国家级高新技术企业 3 家。7 名常委会领导担任一级河长，6 名常委会领导参与做好重大项目挂联、重大项目招商等工作，3 名常委会领导参与推进项目要素保障等工作。

【重点课题调研】 3 月至 10 月，市人大常委会各委、室根据年度工作计划开展重点课题调研。其中，办公室、研究室对政府民生实事项目票决制的实践与思考开展调研；法制内务司法工委对市法院“基本解决执行难”工作、行政审批“最多跑一次”实施情况、发挥生态优势建设长寿之乡开展调研；财政金融工委对金融企业支持实体经济、加强政府投资项目绩效管理、探索中小企业担保新路径开展调研；经济工委对 2016 年涉企政策兑现情况、注塑产业发展思路、一般工业固废处置情况开展调研；农业与农村工委对茶产业发展情况、农村生活污水管网运行维护体制、农村饮用水扩面提升及运行维护情况开展调研；建资环工委对推进市域断头路建设情况、建设用地“批而未供、供而未用”情况、建立农村宅基地跨村使用机制开展调研；教科文卫民侨工委对历史文化重点村落可持续保护利用、发展江山全域旅游、学前教育发展与展望开展调研；代表与选举任免工委对江山市通用机场建设、市经济开发区资产交易平台建设开展调研，各重点课题调研都形成书面报告供市委、市政府决策参考。

（市人大）

江山市人民政府

综　述

2017年，江山市人民政府以项目攻坚、效率提升“两年”活动为载体，致力于抢机遇、打基础、抓发展、攻项目、促改革、惠民生，经济社会保持健康发展态势，圆满完成全年各项目标任务。全年实现地区生产总值301.64亿元，同比增长7.3%；财政总收入25.2亿元，增长4.6%，其中公共财政预算收入16.7亿元，增长7.1%；固定资产投资207.01亿元，增长13%；城镇常住居民人均可支配收入41545元，农村常住居民人均可支配收入21932元，分别增长9.1%、9.9%。

【工业强市加快建设】 全年完成工业增加值131.21亿元，比上年增长5.9%。重点产业和企业发展势头强劲，门业产值增长15.6%，欧派、健盛两大龙头培育企业产值分别增长39%和33.1%。新认定龙头培育企业1家、单打冠军培育企业2家。健盛产业园一期、欧派产业园一期部分投产。新增规模以上企业37家、高新技术企业9家。江山木门国家级外贸转型升级基地通过省级初审。成功举办中国国际门业及定制家居业峰会。完成“四无”企业整治966家，盘活工业闲置用地154.93公顷。木艺时尚小镇成功争列省特色小镇培育名单。木门产业创新服务综合体入选省首批创建名单。成功创建国家知识产权试点城市。

【旅游富民亮点纷呈】 江郎山·廿八都景区成功创建国家AAAAA级旅游景区。新增魅力永兴、桃园洪福、长寿兴墩、峡风瓷韵、祈福圣地太阳山等5个国家AAA级旅游景区。国内旅游收入95.36亿元，增长26.3%。旅游大数据中心、君澜·江山国际大酒店投入使用。城北童话小镇、“归江山居”田园文旅颐养小镇等项目顺利推进。恒亮蜂业成功创建省级工业旅游示范基地。成功举办全国新年登高健身大会、江山100国际越野跑、全国男子举重锦标赛等一批节会赛事活动。

【现代农业特色发展】 新建粮食生产功能区1860公顷。粮食总产量20.03万吨，晚稻亩产再创新高。“江山绿牡丹”获农产品地理标志认证。稳步推进“一村一品”培育，新增专业特色村8个。蜂业规模与经济效益连续26年位居全国各县（市、区）第一。成功举办浙闽赣皖四省五县（市、区）精品蔬菜瓜果展示展销会。获评省中药材产业基地、省畜牧业绿色发展示范县。

【发展活力逐步迸发】 江山欧派主板上市，科润电力新三板转主板进入上市辅导期，恒亮蜂产品挂牌新三板。峡口水库引水工程、中机国能热电联产等PPP项目建成。4个项目列入省发改委PPP示范项目，居全省第一。争取省“两山”建设财政专项激励资金3亿元。组建区域招商局和4个产业招商组。成立异地商会35家，基本实现副省级以上城市全覆盖。新引进亿元以上项目32个、10亿元以上项目4个。锂电池新材料、永利百合链传动等一批重大产业园项目签约落地。

【要事难事克难攻坚】 杭衢高铁延伸至江山、义金衢上高速、景区化高速、江遂公路、江玉公路、江山江航道、通用机场等一批重大战略性项目顺利推进。通景公路开工建设。“百里须江·美丽长廊”江山港流域综合治理工程启动实施。开展项目征迁攻坚大会战，共征收土地401公顷。处置抢栽抢种抢建抢养等“四抢”歪风，土地征收秩序得到规范。“四个平台”基层治理体制机制建设全面完成。市、乡两级综合指挥平台建成投用。

【绿色发展卓有成效】 全力打好转型升级组合拳。全域剿灭劣V类水体专项行动提前完成，出境水断面水质年均值达到地表水II类标准，集中式饮用水源达标率继续保持100%。97个村完成农村生活污水提标改造，282个村实施农村生活垃圾分类处理。江山港实行全流域、全时段禁渔。221省道江山段被评为“四边三化”省级精品示范道路。小城镇环境综合整治规划编制、卫生乡镇创建、线乱拉治理走在全省前列。成功创建省基本无违建市、省环境保护模范城市。

6月7日，副市长张志军（左四）在检查江山港流域综合治理项目

【城市建管再上台阶】 城市基础设施加快建设，东、西入城口和高铁站出口改造全面完成，江滨南路通禄门段、西山路南段建成通车，城市供水、供气设施持续改善。城区重要节点加快打造，火车站站前广场、西山公园南入口、江滨南路虎山段景观配套工程顺利推进。西山花海、城区沿江绿道改造提升基本完成。城市治堵扎实推进，新增公共停车位1300个、新能源公交车6辆。新建电动汽车分时租赁网点162个，累计投放电动汽车400辆。城北旅游休闲综合体、文化艺术中心二期、虎山运动公园等一批城市赋能项目有序推进。成功创建国家卫生城市。

【美丽乡村纵深建设】 成功承办全省美丽乡村和农村精神文明建设现场会。新农村建设成效显著，连续九年获全省优秀县（市）称号。新增省级美丽乡村示范乡镇2个、省级美丽乡村特色精品村5个。村庄景区化深入创建，12个村获评AAA级景区村庄称号，占衢州总数的1/3。推进枫石村、花桥村等历史文化村落保护利用。集体经济薄弱村个数实现清零。光伏小康工程在全省率先建成、率先实现收益分配。乡村“村晚”登上央视新闻联播。

【民生事业持续改善】 城乡居民、企业职工养老金月均增资15元和132.11元。城镇新增就业7171人。低收入农户人均可支配收入12260元，增长16.6%。农村五保人员、城镇“三无”对象集中供养率均达100%。“学在江山”成效显著，高考成绩再创历史新高。推行“弹性上学”和“四点钟学校”。育仁职校、锦绣江山外国语学校、城北幼儿园建成投用。“健康江山”不断深化，医疗卫生体制改革稳步推进，责任医生签约和分级诊疗全面实施。市人民医院与浙江邵逸夫医院医联体项目签约落地。天余菜市场投入使用，开发区菜市场基本建成。沪昆铁路江山港大桥抢险救灾工作圆满成功。城区D级危旧房全部腾空解危，农村危旧房腾空1013栋。成功创建省教育基本现代化市、省体育强市。

3月9日，副市长何正芳（中）在锦绣江山外国语学校调研

【行政改革深入推进】 “最多跑一次”改革深入推进，加快向经济开发区、中介监管、项目兜底服务、工程招投标、乡镇（街道）村（社区）等五大领域延伸。“12345”政府服务平台扩能提质。完成新一轮行政区划调整，设立清湖街道。启动国资体制改革。建立旅委加旅游警察大队、旅游市场监管分局、旅游巡回法庭等旅游管理体制。行政机关公车改革全面完成。农村土地确权登记颁证、盐业体制改革基本完成。

重要会议

【市十六届政府第一次全体扩大会议】 9月12日召开。会议由常务副市长王子平主持，市长舒畅作工作报告。会议贯彻落实省、衢州以及市委十四届二次全会等会议精神，研究部署江山“大花园”建设任务。

【市十五届政府第七十一次常务会议】 1月16日召开。会议原则通过《江山市2016年度三等功记功建议名单（送审稿）》《关于进一步加强全市机关事业单位编外用工管理的通知（送审稿）》《江山市2017年“七大盘子”计划（送审稿）》《江山市2017年项目攻坚年活动方案（送审稿）》《江山市2017年效率提升年活动方案（送审稿）》《江山市2017年招商引资工作考核办法（送审稿）》《关于建立江山市重大招商引资项目决策咨询服务工作机制的意见（送审稿）》《江山市异地商会招商引资奖励办法（暂行）（送审稿）》《关于进一步推进招商引资工作的若干意见（送审稿）》《关于推进责任医生签约服务工作的实施意见（送审稿）》《关于全面实施分级诊疗制度的意见（送审稿）》《关于要求同意江山至衢州沿江道路工程PPP模式实施方案的请示》《2017年政府工作报告（送审稿）》《2017年市政府民生实事项目实施计划表（送审稿）》《2017年市政府“九五重点专项”工作安排（送审稿）》。

【市十六届政府第一次常务会议】 2月22

日召开。会议原则通过《江山市商务发展“十三五”规划（送审稿）》《江山市残疾人事业发展“十三五”规划（送审稿）》《江山市生态环境保护“十三五”规划（送审稿）》《江山市医疗卫生服务体系“十三五”规划（送审稿）》《江山市卫生和计划生育事业发展“十三五”规划（送审稿）》《江山市工业发展“十三五”规划（送审稿）》《2016 年市长特别奖名单（送审稿）》《关于我市工业资产重组相关事项的请示》《关于进一步降低企业成本优化发展环境的实施意见（送审稿）》《关于进一步加强政府自身建设的决定（送审稿）》。会议听取江山市城北旅游休闲综合体项目自持资产转让涉及有关问题的汇报。

【市十六届政府第二次常务会议】 3 月 17 日召开。会议原则通过《江郎山—廿八都旅游区成功创建国家 5A 级景区三等功记功建议名单（送审稿）》《关于开展工业企业综合绩效评价推进要素资源差别化配置的实施意见（送审稿）》《关于加快小微企业创业园建设促进经济转型升级的实施意见（送审稿）》《关于建立健全工业企业上规升级双向促进机制的实施意见（送审稿）》《关于促进国有企业改革创新转型发展的实施意见（送审稿）》《关于要求明确通景公路投资建设模式及调整公路等级标准的请示》。

【市十六届政府第三次常务会议】 4 月 10 日召开。会议原则通过《江山市水利发展“十三五”规划（送审稿）》《江山市土地整治项目管理办法（送审稿）》《迎宾大道东段南侧（五家山）项目征收集体土地房屋拆迁补偿安置方案（送审稿）》《江山市市级政府性基础设施投资基金暂行管理办法（送审稿）》《关于转发浙江省 2017 年度政府集中采购目录及采购限额标准的通知（送审稿）》《贺村镇小城市培育试点三年（2017—2019 年）行动计划》《江山市突发事件预警信息发布管理办法（送审稿）》《江山市人民政府金融工作办公室主要职责内设机构和人员编制规定（送审稿）》《关于要求新增 2017 年教师编制的请示》《关于 2017 年度卫生计生事业单位人才招聘计划的请示》。会议听取关于城北医学康复中心项目有关情况的汇报。

【市十六届政府第四次常务会议】 5 月 4 日召开。会议原则通过《关于恳请转报衢州市政府批准开展基层林技人员定向培养工作的请示》。会议听取关于江山市第二福利院项目有关情况、关于站前大道北侧 1 号地块等 4 个国有土地出让项目推行住宅全装修有关情况等汇报。

【市十六届政府第五次常务会议】 5 月 23 日召开。会议原则通过《关于要求批准江山市基础设施投资基金投资决策委员会审议意见的请示》《江山市江山港流域综合治理工程建设土地与房屋征收补偿安置补充办法（送审稿）》《关于锦绣大道等 8 条道路命名的请示》《关于加强农村留守儿童关爱保护工作的实施意见（送审稿）》《关于要求批准衢州市沿江公路江山段 PPP 项目相关文本的请示》。会议听取耕读农业休闲度假村二期项目有关情况、江山非遗艺术博览馆项目有关情况的汇报。

【市十六届政府第六次常务会议】 6 月 6 日召开。会议原则通过《关于进一步加强林木采伐和营造林管理的通知（送审稿）》《江山市地质灾害避让搬迁安置实施意见（送审稿）》《江山市城区危旧住宅房屋治理改造工作实施意见（送审稿）》《江山市企业挂牌上市三年行动计划（送审稿）》《关于进一步推动企业利用资本市场加快发展的若干政策意见（送审稿）》《江山市危险化学品安全综合治理实施方案（送审稿）》。

【市十六届政府第七次常务会议】 6月27日召开。会议原则通过《江山市建制村客车“村村通”实施方案（送审稿）》《关于加快人才集聚激发人才创业创新活力的若干政策意见（送审稿）》《关于要求定向培养乡镇文化员的请示》《江山城南天然气热电联产集中供热工程项目实施方案（送审稿）》《浙江省江山市小型农田水利项目县（第九批）建设实施意见（送审稿）》。会议听取江山大陈多娇田园文化园项目、水岸江山生态休闲中心项目有关情况的汇报。

【市十六届政府第八次常务会议】 8月21日召开。会议原则通过《2017年度江山市旅游厕所规划建设管理工作实施方案（送审稿）》《关于给朱津津追记个人三等功的请示》《关于给周治民追记个人三等功的请示》《关于深入实施创新驱动发展战略激发企业创新活力的若干意见（送审稿）》《欧派门业园项目投资协议书（送审稿）》《关于要求批复江山市客运枢纽PPP项目“两报告一方案”及相关招标文件的请示》《关于要求批复兰溪至江山公路江山清湖至凤林段公路工程和江山市淤头至衢州绿色产业集聚区贺村姜家公路工程PPP项目“两报告一方案”的请示》《关于要求批复江山市综合交通运输发展“十三五”规划的请示》。会议听取关于迈微（浙江）控股有限公司电商总部项目招商有关情况的汇报。

【市十六届政府第九次常务会议】 9月1日召开。会议传达贯彻衢州市七届政府第一次全体（扩大）会议暨廉政工作会议精神。会议原则通过《锂电池新材料项目投资协议书（送审稿）》《江山国际度假酒店二期项目投资建设协议书（送审稿）》《关于公开向社会引资建设江山国际度假酒店二期项目的招商公告（送审稿）》《江山安徒生丹麦童话主题小镇项目初步合作协议书（送审稿）》《万汇通能源有限公司项目投资协议书（送审稿）》《欧润尼农业科技有限公司项目投资协议书（送审稿）》。

【市十六届政府第十次常务会议】 9月21日召开。会议原则通过《江山市城镇国有土地上D级危旧房腾空解危专项行动方案（送审稿）》《江山市国有投资公司资金集中管理办法（试行）（送审稿）》《江山市国有企业财务管理办法（试行）（送审稿）》《江山市国有企业公务消费监督管理办法（试行）（送审稿）》《江山市国有企业支持配合外派监事依法开展监督工作规则（试行）（送审稿）》《开洋全屋定制产业园项目投资协议书（送审稿）》《江山市妇女发展“十三五”规划（送审稿）》《江山市儿童发展“十三五”规划（送审稿）》。会议听取市农贸市场建设与管理三年行动计划的汇报。

9月6日，江山市委副书记、市长舒畅（中）现场检查君澜·江山国际度假酒店建设情况

【市十六届政府第十一次常务会议】 10月

21 日召开。会议原则通过《江山市生态保护红线划定方案（送审稿）》《关于实施消除集体经济薄弱村三年行动计划的意见（送审稿）》《江山市旅游委员会主要职责内设机构和人员编制规定（送审稿）》《江山市 EZbike 骑游平台项目战略合作协议（送审稿）》《江山市盐业体制改革实施方案（送审稿）》《江山市企业创新专项管理暂行办法（送审稿）》《江山市第二福利院（一期）PPP 项目物有所值评价报告、财政承受能力论证报告、实施方案（送审稿）》《关于印发江山市人民政府记功奖励暂行办法（2017 年修订）的通知（送审稿）》《兰溪至江山公路江山清湖至凤林段公路工程征地拆迁政策处理办法（送审稿）》。

【市十六届政府第十二次常务会议】 11 月 23 日召开。会议原则通过《江山市生态保护红线划定方案（送审稿）》《关于要求批准江山市文化艺术中心二期 PPP 项目物有所值（VFM）评价报告、财政承受能力论证报告、实施方案的请示》《关于要求批准江山市行政复议体制改革工作方案的请示》。

【市十六届政府第十三次常务会议】 12 月 14 日召开。会议原则通过《关于深化退役士兵社会化服务工作的实施方案（送审稿）》《江山市深化退役士兵社会化服务工作操作细则（送审稿）》《江山市国有企业劳动用工管理办法（试行）（送审稿）》《江山市国有企业负责人绩效考核及薪酬管理办法（送审稿）》《江山市国有企业工资总额预算管理暂行办法（送审稿）》《2018 年市政府民生实事备选项目（送审稿）》《关于公布市政府及市政府办公室行政规范性文件专项清理结果的通知》《关于在江山港干流及主要支流实施禁渔制度的通告（送审稿）》。

（吴 昊　余嘉炜）

市政府办公室

【概况】 2017 年，市政府办公室戮力同心、

6 月 21 日，市府办召开干部联系基层、企业和项目活动部署会

艰苦奋斗，积极参政辅政，精心管理事务，主动综合协调，狠抓督查落实，强化高效服务，全面展现办公室团队的新面貌、新作风和新形象，确保市政府各项工作高效有序运转。

【抓好综合协调】 按照“规范、高效、权威”原则，充分发挥办公室枢纽作用，构建多层次协调体系，推进政府各项工作高效运行。健全信息互通机制，完善领导活动日清单、日备忘和邀请函等制度，确保信息对称。推行市长调研会议备忘录，推动重点工作落实。设立市长办公钉钉群、市府办班子钉钉群，交办和反馈每周工作清单，做到钉督事项件件有落实、事事有反馈。精心编排方案计划，细化明确攻坚步骤，全力协助市政府领导推进“最多跑一次”改革、国家全域旅游示范区创建、国家卫生城市创建、项目征迁攻坚大会战、小升规、“五水共治”和城区 D 级危旧房腾空解危专项行动等“九五重点专项”。建立规范财政预算追加（调减）联席会议制度，

规范行政事业单位、乡镇街道的财政支出行为。做好议提案办理工作，及时交办、督促协调，全年市政府系统共承办建议、提案635件。

【开展精准调研】 围绕城南新城建设、融入杭州都市圈和建设“大花园”等一批战略性、前瞻性课题，深入开展调研活动。全年先后组织2批次22个重点课题调研任务，完成年度调研组稿16篇次，形成《城市发展方向和路径研究》《杭衢高铁江山段项目争取和建设思路》《国有企业资产现状调查与思考》《构筑旅游电商大平台助推全域旅游大发展》等一批调研成果。组织谋划和起草“大花园”建设行动纲要。编辑刊发《领导参阅》14期、《调查与思考》10期，8篇调研获市委、市政府主要领导批示。其中，PPP项目运作、工业用地复垦、做大做优政府产业基金、产业招商等调研成果已转化为相关政策和具体举措。

【推进信息争先】 发挥市府办政务信息工作牵头抓总职能，坚持高点定位，开展超前谋划，举全市之力、聚全办合力，推进政务信息争先进位。健全完善信息点题、通报晾晒、培训提升和定向约稿等制度，各口子、各部门上报信息数量同比增长近20%。树立精品意识，挖掘提升，总结上报“四点钟学校”、旅游+体育、南猪北养+北牧南移、花园型小城镇、木门质量提升等一批反映江山市各领域改革发展亮点经验的做法信息，均被省政务信息专报录用，并获省领导批示。全年共编发各类政务动态56期，获市政府主要领导批示9次。累计向国家、省、衢州市报送信息260余条（篇），刊用113条（篇），获省领导批示10篇，衢州市领导批示7篇，创下八年新高。其中，推行“百名局长驻窗口”做法获书记车俊两次批示肯定，打造全域“景区化”美丽乡村的主要做法获省长袁家军批示肯定。

【提升督查实效】 注重发挥督查“指挥棒”作用，坚持问题导向、结果评价，通过勤钉实督，推进重点工作落实。设立政务督查科，配齐配强精干力量，重点围绕全局督大事、落实指示督要事、紧扣焦点督难事、关注民生督实事。坚持系统督查，融合“五度”钉钉运用，建立口子、部门、区块等各级钉钉群，构建“督查、协调、再督查”的回路和闭环，“叮盯钉”成为工作新常态。实施周清单、月报表制，落实七大交办事项，先后开展市政府“九五重点专项”、民生实事和各季度工作部署会贯彻落实等专项督查，形成政务督查通报13期。坚持钉人抓事，对项目征迁、经济指标争先、PPP项目推进、治危拆违等重点专项进行立项督查，全年共下发市长交办单33件，承办市政府主要领导批示421件，全部按期完成节点任务。

【规范办文办会】 按照“严格、严密、严谨”要求，切实加强公文处理规范化建设，把好发文起草关、审核关等，力争刊印文件“零差错”。建立退文制度，对不符合办理程序和要求的文稿实行退文重办，退回各类错误件100多份，全年制发各类文件547件。通过月度评比、集中压担、同篇共赛等多种方式，抓好市政府重大重要文稿起草，“两年”活动、“两会”采访稿和政府全会报告等一批综合文稿获市政府主要领导肯定。汇编出台标准化办会工作流程，画好工作“流程图”。严格执行会议审批制度，从严控制会议数量、规模和规格。筹划好会议的各个环节，规范办会程序，提升会议实效。参与并圆满做好全省美丽乡村和农村精神文明建设现场会、企业挂牌上市、科技创新和工业大会等多个重大会议。全年召开市政府常务会议、市长办公会议、专题会议100余次，形成会议纪要91个。组织召开多年未开的政府系统办公室主任会议，指导部门办公室更好地开展工作。针对部门文会事不规范现象，恢复办公室主任月工作例会制度。

【坚持法治先行】 在征地拆迁、D级危旧房解危、“最多跑一次”改革等重点工作中，提前介入、全程服务。创新规范行政执法模式，设立行政执法规范指引，从源头指导规范行政执法行为。率先推行行政应诉“1+1+X”机制，全力破解无知应诉等难题，相关做法被省法制办作为典型推广。落实行政败诉案件“一案一通报”，发布行政败诉通报3起。健全完善行政规范性文件合法性审查工作机制，全年共审查市政府常务会议及市长办公会议审议议题137件，提出意见建议276条，被采纳232条。开展市政府及市政府办公室行政规范性文件专项清理，汇总整理现行有效的310件规范性文件，形成《江山市行政规范性文件汇编》。

【强化政务公开】 全面推进决策、执行、管理、服务和结果“五公开”，全年主动公开政府信息13万多条。开展全国基层政务公开标准化规范化试点工作，在全省率先推出“划定一个区角、定制一台查询机、配备一个资料栏、开设一个服务台、绘就一张便民服务图、完善一套管理制度”等政务公开查阅点“六个一”标准，打造查阅点样板87个。率先完成县级《政府公报》编印并实现“线上+线下”同步推送，创新推出“一站式阳光扶贫服务平台”“政务公开上电视”“江山公共出行”APP、江山教育测评网APP等特色公开平台。明确信息公开途径，完成所有乡镇（街道）、政府部门、参公事业单位网站内容统一迁移到市政府门户网站和浙江政务服务网江山平台。强化浙江政务服务支撑，加大培训指导，全年组织相关培训80余次，培训人数近万人次。发挥钉钉服务政务职能，加大钉钉推广普及。全市拥有钉钉注册人数16704人，激活率99%，日均活跃人数、活跃率全省领先。

【抓实应急管理】 健全应急管理体系，推进应急管理联动机制建设。建立应急工作钉钉专班，快速掌握第一手现场信息。严格落实24小时值班备勤制度，确保紧急信息不迟报、不漏报和不误报，为市领导第一时间掌握情况和稳妥处置赢得主动。督促市公安局、环保局和农业局等26个部门开展突发事件应急演练。成功承办浙江省防控重大动物疫情应急演习。充分发挥综合协调职能，一线全程参与，协助市领导圆满完成“6·25”沪昆铁路江山港大桥重大险情和江化“8·24”有机胺厂甲胺泄漏事故等重大紧急事件的应急处置。

【锤炼团队意识】 实行干部积分制考核，通过量化考核、互比互学，营造浓厚的干事氛围。创设“7651”头脑风暴学习机制，每期一主题，实现学习交流常态化。开设夜学“微讲堂”，办公室班子成员、科长、科员轮流分享工作经验、干事心得，加强干部口头表达能力锻炼。配强配齐干部队伍力量，强化多岗锻炼，推行综合岗位与专业岗位、服务岗位与文字岗位的互换交流。加强市府办勤奋、忠诚、和谐、真诚的团队文化建设，增强干部的仪式感、归属感和获得感。创造互动交流载体，先后组织开展仙霞徒步、江滨晨跑、锦绣江外晨练和趣味体育等系列文体活动，融洽关系，增进了解，激发斗志。

【强化廉政建设】 组织学习贯彻中共十九大精神和习近平总书记一系列讲话精神，强化党性锻炼，落实党风廉政建设主体责任，坚持把抓实党风廉政建设与办公室工作紧密结合，层层签订党风廉政责任书，努力完善党员干部教育、管理、监督和处置等各项机制。全面贯彻落实一岗双责，加强宗旨信念教育，经常性组织开展新党章以及《中国共产党纪律处分条例》《中国共产党问责条例》等党规党纪专题学习，做到警钟长鸣。抓实抓好日常廉政谈话，通过班子与班子谈、班子与中层谈等，互相提醒警示。全办全年未发生一起干部违法违纪情况。

（陆肖惠）

市人民政府咨询委员会

【完成咨询委换届工作】 2017 年，咨询委换届工作受到市领导高度重视，5 月 18 日，市委副书记、市长舒畅指导换届工作。9 月 25 日，召开换届大会。会议由市委常委、常务副市长王子平主持，衢州市咨询委主任黄会荣、江山市委副书记、市长舒畅等领导到会指导。会议成立以陈幸尔任主任，王笏一、郑顺才任副主任，朱小明任秘书长，林刚、祝增华任副秘书长的第二届江山市咨询委领导班子。

【全面优化委员队伍结构】 经过慎重甄选，第二届江山市咨询委员由 22 名在市内具有专业技术和较高业务素质、实践经验丰富且有较强研究水平的人员组成。12 月，又增设 4 名特邀委员。这些专业人员的加入，拓宽咨询委研究领域，全面优化委员专业结构。年内共收到高质量的委员课题（建议）24 件。其中，6 篇委员优秀课题（建议）已相继刊发在《咨询研究》上，供市领导参阅。

【高质量完成课题报告】 年内，完成市领导布置的 2 个课题研究任务。其中，《促进江山工业振兴的几点建议》课题研究成果，得到市委书记童炜鑫、市长舒畅等主要领导的重要批示。《大胆开展田园综合体试点，加快乡村建设高端化步伐》课题研究成果，得到市长舒畅的重要批示。在年度全市优秀调研成果评比中，上述两个课题报告分别获 2017 年度江山市优秀调研成果一等奖第一名和二等奖第一名。

【加强部门间交流沟通】 年内，与前来考察的丽水市庆元县政府咨询委主任林方海一行，就环境整治、农旅结合等问题进行深入探讨。10 月，前往绍兴柯桥花香漓渚、湖州安吉田园鲁家、江苏无锡田园东方等地考察田园综合体项目，为《大胆开展田园综合体试点，加快乡村建设高端化步伐》课题报告的形成收集前期调查资料。

机关事务

【概况】 2017 年，江山市机关事务管理局严格执行中央、省、市相关规定，从严控制接待标准，注重细节服务，实现重要接待任务无差错，承接并顺利完成美丽乡村现场会、全国新年登高大会、创建国家卫生城市等近 10 个高规格大规模的重要会议活动保障任务；参与保障市“两会”、农村工作会议等市级重要会议 80 多场次；较好完成国家级领导、国家部委、省级领导及部队少将以上等 50 多批 3000 余人次来江山的接待任务。同时，做好招商引资工作，争取总投资 6000 万元江山市千叶包装有限公司落户于莲华山工业园区。

【搬盘整合工作】 会同市纪委派驻第二纪检组人员分赴全市 49 个机关部门（含 88 个下属事业单位），对全市范围内政府性资产搬盘整合工作，通过逐个实地核查，真实掌握全市机关事业单位办公用房的使用情况。在此基础上，综合考虑各方因素，形成《关于我市机关事业单位办公用房搬盘整合工作的调查与思考》，为搬盘整合工作提供坚实的实际数据、理论基础。年内，市长办公会议通过移民办搬至碗窑水库管理局大楼，移民办办公大楼腾空后安排给妇保院。

【基建工程】 江山市中山人防工程（机关后勤服务中心）建设为年度重点建设工程，该建设工程集机关食堂、公车服务平台、大型停车场等设施于一身。工程用地面积4237平方米，占地面积2755平方米，总建筑面积11200平方米，其中地上建筑面积8273平方米，地下建筑面积2927平方米，共3层，工程总投资逾5000万元，为迄今为止机关事务管理局主体建设的最大工程。年内已完成三层楼面建设，完成投资1100多万元。

【公车改革】 根据首轮车改工作推进需要，成立全市公务用车集中保障管理中心（以下简称中心），中心下辖公务车辆109辆，驾驶人员84人。一年来，中心运营总体平稳有序，未发生任何大的主责交通事故。全年中心共保障公务出行11215次，共行驶250万公里，在全国新年登高、十九大维稳安保、全省美丽乡村和农村精神文明建设现场会、国际互联网大会等重要节会、关键节点服务到位，成绩突出。

【大院安保】 十九大安保和第四届世界互联网大会召开期间，机关大院作为安保核心区，在完善安保机制、提升应急处置能力、落实安保措施等方面下功夫，确保重要会议召开期间机关大院稳定有序，无任何突发事件发生。

（徐益宁）

行政服务

【概况】 2017年，江山市行政服务中心窗口共受理各类事项28.84万件，办结28.79万件，即办27.28万件，办结率99.8%，“最多跑一次”事项占比（办率达）94.6%，环比提高4个百分点。各分中心窗口共受理46.56万件，办结45.45万件，办结率97.62%，群众满意率99.99%。公共资源交易中心完成进场交易项目557个，实现交易总额55.96亿元，节约资金2.11亿元，增加国有、集体资产交易收入8.8亿元。发挥改革主平台作用，实现群众和企业到政府办事事项“最多跑一次”660项，事项覆盖率94.96%。江山被衢州市列为争创改革标杆县（市）。省委书记车俊对江山市“最多跑一次”改革工作中“百名局长驻窗口”做法作出两次肯定批示，浙江政务服务网基层业务协同系统试点工作在省第二次“最多跑一次”改革专题会议上，受到省长袁家军的表扬，并在全省53个县（市、区）推广使用。改革向五个领域延伸得到衢州市委书记徐文光批示表扬。

【推进“百名局长驻窗口”活动】 4月13日起，开展“百名局长驻窗口”活动，要求局长将办公室“搬”进大厅，直接为企业主体和群众提供面对面服务，全力破解群众办事来回跑和多趟跑问题，提高群众和企业对“最多跑一次”改革的满意度和获得感。全年有170多名局领导进驻市行政服务中心窗口现场办公，解决疑难问题400余起。

【设立政务网专窗】 引导群众、企业下载一个政务网手机APP，注册一个用户，打印一份证明材料，赠送一份礼品等“四个一”活动推广宣传浙江政务服务网，加大“一张网”的运用。针对办件量大、办事环节多的事项，重点开展“业务流”和“数据流”梳理，以“一件事”的标准进行流程优化、材料精简、时限缩短，实现审批时间减少2/3，环节减少1/3，材料减少1/4；把“最多跑一次”改革和“四个平台”建设相融合，通过“线上+线下”“网络+网格”“制度+技术”“党建+治理”，打造基层治理升级版。试点开发浙江政务服务网基层治理综合信息平台，打通省业务协同平台、一窗受理云平台、“12345”统一政务咨询投诉举报平台、平安建设信息系统、消防网格化系统和河长通等系统，实现部门、乡镇业务协同处置，市、乡、村多个层级流转，巡查轨迹可循、事件办理留痕和结案反馈可溯。江山试点开发的这套系统已在全省53个县（市、区）推广使用。把全市划分为1066个网格，每个网格配备一名专职网格员“跑小二”。

4月18日，副市长郑贤文（前中）在行政服务中心调研“最多跑一次”改革工作

【推动改革向五大领域延伸】“最多跑一次”改革向经济开发区延伸。推进部门58项审批事项和权限下放到位，实现工业投资项目50天高效审批，落实封闭运行，项目事项“最多跑一次”比例达到90%以上。向工程招投标延伸。解决重大特殊项目的公平与择优兼顾问题和小额项目公平与效率兼顾问题。在交易中心开展政府信息公开“规范化、标准化”两化国家级试点，实现招标投标工作提速、提质、提效。向中介服务延伸。“红顶中介”与行政机关脱钩，实现一般投资项目中介服务事项“最多跑一次”比例达85%以上。施行“多审合一”政府买单，已经有19个项目，政府买单18.54万元。规划、国土部门联合制定《江山市建设工程项目“多测合一”实施办法》，选定入围中介服务机构，促使全市中介资费在现行基础上下降20%。向“店小二”兜底服务延伸。开展项目审批全程代办帮办，推动项目建设提速增效，实现项目审批整体提速30%以上，问题解决率70%以上。向幸福乡村延伸。规范便民服务平台建设，推进37项部门审批权力下放和服务前移。统一办事流程，办事指南，推动“一窗受理”云平台在全市19个乡镇统一上线。升级乡镇便民服务平台，推广江山“跑小二”服务品牌，实现服务从跑腿“伙计”向贴身“管家”转变，推动代办服务转型升级。

【服务平台建设】 优化窗口服务布局，按照“一窗受理、集成服务”和“无差别受理”的改革要求，以群众和企业体验“一件事”为出发点，推行“综合窗口前台综合受理、审批部门后台集成办理、综合窗口统一出件”模式，做好市行政服务中心的窗口布局调整工作，实现大厅无差别取号。落实国家公共资源交易“两化”试点，制定印发“1+3”试点工作系列方案，以《公共资源交易政务公开标准化规范化试点工作方案》为总领，《公共资源交易政务公开工作规范》《关于进一步规范农村综合产权交易的工作方案》《公共资源交易网站调整改善方案》作支撑，明确工作总体框架和分工，细化步骤内容。按照“应公开，尽公开”的原则，对公共资源交易中涉及内容分门别类进行细致梳理，厘清建设工程、政府采购、用地使用权出让、产权交易、资源要素交易等5个方面公开事项54项。对主动公开和依申请公开流程予以明确，优化政务公开内容和渠道，并建立公共资源交易政务公开查询点。结合衢州政务服务标准化试点的要求和本地实际，建立完善“一窗受理”流程标准和办事指南标准，“最多跑一次”改革评估督查标准，打破信息孤岛、实现数据共享的标准等各大板块创新举措。对公共资源交易信息网进行功能性完善，做好与浙江政务服务网、地方政府门户网站、衢州市公共资源交易服务网等网站的对接工作，简化信息发布流程，实现“一键点发，全面推送，同步呈现”。加快行政服务中心新大厅搬迁步伐。牵头组织规划、住建、人防、消防等部门对万商城5号楼建设工程进行现场踏勘，召开协调会，推动竣工验收及相关手续办理。同步对窗口进驻调查及大厅布局设计，外出考察杭州滨江、湖州、南宁等国内先进行政服务中心建设经验，着手装修设计招投标。

（吴利慧）

信访工作

【概况】 2017年，江山市连续12年衢州市信访工作考核优秀，连续3年无衢州市重点管理乡镇（街道）。全年共受理群众来信来访3491件/批（同比上升80%），其中来信2332件，来访1159批3836人次。市12345政府服务热线共接收来电23106件。

【重点节会平稳有序】 中共十九大、全国“两会”、省“两会”、世界互联网大会等重点节会期间，实现“无去京非正常上访、无赴省去京集体访、无恶性滋事事件”的“三无”目标。金砖国家领导人厦门会晤期间，廿八都作为衢州市唯一的分流点，共核查分流93批112人次，完成各项工作任务，得到国家信访局肯定。

【畅通渠道调处诉求】 2008年以来，坚持10年市领导坐班接访制度，得到省人大常委会党组副书记、副主任毛光烈高度肯定，并作重要批示，省信访局也在全省推广江山市经验做法。发挥信访联合接待中心、网上信访、领导信箱、“12345”热线等平台作用，接收办理群众诉求。江山市被省信访局列为信访统一平台和乡镇“四个平台”融合对接试点县。

【夯实基础抓实业务】 开展“无信访村”创建活动，调动基层的积极性、主动性，从源头上减少矛盾纠纷，2017年全市有98个村（社区）实现无信访。探索初次走访事项首办责任制，各责任单位主要领导做到亲自接待、亲自过问、亲自化解，全年共交办249件初次走访事项。开展法定途径分类处理群众投诉请求工作，全市21个部门单位出台分类处理清单，61件信访事项纳入法定途径办理。

【清障拔钉化解积案】 开展“奋战四个月、迎接十九大”重点信访难题包案化解专项行动，综合施策、创新举措，全力攻坚重点、难点、热点问题，共化解省级交办信访积案1件，衢州和江山市级积案22件。2017年，共使用47万元信访积案化解专项资金用于救助化解。

【宣传引导规范秩序】 在《浙江省信访条例》颁布实施一周年之际，以群众喜闻乐见的形式，广泛开展各类宣传活动，发放信访宣传资料5000余份，组织开展学习培训500人次。同时对信访活动中的堵门堵路、缠访闹访和违法上访等行为严查严处，对违法上访人员进行依法处置并公开曝光，2名违法上访人员被依法判刑，多名重点敏感时段去京或重要场所上访人员被依法训诫。

【完善机制筑牢防线】 建立健全信访维稳八项工作机制，从接访下访、初次信访事项首办责任、重点信访积案化解稳控、信访信息报送研判、应急劝返、违法上访人员后续处置、督查考核、责任追究等八个方面入手，落实信访维稳各项工作责任。

（柴苑玺）

政协江山市委员会

综　述

10 月 17 日，市政协主席王水亮(右二)在锦绣江山外国语学校考察

2017 年，政协江山市委员会在中共江山市委领导下，高举中国特色社会主义伟大旗帜，认真学习习近平新时代中国特色社会主义思想和中共十九大精神，坚决贯彻中共江山市委重大决策部署，牢牢把握团结和民主两大主题，认真履行政治协商、民主监督、参政议政职能，注重创新实践，切实提高履职水平，全力开创人民政协事业新局面，为推动幸福江山建设向更高层次迈进作出积极贡献。全年召开常委会议 4 次，主席会议 19 次，党组会议 7 次；开展常委会协商和主席会议协商共 5 次，专委会对口协商 1 次，界别协商 2 次；组织开展助推两年活动大调研，形成专题调研报告 38 篇。年内共精编 18 期社情民意信息报送市委、市政府，14 篇社情民意信息被衢州市政协、省政协采用。编辑出版《江山人在台湾》一书。

【政协第十届江山市委员会第一次会议】 于 2 月 13—17 日在市区举行，235 名委员出席会议。衢州市政协副主席王建华、中共江山市委书记吕跃龙到会并讲话，王水亮代表政协常委会作政协第九届江山市委员会常务委员会工作报告，盛秋明作政协第九届江山市委员会常务委员会关于提案工作情况的报告。全体委员列席江山市第十六届人民代表大会第一次会议，听取并讨论市委副书记、市长舒畅所作的《政府工作报告》和其他报告，提出意见建议。会议进行大会发言，表彰 2016 年度优秀提案、提案先进承办单位、提案办理先进个人、五佳委员活动组、十佳政协委员、反映社情民意先进个人和优秀调研报告。会议选举产生政协第十届江山市委员会主席、副主席、秘书长和常务委员。会议审议通过大会决议、提案审查报告和大会建议案。市委、市人大、市政府及市人武部、市法院、市检察院领导应邀参加开幕会和闭幕会。历届政协主席、副主席、秘书长和在江山的九届政协离任常务委员；在江山的省十一届政协、衢州市六届政协委员；市机关有关部门领导，乡镇（街道）党（工）委统战委员或分管统战工作的领导、政协工委副主任；市政协委办副主任、主任科员；市人武部、驻江部队有关领导；回乡定居的“三胞代表”，回乡创业的留学生代表；市政协学习文史委特聘委员；市政协反映社情民意先进个人；市政协特聘信息联络员等列席会议。

【提交大会建议案】 十届一次会议期间，以大会建议案形式，就“打造高品质美丽菜市场”提出建议，会议审议并通过大会建议案。

【收到的提案】 十届一次会议期间，共收到委员以提案形式提交的意见建议313件，经审查同意立案288件，其中以大会建议案形式提出的1件，以提案形式提出的287件。内容涉及江山市经济建设、政治建设、文化建设、社会建设和生态文明建设各个方面。及时召开移交会，将收到的提案交由市委、市政府及有关部门办理。

常务委员会会议

【十届政协常委会第一次会议】 于4月1日召开，市政协主席王水亮主持会议。副主席郑朝基、姜英、毛水芳、周君望、祝继友，秘书长陈昂辉及政协常委出席会议。市委书记吕跃龙应邀参加会议并讲话。会议通报政协江山市委员会主席会议成员工作分工和政协江山市委员会2017年工作要点，学习中共中央办公厅《关于加强和改进人民政协民主监督工作的意见》，审议通过政协江山市委员会《全体会议工作规则》《常务委员会工作规则》《专门委员会通则》《提案工作规则》《关于进一步加强委员管理的意见》，审议通过市政协常委会《关于加强自身建设的意见》和相关人事事项。

【十届政协常委会第二次会议】 于8月31日召开，市政协副主席郑朝基主持会议。主席王水亮，副主席姜英、周君望、祝继友、毛慧卿，秘书长陈昂辉及政协常委出席会议。市委副书记汪胜，市委常委、贺村镇党委书记何日根应邀参加会议。会议围绕市委十四届二次全会重大决策开展专题政治协商。12位委员作大会发言。

【十届政协常委会第三次会议】 于10月27日召开，市政协主席王水亮主持会议。副主席郑朝基、姜英、周君望、祝继友、毛慧卿，秘书长陈昂辉及政协常委出席会议。市委书记童炜鑫，市委副书记、市长舒畅，市委常委、常务副市长王子平应邀参加会议。会议围绕“完善农村生活污水治理设施长效运维机制”开展专题协商。

【十届政协常委会第四次会议】 于11月17日召开，市政协主席王水亮主持会议。副主席郑朝基、姜英、周君望、祝继友、毛慧卿，秘书长陈昂辉及政协常委出席会议。市人民法院院长崔正华、市人民检察院检察长郑柯迅应邀参加会议。会议专题学习中共十九大精神，听取市法检“两院”工作情况通报。

主席会议

【九届政协第八十九次主席会议】 于1月5日召开，市政协主席王水亮主持会议，副主席周水仙、郑朝基、毛水芳、周君望、盛秋明、祝继友、陈昂辉出席会议。会议确定市政协1月主要工作，审议通过2016年度反映社情民意信息员先进个人，学习习近平总书记在全国政协新年茶话会上的讲话。

【九届政协第九十次主席会议】 于1月13日召开，市政协主席王水亮主持会议，副主席周水仙、郑朝基、毛水芳、周君望、盛秋明、祝继友，秘书长陈昂辉出席会议。会议审议通过政协第十届江山市委员会相关建议人选名单、政协十届常委会常委组成说明、《关于召开十届一次会议的决定》、十届一次会议议程日程（草案）、常委会工作报告和提案工作报告。

【九届政协第九十一次主席会议】 于2月7日召开，市政协主席王水亮主持会议，副主席周水仙、郑朝基、姜英、盛秋明、祝继友，秘书长陈昂辉出席会议。会议确定市政协2月主要工作，审议市政协十届一次会议有关文件。

【十届政协第一次主席会议】 于3月2日召开，市政协主席王水亮主持会议，副主席郑朝基、姜英、毛水芳、周君望、祝继友、毛慧卿，秘书长陈昂辉出席会议。会议确定市政协3月主要工作，明确主席会议成员分工，通过市政协2017年工作要点和协商工作计划，审议有关工作规则和人事事项。

【十届政协第二次主席会议】 于3月30日召开，市政协主席王水亮主持会议，副主席郑朝基、姜英、毛水芳、祝继友，秘书长陈昂辉出席会议。会议原则通过反映社情民意信息工作考核办法（试行），审议政协江山市委员会人才库成员名单、双月协商工作办法、反映社情民意工作规则、视察工作规则、《关于加强自身建设的意见》和《关于进一步加强委员管理的意见》。

【十届政协第三次主席会议】 于4月7日召开，市政协主席王水亮主持会议，副主席郑朝基、姜英、毛水芳、祝继友、毛慧卿，秘书长陈昂辉出席会议。会议确定市政协4月主要工作。

【十届政协第四次主席会议】 于5月3日召开，市政协主席王水亮主持会议，副主席郑朝基、姜英、祝继友、毛慧卿，秘书长陈昂辉出席会议。会议确定市政协5月主要工作，传达学习衢州市“两会”精神。

【十届政协第五次主席会议】 于5月26日召开，市政协副主席郑朝基主持会议，副主席毛水芳、周君望，秘书长陈昂辉参加会议。会议讨论茶产业课题调研报告。

【十届政协第六次主席会议】 于6月9日召开，市政协主席王水亮主持会议，副主席郑朝基、姜英、毛水芳、周君望、毛慧卿，秘书长陈昂辉出席会议。会议确定市政协6月主要工作，传达省委书记车俊在省政协十一届二十五次常委会议上的讲话精神，学习市委办印发《关于推进“两学一做”学习教育常态化制度化的实施方案》的通知，部署纪念建党96周年系列活动、96345党员志愿服务等有关工作。

【十届政协第七次主席会议】 于6月16日召开，市政协副主席郑朝基主持会议，副主席姜英、周君望、祝继友，秘书长陈昂辉出席会议。会议审议夜间经济调研课题报告和城乡公交一体化调研课题报告。

【十届政协第八次主席会议】 于7月11日

召开，市政协主席王水亮主持会议，副主席郑朝基、姜英、毛水芳、周君望、祝继友，秘书长陈昂辉出席会议。会议确定市政协7月重点工作，审议2017年度提案工作综合评价办法。

【十届政协第九次主席会议】 于7月28日召开，市政协主席王水亮主持会议，副主席郑朝基、毛水芳、周君望、祝继友、毛慧卿，秘书长陈昂辉出席会议。会议确定市政协8月重点工作，审议江山市政协委员履职量化考核办法。

【十届政协第十次主席会议】 于8月8日召开，市政协主席王水亮主持会议，副主席郑朝基、姜英、毛水芳、周君望、毛慧卿，秘书长陈昂辉出席会议。会议讨论江山市城区医疗资源配置调研课题报告，传达省政协读书会精神。

【十届政协第十一次主席会议】 于8月29日召开，市政协主席王水亮主持会议，副主席郑朝基、姜英、毛水芳、周君望、祝继友、毛慧卿，秘书长陈昂辉出席会议。会议专题研究如何召开市政协第二次常委会有关事项。

【十届政协第十二次主席会议】 于9月4日召开，市政协主席王水亮主持会议，副主席郑朝基、姜英、毛水芳、周君望、祝继友、毛慧卿，秘书长陈昂辉出席会议。会议确定市政协9月主要工作。

【十届政协第十三次主席会议】 于10月10日召开，市政协主席王水亮主持会议，副主席郑朝基、姜英、毛水芳、周君望，秘书长陈昂辉出席会议。会议回顾市政协9月工作，确定市政协10月主要工作。

【十届政协第十四次主席会议】 于10月16日召开，市政协主席王水亮主持会议，副主席郑朝基、毛水芳、周君望、毛慧卿，秘书长陈昂辉出席会议。会议审议政协常委会课题报告“关于建立完善我市农村生活污水治理设施长效运维机制的调查与建议”。

【十届政协第十五次主席会议】 于11月7日召开，市政协主席王水亮主持会议，副主席郑朝基、姜英、周君望、毛慧卿，秘书长陈昂辉出席会议。会议确定市政协11月主要工作，学习《中共中央关于认真学习宣传贯彻中共十九大精神的决定》。

【十届政协第十六次主席会议】 于12月5日召开，市政协主席王水亮主持会议，副主席郑朝基、姜英、毛水芳、周君望、祝继友、毛慧卿，秘书长陈昂辉出席会议。会议确定市政协12月主要工作，审议通过2017年度提案办理先进单位和优秀提案名单。

政治协商

【常委会协商】 8月31日，市政协召开常委会暨专题协商会。会议围绕市委十四届二次全会重大决策开展政治协商，会议共收到34篇建言材料，现场安排12位委员就如何“建设江山‘大花园’”进行议政建言。市委副书记、政法委书记汪胜到会并讲话，认为市政协创新协商民主形式，使协商工作更加规范，协商效果更加明显。10月27日，市政协常委会召开“完善农村生活污水治理设施长效运维机制”专题协商会。市政协主席王水亮主持会议，市政协常委会组成人员，各委办主任，部分政协委员代表等参加会议。市委书记童炜鑫，市委副书记、市长舒畅，市委常委、常务副市长王子平应邀参加会议。市政协课题组深入开展调研，深度了解农村生活污水治理存在的“落实责任认识不够到位、项目设计功课没有做足、工程建设质量存在瑕疵、项目资金保障不够充足、运维监管机制不够完善”等问题，形成建言务实管用的课题报告，与市委、市政府开展专题协商，提出“统一思想认识，进一步压实各方工作责任；坚持问题导向，进一步提高设施运管水平；强化资金保障，进一步确保设施正常运维；注重超前谋划，进一步提高污水处理能力”等对策建议。市委书记童炜鑫对市政协积极参政议政表示肯定。认为专题协商会充分体现市政协围绕中心、服务大局的政治责任感，调研报告分析有深度、见解有高度、对策有力度。市委、市政府要认真研究吸纳，努力把专题协商成果转化为推动经济社会发展的强大动力。市委副书记、市长舒畅指出，要戒骄戒躁、善始善终，坚决摒弃闯关思想、卸担子思想、甩包袱思想，再鼓干劲，持续发力。要担当担责、善抓善管，坚持问题导向，提升治理水平，紧盯任务、各负其责，共同做好农村生活污水治理工作。要同心同德、善作善成，牢固树立全市一盘棋的思想，把好事办好、实事办实，努力增强群众的获得感。

【主席会议协商】 5 月 31 日，市政协召开“茶产业发展”主席会议协商会。市政协副主席郑朝基、姜英、毛水芳、周君望、祝继友、毛慧卿，秘书长陈昂辉，各委办主任、办公室副主任，部分政协委员及茶企业主代表等参加会议。会议对江山市茶产业发展基础及优势进行分析，针对江山市茶企业自身实力偏小、科技化水平偏低、产业化水平不高、品牌化运作不力、政策性引导不足、茶文化融合氛围不浓等问题，提出打造全国知名中高档绿茶生产基地，建议因地制宜，科学规划布局；完善基础，提升亩均效益；倾力扶持，强化龙头效应；多措并举，加快品牌提升；招才引智，厚植技术优势；加强管理，理顺服务机制；拓展外延，促进茶旅融合；把握重点，强化政策保障；灵活多样，实现精准营销。副市长张志军到会，要求市政府相关职能部门充分吸纳政协委员的意见和建议，坚持问题导向，分解细化责任，围绕产品提升，重点精准发力，打响江山茶叶品牌，重振茶产业雄风。6 月 23 日，市政协组织召开“大力发展夜间经济”主席会议协商会。市政协主席王水亮，副主席郑朝基、姜英、周君望、祝继友、毛慧卿，秘书长陈昂辉，各委办室主任、副主任，部分政协委员代表等参加会议。市政协将“大力发展夜间经济”确定为重点调研课题，形成课题报告，通过主席会议协商，积极建言市政府高度重视发展夜间经济工作，大格局谋划江山夜城美好蓝图，大手笔改造 5 条特色功能街区，大力度推进夜间经济健康发展，让江城的夜晚“亮”起来、人气“聚”起来、商气“火”起来、财气“旺”起来。副市长杨君表示，市政府要充分吸纳政协委员的意见和建议，全面推进发展夜间经济工作。会后，市长舒畅专门对协商成果作出批示。8 月 17 日，市政协召开“优化城

5 月 31 日，市政协召开“茶产业发展”主席会议协商会

区医疗资源配置”主席会议协商会。市政协主席王水亮，副主席郑朝基、姜英、周君望、祝继友，秘书长陈昂辉，各委办室主任，部分政协委员代表等参加会议。会议深入分析江山市城区医疗资源配置现状，针对医院空间布局预见性不强、医学学科先进性不足、高层次人才队伍严重缺失、高精尖医疗装备明显欠缺、智慧医疗建设全方位滞后、公立医院财政投入明显不足等问题，建议适应城市发展需要，前瞻性规划医疗机构布局；聚焦群众医疗需求，针对性培育亟须特色专科；着力完善配套措施，大力度建设医学人才队伍；引进优质民营医院，差异化推进医疗行业竞争；满足医疗发展需要，合理化配置高端医疗设备；提供医疗便捷服务，高效率推进智慧医疗建设；加大政府投入力度，大幅度提高卫生事业发展水平。副市长何正芳到会，要求政府相关部门认真归纳整理政协的意见建议，进一步推动意见建议实施落地，切实解决医疗卫生事业中的短板问题，更好的服务人民群众。

【对口协商】 7月27日，市政协召开“提高财政买单的职业技能培训效益”专题协商会。市政协副主席周君望，市政协学习文史委成员、部分政协委员及职业技能培训学校代表等参加会议。会议围绕提升财政买单的职业技能培训效益主题，提出意见和建议。副市长郑贤文到会听取意见和建议。

【界别协商】 10月20日，市政协召开“加强科技创新工作”界别协商会，市政协副主席毛水芳，部分经济界政协委员代表等参加会议。会议就江山市科技创新工作提出意见建议。11月15日，市政协召开“推广运用PPP模式”界别协商会，市政协副主席毛慧卿，部分政协委员代表等参加会议。会议围绕加快推广运用PPP模式，提出“强化宣传引导、提高思想认识，加强制度建设、细化保障措施，把握政策窗口、抢抓项目落地，规范操作流程、强化监督管理，加快人才培养、组建精悍队伍”等意见建议。

参政议政

【企业经济研究会活动】 5月3日，组织召开企业经济研究会会长（扩大）会议，审议通过政协企业经济研究会第二届理事大会会议议程、日程；审议通过政协企业经济研究会第二届理事会理事名单和政协企业经济研究会第一届常务理事会工作报告；确定政协企业经济研究会第一届常务理事会工作报告报告人；原则通过政协企业经济研究会第二届理事会领导机构候选人建议名单（草案）。5月12日，召开企业经济研究会第二届理事大会。市委副书记、市长舒畅应邀参加大会，市政协主席王水亮，副主席郑朝基、毛水芳、祝继友，原副主席周水仙等出席会议。会议协商选举产生市政协企业经济研究会第二届理事会会长、副会长、秘书长和常务理事。王水亮当选为市政协企业经济研究会第二届理事会会长。审议通过《江山市政协企业经济研究会章程》。9月11日，围绕如何让企业真正“最多跑一次”主题，举办政协企业经济研究会“企业经济论坛”，助力营造更优发展环境。会议审议通过企业经济研究会分会设置的决定和研究会二届理事分组名单，协商通过研究会副秘书长和各分会会长、副会长、秘书长人选名单。

【大调研活动】 3月，组织开展助推“项目攻坚年”“效率提升年”活动主题大调研。政协各参加单位、专委会、委员活动组以及企业经济研究会共形成38篇专题调研报告，其中《加快推进我市产业创新服务综合体建设》等多篇调研文章转化为协商议题、大会发言、提案和社情民意信息。梳理汇总四大类62条大调研建议成果，专报市委市政府，为科学决策、有效施策提供重要参考。完成市委交办的关于城乡公共交通发展的重大调研课题，形成《关于加快城乡公交一体化建设的调查与建议》的课题报告，提出“政府主导、企业主营，以混合制整合城乡客运资源”的整合方案。衢州市副市长、江山市委书记吕跃龙认为政协课题组的意见很好，并指示市委市政府分管领导牵头，抓紧启动城乡公交一体化规划建设前期相关工作。完成市委交办的关于江山市发展汽车关联产业的重大调研课题，形成《对接大市场构建大平台培育大产业》的课题报告，提出“把汽车关联产业作为我市未来的战略性新兴产业培育方向，大力发展汽车关联产业”的意见建议。市委主要领导批示要求有关领导和部门认真研究吸纳。

【提案督办】 坚持“提案求精、办理求实”的原则，不断完善提案提出、督办、评价机制，提高提案质量和办理实效。遴选出“关于加快建立农村生活污水处理设施运维长效机制的建议”“关于加快创建国家全域旅游示范区促进江山旅游发展的若干建议”等26件重点提案，以市委书记批办、市长领办、政协主席督办、专委会促办的形式，推动一批事关全局性的重大问题和民生问题得到解决。制定提案办理协商办法，采用第三方评价新机制，开展提案办理民主评议、提案工作评优评先和提案工作届末“回头看”活动，持续有效地推进提案成果转化。

【政协民生论坛】 12月7日，市政协举办职业教育民生论坛。市政协副主席周君望主持论坛，政协主席王水亮参加并讲话。相关职校、企业、部门和部分政协委员参加会议。论坛就江山市职业教育工作的一些做法、存在的问题和不足，提出意见和建议。副市长何正芳应邀参加，要求与会部门认真研究吸纳政协民生论坛的意见建议，进一步推动全市职业教育健康发展。

民主监督

【“五水共治”专项监督】 3月22日，按照省政协“三级政协联动、万名委员同行、助推五水共治”专项集体民主监督活动的统一部署，市政协召开助推全面剿灭劣V类水民主监督动员会，部署开展全面剿灭劣V类水民主监督工作和“干、查、督”大行动。市政协主席王水亮主持会议并讲话，副主席郑朝基、姜英、毛水芳、毛慧卿，秘书长陈昂辉等参加。3月23日至29日，市政协主席会议成员带队，分7个组赴各乡镇（街道）开展“干、查、督”大行动。年内成立13个专项监督小组，组织全体市政协委员和在江山的衢州市政协委员围绕“五水共治”重点区域、重点河段，深入开展明察暗访、座谈讨论、精准建言，委员们提出的“实施农业面源污染源头管控”等意见建议，得到充分采纳，有力助推“五水共治”纵深发展。积极参与省、衢州市两级政协“五水共治”检查组到江山现场督查剿灭劣V类水工作，形成联动监督、齐抓共管的良好局面。

【专题视察】 组织开展常委会、主席会议和全体委员、委员小组等多个层次的视察，专题视察风情小镇建设、经济开发区“三区”合并运行情况、“百里须江·美丽长廊”江山港综合治理项目推进情况、培育提升猕猴桃产业发展专题协

8月4日，市政协专题考察猕猴桃产业发展情况

商成果落实情况、美丽菜市场建设情况、全省美丽乡村和农村精神文明建设现场会线路情况、锦绣江山外国语学校运行情况等重点工作。通过系列视察，助推工业强市和旅游富民两轮驱动战略的实施，推进民生事业建设的落实。

【反映社情民意】 坚持发挥市政协作为党和政府联系各界群众的桥梁纽带作用。完善反映社情民意工作制度，加强信息员素质培训，切实提升反映社情民意质量。全年向市委市政府报送《社情民意》18期，“建议在我市公立医院开通扫码支付服务”等社情民意信息引起有关市领导重视。向衢州市政协报送社情民意信息75条，“建立统分结合机制，破解集镇蜘蛛网难题”等得到衢州市政府领导批示。社情民意信息“发挥优势 积极履职 江山市政协全力助推美丽乡村建设”得到省政协领导批示。“建议以‘一带一路’战略为契机 重点扶持培育我省中高档高山生态绿茶基地”得到全国政协学习文史委副主任周国富批示肯定。

日常工作

【学习中共十九大精神】 组织收看十九大开幕式盛况，认真聆听大会报告。参加衢州、江山两级集中轮训，召开政协常委会、党组会、主席会议，邀请浙江大学经济学院教授为全体委员作专题讲座，切实学懂、弄通、做实中共十九大精神，自觉把习近平新时代中国特色社会主义思想作为武装头脑、改造自我的强大思想武器，作为指导实践、推动工作的根本行动指南。市政协主席、副主席深入联系村开展中共十九大精神宣讲，并围绕乡村振兴开展调查研究，形成调研报告报送市委。

【加强合作共事】 完善政协主席联系民主党派、工商联制度，定期开展座谈交流，倾听意见建议，凝聚合作共识。注重安排各民主党派、工商联、无党派人士在政协全体会议、专题协商会议、专题视察座谈会上发表意见。重视党派团体提案的办理，组织党派团体参与大调研活动。发挥党派界别优势作用，探索开展界别协商。全年各民主党派、工商联和无党派人士共提交集体提案38件、大会发言16篇、社情民意信息78条、调研报告10余篇。

【开展六送下乡活动】 年内组织开展2次送医下乡义诊活动，累计为大桥、张村等乡镇700多位群众提供免费医疗服务。开展送戏下乡活动，深入贺村镇礼贤村开展中共十九大精神宣传。开展送法进校园活动，为江山中专学校师生赠送200多本宪法读本。

【文史资料征编】 为深化与江山籍在台人士

的感情交流，广泛征集资料，启动《江山人在台湾》一书编辑工作，12月，《江山人在台湾》一书由九州出版社出版发行。启动《那些年我们在江中》《江山重点工程建设亲历记》《我的知青岁月》资料征集工作。年底，《江山中医医案》《义行天下——走南闯北江山人》《江山历代墨迹留存》获评省政协系统优秀文史资料图书。

【加强联谊交流】 依托政协茶文化研究会平台，参加全省茶文化工作联谊会，并作经验交流；组织参加杭州全民饮茶日、中国国际茶叶博览会高峰论坛。发挥须江书画院平台作用，举办“大美江山·郑奇平、杨昕、张良生书法展”等书画联谊活动，举办委员书法培训班。组织部分委员参与衢州市政协跨区视察，促进对外交流。加强与兄弟政协之间的联谊交流，积极宣传推介江山。

【强化委员服务管理】 制定完善《关于进一步加强委员管理的意见》《委员履职量化考核办法》，建立健全政协党组听取委员履职情况汇报和考核结果通报制度，重视考核结果运用。加强委员教育，持之以恒建好“懂政协、会协商、善议政，守纪律、讲规矩、重品行”的委员队伍。坚持常委会听取市政府关于大会建议案、重点协商成果落实情况和重点提案办理情况，以及法检“两院”工作情况通报。安排委员参加重点协商、专题视察等活动，增强委员履职意识。邀请省委党校教授作政协理论专题讲座，提升委员履职能力。办好政协《动态信息》，加强政协微信公众号管理，定期发送政协活动情况和委员履职信息，搭建委员知情明政平台。开展走访活动，关心各界委员工作生活。

【提升机关服务水平】 建立健全各专委会联系界别活动制度和“七个一”活动机制，选派机关干部担任农村工作指导员、生态指导员、企业党建指导员，选派机关干部到全国政协培训机构学习。

【扩大政协影响力】 加强政协工作的内部交流和对外宣传推介力度，重视政协网站的日常管理更新，编印政协动态信息《江山政协》21期，在市电视台开设播出《政协之声》专栏6期。向《人民政协报》《联谊报》和省、衢州市政协刊物投稿刊登政协工作亮点和创新做法，被省政协评为2017年度《联谊报》宣传工作先进单位。参加省政协组织的民生论坛，向省政府建言献策。认真开展人民政协理论研究，《江山政协履职创新实践与思考》等两篇理论文章在浙江省人民政协理论研究会上获奖。

（市政协）

民主党派

民革江山市委会

【概况】 2017年，民革江山市委会共有党员73人。其中，担任衢州市政协委员2人，江山市人大代表1人、江山市政协委员17人。年内，有2人次获国家级奖励，5人次获省级奖励，20人次获衢州市表彰，30多人次获江山市级及相关部门表彰。

【参政议政】 在衢州市、江山市“两会”上，共向大会提交1篇大会发言、7件集体提案和34件个人提案、议案。其中，市委会的《关于发展我市城市夜间经济的调查与建议》调研课题被市政协选为主席会议专题协商课题，市政协“大调研”活动优秀调研报告一等奖，得到中共江山市委副书记、市长舒畅的批示。《关于完善我市体育公共服务供给体系的建议》被评为优秀提案，《关于整合资源推进我市全域旅游发展的建议》《关于完善我市体育公共服务供给体系的建议》《发展旅游+养老，壮大银发产业》《关于深化经济开发区行政管理体制改革的建议》等4个提案被评为重点提案。

【自身建设】 开设江山民革讲堂，提升全市民革党员素质和参政议政能力，传递当前政治、经济、文化、社会和生态文明建设领域的最新信息，传递多党合作智慧与正能量，提高民革党员的五种能力。邀请市招商局领导作招商引资专题报告，动员党员参加统战部组织的一月一主讲活动，选送骨干党员7人参加民革省委会、市委统战部及相关部门举办的培训班学习。开展民革书吧悦读驿站活动，提升党员的素质和修养。设立农业支部活动基地，为党员们搭建学习交流、展示风采、互帮互助、服务群众的平台。

【社会服务】 普及推广心肺复苏活动，走进石门镇达篷村，免费赠送药物价值8000元，服务群众600多人次；前往浙江中正项目管理有限公司作心肺复苏术和如何预防颈椎病的讲座；前往城北社区，给社区的党员们作心肺复苏培训等，用实际行动支持健康江山建设。开展“绿色农业我来帮行动”，通过现场考察、听取介绍，结合现代农业核心示范区建设、新农村建设和生态建设，为种粮大户出谋划策。开展“法制江山你我同行”活动，发挥民革法律界党员的专业优势，帮助中小企业以及农民工、残疾人、未成年人、老年人以及经济困难的社会弱势群体维护合法权益。成立江山民革法律援助工作站并开展法律咨询活动。联合市妇联开展“建设法治江山巾帼在行动”活动；开展“民间借贷实务和风险提示及防范”法律知识公益讲座；6 月 1 日，前往江山市贺村小学，为孩子们上一堂普法课。4 月 7 日，成立天鸿民情直通室，接待上门反映情况的市民 100 多人次，落实解决 40 多件与市民息息相关的大小事，得到省委统战部副部长吴振宇，衢州市委常委、统战部部长傅根友等领导的高度肯定。

【祖统联谊】 9 月，接待台湾“中华统一促进党”浙江参访团一行 12 人。10 月，接待南投县国姓乡代表团，开展以“两岸一亲家，共筑中国梦”为主题的结对活动。全年共接待海内外人士 20 余人次，书信、电话联络 30 余人次。

（叶晓婧）

民盟江山市支部

【概况】 2017 年，民盟江山市支部被民盟省委会评为全省首批双十佳支部、参政议政先进单位，在江山市委统战部组织的“三学一比”活动中获综合先进奖、项目前期奖、调查研究奖、示范争先奖，周丹丹获衢州民盟榜样人物。

【参政议政】 2017 年，支部共有 14 人次当选为新一届人大代表、政协委员，其中衢州市政协常委 1 名，衢州市人大代表 1 名、江山市人大法工委委员 1 名。支部共提交提案、议案、建议 22 篇，大会发言 1 篇，《关于我市政府与社会资本合作（PPP 模式）的建议》被评为衢州政协优秀提案；《关于加快创建国家全域旅游示范区促进江山旅游发展的建议》被列为市长督办件；《关于加强“智慧+”工程建设助推我市全域旅游发展的建议》被列为市委书记督办件，《关于及早开展福寿螺防治工作的建议》《关于优化绿化设计让人行道名至实归的建议》《关于在我市城区医院建设“移动支付”医疗服务平台的建议》等得到衢州、江山市领导的批示；《创新养老服务模式，用“医养结合”助推养老产业发展的建议》获江山市政协大调研二等奖。同时，向市政协、市委统战部报送社情民意、党外建议，其中 13 条社情民意信息被省、衢州民盟采用。

【队伍建设】 开展演讲比赛、羽毛球比赛、“盟员之家”讲解员大赛、读书会、十九大精神学习会等形式多样的活动，增强支部的凝聚力、学习力、吸引力、战斗力。分别在环保、旅游、政法领域发展 3 名新盟员。鼓励盟员在本职工作上争先创优，积极服务“最多跑一次”、剿灭劣Ⅴ类水、D 级危旧房腾空解危等中心工作。一年来，盟员共获得省级以上荣誉 5 项，衢州市级荣誉 20 余项。

【社会服务】 发挥支部“爱心志愿者服务队”作用，开展关爱特殊儿童、留守儿童和老人的爱心系列活动，开展柑橘种植技术培训、猕猴桃栽培管理技术等知识下乡志愿活动。持续关注新农村建设、农业发展、农民增收等问题，做好对口联系村坛石镇潭边村的帮扶工作。助力绿色生态环境建设，组织盟员参加“植树造林绿化江山富裕百姓”义务植树活动，为有关乡镇村庄绿化建设等方面提供技术和服务支持。同时，全年共接待四川、上海、江西、省内各兄弟党派及社会各界人士近 20 批次、400 余人。

（民盟江山市支部）

民建江山市支部

【概况】 2007 年，民建江山市支部有会员 22 人，其中江山市人大代表 3 名，江山市政协委员 6 名，衢州市人大代表 1 名，衢州市政协委员 2 名。支部被民建衢州市委会评为 2017 年度“先进基层组织”，在统战部开展的“同心”比贡献活动中获得“综合先进奖”“招商引资奖”“项目前期奖”。

【参政议政】 提交衢州市政协《关于谋划和布局低空旅游的建议》《进一步加快贺村小城市培育的建议》《关于做好碗窑水库水资源保护的建议》提案 3 件。提交《加快发展全域旅游全力建设江山“大花园”》《关于在江山港流域综合治理中融入全域旅游的建议》《保安乡关于创建“民国风情小镇”的汇报和建议》《以创国家森林城市为契机，探索建设城镇森林体系典型模式》大会发言 4 篇。提交江山市政协《关于对我市三卿口等 13 个中国传统村落保护发展的若干建议》《关于停止向企业收取职工退休基本医疗保险费的建议》《关于建立江山市青少年骨龄健康档案的建议》《关于在市区设立公交“健康快线”的建议》《关于停止企业退休人员续交医疗保险的建议》《加大对本土企业扶持力度的建议》《关于发展冬泳事业建设江山市国家游泳健身（赛事）中心暨江山市冬泳基地的建议》《关于提高公共交通设施使用效率的建议》提案 8 件。提交江山市人大《关于开通金塘山工业园区公交车的建议》《关于建立蜜粉源植物园的建议》《关于减轻企业负担停止向企业收取职工退休基本医疗保险费的议案》《关于将江山市省级高新技术产业园区列入衢州科技发展计划的建议》议案 4 件。社情民意《关于开发利用西山坑道工程的建议》获市长舒畅批示，《“一带一路”茶馆新契机打造江山特色茶馆的几点建议》获副市长张志军批示。

8 月，举办“民建杯”江山绿牡丹茶艺大赛

【社会服务】 副主委祝森根为 2017 年全国男子举重锦标赛、全国健美操锦标赛赞助 15 万元。会员郑永富引入东西扶贫，解决广西壮族自治区忻城县加海村百姓土猪黑山羊销售问题，实现 42 户脱贫。会员王婧作为碗窑乡达河村生态指导员，为村里争取新农村建设补助 5 万元。会员方秀为浙江省锦绣外国语学校捐助绘图纸 25 箱价值 4 万元。会员企业江山市世邦电子商务有限公司与江山市恒泰学校三年级学生共同举行“告别车窗抛物倡导文明出行”倡议活动，向学校师生赠送价值 3000 元的车载垃圾箱 200 只，为江山新塘边镇外坞村文化礼堂建设捐助 1 万元，每年捐助爱心助学帮扶金 2000 元。会员企业浙江九阳光电有限公司为江山大桥镇葩坞村新农村建设捐助 2 万元。

（王　婧）

民进江山市总支部

【概况】 2017年，江山市民进总支部共有会员63人，分设中学、小学、文化、卫生和科技5个支部。是年，总支积极开展民进中央提出的“机关建设主题年”“不忘合作初心，继续携手前进”专题教育和“中国特色社会主义学习实践”等活动，巩固“三个认同”，增强“三个自信”，树立“五大发展理念”，以会内“比贡献”活动为主线，重点实施“全员创优”“书香服务”“参政建言团队竞赛”三项活动，推进总支各项工作。卫生支部被评为全省民进2012—2016年先进集体；科技支部被评为2017年度全省优秀基层组织；汪雪涯被评为2012—2016年全省民进优秀会员、2014—2016年浙江省内部审计先进工作者，2016年衢州市“最美审计人”，20多幅摄影作品在国际国家级各类比赛中获奖和展出；王荣获评衢州市“最美科技人”、江山市第二届科技型企业家；刘立忠被评为“十二五”浙江省机械工业优秀科技工作者、第十批江山市拔尖人才和江山市科技先进工作者。

【参政议政】 总支继续跨支部组建6个参政建言团队开展竞赛活动，扩大会员参与面，全年被各级参政平台采用的建议58件次。其中，被民进中央采用信息3件，省民进采用信息10件，衢州市政协采用提案（信息）6件，江山市人大、市政协采用提案（信息）、议案39件。在各类媒体上刊发信息35条，配发图片30幅。毛艳萍提出的“《中华人民共和国反不正当竞争法》修订中应明确工商行政管理部门的监管主体地位”、王明清提出的“减少多次无偿献血者流失，保障抢救血液供应”、方勇文提出的“完善国有企业工资总额管理的几点建议”先后被民进中央采用；总支集体提案“关于加快建立农村生活污水处理设施运维长效机制的建议”、方勇文提出的个人提案“关于加快建立长效机制巩固全国卫生城市创建成果的建议”，均获评江山市政协优秀提案。

【民主监督】 关注对口联系部门工作，采用调研座谈、实地察看等形式了解被监督部门的工作情况，共同探讨群众关注的热点难点问题。担任政协委员的会员，积极参与市政协组织的民主监督小组监督活动，着重就“五水共治”工作中存在的问题提出建设性意见建议。相关会员积极参与行风监督、部门民主监督等活动，履行民主监督职能。

【社会服务】 以“书香彩虹”服务为重点，

开展“捐资助学”活动（祝日耀 摄）

开展“捐资助学”“为山区孩子送温暖”“支教培训”等系列活动，同时还组织“春联万家”“敬老义诊”“捐助美丽乡村建设”“参与五水共治”“助残免费体检”“送医下乡”“结对帮扶”等一系列活动。总支首次承办统战部组织的“民进杯”摄影比赛活动的组织工作；借力会员企业捐资助学80多万元；组织会员参加各类义诊活动74次，受众5000多人；在江中设立“91奖学金”，筹集资金5万元；到结对农村小学送教授艺，开展语文、数学、英语、科学、音乐、美术等学科的互动研讨活动；为塘源口乡小学13名贫困学生完成“微心愿”，资助7个贫困学生。卫生支部主委王雪勇会同6名医护人员，在江山开往合肥南的G7692次列车上，共同救护1名生病的七旬老人。科技支部主委汪雪涯用镜头记录宣传美丽庭院创建、美丽乡村和文化礼堂建设、朱津津英雄事迹、抗洪救灾、“非遗传承”等，义务完成32次公益图片拍摄、2次公益摄影培训。

【调查研究】 11月，科技、文化、卫生支部组织会员赴安吉县开展“两山理论”现场教学调研活动；王明清等会员多次参与民进衢州市委会“开明议政”调研活动；会员刘立忠牵头完成的《发展共享经济，推进工业转型升级》调研报告，获江山市政协大调研课题成果二等奖。

（祝日耀）

九三学社江山市基层委员会

【概况】 2017年，九三学社江山市基层委员会，下设医卫、科技、综合3个支社，共有社员43人，其中高级职称27人。担任社省委工作委员会委员1人，社衢州市委委员1人；担任省人大代表1人，衢州市人大代表3人，衢州市政协委员2人，江山市人大代表1人，江山市政协委员13人。年内，获九三学社衢州市委员会“坚持和发展中国特色社会主义学习实践活动先进集体”，获九三学社浙江省委员会“坚持和发展中国特色社会主义学习实践活动先进集体”和“2017年度先进基层组织”等称号。

【参政议政】 年内，共向省人大、衢州市和江山市两级人大、政协会议提交大会发言2篇，提交议案、提案和建议35件，其中团体提案6件。社员王军撰写的《关于建设健康浙江的建议》获省人大2017年度优秀建议，社员毛水芳撰写的《关于借金融之力推动衢州经济快速发展的建议》获衢州市政协优秀提案，基层委团体提案《关于进一步加强我市科技创新工作的建议》和周秋菊、徐浩娟撰写的《关于加快江山市中医院整体搬迁的建议》获江山市政协优秀提案。《打响仙霞国家森林公园品牌，强力推进我市全域旅游的快速发展》《关于进一步强化“微商”管理的调研与对策建议》《关于加强农村村民小组制度建设管理的建议》获九三学社衢州市委员会“2016—2017年度优秀调研课题奖”。《关于新零售时代猕猴桃深度发展路径的探讨》获评市委优秀调研成果奖，《关于后5A时代我市全域旅游发展的思考》获评市政协年度调研成果三等奖。党外建议《关于我市工业厂房历史遗留问题处置的建议》获市委书记童炜鑫、市长舒畅的批示。

【社会服务】 5月，基层委举办金融知识讲座，邀请江山农商银行理财师邵柏根专题讲解“普惠金融科学理财”，共40多人听取讲座。10月，基层委所属医卫支社组织社内医疗专家在凤林镇茅坂村开展送医送药义诊活动，共服务村民300多人次，赠送药品2000多元；基层委所属综合支社与江山农商银行淤头支行联合组织金融专业人员，在凤林镇茅坂村宣传普惠金融知识，共接待村民300多人次，发放《防范金融诈骗》《申报社保卡》《反假货币》《办理手机银行》等宣传资料1000多份。

【信息宣传】 年内，完善《调查研究和信息宣传工作考评办法》，发挥特约信息员队伍的作用，全年共有27篇社情民意或党外建议被上级录用。周晓东执笔的《集智聚力多措并举努力提升基层信息工作水平》，被九三学社中央《基层组织建议案例选编》录用。全年，被各级新闻媒体采用的宣传报道140多条，获九三学社衢州市委会“新闻宣传先进集体一等奖”和“信息工作先进集体奖”，2人获评社衢州市委会“新闻宣传”和“信息工作”先进个人。

【联谊交流】 3月，郑雪华、姜玲珍参加省社会主义学院“全省民主党派基层建设现场教学基地骨干培训班”学习，并作《坚定信念积极履职努力打造“三坚”基层组织》发言。5月，医卫支社调研组赴开化县支社交流学习。7月，科技支社调研组赴龙游县基层委学习取经。8月，综合支社调研组赴柯城区基层委联谊交流。先后接待省委统战部副部长、省社会主义学院党组书记、常务副院长吴振宇到江山调研指导“教学基地”工作，社省委组织部原副部长汤永明率“九三学社浙江省2017年青年骨干培训班”学员到江山开展现场教学活动，九三学社余姚市基层委主委赵银海率考察组到江山交流调研。

5月26日，开展九三科技服务月暨党外人士“一月一主讲”活动

（余乾敏）

农工党江山市支部

【概况】 农工党江山市支部成立于2016年7月，有党员11名，其中行政事业单位干部4人，医生3人，教师2人，经济界人士2人。党员中江山政协委员4人，衢州市政协委员1人。2017年获衢州市先进支部。

【履行职能】 围绕市委、市政府中心工作开展调查研究，履行参政议政，民主监督职能。在市政协十届一次全会上，支部共提交了3件集体提案，7件个人提案。其中《关于积极应对财税改革政策影响的建议》被选为大会发言，《关于加快江山市城区老啤酒厂地块建设的建议》入选优秀提案。《我市涉企财政补助奖励政策调研报告》被市政协评为三等奖。围绕工业项目高效审批尚存在部门授权不到位、人员配置紧缺的困难和问题积极献计献策，提出第三方专业服务助力动工证办理、老干部“跑小二”服务团提高服务能力、推进部门间大数据共享平台建设等意见建议，助推“最多跑一次”改革向开发区延伸进一步深化。围绕大花园建设、打造工业强市升级版等开展调研，提交《构筑生态工业大平台建设绿色实力大花园》调研报告。

【开展调研帮扶活动】 打造党派社会服务“金招牌”，本着“便于操作、因地制宜、长期坚持”的原则，着眼于使教育公益项目从捐款捐物等物质方面延伸到对孩子们的精神关怀，在偏远山区学校峡口地山岗小学开展“梦想教室”援建计划，出资3000多元购买40部口风琴和相应教材，无偿提供学生学习，帮助偏远山区小学建立素质教育课堂。

（刘建英）

社会团体

工商联工作

【概况】 江山市工商联把握“两个健康”工作主题，服务非公经济发展和江山大花园建设。全市共创建异地商会35个，其中2017年成立山东、河北、新疆、贵州等11个异地商会，乡镇（街道）商会10个，村级商会2个，行业商会1个。获2017年全国五好县级工商联。

【履行社会责任】 发动全市民营企业认捐治水资金3000多万元，组织动员200多家民营企业参与“五水共治”捐资和农村生活污水治理工作。江山虎、科润电力、欧派门业、健盛集团成立教育基金，开展捐资助学活动。以“贫困户”为重点，组织会员企业集中开展走访慰问活动。广东、深圳、舟山、台州等地江山商会的爱心企业家回乡捐资结对，100名贫困学生得到资助。组织会员企业集中开展走访慰问贫困户活动，送去慰问金和慰问品。

【参政议政】 围绕推进全民创业创新课题，引导会员积极开展调查研究，形成《关于进一步促进江商回归的对策建议》《关于加快发展“江山人经济”的建议》等调研报告。并提交政协大会发言1篇，集体提案3篇，组织委员个人提案18篇。

【推进江商创业创新】 组织开展“江商回归”活动，引导会员创业创新和回乡兴业。年内由商会牵线搭桥的江商回归项目9个，促进江商要素回流，推动“江山人经济”加快转化为“江山经济”。

【服务会员企业】 发挥商会法律维权中心作用，开展法律服务进商会、进企业活动，提升企业防范风险意识和能力。深入会员企业开展“法制讲座”“法律体检”以及创建“诚实守信企业”为内容的送法进企业活动。与检察、公安设立联络员制度，为民企健康发展保驾护航。组织会员学习考察、友好联谊等活动，组织25位非公经济代表人士赴杭考察，参观浙商博物馆、玉皇山南基金小镇和正泰光伏生产基地，专题听取浙商博物馆馆长杨铁清关于《浙商精神》的专题讲座。组织10位非公代表人士赴西安、延安开展红色学习教育。组织新生代企业家20余人赴泉州、厦门等地学习考察，先后前往鸿星尔克、晋江国际鞋纺城等地学习交流。

（市工商联）

工会工作

【概况】 2017年，江山市新建基层工会20家，发展会员2166人，全市共建工会1215家，其中独立基层工会1088家，联合基层工会127家，职工总数103402人，会员数为98416人，入会率达到98.80%。全市建有8个镇（街道）、1个经济开发区总工会和11个乡镇工会工作委员会。建有乡镇（街道）私营企业联合工会19家及村、社区工会101家，涵盖单位1396家，建会率98.3%，其中农民工数为68876人，占职工人数的68%。全市各基层工会获省级荣誉6项，衢州市级荣誉15项，其中1名职工获省五一劳动奖章，2名职工获衢州市五一劳动奖章称号。连续三年被衢州市总工会评为重点工作考核一等奖第一名。

【举办“全国工报老总论道江山”活动】 对接江山全域旅游发展战略，积极创新思路。4月22—24日，联合《浙江工人日报》，在江山举办“全国工报老总论道江山”活动，工人日报和全国16个省份的“工字号”报刊老总、记者到江山实地考察体验，共同谋划全域旅游美丽经济，助推职工疗休养美丽事业。

【举办“百名工会主席访衢州”活动】 6月22日，成功举办“百名工会主席访衢州”，邀请全省各地市县总工会主席到江山考察疗休养资源，提升江山旅游知名度。与六部门联合下发江山市职工疗休养补充通知，对职工在江山市范围疗休养进行完善。

【开展首届“江山工匠”评选与表彰】 开展首届“江山工匠”推荐评选活动，弘扬工匠精神，丰富江山市职工精神生活。4月28日，对评选出来的10名“江山工匠”，在江山市庆“五一”职工文艺会演晚会上进行表彰，积极向上级工会推送优秀职工人选，年内有1名职工获省五一劳动奖章，2名职工获衢州市五一劳动奖章称号。

【举办培训班和职工技能比赛】 全年，总工会开展50多个课题的菜单式免费送培训下企业活动。联合市委组织部开展全市机关事业单位干部职工业余生活技能培训。全年通过各类培训班培训职工5000多人次。5月31日，承担江山市委“创业创新日”职工技能比赛专场活动，来自全市各行各业的50支代表队近200名职工参加8个工种技能大赛。全市各级工会组织结合自身特点开展技能比赛50多场次，参赛职工人数达8000多人。

5月19日，江山市“万名职工安康行”专项行动启动

【维护职工合法权益】 加强工资集体协商示范点建设，全市共有546家企业工会向行政发出集体协商要约，签订工资集体协商546份，签订集体等四项合同76份，职工25人以上企业全部建立工会劳动法律监督委员会；强化工会法律援助工作，加大困难职工维权力度，1—8月，共

开展职企调解 71 件次，帮助困难职工法律援助 9 起。

【精准帮扶困难职工】 启动江山市“万名职工安康行”专项行动，唱响服务职工“四季歌”，元旦、春节困难帮扶及“春送岗位”“夏送清凉”“金秋助学”“冬送温暖”“爱心透析”以及职工“两癌”补助等专项活动，帮扶职工 2000 多人次，发放慰问金 200 多万元，做好困难劳模信息采集和劳模日常帮扶工作，为全市 93 位各级劳模做免费体检。推进职工医疗互助工作，全市参保职工达到 28461 人，比 2016 年增 6%。发挥职工医疗互助保险机制，全年为 173 个单位的 638 名参加医疗互助的职工，报销 87.19 万元。

（郑慧明　张君丽）

共青团工作

【概况】 2017 年，江山市 14 岁至 35 岁青年 14.8 万人，其中 14 岁至 28 岁青年 9.6 万人，共有共青团员 3.6 万人，团青比例 37.5%。全市建有乡镇（街道）团（工）委 19 个，村（社区）团支部（总支）305 个，机关部门团组织 50 个，学校团组织 27 个。全市共建“两新”（新经济组织、新社会组织）团组织 99 个。3 月 31 日，顺利召开共青团第十九届五次全委（扩大）会议。

【志愿服务系列活动】 春节前夕，团市委开展以“青春志愿行，温暖回家路”为主题的春运系列志愿活动，共有 80 余名志愿者参加，服务范围涉及金华车务段江山站、汽车南站、虎山汽车站等春节客运重点单位，服务人次达千余次。同时，组织开展“弘扬雷锋精神，公益传递爱心”志愿者服务一条街活动，来自银行、交通、医院、法院、烟草等 10 多个单位的志愿者按照服务性质分别开展政策咨询、医疗义诊、法律服务、免费理发等服务。

【志愿者服务大型赛事和阵地建设】 1 月 1 日，由中学共青团与志愿者组织组成的 50 名志愿者助力全国新年登高健身大会。3 月 24—26 日，“小青蜂”青年志愿者全方位参与 2017 全球“旅游+体育”大会·江山峰会及 2017 年中国江山·江郎山国际徒步大会志愿服务活动。4 月 29 日，联合旅发公司、江山市志愿服务工作委员会开展江山市景区志愿服务战略合作协议启动暨江郎山—廿八都景区志愿服务工作站挂牌仪式。9 月 27 日，组织青年志愿者在虎山街道安泰社区永宁里和永安里的两个广场上开展“青春助力 D 级危旧房腾空解危”行动，成立以“青春宣讲团”和“青春帮搬团”为主体的青年志愿团队。

4 月 29 日，“江郎山—廿八都”景区志愿服务工作站挂牌

【参与“五水共治”】 3 月 3 日，团市委开展“清三河、护三水——河小二助力剿灭劣Ⅴ类水”集中行动，来自市农业局、市统计局、双塔街道、启梦公益、城北小学的志愿者们前往达岭溪，对河道内的垃圾、漂浮物进行清理。3 月 7 日，组织峡口小学的 40 多名少先队员开展以

“红领巾助力五水共治，剿灭劣Ⅴ类水”为主题的集中行动。4 月初，组织“河小二走进验水亭”活动。

【“五四”系列活动】 5 月 4 日，由团市委、市关工委、市教育局、市文明办联合举办的“不忘初心跟党走”重温入团誓词主题活动在江山市滨江高级中学举行。5 月 13 日，由团市委、国网江山供电公司团委主办的“我的青春我的梦”五四青年演讲比赛活动在市供电公司举行，来自乡镇（街道）团（工）委、市属机关企事业单位的 29 名团员青年参赛。发挥青少年宫的阵地作用，举办“红领巾相约中国梦”江山市第九届少儿声乐比赛，“剿灭劣Ⅴ类水·共绘锦绣江山”江山市第六届少年儿童现场书画大赛，联合市教育局、市广播电视总台举办“耕读杯”江山市青少年中华经典诗文朗诵比赛。

【服务全省美丽乡村和农村精神文明建设现场会】 5 月 27 日，在“幸福江山·美丽乡村”讲解大赛中，20 名选手成为全省美丽乡村现场会讲解组的中坚力量。6—11 月，团市委邀请杭州西子志愿服务中心专业老师、市委宣传部、市农办等领导，为 200 多名志愿者开展 6 次专题培训和 10 次强化培训及 30 次演练。根据职责不同，团市委将志愿者分为讲解组、代表报到组、车辆服务组、酒店引导组、会场引导组、清漾村引导组、大陈村引导组、机动后勤服务组 8 个小组，明确职责任务，形成一支统一指挥、调度有序、职责明确的志愿者队伍。

【预防青少年违法犯罪】 5 月 25 日，由团市委、市人民检察院、市教育局、市城北派出所、双塔街道周家青社区、江山中学联合开展的“反对校园欺凌、共创和谐校园”法制讲座在江山中学艺术大厅举行。7 月 25 日，团市委联合市公安局交警大队、禁毒大队、检察院未检科、卫计局团委以及启梦公益促进会在市体育馆举办“文明出行和禁毒·防艾知识培训会”活动。

【青年创业创新】 9 月 7 日，主办江山市首届青年项目谋划大赛，共有 54 个项目参赛，内容涉及工业强市、服务业发展、民生保障、青年服务多个领域。

7 月 7 日，江山市举行首届青年项目谋划大赛

【学习贯彻十九大精神】 9 月 30 日，由市委政法委、团市委、市公安局主办，双塔街道党工委办事处承办的江山市千名网格员、万名志愿者“护航十九大守护大花园”誓师大会启动仪式在市城北广场举行。11 月 30 日，团市委组织青年团员干部学习中共十九大精神，来自各乡镇（街道）、部门单位的近百名青年团员干部参加。12 月 21 日，举办“绘江山新变化，喜迎十九大”少儿绘画大赛颁奖典礼，通过评委筛选和网络投票的方式从几百幅作品中选出一等奖 5 幅，二等奖 10 幅，三等奖 15 幅。

【关注青少年成长】 10 月 28 日，由团市委与江山市科学技术协会主办、江山市棒棒贝贝乐高机器人中心承办的“2017 智创未来·江山市首届乐高科技嘉年华”在万商城举行。活动签署“江山市棒棒贝贝·留守儿童教育帮扶中心”挂牌成立协议书与“留守儿童教育帮扶中心·廿八都小学”结对帮扶协议书。借助“亲青筹”平台，为江山女孩“小蜜蜂”筹得善款7768.9元，联系邦尔骨科医院专家对其进行康复训练并免除其住院费用。为廿八都小学留守儿童筹集8000元公益款，用于购买爱心棉被。持续深化“爱心助成才共圆大学梦”大学新生助学行动，全年共结对贫困大学新生93名，资助43.5万元。

（周 婧）

妇联工作

【概况】 2017年，市妇联紧紧围绕大局，强基层、补短板、谋改革、促发展，为建设江山大花园贡献力量。全市292个行政村13个社区全面完成“会改联”工作，产生村（社区）妇联执委2200人。18个乡镇（街道）完成妇联改革工作，选举产生妇联副主席38人，妇联执委291人。全市建立功能性妇女小组1108个，组建巾帼志愿服务队300余支，在妇联执委、妇女小组长和妇女代表三个层面建立QQ群、微信群、钉钉群371个，实现网上网下无缝对接，打通服务妇女的“最后一公里”，激活基层妇联组织末梢。获衢州市妇联2017年度“十万家庭树家风”活动先进集体、2017年度项目工作三等奖，市妇联关爱留守儿童工作案例获全国妇联关爱农村留守儿童创新案例。

【推进基层妇联改革工作】 推进女性进村“两委”，为“会改联”工作奠定良好基础。全市村委会成员中女性成员占比36.5%，同比提高0.5%，22人当选主任，同比增加3人；村党支部中女性成员占比20.15%，21人当选书记。推进基层妇联组织改革工作，选取市村两委换届试点乡镇四都镇为“会改联”示范点，探索“会改联”工作，并根据四都镇经验做法汇编制作“会改联”工作手册下发。各乡镇（街道）因村制宜，结合各村工作实际，进行富有成效的探索，全市妇联改革工作形成良好局面。3月10日，省妇联副主席童丽君到江山调研“会改联”工作。7月24日，省妇联主席王文娟来江调研指导，对江山市基层妇联改革工作表示高度肯定。

【全市基层妇联主席培训】 11月底，组织换届后新当选的乡镇（街道）、村（社区）妇联主席319人参加为期两天的全市基层妇女干部培训班，并安排基层妇联工作指导、十九大精神解读、新媒体形势下的网络宣传、妇女维权实务、来料加工政策解读、反邪教宣传等课程，增强履职意识，提高履职能力。

【推进垃圾分类宣传】 以“会改联”为契机，将垃圾分类作为基层妇联的重要工作，纳入村妇联主席履职内容。组建县乡村三级垃圾分类网格宣讲团，发挥妇联改革后设置的垃圾分类妇联执委作用，实现垃圾分类宣讲全覆盖。组织发放垃圾分类宣传册、宣传扇、围裙、纸杯等宣传品18万多件，组建网格宣讲队伍310支、3500余人，开展垃圾分类、治水剿劣志愿活动人次25143次，累计开展垃圾分类培训的场次2415次，走村串户宣传指导培训覆盖人次累计达10万余人，垃圾兑换超市实现全覆盖。

【参与美丽乡村建设】 强化横向联系，发挥“联”字职能，融入美丽乡村建设。与相关部门联合主办“美丽江山”摄影大赛、“幸福江山·

美丽乡村”讲解大赛、“全民参与垃圾分类”系列活动启动仪式等活动，开展垃圾分类、创建美丽庭院、助力美丽乡村氛围。与四边三化办、农办联合组织乡镇（街道）分管领导、妇联主席赴桐庐、海盐、金东、安吉、德清等地学习考察垃圾分类、美丽庭院建设先进经验。全力服务全省美丽乡村现场会，组织各乡镇（街道）妇联、机关部门妇委会、巾帼文明岗与石门镇清漾村24户庭院进行一对一结对，全力打造一批特色美丽庭院精品户，受到参会领导的一致好评。举办江山大花园女性摄影比赛，提升江山市美丽庭院的知晓度和美誉度。

【开展家庭文明建设】 寻找“最美家庭”100余户，选出江山市、衢州市、省三级“最美家庭”34户。对接省妇联特邀讲师到江山市作3场家教家风专题讲座，各乡镇（街道）妇联干部、学生家长、教师共600余人聆听。开展“我陪父母过重阳”活动，99位老人在家人的陪同下走进清漾村，现场感受江南毛氏发祥地的浓厚文化氛围，并参观山里河马场。

【平安家庭创建工作】 依托妇联改革成果，建立全市维权工作网格，由村妇联执委担任网格员，形成多维度、全覆盖的基层妇女维权网络。组织发放平安家庭宣传年画4万份和平安家庭宣传纸杯1万个。网格员与贫困妇女儿童结对，以电话、微信、走访等形式，与所联系的妇女儿童每月至少沟通1次，排查本系统的问题隐患，为困境妇女儿童排忧解难。改革家事纠纷调解机制，与市仙霞法律服务所签订法律服务合作协议，由仙霞法律服务所派驻专业法律工作者，在市婚姻家庭矛盾纠纷调解委员会坐班，专职为广大妇女群众提供法律咨询、矛盾纠纷调解、法律援助等一站式维权服务。全年累计调解各类婚姻家庭纠纷182人次，90%以上的来访妇女对调处结果满意。在春节、儿童节、重阳节等重大节日，对困境妇女儿童进行走访慰问，对50余名贫困妇女儿童发放慰问金10万余元。12月18日，省妇联副巡视员沈建新一行到江山调研，对江山市平安家庭建设工作表示肯定。

【支持妇女创业创新】 推荐浙江利高消防科技有限公司总经理华艺珺参加“创启她时代·创享她未来”浙江省女性创新创业大赛，获二等奖。推荐华艺珺、汪芳两名80后女企业家参加中国妇女创业创新大赛和2017年“奇思妙想浙江行”创业大赛。推荐江山市乌木山社区红色曼波健身中心、江山市女摄影家协会等女性社会组织参加浙江省“她组织”成长导航公益培训。红色曼波负责人严肖虹上台作经验交流，获得省妇联主要领导的高度肯定。持续开展江山市妇女创业创新小额担保贷款项目，为妇女创业提供资金扶持。对虎山街道童莹等4名创业妇女给予18000元创业援助。

【推进来料加工业转型升级】 支持来料加工业发展，鼓励在家农村妇女通过来料加工增收致富。全年常态化开展来料加工业安全生产大检

5月17日，举办来料加工消防安全知识培训

查，提升行业安全生产。5月，在峡口镇来料加工集聚园区内举办来料加工消防安全知识培训和演练活动，全市近百名乡镇来料加工联络员、来料加工经纪人协会理事、来料加工经纪人、从业人员同堂听课。推介江山市来料加工优秀产品，组织6家来料加工经纪人参加义博会和广交会。全年共有来料加工经纪人1299人，固定加工从业人员50691人，累计发放加工费4.2亿元。

【推进巾帼建功行动】 深化巾帼文明岗创建工作，全年创建省级、衢州市级、江山市级巾帼文明岗12个。组织承办衢州市巾帼文明岗“互看互学”观摩会，现场参观全国级巾帼文明岗浙江农商银行总行营业部巾帼文明岗创建情况，并进行相关业务辅导，提升巾帼文明岗创建成果。贯彻落实“最多跑一次”改革要求，简化办事环节、优化服务流程、提升服务效率，发挥巾帼文明岗的人才效益、经济效益和社会效益。

（郑月红）

科协工作

【概况】 2017年，江山市科协按照“为创新驱动发展、为提高全民科学素质、为党和政府科学决策、为科技工作者”四个服务的职能定位，创新科普工作、学会管理、服务科技工作者三个机制，打造科普平台，开展科普宣传、学术交流和农民素质培训，完成提高全民科学素质、学会工作、青少年科技教育、互联网＋科普等任务，发挥科协组织和广大科技工作者在经济和社会发展中的作用。年内，峡口镇、双塔街道周家青社区和乌木山社区等7家单位获衢州市全国科普日优秀特色活动奖。

【深化科协系统改革】 制定下发《江山市科协系统深化改革实施方案》。调整充实市全民科学素质工作领导小组和办公室组成人员，领导小组由市政府分管副市长任组长，市府办副主任、市科协主席任副组长，成员由26个部门单位的分管领导组成。在全市3个街道、16个乡镇均设立科协，实现科协基层组织全覆盖。

【科普活动周、科普日活动】 5月，在大桥镇新桥村举行“治水剿劣科普反邪—2017年科技活动周暨志愿服务走进农村文化礼堂”启动仪式。开展“五水共治”“反邪教”“垃圾分类”“食品安全”科普知识展示，邀请巨化医院10多名医生为村民免费义诊，组织志愿者为村民理发、修理电器和眼镜、开展法律咨询等志愿服务。举办科普文艺晚会，通过歌伴舞、戏曲、小品、小组唱多种艺术表现形式宣传“五水共治”“反邪教”等科普知识。9月，全国科普日期间，在峡口镇王村村文化礼堂举行2017“全国科普日活动”启动仪式——暨“党建引领，献礼十九大”文艺演出，以“创新驱动发展、科学破除愚昧”为主题，开展“预防疾病，科学生活”“节能环保”“科学普及人人参与，五水共治个个受益”的群众性科普活动，采用现场发放宣传资料、图片展览、创业创新竹编实物展等。科普活动周、科普日期间，累计开展各类活动18场次，集中展出科普展板900张次，分发资料3万多份。

【经常性科普工作】 年初制订全年的送科技下乡进村（社区）总体方案。根据每个时期的科普重点，月月开展经常性的科普宣传活动。全年共组织10多个学会赴峡口、大桥等乡镇开展送科技下乡进村11次，参加的科技人员有120多人次。召开企业家科技知识讲座，围绕创新驱动发展战略，普及“大众创业，万众创新”的重要意义，激发企业创新活力。会同市科技局组织省、市、县三级部分科技特派员前往新塘边镇永丰村、彭村村、外坞村，进行农业新产品新技术推广。与江山市广电总台联合举办《科普之窗》专栏，每月制作播出一期，每期在有线数字电视、须江公园、西山公园户外大视频播出7天，内容有科普信息动态、科普知识、生活小贴士等。按月定期更换全市167个科普画廊的展板内容。

【青少年科普工作】 会同教育局、团市委等部门联合举办第十一届江山市青少年科技创新大赛，共评出科技创新作品20件、优秀科技实践活动论文15篇、科技辅导员科技创新成果5件、青少年科技创意作品分年级组各5件、优秀科幻画作品26幅。开展流动科技馆走进校园活动，流动科技馆分别在贺村小学、城北小学、恒泰小学各展出2个月。11月28日，在万商城举行与团市委主办、江山市棒棒贝贝乐高机器人中心承办的“2017智创未来. 江山市首届乐高科技嘉年华”的活动，现场展出包括乐高模型、机器人、VR游戏等科技含量的体验展品，摆放中小学生户外安全、消防安全、食品安全、五水共治等宣传内容的展板。开展科普走进农村文化礼堂活动，组织人员下村组入农户宣传科普知识，发放资料6000余份。乡镇利用农村党员干部现代远程教育站点播放科普宣传片，学校采取播放科普影片等形式，共计5000多人次观看科普影片。

【科普设施建设】 投资60多万元，新建安装科普宣传画廊50座；在3个中心镇、13个城市社区建好科普e站16个，覆盖人口16万；制作流动科普展板200片；编印垃圾分类、食品安全、夏季疾病预防和养生、网络电信诈骗与预防等4种科普书籍各3000本，编印剿灭劣V类水科普小册子8000份。长台镇投资40多万元，建成占地150平方米的镇科普馆。

【农民技术培训】 全年培训果业蔬菜、茶业、蜂业、食用菌、电子商务等10个专业学员1260名，其中短期培训550名，半月以上培训710名。培训党员干部150名、妇女348名、返乡农民工700名。依托十罗洋茶场等10个衢州市级农函大培训示范基地，针对性地开展产业培训和技术服务。

【院士工作站】 年内新建江山合创快速制造技术有限公司卢秉恒院士专家工作站。做好建站的服务工作，并多方了解有建站意向的企业，建立建站后备队。

（邱建武）

文联工作

【概况】 2017年，市文联所属9个文艺协会，共有市级会员721名，其中省级会员89名，国家级会员20名。新成立江山市朗诵协会、江山市网络作家协会，恢复江山市少年作家协会。继续办好《仙霞》季刊、《江山摄影》报及《江山市少年作家报》。围绕市委、市政府中心工作组织和指导各文艺协会，开展采风、创作、联谊活动。获衢州市2017年度文联系统先进集体称号。

【举办“江郎山”杯美丽乡村征文大赛】 由中共江山市委、江山市政府、浙江省作家协会主办，江山市文联、江山市作协承办，举办“‘江郎山杯’美丽乡村”主题征文大赛。大赛历时3个月，收到全国各地征文622篇。经省级专家评选，共评出一等奖2名，二等奖5名，三等奖10名，优秀奖20名，获奖作品结集出版。6月4日，在江山市金陵大酒店举办颁奖典礼，全国各地获奖作者汇聚江山，浙江省作协党组副书记曹启文亲临颁奖大会并作重要讲话，其间还邀请著名作家孙昌健作文学讲座；6月5—6日，组织获奖者深入幸福乡村开展文学采风。

【举办剿灭劣V类水系列文艺活动】 组织文学、摄影骨干开展“剿灭劣V类水”——文艺工作者在行动，走进石门采风。创作摄影、美术作品开展专题宣传，创作一批表现江山治水精神的优秀舞台作品，有歌曲《河长》、越剧《江郎治水》、道情《一江清水向东流》、散文诗《大禹精神颂》等，市戏协专门排演“剿灭劣V类水”专场宣传节目，走进全市20多个文化礼堂开展巡演。

【举办“文化礼堂·乡愁记忆”征文、摄影比赛】 与市委宣传部、市新闻中心举办展现五年来江山市农村文化礼堂建设所取得成就的征文、摄影比赛，多次组织文学、摄影爱好者深入农村文化礼堂采访、拍摄，完成摄影比赛的收稿、评选及颁奖，配合新闻中心做好征文评选等。

【举办“大美江山”诗文朗诵大赛】 为迎接全省“美丽乡村”暨农村精神文明建设现场会在江山市召开，与市委宣传部、市农办、团市委、教育局共同举办“大美江山”诗文朗诵大赛，大赛历时2个多月，有82支队伍参加预赛。9月30日，15支代表团在江山电影院举办决赛。

【举办“喜迎十九大”系列文艺展赛】 7—9月，与市市场监督管理局举办“喜迎十九大”全市硬笔书法大赛，大赛收到全市干部职工200余幅参赛作品，评出一等奖2名，二等奖5名，三等奖10名，鼓励奖20名，获奖作品在《今日江山》选登。10月16日，老年书画会举办“喜迎十九大”书画作品展，在老年大学展出；中秋之夜，市作协联合塘源口乡在洪福村举办“喜迎十九大”联欢晚会。

【成立新一届江山市少年作家协会】 经过前期会员的推选与登记、作品征集并编印成册等筹备，与市教育局、关工委于8月25日在江山市恒泰小学召开成立新一届少年作家协会大会，选举新一届少年作家协会主席、副主席、理事，曾建明当选为江山市少年作协主席，首届会员108名，市委常委、宣传部部长汪黎云出席成立大会并讲话，著名儿童作家毛芦芦寄语少年作家，大

8月25日，江山市新一届少年作家协会成立

会授牌江山市图书馆为江山市少年作协活动基地。复刊《江山市少年作家报》，不定期编印，免费赠阅少年朋友。

【举办周建新长篇小说《红豆杉旁的泥屋》研讨会】 6月4日，在江山市金陵大酒店举办周建新长篇小说《红豆杉旁的泥屋》（入选衢州市2017年度文艺精品扶持工程）作品研讨会。

著名生态文学作家、鲁迅文学奖评委、中国林业文联常务副主席李青松，鲁迅文学奖评委、中国作协创研部副主任、著名文学评论家李朝全，浙江省作协小说创委会主任、中国编剧协会理事，衢州籍著名作家、编剧李森祥，著名作家、编剧、浙江文学院副院长、《浙江作家》杂志执行主编海飞，著名作家、浙江文学院副院长黄咏梅等知名作家参加本次研讨会并发表重要评论，名家们的点评还在《衢州日报》整版刊登。

【成立江山市朗诵协会】 12 月 9 日，在江山市金陵大酒店召开江山市朗诵协会成立大会，大会选举王晖为主席。市委常委、宣传部长汪黎云，市政协副主席、文联主席姜英参会。协会成立后，先后走进文化礼堂、企业、学校等表演，在全国新年登高活动中，举办助力新年登高诗歌朗诵会，朗诵者在江郎山登天坪表演，以诵读方式祝新年到来。

【开展全市“两年”系列文艺活动】 5 月 3 日，举行聚焦“两年”活动摄影大赛启动仪式，多次组织全市摄影骨干分批分次走进企业、项目现场采风、拍摄，创作一批主题突出的图片，制作江山市“两年”活动暨纪念江山市撤县设市 30 周年图片展，在电影院展出。组织文学骨干深入行政服务中心、相关企业开展“最多跑一次”文学采风，创作报告文学、小品主题作品，在《仙霞》第三期开设专栏刊登，创作《我是快乐跑小二》主题歌曲。

5 月 3 日，江山市聚焦“两年”活动摄影大赛启动

【举办书画摄影展览】 1 月 18 日，联合浙江省青年书法家协会在市博物馆举办“鹿溪双逸”——胡义鸿、姜燕书画作品展，展出书画作品 80 余件。5 月 7 日，在须江阁举办“大美江山”摄影图片展，展出体现大美江山精美图片 50 余幅。11 月 25 日，在市博物馆举办“草木贲华·须水流馨”璩镛书画展。

【文艺成果】 汪雪涯、周勇加入中国摄影家协会；赵晖、李治本、戴明桂加入浙江省作家协会；郑华敢在浙江省第二届微电影大赛中获最佳男演员；黄江龙获衢州市书法类首届柯山奖、蔡农获首届柯山提名奖；文联离休老摄影家蔡怡获全国“老有所为楷模”先进人物。江山市碗窑乡达河村被浙江省文联授予浙江省“国乐乡村”建设优秀单位。文艺作品获奖频频。文学类：柴薪散文《草木笺》获人民文学、浙江省作协联合授予首届“三毛散文奖”三等奖和中国地理诗文二等奖；周建新长篇小说《红豆杉旁的泥屋》获《中华文学》2017 年度优秀图书二等奖；赵晖长篇小说《红刺》被列入衢州市第五届文艺精品工程；徐彦胜短篇小说《杀狗》获全省内刊联盟精短小说大赛三等奖；周汉秧散文《捕蛙人》在意林杂志刊出。有 12 位江山作协骨干的作品在浙江省作协举办“江郎山”美丽乡村征文大赛中获奖，其中柴薪《故乡长台的记忆与乡愁》获一等奖。摄影类：汪雪涯《以色列》《约旦河洗礼》等多幅作品入选第26届国际摄影“奥赛”，周勇摄影作品《奔》《排档》入选2016年《中国摄影年鉴》。摄协与作协合作图文作品《被遗忘的古镇廿八都》登国家地理中文网。民间文艺类：徐则文西砚作品《君子之交淡如水》获文化部第十一届中国义乌商品交易博览会金奖。书法类：蔡农作品入展由省文化厅、省文联主办的“浙江省军魂颂书画展”，入展由省文化厅主办的“第五届群星视觉艺术展”，入展由省书法家协会主办的“第六届浙江省刻字艺术大展”；黄江龙的作品入展“锦溪杯”全国甲骨文书法篆刻大赛，入展纪念王国维先生诞辰140周年——全国古文字书法篆刻大展；毛朝林书法作品获毛体“润之奖”金奖。美术类：陈何军水彩画《山环水隐》、郑荣林《美人溪》入选浙江省美协剿灭劣V类水美术作品展。音乐类：陈宏君作曲、朱香鹤作词歌曲《江郎与须女》获衢州市第三届南孔奖。影视类：电影《半个月亮》被列入衢州市第五批文艺精品工程。

（毛雪芳）

残联工作

【概况】 江山市残联内设办公室和综合科。下属事业单位“残疾人劳动服务管理所”和“江山市残疾人康复指导中心和托养中心”。江山市残疾人总数为3.86万人，占全市总人口的6.36%，其中持证残疾人有19080人。按照残疾程度分：一、二级重度残疾6087人；三、四级中轻度残疾12993人。按残疾类别分：视力残疾2144人，听力残疾3349人，言语残疾242人，肢体残疾8320人，智力残疾1901人，精神残疾2550人，多重残疾574人；一户多残1000多户。2017年，全市残疾人小康实现程度达到90%以上，增幅超过全省平均水平。

【实施残疾人“两项补贴制度”】 江山市困难残疾人生活补贴惠及8563人，其中2017年新增1000余人；重度残疾人护理补贴惠及7147人，新增1700余人。在落实“两项补贴”制度中，还开展残疾人家庭“清洁家园”行动。

【推进残疾人精准康复服务】 做好康复受助对象的筛查，并推动服务工作，共完成无障碍设施进家庭项目132户，下肢缺失残疾人安装假肢26条，助听器适配210台，助视器适配29台，纳入医疗救助的精神残疾人免费服药达1008名，定点康复机构通过验收。有122名残疾儿童接受康复服务，目标人群覆盖率达100%。

【帮助残疾人就业创业】 促进残疾人按比例就业，全市新增按比例就业54名。1月，与市人力社保局联合举办残疾人专场招聘会，200多名残疾人参加应聘，其中90多名残疾人与企业达成就业意向。深化电商助残计划，开展省级残疾人电商就业创业孵化示范基地创建工作，新增电商创业就业46人，3月和10月分别举办为期五天的残疾人电子商务培训班，共有60多名残疾人参加。

【推行残疾人办事“最多跑一次或零跑路”】 围绕“效率提升年”活动，于年初扩招乡镇专职委员11名，制定实施《江山市残联开展残疾人流动服务车进百村“送政策、送服务、送温暖”专项活动方案》，把“办理残疾人证”“宣贯惠残政策”和“康复指导”等各类服务送到残疾人的

4月11日，衢州市残联《残疾人证》核发现场会在江山市召开（刘丹林 摄）

家门口，实现"一车办理"高效服务。残疾人流动服务车走进塘源口乡、廿八都镇等11个乡镇89个行政村，江山市开展的涉残知识宣传、残疾筛查、残疾人证办理、残疾人需求调查等流动服务，惠及3000多户残疾人家庭。残疾人两项补贴政策覆盖率得到进一步扩大，符合条件的贫困残疾人应保尽保、应补尽补。

【举办江山市第三届残疾人运动会】 6月17—18日，举办江山市第三届残疾人运动会，比赛项目按照残疾类别和残疾等级设置田径、乒乓球、象棋、飞镖等7个大项54个小项，有19个乡镇（街道）和江山培智学校的200多名残疾人运动员报名参赛。

（刘丹林）

红十字会工作

【概况】 2017年9月，依法召开江山市红十字会第四届理事会第二次会议，选举副市长何正芳担任红十字会会长。同时，全面完成各乡镇（街道）红十字会理事会换届工作。为全省美丽乡村现场会志愿者和生态指导员（剿劣督导员）等开展救护培训，全年培训救护员2017名，普及人数达3.7万人次。

8月21日，江山市举办生态指导员（剿劣督导员）应急救护培训

【组织抗洪救灾慰问】 为"6·25"沪昆铁路江山港大桥抗洪抢险中受灾的群众，开展走访慰问活动，并向上级红十字会争取到慰问款物，其中慰问金1万元，慰问物资包括家庭包50个、夹克衫200件。

【救助弱势群体】 开展"情暖江山·红十字博爱送万家"活动，为每户生活困难家庭发放救助金600元，共30户，合计1.8万元；还开展助学、助医、助残等活动，发放博爱救助金3.45万元。

【救助"两癌"妇女】 为救助乳腺癌、宫颈癌贫困妇女开展"情暖母亲，关注贫困"活动，有7位"两癌"贫困妇女得到救助，每人获得救助金3000元，合计2.1万元。

【尝试新的筹资模式】 指导浙江江山老农电子商务有限公司的鸽子蛋众筹扶贫项目参加中国红十字会总会的网上扶贫大赛，帮助江山市边远空巢老人出售散养鸽子蛋，为贫困山区提供扶贫支持。经过努力，该项目入围中国红十字会众筹扶贫大赛总决赛。此次进入全国总决赛的项目为30个，其中浙江省入围2个。

【推出“掌上微捐”】 与建行衢州分行合作，推出“掌上微捐”微信在线捐款活动，所筹集到的资金全部用来帮助白血病患者。通过“掌上微捐”筹集到的爱心款达3.3万元。

【开展10元公益助学活动】 主动对接爱心企业，指导和帮助他们开展各类公益活动。与起亚江山顺龙汽车4S店合作，开展10元公益网上抽奖助学筹资活动。全市1000名爱心网友参与，筹集到公益助学金2万元，有15名贫困学子从中受益。

【推进“两献”工作】 经过宣传发动，实现器官捐献4例，创江山市历史新高；遗体捐献1例。同时，采集造血干细胞血样76人份，突破历史记录，在衢州市各县（市、区）位列第一。

【打造红十字示范社区点】 在双塔街道县前社区以“3+X”模式，打造红十字示范社区，成功创建衢州市级红十字示范社区，其中红十字楼道应急救护员项目被衢州市评为“创新工作奖”，被省列入“情暖浙江·红十字志愿服务”培育发展计划资助项目，获得专项资金2万元。同时，讲好江山红十字故事，在各级媒体发表稿件数149篇，其中国家级12篇，省级30篇，衢州市级40篇，为衢州市各县（市、区）发稿量之最。

（陈良龙）

军 事

人民武装

【概况】 2017年，江山市人武部党委深入学习贯彻省军区、军分区党委扩大会特别是习近平主席系列重要讲话精神和治国理政新理念新思想新战略，坚决落实政治建军、改革强军、依法治军方略，旗帜鲜明讲政治，听令守规顾大局，服务主战抓准备，强化担当促转型，全面从严转作风，打牢基础保稳定，确保改革任务顺利完成，确保人武部高度集中统一和安全稳定，全面建设保持稳步推进的良好态势。获浙江省征兵工作先进单位，衢州市军分区军事训练先进单位。

【思想政治建设】 把深入学习贯彻十九大精神作为首要政治任务，坚定始终不渝听党指挥、看齐追随，不断强化“四个意识”，不断夯实坚定维护核心、坚决听党指挥的思想根基。认真组织党委中心组带机关理论学习，按照跟进学、系统悟、转化用的思路，坚持读原著、学原文、悟原理，追踪学研习近平主席系列讲话，推动创新理论走进生活、进入思想、转化实践。开展“维护核心听从指挥”、推进“两学一做”学习教育常态化制度化教育、十九大精神和省军区党代会精神和新党章学习贯彻，用好“之江民兵”APP“江山国防”等学习教育平台，提升民兵思想政治建设质效。紧跟改革进程，精准做好思想工作，强化解难帮困，建设暖心工程，保持干部职工思想稳定，为调整改革顺利实施交上合格答卷，实现人武部新体制的开局、开篇、开新。

【战备训练工作】 对接省、市方案体系，及时修订完善“1+11”战备方案，以实战化训练为牵引狠抓首长机关、专武干部、民兵应急分队、重要目标警戒分队、民兵干部骨干基本技能训练和实兵演练，不断夯实各级干部骨干组织指挥能力和遂行任务能力。

【民兵整组工作】 深入推进“依法动员建设”，细化国动委“一委八办”工作职能，常态落实工作例会、潜力核查、业务培训、检查考评等工作制度。着眼结构力量体系重塑，围绕“四队兼备”建设目标，按照“三化”要求，调整优化应急、专业、特殊三类队伍，将民间应急救援力量纳入民兵队伍，成立民兵红盾应急救援队。全市基干民兵党（团）员比例达80%以上，退伍军人比例和专业对口率分别达65%和90%以上。

【兵员征集工作】 按照征兵“五率”（报名名率、上站率、合格率、择优率、退兵率）量化考评标准要求，2017年完成新兵征集，大学生比例为80%以上，连续四年实现完成任务数和大学生征集数“双超”。

【国防教育工作】 围绕深入实施改革强军战略的新形势新要求，坚持以突出崇军尚武主线，持续激发军人军属荣誉指数。营造关注国防，关爱军人的良好氛围。全面推进国防教育“六进”(进机关、进校园、进社区、进企业、进农村、进家庭）系列活动，提升大国防教育的时代性和感召力。11月21日，特邀请国防大学徐焰教授作国防安全专题讲座。市四套班子领导，市机关各部门、各乡镇主要领导、全体专武干部等200多人聆听讲座。创新“互联网+”国防教育路子，办好“江山国防”微信公众平台，开展送立功喜报、在城市公园广场、中小学校和农村文化礼堂设立“军人荣誉墙”，各类媒体共计上稿50余篇其中《解放军报》头版2篇，《中国国防报》5篇。

【安全管理工作】 贯彻落实稳中求进的主基调，紧盯要害部位、重点时节、重点人员，挤压安全管理的“空间盲区”“对象死角”，建立横向到边、纵向到底、覆盖全员的安全责任体系，推动工作末端落实，层层签订安全责任书，盯住“人车枪弹密、水火电酒油”等17个方面安全管理重点，坚持每周一次安全检查，每月一次隐患排查，每季一次安全形式分析，完善好各类应急防范处置预案，以务实的举措确保人武部安全稳定。

市委常委、人武部部长张春（右）检查乡镇武装工作

【水上救援分队综合演练】 5—6月，分三批组织共计10天的水上救援训练，按照“一队多用、一专多能”的要求，组织水上冲锋舟与皮划艇的水上操作与模拟救援训练，熟悉水上救援工作的基本流程与方法，提高民兵的应急救援能力。

【厦门“金砖峰会”安保备勤】 9月1日0时至6日12时，人武部机关率领民兵分队50人，24小时驻扎在G3枫岭关高速出口执勤，采取情报信息侦搜、军人军车查控、专项力量备勤等措施，圆满完成上级赋予的任务。

【国防动员潜力核查】 10月，根据上级关于做好国防动员潜力核查通知要求，依据《国防动员潜力统计调查目录》和中央军委国防动员部《国防动员潜力指标体系》等文件，采取任务部署、业务培训，数据采集、分析评估等形式，精确掌握动员潜力底数，摸清八大类近900项重要潜力指标。

【铁路桥抢险救灾】 在“6·25”江山港铁路桥抢险行动中，共出动民兵185人，舟艇800余，输送人员2600人次，炸药近2吨，救灾物资10余吨，搬运沙包2万多个，圆满完成各项抢险救灾任务，受到市委市政府和当地人民群众高度赞誉。

【保障全省美丽乡村和农村精神文明建设现场会】 11月15—16日，为保障全省美丽乡村和农村精神文明建设现场会顺利召开，出动民兵应急连水上分队 50 人，民兵红盾应急救援分队 20 人，携带冲锋舟 4 艘，水上救护器材 70 套，冒雨奋战 48 小时清理须江漂浮物，圆满完成任务。

（人武部）

人民防空

【概况】 2017 年，江山市人民防空办公室强化政务服务监督，重点抓好创新优化服务、规范管理、提升政务服务质量、提高审批效率方面的工作，着力打造群众满意、便捷高效的政务环境，推进人防应急应战核心能力的全面提升。

【人防工程项目建设】 自建人防工程项目江山市中山人防工程项目，争取被省人防办批准立项；完成江山市水库移民避险解困公寓房人防工程项目可研报告的编制和施工图设计，争取列入省里的重点补助项目和资金扶持；江山市公共安全教育中心基本建成，进行设备调试和宣传片及软件的制作完善。江山市城北旅游休闲综合体等一批结建工程项目开工建设；严把质量关，做好七星亚龙湾、万商城等在建人防工程项目的质量监督和竣工验收工作。按照依法结合民用建设修建防空地下室以外的附建式地下空间兼顾人民防空要求，新制订“兼顾人防”的建设规定，对符合要求的附建式地下空间按等额造价原则，根据具体情况折抵结建防空地下室面积。

【结建人防工程管理】 开展人防结建工程“三项专项”检查，对全市所有竣工工程进行人防设备检查，对在建人防工程进行监理资质检查，对审批项目进行图纸审查。强化人防工程标准质量，规范人防工程监督程序，加强沟通协调，使人防工程建设管理走上依法管理、依法建设的轨道。

【应急应战指挥平台建设】 建立健全人防指挥所管理制度，实行 24 小时值班，人防指挥所实现互联互通，省市视频会议系统使用良好，人防应急指挥中心为全市应急指挥提供新的平台。安排专项经费，加强重点镇指挥所的日常管理和技术维护，通过技术改造，将指挥系统纳入 4 个平台建设。完善和强化人防指挥通信平台和指挥能力建设。发挥人防短波电台作用，坚持每周定期与衢州市人防办进行沟通联络，出联率为 100%，连通率 98%以上。组织“5・12”及“9・18”防灾、防空警报常规性试鸣，警报器终端完好率和鸣响率达 100%。对各站点的防空警报管理员进行培训，提高责任心和管理能力。定期与重点镇指挥中心的互联互通，确保日常应急救援指挥通信保障。

【应急应战队伍建设】 按照国动委要求，对全市 10 支人防专业队进行整组，对人员编制梳理整编。利用“5・12”“9・18”等契机，组织社区群众避难疏散演练、知识竞赛、专业队伍训练等活动，各专业队分队长、社区志愿者参加此次活动，夯实应急应战队伍基础。

【人防宣传教育】 提高人防工作的影响力，巩固社区人防宣传教育成果，深入宣传“民生人防”，抓好人防知识教育“五进”，即进党校、进学校、进机关、进企业、进社区活动，投入 5 万多元购买了人防宣传教材，向小学五、六年级及初二年级学生免费发放人防教育教材 10000 多册。利用“5・12”防灾减灾日、“九一八”事变纪念日两个重点时节，拉响防灾减灾、防空警报，向广大群众宣传人防知识及法规。5 月，开展防灾减灾宣传周活动，组织中小学开展应急避险演练。5 月 11 日，在贺村初级中学召开全市人防宣传教育进校园现场会，并举行防空防灾演习，浙江电视台、浙江日报报业集团、今日头条等新闻媒体进行现场宣传报道；加大对人防各项工作的信息报送和宣传报道力度，向各有关单位报送人防宣传信息12篇，分别在浙江人防网、衢州民防网、衢州民防杂志及江山政务上刊登。全年共投入人防宣传教育经费近50万元。

（黄国俊）

消防工作

【概况】 2017年，全市消防共接警612起，出动612次（含增援），出动消防车915辆次，消防人员5270人次，抢救被困人员38人，疏散人员110人，抢救财产价值1417万元。同比接警起数上升2.39%，出动车辆数上升18.36%，出动消防人员数上升12.96%，抢救被困人员数上升42.8%，疏散人员数上升87.7%，抢救财产价值下降157.4%。其中，造成财产损失的火灾83起，受伤2人，死亡0人，同比火灾起数下降9.6%，受伤人数持平，辖区未发生亡人及较大财产损失火灾事故。成功处置“8·11”江山仙霞酒厂火灾、“12·2”金钰装饰材料厂烤漆房火灾及“6·25”大夫弟沙场抢险救援等应急和突发事件。强化火灾源头管控，开展消防监督执法工作，全年共检查单位3666家次，发现火灾隐患或违法行为7508处，督改隐患7424处，下发责令改正通知书3050份，下发行政处罚决定书222份，临时查封决定书73份，责令“三停”单位50家，制发行政强制决定书3份，罚款68.92万元，对7人进行行政拘留处罚。

【推动责任落实】 全年先后召开全市安全生产、消防安全工作会议、公安局安全生产会议、消安委工作例会、消防安全紧急工作会议等10余次专项会议。市委书记童炜鑫、市长舒畅先后听取消防工作汇报，并带队开展检查；分管副市长累计30人次分别在节假日、重大安保期间带队开展消防安全检查。推动各级各部门认真履行消防安全监管职责，对本系统、本行业的消防工作实施监督管理，联合开展市场和非法成品油整治消防安全整治；开展以医疗机构、娱乐场所、学校、养老服务机构的消防安全检查；同时联合开展全市“四无企业”、竹木加工企业整治。年内市消安办共发出督办函、建议函85份，推动整改火灾隐患160余处。先后6次召开重点单位会议，约谈单位负责人，督促管理人员落实消防安全巡查，消防安全评估、消防设施定期维护保养等自查自纠措施。强化危机意识，增强做好消防安全管理责任感和紧迫感。

【做好严防管控】 以汗蒸房、高层建筑、人员密集场所、易燃易爆场所、居住出租房、重大火灾隐患单位等场所为整治重点，全面开展消防安全大排查，排查一家，登记一家，逐一建立隐患清单，督促整改。天台“2·5”足浴店火灾后，公安、消防、文广、市场监管等部门联合开展消防安全检查，共检查洗浴、足浴场所100余家，其中汗蒸场所39家，发现隐患80处，临时查封25家，督促关停14家。杭州蓝色钱江公寓“6·22”火灾后，消防、住建部门对辖区高层建筑进行全面排查，共排查高层建筑156幢，发现火灾隐患300余处，立案查处11家，对3家高层建筑进行挂牌整治。同时消防、住建约谈物业服务企业以及对物业进行消防安全培训。全市挂牌督办重大火灾隐患7家，其中江山御景门业被列为市级挂牌整治单位，市消安委多次约谈7家隐患单位负责人，每月开展一次督导检查，并函告主管部门和属地乡镇（街道），推动隐患整改，7家单位均如期销案。下发《江山市竹木加工企业消防安全综合整治工作方案》，经信、消防、环保等部门分两组对乡镇、街道辖区，逐家上门排查登记，共排查木门企业350家，发现隐患2000多处。对排查发现隐患，按照“限期整改、关停整改、责令停产”分类处置办法，逐一填发隐患整改通知书。结合《民房等重点领域集中排查整治工作方案》，制定《居住人数较多出租房屋管理工作机制》。全市累计排查居住10人以上出租房89家，发现隐患200余处，下发改正通知书89份，临时查封2家。督促整改隐患185处，对1家拒不整改隐患房东进行拘留。

【夯实消防基础】 十九大安保期间，市消安委组成3个工作组，对辖区19个乡镇（街道）和部分行业部门开展上半年消防工作暨消防安全隐患集中排查整治工作进行督导考核；10月，成立10个检查督导组，对乡镇（街道）社区重点领域火灾隐患集中排查整治情况进行检查督导；12月25—29日，对乡镇（街道）、部门开展消防安全责任制考核。除贺村、峡口、长台、上余、廿八都已建专职消防队外，2017年又建成石门、坛石专职消防队。市消安委组织对乡镇专职队督导2次，集中开展培训3次，召开全市专职队联席会议1次。针对“小火亡人”多发现状，以老旧小区、农家乐等场所为重点，市政府划拨45万元用于独立式烟感推广试点工作。8月，在全市老旧街小区安装独立烟感报警器13000余个。通过第三方机构开展消防远程监控建设试点，初步建成监管平台，有10家试点单位联网运行。

【营造消防氛围】 依托主流报刊《今日江山》，开通消防专栏，每周刊登一篇消防安全知识；江山电视台每天黄金时间播放消防公益广告，在重点节假日期间滚动播放消防提示流动字幕，利用微信微博每日发布消防工作动态及消防知识。先后针对派出所专兼职民警、出租房房东、乡镇网格员、社区宣传大使、消防重点单位负责人等群体，开展消防培训60次，近20000人接受培训。邀请群众走进消防站参观，通过消防站开放，向群众展示业务技能、器材装备，讲解消防知识，介绍警营文化，带领群众“零距离”体验消防。全年，共接待社会各界人士参观消防站40余次，接待人数5000余人。

（刘宏慢）

法　　治

政法委及综治

【概况】 2017年，江山市政法委以“护航十九大、平安八连冠”为目标，全力推进平安江山、法治江山和政法铁军建设，积极应对各种风险挑战，依法妥善处置各类重点案件，不断探索创新社会治理，政法各项工作取得新成效，社会大局持续保持和谐稳定良好局面。全年政法系统共获国家省级及以上荣誉62项，1人荣立一等功，5个集体和15人荣立三等功，18人获省级以上先进个人。其中，江山市被省委、省政府命名为2017年度平安县（市、区），政法委被省委、省政府评为中共十九大维稳安保工作先进集体。

【服务保障中心】 紧紧围绕“项目攻坚、绩效提升”“两年”活动、“五四三”组合拳、D级危旧房腾空解危、“大花园”建设、“四抢”专项整治等重点中心工作，做好日常联系服务、矛盾排查化解、法律宣传服务、风险评估防范等基础保障工作，保障中心工作顺利推进。全年指导完成877个重大项目风险评估，牵头组织开展“树正气、打歪风”专项行动，推行“项目警官”护航重点项目建设，依法查处打击一批造谣污蔑、围标串标、恶意阻挠等破坏经济发展环境的歪风邪气。全年破获经济案件18起，挽回经济损失1100多万元，成功破获“2·9”特大网络销售假烟案；审结破产重整案件9件、破产清算案件17件，促成江山国大、万商集团等企业重新焕发生机，家园门业、华能电器等企业有序退出市场，累计盘活资产近21亿元，化解债务17.98亿元，安置职工1250人，释放工业土地35.13公顷、厂房建筑面积26万平方米。

【护航中共十九大】 从7月开始，制定总体方案，成立领导小组，搭建指挥体系，组建工作专班，从上到下形成统一指挥、整体联动、步调一致、运转高效的工作格局。先后20多次组织召开全市性和专题部署会、分析会、推进会、攻坚会，分阶段有梯度推进维稳安保各项工作。部署推进反恐防暴、社会治安防控、公共安全隐患整治、重点人员教育帮扶管控等七大专项行动。持续开展问题大排查、情报大会商、领导大接访、积案大化解、人员大稳控、平安大巡防活动。市级领导累计开展联系督导、一线检查、督查督办、情报会商600余次。十九大期间，牢牢守住“四个确保”“六个不发生”“不出事”底线，全市未发生有影响的涉稳案事件、集体赴省进京上访事件以及较大以上安全生产事故。全市有效警情、治安案件同比分别下降10.4%、28.2%；安全生产事故起数和死亡人数同比分别下降7.8%、5%；排查矛盾纠纷、信访突出问题1312件，化解1303件；开展平安巡防31万余人次，分级分类稳控重点人员300多名，预警处置人员异动情况80余次。

【省级现场会维稳安保】 根据全市筹备工作的统一安排，牵头负责全省美丽乡村和农村精神文明建设现场会整个维稳安保工作，按照“统一指挥、分点包干、分块负责、确保安全”工作原则，严格落实“三定”（定人、定岗、定责）要求，把每一个安保点位的任务、职责、要求，进行细化、分解、压实。历时5个多月，先后召开维稳安保工作论证会、部署会、推进会25次，实地踩点踏勘2个考察点、4个驻地酒店、沿线交通50多次，调整、修改、完善安保方案20余次，开展实战推演10余次。现场会期间，全市累计投入警力556人、乡镇部门维稳力量609人，设置哨位209个，24小时不间断轮岗守卫，未发生一起重点人员聚集上访、滋事扰序事件。

【重大涉稳问题挂牌督办】 部署开展维稳信访破难攻坚专项行动，坚持滚动排查和挂牌督办相结合，开展每月重大不稳定问题情况摸排、重大矛盾纠纷排查化解、重大社会风险隐患化解管控等工作，挂牌交办68件突出问题和信访积案，实行“四色”风险管控，督促指导开展包案攻坚化解，已化解65件、稳控3件。全年累计交办预警查控指令信息80多条，及时妥善处置30多起重大涉稳案事件和涉军、民师、善心汇、中港澳海等重点群体以及信访重点人员越级上访隐患，全市面上总体稳定。

【平安江山建设】 深化平安江山创建活动，抓好社会政治、社会治安、经济发展、安全生产、食品药品、生态环境六大安全领域的风险隐患排查化解管控，组织开展道路交通、消防、寄递渠道、食品药品、寄递物流等大排查大整治，全年实现较大及以上事故“零发生”，江化泄漏、长河公司、博瑞明珠城等涉稳事件得到妥善处置。全市刑事案件、治安案件同比分别下降3.9%和6.8%，盗窃案件同比下降5.9%，杀人、强奸、“两抢”等恶性暴力案件破案率100%，各类事故、死亡人数，同比分别下降23.9%和15.2%；平安江山建设知晓率、参与率、安全感、满意率综合排名列衢州各县（市、区）第一位，省平安考核实现“八连冠”目标。

【加强行业监管】 巩固扩大G20峰会、十九大维稳安保成果，制定下发《关于贯彻深化应用平安综治维稳十项机制的实施意见》和《关于全面推进深化行业安全监管“百日攻坚”专项治理的通知》，分类细化风险排查管控标准规范，坚定不移地推动以实名制为重点的行业监管制度落实落地。发挥13个专业安委会作用，开展危险化学品、25个重点高危行业领域“除隐患、保平安”、10人以上出租房消防安全、竹木加工和住在小区等重点领域消排查整治，共排查各类隐患3754处，整改完成3304处，整改率88%。全年全市累计发生各类事故35起、死亡28人，同比分别下降23.9%和15.2%。其中，工矿商贸领域发生事故3起、死亡3人，同比持平；道路交通领域发生事故32起、死亡25人，同比分别下降25.6%、16.7%；全年实现较大及以上事故“零发生”。

【深化基层治理】 推进“四个平台”“全科网格”规范化建设，在清湖街道试点基础上开发的基层治理综合信息系统，在全省50%以上的县（市、区）推广应用，整合优化全科网格1066个，配备网格员3298名，基本实现全科网格“一网覆盖”，平安通、“平安浙江APP”等智能信息平台应用提质扩面。建成投用占地1200平方米、衢州市规模最大、功能最齐全的县级综合指挥中心，实现“平台、人员、数据、视频”四大整合，初步形成基层治理“王”字形架构，在全国、全省“雪亮工程”衢州现场会以及与中综治委视频连线中，江山的经验交流，得到与会领导高度肯定。

9月18日，江山市综合指挥中心建成启用

【专项执法监督】 制定下发《政法系统执法检查监督实施方案》《民事案件执行工作专项执法检查实施方案》，聘任8名专职督查员、11名特邀督查员，制作聘任证书和督查证，召开政法系统中层以上干警部署推进会，抽调4名专职督查员集中办公，开展为期三个月的专项执法监督大检查活动，共调卷检查150余件，督促整改执法司法问题隐患100多个。同时，加大案件评查、交叉检查和涉法涉诉信访接待、案件督办等工作力度，累计评查、督查、督办20多个疑难涉法涉诉案件，涉法涉诉信访量同比下降66.7%。

【政法铁军建设】 贯彻中共十九大精神和省委《关于全力打造浙江政法铁军的实施意见》，围绕省委“七个绝不允许”和市委提出打造江山政法铁军要求，聚焦“忠诚、担当、荣誉、守纪”，部署开展政法系统“三比一树”（比作风、比担当、比业绩、树形象）教育活动，组织开展“三十佳”政法先进典型选树活动，营造崇尚先进、积极向上、争创一流的良好工作氛围。同时，常态化落实全面从严治警要求，始终保持正风肃纪高压态势，进一步强化政法队伍的纪律建设和作风建设，政法队伍素质形象和履职能力明显提升。

（杨向皖）

法制工作

【概况】 2017年，江山市法制办围绕市委市政府九五重点专项工作部署，把握深入推进依法行政、加快建设法治政府这条主线，切实发挥政府推进重大决策、重点中心工作的“智囊团”作用，全力推进江山率先基本建成人民满意的法治政府。被列为省级行政规范性文件合法性审查机制示范点，年内被评为浙江省法治政府建设（依法行政）先进单位和衢州市法治政府建设（依法行政）优秀单位。

【提供法律服务】 做好重大决策事项法制审核，严把市政府常务会议、市长办公会议议题的法制审查关，特别是对征地补偿安置方案、危旧住宅房屋治理改造等重大决策，组织法律专家、政府法律顾问以及相关职能部门的专业人员召开专题论证会，确保决策合法合规。全年共审查市政府常务会议及市长办公会议议题109件，提出意见建议243条，被采纳211条。主动服务重大改革工作，介入“最多跑一次”改革中涉及的审批权限下放等重难点问题，指导相关单位采取“线上+线下”等形式推进，并组织市政府行政执法监督员开展“最多跑一次”专项督查，形成书面督查报告送被检查单位，推进改革工作落到实处。开展涉及“放管服”改革、“最多跑一次”改革的规范性文件专项清理工作，共梳理出各类规范性文件 289 件，废止 23 件，提出修改意见 45 件。服务招商引资工作，适时参与前期谈判及投资主体资质审查，重点把握合作内容及履约风险，跟踪保障项目落地推进情况，实现全链条、全过程服务。共审查市政府合同及部门重大行政合同 34 件，其中 PPP 合同 6 件，提出审查意见 144 条，被采纳 129 条。介入疑难案件处置，先后参与江山智慧产业园项目投资建设协议变更、中央环保督察案件、国际度假酒店用地控制性详细规划调整、通景公路、兰溪公路征迁、环保关停处罚等一系列紧急性或疑难性案件处置，提出依法处置路径，确保各项工作顺利推进。

【提供法律路径】 依法保障项目征迁，编撰《征地拆迁操作实务、问题解答和案例评析》，对土地征迁中每一个环节如何推进作具体说明，并对征地拆迁工作中已遇到和可能遇到的疑点、难点问题进行解答，供广大征迁干部在实践中学习参考。全程助力依法推进 D 级危旧房解危，第一时间根据《浙江省房屋使用安全管理条例》梳理危旧房解危的主体和程序，提出自行解危为主、强制解危为辅的推进建议；制作《危房解危处置相关法律政策告知书》等材料，指导各部门单位用于实际宣传；对存在现实危险需采取应急处置预案的情形，整理《督促解危通知书》《催告书》等相应的格式文本，供相关单位在工作实际中参考使用。创新规范行政执法新模式，设立“行执法规范指引”这一指导类文体格式，先后发布《行政执法决定前告知及文书送达规范》《行政处罚决定相关问题规范指引》等文件，针对各类执法监督活动中发现的普遍问题，梳理行政执法决定前告知、执法文书送达及行政处罚决定的注意要点和执行规范，从源头指导全市各部门单位规范行政执法行为。推行行政执法全过程记录，要求各单位建立行政执法全过程记录制度，配备必要的音像记录设备，及时组织行政执法人员参加培训，确保熟练使用行政执法设备。出台《报送市政府审批的行政执法决定事项目录》和《报送市政府审批的行政执法决定法制审核规程》，在市政府层面，带头将法制审查作为作出行政执法决定的前置环节，严格规范执法行为。

【迈入法制化轨道】 出台《关于加强乡镇（街道）行政规范性文件管理工作的通知》，把规范性文件“三统一”制度向乡镇延伸推进，并以峡口镇被列为全省三个规范性文件乡镇示范点之一为契机，全力指导峡口镇建立完善行政规范性文件管理各项制度，将其打造成全市乡镇规范性文件工作的示范标杆。11 月，举办全市法治政府建设暨重大行政决策合法性审查机制工作现场推进会，进行面上推广。建立行政应诉“1+1+X”制度，出台《关于建立行政应诉“1+1+X”机制，加强和改进行政应诉工作的实施意见》，强化树立“工作人员为主体、律师为补充”的工作理念，构建以行政机关负责人、被诉行为承办人及法制机构工作人员或律师三者为核心的“1+1+X”行政应诉机制，破解行政机关负责人缺席或出庭不出声、庭审“一问三不知”、不举证或逾期举证等无人应诉、无知应诉、无序应诉等问题。推进行政败诉案件“一案一通报”，对被行政复议机关纠错或被法院判决败诉的案件，以政务督查通报的形式，通报分析败诉理由，督促责任单位落实整改，并提醒其他相关部门引以为戒，共发布3起行政败诉通报。强化合同管理制度建设，出台《关于推行行政机关合同管理“五统一”制度的通知》，从合同签订前的范本使用，到合同签订中的法制审查、内部审批流转，再到合同签订后备案、档案管理以及清理工作，对行政机关合同管理进行全面规范。搭建政府重大决策公众参与平台，出台《江山市人民政府常务会议公众代表列席制度》，明确在市政府常务会议审议涉及群众切身利益或者公众普遍关注的重大决策事项时，可邀请代表列席会议，受邀公众代表有权对议题发表自己意见，有权对议定事项和议决结果办理情况进行监督，并通过公开选聘方式，组建公众代表库，实行动态管理。推行法律顾问履职记分考评，出台《江山市行政机关法律顾问记分考评管理办法》，以一年为一个周期，一周期12分，设定不同的履职扣分事项对法律顾问进行考评，对一周期内扣完12分的法律顾问，依约解除合同，并将其列入黑名单，此后一年内全市各行政机关均不得再次聘任。

【提高法治思维能力】 抓住领导干部关键少数，建立市政府常务会议学法制度，将政府常务会议作为学法平台，参会领导作为学法对象，充分发挥领导干部学法用法的表率作用。5月，首次按照政府扩大会议的高规格召开法治政府建设工作会议，分管副市长部署法制工作，市长作重要讲话。8月，举办行政执法证发证暨宣誓仪式，分管副市长到会讲话，部分领证单位主要领导作表态发言。11月，召开全市法治政府建设暨重大行政决策合法性审查机制工作现场推进会，各部门（乡镇）分管法制领导到场共享合法性审查工作经验成果。通过新招录、借调等方式，新增3名工作人员，其中2名为法律专业，1名通过国家统一法律职业资格考试。推进行政复议体制改革，起草《江山市行政复议体制改革工作方案》，经市政府常务会议审议通过，并获衢州批复同意。开展全市法制人员业务培训，编印发放《规范性文件实务问答》《合法性审查意见汇编》《征地拆迁操作实务、问题解答和案例评析》等一系列业务参考用书，指导相关工作。除全市行政执法人员综合法律知识培训等常规执法培训外，还邀请浙江财经大学副教授李春燕，为全市各部门、乡镇（街道）分管法制工作的领导、法制（规）科室的负责人等140余人，专题开讲《浙江省行政程序办法》。各类法制宣传信息被省法制办采用132篇，在全省各县（市、区）排名中位列第四，在衢州地区排名第一，其中关于行政应诉“1+1+X”制度的相关做法被省政府政务信息专报录用，被省法制办作为简报推广；关于推进乡镇规范性文件示范点的相关做法被省法制办作为简报推广。

（姜甘龙）

公　安

【概况】 2017年，市公安局内设科室23个，设派出所9个、交警基层中队7个。共有在职在编民警459人。围绕“稳中求进”工作主基调，按照“党建引领业务，业绩体现党建”的总体要求，坚定不移抓政治学习、抓业务精专、抓挺纪在前、抓青年培育，全局综合实绩评估位列衢州8个县（市、区）局第一，全年刑事发案数同比下降3.9%，盗窃和诈骗刑事案件分别下降6.9%和19.8%。先后破获部督“胡治国等人重大网络贩枪团伙犯罪专案”，省督“2·9”特大网络销售假烟案和“9·19”桂林通信网络诈骗案等一批大要案，“两抢”、杀人等19起重大刑事案件破案率达到100%。完成十九大、全国和省“两会”、全省美丽乡村和农村精神文明建设现场会等重大安保任务。全年共获省部级荣誉40项，衢

十九大安保巡逻（姜层层 摄）

州市级荣誉97项，4个集体和12名个人荣立三等功，涌现烈士、追记共产党员的辅警朱津津、“全省优秀人民警察”汪宏华等一大批先进典型。

【创新“挂图作战”监管模式】 对全市所有公安归口监管的行业场所全部实行图表化管理，专班挂总览图、所队挂责任图。通过“挂图”，实现督察对象、检查频率、整改结果等信息一目了然、反馈直观，做到行业监管不留死角、不留盲区。通过专班“挂图作战”行业监管模式，实现行业监管由“突击式整治”向“常态化管理”的革新转变，增强对全市复杂治安局势的驾驭能力。

【网格警务建设】 依托全科网格，融入全市“四个平台一张网”，做实做强网格警务“一根针”，实现“小机关警务”向“大网格警务”的转型发展，拓宽延伸服务管理，推动落地打击维稳，有条不紊地穿上公安基层基础工作的“千根线”。结合派出所辖区社会治理情况和公安基层基础管控复杂系数，在以清湖街道为试点建成26个网格警务站的基础上，划分设立乡镇、社区、片区网格警务室34个，形成辐射到面、直击到点的基层治理格局。

【推进“最多跑一次”改革】 在服务理念上不断革新，在服务民生上不断出新，在行政管理上不断谋新。梳理90余项“最多跑一次”审批服务项目，其中30余项实现网上申请、预约、受理、审核和办结，借助交警“12123”、浙江政务等手机APP，推广“网上办、移动办”，引进“一一”智能机器人，优化证件照服务“满意拍”，推进政务咨询办理智能化，推进“最多跑一次”改革工作落到实处。

【护航全省美丽乡村现场会】 以高度责任感

8月3日，市委常委、公安局长张雪飞（中）踏勘安保工作（毛玮雯 摄）

和使命感，勇挑“全省美丽乡村和农村精神文明建设现场会”安保重担，专门抽调精干警力成立现场会安保工作专班，全面负责安保工作的整体筹划部署，先后召开论证会、部署会、推进会，开展现场踏勘、实战推演，不断调整、修改、完

善安保方案，实现安保工作的统一指挥和同频共振，圆满完成现场会安保任务。

【宣传烈士朱津津救人事迹】 朱津津，男，

8月20日，送别烈士朱津津（毛玮雯 摄）

汉族，1992年7月20日出生，江山市人，2013年始为江山市公安局特（巡）警大队二中队协辅警。从警四年多，兢兢业业，任劳任怨，先后获衢州市公安局“巡逻之星”、江山市公安局优秀协辅警等称号。8月12日16时27分，朱津津为救轻生跳江女子壮烈牺牲。牺牲后，各大主流新闻媒体纷纷宣传朱津津英勇救人事迹。11月，浙江省人民政府批准朱津津为烈士并颁发烈士证明书，中共浙江省委追认朱津津为中国共产党党员。

（郑 侃）

检 察

【概况】 2017年，江山检察院认真履行法律监督职责，在服务中心、维护平安、强化监督、深化改革、锻造队伍上努力创新和实践，全年共批准逮捕各类刑事案件犯罪嫌疑人192人，提起公诉588人，先后获“浙江省文明单位”“衢州市十佳政法先进单位”“全省检察机关优秀辩手”等集体和个人荣誉56项，有12个集体和个人荣立二等功、三等功。

【服务中心工作】 在全国率先推行涉企刑事案件查扣必要性审查制度，对42件涉企刑事案件中查封、扣押、冻结企业财物的情况进行必要性审查。批捕起诉假冒注册商标、合同诈骗等侵害企业利益的犯罪18件36人，维护企业权益。制定出台《“法润企业、检察护航”服务保障拟挂牌上市企业健康发展专项行动的实施方案》，设立驻市工商联检察官联络室，指派优秀检察官挂联重点企业，开展专项法律帮助。畅通法律服务“绿色通道”，建立检企微信群，向企业提供实时的法律咨询和帮助。制定实施服务保障江山市平安护航十九大、项目征迁攻坚大会战、剿灭劣Ⅴ类水、全省美丽乡村建设现场会的检察工作方案，分析研究工作推进中的法律问题。设立生态环境检察专门工作机构和驻市森林公安局检察官办公室，批捕起诉妨害动植物防疫检疫、盗伐滥伐林木、非法猎捕珍贵濒危野生动物等犯罪嫌疑人16人，建议侦查机关刑事立案3人。践行

6月30日，市检察院驻市工商联检察官联络室授牌

恢复性司法理念，督促破坏森林资源犯罪嫌疑人在案发后补植复绿、修复生态，并把修复结果作为起诉裁量与量刑建议的重要依据。

【严惩刑事犯罪】 密切关注社会治安新动向，加大对严重侵害人民群众财产利益的“涉网”犯罪的打击力度，共对涉嫌电信网络诈骗、网络金融诈骗、网络传销等犯罪嫌疑人批捕20人，起诉48人，依法从严从快批捕起诉31名犯罪嫌疑人共同作案、涉案金额高达1734万元的网络诈骗大案。加大对严重影响社会安定的团伙犯罪的打击力度，依法起诉组织多人卖淫的犯罪嫌疑人64人，结伙流窜盗窃的犯罪嫌疑人57人，结伙贩卖、运输毒品的犯罪嫌疑人28人。对严重扰乱社会秩序的“非访”行为“亮剑”，批捕起诉两名多次“非访”、严重扰乱社会秩序的犯罪嫌疑人。

【未成年人检察工作】 加大对性侵、暴力虐

群众为市检察院检察干警赠送锦旗

待未成年人和教唆、胁迫、诱骗在校中小学生违法犯罪行为的惩治力度，依法从严从快起诉扰乱江山市多所中学管理秩序、立有斗殴帮规、案涉40多名青少年的“同心帮”犯罪案件。创新保护方法。对未成年被害人实行“一站式”询问，将侦查、批捕、起诉阶段三次以上的询问合并为一次，防止二次“伤害”。对遭受性侵的未成年被害人进行心理疏导和法律援助，帮助走出心理阴影，重拾生活信心，相关案例被评为“全省未检精品案事例”。对犯罪情节轻微的涉罪未成年人相对不起诉和附条件不起诉14人，封存未成年人犯罪记录38份。与虎山街道安泰社区“聆听话廊”协作建立的未成年人帮教基地获评“全省未成年人社会观护优秀基地”。联合团市委、市教育局到学校举办“反对校园欺凌，共创和谐校园”法治巡讲，加强对校园犯罪预警防范和学生自我保护教育。

【强化法律监督】 监督侦查机关立案7人；追捕、追诉6人；提出刑事抗诉3件，法院依法改判。对民事审判案件集中评查3次，查阅民事诉讼案卷170余卷，个案调查21件，取证50余份。对确有错误的民事判决，以提请上级院抗诉、发出再审检察建议等方式监督纠正，其中改判1件，裁定再审2件。联合市法制办组成检查组，对36个行政执法单位的行政规范性文件制定与管理、行政执法全过程记录制度落实、行政处罚运行系统使用等情况开展检察监督。根据群众反映，重点调查民事执行案件8件，提出监督性意见10条。监督刑事财产执行案件50件，提出规范执行、督促履行的建议6条。加大清理纠正“判实未执”问题的力度，监督2名判处实刑久未执行罪犯交付执行、4名不符合监外执行条件的社区矫正人员收监执行，监督工作经验被最高检察院和省检察院转发推广。

【开展公益诉讼】 深入27家行政执法部门和乡镇街道、群众反映问题较多的21个重点区域实地走访调查，了解掌握公益诉讼案件线索。及时启动江西华龙化工厂遗留危化品公益诉讼案的立案调查，向有关执法部门发出检察建议，督促执法部门采取行政监管和刑事侦查“双向并举”方式处置该案，并牵头组建跨省联合办案组，建立办案联席会议和常态化联络机制，推进办案工

作，排除严重威胁江山市环境安全的重大隐患。办案工作得到省检察院检察长汪瀚和衢州市委书记陈新的批示肯定。该案被评为“全省公益诉讼精品案件”，办案部门被记集体二等功。

【深化司法改革】 出台《备案审查和案件质量评查规范》《案件审查报告制作改革意见》《检察官绩效考核办法》，明确检察官办案质量标准，加大案件评查力度，促进办案法律效果、社会效果和政治效果的有机统一。推进内设机构改革，将原来的12个内设机构调整为8个，整合办案力量，优化办案组织结构，新设“捕诉监防复”一体的生态环境与食品药品检察部，集中力量守护绿水青山和人民群众“舌尖上的安全”。贯彻落实监察体制改革试点要求，配合完成职务犯罪侦查预防职能、机构、人员转隶工作，与市监察委员会建立办案协作机制，办理市监察委员会移送的职务犯罪案件6件7人。

【强化队伍建设】 贯彻落实中央关于加强检察队伍正规化专业化职业化的要求，以学习贯彻中共十九大精神为主线，以党建为统领，开展“两学一做”“三比一树”等主题教育活动，确保队伍保持正确的政治方向。制定汇编34项规章制度，促进管理的规范化和科学化。开展定期督察和专项督察，及时纠正纪律作风方面存在的问题。组织开展优秀案例评选、庭审观摩旁听、模拟交叉询问等岗位练兵活动179人次，组织和参加各类业务竞赛83人次。先后有11人在衢州市级以上业务竞赛中获“优秀辩手”“标兵”“能手”称号，10人在论文评比中获奖，10人入选衢州市级检察人才库，5个案例被评为全省“精品案例”“优秀案例”，队伍建设经验被省、市检察院肯定和推广。

法　院

【概况】 2017年，江山市人民法院自觉接受市人大常委会监督和政协的民主监督，配合检察机关依法履行法律监督职责，忠实履行宪法和法律赋予的职责，充分发挥职能作用，着力打造“服务型、公信型、创新型、智慧型、担当型”法院，为江山市经济社会持续健康发展提供强有力的司法保障。全年受结案持续“双破万”，共受理各类案件12219件，办结12005件，同比分别上升18.97%和13.66%，一线法官人均结案315件，一审服判息诉率达95.55%，办案质效主要指标保持良性运行态势。

12月4日，举行宪法宣誓

【依法惩处刑事犯罪】 坚持惩治犯罪与保护人权并重，审结刑事案件412件，判处罪犯642人，其中判处五年以上有期徒刑48人。严厉打击严重危害人民生命财产安全犯罪，审结故意伤害、寻衅滋事、“两抢一盗”等犯罪案件194件241人。加大对危害市场经济秩序犯罪的打击力度，审结非法吸收公众存款、集资诈骗、非法经营等犯罪案件9件26人。积极参与电信网络新型犯罪治理，审结电信网络诈骗、侵犯公民个人信息等犯罪案件13件46人。保持反腐高压态势，审结贪污、受贿等职务犯罪案件5件5人。坚持宽严相济刑事政策，对具有法定从轻、减轻处罚情节以及犯罪情节轻微人员依法从宽处罚，适用免予刑事处罚、缓刑和单处罚金218人，占全部犯罪的33.96%。加强人权司法保障，为84名经济困难、可能被判处三年以上有期徒刑的被告人指定辩护人，三年以上辩护率100%。注重对未成年罪犯的教育、感化和挽救，严格落实未成年人犯罪记录封存制度。

【妥善化解民事纠纷】 坚持调解优先、调判结合的工作原则，力求案结事了，审结各类民商事案件6342件，涉案标的额16.57亿元，调撤率达68.45%。加强涉民生案件审判工作，审结人身损害、道路交通事故、产品责任、医疗损害、劳动争议等纠纷597件。秉持“为家庭疗伤、为社会减压、为传统续脉”理念，优化家事审判力量，创新家事审判方式和工作机制，审结离婚、继承等家事纠纷922件，调撤率达80.48%。强化契约精神、引导市场秩序，审结买卖、承揽、租赁等合同纠纷846件。规范民间融资、维护金融稳定，审结各类借贷纠纷1549件。扩大小额速裁和示范诉讼适用率，审结电信服务、物业服务等系列纠纷292件。依法保护中小企业合法权益，审结涉企纠纷2844件。提升企业风险防范能力，开展进企走访、涉企专题法律讲座等100余次。依法维护国防利益和支持军队改革，认真开展涉军案件审判工作。

【破解执行难题】 落实最高法院“用两到三年基本解决执行难”的决策部署，依靠党委领导，争取各界支持，举全院之力，挂图作战，逐个击破，执结案件4777件，执行到位标的额7.39亿元，同比上升150.51%，实际执行率64%，执行标的到位率58.97%，同比分别上升21.95%和18.56%，获全省法院“基本解决执行难”攻坚擂台赛第三名。规范执行流程，优化节点管控，建立以员额法官为主导的团队化执行模式，实现执行工作规范化、专业化、精细化、高效化。强化执行联动，与电信、移动、联通三大运营商建立当事人通信信息协查机制，成功查询1600余人次；与供电公司、住建局建立停电、停水、停用管道燃气执行协作机制，倒逼被执行人腾退厂房及住宅25处。强化执行惩戒，发布敦促执行公告，纳入失信黑名单1629人，定制失信彩铃26人，通过“今日头条”弹窗、微信、户外LED显示屏等平台曝光362人，限制高消费1238人，限制出境32人。营造强大执行声势，开展涉民生、金融债权、刑事财产以及零点行动等集中执行专项活动18次。常态化开展终本案件“回头看”，恢复执结案件1444件，执行到位标的额3.39亿元。严厉打击抗拒、规避、妨害执行行为，司法拘留129人，罚款114人，移送公安机关追究拒不执行判决、裁定刑事责任2人，违法制裁率同比上升79.39%。

【服务保障中心工作】 聚焦全市发展大局，找准法院工作的切入点、着力点和平衡点，运用法治思维和法治方式服务保障经济转型升级，依法保障工业强市、旅游富民“两轮驱动”发展战略实施以及“两年”活动有序推进。参加项目征迁攻坚大会战、城乡危旧房腾空解危专项行动等协调推进工作，为党委政府依法科学决策提供法律咨询和建议，全方位做好法律风险防控。出台《关于为我市全域剿灭劣Ⅴ类水体提供有力司法保障的若干意见》，加强环境资源审判工作，坚持严厉打击与生态修复并重，助推“五水共治”，全力守护绿水青山。围绕“国家全域旅游示范区”创建工作，主动延伸审判职能，推进涉旅巡回审判，加大舆论宣传引导，为江山市打造“景美人和”的全域旅游“金名片”提供司法助力。推进“裁执分离”工作机制，及时审查行政机关申请强制搬迁、拆除违法建筑等案件，准予执行率100%。

【助推经济转型升级】 出台《关于切实发挥破产审判职能 服务供给侧结构性改革的若干意见》，加大“僵尸企业”司法处置力度，坚持运用市场机制、经济手段、法治措施化解产能过剩，让法院成为“生病企业的医院”，共审结破产重整案件9件、破产清算案件17件，促成江山国大、万商集团等企业重新焕发生机，家园门业、华能电器等企业有序退出市场，累计盘活资产近21亿元，化解债务17.98亿元，安置职工1250人，释放工业土地35.13公顷、厂房建筑面积26万平方米，新增产值近10亿元，新增利税1109万元。健全金融司法联动机制，严厉打击逃废债行为，有效防范区域性金融风险，审结金融借款案件466件，涉案标的额4.6亿元。

【推进社会综合治理】 依法处理涉诉信访案件，全力保障中共十九大、第四届世界互联网大会等重大活动期间社会和谐稳定。坚持和发展“枫桥经验”，主动对接综治组织、群众团体、行业协会、商会等，组建“人民调解员+特邀调解员+专职调解法官+员额法官”的诉调对接团队，构筑诉前化解、立案调解和简案速裁“三道过滤网”，分阶段递进化解纠纷，诉前纠纷化解率位居全省前列。加强和完善劳动人事争议仲裁与诉讼衔接工作机制，着力构建和谐劳动关系。延伸司法活动对优化公共决策和社会治理的影响力，向行政机关和有关单位发送司法建议10份，反馈率和采纳率均为100%。全面推进“七五”普法工作，精选典型案例“以案说法”200余篇次。

【丰富便民利民举措】 推进“三大机制”建设，完善诉讼服务中心功能区块，为群众提供一站式、综合性、全方位服务。严格落实立案登记制，推广网上立案，网上立案率达66.83%，开展跨域立案，为241名当事人就近提供立案服务。配置巡回审判车，增设巡回审判站，常态化开展形式多样的巡回审判活动，方便当事人诉讼。推行网络公告送达，发布公告1140件次，为当事人节约公告费用31.92万元。出台《关于深入推进执行事务“最多跑一次”的实施意见》，延伸调查触角，优化处置方式，畅通沟通路径，努力实现执行事务办理“最多跑一次”目标。落实司法救助机制，为82名经济困难当事人缓、减、免交诉讼费75.63万元，向18名生活确有困难当事人发放司法救助金31.7万元。

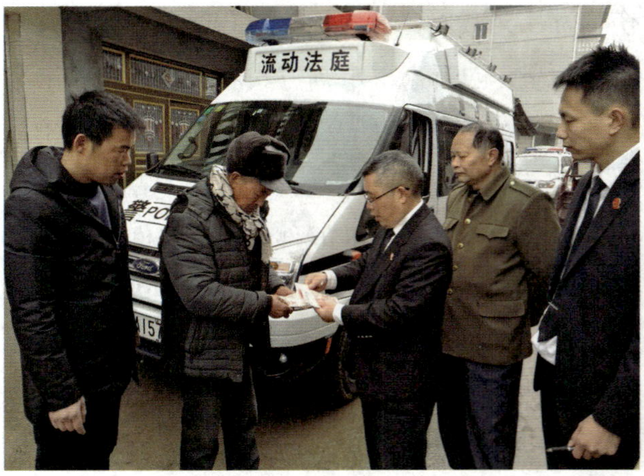

流动法庭下乡活动

【打造阳光司法工程】 不断深化“互联网+司法公开”新模式，通过法院“两微一网”发布各类信息3500余条，开展网上庭审直播277次，累计在线观看18.06万人次。推进审判流程、庭审活动、裁判文书、执行信息四大公开平台建设，上网公布裁判文书9748份，向当事人发送审判执行节点信息4.65万条。完成1.6万件案卷电子化扫描，为当事人和律师提供电子查阅 1851 人次、远程查阅 322 人次。坚持网拍优先，司法处置资产全部通过淘宝网公开拍卖，成交 241 件，共计 3.52 亿元，平均溢价率达 29.57%，为当事人节省佣金 1100 余万元。

【推进“智慧法院”建设】 制定《2017—2018 年“智慧法院”建设方案》，发挥“互联网+”和信息化技术的支撑引擎作用，打造人民法院信息化 3.0 版。完善信息化基础设施，启用道路交通事故纠纷“网上数据一体化处理”平台，安装庭审智能语音识别系统、庭审直播系统、浙江智慧法院 APP 移动办公软件，建成以执行指挥中心为枢纽，以财产查控、信息共享、信息公开、协调指挥、案件管理五大系统为主体的执行信息化体系。全面推行庭审记录改革，以全程录音录像替代传统庭审记录方式，适用率达 89.09%，全面提高庭审效率。

【完善审判权运行机制】 紧扣司法体制改革的目标任务，严格落实司法责任制，推进司法人员分类管理、员额法官绩效考核、司法雇员等各项改革措施落地见效。健全院庭长办案制度，院庭长共办理案件 5516 件，占结案总数的 45.93%。制定出台《法官和审判团队考核办法》等 6 项配套制度文件，明确权力清单和责任清单，初步建立权责明晰、监督有序、制约有效的审判权运行机制。推行案件繁简分流机制改革，科学调配和高效运用审判资源，实现“简案快办、繁案精审”，88.21%的案件通过简易程序快速审结，繁简分流经验做法受到最高法院肯定。

【推进刑事诉讼制度改革】 先后召开公检法联席会议 4 次，就准确定罪量刑、严格证据采信、规范庭前会议等事项达成共识。联合出台《刑事诉讼人证出庭作证操作规范》等 5 个规范性文件，推行证人、鉴定人、侦查人员出庭作证制度，全力推进庭审实质化。完善庭前会议制度，明确适用条件和启动程序，组织庭前会议 12 次，有效解决管辖权异议、证据开示等问题 17 项。

【推进机构改革】 以全省法院内设机构改革试点为契机，严格遵循职级保留、机构精简、人岗相宜、职列有序的总原则，探索建立设置科学合理、职能划分明确、运行高效顺畅、符合审判机关特点和审判权运行规律的内设机构体系，完成“一处一室一队，一中心九个庭”的新型内设机构布局，总体运行态势良好。同时，夯实基层基础建设，启动院机关新型诉讼服务中心建设项目，基本完成贺村法庭基建项目，新建看守所法庭，改造高清数字法庭及视频监控等，全力打造信息化、智慧化的人民法院。

【抓好司法能力建设】 加强队伍建设，加强青年干警的教育培养和管理使用，相关经验做法被省委组织部《政法好经验》肯定推广。通过员额法官讲坛、青年干警论坛等形式，培养精业务、善管理、接地气的法院人才。加强司法调研工作，完成全市法院重点调研课题 3 项，在“促公正·法官梦”第四届全国青年法官优秀案例评选中获奖 2 篇次，在省级以上刊物发表调研文章 26 篇次。

【接受社会各界监督】 强化司法民主，人民陪审员参与陪审案件 853 件 1457 人次，一审普通程序陪审率达 99.19%。召开新闻发布会 2 次，举办“公众开放日”23 次，邀请社会各界“近距离”了解法院 800 余人次。

（周凌云）

司法行政

【概况】 2017年，市司法局围绕中心，服务大局，深入实施“12310”司法行政提升工程，十九大维稳安保工作圆满完成，普法宣传项目化推进，人民调解成效显著，社区矫正零脱管漏管，律师行业管理扎实有力，队伍力量进一步夯实，作风建设层层压紧。全系统共获得各级荣誉31项，其中国家级荣誉2项，省级荣誉7项，被省司法厅授予三等功1人次，成功创建全国法治先进县，在衢州市司法行政考核中位列第一名，在全市机关部门综合考核中获一等奖。

【推进“项目化”普法工作】 江山市委副书记、政法委书记、依法治市领导小组组长汪胜将20个重点普法项目建设工作纳入政法系统十大重点挂图作战内容进行重点关注，并多次听取市司法局、依法治市办的专题汇报。3月，市委、市政府召开“七五”普法推进会和“七五”普法项目谋划培训会，市委依法治市办下发《关于做好市乡村“三级普法项目库”联建工作的通知》。5月，市委办、市府办下发《关于公布2017年度重点普法实施项目的通知》，确定20个重点普法项目。8月，市委依法治市办实地走访督查重点普法项目规划建设情况，制定下发《江山市“七五”普法重点项目“以奖代补”考核办法（试行）》，确立项目补助政策。9月，市人大常委会副主任王旭组织检查经济开发区、市教育局和江山中专、虎山街道、贺村镇、长台镇等地普法项目实施情况，进行现场督查和指导。12月，举行2017年度重点普法项目经验交流会，对项目进行展示、评估、打分。截至12月底，上余镇湖珠村法治文化宣传园、虎山街道润园—社区矫正普法教育基地、凤林镇南坞古村法治故事苑、新塘边美丽乡村法治宣传纵贯线、大桥镇西坂村法治文化长廊、塘源口乡小型普法宣传风景带、市教育局法治文化角、江郎小学青少年法治教育场所、嵩溪法治文化宣传风景线、法制办法治政府建设（依法行政）提升工程、市妇联市—乡—村三级婚姻家庭普法网、市人力社保局“送法答疑进万家”活动、市文广新局“法治电影宣传月”活动、市新闻中心“与法同行”普法宣传专栏等14个重点普法项目全部完工并通过验收，贺村耕读法治文化景区、大陈乡大陈村古村落法治文化苑、开发区法治文化公园、峡口镇“峡里风”法治文化长廊、农办普法惠农讲师团、乌木山社区普法景观带等6个项目通过一期验收。

【持续加强社区矫正规范化建设】 全市安置帮教人员342名，社区矫正在矫329人（新增228人，解矫265人），特殊人群管控率100%。3月，贺村片区社区矫正劳动基地建设完工并投入使用。8月，省“关心桥驿站”落户江山，全年开展7次活动，走访45名社区服刑人员，心理辅导2名社区服刑人员，进一步加强社区矫正社会化帮扶建设。9月，召开十九大期间全市特殊人群管控帮教推进会，制定下发《江山市司法行政机关社区矫正机构开展“平安护航十九大大会战”的工作方案》《关于印发江山市社区矫正工作突发事件应急处置预案（试行）的通知》，编印《社区矫正工作规程》，并组织社区矫正协管员和局年轻干部开展业务考试。10月，城区片社区矫正劳动基地建设完工。11月，制订下发《关于切实做好第四届世界互联网大会社区矫正维稳安保工作的通知》，做好特殊时期特殊人群管控工作，优化特殊时期社区矫正“十个全覆盖”管理模式。12月，市社区矫正中心建设完工，执法大队入驻。

【开展“7+X”司法行政系统服务信访积案化解专项行动】 打破部门、乡镇“单独作战”局限性，全面整合人力物力财力资源，组建“7+X”联调队伍［“7”即整合司法行政系统金牌调解员、优秀律师、基层法律服务工作者、公证员、司法助理员、矫正协管员及司法局机关业务骨干七类专业人才力量，“X”即针对不同乡镇（街道）特点，有选择性地采用分类推进、部门联调、疑案指导、专家联审、司法确认等矛盾纠纷化解工作机制］，协助各乡镇（街道）在十九大召开前后集中化解一批全市重点信访积案及重大矛盾纠纷。8月，市司法局与市社会矛盾纠纷调处中心联合下发《关于做好江山市“护航十九大”司法行政系统专项行动暨服务基层信访积案化解工作的通知》，司法行政系统服务信访积案化解专项行动启动。专项行动期间，成功化解省综治办挂牌督办的姜某人身损害赔偿纠纷案件及市领导交办的涉军涉群（隐患）纠纷等全市80余件重点积案和重大矛盾纠纷。9月，“7+X”司法行政系统服务基层信访积案化解工作的做法分别得到省司法厅厅长马柏伟、江山市市长舒畅的批示肯定，同时在浙江政务、省司法厅简报、衢州政务、衢州政法简报、江山政务上刊登推广。

11月2日，浙江省司法厅党委书记、厅长马柏伟（中）调研市司法行政法律工作（毛欢欢 摄）

【服务村级组织换届选举工作】 全市村规民约、社区公约修订完善实现全覆盖，305个村（社区）村（居）民在新修订村规民约（社区公约）的规范下生活步入新轨道；村法律顾问有效指导全市各村选举相关的法律服务，全程参与选情复杂村的换届法律服务工作，得到乡镇党委政府的充分肯定。3月，市司法局制定下发《江山市司法局关于开展法律服务村级组织换届工作的实施方案》《江山市司法局服务村和社区组织换届挂联工作方案》，成立工作领导小组、合法性审查专家组，组织局全体干部挂联司法所，服务村级组织换届，指导督促村规民约（社区公约）修订完善、相关法律法规宣传、社区服刑人员管控、矛盾纠纷排查化解工作。发动律师、公证员、基层法律服务工作者针对村级组织换届工作开展法律法规、政策文件宣传，针对选举方案、选举流程出具相关法律意见。牵头开展以“5+2”（五个类型两种版本）模式全面铺开的村规民约（社区公约）修订完善工作。建立健全村规民约（社区公约）合法性三级联审机制，确保内容合法。村级组织换届期间，共出动宣传车30余次，制作发放宣传资料3.7万份，播放换届选举工作法治公益宣传片27期，播放广播稿81期，开展专题法治讲座50余场，村务法律体检300余次，参与参选人员资格审查3400余人次。

【惠企法律服务与招商引资】 以经济开发区司法所为依托，选派律师组建电商法律服务团，入驻电商园、淘宝村，成立“电商法律服务站”。开展“法律服务暖企”“小微企业法律服务包赠送”“工商联公益维权”等法律服务惠企专项行动。开发区司法所全年开展法治宣传活动50多场次，对规上企业开展法律体检80余次，调解涉企纠纷30余件；各律师事务所共参与园区外僵尸企业处置14家，开展企业法律体检156次，破解企业涉法难题214个，帮助企业调处纠纷82起，为企业上法治课26次，解答法律咨询668次；在清泉淘宝村设立电商服务站，为电商提供法律服务；通过“e服务微信群”，为企业解答法律咨询100余次。通过咨询热线、公共法律服务网、e服务微信群等载体，形成多元化的村（社区）法律顾问服务体系，增强服务的针对性和有效性。10月，制定《江山市司法局招商引资工作奖惩考核办法》，建立责任风险金制度。市司法局全年上报招商引资项目谋划20个，入库3个，局领导班子带队外出招商4次，接待客商30余批，洽谈项目12个，协议引资额13.8亿元，实际到位资金2.3亿元。

【“互联网+司法行政”信息化】 利用“互联网+司法行政”概念，打造江山市公共法律服务平台，完善“江山市普法”微信公众号和市乡村三级“之江法云”微信塔群建设，推动构建覆盖城乡居民的公共法律服务体系建设。4月，江山市公共法律服务网建成使用，市民可查询法律服务机构信息，进行法律咨询，浏览司法行政政务信息。9月，市综合指挥中心建成投入使用，司法局整合司法行政资源将法治宣传、法律服务、基层调解、社区矫正、公证等业务融入综合指挥中心“四个平台”，实现在综合指挥中心对社区服刑人员进行点验、矛盾纠纷调处调解员指派、“12348”热线与“12345”热线有效对接、群众进行法律咨询、申请法律援助等，打造“互联网+司法行政”的智慧司法模式。

【法律服务助力服务项目征迁】 紧扣全市“项目攻坚年”活动，创新形式主动服务项目征迁活动。4月，制定出台《江山市法律服务保障项目征迁工作活动方案》，组织局机关骨干、律师、公证员成立9个法律服务专项小组和1个项目征迁法律服务专家组，参与项目征迁法律服务工作，为项目征迁工作开展法律咨询、法律风险防范、优质高效的法律服务。发挥律师、公证员在项目建设上的正面导向作用，为全市9个区块项目征迁提供法律服务。全年共开展法律咨询200余次，进行法律释明87例，制作审查合同56件，涉及标的额3.2亿元。办理征迁公证180余件，有效保证汽车城、迎宾大道东段南侧项目、浙闽赣边际物流基地、通禄门片区改造等重点项目的征迁。9月，召开会议部署城镇D级危旧房腾空解危专项行动，明确目标，分解任务，实现城镇D级危旧房腾空解危工作“双清零”。12月，7名业务骨干深入清湖街道路陈村等地服务打击“四抢”专项行动，梳理相关法律法规，面对面宣传法律，参与相关矛盾纠纷化解，完成80家责任户清苗工作。

【推进“最多跑一次”提质升档】 推动“最多跑一次”改革，全年共办理法律援助案件619件（其中刑事案件195件，民事案件97件，代书327件）；接待来电来访法律咨询584人次；办理免困难证明87件，新增援助事项案件114件。3月，法律援助中心工作人员进驻司法行政法律服务中心，安排律师值班，实现初审、受理、指派一站式服务，办理时限从7个工作日缩短到2个工作日（已基本实现当场受理指派，1小时内当事人与承办律师见面）。面向老年人、未成年人、残疾人和务工人员讨薪、工伤赔偿当事人开通法律援助“优先接待、优先解答、优先受理”绿色通道。组织律师、法援工作者为行动不便的受援人提供上门服务。全年通过“绿色通道”办理案件40余件，受益人数100余人，提供上门服务15场次，平均案件办理时间减少1/3。推行案件“点援制”，受援人自主选择律师进行法律咨询和案件承办。全年通过该机制办理法律援助案件300余件，受益人数1000余人，群众满意度100%，无一例投诉。推行“律师先行介入”机制，在农民工援助申请证据材料不充分或无材料的情况下安排律师先行介入。全年共帮助108名农民工及时讨回工资，挽回经济损失120余万元。建立“容缺”受理机制，先行预指定案件承办人，变“跑多次为一次”。全年通过容缺制办理援助案件42件，援助申请材料补正率达100%。

【全国先进法治县（市、区）创建】 履行市委依法治市领导小组办公室职能作用，牵头全市机关部门、乡镇（街道）全面落实“谁执法谁普法”责任清单内容及“七五”普法规划任务。深化“法律六进”活动，完善法治江山建设考核评估机制，将普法依法治理工作纳入全市综合绩效考核评估、社会治安综合治理考核评估内容。全面推进干部学法用法、领导述职述德述法述廉述责、基层法治阵地建设、“诚信守法企业”创建等工作，法治宣传教育触角向社会各个层面延伸，法治宣传的覆盖面和影响力不断扩大。组织开展全市公务员学法用法考试，参考率100%，合格率100%。5月，为市管领导干部进修班、中青年干部培训班学员作法治专题讲座。6月和11月，两次组织全市63人参与非人大任命领导干部考试。村（社区）法律顾问实现全覆盖。成功创建1个全国民主法治村（社区），指导20个省级“民主法治村（社区）”通过复评。江山市被推荐为全国先进法治县（市、区）创建工作先进单位。

（毛欢欢　毛 魁）

公共管理

人力资源和社会保障

【概况】 江山市人力资源和社会保障局下设办公室、公务员管理科（事业单位人事管理科）、行政审批服务科（政策法规科）、专业技术人员管理科、就业促进与职业能力建设科、仲裁与劳动关系科、工资福利与离退休科、社会保险科等8个职能科室。局下属社会保险事业管理局、就业管理服务局、劳动保障监察大队、劳动人事争议仲裁院、劳动能力鉴定管理中心、人才市场管理办公室、江山市社会养老保险管理服务中心、江山市城乡居民医疗保险管理中心等8个单位。2017年，市人力资源和社会保障局先后获衢州市信访工作先进集体，江山市政务信息工作、江山市法治政府建设工作、江山市双拥工作、江山市服务业发展工作等先进集体。

【城乡就业】 对内挖掘资源，举办春季人力资源交流大会、夏季高校毕业生专场招聘会、“就业大篷车”下乡赶墟等各类招聘活动28场，累计参会企业460家次，达成意向人数1996人。对外开拓资源，组织企业赴高校开展校企合作，参与高校人才招聘活动，累计举办高校引才活动20场，参与企业52家次，引进高校毕业生168人。完善就业创业扶持体系，出台政策及配套细则，强化创业支持；创新培训机制，开展精准培训，开展社区创业培训5期，学员215人。推进帮扶保障，为869名城镇就业困难人员发放社保补贴249万元；兜底安置就业困难人员，开发公益性岗位255个，发放补贴97万元。

【社会保险参保】 全市职工基本养老保险参保总数达113289人，比上年末净增5696人；城镇职工基本医疗保险参保总数达104459人，比上年末净增289人；被征地农民基本生活保障（补助）累计参保人数42112人，比上年末净增422人；工伤保险参保人数69953人，比上年末净增208人；生育保险参保人数59385人，比上年末净增8854人；城乡居民社会养老保险参保总数242535人；机关事业单位养老保险参保总数为10824人，比上年末增加234人；城乡居民医疗保险参保总数为451663人。

【工资调标与退休管理】 根据国家和省人力社保厅的统一步骤，对机关事业单位工作人员的基本工资进行调标，同时调整机关工作人员的津补贴和事业单位工作人员的绩效工资，调整离退休人员的基本离退休金及补贴。按规定办理机关事业单位工作人员退休手续299人，办理各类工资晋升，重新确定8484人次。配合组织部门做好县以下机关公务员职务与职级并行制度工作。全年共审核职级晋升286人，并同步调整相关工资待遇。做好法官、检察官和司法辅助人员工资制度改革工作。

【工伤认定】 立案受理工伤案件957件，进行伤残鉴定6批次共317人。其中，属于1至4级伤残（包括病残），即完全丧失劳动能力的有31人（伤残6人，病残25人）；属于5级至6级伤残，即大部分丧失劳动能力的有8人；属于7级至10级伤残，即部分丧失劳动能力的有266人；不构成伤残等级的有13人。涉及工伤认定行政复议案3件，诉讼案11件，全部得到维持，实现零败诉。

【机关事业单位队伍建设】 完成2017年招考、选调公务员及事业单位工作人员的资格审查、笔试、面试、体检及政审工作，录用公务员109名，录用事业单位工作人员85名、选调机关事业单位工作人员9名。完成教育、卫生系统工作人员招考、录用280名。安置军队转业干部及随调家属工作，计划安置军转干部10人，自主择业安置1人。

【专业技术人员管理与人才引进】 做好衢州市“115人才工程”培养工作，考核期内共有培养人员48人，其中第一层次2人，第二层次7人，第三层次39人。开展全市各类企业职称社会化评审工作，全年共评审通过初、中级职称2000余人次。截至年底，共建有江化股份、欧派门业、天蓬集团、友和机械博士后工作站4家；专家工作站衢州市级16家、江山市级47家；申报引进国外智力项目5个，实际到位外国和台湾专家3位，分别前往科力（德国专家）、欧派（德国专家）、天蓬集团等企业开展技术指导及职工素质培训。成功推荐151人才第三层次21人，首届衢州市有突出贡献中青年专家1人。

【职业能力建设】 全年共举办各类职业技能培训116期，开展职业技能鉴定112批次，共11271人获国家职业资格证书。组织248名技师、高级技师参与“师带徒”活动，参与率达100%。成功举行第二届由政府主办的职业技能大赛，共设置8个工种，48支代表队152名选手参赛。首次举办企业培训师（二级）高技能人才培训班。通过培训考核，45人取得国家二级企业培训师职业资格。按照市委部署与绍兴市柯桥区人力社保局联合举行面对企业高级工培训班。培训结束后，经鉴定考核，最终有176人获国家职业资格三级证书。

【调解仲裁】 受理劳动人事争议案件246件，其中10人以上集体争议案件数8起，涉及劳动者647人，涉案金额1886.86万元；审结案件246件，为劳动者挽回损失1058.2万元。加强对基层劳动人事争议调解工作的规范，举办专题讲座，为企业讲解劳动合同签订、社会保险费缴纳以及完善规章制度等。积极做好特殊工时工作制行政许可审查等工作，推进劳动关系更为和谐稳定。

【劳动保障监察】 全年共接受劳动者举报投诉262件，涉及人数1002人，追回劳动者工资1008.1万元，结案率100%。江山市作为浙江省首批“无欠薪”县（市、区）创建试点，开展“无欠薪”市创建工作。加强基层防范处置能力，完善现行联合预警监控制度，梳理建立各类数据库，开展专项执法检查，清理存量欠薪案件，建立有效的长效机制等方式，创建江山“无欠薪”市。

（陈博炟）

民政工作

【概况】 江山市民政工作围绕建设“现代大民政”目标，践行“民政为民、民政爱民”工作理念，推进“最多跑一次”改革，开展“三创”活动，圆满完成年度各项目标任务。在2017年度江山市机关部门工作目标综合考评中第五次获优秀等次。江山市也被省民政厅评为2017年全省民政工作先进县（市、区）。

【社会救助】 市政府与各乡镇（街道）签订2017年社会救助工作责任书。年底，全市共有城乡低保对象12962户19038人，低保占比达3.1%；发放低保金6170.88万元。其中，城镇536户794人，发放城镇低保金382.06万元；城镇低保补差377.90元，占城镇低保标准的61.75%；农村低保12426户18244人，发放农村低保金5788.82万元；农村低保补差为264.12元，占农村低保标准的57.54%；低保边缘家庭对象共3456户10379人，低保边缘户占低保人数54.5%，农村低收入农户占江山市农业人口5.58%。

【防灾减灾】 全年共投入43.5万元用于避灾安置点规范化建设，58个涉及地质灾害隐患村，已建成36个避灾安置点。按照《避灾安置场所规划管理使用标准（试行）》和《避灾安置场所内救灾物资储备标准（试行）》的要求，系统安装指示牌、内部制度牌等配套设施，18个村级避灾点全部建成。

【慈善事业】 创新慈善事业发展模式，探索“互联网+慈善”，共募集善款2292.37万元，救助资金支出862.47万元，惠及困难群众49611人次，慈善基金累计达1683.79万元。共建关爱儿童之家21家。

【养老服务】 与全市各乡镇（街道）签订《江山市养老服务工作目标管理责任书》。在市社会福利院和各乡镇（街道）敬老院安装130套智慧用电设备，依托大数据智能化平台确保养老机构用电安全；新审批江山市夕阳情养老院，新增养老床位24张，民办养老机构床位数达到1067张，占全市已审批总床位数的30%；全年有养老服务补贴对象49名，共发放养老服务补贴42.82万元；8家新建居家养老服务照料中心全部完成，实现居家养老服务照料中心全覆盖；根据相关文件精神，将农村特困人员基本生活标准调整为7712元，月供养标准从498元提高到643元，全年拨付特困人员供养经费850万元、机构工作人员经费155万元、特困人员护理费6万元，并发放春节慰问金11.38万元。

【儿童福利】 全市儿童福利对象1471人，累计发放儿童福利金442.37万元，其中孤儿45人（机构养育孤儿3人，社会散居孤儿42人），福利金51.65万元；事实无人抚养儿童39人，福利金59.72万元；困境儿童302人，福利金164.36万元；低保家庭儿童1085人，福利金166.64万元。新增对象518人，退出203人。

【福利彩票】 全年福利彩票销售额达6800

3月28日，江山市福利彩票销售中心新厅开业(徐翔军 摄)

余万元，提取公益金 225.41 万元。

【城乡社区建设】 指导新塘边镇日月村成功创建“全国农村幸福社区示范单位”；5 月中旬完成第十一届村民委员会、第三届社区居委会换届工作，首次采用“自荐直选”方式选举，实现村居换届“同步部署、同步完成、同样方式”；会同市委组织部、团市委联合印发《96345 党员志愿服务规程》，实施志愿服务积分制度，年度内注册志愿者达 73714 人，服务总时长 20.61 万小时；探索“选聘分离、专兼结合”用人机制，设置非专职工作人员兼任社区各组织成员，拓宽居民领袖、社区骨干和优秀人才参与社区治理和服务的途径。动员社会各界参与社会工作职业水平考试，年内有 74 人首次报考，24 人通过考试，持证社工达到 82 人。继续开展“三社联动”示范社区评估工作，对 34 个城乡社区奖补 74 万元。

5 月 13 日，江山市第三届社区居民委员会换届选举日，居民在投票（毛寒蕾 摄）

【民间组织管理】 加大社会组织公益创投项目扶持力度，制定公益创投实施办法，完成年度公益创投项目 21 个，补助资金 41.5 万元。推进行业协会商会与行政机关脱钩，有序推进社会团体清理规范，共清理社会团体 155 个，清退违规兼职（包括未经审批的）人员 289 人次，其中处级干部 2 人次，科级干部 36 人次，一般干部 251 人次。

【双拥工作】 春节期间共走访慰问困难优抚对象 97 人，发放慰问金 4.85 万元。表彰部队立功军人 27 人次，发放奖励金 5.7 万元。走访慰问衢州军分区、驻江山部队，发放慰问金 12.14 万元。在清明节、烈士纪念日期间，开展形式多样的纪念烈士活动，共计 3500 多人赴新建的烈士纪念馆开展祭扫、参观活动。

【优抚安置】 为三属人员、复员军人、残疾军人等各类优抚对象发放抚恤补助金 2054.6 万元；为 592 名义务兵家属发放优待金 1094.8 万元；出台《关于适度推广优抚服务社会化工作的实施方案》，与安泰社区聆听话廊社会工作站等 7 家有资质、服务较好的社会工作站签订服务协议，形成社会力量关心关爱服务优抚对象的工作格局；开展退伍士兵社会化优抚帮扶工作，成立退役士兵服务中心和崇军劳动服务有限公司，完成 144 名转业士官的选岗、合同签约工作，参与选岗率达 90.7%，签约率达 100%。其中，92 名需要帮扶对象选择乡镇（街道）岗位，52 名选择部门岗位；完成 2016 年秋冬季退役士兵档案接收、审查、登记与办理落户等工作，共接收 2016 年秋冬季自主就业退役士兵 266 名，发放自主就业退役士兵一次性经济补助金 1096.7 万元。

【殡葬改革】 印发《江山市“四边”区域青山白化坟墓长效管理办法》等文件，细化治理措施，通过生态复绿、绿化遮挡等措施防止青山白化，种植柏树、红叶石楠树、珊瑚树 4000 多棵，覆盖裸露坟墓 300 多穴，共发放专项治理奖补资金 25 万元。清明节、重阳节期间，会同相关部门联合发起《清明节文明祭奠倡议书》，共计2万多人参与。推进乡村公益性墓地规范化建设，开展乡村“示范性墓地”创建工作，创建示范性墓地22个，发放奖补资金90万元。继续探索以村联建、以镇统筹的模式，统一规划乡村墓地建设，完成以村联建建设墓地20多个，以镇统筹建设墓地7个。市殡仪馆全年火化遗体4065具，骨灰安葬258穴，大力实施殡葬惠民活动，继续减免火化费、冷藏费、接运费、骨灰寄存费与骨灰墙存放费等基本服务费，全年涉及惠民资金约260万元。

【婚姻登记与收养登记】 全年完成结婚登记3987对，离婚登记1462对，补领结婚证1611对，补离婚证83本，查询档案848人次，登记合格率100%；妥善合理解决婚姻登记历史遗留问题，处理好3件法院行政诉讼案，2件撤诉，1件驳回原告诉求；推进婚姻登记标准化建设，以创建国家AAA级婚姻登记机关为目标，制定各项管理考核制度，完善各项措施预案，强化婚俗文化宣传，提升软件建设水平；拓宽服务领域，提供优质服务，设置婚姻家庭辅导室，提供免费咨询服务。在办理弃婴收养登记工作中，严格按照有关规定办事，坚持“三不办理”原则，共办理收养登记68件。

【区划地名】 完成部分乡镇（街道）行政区划调整工作，清湖镇人民政府改为清湖街道办事处，碗窑乡双龙村、桑淤村、协里村划入虎山街道，上余镇迎宾村、陶村村、大夫弟村划入双塔街道；完成第二次全国地名普查数据采集和上报工作，共采集5556条地名和2946条地名标志数据，按国家第二轮审核意见进行修改完善；开展地名成果应用和转化工作，基本完成《江山市地名地址库》建设，属性数据入库25万余条，图库关联数据2万余条；完成《江山市民政地名地理信息系统》基础建设，核查地名地址信息29万余条；完成石门镇和部分城区道路智慧二维码地名标志试点工作；报市政府审批地名8条，发放门牌证13000余本。与福建省浦城县共同完成浙闽线省级界线联检工作。

【流浪乞讨救助】 全年共接待求助和实施救助439人次，其中未成年人3人次、老年人9人次。护送返乡36人次，其中外省护送5人次，会同公安部门完成35名长期滞留人员的DNA数据样本采集工作。

（张 恬）

移民工作

【概况】 2017年，市移民办因地制宜，突出重点，克难攻坚，全力推进水库移民各项工作，获得2017年度衢州市和浙江省移民工作优秀县（市）称号，水库移民避险解困试点和村级协管员制度建设经验在全省移民工作会议上作典型交流。

【移民后扶资金使用】 全市共有在建水库移民扶持项目138个，总投资14345.21万元，专项扶持资金4448.59万元，其中2016年批复实施的82个项目，总投资9976.66万元，扶持资金2792万元；批复实施的56个项目，总投资4347.55万元，扶持资金1656.59万元。在建投资千万元以上的集聚型项目有3个，包括峡口镇水库移民集聚区二期项目、清湖“红色经济”物业园项目、贺村镇移民创业基地项目。年内共核减移民直补人口125人，全年共足额发放16195个移民直补资971.7万元。

【移民精准扶持】 根据省移民办的要求和市

政府的工作部署，会同峡口镇做好土地征迁、各项审批、移民搬迁意向征集等工作。省民政厅副厅长、移民办主任王忠志先后两次到江山实地调研，市政府多次召开协调会议，各项工作取得实质性成果。向市财政预借启动资金3000万元已到位；安置区一期5幢公寓房于11月8日开工建设，并在年内完成全部基础建设任务。二期工程完成招投标及施工许可证的办理和动工建设；已安置、协议安置和意向安置的移民户共445户、约1506人，占试点任务的57%和66%。以江山市水库移民工作领导小组办公室的名义下发《关于试行水库移民工作村级协管制度的通知》，全市范围内建立水库移民工作村级协管制度，192名村级专职协管员和42名兼职协管员已全部确定到位。按照全面建成小康社会不漏一人的要求，积极开展贫困移民的慈善救助，全年共对99个困难移民及267个困难移民家庭进行救助，涉及救助款71万余元。在完成困难移民家庭调查的基础上，开展全市水库移民生产生活现状基本情况入户统计调查，全市每个移民建立“民情档案”。

11月8日，市委常委、副市长陈川（中）在峡口镇参加水库移民避险解困安置区公寓房开工仪式

【移民创业致富】 全年共谋划创业致富项目26个，扶持资金达1008万元，占总资金的56.5%。同时，总投资3700万元和2900万元的江山市集体经济薄弱村“红色物业经济”园、贺村镇移民创业基地等2个集聚型项目正在实施建设中。在8个重点移民村试点的基础上，全面推行水库移民创业贷款贴息，对2015年5月以来在江山市境内创办各类小微企业、家庭农场、专业经济合作社，开展乡村休闲旅游（餐馆、民宿）、电子商务、个体工商经营等创业活动，领取工商营业执照，未享受过移民创业贷款贴息的水库移民直补人口实行创业贷款贴息。安排证书式培训210人，涉及木工、泥工、电商、电焊工、中式面点、中工烹饪、月嫂、养老护理员等8个工种；非证书培训390人。

【移民信访维稳】 做好水库移民群众来信来访办理工作，及时排查和化解信访苗头，年内共收到10个信访件，其中由信访局交办1件，直接来访9件，及时按要求进行答复。联合相关单位做好碗窑水库移民“2·28”刑释人员重点信访对象的思想疏导和维稳工作。除在十九大、“两会”期间、节假日及敏感时期严格执行值班制度外，按照一级响应要求，执行24小时领导带队在岗值班制度。

（周　淳）

工　业

综　述

【概述】 2017年，江山市以项目攻坚、效率提升“两年”活动为载体，兴工氛围更浓厚。召开工业千人大会。开展工业振兴大讨论活动，出台企业绩效评价、上规升级、降本减负、小微园规范等一系列工业新政。开展“百名局长联百企”“店小二”活动，加快涉企政策兑现速度，兑现各类工业扶持资金1.84亿元，减免各类税费2.96亿元。调度企业搭桥专项资金，为企业转贷27.51亿元。召开企业股改挂牌上市大会，出台三年计划，推动规改股、股上市。江山欧派主板上市、成为中国木门“第一股”，科润电力新三板转主板进入上市辅导期，恒亮蜂产品挂牌新三板，挂牌上市企业累计募集资金75.82亿元。新认定龙头培育企业1家、单打冠军培育企业2家。天际互感器成为省隐形冠军企业。重点产业和企业发展势头强劲，门业产值增长15.6%，欧派、健盛两大龙头企业产值分别增长39%和33.1%。健盛产业园一期、欧派产业园一期部分投产，出台高含金量的科技创新和人才新政，成立高层次的科技专家咨询委员会，新增国家高新技术企业9家，专利和发明专利授权量首次破千过百，木门产业创新服务综合体入选省首批创建名单，成功创建国家知识产权试点城市，建立工业高层次人才团队评审管理制度，市工业设计基地开园，成功培育省上云标杆企业1家，木艺时尚小镇成功争列省特色小镇培育名单，江山木门国家级外贸转型升级基地通过省级初审，获评省中药材产业基地。坚持“亩均论英雄”，促进要素向高效产业集聚。以“正向激励与反向倒逼”组合方式推进企业“小升规”，全年新增37家。完成“四无”企业整治966家，盘活工业闲置用地155公顷。中机国能热电联产等项目建成，重启江化搬迁工作，建立“三招三引”“七箭齐发”招商新体系，组建区域招商局和4个产业招商组。新引进亿元以上项目32个、10亿元以上项目4个，实际到位资金58.14亿元。锂电池新材料、永利百合链传动等一批重大产业园项目签约落地。天地汇、迈微控股、万汇通能源等6个总部经济项目落地发展，成功引税2503万元。“最多跑一次”改革深入推进，实施工业投资项目高效审批。加快向经济开发区、中介监管、项目兜底服务、工程招投标、乡镇（街道）村（社区）等五大领域延伸，实现95%以上事项“最多跑一次”。“百名局长驻窗口”活动成为全省样板。市职业经理人协会、市塑胶行业协会成立。城南物流中心竣工验收。

【表彰制造业纳税超千万元企业】 3月24日，为营造创先争优氛围、强化创新发展意识，市政府首次发文通报表彰2016年度制造业纳税超千万元企业，分别是江山欧派门业股份有限公司、浙江江山化工股份有限公司、浙江雷士灯具有限公司、江山南方水泥有限公司、江山市何家山水泥有限公司、浙江中数科技有限公司、浙江江山变压器股份有限公司、百威英博（衢州）啤酒有限公司、江山热威电热科技有限公司、江山市双氧水有限公司、衢州南方水泥有限公司、浙江江山三友电子有限公司、江山易登针织有限公司、浙江健盛集团江山针织有限公司、浙江科力车辆控制系统有限公司、申达电气集团有限公司、浙江天际互感器有限公司、江山赛银防火门业有限公司、浙江杰特机电科技有限公司、科润电力科技股份有限公司。

【发布实施《工业发展“十三五”规划》】 3月8日，市政府公布的《江山市工业发展“十三五”规划》，是引领江山市工业未来五年工业发展的纲领性文件。规划紧密对接“中国制造2025”，围绕建设“升级版”工业强市目标，以补齐短板和迎接新挑战为导向，按照“调结构、育龙头、重人才、强基础、促融合”总体要求，培育优势产业企业，致力于产业跨界融合发展，聚焦培育门业、输配电、健康“三大百亿产业”、梯次培育电光新能源、新材料、消防器材、纺织服装“四大50亿产业”、积极发展战略性新兴产业，全力打造浙江特色产业先进智造基地。

【工业企业绩效综合评价】 年初，市政府修订出台《关于开展工业企业综合绩效评价推进要素资源差别化配置的实施意见》。7月31日，市政府发文公布《2016年度工业企业绩效综合评价结果》，此前对2016年度全市范围内所有规模以上工业企业和取得国有土地使用面积在5亩（含5亩）以上的规下工业企业，共计551家工业企业实施绩效综合评价，重点评价企业年度单位用地税收、单位用地产值、单位能耗（电耗）产值、销售利润率、研发经费支出占主营业务收入比例和新产品产值率等6项指标，评价结果为：A类175家、B类261家、C类87家、D类28家。根据评价排序分类结果，实行奖优汰劣机制，对A、B类企业优先给予政府各类评先评优，优先协调金融机构信贷支持；对C类企业停批简单扩大产能类的新增项目；对D类企业综合运用有序用电、差别电价、惩罚性电价等手段促使企业转型升级。年内对A类企业减免土地使用税400多万元；对D类企业实施差别化的有序用电政策，28家D类企业实施限电26天，倒逼14家企业升规。

【企业创业绿卡】 4月25日，市政府公布《2017年企业创业绿卡名单》，获批准的持卡人分别是：江山欧派门业股份有限公司吴水根、王忠，江山市何家山水泥有限公司徐忠辉，江山热威电热科技有限公司谢建明，衢州南方水泥有限公司吴水英，浙江健盛集团江山针织有限公司姜风，浙江天际互感器有限公司祝顺峰，江山赛银防火门业有限公司柴建江，江山市友和机械有限公司徐水升，浙江希尔化工股份有限公司柴炳水，浙江新华新材料科技有限责任公司王正强，浙江宝威电气有限公司姜进伟，浙江江变科技有限公司朱巨琮，浙江杰圣光电科技有限公司雷斌，浙江开洋门业有限公司毛庆德，浙江同景新能源集团有限公司吴建农，浙江江山变压器股份有限公司陈文忠，浙江九阳光电有限公司刘天辉，宁波中鑫毛纺集团江山有限公司周镭等19人。

【工业行业协会规范化建设】 在全市社团组织规范化建设评估中，市消防行业协会评为唯一AAAAA级社团、市门业行业协会评为AAAA级社团（全市2家）之一。评估内容包括基础条件、内部治理、工作绩效、社会评价等4个一级指标，法人资格、章程规范、变更和备案、遵纪守法、组织机构、人力资源管理、财务资产、档案证章管理、会员管理、工作开展、提供服务、反映诉求、行业自律、行业影响力、内部评价、信息公开、社会效应、相关部门评价等18个二级指标。年内，江山市还新成立江山市塑胶行业协会；按要求实现原机电、电光源、纺织、服装、塑料等5家工业行业协会与行政机关脱钩目标。

【政府投资信息化项目管理】 制定出台《关于印发江山市政府投资信息化项目管理办法的通知》，首次组织2018年度政府投资信息化建设项目专家评审会，共审核19个，其中审核通过项目13个，未通过6个，直接核减资金550.8万元，有效减少重复投资和盲目建设，改变以往政府投资信息化项目管理无序的状况。

【落实企业降本减负政策】 3月，市政府发布实施《进一步降低企业成本优化发展环境的实施意见》，市经信局编发千册《企业减负手册》送到企业手中，联动各有关方面，通过推动改革、用足政策、构建机制、推进试点、运用平台等“组合拳”，减轻企业税费、用工、用能、融资、制度性交易等负担5.7亿元。

【衢州制造业30强和纳税30强企业】 年初，2016年度衢州市制造业30强和纳税30强企业评选结果出炉，江山市共有17家企业入选，比上年增了2家。其中，入选衢州市制造业30强的企业有8家，分别为浙江江山化工股份有限公司、江山虎集团有限公司、天蓬集团有限公司、江山欧派门业股份有限公司、申达电气集团有限公司、浙江雷士灯具有限公司、浙江同景新能源集团、浙江健盛集团江山针织有限公司；入选衢州市纳税30强的企业有9家，分别为江山虎集团有限公司、江山欧派门业股份有限公司、浙江雷士灯具有限公司、江山南方水泥有限公司、浙江江山化工股份有限公司、浙江江山农村商业银行股份有限公司、浙江中数科技有限公司、浙江健盛集团江山针织有限公司、浙江江山变压器股份有限公司。

【成立工业专业安全生产委员会】 落实市政府《关于成立专业安全生产委员会的通知》精神及“管行业必须管安全、管业务必须管安全、管生产经营必须管安全”的要求。成立工业专业安委会，其主要职责：（1）宣传贯彻党和国家安全生产方针政策，促进工业领域科学发展、安全发展；（2）研究部署、督促指导工业行业安全生产工作，并与业务工作同计划、同部署、同落实、同检查、同考核；（3）组织召开工业专业安委会会议，分析研究安全生产工作形势，协调处理安全生产突出问题；（4）督促指导成员单位加强安全生产责任体系建设，全面贯彻落实安全生产法律责任和行政责任；（5）督促检查指导专业安委会落实分管行业领域的事故防范工作；（6）向市安委会报告安全生产工作情况；（7）完成市安委会交办的其他安全生产工作。

服务企业

【"百名局长联系百家企业"】 年初，市委办、市政府办联合发文《关于健全"百名局长联系百家企业"服务机制的通知》，市经信局牵头创建专项钉钉群，实行专人管理、每日签到、问题交办、月度通报和情况反馈"五位一体"，结合其他各个渠道获取掌握的企业重大需求，全年推送市长办公会议"大服务"交办落实企业共性问题20个，通过函告或协调会解决一般性、跨部门企业问题75个。

【中国职业经理人资质评价与认证浙江试点基地】 4月26日，"中国职业经理人资质评价与认证试点工作"新闻发布会，江山市现场接受中国职业经理人协会授牌，成为全国首批、首个职业经理人资质评价与认证项目浙江试点基地。9月27日，市职协举办"中国职业经理人资质评价与认证江山市试点工作启动仪式暨职业经理人高峰论坛"和"新起点、新未来——职业经理人助力江山经济创新发展"对话论坛。10月28日，江山市首期高级职业经理人研修班开班上课，全部学员53名，涵盖江山市历届省杰出和优秀职业经理人获得者、规上和重点产业企业副总以上高管、新生代以及外籍在江山经理人等；设置出台《学分制管理办法》和《班级公约》，12月止完成6天课堂学习、1期主题学习沙龙活动。根据江山市人才发展规划实施意见，职业经理人才培养经由市职协组织评价认证、在取得相应资质证书后，可享受相应的人才奖励政策。

【江山市职业经理人协会】 11月22日，江山市职业经理人协会依法按照章程正式成立。协会现有市内、外（江山籍）会员150名，以龙头骨干企业、规模以上企业、科技成长型企业等中高层企业经营管理人才为主，适当吸收江山籍在外的优秀企业家和经理人以及在业内领域有一定成就的专家学者，涵盖工业、商贸服务业、金融、旅游、建筑房地产等行业，首届会长为浙江雷士灯具有限公司总经理占仁燕。年内，协会成员健盛集团公司江山基地总经理姜风获2016—2017年度中国杰出经理人奖（全省5名、衢州唯一）、雷士灯具总经理占仁燕获2016—2017年度中国优秀经理人奖，首次创下江山市职业经理人"国"字号荣誉；杰特机电董事长严子良获2017年度浙江省企业家"伯乐奖"、科润电力总经理章群峰获2017年度浙江省杰出经理人"金马奖"、申达集团副总经理杨史根获2017年度浙江省优秀经理人"金牛奖"；另与团市委联合推荐王牌门业董事长何利明当选第十三届衢州十大杰出青年。

【"四无企业（作坊）"整治行动】 四无企业（作坊）是指无照无证、无安全保障、无合法场所、无环保设施。年初，制定实施《江山市"四无"企业（作坊）整治专项行动方案》，结合全市19个乡镇（街道）省小城镇环境综合整治，通过动员会、推进会、现场会、协调会、专项排查等形式推进整治工作。全年共完成以改造升级、搬迁入园、合理转移、关停淘汰为主的"四无企业（作坊）"241家。

【工业政策快速兑现机制】 在上年发布的工业新政36条基础上，创新推出上规升级、小微园规范、绩效评价、降本减负等政策"组合拳"，形成倒逼转型新态势；"企业服务月"期间开设6个专场，全方位宣讲涉企政策，覆盖全部应培对象；形成工业企业政策快速兑现机制，实现一个口子申报受理、一个口子组织会审、领导小组组织审定、市财政统一直接兑现，并创建工业政策直通车钉钉群，发放《政策汇编》，兑现时限由6个月压缩至3个月以内，拨付涉企政策补助资金1.4亿元，其中“市长特别奖”6大类、48家（次）、404万元奖励。

【工业项目审批】 制定出台《江山市工业投资项目高效审批办法（试行）》，其适用范围：项目用地是可直接通过招拍挂形式出让的成熟土地；项目已通过决策咨询程序（从取得备案通知书起至施工许可证办结止）；业主同意并承诺按50天高效审批条件要求进行办理。全流程审批由串联改并联，举办人员专项培训，借助省政务服务网的投资项目在线审批监管平台，通过项目附码，实现网上咨询、申请、受理、审批、查询于一体的全流程闭环，提交资料一表制，审批环节减少12个，时限压缩130天，实行局长窗口驻点办公日，促进“最多跑一次”改革落到实处。

【木门产业创新服务综合体】 江山市木门产业创新服务综合体入选首批浙江省产业创新服务综合体（17个）创建名单，成为衢州地区唯一入选创建名单的项目。产业创新服务综合体是以产业创新公共服务平台为基础，由政府引导，以企业为主体，高校、科研院所、行业协会及专业机构共同参与，集创意设计、研究开发、检验检测、标准信息、成果推广、创业孵化、国际合作、展览展示、教育培训等功能于一体，为广大中小企业创新发展提供全链条服务的新型载体。2017年，江山市木门产业集群有生产企业300家，其中包括行业龙头企业25家，高新技术企业2家，从业人员35000人，主营业务收入达110亿元，生产总值（增加值）29.7亿元，占全市生产总值比重达15%，研发投入7800万元，专利申请数400个。江山市先后获省块状经济向现代行业集群转型升级示范区、“机器换人”分行业试点、木门产品商标品牌基地、木门出口基地等称号。

【市企业家协会活动】 6月起，市企业家协会向企业家发出“开卷有益”倡议，帮助企业家在各个领域选择好书，传播前瞻理念和正能量，引发系统化思考，企业家提供推荐阅读书目。为企业家搭建交流平台，建立“企业家读书群”。9月16—20日，协会组织工业龙头培育企业、单打冠军培育企业、行业重点企业、重点经济业务部门等共61人赴厦门大学参加“江山市企业家创新驱动专题研修班”培训。

产业培育

【欧派门业登陆主板市场】 2月10日，江山欧派成功上市，顺利登陆上交所主板，证券号码603208，成为全国第一家上市A股的木门企业。3月，在北京门展期间，举办以“蓄势谋远，荣耀启航”为主题的门业品牌论坛大会，展现出行业顶尖制造实力。作为国内一家集研发、生产、销售、服务于一体的，江山欧派门业股份有限公司主要生产制造包括夹板模压门、实木复合门等产品，出口60多个国家，业已成为万科、恒大等顶级房——互联网家装“三位一体”的发展模式，吸纳各个领域的优质资源和优质经销商共赢未来，致力于成为全球木门制造专家。

【工业龙头和单打冠军培育企业】 年内，首次按照其考评办法规定的销售收入、主导产品占主营业务收入比重、利润增长率、税收总额、亩均财政贡献、研发费用占销售收入比重、新产品产值率、项目投资等指标及7个加分项进行评审，工业龙头培育企业新增1家，单打冠军培育企业新增2家、退出1家。7家工业龙头培育企业分别是：江山欧派门业股份有限公司、浙江健盛集团江山针织有限公司、浙江同景新能源集团有限公司、浙江江山变压器股份有限公司、申达电气集团有限公司、浙江江山化工股份有限公司、浙江雷士灯具有限公司；23家单打冠军培育企业分别是：浙江天际互感器有限公司、江山

浙江天际自动化机器焊接手

市双氧水有限公司、浙江三禾生物工程股份有限公司、浙江盛汇化工有限公司、浙江科力车辆控制系统有限公司、浙江江山恒亮蜂产品有限公司、浙江上美输配电有限公司、浙江珠峰机械有限公司、浙江江山华安电器制造有限公司、江山热威电热科技有限公司、浙江希尔化工股份有限公司、浙江为康制药有限公司、浙江康慈医疗科技有限公司、浙江国石磁业有限公司、科润电力科技股份有限公司、纪元电气集团有限公司、浙江宝威电气有限公司、浙江冠旗纳米科技有限公司、浙江百家万安门业有限公司、浙江河图科技有限公司、浙江伦宝金属管业有限公司、浙江亚宁消防设备有限公司、浙江新华新材料科技有限责任公司。

【培育和倒逼“小升规”企业】 年内，市政府出台《关于建立健全工业企业上规升级双向促进机制的实施意见》，首次以正向激励和反向倒逼的组合方式，按照“培育扶持一批，引导倒逼一批”工作思路，建立“小升规”企业培育库，以101家作为重点培育对象，市政府分别与经济开发区、经济型乡镇签订“上规升级”责任书。上年实际兑现扶持资金186万元，同时对“2016年综合绩效评价结果D类、年用电量150万千瓦时及以上或变压器容量315千伏安及以上”未上规的两类56家企业执行停电错峰生产措施，倒逼一批小微企业加快上规升级步伐。

【开洋全屋定制家居产业园】 在第四届世界浙商大会上，浙江开洋门业有限公司投资规划的“开洋全屋定制家居产业园”项目，被正式列入省重大项目。开洋公司启动全屋定制家居产业园项目，项目计划总投资22.5亿元，用地72.67公顷，该项目分四期建设，一期15万平方米的产业园开始施工。

【“浙江制造”门业标准】 在浙江省浙江制造品牌建设促进会上，公布了15项2017年度第一批已研制完成的“浙江制造”标准。其中，由衢州市质量技术监督检测中心牵头组织，江山欧派门业股份有限公司起草的“实木复合烤漆门”标准、浙江金凯门业有限公司起草的“木质复合免漆门”标准榜上有名。“实木复合烤漆门”标准规定烤漆门的甲醛释放量比现行行业标准减少33%，漆膜附着力和硬度指标提升一个等级，产品的掉漆概率将减少50%。“木质复合免漆门”标准规定免漆门表面胶合强度比现行行业标准提高25%，启闭次数提高100%，并增加了整体抗冲击强度指标，使产品更加经久耐用。江山市木门企业首次起草完成“浙江制造”标准。

【开洋门业获“中国家居色彩奖”】 10月14

日，亚洲色彩论坛暨第九届“色彩中国”颁奖典礼召开。浙江开洋门业有限公司设计的“出色”系轻奢木门，因在色彩、材质、造型、配件等方面均有不同层次提升，为室内门设计增添新彩，荣获“中国家居色彩奖”。

【江山木艺时尚小镇】 在全省特色小镇规划建设工作现场推进会上，江山木艺时尚小镇被列入浙江省级特色小镇第二批培育名单（18个）。江山木艺时尚小镇位于江山市贺村镇莲华山工业园，规划总面积3.3平方公里，总投资50多亿元。小镇以木业产业为基础，以高端、时尚、定制家具制造和产品研发为主导功能，旨在建设一个以“木匠文化”为内涵，联动智能制造、研发设计、销售展示、居住体验的全产业链融合型小镇。

【完成燃煤锅炉淘汰任务】 按照《关于印发江山市淘汰改造高污染燃料锅炉实施方案(2015—2017)的通知》，2017年是高污染燃料锅炉淘汰改造三年行动计划的收官之年，集中供热滞后问题、搭政策末班车集中时段淘汰问题等。这一年锅炉淘汰成为难题最多、工作最杂、压力最大的一年。截至年底，累计淘汰锅炉171台，任务数77台，完成任务数的222%。兑现2015—2016年锅炉淘汰补助资金617.37万元。会同环保、财政、市场监管局及属地单位现场验收淘汰锅炉135台。

【加快企业升级】 引导企业转变发展方式。年内，浙江天际互感器有限公司被列为省“隐形冠军”企业，浙江开洋门业有限公司、浙江金江纺织有限公司被列为省“隐形冠军”培育企业。江山市浙江宏电环保设备制造有限公司、科润电力科技股份有限公司被列为2017年浙江省创新型示范中小企业。江山市浙江同景新能源集团有限公司、浙江舒福家门业有限公司被列为2017年度管理创新试点企业。浙江科力车辆控制系统有限公司商用车关键零部件工业设计中心被认定为省工业设计中心，江山欧派门业股份有限公司欧派门业设计中心等复评为省工业设计中心。江山大北农农牧科技有限公司、江山风和家居有限公司、浙江昊博门业科技有限公司、浙江亚标汽车部件有限公司4家获省小微企业“创业之星”称号。申达电气集团有限公司企业技术中心列为浙江省2017年（第24批）省级企业技术中心。科润电力科技股份有限公司、江山欧派门业股份有限公司、浙江为康制药有限公司、浙江宏博网安科技有限公司等公司研发的4个项目被列入2017年度浙江省智能制造重点项目计划。江山欧派门业股份有限公司、浙江舒福家门业有限公司被评为省级个性化定制示范试点企业。江山欧派门业股份有限公司还入选省级制造业与互联网融合发展试点企业。全年报备省级工业新产品71项、鉴定验收18项，创历年新高。江变光伏发电用变压器入围省装备制造业重点领域首台（套）产品。亚宁消防获军工产品认证1项。

平台建设

【市工业设计基地开园】 5月18日，江山市工业设计基地开园，其核心区块位于市科创园，总规划用地3.9公顷，建筑面积34550平方米。基地以聚集工业设计产业链企业为核心，已入驻工业设计企业20家，专职设计人员近100人，专利授权超80项，累计实现设计服务收入1700余万元，成果转化产值超10亿元，同日，举办工业设计主题论坛与对接交流活动。

【"小微企业三年成长计划"】 在省"小微企业三年成长计划"工作领导小组公布的全省2015—2017年"小微企业三年成长计划"工作先进集体，以及2017年度全省"小微企业三年成长计划"工作优秀县（市、区），江山市均榜上有名。2015年以来，江山市制订"小微企业三年成长计划"工作方案，出台实施"腾笼换鸟""机器换人"等促进企业转型升级的10多个政策意见，先后设立7个"中小微企业创业基地"，并创新抵押贷款方式，推出科技创新券等举措，建立多种专项资金，较好地解决小微企业用地和融资难题，推动小微企业由"低、小、散"向"高、精、优"迈进。截至年底，江山市新增小微企业2819家，其中新增科技型小微企业95家，完成率237.5%；整治淘汰不达标、违法企业522家，完成率237.3%。在浙江股交中心等挂牌融资的小微企业68家，在新三板挂牌企业1家，打造5件具有影响力的小微企业著名商标，完成三年目标任务的500%；减免小微企业各类税费近1.1亿元。

创业创新

【恒亮股份挂牌新三版】 2月16日，浙江江山恒亮蜂产品股份有限公司在"新三板"成功挂牌，证券号码300033。公司成立于1997年6月23日，是一家从事蜂业相关食品及保健品的研发、生产和销售的公司。公司的主要产品是蜂蜜、蜂胶、蜂王浆及王浆制品、蜂花粉及花粉制品、蜂蜡。公司现已通过ISO 9001：2008、ISO 22000：2005质量管理体系、HACCP食品安全管理体系认证、ISO 14001：2004环境管理体系认证等。经过多年发展，公司获得"农业产业化国家重点龙头企业""全国蜂产品行业龙头企业""国家星火计划龙头企业技术创新中心""中国蜂产品最具影响力十大品牌""浙江省名牌产品""中国驰名商标"等称号。

【省级小微企业创业创新示范园】 根据《浙江省小微企业创业创新园（基地）管理和评价办法》，省经信委组织专家评审并向社会公示，确定全省28家小微企业园为2017年度省级小微企业创业创新示范园，江山市的科创园、亚成模具城列入其中。年初，江山市出台《关于加快小微企业创业园建设促进经济转型升级的实施意见》，按照"整体规划、分布实施、企业集中、产业集约"的要求，在"一体两翼"规划33.35公顷的用地，专项用于承接用地小微园出孵企业需求在0.33—0.67公顷之间的小微企业。先后布局建设22公顷的莲华山承接型小微园，5.33公顷的贺村和3.33公顷的四都承接型小微园已进行土地平整，同时推进一批小微园建设规范提升。

【浙江好项目创新创业大赛】 5月，江山市的浙江易柏生物技术有限公司的"高危型人乳头病毒（HPV）分型核酸检测试剂盒"项目获浙江好项目创新创业大赛衢州赛区一等奖，并在省总决赛中获优胜奖。浙江利高消防科技有限公司的公共汽车客舱固定灭火系统项目荣获三等奖。

【实施"企业上云"行动计划】 "企业上云"是指企业利用网络资源，实现管理、业务等方面的数据化转型，旨在重构企业的核心竞争力，最大限度创造企业价值。通过制定计划、宣传培训、政策支持、沟通协调等途径，全年新上云企业440家，培育省级上云标杆企业1家。浙江天际互感器有限公司投资280多万元，利用云计算、大数据技术，建设含财务云、供应链云、销售云、制造云、S-HR人力资源管理、云之家客户关系管理系统（CRM）、BOS运行平台等内容的信息化集成应用系统，解决企业运营过程中出现的信息流问题，减少信息孤岛现象，提高企业经营管理水平。

经济开发区

【概况】 2017年，江山市开发区围绕打造浙西南（县域）第一工业平台的目标，以“两年”活动为中心，以重点工作项目化为抓手，砥砺前行、克难攻坚、凝心聚力推进各项工作。全区完成工业总产值186亿元，同比增长9.3%，其中统计范围内规上企业完成工业总产值155亿元，同比增长10.9%；实现入库税收3.32亿元；完成进出口额26505万美元，同比增长19.01%，其中出口额25135万美元，同比增长21.19%；全区固定资产投资完成70亿元，工业投资45.53亿元，其中工业技改投资44.35亿元。

【抓好平台建设】 做好规划引领，推进开发区总体规划、城南新城概念性规划编制和木艺小镇规划工作，指导开发区科学发展。《江山经济开发区总体规划》《城南新城概念性规划》已完成初稿；木艺小镇规划完成两次审定，进一步深化方案和城市设计。重点围绕城南新城建设，完成江电路延伸、东岳路等道路建设，城南新城道路网络趋于完善。占地2万多平方米的东岳路广场基本完成建设。开发区小学已完成施工及监理单位招标工作，年内动工兴建。谋划推进一批功能配套项目，如医院、教育、综合体、公租房等民生项目。细化科创园、小微园、电商园等创新平台功能定位，集中力量专攻核心优势产业，实现专业化、高端化、集聚化发展。

【注重培养重点企业】 重点培育龙头企业，围绕江山市重点培育的“输配电、门业、大健康”等“三大百亿”产业，梳理出园区内一批主业突出、管理水平高、产品竞争力和带动力强的重点企业集团，引导和鼓励其实施兼并重组，以强强联合、控股参股等形式，重组一批关联性、配套性中小企业，走抱团发展、合作共赢之路。推进健盛、欧派、科润等上市企业实施兼并收购，促进做大做强。按照“储备一批、培育一批、上市一批、转板一批”工作思路，梳理出企业上市计划，重点加大对资本市场知识宣传力度，鼓励企业主动拥抱资本市场，做好上市服务工作。重点做好科润电力、希尔化工等新三板上市企业转至主板上市以及珠峰机械、新华新材料在新三板上市。年内，欧派公司在上海主板上市，恒亮蜂产品公司在新三板上市，科润电力已进入主板上市辅导。按照小升规工作计划，做好小升规政策宣传，以全市用地绩效评估工作为契机，全面排查和梳理园区用地面积6666.67平方米以上、取得用地5年以上工业企业，引导企业上规升级，制定企业上规工作计划，三晟化工、娃哈哈、申达、辉煌消防、亿正电工等12家企业达到小升规要求。

【促进项目建设】 动员全区干部投入到招商引资工作中，成立产业招商小组，根据拟定的十大招商项目，开展精准招商、产业招商、以商引商工作。年内成功引进新项目23个，其中10亿元项目2个，分别是总投资25亿元的金光高科锂电池新材料项目和总投资12亿元的欧派门业园项目；5亿元以上项目4个，分别是永利百合链传动产业园、名雅居产业园、王牌家居产业园和天地会O2O信息交易平台；同时划出6.67公顷土地作为小微企业创业基地二期用地，相继引进木兰春家居、世博铜门、千叶包装、巢牌门业

等7个项目落户。针对项目多、投资大情况，对项目排出计划表、挂出作战图，专人负责全力推进项目建设。在开展“三个年”活动中，产业类项目、政府性项目、环境整治类项目共计73个，总投资113.6亿元，总投资12亿元欧派产业园、总投资20亿元的健盛产业园两个大项目顺利推进；城南新城集中供热项目、莲华山工业园公租房等PPP项目也在稳步推进中；清湖大道辅道、欧派产业园二期土方平整等项目进度较快。借助全市项目征迁大会战的东风，开展清障拔钉攻坚行动，通过“自愿报名、组织点将”方式，成立27支攻坚行动小组，通过挂图作战、动态催战，全面打响“疑难户”歼灭战、“项目”清零战。截至年底，已成功拆除30户房屋，实现操场岗、江电路、西山路南段、汽车城一期、清湖大道辅道、开发区小学、莲华山11号道路区块、欧派二期等项目全面“清零”。同时，成功接管江东工业园五期31.33公顷土地，全面完成易和家居的12户承租户处置，启动益康生物、清湖酱油厂的调查摸底和评估工作。

【美化园区建设】 推行包干治水，以“河长制”为核心，建立工作例会、督查通报、信息报送、定期监测等工作长效机制，彻底治理园区污水。重点针对园区内青阳殿溪、三桥溪、东山头溪等开展治污排查、管网改造、河道清淤、岸边整治等专项行动，重拳出击为河道污染“找症结、排毒素、舒筋络”，完成企业污水排查100余家，完成企业截污纳管整治10多家，完成污水管网建设9.2公里，共投入治水资金2400万元。根据年初市委市政府下达“三改一拆”任务，开发区对任务进行图表化管理，细化任务，倒排时间，挂图作战。突出旧厂区改造、企业异地搬迁和城南“退二进三”，推进园区范围内“三改一拆”工作，基本完成辖区范围内旧厂区改造工作，累计完成15个项目，完成项目改造面积40.1万平方米，超额完成年初下达改造面积任务数。

（占江讯）

商务经济

外向型经济

【概况】 2017年，江山市实现进出口总额55.08亿元，同比增长27.20%，其中出口54亿元（包含一达通），同比增长29.76%，出口额占全省比例为2.78‰，完成衢州市下达任务的2.47‰，占比目标112.6%。全市新设立外商投资企业2家，合同外资482万美元，实到外资705万美元。

【争取上级试点】 组织外贸企业开展多项省级国家级试点示范申报工作，其中浙江江山变压器股份有限公司被评为全省加工贸易示范企业。积极申报江山市木门产业国家级外贸转型升级基地，目前已进入评审程序。积极开展江山市门业省级外贸预警示范点争设工作。

【加大政策支持力度】 在衢州市率先实施小微企业出口信用险统保，以38.22万元保费，完成121家出口额小于300万美元企业的出口信用保险工作，提高小微企业出口抗风险能力，鼓动小微企业大胆接单。组织企业申报2016年度外向型经济政策补助，共有164家企业申报，获得补助金额3035.99万元。开展外向型经济政策调研修改，着重加大对跨境电商、服务贸易等方面的政策补助。

【优化为企服务】 精心组织企业赴境内外参展，组织近60家次企业参加广交会、消博会、华交会等全国综合性展览会，落实摊位80多个。针对广交会分配摊位少的问题，积极帮助企业争取广交会联营摊位，落实广交会摊位21个。鼓励外贸企业走出去参加国外专业展览会，协助企业落实境外展会60多个。先后举办国际贸易风险与出口信用保险培训、增强中小外贸企业发展新动能专项培训等活动，联合海关和检验检疫举办外向型经济发展惠企政策宣讲培训，组织外贸企业培训活动6期，共计培训400多人次。

【引进外资项目】 年内，江山市新设立外商投资企业2家，增资企业1家，全年完成合同外资482万美元，实际外资705万美元。开展项目服务工作，重点推进在谈的开洋门业合资项目。由浙江开洋门业有限公司与境外客商合资设立全屋定制产品研发生产企业，拟落户峡口镇工业区，合资企业注册资本为1200万美元，境外客商出资588万美元。

【投资环境推介】 配合省外资协会在江山市召开全省外商投资企业协会联席会议，省内知名外资企业、各地市商务部门领导70多人参会。商务局抓住机会，精心筹备，主动宣传推介江山市投资环境，促成麦当劳公司达成投资意向。

【协调处置出国劳务纠纷】 开展出国劳务预警宣传、纠纷调处、应急事件处置等工作，调处涉及15人共45万元的新西兰劳务纠纷，获得退款共35万元，避免发生群访事件。协助公安破获1起涉及46人涉案金额119万元的出国劳务诈骗大案。全年共接待出国劳务咨询56起，受理纠纷18起，涉及纠纷金额共64.27万元，协商退款共55万元。

国内贸易

【概况】 2017年，全市实现社会消费品零售总额126.45亿元，同比增长11.2%，位列衢州第三。限额以上社会消费品零售总额20.07亿元，同比增长16.8%。其中，限额以上城镇社零16.77亿元，同比增长23.1%，限额以上乡村社零3.30亿元，同比下降7.4%；限额以上批发业实现零售0.11亿元，同比增长11.1%，限额以上零售业实现零售19.00亿元，同比增长17.2%，限额以上住宿业实现零售0.20亿元，同比增长18.5%；限额以上餐饮业实现零售0.76亿元，同比增长8.8%。

【推进在建项目】 全力推进江山市政府为民办实事项目——城关定点屠宰厂迁建项目建设，安排专人专职推进项目进度，妥善解决土石方清理等各种困难问题。经过努力，项目基本实现原定年度目标，完成主体工程。组建项目攻坚组，集中力量推进巨能油库、畅达加油站等一批已供地历史遗留问题项目。扎实做好加油站点改造提升建设，新塘边加油站改建、十里牌和塘源口亿文加油点扩建、大陈意通加油点迁建等项目均顺利推进。积极争创省级试点，成功争列省批发零售改造提升试点。

【开展整治工作】 开展非法加油站点整治。在全市范围内牵头开展非法加油站点集中专项整治行动，各乡镇（街道）、部门进行拉网式排查与现场走访核实。共抽检油品24批次，查封非法加油站点4个，关停自备柴油罐18个，查封油品1300升，暂扣车辆3辆，拆除17辆流动加油车设施设备，规范成品油市场经营秩序。开展醇基燃料排查整治。为汲取龙游“8·26”醇油管道燃爆事件经验教训，商务局牵头开展全面禁止使用醇基燃料专项整治行动，在全市范围开展大排查、大告知、大整治，共排查餐饮单位1796家，送达告知595家，签订承诺书419家，排查发现使用醇基燃料单位201家，经回访检查和督促整改，问题全部整改到位。

电子商务

【概况】 2017年，全市实现网络零售额39亿元，居衢州市各县（市、区）第二；比上年增长了61.62%。

【争取上级试点】 积极争创省级试点，成功争列省电子商务创新发展试点（项目为产业集群跨境电商和农产品网上销售体系建设），从政策支持上进一步助推全市商务商贸项目建设。

【谋划新增项目】 依托农产品电商品牌效应，独创电商精准扶贫模式，实施电商“十县百亿”工程。筛选592个国家级贫困县地标农产品，共享农产品电商渠道资源，每年合作3个县域，通过三年努力，实现合作县域达到10个以上，年网络零售额超百亿元目标。年内，与安徽青阳县、江西进贤县签订战略协议开展试点工

12 月 5 日，市委书记童炜鑫（中）调研电子商务工作（王霞 摄）

作，皖南土鸡蛋依托江山市电商渠道销售，上线后日均销售 5000 多枚。主动谋划山海智能快递产业园项目，寻求破解电商发展物流瓶颈途径，在江山市“一把手赛谋划”大赛中获三等奖。

【推动电商项目落地】 加大招商引资力度，重点促成一批电商总部项目落地江山市电商产业园。通过“三衢儿女”回归工程，引进年网零达 14 亿元的迈微电商总部项目。天地汇物流 O2O 信息交易中心项目 6 月初成功落地，5 个月产生税收近 300 万元，预计每年结算金额达 5 亿元以上。通过以商招商，引进新三板上市旅游电商企业上海票管家到江山设立华东区域总部，该项目计划通过 3 年努力，实现年营业收入超 30 亿元，建成全域旅游数据园，推进江山旅游电商加快发展。

【助推企业发展】 申报 2016 年度江山市电子商务扶持政策，企业单位获得补助 500 多万元。修改完善电商政策，突出扶持龙头企业发展，设立补助资金每年 1000 万元。加大中高端电商人才培训力度，完成电商初级培训 600 人，助理电商师培训 178 人。组织企业参加“互联网+外贸”跨境电商培训。

散装水泥

【概况】 2017 年，江山市水泥产量、散装水泥供应量、散装率等各项指标均有不同程度提高，4 家水泥企业水泥年产量 840.4 万吨，同比增长 9.57%，其中散装水泥供应量 697.69 万吨，同比增长 12.95%，散装水泥供应率为 83.02%，比上年提高 2.48 个百分点；水泥使用量 62.68 万吨，同比增长 11%，其中，散装水泥使用量 50.66 万吨，同比增长 11.8%，散装水泥使用率 80.8%，比上年提高 0.6 个百分点；预拌混凝土使用量 61.8 万方，同比增长 82.9%；预拌砂浆使用量 3.04 万吨，同比增长 36.9%。

【促进行业充分竞争】 谋划预拌混凝土生产线项目，共对 5 个预拌混凝土生产线项目出具布点意见，并主动对接和帮扶企业，提供清洁生产建设的指导和服务。通过加快新项目建设，促进预拌混凝土市场的充分竞争。江山市金瑞商品混凝土有限公司已建成并取得资质，江山市耕读节能建筑材料有限公司已建成并通过清洁生产验收；江山市友和建材有限公司、江山市协力新型墙材有限公司和江山市双塔新材料有限公司预拌混凝土生产线项目正在建设中。

【推进预拌混凝土下乡】 通过政府引导、市场主导的新模式，激励企业以价换量，以优质服务、优惠价格，主动开拓农村市场，推进预拌混凝土下乡工作。每月定期组织检查组，对各企业上报的农村个人建房户进行现场抽查，不定期对农村个人建房户进行电话核实，确保统计数据真实有效。完成最后一批预拌混凝土下乡农村个人建房户补助工作，补助农村个人建房户 195 户，发放补助款 45.09 万元。针对农村个人补助的工作已全部结束，三年累计补助农村个人建户共 755 户，发放补助款 179.45 万元。根据《江山市 2017 年预拌混凝土下乡专项补助工作流程》，与 4 家预拌混凝土企业签订《江山市 2017 年预拌混凝土下乡目标管理责任书》，对完成目标任务的企业进行资金补助，全年有 671 户农村个人建房户使用预拌混凝土，使用量约 3.78 万立方米。

【履行监管责任】 坚持追踪项目、政策宣传、常规巡查、执法检查的工作程序，从项目立项阶段即开展法规宣传，发现违规行为及时进行宣传教育，督促建设单位和施工单位遵守法规和政策要求，对拒不整改的依法作出行政处罚。全年共进行执法检查 80 余人次，发出整改通知书 3 份，作出行政处罚决定 1 次。通过宣传教育和行政处罚并行的模式，切实履行监管职责。

【开展违规混凝土搅拌站点整治】 江山市原有无资质混凝土搅拌站 3 个，其中 2 家为有营业执照无建筑业企业资质的企业，以混凝土代加工为名进行生产和销售。商务局通过引导整改和坚决打击双管齐下，保障预拌混凝土行业的质量安全，营造合理竞争的发展环境。2 家有照无资质搅拌站已在原址新建预拌混凝土生产线项目，合法经营步入正轨；另 1 家无照无资质搅拌站，通过联合市环保、市场监管等部门力量，加大督查整改力度，已促其停产。

其他重点工作

【深入推进“最多跑一次”改革】 开展“最多跑一次”改革工作，召开专题会议部署推进，主动向上对接，明确重点任务，落实改革举措。坚持问题导向、需求导向，开展第一批清单梳理工作，在 12 项权力事项中，梳理并公布 11 项可实行“最多跑一次”的权力事项，其中行政许可 4 项、行政征收 1 项、其他行政权力事项 6 项。完成“最多跑一次”改革“两集中两到位”工作，实现审批事项向审批科集中、审批科向行政服务中心集中。

【矛盾化解实现新突破】 配合市法院推进万商集团破产重组工作，做好万商债权人群体稳控、解困招商等相关工作，多次平稳处理 472 户职工债权人群体、280 余户店铺返租户群体的集体维权事件，妥善做好 1500 多万商债权人的稳定工作。加强沟通协调，稳步推进巨能油库、锦绣江山大酒店以及 5 个加油站历史遗留问题的化解工作。

【日常管理构建新常态】 开展全国“两会”、十九大、全省美丽乡村现场会、世界互联网大会等重要时期信访维稳工作，严格落实责任包干、信息预警、应急劝返、值班备勤等相关要求，开展矛盾纠纷排查、走访、化解工作，重点做好杭州世恒劳务群体稳控工作，实现全年零上访。及时应对群众诉求，妥善解决成品油、商业单用途预付卡、汽车销售纠纷等来电来访问题 90 多个。

（郑群祺）

商 贸

粮 食

【概况】 2017 年，市粮食局按照“收好粮、建好库、储好粮”的总体要求，突出确保粮食安全这一主题，实现粮食工作健康发展。全年共收购早稻订单 21600 吨，向 3127 户农户发放早稻订单奖励资金 1308.22 万元。国有粮食收储企业经营粮食 15 万吨，实现销售收入 12713 万元，实现利润 148 万元。全局引进 3 个招商引资项目，上报 10 个重大项目前期谋划。江山市被省粮食局、财政厅确定为“放心粮油示范县”试点县市，连续被评为衢州市粮食安全责任制考核优秀单位。

【抓好粮食安全】 不断完善粮食安全工作运行机制，每季度定期召开粮食安全协调小组会议，协调解决相关问题。充分发挥粮安办的组织协调作用，设立专职的粮安办副主任负责各项具体工作，加强各部门沟通交流，做好台账的整理和资料的完善，确保各项工作落实到位。市政府与各乡镇（街道）签订《粮食安全工作责任书》，将粮食安全考核列入市委、市政府对各乡镇的综合考核。同时，将衢州市政府与江山市签订的粮食安全责任书任务分解给相关部门，明确工作内容和责任部门。

【推进项目建设】 加快中心粮库拆建工程建设进度。该项目总投资预算 3600 万元，拆 9 幢老仓库，新建散装平房仓 6 幢，分两期实施。第一期拆 3 建 2 工程，8 月开始储粮，第二期已开工建设。投资 158 万元，建设食用油储备仓库 1 栋，总建筑面积 272.4 平方米，储备容量 300 吨。完成军供站成品粮仓改造工程。按冷库设计要求进行改造，地面防潮层，墙体密闭、隔热夹芯钢板，配备空调及除湿机。做好农户科学储粮专项投资工作，市政府专门出台文件，确定农户科学储粮专项投资计划，将 2500 套小粮仓发放到农户。

【完成早稻收购】 按照“农户自报—村级公示—乡镇初审—农业部门核实面积—粮食部门核实数量—粮食部门发放售粮卡”规定程序运作，向 21 户种粮大户发放早稻订单预购定金 180 万元，主动与农商银行、邮政储蓄银行、农发行做好对接，推进早稻订单质押贷款业务，14 户种粮大户获得早稻订单质押贷款 500 多万元。在早稻收购期间，提供一体化服务，帮助农户卖“舒心粮、明白粮、放心粮”。全市共收购早稻订单 21600 多吨，完成 18500 吨的省级和市级储备订单早稻收购任务。同时争取到省级订单奖励资金

1110万元，共向3127户农户发放早稻订单奖励资金1308.22万元。

【树立节粮意识】 在长台镇举办爱粮节粮宣传周活动。在活动现场，市民代表宣读《爱粮节粮倡议书》，现场宣教粮油鉴别知识，设置节粮爱粮宣传展板，免费发放宣传册，让群众树立科学健康的消费理念和节约粮食意识，共创节约型家庭、节约型社会。

【抓好粮食经营】 按照粮食市场化的要求，加强对下属企业粮食收储公司的管理，利用现有的资金优势、仓储优势、人才优势、客户优势、品牌优势和地区优势，积极开展经营性业务，促进企业跨越式发展，经济效益在衢州各县市经营业务发展中名列前茅。全年国有粮食收储企业经营粮食15万吨，实现销售收入12713万元，实现利润148万元。同时，利用军供站这一平台，开展优质粮油经营业务，成品粮油经营达到754吨，实现利润36万元。

（粮食局）

供销合作

【概况】 2017年，江山市供销合作社联合社系统实现总经营收入28.2亿元，同比增长10%；利润120万元，同比增长11.11%；社有资产保值增值率2%。获2016、2017年度全省供销社系统综合业绩考核优秀奖，2016、2017年度全省供销社系统信息宣传先进单位，江山市国家卫生城市创建先进集体。报送的《关于推进供销合作社“三社”组织规范化建设的调查与思考》获2017年国际合作社日“合作经济发展”学术征文二等奖；《保障农资供应创新服务方式——浙江江山市社探索农业社会化服务新路》等2篇专题报道被《中华合作时报》刊登。王琼获2016、2017年度全省供销社系统信息宣传先进个人。

【农合联组织体系构建】 按照农合联运作实体化、规范化要求，全市形成由1个市级、19个乡镇和800多个会员组成的农合联组织体系。5月，按照社团规范化建设要求，及时调整充实市农合联领导班子成员。7月，在全市范围内开展优秀农合联会员和“十佳”农产品经纪人评选活动，评选出30名优秀会员和“十佳”经纪人。10月，对接市府办、财政局，以市农合联名义向市政府上报《关于要求落实为农服务体系建设有关政策的请示》，研究提出农民合作基金、资产经营公司、政策性融资性担保公司、农民资金互助会组建等政策扶持建议。12月，召开市农合联第一届理事第二次会议，学习贯彻省农合联成立大会精神，通报“三位一体”农合联改革工作，部署2018年农合联工作，表彰优秀农合联会员、“十佳”农产品经纪人。12月中旬，市长办公会议审议通过农合联合作金融平台构建相关事宜。

【项目合作建设】 根据市政府“布局建设再生资源分拣中心”工作任务，开展“城南再生资源分拣中心”和“再生资源交易市场”项目建设。3月，在招商网持续发布“市场”项目招商信息，寻找投资主体，多次邀请外地客商现场踏勘，商讨合作事项。5月，协调落实“城南分拣中心”项目场地腾空，委托第三方中介机构代理项目规划设计方案招标，先后完成方案出台、施工图纸设计和场地门卫用房、围墙等附属设施修缮等前期工作。10月，“城南分拣中心”附属工程动工建设。12月下旬，谋划“江山市猕猴桃集散中心暨水果批发市场（物流园区）”项目，开展前期调研，探索构建猕猴桃金融服务平台和品牌整合管理，形成项目建议书。同时，根据市委异地商会筹建部署要求，做好江山市贵州商会筹建前期准备，联系到会员220多人，12月中旬贵州商会正式成立。

【农业社会化服务惠农】 2017年，全系统农产品购进额24.2亿元，同比增长14%；农资销售额7163万元，同比增长48%，农资市场占有率达到70%以上。3月，与农业局、保安乡在保安乡裴家地村联合举办“2017年保安乡茶文化节暨‘江山绿牡丹’第二届开茶节”，省茶协，市人大、市政协等领导参加活动，现场表演祭茶仪式、茶艺歌舞、竞茶、采茶等节目，吸引市内外500多名游客参与。4月，举办“2017年度春耕为农服务活动启动仪式”，市农合联与农资企业签订新型庄稼医院服务体系合作协议，面向农民合作社、家庭农场、种粮大户等农合联会员，免费提供价值5万元的化肥抵用券和庄稼医生包年服务，现场为农民群众提供农技咨询、技术辅导和培训等服务。4月，依托市农资企业，采取“公司+合作社+农户”形式，招聘庄稼医生7名，采取“半托管”方式，与市神农猕猴桃合作社等涉农主体签订2017—2018年的合作服务协议，为120公顷农产品种植园提供种植技术培训、统防统治、测土配方、病虫害防治等综合服务。同时，按照省农合联、省供销社部署安排，分2批组织江山市农合联会员、农产品经纪人及种养大户20多人次参加全省农产品电子商务等主题培训班。

【整治市区废品回收站点】 按照全市创国卫要求，成立工作领导小组，制定市区废品回收站点专项整治方案，针对“脏乱差”反弹回潮问题，组织专项巡查35次，督促各站点及时整改乱堆乱放、占道经营等问题24个，全力巩固前期成果，顺利通过创卫明察暗访。其间，会同综合执法局、市场监管局、虎山街道等部门单位，对市区虎山路接云山庄附近1处严重经营的收购点进行依法整治；对整改难度大、影响周边居民生活的2个站点实施搬迁。同时，集中开展包干区卫生保洁，定点清除卫生死角。

【D级危旧房腾空搬迁】 9月下旬，根据市委城镇D级危房腾空部署要求，全员参与，分户包干，深入永安里15幢3单元10户危房户，当好“宣传员”“联络员”“服务员”“协调员”，细心做好政策解释、现场签约、联系对接、查看租房、搬运杂物等环节工作，落实腾空搬迁任务，提前实现“签约、腾空”双清零。

【社有企业管理体系建设】 公开招聘市供销（集团）总公司管理人员2名，研究出台《江山市供销（集团）总公司内设机构人员配置和监督管理方案》，明确公司主要职责、内设机构及人员安排，制定出台《江山市供销（集团）总公司议事规则》，细化量化管理层会议、总经理会议，规定在房屋租赁、参股投资、财务支出、项目建设等方面议事权限，保障公司在议事内容、议事方法、决策程序上做到规范、高效、科学。7月，实施新型基层社创建计划，根据省社关于基层组织建设要求，由市供销（集团）总公司分别参股34%与市场主体合作共建市爱情谷玫瑰专业合作社、市慈竹商贸有限公司。促进农民合作社壮大发展，成功申报国家级示范社1家。

（王　琼）

烟　草

【概况】 2017年，江山市烟草专卖局坚持“做足市场、做足销量、做足效益”，挖需求、稳销量、优结构、提效益，实现经济平稳运行。全年卷烟销量2.23万箱，同比增长1.33%；实现销售额8.78亿元，同比增长7.39%；单箱销售额3.95万元，同比增长5.98%；实现税利2.48亿元，同比增长8.96%。开展扶贫济困工作，全年累计捐款14.2万元。安保工作成效显著，被评为全省烟草系统安全生产先进集体。

【专卖管理】 立足本地市场，紧盯违法大户，严守省际卡口，持续保持市场监管高压态势。全年共查获涉烟违法案件67起，查获卷烟323件，其中假烟案件19起，查获假烟54件，同比上升909%。成功破获“2·9”网络案，判刑5人，拘传2人，被省局和省公安厅分别认定为一级国标网络案和厅督案件。

【许可证管理】 推进落实“最多跑一次”改革，从7月10日开始正式实行网上办证，实际办结网上申请285份，实现群众办事“零跑腿”。

【对标及降本增效】 科学设定年度指标目标，提前完成短板改进任务。15个指标同比实现提升，优于同组均线指标个数排名小组第一，其中物流人均配送效率指标优于同组先进水平。强化预算管控，深化精益管理，可控费用同比下降6%，业务招待费、会议费、车辆运行费同比分别下降54%、58%和21%。规范国有资产管理，完善资产基础信息数据，提高资产经营管理能力，国有资产保值增值率109%。

（烟草局）

盐 业

【概况】 2017年，浙江省盐业集团衢州市盐业有限公司江山分公司（局）累计销售小包装盐品1694吨，完成三年平均销量的90%，其中澳洲海盐销售676吨，销售占比34%，精品盐销售142.8吨，销售占比8.4%。

【推进海盐战略】 按照集团公司“澳洲海盐”的战略部署，秉承差异化竞争的市场销售理念，全力推进澳洲海盐的销售工作。密切关注外来盐品的价格变化与营销手段，调整营销策略与服务方式，对左邻右舍、东方时代、0570等影响力较大的连锁配送企业，灌输和培养澳洲海盐差异化的市场销售理念。通过澳洲海盐专柜安装、户外广告的宣传投放以及返利方式及促销手段及时变化这一系列的市场化措施，稳定市场。

【加强盐改宣传】 宣传盐改政策，打击违法违规销售，净化盐业市场。根据市公司（局）“抢占市场”专项行动的工作要求，走市场、进乡村，市场检查与客情访销同时进行，挨家挨户宣讲盐改政策，发放法规通告。面对违法违规销售，针对山东盐企的违法违规销售，重点检查，重点打击，维护江山盐业市场的稳定，净化合法合规盐品的销售环境。

【对接政府奠定基础】 与政府及主管部门沟通对接盐改和盐业市场管理工作，向江山市政府汇报江山公司各项关切和要求，起草盐改方案，促成江山盐改方案最终落地。与市场监管局积极沟通合作，开展为期半个月的市场检查走访工作，并在修改后的《食盐专营办法》颁布后，主动与市场监管局、经信局沟通对接，出台联合告知书，将市场检查与法规宣传工作深入推进。

（华建平）

招商引资

综　述

【招商活动】 2月6日，江山市召开机关干部大会暨招商引资、“两年”活动动员会。同日，举行江山市政府——新疆鑫宝现代牧业集团战略合作签约仪式。2月14—15日，上海胜握胜林业有限公司总经理王利伟到江山市考察木业投资环境。2月18日，浙江华睿投资管理有限公司董事长宗佩民、杭州胡庆余堂集团有限公司董事长刘俊等到江山市考察养生养老及中医药种植投资环境。3月16日，市委常委会召开会议，研究部署项目攻坚和招商引资工作等议题。3月21日，举办2017年度招商引资专题培训班，邀请省经信委工业经济研究院副院长姜华、衢州市人大常委会副主任傅炎康作专题讲座。3月24日，市委副书记、市长舒畅带队前往上海天地汇投资管理有限公司考察对接物流集装箱制造基地项目。5月4日，举行江山经济开发区王牌产业园项目签约仪式，由浙江王牌家居有限公司投资的年产20万平方米整木家装及配套产品、10万套烤漆门、30万套免漆门生产线项目成功落户江山经济开发区莲华山工业园。5月12日，举行第二期招商引资专题培训。5月25日，召开2017年二季度重大招商引资项目信息研判联席会议。5月31日，杭州赛石园林集团有限公司总裁李荣华到江山市考察PPP及旅游项目投资环境。6月9—11日，上海市安徒生童话乐园有限公司首席销售发展总监朱书杰带队到江山进行项目考察对接。6月17—18日，广东山水漫画旅游发展股份有限公司一行到江山考察对接江郎山景区提升项目。6月18日，北京市文化投资发展集团到江山实地考察旅游项目。6月20日，市委副书记、市长舒畅带队考察上海市安徒生童话乐园有限公司。6月27日，中国网库集团公司副总裁马若飞到江山考察对接门业、消防产业电子商务平台项目。7月17—18日，副市长郑贤文带队考察荣盛房地产发展股份有限公司。7月25日，上海安徒生童话乐园有限公司一行就江山安徒生童话乐园项目规划方案及投资协议进行深入对接。7月25日，市招商局前往义乌，考察、对接洽谈数控变频马达（功率输出电机）项目投资事项。8月2日，召开2017年度重大招商引资项目信息研判联席会议。8月4日，金华市九鑫工贸有限公司一行考察江山高端民宿项目，先后踏勘双塔街道大青坑区块、贺村镇永兴坞民宿群、清湖镇灵山区块、峡口镇枫石村、保安乡箬山等地。8月7日，上海安徒生童话乐园有限公司董事长桂浩展、执行董事计峰等一行到江山深化项目洽谈。8月11日，雷士照明集团董事长、德豪润达电气股份有限公司董事长王冬雷带队到江山考察。8月18日，召开2017年度“三招三引”汇报会。8月30日，永利百合链传动产业园项目签约仪式在江山举行。9月1日，召开招商引资工作推进会。9月5日，举行安徒生丹麦童话主题小镇项目签约仪式。9月6日，市招商局、住建局、江山经济开发区一行前往四川星河建材有限公司考察、对接洽谈新型材料建筑项目。10月17日，市委书记童炜鑫召开座谈会，专题听取全市招商引资工作汇报。12月21日，举行产业招商专题培训会。12月29日，以“聚力拥抱新时代，开放创新立潮头”为主题的第四届世界浙商大会在浙江杭州开幕。江山市安徒生丹麦童话主体小镇项目、新材料锂电池项目、全屋定制小镇项目3个项目参加集中签约。

【招商成果】 全年共上报招商引资项目296个（含上年备案未开工项目），实际到位资金58.14亿元，其中引进工业项目216个，实际到位资金41.58亿元。引进亿元以上项目32个，其中引进10亿元以上项目4个，分别为城北旅游休闲综合体、江山欧派门业园、开洋木业全屋定制产业园、鑫宝牧业肉羊经济产业循环项目。

招商举措

【构建招商新体系】 市委市政府出台招商引税、重大招商引资项目决策咨询服务工作机制、2017年招商引资工作考核办法、异地商会招商引资奖励办法等“一意见一机制两办法”招商新政，提出“做大本土企业是最实的招商，企业技改是最快的招商，企业上市是最大的招商，产业招商是最准的招商，江商回归和总部招引是最好的招商，兼并重组是最赢的招商，人才招引是最活的招商”的“七箭齐发”理念，优化招商引资工作机制，推进招商引资、引税、引智“三招三引”早谋划、早开展。

【主要领导外出招商】 坚持市级领导每月不少于3天外出招商引资，部门单位主要领导每月不少于4天外出招商引资，落实好《外出招商引资审批报告制度》，要求外出招商报两办审批、反馈招商情况。招商局树立项目为王、带头招商导向，全年外出招商近50次，累计90多天，获取、洽谈、跟进一批项目，开展多层次、多维度对接，投资亿元的信可特喷射真空设备项目已落地。在谈在推5亿元以上项目20多个，其中计划总投资80亿元的“归江山居”田园文旅颐养小镇、总投资30亿元（一期12亿元）的江山安徒生丹麦童话小镇、投资25亿元的锂电池新材料、总投资5亿元的永利百合链传动产业园、总投资13亿元的鑫宝肉羊经济产业循环项目、总投资5亿元的江山汽车汽配市场一期项目已签约，总投资30亿元的生产性物流基地、总投资20亿元的开洋产业园、总投资10亿元的江山新城吾悦广场、总投资10亿元的全域创意深度旅游、总投资7亿元的城北新城多能互补集成优化项目，以及中林—江山木业产业园、荣盛集团高端康旅等项目在洽谈推进。

【夯实招商基础】 举办招商引资专题培训班，提高招商干部综合素质。以开展“四比一促”活动为主线，自我加压，主动作为，打造“拼搏、务实、专业、精准”的招商铁军，树立招商干部带头招商、懂招商、会招商的良好形象。局每位干部每人至少联系、跟踪、服务一个招商项目，在招商对接服务过程中提高水平。优化服务，着力将招商局打造成企业的“亲家”，招商引资的“专家”，招商干部的“娘家”。建设一站式招商服务和首问负责制，涉及招商的工作内容都要求能够得到解决。编印招商政策精选、编制招商指南，制作门业和消防产业推介手册；建立“江山招商”微信群，改版“江山招商”微信公众号，实时更新信息内容，搭建招商信息互通和招商资源共享平台。摸底全市闲置厂房资源、存量建设用地资源和流转土地资源，公布两个批次的闲置厂房信息53宗、存量建设用地51宗、流转土地资源70宗。

【督查推进】 市委市政府固定每季度召开招商引资推进分析会。“大招商”被列入每周市长办公会议交办内容之一，每周督查汇报重点招商引资项目进度。市委督考办牵头每季度督查通报招商引资工作情况，推动责任单位参与谋项目、抓招商、促投资、助落地。

【启动产业招商】 研究制订产业招商工作机制、管理机制、绩效考评办法，组建工业1组、工业2组、农业、现代服务业（旅游）4个产业招商小组和1个区域招商局，召开产业招商组及区域招商局成立动员会，开展产业招商专题培训，启动开展产业招商，全面推进专业招商工作。产业招商组重点开展产业研究、编制产业招商推介手册、绘制产业招商地图、谋划产业类大项目好项目、建立产业招商谋划项目储备库、形成产业招商重点推介项目本；区域招商局重点加强对驻在区域产业研究、项目对接，抓住上海、杭州、萧山等地产业加快向外转移机遇，承接先进产业转移，主动融入优势产业链条，有选择地引进与江山市产业配套的产业链项目。

【完善工作机制】 落实好重大招商引资项目决策咨询服务工作机制，成立工业、农业、服务业（旅游）、PPP 等4个招商项目决策咨询服务（谈判）小组，按期召开重大招商引资项目信息研判联席会议，构建“统一受理、专题研判、专业洽谈、挂帅推进”的快速反应通道。全年共研判项目58个，其中纳入市领导挂帅招商和市长办公会交办的共27个项目，欧派定制家居产业园、五菱汽车物流改装基地项目已落地。

江商回归

【开展商会招商】 建立专人联系异地商会招商工作机制，明确工作职责。开展春节、清明节、“五一”“十一”、中秋等节会招商，先后赴安徽、杭州、金华、北京等异地江山商会座谈交流，宣传解读异地商会招商引资奖励办法、招商引税政策等，为异地江山商会提供有效招商信息、服务招商、引进项目、资金人才等设立的基础奖、引进项目奖、引进总部奖、引进资金奖、引进人才奖等，调动商会招商积极性，各商会全年上报有效招商信息30条，组织或促成实地考察22批（次），共引进成果5个。4月3日，江山市举行异地商会2017年春季交流会。市领导王水亮、姜方云、王子平、郑贤文和全国各异地商会会长、秘书长、商会代表等参加。3月8日，江山市北京商会政府招商座谈会在北京举行，副市长郑贤文等参加。

商会招商引资奖励

获奖商会	获奖项目	地方财政贡献	获奖金额（万元）
上海商会	引进天地汇物流O2O信息交易中心总部项目	162.7万元	5
杭州商会	引进万汇通能源总部项目	533.7万元	10
杭州商会	江山国际大酒店重组项目	司法拍卖价款1.45亿元	10
北京商会	协助引进恒江劳务项目	239万元	5
甘肃商会	促成姜增发入股收购江山世外桃源大酒店51%的股权	—	3

【助力江商回归】 加强联络沟通，打好亲情牌，推动江商回归，引进欧润尼农业科技、浙江歌石物联科技、万汇通新能源总部基地等江商回归项目27个，到位资金4.58亿元。

【筹建异地江山商会】 年内，筹建山西、内蒙古、贵州、甘肃、乌鲁木齐、山东、南京、海南、河北等9个异地商会，全市异地商会数达34个。其中，招商局牵头筹建山东、山西、海南3个异地江山商会，参与筹建甘肃、内蒙古等异地江山商会，参加杭州、福建等异地江山商会年会。

山海协作

【山海协作活动】 4月17日，江山—柯桥山海协作对接活动在江山市举行。柯桥区区府办、发改局、经信局、教体局、民政局、人力社保局、农林局、商务局、文广局、旅游局、残联等部门参加对接活动，考察江山市城市规划馆、江山—柯桥山海协作产业园、大陈乡大陈村新农村建设等项目。6月7—8日，江山市招商局（协作办）、江山—柯桥山海协作产业园管委会赴绍兴市柯桥区、杭州市下城区开展对接协作工作。12月27日，柯桥区副区长马亦忠率柯桥区发改局、经信局、财政（地税）局、国土分局、商务局、滨海工业区（马鞍镇）、柯桥开发委（齐贤镇）、钱清镇、杨汛桥镇、福全镇等乡镇部门到江山对接山海协作工作，考察中国幸福乡村石门镇江郎山村、省新农村建设现场会示范点江山市石门镇清漾村，进行山海协作工作座谈，并举行山海协作援建帮扶资金捐助仪式，共捐助山海协作援建资金485.5万元，其中山海协作新农村建设援建资金158万元。江干区与江山市坛石镇新叶村结对、下城区与江山市峡口镇枫石村结对，两区共捐赠新农村建设帮扶资金60万元。

【山海协作项目】 加强与柯桥区、江干区、下城区的友好交流与合作，深化定期互访机制和工作机制，推进“山海协作”。共开展互访交流200多人次，争取项目资金帮扶，实施群众增收、社会事业新农村建设合作项目16个，到位资金218万元。围绕促进农民创业就业，增收致富，以项目为载体，推进“山海协作”三农经济项目发展。峡口镇枫石村在杭州市下城区经合办支持下，实施枫石桥改造项目；贺村镇狮峰村、山塘村、长埂村，峡口镇合新村、广渡村，坛石镇上王村、占村村、潭边村、鳌头村等山海协作结对村在柯桥区的帮助下实施道路硬化、景观塘整治、健身广场、革命教育基地、便民中心、基础设施提升等项目。发挥各类重大经贸活动和大型展会的推介、宣传、交流、示范作用，先后组织5家企业参加渝洽会、兰洽会、义博会等大型经贸活动，帮助企业产品脱销750万元。获衢州市山海协作工程考核结果一等奖。

【产业园建设】 1月19日，由省地方统计调查局调研员张荣飞带队的省山海协作产业园考核组，到江山市考核江山—柯桥山海协作产业园2016年开发建设工作。12月27日，江山—柯桥“山海协作工程”对接暨山海协作产业园第十次联席会议在江山召开。市人大常委会副主任毛吉泽，柯桥区副区长马亦忠参加。山海协作产业园引进永利百合链传动产业园、上海天地汇 O2O 信息交易平台、迈微（浙江）控股有限公司电商平台等项目20个，到位资金7.8亿元。在省级山海协作产业园考核中，江山—柯桥山海协作产业园建设获省一等奖。

农 业

综 述

【农业产业化】 2017年，组织实施农业龙头企业提升工程，全市拥有江山市级以上农业龙头企业86家，其中国家级1家、省级7家、衢州市级33家、江山市级45家，欧派门业、恒亮蜂产品、三禾生物工程等3家农业龙头企业成功上市。支持和鼓励各类农业主体开展“三品一标”认证，全市拥有无公害农产品产地43个、无公害农产品47个、无公害农产品基地面积4000多公顷，绿色食品18个、基地面积667公顷，有机农产品61个、面积1333公顷，国家地理标志保护农产品3个。支持和鼓励各类农业主体创建名牌，全市拥有农产品全国驰名商标1件、浙江著名商标13件、衢州著名商标15件，浙江名牌产品12个、衢州名牌产品15个，省名牌农产品5个，区域名牌农产品1个。

【家庭农场】 组织实施百家农民专业合作社规范化建设工程，推进合作社规范化建设，全市示范性农民专业合作社22家。鼓励规模经营农户通过工商注册登记，成立家庭农场和土地合作农场，全市有家庭农场982家。

【休闲观光农业】 全市休闲农业区（点）数

国家农发办龙头带动产业发展项目——恒亮蜂业

增加到42个，休闲观光农业园区面积达到2133.3公顷，休闲观光人数70万人次，产值1.9亿元，休闲观光农业助农增收9300万元。兑现上年乡村休闲旅游相关补助奖励政策，4个休闲农业示范点共补助25万元；保安乡被评为省休闲农业与乡村旅游示范乡镇；江山市石门镇秋实家庭农场被评为省休闲农业与乡村旅游示范点；上报江山市耕读农业科技有限公司创建全国休闲农业与乡村旅游五星级企业、烟雨江郎生态旅游休闲观光园创建省休闲农业与乡村旅游示范点、秀美耕读—月满新塘幸福乡村风光精品线；报送全国休闲农业与乡村旅游大会相关材料；配合完成中国幸福乡村创建、全域旅游等工作。培育了休闲农业与乡村旅游示范点10个。

【农业招商引资】 全年争取省级以上各类农业项目资金1.94亿元。专门设立项目前期办，发动全局开展项目谋划，全年针对本行业的发展特色共谋划23个项目。全方位开展招商引资，年内招商引资意向项目24个，其中亿元以上的项目有4个，分别为计划投资13亿元的新疆鑫宝集团湖羊养殖项目、投资1.2亿元的凤舞九天休闲观光园建设项目、投资7亿元的现代农业产业示范园项目和投资1.22亿元的植物工厂建设项目。

【农产品质量安全】 健全完善监管责任体系，打好农产品质量安全“保卫战”，保障农业投入品安全，确保农产品安全。全年检测样品790多批次，其中省级以上定量检测280批次，市定量检测510批次，定量检测合格率为100%，快速检测7890批次，合格率为91.1%。“瘦肉精”共检测67880批次，全部为阴性。全年抽检各类农业投入品90批次，立案查处各类违法案件15起，查获涉案货值24.5万元，没收假劣农资1.9吨，罚没款5.84万元。处理各类投诉24起。

【粮食生产功能区建设】 按照“吨粮标准、永久保护”和“建管并重、整体提升”的要求，继续抓好粮食生产功能区建设，实现藏粮于地、藏粮于技。新建1860公顷粮食生产功能区，提前一年完成11133公顷省定建设任务。打造粮食生产功能区升级版，除四都镇以外在全市的粮食生产功能区内，进行基础设施、农田质量提升、新技术工程推广、服务体系建设，在6个乡镇（街道）实施田间基础设施项目。持续推进千亿斤项目建设，开工建设2017年千亿斤项目，总投资2100万元，涉及上余镇、凤林镇、保安乡、坛石镇，治理面积约933公顷。实施千万亩标准农田质量提升工程，实施面积2533公顷。

【现代农业园区提升】 强化园区生产装备改善及仓储、物流等设施配套，组织实施农业“两区”绿色发展行动计划，培育农业“一区一镇”新平台，把农业“一区一镇”建设为农业“两区”升级版和高质量、高水平现代农业建设的先导区、样板区。整合省级财政扶持资金464万元，重点对省级现代农业园区的电、饮用水、路、渠等基础设施进行建设。新建江山市级农业园区10个，面积288.53公顷。按照省“一区一镇”建设实施方案，谋划江山市江郎山现代农业园区建设、江山市猕猴桃产业集聚区建设、塘源口乡猕猴桃特色强镇建设、凤林镇中药材一二三产业融合发展4个建设方案，江郎山省级现代农业园区、农村一二三产业融合发展示范区获省厅批准立项建设。长台镇蜂业特色强镇已建成蜜蜂文化宣传墙，设计“浙江省蜂业强镇”logo，完成种蜂场产权变更。长台蜜蜂文化广场提升改造项目、水张线蜜蜂灯箱安装工程、蜂业强镇标志配套项目（景观标志以及绿化）、蜂业一条街的提升改造工程（一期）、长台蜜蜂文化园等相继开工建设。

【生态循环农业示范区建设】 围绕“一控两减四基本”的目标任务，推进石门生态循环农业示范区建设，实现区域内畜禽养殖排泄物综合利用率、病死畜禽无害化处理率、农作物秸秆利用率、测土配方施肥技术覆盖率、统防统治覆盖率、农业废弃物回收率达100%，实现种植业节水40%以上、畜牧业节水20%以上；把示范区建成产业融合生态布局、生产投入清洁可控、废物利用循环高效、生产环境整洁美丽，具有标杆性、可推广的样板区。省农业厅给予1000万元的资金支持，分两年到位，完成江山市丰源生物科技有限公司的有机肥厂建设、江山市秋实家庭农场的火龙果智能化种植项目，完成总任务的50%。

【畜牧业转型升级】 抓住国家“北牧南移”战略调整契机，利用县域内丰富的草山草田和秸秆资源，主动承接“北牧南移”，引进新疆鑫宝湖羊循环经济项目。围绕建成一批美丽生态牧场、一批农牧结合示范园区、一批农牧结合服务组织，打造一条新型产业体系和一套有效运行机制，开展畜牧业绿色发展示范县创建工作，完善“4+1”长效监管模式，制定一套省级“零排放”治污技术地方性标准。推进市区屠宰场迁建，注重抓好民生“菜篮子”工程建设，配合商务部门加快推进城关生猪定点屠宰场的迁建，做好屠宰场的监管工作，确保市民吃上放心肉。江山市被评为第一批浙江省畜牧业绿色发展示范县。

【农业机械化】 实施农机购置补贴政策，加大对新机具、新产品及专用型农机具的引进和示范推广。建立健全老旧、高能耗农机报废及更新制度，加快农机产品升级换代，扩大中高端农机产品配比。加快良机良种良法良制配套，提高机械化作业适应性，促进农机装备加快向自动化、智能化、智慧型方向发展。2017年全市农机总动力41.25万千瓦，同比增加0.25万千瓦，拥有植保无人机7台、秸秆还田机械10台、水稻精量穴直播机1台、油菜精量穴直播机5台、大中型拖拉机217台、水稻插秧机123台、谷物联合收割机354台、粮食烘干机181台。全市粮食生产耕、种、收综合机械化水平为72%，提升4个百分点，其中水稻生产机耕率97.69%、机收率96.41%、机插率14.2%。茶叶生产主要作业环节机械化率60.3%，加工环节机械化率90.2%；食用菌生产拌料、装袋、灭菌等主要作业环节机械化率超过75.1%。水稻机栽面积3267公顷，粮食批次烘干能力1800吨，油菜机收面积667公顷，新增农机综合服务中心1个，新建农机专业合作示范社2个。

【农业三项补贴】 完善规模种粮和耕地地力补贴政策体系，保护种粮农民利益，引导种粮大户多种粮、种好粮。其中，种粮大户较上年增加36户，承包耕地面积4147公顷，较上年增加780公顷，增幅23.17%。全年规模种粮补贴资金发放1859.79万元，耕地地力发放补贴金额3186.86万元。全年发放农机购置补贴资金1127.45万元（其中中央补贴资金771.06万元；省级补贴资金249.47万元；县级补贴资金106.92万元），享受购置补贴各类农业机械550台，补贴农户和农机服务组织278户。报废更新拖拉机、收割机100台，享受报废更新补贴（补偿）资金共计32.6万元。

【推进土地确权登记颁证工作】 对照省里要求，抢抓进度，把握标准，确保质量，打好土地确权登记颁证“决胜战”。全市农村土地确权登记颁证共涉及269个行政村、3900个村民小组，完成外业测绘面积23640公顷。村组完成二轮核对公示，基本完成数据建库，8月底通过省级测绘成果专项验收。全面开展以“一表、一图、一合同”为重点的农户签字工作，启动权证印制发放、材料建档。截至年底，完成承包合同签订率98.5%，权证发放率82%以上，基本达到省级综合验收的要求。

【消除集体经济薄弱村】 江山市共有98个集体经济薄弱村，按照“因村制宜、五位一体”发展思路，重点增强村级“造血”功能，通过实施建设光伏工程、盘活潜力资产、发展园区物业、融入城市经济、抢抓互联网经济等举措，增加集体经济发展内生动力，多层次、多渠道、多形式探索村级集体经济持续较快增收新路子，努力减少经济薄弱村，年内全面实现薄弱村“清零”目标。

【规范农村“三资”管理】 全面完成292个村股份经济合作社换届选举工作。针对村民小组财务管理存在的监管不到位、操作不规范、制度不健全等问题，制定出台《关于加强村民小组财务管理的指导意见》。同时，根据《浙江省农村集体资产管理条例》等精神，制定《江山市农村集体资产专管员管理办法（试行）》。开展农村集体“三资”日常督查，努力使相关制度政策落实到位，对发现的问题及时整改。

【推进土地流转】 发挥政府引导推动作用，加快培育新型农业经营主体，全面规范农村土地流转行为，健全完善流转服务体系，加大全程动态监管力度，促进农业适度规模经营健康发展。全年全市土地流转面积累计11179.87公顷，流转率56.9%。

【“最多跑一次”改革】 根据“最多跑一次”工作要求，将行政许可审批服务全部进驻到市行政服务中心农业窗口，由窗口履行受理、决定、发证等权限和职责，落实“一次受理，集成服务”的有效举措，打好农业行政审批服务“提速战”，实现网上备案“零上门”，法定形式审查初审事项“一次办”，非现场审查事项“马上办”。涉及农业窗口行政审批事项共29项，除“土地承包经营权证核发、更正、变更”、指定新蚕种试养区域等2项未列入外，其他27项全部列入江山市“最多跑一次”事项清单，占总数的93%。全年农业窗口共受理各类行政审批事项申请537件，办结537件，群众测评非常满意率100%，办结率100%，连续四个季度被市行政服务中心评为五星级窗口。

【农民信箱工程】 通过农民信箱“每日一助”农产品供求信息服务活动（简称“每日一助”服务），帮助农民推介特色农产品，拓展农产品销售渠道和市场，衔接农产品供需，提高经营效益，促进持续增收。全年发布“每日一助”服务信息187条，成交额754.7万元，收集录入当地农业主导产业发展、采摘游、农展会、农产品等信息30条，指导农业企业和农户在网上发布买卖信息，全年共审核发布农民信箱买卖信息220条。发送植物检疫宣传标语4条次、“五水共治”宣传标语33条次，接收人数达189.75万人次。推进农产品电子商务的发展，开展电子商务普及培训工作，培训人员2069人次。做好掌上农民信箱应用推广，已有掌上农民信箱用户4617人，占注册用户数的13.2%。做好农民信箱万村联网建设工作，全市共建成村级（含社区）网站306个，年发布信息10000多条。农业局被评为2017年度浙江农民信箱工作考核优秀单位。

【助力全省美丽乡村建设现场会】 为做好全

省美丽乡村建设现场会沿线农田油菜种植，提升考察沿线空闲农田景观，统一采购7300包油菜籽提供给10个乡镇（街道），免费发放给农户种植，培育66.67公顷的应急种苗，成立农技专家组，开展技术指导，主要领导挂帅，分管领导带领局中层干部分组督查，落实全市414.6公顷种植任务。推进秸秆禁烧与综合利用。会同环保、综合执法部门开展秸秆禁烧与综合利用政策与技术培训，营造全面禁止秸秆焚烧的社会氛围，开展流动宣传车巡回宣传20多期，发放秸秆禁烧告知书1万份。建成鑫宝油菜秸秆饲料化利用示范基地，收集周边农民油菜秸秆50余吨；引进江山恒麟环保科技有限公司稻草利用项目，推进秸秆原料化利用。

11月15日，省农业厅厅长林健东（右三）出席江山市水稻高产攻关测产活动

粮食和特色产业

【概况】 2017年，全市粮食播种面积29280公顷，总产20.03万吨，其中水稻播种面积22968公顷，总产17.42万吨。生猪饲养量69.07万头，家禽饲养量1731.57万只，全市主要畜禽养殖产值14.2亿元。蜂群24.13万箱，总产值15.36亿元，蜂业规模与经济效益连续26年位居全国各县（市）第一。茶园面积3433.33公顷，茶叶总产2200吨，产值1.53亿元。食用菌栽培量1.15亿袋，鲜菇产量4.72万吨，产值3.75亿元。果菜复种面积9393.33公顷，产量26.6万吨，产值4.7亿元。中药材种植面积1100公顷，产量0.18万吨，产值1.98亿元。

【粮食生产】 全市粮食作物播种面积同比增40公顷、增0.08万吨。油料面积8238公顷，总产1.37万吨，同比减1280公顷、减0.21万吨。继续开展部级粮食绿色高产高效示范县创建，重点建设6个共430公顷市级水稻高产千亩示范片和泉塘畈7.8公顷单季晚稻“甬优12”组合高产攻关示范方。经省农业厅组织验收，长台镇华峰村6.8公顷“甬优1540”组合连作晚稻，整个示范方平均亩产793.48公斤，其中高产攻关田亩产818.75公斤，成功冲击“浙江之最”，成为浙江省水稻连晚新的纪录。石门镇泉塘村泉塘畈7.8公顷“甬优12”组合单季晚稻，整个示范方平均亩产1010.99公斤，其中高产攻关田亩产1071.51公斤，比上年增产47.38公斤，再次成功冲击“浙江之最”，成为全省水稻单产新的纪录。

【畜牧业生产】 全市生猪出栏47.31万头，与去年基本持平；家禽饲养量同比减0.93%；家禽出栏1354.78万羽，同比减少0.51%；家禽以肉鸡为主，全市肉鸡养殖量1415.71万羽，同比减少0.49%；全市主要畜禽养殖产值14.2亿元，同比减少0.84%。

【蜂业生产】 全市蜂群同比增0.23万箱，蜂业产值同比增加0.58亿元，其中养蜂产值4.06亿元，同比增加0.24亿元，经销加工产值11.3

5 月 18 日，在 2017 首届中国国际茶叶博览会上，举办江山绿牡丹茶品牌推介会（沈天法 摄）

亿元，同比增 0.34 亿元，直接出口产值约 2400 万美元，同比增加 400 万美元。蜂业规模与经济效益连续 26 年位居全国各县（市）第一。

【茶叶生产】 全市茶园面积同比增加 33.33 公顷，茶叶总产量同比增长 4.8%；产值 1.8 亿元，同比增长 13.9%。其中名优茶 1445 吨，同比增长 25.6%；产值 1.53 亿元，同比增长 17.2%。“江山绿牡丹茶”获得农业部农产品地理标志认证，成为江山市首个取得农业部地理标志认证的农产品（证书发放时间为 2018 年 2 月）；“江山绿牡丹茶”参加 2017 年浙江知名农产品品牌评选，被认定为全省 50 个知名区域公用品牌之一；被中国茶叶博物馆收录，作为中国名茶代表展示；品牌价值达 5.84 亿元，在全国茶叶区域公用品牌中列第 79 位，排名较去年提升 3 位，品牌价值提高 200 万元。江山市连续五年被评为“全国重点产茶县”。

【食用菌生产】 全市食用菌栽培总量同比增 0.05 亿袋、产值增加 0.25 亿元。与浙江省农业技术推广中心共同起草浙江省地方标准《竹荪生产技术规程》，为种植生产提供科学依据与技术支撑的“江山方案”。谋划现代食用菌科技创业园，拟投资 5 亿元，建设日产 90 万瓶、日产量 350 吨金针菇以及后续产业食用菌多糖提取和菌渣有机肥生产的现代智能食用菌工厂化产业园。年内，江山白菇荣获全国十佳食用菌地标品牌和全国果菜产业绿色发展百佳地标品牌。

【果菜生产】 全市蔬菜（包括西甜瓜、草莓）复种面积同比增加 253 公顷、增长 2.77%，产量同比增加 0.65 万吨、增长 2.5%，产值同比增加 0.59 亿元、增长 14.35%。其中蔬菜面积 8800 公顷、产量 23.66 万吨、产值 3.95 亿元。举办浙闽赣皖四省五县（市、区）精品蔬菜瓜果展示展销会。秀地黄秋葵被评为浙江省名牌农产品、2017 年省优质农产品金奖。星菜农业科技公司植物工厂试产成功，成为全国最大商品化蔬菜工厂。

【中药材生产】 全市中药材种植面积同比增

加59.22%，产量同比增长23.42%，产值同比增长14.59%。种植中药材主要品种有覆盆子、黄精、白芨、葛根、铁皮石斛、元胡、贝母、白花蛇舌草、金银花、白术、灵芝、米仁、竹荪、金线吊葫芦、红虎刺、大叶青、莲茵陈、夏枯草、七叶一枝花、麦冬、何首乌等20多个。江山市被评为浙江省中药材产业基地县。

农业行政执法

【农业综合执法】 全年立案查处各类违法案件16起，其中农药案8起，肥料案1起，种子案2起，兽药案4起，饲料案1起，涉案价值24.5万元，没收假劣农资1910.6公斤，罚没款5.84万元。规范处置举报投诉，全年处理投诉24起，其中投诉猕猴桃花粉质量问题6起，种子质量投诉12起，化肥3起，农药3起，补偿金额4900元。开展绿剑春、夏、秋季执法行动，加强节日期间农产品质量安全检查，开展饲料生产环节违法使用兽用抗菌素行为隐患排查和检查专项行动、农资打假护农保春耕联合执法行动、政府采购肥料专项抽检行动、添加隐性成分农药专项抽检等专项整治行动，强化农业投入品质量安全监管，保障农产品质量安全。全年出动执法人员626人次，检查农业投入品生产经营单位417个次，监督抽检农业投入品92批次，农产品23批次。市农业行政执法大队承办的“当事人销售含有禁止使用农药的茶叶案”和当事人在茭白种植过程中使用高毒农药（水胺硫磷）案入选《农产品质量安全执法浙江实践》一书，2017年承办的“当事人销售假兽药案”获评全国农业执法优秀案卷。建立健全“双随机一公开”工作机制，按照有关法律法规，梳理出随机抽查权力事项清单6项，执法大队12个执法人员入执法人员名录库，随机抽查对象为农产品生产经营企业103家，农药种子经营企业220家，兽药经营企业21家，饲料生产经营企业35家。同时，推进农资监管信息化建设和农业执法智能处理工作，网上办案率达到100%。

【贯彻新农药管理条例】 贯彻落实新的《农药管理条例》，开展培训工作，各乡镇（街道）农技员及局科站相关人员和全市共227家农资经营户参加培训；印制张贴农药经营、使用安全宣传标语300多份。

动植物疫病防治

【动物疫病防控】 制订实施重大动物疫病免疫、监测计划，突出抓好人畜共患病的监测和防治，健全防疫可追溯体系建设；完善政府购买防疫服务制度。做好重大动物疫病防控，重点做好高致病性猪蓝耳病、高致病性禽流感、牲畜口蹄疫、猪瘟、小反刍兽疫等重大动物疫病的强制免疫、消毒灭源、封堵外疫、疫情监测、检疫监督等综合防控措施落实，加强养殖场违禁药物抽检，落实省外调入动物、动物产品监管；确保有效免疫密度常年保持95%以上、动物标识佩戴率达100%，确保产地检疫率、屠宰检疫率达到100%，确保不发生区域性重大动物疫情。承办全省防控重大动物疫情应急演习。江山市被评为2016年度省重大动物疫病防控和畜产品安全监管目标管理考核县级优秀单位。

【植物疫情防控】 开展疫情监测、普查、阻截和重大植物疫情的防控等各项工作。全市开展春季加拿大一枝黄花防控12.63公顷，投入人工105.5工次，使用41%草甘膦异全胺盐水剂525公斤，秋季防控投入人工208工次，上部割除9.34公顷，投入防控经费10万多元。全年收到产地检疫申请14起，其中水稻种子4起60.47公顷，预计产量34.73万公斤；水果苗木10起，其中柑橘苗木8.4万株，其他苗木6.4万株，签发产检合格证12份。江山市被评为2016年度省重大农业植物疫情防控工作优秀单位。

农业综合开发

【概况】 2017年度江山市农业综合开发办公室新增实施项目11个，总投资5215万元。其中：土地治理项目3个，总投资4400万元；产业化发展财政补助项目3个，总投资740万元；产业化发展贷款贴息项目5个，贴息补助金额共75万元。年内项目建设进度和资金拨付速度列全省前三，被浙江省农发办评为2016年度全省农发工作先进单位，被衢州市农发办评为项目单项工作考核先进单位。

【仕阳尾畈高标准农田建设项目】 共投资2200万元，其中省以上财政补助2000万元，市财政投入200万元。项目治理面积953.33公顷，新建堰坝3座，泵站2座（63.5千瓦），灌渠40条17.51公里，排渠37条8.94公里，渠系建筑物185处（其中：农机跨渠板111处、涵管65处，简易节制闸9座），加固蓄水塘2座，新建机耕路26条6.85公里，修建机耕路24条11.60公里（路面全部硬化）。实施水稻高效生产技术和油菜高产优质栽培技术两项科技示范推广项目，示范推广面积15.46公顷，购买仪器设备3套，培训人员80人次。

【大桥镇福塘片高标准农田建设项目】 共投资1100万元，其中省以上财政补助资金1000万元，市财政投入100万元。项目治理面积480公顷，新建灌渠2条0.57公里，修建灌渠1条0.31公里，新建排渠8条6.81公里，渠系建筑物25处，机耕路1条0.13公里，修建机耕路16条4.79公里，新建机耕桥4座。实施水稻高效生产技术和莱菔子高效生产技术两项科技示范推广项目，示范推广面积16公顷，购买仪器设备1套，培训人员80人次。

【横渡溪小流域农业生态工程项目】 共投资1100万元，其中省以上财政资金1000万元，市财政投入100万元。项目治理面积393.33公顷，新建溪流护岸总长6.398公里，灌渠1条0.42公里，排渠2条0.13公里，渠系建筑物41处，机耕路4条1.63公里，机耕桥1座。

横渡溪小流域生态治理项目

【110亩白芨种植示范基地建设项目】 由江山市双创果蔬专业合作社实施，总投资303万元，其中省以上财政补助135万元，市财政投入15万元，合作社自筹资金153万元。建设白芨种植示范基地7.33公顷，微喷设施5.33公顷，蓄水池200立方米，生产用房205平方米，砂石道路1公里，排水沟渠墙0.2公里，玻璃温室427平方米，冷库76立方米等。

【凤林镇110亩猕猴桃种植基地新建项目】 由江山市锦绣苗木专业合作社实施，总投资229万元，其中省以上财政补助99万元，市财政投入11万元，合作社自筹资金119万元。新建猕猴桃种植基地7.33公顷，建设钢筋砼架7.33公顷，滴灌设施7.33公顷，蓄水塘2个3000立方米，蓄水池9个150立方米，道路建设2.3公里（其中硬化1.3公里），渠道0.8公里，电力设施1.2公里。

【白石猕猴桃基地建设项目】 江山市石塘家庭农场实施，总投资208万元，其中省以上财政补助90万元，市财政投入10万元，农场自筹资金108万元。新建微灌设施7.33公顷，钢筋砼架7.33公顷，蓄水塘1000立方米，道路硬化1.8公里，电力线路架设安装1.8公里等。

（汪燕君）

林　　业

综　述

【概况】 2017年，市林业局贯彻“绿水青山就是金山银山”重要思想，以勇于担当的精神风貌和扎实果敢的工作作风，圆满完成市委、市政府及上级林业部门下达的各项工作目标任务。截至年底，全市森林覆盖率69.5%，平原林木覆盖率25.8%，森林保有量13.77万公顷，重点公益林6.67万公顷，湿地3866.67公顷。全年实现林业总产值201.8亿元，同比增长15.1%，其中一产7.5亿元，二产147.9亿元，三产46.4亿元。获“全国林业系统先进集体”荣誉称号。

【推进国家森林城市创建】 创建国家森林城市是践行“两山”理论的具体实践。自2008年江山市成功创建省级森林城市以来，即着手准备国家森林城市创建工作。在获悉“十三五”期间国家林业局将国家森林城市创建延伸到县（市、区）的消息后，根据比对22项国家森林城市主要指标，认为江山市创建国家森林城市的基础与条件已经成熟，提请市委市政府启动创建国家森林城市工作，提出整合资源力量，加快生态建设，争取2018年成功创建国家森林城市的建议。2017年8月，《江山市国家森林城市建设总体规划（2016—2025年）》通过专家评审，并制定出台《江山市创建国家森林城市工作方案》，成立工作领导机构，召开全市创建国家森林城市动员大会，各项工作有序推进。全市全年实施美丽乡村、“百里须江·美丽长廊”等创森重点工程20余个，绿化直接投资1.27亿元。

8月10日，国家林业局专家组对江山市创建国家森林城市总体规划进行评审（姜文海 摄）

【保护区规范化建设】 继续加大保护区创建力度，做到标准不降，力度不减，措施更实。全年共向上争取省级资金328.47万元，争取市财政专项资金210万元。制定上报保护区管理局“三定方案”，编制年度选人用人计划，公开选调和招考事业干部。先后组织浙大、浙师大、浙江农林大、浙江自然博物馆、省林勘院等大学和科研技术单位完成保护区年度植物植被、鸟类兽类和两栖类及昆虫类等自然资源科学考察，摸清资源家底。联合省环境监测中心共同开展保护区界线矢量化工作，编制《江山仙霞岭省级自然保护区界线矢量化项目方案》，规划确定400个界线布点，完成外业勘界以及内业数据和遥感图片处理等工作。投入20万元用于保护区重点保护对象——伯乐树的专项保护。与省林科院共同编制《江山仙霞岭省级自然保护区伯乐树保护实施方案》，通过苗圃建设、人工繁育、遗传结构研究等措施，加强伯乐树资源动态监测和管护。投入60万元用于开展1公顷植物样地建设以及配套开展的土壤性质调查、种子雨调查和鸟类兽类调查。与浙江大学达成合作协议，专门邀请省植物学会理事长于明坚教授实地踏勘选点，共同编制《江山仙霞岭省级自然保护区森林生物多样性监测样地建设调查方案》。规划建设安民关、东坑口和深坑等3处哨卡，与市华数广电公司达成协议，借助市森林消防天眼系统，建立保护区视频监控天眼系统。

【首次实现春节期间“零火情”】 2017年春节前后，面对严峻的森林消防形势，全市上下严阵以待，严防死守，成功打赢森林消防攻坚战，实现江山市首次春节期间零火情。在宣传上，为营造“人人参与、家喻户晓”的森林消防氛围，电视、广播、横幅、短信、敲锣、传单等宣传载体全方位应用，并开辟微信群、微信朋友圈等宣传通道，利用新购置的“百呼机”，持续发送宣传信息。据统计，全市累计发放禁火令3.5万份、禁火令告知书5.6万份，张贴横幅、宣传标语6000余条。在管控上，坚持24小时值班、领导带班、“零报告”等原有机制，每天组织人员全市域巡查，累计出动1120人次，制止扫墓违规用火968起。

林业生产

【绿化造林】 全市面上造林任务全部超额完成，共新增平原绿化204.33公顷（计划200公顷），提升205.33公顷（计划200公顷），荒山造林35.33公顷（计划20公顷），迹地更新353.33公顷（计划333.33公顷），四旁植树91万株（计划90万株），种植珍贵树种66.7万株（计划64万株），参加义务植树30多万人次，植树92万株，完成通道绿化15公里8公顷，河道绿化25公里8公顷，“三改一拆”复绿50000平方米。

【“一村万树”行动】 市委、市政府出台《关于开展“一村万树”三年行动（2017—2019年）的实施意见》，市林业局出台《关于切实做好“一村万树”三年行动工作的通知》，对相关要求进行细化，即每年重点打造一条“一带一树”特色景观带，建成“一村一景”珍贵彩色树种示范村30个以上，通过三年努力，全市建成珍贵彩色树种示范村100个以上，种植珍贵彩色树种累计300万株以上。采取村集体实施、村与农户共同实施、村与企业合作实施等多种模式，打造林业产业经济型、绿化大苗培育型、村庄绿化提升型、休闲农庄建设型等四类各具特色的精品景观带，市政府以“补+奖”的模式拨付资金，重点示范村最高可补助30万元。全年共建成示范创建村41个（重点示范村5个），考核位列衢州市第一。

【林业种苗培育】 依托全省定点苗圃优势，开展珍贵彩色树种省调控容器育苗项目及中央林木良种培育项目。为全省及当地供应苗木 129.6 万株，其中杉木 23.6 万株，松木 11.2 万株，枫香 4.3 万株，楠木 2.1 万株，木荷 2 万株，油茶 20.4 万株，并提供浙江楠、浙江樟、红豆杉等珍贵彩色树种调控苗 66 万株，其中一类苗 36 万株，二类苗 10 万株，三类苗 20 万株。

林业产业

【木材加工产业】 以争创“中国定制家居名城”为主抓手，通过政策驱动、品牌推动、龙头带动等一系列措施，鼓励引导板材、木门、家具企业向定制家居转型，全年实现木业产值 147.9 亿元，其中家居（木门）产业实现产值 90 亿元，占比扩大至 61%。

【猕猴桃产业】 新增种植面积 13.33 公顷，全市猕猴桃种植面积 1600 公顷，其中挂果面积 1380 公顷，年产量 1.9 万吨，年销售量 8 万多吨，年销售额 9 亿多元。启动江山猕猴桃研究院组建工作，建立 0.67 公顷品种园和 0.67 公顷示范研究基地。针对塘源口乡出现的红阳猕猴桃溃疡病，安排病虫害防治资金 30 万元用于防治，拔除和销毁病株 6 万余株，对染病基地做土壤消毒、砧木涂药等综合措施，控制大规模侵染趋势。12 月，江山市与中科院武汉植物园签订猕猴桃产业发展合作协议。与亚太国际果业有限责任公司初步达成投资意向，在消防城以南地块打造“中国南方猕猴桃集散中心”，计划投资 3.3 亿元，计划用地 5.33 公顷，建筑面积 6.2 万平方米，主要建设有商贸交易区、猕猴桃选果分拣中心、物流生产资料区、市场管理服务区、电子商务创业园、猕猴桃科普馆、会展中心、培训中心、监测中心等。开展江山猕猴桃广告语全国征集及猕猴桃果王评选活动。广告语征集共收到 21 个省市自治区 1360 名热心网友投稿，一等奖作品“江山猕猴桃，猕猴桃的江山”被采用；在央视《军事纪实》《美丽中国乡村行》等栏目中播放江山猕猴桃广告；联合市场监管等相关部门，开展严禁采青和严厉打击虚假销售行为等多次联合执法行动。

【中药材产业】 联合浙大专家团队开展江山市中药材种质资源调查，举办 15 所高校院所联合科考仙霞山脉生物多样性暨江山珍贵特色道地药材资源情况发布会。与中国科学院大学签订合作备忘录，计划合作打造一个集吃、住、医、养、游为一体的中药科教健康小镇。12 月 28 日，江山市被浙江省中药材产业协会认定为“中药材产业基地县（市）”，基本形成以黄精、白芨、覆盆子为主导的中药材特色产业，全市中药材种植面积达 1066.67 公顷。

【森林旅游产业】 开展《仙霞国家森林公园总体规划》修编工作，初稿已通过市级初审；200 万元的仙霞森林古道修复项目已通过省专家评审程序并正式立项；申报森林旅游各类荣誉，扩大江山市森林旅游知名度，其中仙霞古道被国家林业局评为“全国森林旅游年度成长力旅游地”。“全国森林旅游百佳景区”“中国森林体验基地”“中国森林养生基地”“中国慢生活休闲体验区”等森林旅游国字号荣誉已上报待批。

【柑橘产业】 全市完成流转橘园 71.73 公顷，推广优良品种 83.47 公顷，建设大棚 8 公顷，改造低产低效橘园 54 公顷，培育家庭农场 25 个（6.67 公顷以上 4 个），超额完成衢州市下达的柑橘转型发展任务。

林政管理

【林地征占用管理】 全市共办理林地占用82起，面积57.51公顷，收取森林植被恢复费778.30万元；发放林木采伐许可证810份，42230立方米；共查验登记外来木材85.26万立方米。完成林权流转25起，面积606.67公顷，金额1120万元；开展林权抵押贷款10起，金额1253万元；发放2016年林权抵押贷款贴息38万元。

【林业执法】 全年共查处各类案件81起，其中涉林刑事案件11起，移送起诉15人。在“禁种铲毒”专项行动中，配合市公安局禁毒大队共查获非法种植毒品原植物罂粟点132处，铲除毒品原植物罂粟1747株，治安拘留处罚7人，治安罚款16人，收缴罚款3550元。全年多次联合市公安局、市场监管局及市检察院等部门共同开展以清缴非法猎捕工具为主要内容，代号为“百日金网行动”，及严厉打击破坏陆生野生动物资源违法犯罪专项行动。全年共出动检查人员100多人次，清理检查农贸市场、野生动物经营利用（餐饮酒店）、繁育场所等60多处，查处非法狩猎、经营野生动物案件5起，收缴铁夹500

检查野生动物经营利用（姜文海 摄）

多副，捕鸟网20多张，救护野生动物35只。

【森林资源保护】 出台《关于进一步加强林木采伐和营造林管理的通知》，通过落实天然林全面禁伐、划定“四边区域”限伐区、加强审批和涉林垦造耕地项目管理等措施，加大资源保护力度；通过强化造林方案备案审核、建立迹地更新保证金制度等措施，推进科学种树，提高造林水平。

【野生动植物保护】 首次在江山市举办衢州市野生动植物保护宣传月暨爱鸟周活动启动仪式。开展上百件野生动物标本展览，组织市民现场签名承诺等活动，现场发放宣传资料800余份。首次建立野生动物救护举报奖励机制，对相关执法机关认定的野生动物救护行为，以及立案查证属实的各类涉林案件的举报有功人员实行奖励制度，发挥基层护林组织和林农的群防群治作用。完成江山市古树名木资源新一轮普查工作，通过古树名木保护网建立数字档案，并顺利通过省市联合检查，摸清和掌握全市古树名木资源现状、保护、分布等相关情况。全市现有古树1677株，其中一级古树105株，二级古树225株，三级古树1346株，名木1株；古树群14个。与上一轮相比，古树增加205株，名木减少1株。同时，投入90万元，对30株一级古树进行专项保护。

【松材线虫病防治】 10月下旬，凤林镇新发现松材线虫病疫点，随后有贺村镇、新塘边镇、双塔街道、虎山街道、清湖镇、坛石镇、凤林镇7个乡镇染疫，市林业局严格按照技术规程清理枯死松树，高强度推进化学防治、健康林建设、免疫剂注射等防治工作，共清理枯死松树541吨，面积1200公顷，实施免疫剂注药3.5万支，面积66.67公顷，噻虫啉喷粉防治松褐天牛

333.33公顷，悬挂诱捕器500只，实施松林改造120公顷，建设健康林66.67公顷。此外，坛石、长台、清湖、碗窑等乡镇5240公顷松林发生松毛虫危害，通过施放白僵菌粉炮和喷粉防治等措施，未造成大量松树死亡。

林业改革

【“最多跑一次”改革】 根据省林业厅公布的群众和企业到部门办事事项指导目录及办事指南，对所有权力事项进行梳理，将23个大项，29个小项纳入“最多跑一次”事项库，其中11个行政许可事项的办理全部放权到窗口。积极参与“百名局长坐窗口”活动，局班子领导定期在窗口坐班，获省委主要领导的批示点赞。

【公益林护林社会化管理】 通过公开招标向社会组织购买服务的方式，实施对全市6.67万公顷重点生态公益林190位专职护林员的管理。由市林业局与护林公司签订合同，在不减少核定护林员总数的前提下，护林员护林路线、人身保险、考核办法、薪资发放等相关事项全部由护林公司负责，林业局及所在乡镇、村负责实施监督，每年对护林公司进行考核确定具体承包款和后续承包资格。

【林业科技】 由市林业产业联合会参与的《人工林杉木增值加工关键技术研究与产业化应用》获得第八届梁希林业科学技术奖二等奖、省第十七届科技兴林奖一等奖。由市林业局组织实施的《猕猴桃果实腐烂病的无公害综合防治关键技术优化与产业化》和《林药复层经营技术推广》成果分别获省第十七届科技兴林奖二、三等奖。同时，在推广猕猴桃纯花粉授粉技术下，又开展猕猴桃控根栽培技术、耐涝砧木引进对比、软枣品种引种、花腐病和腐烂病防治等试验。

（姜文海）

水利 电力

水 利

【概况】 2017年，江山市水利局围绕年初既定的目标任务，以问题为导向，以项目建设为工作核心，以“五水共治”为工作主线，实施水利工程项目建设，提升防汛应急能力，加强行业管理能力，稳步推进渔业产业发展，获全省市县水利工作综合考核优秀单位。防汛办被评为省水利厅基层防汛防台体系建设工作先进单位。江山港流域综合治理工程经省发改委立项，并列为浙江省重点建设项目；11月26日参与接待水利部副部长陆桂华到江山调研碗窑电站安全生产标准化创建及江山港流域综合治理工程。

【水利项目】 全年共完成水利建设投资5.6亿元，比上年增长21.7%。实施江山港流域综合治理项目，完成投资3.2亿元，完成可研调整报告及初步设计报告的批复和土地详查工作，完成新城溪段治理和城区段绿道提升改造工程，征迁工作全面开展，推进征迁政策问题协调；达山蓬、茹菇塘两座水库除险加固工程、第六批小农水重点县2016年度项目、2017年度河湖库塘清淤、2017年面上小农水项目、低丘红壤开发治理项目、新塘边溪小流域水土流失治理项目等已全部完工；峡口镇农村饮水安全提升工程基本完工；第九批小农水项目县2017年项目完成全部建设任务的80%；碗窑水库加固改造工程完成年度投资任务，占全部建设任务的21%。

【防汛应急】 坚持“不死人，少伤人，少损失”的工作目标，周密准备、强化责任、落实措

6月26日，沪昆铁路抢险现场

施，着力减轻灾害风险，增加应急处置能力，全面提升全社会防御洪涝台灾害的综合能力水平。面对“6·25”洪水，在发现沪昆铁路江山港大桥桥墩一角被冲毁的险情后，经过各有关部门共500多人连续60多小时的努力，先后两次实施爆破，成功处置险情。之后又按照市政府的部署及时组织河道疏浚，并于9月对整个和平堰实施爆破和清理。同时，开展其他重点区域、重要基础设施的防洪安全检查，确保水库、重要堤塘等水利工程的安全度汛。

【行业管理】 严格执行行政审批和执法事项。全年共受理办结各类审批事项130件，其中开发建设项目水土保持方案审批43件、涉河涉堤建设项目审批2件、河道管理范围内有关活动许可1件、受理取水许可项目6件、水利基建项目初步设计文件审批78件，按期办结率100%，满意率达100%。梳理完善“最多跑一次”权力事项，提升审批服务效率。开展“春潮2017”渔业执法专项行动，出动日常巡查约60次，180人次，夜间巡查20余次，制止、处理各类水事渔事违法行为15件，立案、结案4件，罚款2.9万元。对江山港全流域实施禁渔制度，保护渔业生态环境。

【安全保障】 抓好安全生产，全年共检查工程95个，出动人员536人次，发出水利工程质量与安全检查意见书32份，水利工程质量整改通知单9份；开展安全生产及质量管理知识培训、安全生产月、“安全生产法”宣传周等活动，提升管理人员安全意识水平。做好城区河道保洁，累计投入资金40余万元，打捞水葫芦、水草等垃圾1000余吨，病死畜禽30余头（只）。在江山召开的省美丽乡村现场会期间，全局共组织出动400余人次，经连续3天通宵保洁，有效保障城区河道的清洁，得到上级领导的高度肯定。

【渔业产业】 全年水产品产量达1.48万吨，比上年增4%，实现产值4.74亿元，比上年增7%。推行洁水渔业，完成禁养限养区划定和整治43.27公顷，开展峡口水库网箱整治，仅用一周时间拆除峡口水库库区全部158个养殖网箱，

峡口水库养殖网箱整治

拆除面积6720平方米；完成水产养殖塘生态化改造38公顷；稻鱼共生（轮作）面积17公顷；渔业资源增殖放流各种鱼苗1072多万尾。通过一系列洁水渔业整治措施，渔业养殖生态环境得到显著改善。推动集商务、垂钓、娱乐、餐饮、旅游为一体的休闲渔业主体发展，全市共发展休闲渔业主体55家，其中省级休闲渔业示范基地2个，总经营规模2631公顷，吸纳劳动力600多个。

（缪 运）

峡口水库

【概况】 江山市峡口水库管理局下辖峡口水库、白水坑水库和江山市水利水电开发有限公司，管理白水坑、峡口、峡里湖、肩头弄、贺

社、山溪蓬、木西坂等7座电站，共22台机组，总装机容量59120千瓦，多年平均发电量1.4亿千瓦时。2017年，峡口水库管理局获市级年度综合考核二等奖、结对帮扶共建中国幸福乡村工作先进单位、安全生产目标考核优秀单位、安全生产工作先进集体、“96345”党员志愿服务先进集体。白水坑、峡口水库通过省级标准化验收。峡口电站获省卫生先进单位和省农村水电站安全生产标准化二级单位。

【两座水库基本情况】 白水坑水库于2001年动工兴建，2003年3月建成运行，总库容2.48亿立方米，正常库容2.15亿立方米，梅汛期控制水位高程343.80米，台汛期控制水位高程348.30米，是一座以防洪为主，结合灌溉、发电等综合利用的大（二）型水库，排名全省第十位。水库大坝为混凝土面板堆石坝，坝高101.30米，长236.79米。水库库区集雨面积330平方公里，库区多年平均降雨量1937毫米，多年平均来水量4.05亿立方米。库面面积7.07平方公里。峡口水库于1966年9月开工建设，大坝1971年7月完工，总库容0.62亿立方米，正常库容0.47亿立方米，正常蓄水高程235.24米，是一座以灌溉、防洪为主，结合发电、供水等综合利用的中型水库。2005年6月被国家防总确认为全国防洪重点中型水库。水库大坝是浙江省最早建造的混凝土重力坝，坝高68.66米，坝长276.60米。水库库区集雨面积399.30平方公里，多年平均降雨量1930毫米，多年平均来水量达5.45（设计）亿立方米。库面面积2.26平方公里。2009年水库实施除险加固时，根据水资源综合开发利用以及城乡一体化供水的需要，新建分层取水控制设施，取水口底部高程分别222.50米、212.50米、190.24米。

【水库灌区】 灌区建有东、西两条干渠，总长106公里，其中东干渠47.4公里、西干渠58.6公里；支渠113条，总长214公里；渡槽、灌溉闸等渠系建筑物800多处；灌区总土地面积约4万公顷，设计灌溉面积2万公顷，范围涉及江山

白水坑水库（姜科 摄）

市峡口、凤林、石门、新塘边、大桥、贺村、坛石、清湖、虎山等9个乡镇（街道），人口29万人，土地面积和人口均约占江山市的一半。

【招商引资】 制定《峡水局2017年招商引资工作考核办法》，全年上报大项目信息16个；引进4个工业类项目，完成有效投资1.2亿元；引进8个服务业类项目，总投资3020万元。完成项目谋划56个，其中上报市前期办26个，1个项目入库。

【项目建设】 完成2010灌区节水调增项目，改造渠道4.72公里，渠系建筑物44处；投入315万元，建设具备人防、内保、水保三位一体功能的智慧水库项目；推进峡口电站3#、4#机组报废重建项目；全年完成1350万元有效投资。

【抗旱灌溉】 制定全年灌溉方案和用水计划，加强供水设施检查维护、水毁工程修复加固、渠内障碍物清除，保持渠道通畅。全年为5个山塘水库充塘充库，农田灌溉5次，输送水量5685万立方米。同时，为全市生态调水近1000万立方米。

【安全生产】 全面落实2017年"安全生产月"的相关要求，全年共开展反事故演练10次，业务培训20余次，进一步增强电站事故应急处置能力；优化各电站调度生产，关闭白坑电站，合理分流技术人员，补强一线生产。全局电站累计发电1.35亿千瓦时，与上年同期相比，峰谷比增长8.46%。

【防汛度汛】 做好汛前隐患排查和整改落实工作，严格防汛责任制和监测预警机制。泄洪期间，启动防汛应急预案，及时做好放水预警，由班子领导分别带队，通过6天7夜的不间断安全巡查，确保水库安全度汛。提升渠道工作人员安全管理意识，在强降雨期间，组织人员分别前往东、西干渠，进行24小时不间断巡查，消除排查出的安全隐患29处。

依法取缔库区"三无"船只（姜科 摄）

【水源保护】 全年组织党员、干部职工600多人次，清理打捞库区、灌渠水面及沿岸垃圾90多吨，发放宣传单1000余份；开展水源地环境执法和保护巡查240多次，收缴各类违规渔具500余件，依法取缔竹筏、橡皮艇等库区"三无"船只40余艘；顺利完成峡口水库库区内158个养殖网箱拆除清运工作；强化基本保障，投入11.8万元延长峡口水库库区沿线隔离防护网2公里，投入20多万元设立白水坑、峡口水库大坝顶警务室，新购25万元巡逻艇于11月投入使用。

（夏思晴）

碗窑水库

【概况】 2017年，碗窑水库管理局抓好水库加固改造、标化管理、水源保护、发电经营、生产安全、工程管养等重点工作。全年完成发电量6752万度，完成招商引资项目3个，重大项目前期谋划13个，累计向上争取维修养护、标准化创建和加固改造工程补助资金2000余万元。

【加固改造工程】 成立专门工作班子，完善制度建设，力排种种困难，集全局之力推进加固改造工程前期准备，于10月底顺利开工。年内，完成水上作业浮动平台组装和水底淤积探摸，实施碗窑乡临时供水工程和坝体灌浆准备，工程进入正式实施阶段。

【水源地保护治理】 通过“配合关停一批、配合整改一批、巡查更进一步、清漂更严一尺、督查更深一层”的“五个一”水源地保护措施，持续开展水源保护工作。结合志愿汇APP平台，推出一系列志愿巡查服务活动，全年组织各类巡查430多次，劝阻垂钓人员1250余人，劝导游泳人员56人次，库边违法游泳和烧烤行为大幅度下降，顺利通过中央环保督察组对饮用水水源地保护工作督查。

【推进标准化管理】 10月，碗窑电站顺利通过水利部农村水电站安全标准化评审，成为衢州地区首家完成一级达标创建的标准化单位。11月，碗窑灌区（碗窑片）标准化创建工作以衢州地区最高分通过省水利厅验收。小型水库（长坑垄）标准化平台运行管理工作获省水利厅督查组高度评价，在全省小型水库中名列前茅。

【提升综合效益】 合理调控水位，科学安排发电计划，实现防汛、加固改造工程与发电效益三效均衡。公开拍卖渔业资源捕捞权，实现增收230余万元。完成山塘整治项目、水库移民扶持项目（林区移民山场道路安保工程）和2017年度维修养护项目，并全部完成竣工验收。下属国有企业（月亮湖总公司）获得省级水利水电工程物业管理水库类甲级资质，成为衢州地区首家获得资质的国有企业。

（郑冬雅）

电力工业

【概况】 江山电网共有220千伏变电所2座，总容量69万千伏安；110千伏公用变8座，总容量70.3万千伏安；35千伏公用变13座，总容量21.62万千伏安。10千伏配变4368台，总容量128.34万千伏安。35千伏输电线路共37条，总长294.66千米；10千伏线路181条，总长2113.38千米。2017年，江山市全社会最高负荷42.95万千瓦，同比增长7.55%。全社会用电量23.61亿千瓦时，同比增长7.71%。

【推进电网发展】 科学开展电网规划建设，

农网改造

编写“光谷小镇”、江东工业园区、莲华山园区、山海协作园区专项规划，修编江山市《“十三五”配电网规划》《江山电网网格化规划》，完成《贺村小城市电网规划》并通过上级评审。解决220千伏郎峰输变电工程线路通道问题，工程初设通过国家电网公司评审。开展清湖等8个小城镇电力线路治理行动，改善居民生产生活环境。推进大陈、清漾等美丽乡村电网建设，实现主要道路沿线线路入地。全年投资1.12亿元，完成4个批次共164个城农网、中心村电网改造项目，新建 10 千伏线路 394.42 千米，新增配变容量 8.1 万千伏安。

【强化配网运维】 开展 10 千伏分线线损治理，完成 10 千伏分线线损示范区建设，线损合格率稳定在 95%以上。推进“网格化+专业化”管理模式，常态化开展线路巡视、低电压整治、重过载处理、频繁停电消缺以及线路通道清理工作，完成配变增容 184 台、配变低电压治理 23 起、线路重过载治理 8 条、频繁停电线路治理 32 条。实施 10 千伏线路差异化防雷改造，提升线路防雷水平；完成 12 条线路的全线清扫工作，消除隐蔽缺陷；集中开展专线用户电气设备运维排查治理专项行动，强化专线用户电气设备运维管理，10 千伏线路全年跳闸次数同比下降 40.96%。开展带电作业 300 次，带电更换终端耐张横担、带负荷更换耐张引流线等第三类带电作业项目取得突破。

【创新供电服务】 开展房电水气联动过户，与清湖镇签订《“四个平台”合作协议》，在全省率先将 16 项电力业务融入政府“四个平台”基层治理体系，实现数据互通、线上直办。推广“智能电管家”服务品牌，推动政府出台《关于电力用户开展“智能电管家”推广管理工作的通知》，全市低压居民用户“智能交费”签约率 81.1%。推进绿色发展，建成快充站 4 座、快充桩 16 个、慢充桩 200 个，完善电动汽车充电网络布局。推广居民电采暖，实施电能替代项目 48 个，累计替代电量 1008.95 万千瓦时。主动对接政府，协助完成“健盛、欧派”等重点项目。紧急驰援浙赣铁路抢险救援，保障抢险现场供电需求。圆满完成新年登高大会、全省美丽乡村和农村精神文明现场会、中高考等重大活动的保供电任务。

推广“智能电管家”，助力“最多跑一次”

（薛利兵　童海洋）

交通运输

综　述

【概况】 2017年，全市共有16个重点交通项目列入市政府投资计划盘子，计划投资4.71亿元，全年实际完成投资4.76亿元；向上争取资金3.18亿元，同比增长48%。其中，实施总投资18亿元的PPP项目4个，年内完成投资2.93亿元，全部通过并纳入省和国家PPP项目库，占全市PPP项目的半壁江山；农村公路大中修工程被市政府列为2017年度民生实事项目，全年完成投资3500万元；投资1亿元，完成国道和省道大中修约23.6公里。全年获上级主管部门及市委市政府颁发的各类荣誉共53项，“美丽公路+”和农村物流工作分别获得省公路局和省运管局主要领导的批示肯定。

【工程建设】 推进48省道延伸、江广公路等扫尾项目，顺利实施总投资1.26亿元的衢州市沿江公路江山段工程、总投资3.41亿元的城市综合交通客运枢纽、总投资7.34亿元的通景公路和总投资6.23亿元的姜家公路等4个PPP项目。其中，衢州市沿江公路江山段工程创新采用建管养运一体化模式，是江山市首个PPP公路项目，征迁工作组打造“江山速度”，获市委、市政府颁发的“铁军”称号；城市综合交通客运枢纽项目全省率先创新实践“PPP+土地”模式，使多年难以动工的江山市客运枢纽成功落地；通景公路和姜家公路在全省首次实行省重点交通项“两标合并招标”模式，开创PPP项目实施新模式。

【项目前期】 一批涉及江山未来发展的重大交通基础设施前期项目取得新突破。江山市普通国省道投资最大和路程最长的项目，江山至玉山公路项目建议书于5月获省发改委批复，地质灾害、压覆矿、规划选址、水保等方案也已批复；姜家公路桑淤大桥及接线工程项建书、工可报告于7月获省发改委批复；11月3日，205国道峡口大桥至保安段外移改建工程通过省交通运输厅组织的审查，相关工程批复等前期审批涉及工作正有序推进；通景公路东儒至西山段“二改一”改建工程、义金衢上高速公路、江山江航道等重点项目前期工作也取得进展。

11月2日，市委常委、副市长项柳福(左四)查勘205国道改建工程

【安全管理】 2010年以来未发生重特大交通责任事故，水上交通已连续39年安全无事故。全力以赴做好十九大、厦门金砖国家峰会、世界互联网大会、省美丽乡村现场会等维稳安保工作。成立江山市交通运输专业安全生产委员会，联合成员部门，牵头对交通运输行业重点领域、重点部门、重点环节部署开展地毯式、滚动式、“翻箱倒柜”式排查，共排查公路里程1920公里，客运站2家、客运企业7家、出租车企业3家、危险货物运输企业3家、物流基地2家、汽车租赁企业2家、渡口2个、各类船舶10余艘，以及交通在建项目17个，施工企业20余家，监理企业20余家；开展以入杭包车、普通货运、超限超载等为特定对象的专项整治活动，全年共检查客运车辆654辆次，查处超限超载车辆253辆次。

【综合改革】 贯彻市委市政府关于“最多跑一次”改革决策部署，撬动城乡公交一体化改革、市运公司改革和公路管理体制改革。发挥交通窗口平台作用，梳理群众和企业到政府（交通运输系统）办事事项主项为48项，其中许可21项、行政确认4项、其他事项23项，主子项合计66项，全部实现“最多跑一次”，实现率达到100%，其中“跑零次”事项6项。交通服务窗口受办事群众锦旗、感谢信表扬4次，9月30日，《今日江山》头版头条刊登《交通窗口提升流转效率更便民》一文。

公路管养

【概况】 全市境内有1条高速（G3，总里程76.28公里）、1条国道（G205，总里程76.53公里）、2条省道（S315和S221，总里程68.98公里）、43条县道（总里程462.68公里）、83条乡道（总里程453.45公里）、544条村道（总里程704.46公里），公路总里程1842.38公里。新建4条村道共3.65公里，村道新建桥梁65延米/2座。

【公路建养】 全市公路工程建设共完成投资约1.3亿元，其中投资8000万元，完成G205山深线江山段整治工程；投资1897万元，完成S315兰贺线江山清湖至里安山段大中修工程。完成小修保养投资1400万元，对221省道大陈段公路及花峡线沿线绿化、大陈田园综合体道路等项目进行改善提升，并完成10条乡村道美丽公路创建工作。投资1000万元，完成公路安全保障工作，主要对全市公路标志标线、危桥、隧道等项目进行完善、改造和修复。

【路政管理】 投入800多万元，完成3处衢州市级事故多发点段和10处江山市级事故多发点段的治理工作。结合“五四三”“道乱占”整治和全域旅游创建等工作，共查处路政违章案件4143件，拆除非公路标志标牌2630块，清理违章堆积物13393平方米，拆除违章建筑862平方米，开展7560起“道乱占”乱象和807项“三化”问题整治；卸载超限超载货物总重10726.88吨；受理各类涉路行政审批项目14件。

运输管理

【概况】 全市有客货运输车辆4571辆，其中营运客车总数480辆，营运货车总数4091辆（不含农用车）。公路客运量为1050万人次，公路货运量为3200万吨。汽车维修业123家，驾校12家，全年培训学员13627人。全市共有客运班线74条，19个乡镇（街道）全部通客运班车，城乡客运班车通达率100%。

【城乡公交】 配合市政府落实完成治理城市交通拥堵考核任务，3月底，开通市区至淤头（欧派产业园）308路公交；5月，完成公共自行车三期建设，并通过验收投入使用；7月28日，率先在衢州市实现建制村“村村通”任务，协调开通贺村镇镇域公交1号线、2号线；11月中旬，新增投放6辆新能源油电混合动力公交车，年内新增（改建）城市公交站点21个，其中港湾式停靠站8个。

11月23日，省公路管理局副局长孙校伟（前右二）在江山市验收省厅建制村客车“村村通”工作

【物流建设】 拥有驰骋物流、江山虎物流2

家衢州市级物流龙头企业，以及宏运化工、正达运输、正宇运输、同岳物流、方达物流、福得物流、安驰物流等7家江山市级物流龙头企业。其中，同岳物流率先启动甩挂运输模式，成为浙江省第二批、衢州市唯一一家试点企业，方达物流公司探索“以气代油”运输业务，是衢州市首批低碳转型试点企业。配合抓好江山驰骋物流基地冷链物流及配套建设项目的建设工作，江山驰骋物流基地投资1587.98万元，完成年计划105.87%。全市共有各类货运企业223家，其中货运配载物流企业68家；开辟义乌、宁波等省内和上海、南昌、福州、广州、山东、湖南、湖北等省内外90多条货运专线，与全国300多个大中城市实现货运直达。政企联动，构建农村物流“规划网、通达网、智能网、服务网”4张网，建成农村物流运营中心3个、农村物流配送基地2个、农村货运站4个，拥有农村物流门店980余家，开通农村物流配送班线24条，年平均出货约3亿件，实现产值达8亿元，为全市30多万基层农民提供价格低廉、质量可靠、高效快捷的农村物流服务。

（彭明明）

铁路工作

【概况】 2017年，市铁路建设办公室（简称市铁办）抓好杭衢高铁延伸至江山项目等重大铁路项目谋划。高铁办客更趋合理，江山站办客达到52趟，保留原7对始发终到高铁不变，最高日发送量达9115人次，创历史新高，全年发

10月27日，市委常委、常务副市长王子平（前右一）陪同参加杭衢高铁可研审查会议的领导专家到江山火车站现场踏勘

送旅客125.7万人次，比2014年的65.3万人次增长92.5%。获市委市政府2017年度综合目标考核二等奖、项目推进工作先进集体、项目工作考核一等奖。

【杭衢高铁延伸至江山项目】 强化项目信息捕捉，加强与浙江省和衢州市政府及发改委（铁办）等相关部门，国家铁路总公司、铁五院等相关铁路单位的汇报对接，通过各种渠道反映江山市诉求，将杭衢高铁延伸至江山纳入研究范围。该项目预可研、可研阶段均将延伸至江山作为首选推荐方案。

【江（山）武（夷山）高铁等项目前期工作】 在国家、省市大战略中提高站位，抢抓机遇，研究谋划铁路新一轮发展规划，江（山）武（夷山）高铁、黄（山）武（夷山）铁路、江山火车站站场功能改造提升等铁路项目初步完成方案研究，为江山市铁路长远发展奠定坚实基础。

【上铺通用仓储基地建设项目】 该项目为浙西铁路综合物流园区布局的主要项目之一，项目用地约7.8公顷，总投资约1亿元，完成投资

3500万元。牵头发改、国土、规划、开发区、虎山街道等单位，克服项目用地靠近城郊征迁难度大、施工场地复杂等困难，完成项目用地征收，基本完成15趟线路杆线迁改、配套建设等相关前期工作。12月13日举行开工仪式。

【公铁联运无水港二期项目】 该项目同为浙西铁路综合物流园区布局的主要项目之一，项目计划用地约11.67公顷，总投资约3.5亿元。市铁办全程做好项目服务，完成11.67公顷项目用地报批。考察学习外地无水港建设和“海铁联运”运营模式，提出项目实施意见，提供市委市政府决策参考。联系金华车务段和货运中心，提高集装箱空箱运送时效。

【“6・25”沪昆铁路江山港大桥抗洪抢险救灾工作】 在“6・25”沪昆铁路江山港大桥抗洪抢险救灾中，市铁办扛起责任大旗，协调到位，善始善终做好抢险扫尾工作，为抢险成功及最大限度减少灾害造成的损失和影响作出贡献，市铁办获江山市“抗洪抢险先进集体”，严然春被评为衢州市抗洪救灾“优秀共产党员”，徐辉被评为“抗洪抢险先进个人”。

“6・25”沪昆铁路抢险现场

【铁路两侧“四边三化”专项整治工作】 发挥部门牵头作用，继续深化铁路两侧“四边三化”工作。支持配合做好面上问题的排查、整改协调工作，多次组织相关部门、杭长高铁沿线乡镇（街道）主要领导或分管领导等乘高铁排查问题，高质量完成70多个问题点的整改工作。完成新式路长牌制作和安装，完善巡查制度，防止整改问题反弹。

（毛建军）

城乡建设

城乡规划

【概况】 2017年，江山市规划局围绕“主攻城南新城、繁荣城北新城、更新中心老城、同步推进城东新城”的城市发展思路，朝着建设“实力支撑、美丽著称、活力开发、人民幸福”江山大花园目标方向，发挥规划统筹引领作用，服务全市中心工作，完成全年各项目标任务。年内获衢州市规划系统年度绩效考核优秀，牵头的小城镇环境综合整治工作在衢州市考核中名列各县（市、区）第一名。

【城市规划】 完成《加快城南建设 积聚城市赋能——江山市城市发展方向和路径》课题报告。推进城市设计全覆盖，加强城市风貌管控，编制完成《历史文化与中心城区风貌规划》《中心城区“一江两带”天际线专项城市设计》《中心城区海绵城市专项规划（2016—2030）》《中心城区双修城市设计》《乌木山片区城市设计》《市域幼儿园空间布局专项规划（修编）》等一批规划编制，提升城市品质品位。编制完成城市三年棚户区改造规划2018年土地收储征迁盘子。

【村镇规划】 完成《江山市乡村风貌特色研究规划》，强化市域片区农民建房的特色营造。按照“浙派民居”风格要求，完成永兴坞等一批村居落地示范点建设，打造新农村建设新亮点。推进部门乡镇联审机制，建立核心景区、中国传统村落、历史文化名镇村范围内农民建设带方案审查、审批、监管等制度。推广农民建房通用图集，引导农民合理建房。完善乡村规划体系，完成村庄规划修编10个。

【规划审批管理】 完善市规划国土联席会议制度，增强重大项目和重大规划决策的科学性。推进“最多跑一次”改革，实施农村村民建房审批由驻乡镇规划员全程代办，实现农民建房“一次都不跑”，农村危房修缮审批管理事项下放乡镇（街道）办理。规划审批窗口每个季度均被评为五星级服务窗口。严把项目选址关、规划设计条件关、方案审查关、验收关，科学设定容积率等主要经济技术指标，加强项目批前和批后管理，提高规划管理和监管能力。

【小城镇环境综合整治】 坚持分类推进、彰显特色，完成19个整治单位规划编制工作，其中4个被评为省优秀规划。列入第一批达标验收的9个乡镇项目建设累计投资达1.5亿元，其中

8个乡镇已通过省级验收，峡口镇、新塘边镇被评为浙江省样板镇。成功举办全省“卫生乡镇建设”现场会，年内通过国家级卫生乡镇验收1个，省级验收4个，实现衢州市级卫生乡镇全覆盖。全力打造花园型小城镇的做法得到省长袁家军、副省长熊建平和朱从玖批示。“线乱拉”专项治理做法在全省现场会作经验介绍。年内，江山市获全省小城镇环境综合整治优秀县(市、区)称号。

【农村危旧房治理改造】 完成全市农村D级危房1362户和涉及公共安全C级危房66户分类治理工作，D级危房拆除改造率80.76%，治理进度走在衢州市前列。加快推进农村困难家庭危房改造政务信息公开试点工作，严格审核，精准扶贫，全年完成134户农村困难群众住房救助工作。

6月14日，市委副书记、市长舒畅(右二)带队督查农村危旧房治理工作(毛晨睿 摄)

【省级美丽宜居示范村建设】 完成张村历史文化名镇名村保护规划编制。成功申报廿八都镇为国家级特色小镇，耕读村为国家级美丽宜居示范村，礼贤村、保安乡后坂村等2个村为省级美丽宜居示范村。通贤、府前、江郎山村、浔里村等4个省级美丽宜居示范村完成建设。开展第四批中国传统村落6个村的资金申报工作。11个村获批第一批省级传统村落。启动后坂村和清漾村等2个村浙派村居落地项目建设。圆满完成省建设厅下达的新公布120处历史建筑任务名单确定工作。

【测绘管理】 完成竣工图测绘53项、工程放样66项、工程验线43项、地理信息资源报送2485条。完成地下管线普查项目，完成1∶500基本比例尺地形图更新18.5平方公里。实施江山市火车站西北面约4平方公里地形图测绘项目，提高基础测绘覆盖率。新增4项应用，拓展“数字江山”平台应用，推进“智慧城市”建设。

(叶基兴)

城市建设

【概况】 2017年，市住房和城乡建设局(简称“住建局”)共投入城市基础设施建设资金9.1亿元，新建改建供水管网34.23公里，完成城镇污水主管铺设46.3公里，新增绿化面积10.22万平方米，改造城市里弄路灯2340盏。开展结对帮扶共建“中国幸福乡村”活动，共为新农村建设提供资金或物资扶持71.58万元，免费提供绿化设计方案，减免新农村建设的房屋办证费用，免费灭治白蚁，协助向上争取专项资金补助891.8万元。年内被市委市政府授予“征迁铁军”荣誉称号，获江山市D级危旧房腾空解危专项行动先进集体荣誉称号。先后获征迁大会战城东区块3月流动红旗、城中区块6月流动红旗。

【重点工程】 全年完成实施类项目开工建设

27个，完成固定资产投资9.1亿元，各项政府重点建设工程全面推进。江滨路（通禄门）段于8月31日顺利实现通车，新增一条南北贯通的城市大动脉；峡口水库引水工程完成全部38公里管网铺设并正式通水，实现“以峡口水库为饮用水源、碗窑水库为备用水源”的城乡供水一体化目标；“一江两带”绿道系统改造项目8月启动、9月竣工，快速完成虎山大桥至彩虹桥段两侧、城北大桥至金陵酒店段全部5公里沿江绿道建设；北关大桥东接线道路8月中旬进场施工，完成雨污水等地下管网埋设和路基平整，春节前完成建设并通车；牛头岭1号地块东侧道路完成1号路和2号路建设；西山西路改造提升工程一期道路（南二街至S221省道段）完成招投标并顺利进场施工；完成锦绣江山外国语学校、江津路等道路配套。

【民生实事项目】 推进5个民生实事项目建设，加快启动江滨南路（虎山段）滨水区域景观建设，完成江滨南路道路绿化建设，新增绿化面积20000多平方米；基本完成西山公园南入口景观配套工程；管道天然气进区入户工程年内完成9个老小区入户安装3100多户，新建中压主管道20公里、低压庭院管网10.5公里；完成江滨四区等老旧小区配套建设，累计改造道路铺装约17000平方米；完成黄陈小区、江东五区等拆迁安置小区零星配套和西入城口房屋拆迁地块零星改造。

【房地产业】 强化房地产市场监管，全年新建商品房成交面积49.21万平方米，完成金额24.24亿元，同比分别增长0.07%，12.66%；城区二手住宅成交3229套，面积34.75万平方米，同比分别增长10.81%，1.37%，完成金额18.99亿元，同比下降6.25%。抓好保障房开工建设和配租管理，放宽申请配租条件，降低准入门槛，年内新开工保障房291套，竣工724套；进行年度电脑公开摇号选房配租，完成公租房分配446套。全面加强房产中介管理，年内实现房产中介自行网签和112家中介备案；完成江山市房地产协会第三届换届选举工作。成功推出景星路南侧地块、牛头岭2号、北区3—1号、3—2号地块等7个国有土地出让项目，缓解土地供应不足和房价上涨压力，吸引碧桂园、温州宏地等优质房企竞相进入江山市房地产市场。温州宏地继上年成功开发江山首府项目后，再次发力推出2个楼盘，开创房地产项目营销新模式；碧桂园强势入驻江城，与志城、名门等房产商合作开发的江山公馆、江山印项目均实现年内拍地、年内开盘。

【城市房屋拆迁】 理顺机制、配强力量，借势借力推进项目征迁大会战，加快推进老城区、城东区块项目征迁。启动通禄门片区改造工程，涉及征收房屋309户建筑面积6万平方米。坚持依法征收、阳光征收、和谐征收，年内强势推进并完成34户房屋征收，未签约数成功迈入个位数阶段，正式进入项目收尾阶段。2016年启动的金家村棚户区改造工程年内完成35户房屋签约拆除、22.22公顷土地征收，全面完成征地任务，为北关大桥东接线项目推进奠定基础；完成2014年启动的牛头岭拆迁项目10户遗留户拆迁和8.33公顷土地征收，实现全面清零；西山西路东侧供电局仓库及平棋村集体土地征收项目于8月29日圆满收官；推进老火车站周边城北派出所搬迁和城北公交站、铁通公司基站搬迁；攻克遗留7年和17年之久的2户拆迁堡垒。

【D级危房解危】 牵头实施以“奋战20天，腾空危旧房，喜迎十九大”为目标的城镇D级危旧房腾空解危攻坚战，推进全市496户D级危旧房腾空解危，首日签约212户，15天完成签约清零，19天全面完成，创造危房腾空解危工作的“江山速度”。调配422套公共租赁房用以临时安置，解决临时过渡期间住房保障问题，实现整个过程“快、顺、和、亲”。对南区30幢1000多户C级危房业主拆除重建意愿进行两轮入户调查宣传和深入摸排。

市政工程

【市政工程建设】 开展市区小微水体整治工作。先后对文化广场景观水体、白虎塘、西塘、鹤泉进行“大手术”。对文化广场受污染景观水池进行清淤并实施管网改造，共清理外运淤石100多立方米，改造污水管网90米；完成鹤泉挡墙重建50米，管道改造15米；对白虎塘实施改造提升，完成截污纳管180米，增设廊道、景观平台以及景观墙。开展江滨四区一期环境景观综合改造，改造范围为小区内12幢单元楼，总面积约17000平方米，惠及住户540户，工程总造价约650万元。改造完成污水管线埋设933米，雨水沟埋设815米，路灯管线1054米，综合管线2232米，砼路面浇筑3382平方米，绿化改造提升2267平方米，人行道铺装2776平方米，改造停车位120个(铺装面积1940平方米)，提升老小区品质。

【市政设施维修、管理】 开展破损路面、井盖、人行道、树池、栏杆等专项维修和城市重要节点维修，其中累计完成各主次干道破损路面维修，总面积29000平方米；人行道、“一江两带”铺装维修约9700平方米，零星污水管网改造2300米，疏通堵塞排污管道150多处共4800米，更换各类井盖500余套，调整侧平石2500米，改造树池200个，改造停车位68个共2400平方米，“一江两带”及火车站广场栏杆维修更换30多处，维修加固鹿溪渠挡墙100多米。

【污水处理】 提升污水处理能力，鹿溪污水厂全年累计处理污水1442.69万吨，完成削减COD 3281.5吨，氨氮272.3吨，实现水质综合达标率100%、污水处理率95.6%，顺利完成年度减排目标。集镇污水设施不断完善，12 个镇级污水处理厂（站）全部完成一级 A 排放标准提标改造并实现第三方专业化运维，总污水处理能力达 2.66 万吨/日，建成集镇污水管网 150 多公里，服务人口达 16.3 万人。严格落实河长制，加强“五溪一渠”长效管理，完成城区水系污泥清淤 5900 立方米。

【城乡供水】 年内完成安全供水 3646 万吨，新建供水管网 26.95 公里，年内新增用户 5879 户，完成一户一表改造 360 户；完成市区航埠山、山川坛部分供水管网改造 15.6 公里。抓好节水设施建设，完成市区山川坛小区屋顶集雨等雨水收集系统建设 86 处，改造、推广节水器具 1566 套。

【城乡供气】 年内投入资金 3000 万元，新建天然气中压主管道 20 千米、低压庭院管网 10.5 千米，完成凤栖苑等 9 个老小区 3100 户管道天然气配套建设，以及浙江三友电子有限公司、伦宝管业等 20 多家非居民用户燃气设施配套安装。全市有 47 个小区 15900 户居民具备供气条件，41 个小区 10000 多户居民、70 多家企业和单位开通管道天然气，年用气量 500 万立方米，同比增长 180%。

园林绿化

【绿化建设重点工程】 丰富“西山花海”建设内涵，提升“西山花海”整体环境。春季以紫花苜蓿、紫云英为主打品种，秋季以百日草、向日葵、千日红、千日紫、醉蝶花、硫华菊、柳叶马鞭草、波斯草等为主，打造春秋各异、移步换景的花海景观，受到广大市民和游客的点赞。完成西入城口提升工程建设，该项目占地面积 3 万多平方米，投资 275 万元，主要种植朴树、水杉、桂花、造型黑松、红花继木、红叶石楠等苗木，铺设百慕大和黑麦草混播草坪。

【园林绿化养护管理】 新接管东岳路两侧道路、迎宾广场、老年广场等绿化工程。开展建绿补绿工作，年内新增城区绿化面积 6 万平方米，全市养护管理总面积 168 万平方米。建成区绿地面积 687 公顷，建成区绿地率 39.2%；建成区绿化覆盖面积 724 公顷，建成区绿化覆盖率 41.37%；公园绿地面积 190.8 万平方米，人均公园绿地 12.38 平方米，达到国家园林城市要求。

建筑工程

【概况】 2017 年，全市建筑业共完成产值 54.85 亿元，同比增长 15.79%。全市共有施工总承包一级企业 2 家，二级企业 17 家。严格基本建设程序管理，全年共办理施工许可证 93 份，总计建筑面积 184.03 万平方米，总造价 36.61 亿元。

【建筑业管理】 深化建筑业管理，出台《江山市建筑业企业信用评价办法》，开展全市建筑业信用等级评定工作，坚持建筑市场准入和清出制度，加强施工企业的市场行为监管，规范建筑市场秩序，推进政府投资项目建设，全年完成峡口小学、四都镇九年一贯制学校等 5 项工程的施工招标工作，完成中山人防工程、四都镇九年一贯制学校等 17 个新建项目开工建设，烈士陵园纪念馆、牛头岭公租房等 16 个工程完成竣工验收。开展民用建筑节能评估审查工作，审查各类民用建筑项目 14 项，面积 80.17 万平方米，节能设计标准率达 100%。推动新型建筑工业化，引导企业进军工厂化预制、装配式建筑领域，成功落地江山虎集团新型建筑工业化基地项目，实现从施工型企业向新型建筑工业化企业转化。开展“暖企”专项行动，完成13个涉企问题的协调办理。审批打印建造师注册证书等各类证书1400本。

【建筑质量监管】 制定年度安全生产工作计划，严格落实安全生产责任制，全年共核发施工许可证93项，办理质量监督手续86项，办理安全监督手续90项，办理竣工备案69项。实现施工许可网上办理，建立基于政务云的多部门全电子图施工图联合审查平台，实现施工图审查“无纸化”办公，从源头上规范和提速市场审批。围绕工程质量终身责任追究制度和工程质量主体责任等两项制度的落实，积极开展“两年”行动，与80家本地房建和市政总承包企业签订综合目标管理责任书，组织两年专项检查活动两次，检查建筑工程138个。

市政管理

【卫生保洁】 在成功创建“国家卫生城市”基础上，继续加强环卫保洁工作，实行17小时保洁制度，做到垃圾日产日清；继续完善“一把扫帚”保洁机制，新接管礼贤路延伸段、站前大道及西山绿道二期共计9.11万平方米的日常保洁工作，加强535.3万平方米道路、64座公共厕所、23座垃圾中转站的清扫和垃圾转运，处理粪便1200吨，清运率、无害化处理率达100%，机械化清扫率达到56%。加强公厕管理，市区全部公厕实行“一人一厕”或“一人三厕”管理，城区首个AAA厕所——高铁站公厕完成改造并对公众开放。提高坞里山垃圾填埋场运营管理水平，全年共处理生活垃圾11.26万吨，其中处理城区生活垃圾5.38万吨，乡镇生活垃圾5.88万吨，渗滤液处理量35311立方米。开展垃圾分类工作，年内发放宣传手册2000多份、分类垃圾袋2000多个，盛世家园等15个小区实行垃圾分类工作，稳步推进机关单位（含学校、企业）垃圾分类工作。

【推进美丽乡村现场会举办】 以省美丽乡村和农村精神文明建设现场会迎检准备为契机，圆满完成上级交办的高速东入城口和西入城口景观提升工程。精心实施高铁站广场景观提升工程、市区人行道优化畅通工程、城区水系整治改造工程等现场会十大提升专项工程，对东西入城口互通匝道边坡及北泉街、礼贤路节点进行景观绿化提升，增设“江山如此多娇”大型花墙、“马踏

“江山如此多娇”花墙

飞燕”立体花柱、白鹅主题节点等，整体提升城市窗口形象；完成城区西塘、白虎塘、鹤泉、文化广场景观水池、鹿溪渠等水系的清淤改造，优化城区微水体整体环境，重塑江城水灵之都形象。抓好高铁站广场景观提升工程，完成13000平方米草坪绿化和大型时令花卉“江山 logo”、大型鲜花景观墙“江山欢迎您”制造，展现江山的大气和热情。加强市区重要节点的美化提升，

对迎宾大道和国大、金陵等酒店周边重要路段节点进行绿化提升，为全省美丽乡村现场会圆满成功作出贡献。

【完善城市排涝体系】 突出城区排涝重点和积水节点，加快实施城区排涝整治工程，完成北关桥东侧桥底、鹿溪路江城北路交叉口等20处城区积水点改造，完成雨污分流改造8.2公里，完成江滨四区改造等项目排水管网提标改造9.3公里，建成雨水管网22.3公里，完成鹿溪路、环城西路、凝秀路等路段360公里管道淤积的清理疏通。

【强化安全生产检查】 重点做好供水供气保障、出租房流动人员排查，消防安全隐患整改等工作。组成建筑工地安全、市政工地安全、公用设施安全等8个安全巡查小组，共出动各类巡查4600余人次，进行拉网式巡查，组织防恐防暴消防各类演练20多次。举办首届燃气行业安全生产现场会，推广日常管理先进经验和做法，完成燃气综合信息管理系统改造升级，年内安全检查非居民用户879户/次，维修设施故障44起，增设警示标志2132块，管道气安全供气500万立方米、LNG 7.8万立方米。落实瓶装燃气“实名登记”和“钢瓶去向精准”工作，年内督促实名登记6.5万户，收缴过期钢瓶数5500个，安装二维码钢瓶数3.25万个。

（王 婧）

新农村建设

【概述】 2017年，江山市认真贯彻落实中共十九大和各级农村工作会议精神，紧紧围绕“两个高水平”的宏伟目标，成功承办有8位省领导、11个地级市党委或政府主要领导和文明办主任、农办主任以及全省89个县（市、区）党委或政府主要领导等400多人参加的全省美丽乡村和农村精神文明建设现场会，被衢州市政府授予集体三等功。全面推进各项重点工作，全力打造中国幸福乡村升级版，实现省社会主义新农村建设优秀单位“九连冠”，被衢州市评为美丽乡村建设贡献奖。

【精品村建设】 推进40个江山特色的美丽

11月16日，省美丽乡村和农村精神文明建设现场会与会代表在大陈参观（沈天法 摄）

乡村示范村、30个A级景区村、20个AA级景区村及省级美丽乡村示范乡镇、精品村创建，经自查申报、核查验收小组实地核查、市级联评，报市委常委会审定，授予双塔街道杨墩村等10个村“美丽乡村AA级景区村”荣誉称号，授予双塔街道路垄村等15个村“美丽乡村A级景区村”荣誉称号，授予清湖街道泉家垄村等20个村“美丽乡村示范村”荣誉称号。大陈乡、峡口镇被评为省美丽乡村示范乡镇；清湖街道和睦村、新塘边镇日月村、凤林镇白沙村、廿八都镇浔里村、石门镇清漾村等5个村被评为省级美丽乡村特色精品村；大陈村等12个村成功创建浙江省AAA级景区村庄，15个村被评为浙江省AA级景区村庄。江山市打造全域“景区化”美丽乡村的做法得到省委副书记、省长袁家军的肯定批示。

【中国幸福乡村复评】 经市中国幸福乡村创建办组织协调各牵头部门实地核查、汇总分析，报市委常委会审定，全市有110个中国幸福乡村及2015年被摘牌的5个村共115个村参加复评，其中110个中国幸福乡村有23个村评为优秀，42个村为良好，36个村合格，9个村不合格（其中3个“黄牌警告”村，6个“摘牌”村）。5个2015年被摘牌申请复牌村有3个村拟通过复牌，2个村未通过复牌。全市现有中国幸福乡村107个。

【美丽乡村“一县一带”建设】 建设“仙霞古道世遗江郎”风光带，新增21个节点，对原有15个节点及沿线45个村进行全面提升，完成投资4.02亿元，完成占比102.3%，美丽乡村“一县一带”建设基本成型。

【历史文化村落保护】 完成峡口镇枫石村黄氏宗祠修缮工程和枫石村历史文化村落（三卿口制瓷作坊）换乘道路、大作坊和14幢民居修缮工程等，完成形象进度100%。完成廿八都镇花桥村花桥、花龙桥、杨通孝旧宅、宋玉成旧宅等6幢古建筑修复，花桥弄古道修复，村庄围墙整治、古景桥周边不协调改造、古河道水毁修复、修缮工程。惠民古桥、花西连心桥修建工程，启动忠孝亭建设工程，完成全年进度100%。完成凤林镇南坞村月眉湖、太极广场基础设施建设、马安山环村公路的铺设、四房古建维修、杨普生旧宅、杨元通旧宅的修缮等工程。启动杨正德等7户古建修缮及和居巷古道铺设，完成全年进度100%。完成清湖镇清湖一村规划设计方案，梅家行弄古道路改造铺装已动工建设，完成工程进度20%。

【农村“双治”】 对2014—2016年度农村生

新塘边镇东陈村太阳能垃圾处理场

活污水治理项目开展的275个行政村进行市级验收，完成验收265个，运维移交完成162村615个终端，移交率62%。启动针对2013年底前建设的农村生活污水治理设施进行提标改造，涉及15个乡镇（街道）97个行政村9188户受益农户。现提标改造村已基本完工，实际受益农户数9300户，新建5吨以上终端池48个，铺设主管51.7公里，化粪池改造3769户。对照衢州市委、市政府提出的年内实现农村垃圾分类“一减两覆盖”的目标要求，按照“低成本、可复制、易操作、可坚持”原则，全市共建成分类实施村282个、示范村70个，垃圾减量达千吨；垃圾兑换超市282个，实现垃圾兑换超市全覆盖；共建成119个阳光堆肥房、7台高速堆肥发酵机器终端设备，实现中心村全覆盖，行政村基本覆盖。互联网+城乡环卫一体化项目在峡口、保安、大陈等3个乡镇开展试点，已完成项目合同签订。江山市被住建部列为全国开展第一批农村生活垃圾分类和资源化利用示范工作的100个县（市、区）之一。

【赤膊墙整治】 对照衢州市“无赤膊墙”乡镇创建标准，把全面消除赤膊墙工作列入中国幸福乡村复评及“江山版美丽乡村示范村、A、AA景区村”三类村创建工作“一票否决”的前置条件。全市完成赤膊墙整治3773幢82.7万平方米，基本消除赤膊墙。同时将赤膊墙整治与美丽庭院打造、景区村创建、小城镇环境综合整治、“四边三化”等有机结合，打出“整、改、拆、粉”系列组合拳，从点上整治向全面提升转变，从简单粉墙向精致造景转变，对不同风格的村庄进行不同立面整治提升。

【山区经济】 全年安排山区经济项目28个，项目总投资1.58亿元，安排补助资金5313.6万元，补助金额为历年最多，其中涉及农家乐（民宿）乡村休闲旅游项目15个、其他特色产业发展项目13个。建立并严格执行项目立项专家评审、立项发文阳光公示、项目进展每月报告等一系列制度，获得省山区经济发展项目绩效优秀等次。

【民宿经济】 安排山区经济发展专项资金834.6万元用于发展民宿经济，加强财政政策引领，印发《江山市民宿经济发展项目资金管理办法（修订稿）》，坚持效果实绩导向，对取得良好成效的民宿（农家乐）协会组织每年补助2万元。加大农家乐休闲旅游业提升发展力度，全年共确定省级发展项目15个，省补助资金130万元。全市民宿床位数达10050张，农家乐旅游村（点）62个，农家乐经营户463户，直接从业人员2300名。全年实现接待游客630万人，直接

耕读民宿（陆建富 摄）

营业收入3.8亿元。加强安全监管，全年累计抽查农家乐（民宿）492家，发现隐患141个，完成整改120个。落实《关于开展“规范醇基燃料安全使用大排查、大告知、大整治”行动的通知》精神，全市22家使用醇基燃料的农家乐全部停用，相关设施拆除。

【农民培训】 坚持“实际、实用、实效”原则，强化培训监督，突出培训特色，重视培训成效，着力提高农村转移劳动力适应产业转型升级能力和农村劳动力就业能力。重点打造“农场主”“网店店长”“家政（月嫂）”培训品牌。完成培训57期2857人，通过培训全市农民新开“淘宝网店”100多家，销售额3450万元。

【“一村一品”和有机农产品培育认证】 加强检查指导，重点推进8个“一村一品”村培育，清湖街道泉家垄村等8个村被认定为江山市“一村一品”专业特色村。抓好有机农产品申报认证，加强有机农产品品牌宣传推介，新增有机农产品12个。

【农村改革】 完善“1+19”市乡联通一体的农村综合性产权交易中心，规范农村综合产权交易，交易额2645.04万元，同比增长153%，促进农民增收。

【光伏小康工程】 采取“借鸡生蛋”模式，投入资金9531万元，入股浙江同景新能源有限公司，成立江山市小康光伏有限公司，将建成的江山市同景光伏有限公司新塘水库1.6兆瓦渔光互补分布式光伏发电、同景新能源宜城王集20兆瓦设施农业光伏电站2个项目直接嫁接作为光伏项目，在全省率先完成21.6万千瓦光伏小康工程任务。每年收取出资额11%的固定收益（1048.41万元），用于扶持73个省结对帮扶扶贫重点村和低收入农户，在全省率先实现收益分配。

【全国基层政务公开（扶贫类）试点】 江山市被列入全国100个基层政务公开试点县之一，其中扶贫领域试点以江山市为主。结合“最多跑一次”，建成一站式阳光扶贫管理平台，通过文字及语音短信方式，实时向全市低收入农户及镇、村干部推送扶贫政策、通知、办事流程、项目进度通报等信息，实现信息推送渠道的标准化、规范化。开通信息反馈功能，根据农户反馈信息，由镇、村干部主动上门办理事项。规范扶贫项目录入、提交、审批等办事流程，提高项目实施效率。

【扶贫开发】 完成全省新一轮低收入农户认定试点工作，审批认定的低收入农户18236户34912人，占2016年全市农村人口数（502589人）的6.9%。采取各项扶贫举措，持续巩固扶贫成果，投入资金9000万元，实现异地搬迁安置1500人；实施健康扶贫，为20886名低收入农户购买健康保险；开展雨露计划，累计为900名低收入家庭子女发放就学补助270万元；创新扶贫小额贷款贴息模式，转变产业发展方向，安排专项资金890万元，重点扶持农村电商、生态养殖、特色种植等产业项目10个。全年低收入农户人均可支配收入达12270元，同比增长16.7%。组建成立市级扶贫资金互助服务中心，制定资金互助组织管理办法，对全市25家村级资金互助会进行资金整合，规范会计管理和资金使用。

（陈荣忠）

“三改一拆”

【概况】 2017年，全市拆违5482宗292.67万平方米，完成衢州下达年度目标任务的

196.4%；完成“三改”750.6万平方米，完成年度目标任务的233.8%，其中城中村改造面积272.65万平方米，旧住宅改造339.01万平方米，旧厂区改造138.94万平方米，分别完成衢州市下达任务的233.8%、245.63%、260.77%和173.55%。5年累计拆除违建25228宗782.33万平方米，完成三改1347.35万平方米。有16个乡镇街道通过衢州市“无违建乡镇（街道）”考核验收。

【违法典型案例处置】 江山市共有3起“三改一拆”案件被浙江卫视《今日聚焦》曝光，曝光后，立即召开整改工作会议，成立专项工作组，制订工作方案，推进落实整改，均在第一时间整改落实到位。

【危旧房治理】 开展农村危旧房除险安居“半月清零”和“奋战60天，彻底解危保平安”行动，全市19个乡镇（街道）全力开展搬迁动员和解危整治，1428户农村D级危旧房腾空搬离368栋，拆除（重建）1011栋，修缮49栋。在1763栋C级农村危旧房中，腾空搬离448栋，拆除77栋，修缮185栋。89栋6.09万平方米的C、D级城镇危房已全部落实动态监测措施，同时开展“奋战20天，腾空解危旧房，喜迎十九大”行动，15天签约清零，19天腾空清零，共完成552户城镇D级危房签约腾空“双清零”。

【注重结合促拆违】 结合全省美丽乡村现场会大整治，开展国省道、高速公路、铁路沿线十大问题和蓝色屋面“清零”行动，突出抓好精品道路、最美高速、最美入城口打造，全市“四边”区域共拆除违建面积28.39万平方米，蓝色屋面21.05万平方米，加大对19个集镇的非法广告牌、占道经营、乱搭建的清理、整治力度，

改造后的峡口河道

提升集镇品位。结合全市项目征迁大会战，组织开展“征迁会战攻坚，全员奋战百天”行动，加大对项目征迁区块违章建筑的拆除力度。结合治危拆违大攻坚，对排查出的城乡危旧房中属于一户多宅或非法加层的，进行重点督办，销号清零。结合省专项整治大行动，开展饮用水源地保护区和连片违法搭建厂房专项整治行动，全市共处置饮用水源地保护区和省级以上风景名胜区范围内违法建筑5833平方米，拆除连片违法搭建厂房违法建筑22209平方米。

【抓好拆改并举】 迎宾大桥东端拆迁项目征收土地9.8公顷，补偿安置116户农户，拆迁房

牛头岭改造前后

屋132幢，涉及拆迁面积17580平方米，迁移坟墓63穴。金家村改造项目征收土地20.93公顷，改造户数314户，涉及拆迁建筑6.7万平方米，全部实行就地安置；先后完成江东五区拆迁安置小区（二期、三期）、江山市牛头岭安置小区、状元里安置区、蔡家山安置小区、江滨四区等老旧小区综合改造，对小区内雨污管道、庭院灯管线埋设、路面砼硬化及铺装、停车位、绿化苗木种植等环境景观进行提升改造；69家企业对原厂房进行翻新、改建；"腾笼换鸟"项目13个，其中百家万安铝木别墅门项目通过收储原浙江美伊服饰有限公司低效用地，重新出让实施建设。

【完善规划体系】 各级土地利用总体规划和城乡规划相互衔接有序；中心城区控制性详细规划实现全覆盖；在全市12个建制镇中，有8个镇编制镇区控制性详细规划，覆盖率达66.7%；除下山移民等特殊情况外，乡村规划实现全覆盖；历年卫星遥感执法监督检查违法图斑处置到位率达100%。

【健全防控体系】 建立"一机一线一网"三管齐下的防违控违机制，实施辖区网格化管理，启用江山市两违防控指挥平台和"三改一拆"手机APP，并结合乡镇（街道）4个平台全科网络，精心挑选44名业务素质高、责任心强的在职干部，通过统一培训，组建一支由点到面、点面结合的"两违"防控巡查队伍，打造"两违"防控"江山样本"，建立涵盖全市的"实时巡查、实时指挥、实时处置"的防违控违综合管理智慧体系。

【完善农民建房保障体系】 严格贯彻落实农民住房"一户一宅"规定。各乡镇（街道）根据统一部署和规划，逐村编制农民建房实施方案；农民建房用地指标实行专项管理、合理配置，对无房户、危房户优先保障；完成宅基地审批权限下放乡镇（街道）工作，开通审批直通车。

（吴金焕）

"五水共治"

【概况】 2017年，江山市以"全域剿灭劣V类水，实现下游满意、群众满意、上级满意"目标为统领，全面提高治水标准化、精细化、常态化水平，全市"五水共治"工作成效显著，成功夺取2017年度浙江省（河长制）"五水共治"优秀县（市、区）大禹鼎。全域剿灭劣V类水，国控、省控、市控地表水断面水质优秀，均保持Ⅱ类水以上，优于往年；治水群众满意度稳步提升，"水源保护+山区经济"、畜牧业转型、"美水经济"、防汛抗洪等经验做法先后获省委、省政府领导10次批示推广；"水泥村变景区村"耕读村、小流域治理三卿口溪等治水示范点得到时任全国人大环资委副主任夏宝龙的肯定。

【全省推广治水美景促转型经验】 以"百十三"美水景工程为抓手，开展生态修复及景观提

3月14日，市委副书记、市长舒畅（左）督战剿灭劣V类水工作

升工程，完成2条县级美丽溪流、22条乡级美丽溪流、244个村级景观塘建设，建成秀美耕读、峡里风大草原、月满新塘等多个治水美景示范点。11月中旬，全省美丽乡村和农村精神文明建设现场会在江山市召开，在全省推广治水美景促转型经验。

【提前完成全域剿灭劣Ⅴ类水】 围绕“全域剿灭劣Ⅴ类水”这一主线，制定“五张清单一张图”（劣Ⅴ类小微水体排查汇总清单、治理“一点一策”整治方案清单、成因清单、挂号销号清单、水质提升清单和全域剿灭劣Ⅴ类水体作战图），开展“剿灭劣Ⅴ类水决战五月”专项行动。整治劣Ⅴ类水体256个，提升水体水质515个，提前7个月完成全域剿灭劣Ⅴ类水，率先通过省市县三级验收，成功承办衢州市级剿劣验收推进会。

【治水办和河长办合署办公】 5月2日，明确市河长制办公室与治水办合署办公，全面深化河长制工作，统筹协调落实治水相关工作。同时，进一步整合资源力量，完善由市委书记担任总河长，四套班子担任一级河长，乡镇（街道）、部门主要领导担任二级河长，村两委成员任三级河长的组织架构体系，逐级签订河长履职承诺书、军令状，全面实现河长机构、小微水体河长全覆盖。全年市乡村三级河长巡河率100%，排名位列衢州市第一。

【率先全省推出“跨省河长制”】 与江西省、福建省相关边界的县、乡、村建立友好合作关系，达成区域治水共识。率先推出跨省流域联合河长制，建立跨界执法大联合、治安巡逻大联手、应急响应大联动等共护机制，相互交叉督查河道治理情况，使边界村民共享治水成果。该做法受到《浙江日报》、浙江卫视等省主流媒体争先报道。全年，累计整治边界垃圾河2条，提前7个月剿灭边界劣Ⅴ类水体35个，提升水体水质72处，出界水断面、边界所在的乡镇断面水质，均达到Ⅱ类水以上。

【深化“五水共治”项目建设】 以“五水共治”项目建设为牛鼻子，全年投入资金8.32亿元，推进治水项目31个，完成率125.61%，获省水利“大禹杯”提名奖。其中治污水项目19个，新建城镇污水配套管网43.6公里，完成清淤63万方，12个镇级污水处理厂（站）污水排放标准全部提升至Ⅰ级A标准；推进防洪水项目4个，江山港综合治理项目完成新城溪段和一江两带城区段生态提升绿道改造工程2个子项目，碗窑水库加固改造工程动工建设，基层防汛体系平台全覆盖；推进排涝水项目4个，完成雨污分流8.2公里，建成雨水管网22.3公里，改造城区积水点20处；推进保供水项目2个，峡口水库引水工程完成引水管道铺设38公里，管网水水质综合合格率100%；推进抓节水项目2个，完成29家节水型单位的创建工作，改造、推广节水器具2537套，改造市区自来水一户一表2411户，全市水资源管理能力不断增强。

【管控农业面源污染】 全面推行控量监管、排放监管、智慧监管、联动监管，持续深化生猪养殖监管“4+1”模式。关停生猪贩运（暂存）点6个，保留的184个生猪养殖场实现零排放全覆盖，第三方抽查运行合格率100%。全面开展美丽生态牧场创建，全年共创建21家。“南猪北养+北牧南移”作法受到时任副省长孙景淼批示肯定。

【治理工业污染】 深入推进涉水行业整治提升和“低小散行业”转型升级，开展链条行业污水整治、印刷行业污水整治、金属表面废水整治、金属门业污染治理等六大涉水重点行业整治，投入1400万元完成26家企业的整治。全市共摸排“四无”企业（作坊）1096家，无环保措施企业307家，立案查处各类环境违法行为76起，罚款291万元，其中查封扣押2起，行政拘留6起。

【提标“农村双治”】 抓实生活污水“进度、验收、运维”三大环节，江山市2014—2016年度农村生活污水治理项目，共涉及19个乡镇（街道）275个行政村，新建终端987个，受益农户10.3万户。启动农村生活污水提标改造建设，涉及15个乡镇（街道）97个行政村，新建终端52个，受益农户9188户。加快生活垃圾示范村创建，新建垃圾分类示范村70个、垃圾兑换超市109个，垃圾可兑换做法在央媒播出推广，获首批全国农村生活垃圾分类和资源化利用示范县、“全省农村生活垃圾治理工作优胜县”称号。

【提升治水群众满意度】 着力提高“五水共治”群众满意度，开展一次全面走访、一张调查问卷、一处宣传阵地、一套宣传模式、一组考核机制“五个一”行动。邀请钱江浪花艺术团来江开展6场全民治水演出，开展“水清岸绿锦绣江山”治水微宣讲比赛，利用家校联系QQ群、微信群等网络渠道向全市近13.3万名家长宣传“五水共治”知识。全年共入户走访11.6万户农户，发放治水宣传资料25.6万份，“治水大喇叭”和“治水巡防车”进村入户宣传5.3万余次。2017年江山市“五水共治”群众满意度提升率位居衢州市前列，16名治水“铁军”获得衢州百名“最美治水人”称号。省级媒体零曝光，省级督查零问题。

（周 恬 张 敏）

“四边三化”

【概况】 2017年，江山市紧紧围绕实现“一全两高三美”的目标（全面巩固2016年“四边三化”整治成果；连片造景高水平推进，示范项目高品质提升；实现“四边区域”绿化美、立面美、景观美），推进“四边三化”提升年行动。全年，共投入9100多万元打造“三线两带一入口”示范项目，完成省重点问题点整治20个，衢州市交办问题点整治953个，江山市自查自改问题点5886个，拆除“四边区域”违建28.39万平方米，清理乱堆放41.05万平方米，粉刷赤膊墙及立面整治80.04万平方米，整治蓝色屋面21.05万平方米。获2017年度省“四边三化”行动优秀县市称号，在衢州市2017年“四边三化”工作考核获优秀等次。

【衢州市现场会】 8月31日，衢州市“四边三化”推进现场会在江山召开。与会人员先后到315省道上余镇山头村、315省道双塔街道缸甫底村、221省道大陈乡红星村、221省道大陈乡大陈村文化广场、荷花长廊节点等地现场考察景观节点打造、立面改造等情况，肯定江山市“四边三化”在项目化推进、立体化整治、多元化融合等方面取得的成绩。

【互查互比互学】 江山市以“四边三化”提升年活动为延续，抓住全省美丽乡村暨农村精神文明建设现场会在江山召开的良好契机，以更高的站位、更高的标准、更高的要求，贯彻落实省和衢州市“四边三化”工作部署，强化人员、技术、资金和制度四大保障，加快推进问题整治、示范打造、美化造景，“四边三化”工作不断推向深入，取得显著成效。9月11日，省四边三化“互学、互比、互看”活动检查组到江山检查，检查组对江山市“四边三化”工作取得的成绩给予充分肯定。

【促进省级“双百”创建】 按照“高起点谋划、高标准打造、高质量管护”的工作要求，抓住召开省美丽乡村现场会的有利契机，整合资源，实施绿化提升、节点打造、立面改造、庭院美化和文化植入等41个项目，完成花峡线世遗江郎风采线、221省道村歌文化风俗线和高速东入城口3个省级“双百”（百条精品道路和百个最美入城口）创建项目。其中，221省道村歌文化风俗线被评为全省精品示范道路，花峡线世遗江郎风采线被评为全省精品道路，高速东入城口被评为全省最美入城口。

【抓好问题点位整治】 加大“四边区域”十类环境问题整治力度，制定下发《江山市“四边三化”提升年行动方案》，明确各乡镇重点线路，按线路建立问题清单。将“四边三化”纳入到全市305名网格长和1160名网格员日常巡查内容，重点抓住城乡接合部、镇镇交接、村村交接等关键路段，开展每日一查，做到问题实时发现、即查即改，提升问题整改速度和质量。全年共完成省重点问题点整治20个，衢州市交办问题点整治953个，江山市自查自改问题点5886个。

【推进重点项目建设】 坚持以项目为抓手，打造亮点工程，串点成线，建设“四边三化”美丽风景线。全市实施精品道路创建、“一镇一路”等61个重点项目，评选出市级“最美公路”3条、“最美入镇口”3个、“最美景观节点”4个、“最美庭院”10户，其中SS1江山段、花峡线、西入城口、荷花长廊节点、江滨南路节点和3户庭院分别被评为衢州“最美公路”“最美入城口”“最美景观节点”和“最美庭院”。

【完善“路长制”】 坚持把完善工作机制作为“四边三化”工作的要素保障和推进动力，健全市、乡、村三级“路长”负责制，制定出台《江山市路长制考核办法》《江山市“两路两侧”“四边三化”工作网格化巡查实施意见》，严格落实“一级路长一月一巡查、二级路长一周一巡查、三级路长一日一巡查”的巡查制度，规范路长巡查，落实巡查责任。全市各级路长累计巡查7.4万次。建立月例会分析制，组织市民政、规划、林业、国土、住建、交通运输局、铁办等部门，定期研判“四边三化”重难点，解决青山白化、违章搭建、绿化缺失、乱采乱挖、蓝色屋面整治等问题。

【重视媒体信息宣传】 多渠道、多途径、多角度开展“四边三化”宣传活动，“报台网端微”融合发力，报道“路长”巡查、党员参与、群众创美等生动实例，营造“四边三化”全社会共同参与的浓厚氛围。全年，在省、衢州市和江山报纸、电视台等主流媒体播报动态83条，其中，省级以上主流媒体录用6条，衢州市级主流媒体录用14条；上报简报信息19篇，其中省“四边三化”专项整治专刊录用1篇，衢州市“四边三化”工作简报录用8篇；制作发布微信美篇29条（篇），展示江山市“四边三化”工作成果，提升“四边三化”影响力。

（四边三化办）

信息产业

邮　政

【概况】 2017 年，中国邮政集团公司浙江省江山市分公司积极融入地方经济建设，实现邮政业务收入 3698 万元，同比增长 13.8%。其中金融业务收入 2193 万元，列衢州地区各县市邮政第一名。完成包裹快递业务收入 597 万元，完成批销收入 58.65 万元，完成函件业务收入 102.27 万，集邮业务收入 164.13 万元，报刊收入完成 270.96 万元，其他业务收入 311.99 万元。

【能力建设】 将有限的资金倾向于服务城乡居民设施建设的投入，增加电商、投递网络、金融服务设施，提升城乡服务水平。8 月，在电商园区建设包裹处理场地正式投入使用，配备皮带机、爬坡机、网运 PDA 等设备，实现单人扫描封发扎带，减少操作工序，提升快包内部处理效率。在“双十一”前，新增出口加长邮车和三辆电瓶车，助力“双十一”进出口包裹快速运营。对淤头邮政支局营业厅进行全面装修改造，9 月 23 日正式投入使用。对新塘边邮政所和大溪滩邮政支局邮政营业厅进行装修，更新配备相应的普遍服务设施，满足广大用户的需求。人力资源配置倾向包裹投递、代理金融等一线服务人员。同时，投入人力和物力参加江郎山・廿八都旅游区创建国家 AAAAA 级旅游景区各项工作。石门支局在创新转型、经营管理、服务三农等方面取得显著成效，被省邮政分公司、省邮政工会授予“2014—2017”年度浙江省邮政分公司先进集体荣誉称号。

【重点工作】 金融业务以服务三农为主题，承办夏粮收购款、粮食补助款、林业补助款、水电费代缴代扣等业务，方便城乡居民日常生活业务办理。包裹业务主动对接思远贸易、格格屋等电商龙头企业，承接包裹快递揽投业务，助推江山电商产业发展。为江山的鲜花店、银行、房地产、保险公司等开展同城配送等，城区范围内当天 13 点之前收寄包裹当天能投递。8 月，经过前期深入猕猴桃商户调查，统一制定合适的猕猴桃标准箱，全力揽收猕猴桃包裹，旺季期间共收寄猕猴桃 13.8 万件，助推江山猕猴桃发展。函件业务加快向传媒型发展，开发市民手册、水利局世界水日、财政局税法宣传、市场监管局食品药品安全宣传等朋友圈广告及中邮广告宣传。结合美丽乡村建设，开发文化惠民项目，墙绘业务、学生安全教育漫画读本项目。集邮业务抓住《丁酉年》生肖贺岁及《千里江山图》《浙江大学建校120周年》《十九大纪念邮票》《建军九十周年邮票》等重大题材邮票发行，线上线下联动宣传，满足广大集邮爱好者对集邮产品的需求。报刊业务做好党报党刊、行业报刊、政务类、校园类等报刊杂志上门征订工作，组织公益巡讲走进校园活动，联合江山市实验小学、虎山街道麻车小学开展2017年全市全民阅读巡讲活动，助力

开展2017年全市全民阅读巡讲活动

全民阅读。在省邮政公司2017年报刊微信订阅活动中，江山邮政分公司被评为县（市）突出贡献奖二等奖。

【平台建设运营】 做好全市35个E邮柜的维护工作，为相关单位及小区居民解决“最后100米”配送问题。全市累计建成邮掌柜有效站点225个，新增600平方米的仓储场地。累计建成邮掌柜有效站点225个，根据商务局“村邮网购信息化便民服务点”提升的要求，完成115个优质服务点的提升工作。新增600平方米的仓储场地，组建一支精通邮政各项业务的地推队伍，涌现出一批优秀微商营销员，业务发展在衢州名列前茅，领先于其他县市。实施邮政承担货运配送等优惠政策，引入12家批销商家入驻邮乐平台，丰富邮掌柜产品，全年累计批销金额726万元。推进江山猕猴桃进城项目，丰富邮乐平台上架品种，满足不同客户群，全年累计销售猕猴桃1.92万公斤，销售额达25.07万元。同时，参与南坞莲子农产品销售，由红莲单一品种，增加一款白莲。

【推进网运建设】 新增投递PDA12部，网运PDA7部，投递部利用PDA接收邮件内部处理时间均减少半小时，网运邮件经转可利用露天场地，有效减少经转处理时间，提升邮件进出口处理能力和信息传输效率。新增“私车公助”投递面包车3辆，合计9辆；投递电动三轮车6辆投入生产使用，合计13辆，有效缩短邮件运输和投递时间，促使全市13个投递部邮件进口时间提前1—3小时，为快递包裹T+1服务承诺创造宝贵的投递时间。“双十一”期间全市日均进口快递包裹4500件，邮件转运农村趟车投递基本未出现滚存积压现象。5月，新增贺村支局快包专段一条，“双十一”期间日均投递量达150—200件，减缓贺村集镇范围内投递压力，提升贺村集镇快递包裹用户满意度。在2016—2017年全省邮政报刊“效益发行，规范管理”劳动竞赛中，江山分公司城区投递支局投递员周礼华被评为投递营销能手。

（邵明霞）

电 信

【承建江山市综合指挥中心】 2017年，中国电信江山分公司发挥中国电信在信息化领域的技术优势，先后承建"江山市综合指挥中心""江山市全域旅游大服务中心"，助力江山智慧城市建设。

【"爱江山—无线城市"WiFi二期项目】 发挥中国电信在信息化领域的技术优势、服务人员本地化优势，承建"爱江山—无线城市"WiFi二期项目，共计建设234个WiFi点位，持续为市民和企业打造高品质无线免费WiFi接入服务，助力政府无线城市建设。

【基础网络建设】 年初制定年度光进铜退平移退铜工作计划，全年按计划逐月落实。10月，提前超额完成衢州分公司下达的2017年退铜任务，推进全市全光网建设，提升基层网络质量，提供高速畅快的网络服务。

【乡镇上改下线路迁改】 年内完成9个乡镇的上改下线路迁改工作（包含3个美丽乡村），助力美丽乡村建设，同时，圆满完成全省美丽乡村现场会通信保障、2017年新年登高现场以及十九大期间的网络安全保障工作。

（王茂竹）

移 动

【企业上云】 2017年7月4日，中国移动江山分公司响应《省政府工作报告》中提出的"十万企业上云"行动计划，联合江山市经信局召开"中国移动助力企业上云"宣传贯彻会。围绕"移动彩云""云视讯"等产品可助力企业提升竞争力、团队高效管理、节约投资成本等优势进行介绍和演示，有39家企业参加活动。

【打造教育行业模板】 全市中小学及公办幼儿园68所，综合接入业务接入率为100%。先后中标技防改造、一键式报警、校园网改造、阳光厨房等项目，占近三年教育信息化市场2/3以上份额。

【打造优质客户经理团队】 深化以行业+网格的政企服务体系，形成五大行业及16个区域网格的服务模式，改变以往客户服务区域不分，职责不明的弊端，让每位客户经理有一个明确的责任田，做到集团组建责任到人，客户服务了然于心。

【建立风险防控机制】 强化源头防范，开展风险防控评估和修订，修订后的省公司风险点33个，市公司风险点为231个，梳理廉洁风险防控工作三者操作清单，风险点覆盖全面性、彻底性，覆盖全部员工。同时，每月定期开展安全自查，对自查及市公司季度检查中发现的隐患及时整改，累计完成隐患自查整改60多处。

（夏云英）

联 通

【概况】 2017年，中国联合网络通信有限公司江山市分公司内设综合支撑中心、市场部营销中心、集团政企部。现有员工38人，其中管理系列5人，技术系列3人，经营及服务人员30人。年内，综合绩效考核全市前列，获"2017年江山市巾帼文明岗"。

【服务工作】 在2017年全国新年登高健身

联通公司服务全国新年登高健身活动

大会前期，联通江山分公司克服时间紧、任务重的多种挑战，提前做好网络优化和各项准备工作。根据登高活动的线路安排，对主会场及沿路开展反复多次的DT测试，根据现场测试实际情况，制定周密详细的保障方案，完成扩容多载波14个扇区19个多载波小区，提升网络承载能力。

【组织防汛抗灾活动】 6月2日，由市公司牵头组织2017年度防汛抗灾联合应急保障演练活动。演练历时3小时，活动演练现场模拟基站汛期因电力故障停电，抢修人员按照事先制定的预案行动，抬油机、布放电缆线、油机启动发电、观察设备工作情况。除模拟基站汛期电力故障，还模拟基站汛期被淹的情况。

【推进全市河长制管理信息系统平台建设工作】 为提升村级河长对河长制管理信息系统平台的了解和使用，5月17—25日，江山分公司团队深入19个乡镇（街道），逐一为村级河长送信息服务、送培训服务，开展19场河长制管理信息系统培训，确保183位村级河长全面掌握河长制管理信息系统平台的操作。河长制管理信息系统平台是通过信息通信技术，建立一河一档、一河一策，为全市河长巡河建立“一张网络、一套系统、三级管理”的管理模式。截至12月底，江山联通为全市各级河长配备河长制管理信息系统平台手机终端382台。

（郑燕飞）

国土资源

概　况

2017年，市国土资源局抓住“放权和简化”，推进“最多跑一次”改革。在原有供地、办证验收放权事项的基础上，工业用地登记宗地图测绘实现“最多跑一次”。结合“四个平台”建设，将农民建房供地审批下放到所有乡镇（街道）。梳理公布19项“最多跑一次”事项，联合住建、财税建立集成窗口，实行不动产证集成办、快递送。全年共办理不动产发证量58233件，办理供地118宗，审批农民建房2791宗，面积28.62公顷。备案设施农用地210宗，备案土地面积73.7公顷。工业用地复核验收19宗，面积70.13公顷；工业用地分割办证8宗，面积26.35公顷，为江山工业企业融资、促进企业发展提供有力的保障。

土地开发与耕地保护

【严格保护耕地】　开展永久基本农田划定工作，划定永久基本农田面积为27466.67公顷。推进基本农田“上图入库、落地到户”工作，基本农田上图入库工作分别在6月初和7月通过省和国家验收。实施耕地保护补偿机制，首次落实补偿资金，全市预算补偿资金2600万元，被全部或部分扣除村50个，最终发放资金2158万元，扣减率近20%。

【推进土地整治】　修订《江山市土地整治项目管理办法》，实行乡镇“包干制”，提高投资标准，提高工作经费额度，激发乡村两级积极性。全市共新谋划土地整治项目74个面积568.53公顷，另有吴村片万亩整治项目正在推进，其中山底区块已完成开工建设；在建项目92个，面积1072.33公顷。77个项目完成验收，新增耕地273.2公顷，旱地质量提升水田51.8公顷，建成高标准基本农田2222.07公顷。

【违法用地整治】　开展“一严查两整治”，清查各类违建。摸底排查出违法违规设施农用地33宗，完成整改31宗（其中已拆除10宗，已补办手续7宗，已立案查处4宗，其他方式整改10宗），完成率93.94%。江山市2016年度卫片执法监督检查新增建设用地面积125.37公顷（耕地79.03公顷），其中违法用地面积5.33公顷（耕地面积1.68公顷）。违法占用耕地占新增建设用地占用耕地的比例为2.13%。按照政策扣减后，违法占用耕地占新增建设用地占用耕地的比例为1.5%。全年共收各类信访件138件，其中来信88件，来访50批99人次。按信访内容看，违法占地类59件，不动产纠纷类29件，征地纠纷类17件，地矿纠纷类17件，其他29件，与上年同期相比信访量减少1件，基本持平。年内未发生复查复核被上级部门撤销的信访件。处理答复各类“12345”政府热线122起。配合国家环境督察，及时应对振兴化工非法占地、贺村建坡生态农场等44件64项环境督察问题。年内，国家土地督察上海局对江山市进行土地例行督察，共下发上意见书的图斑9类90宗66.49公顷，年内全部整改，整改率达100%。推动政务公开和行政诉讼工作规范化，出台《关于印发“五公开”纳入办文办会工作制度的通知》《政府信息依申请公开工作管理办法》《关于进一步加强行政诉讼应诉工作的通知》，规范政务公开和行政诉讼工作程序。全年共办理行政诉讼案件13件、政府信息依申请公开19件。

土地规划与土地利用

【落实土地利用规划】 在用地保障上，突出重点保龙头。突出欧派产业园、健盛产业园、江东五期等工业项目，归江山居、安徒生童话乐园、大陈田园综合体、百恋谷、太极湾等服务业项目，抓好规划调和建设用地报批。跟踪通景公路、江山港治理、浙西公铁联运综合物流园、西山西路、开发区道路基础设施等项目，加强与省厅市局对接，提前进行预留安排。关注中医院、体育公园、屠宰场搬迁，农村公共服务设施、拆迁安置小区项目，优先给予安排。认真安排用地计划，关注房地产发展态势，研究推出区位、规模、时序。

【建设用地报批与供应】 全年向上争取规划新增规模159.4公顷，争取新增建设用地指标190公顷，其中争取到省厅追加指标35.67公顷，报批土地213.67公顷。完成供地98宗面积181.09公顷，其中工业用地116.53公顷，分别比上年增长92.2%和155%。土地出让金总价款35.75亿元，超历史最高年份。

地质资源管理

【矿产资源管理】 完成《江山市矿产资源规划（2016年至2020年）》规划编制工作。严格矿产资源开发准入管理，科学合理设置采矿权，按计划有序推进矿业权出让，保障经济、民生发展对矿产资源的需求，全年共办理采矿权延续6宗，注销登记1宗，变更登记1宗，转让1宗，新立登记1宗，年内收取采矿权使用费2.1万元、出让金7352.90万元。推进采矿权开发利用方案监管和资源储量动态监测，完善矿山储量动态监管。完成年度矿业权信用信息采集和公示，采矿权采集基本信息2条、采矿权巡查246条、矿业权评估1条、储量备案1条。探矿权巡查信息35条、探矿权督查信息1条。推进“四边三化”“两路两侧”生态环境治理，完成虎山北矿地质灾害治理项目，推进西山原采石场石宕废弃矿山等治理项目。以2个“绿色矿山”创建为载体，全面推进环境污染和矿山粉尘防治。年底，全市所有生产矿山粉尘排放实现达标运行。推进地质找矿工作，继续推进长台、石门区块地热勘探项目。

【地质灾害防治】 全市年初存量地质灾害隐患点80处，威胁人员215户764人。响应省政府启动地质灾害“除险安居”三年行动。3月6日，召开全市会议进行落实，制定《江山市地质灾害综合治理“除险安居”三年行动计划》。6月，出台《江山市地质灾害避让搬迁安置实施意见》及操作细则。启动调查摸底行动、工程治理推进行动、人员撤离“半月清零”行动。用10天时间完成应撤的454人撤离安置工作。7月，开展“奋战60天，彻底解危保平安”行动。采取开会商办、市长交办、钉钉督办、现场查办等措施，督促工作推进。全市80处隐患点启动78处，完成销号47处。其中36处工程治理点启动34处，完成15处，完工1处。正在治理5处；44处避让搬迁全部启动，拆除清零32处，拆除房屋104幢125户383人，搬迁完成率83.2%。

（国土资源局）

砂石资源管理

【概况】 2017年，江山市砂石资源管理办公室（简称“市砂石办”）做好砂石资源（含机制砂、矿制砂）的规划、审批、监管等，建立“统一规划、统一出让、统一监管、统一分配”的“四统一”管理模式，构建统一、高效、持久的砂石资源监管机制。管理好市域范围所有河砂（库砂）、地砂、山砂、河卵石以及卵石、矿石等制成的机制砂石和从事开采、机制、筛洗和销售砂石资源等。

【集中整治】 围绕重点工作，深化砂石资源整治。全面落实河道禁采目标，河道采制砂场全部退出，盗采乱象得到遏制，水质观感大幅度提升。在中共十九大召开前，集中一个月左右的时间，对全市采制砂行业开展拉网式排查清理工作，开展全市“护航十九大”涉砂防反弹专项行动，严厉打击各种非法采砂活动。

【生态建设】 加强宣传，助力剿劣工作。利用广播、电视、报纸、钉钉、微信等媒体，通过上门发放宣传单、现实案例说教等各种形式宣传河道禁采的相关法律法规，强化基层干部群众的禁采自觉性。围绕“美丽乡村建设”，着手全市域涉砂场地堆放情况调查，开展周边销售砂石料无序堆放现象的清理整顿工作，优化周边环境。

【信访维稳】 全年共受理“12345”及治水办等平台问题36次，处置涉砂信访13起，制止、矫正各类违法行为37起，移送相关部门涉砂案件6起，取缔非法加工场所12个。年内妥善处理中电投渔光互补发电、和平堰节水工程、峡口引水工程等多起市重点项目的涉砂纠纷。6月25日，接办浙赣铁路江山江桥墩垮塌及路基被冲毁的涉砂信访后，迅速介入调查处置，使信访事件处于可控状态。

（冯勇卫）

生态环境

综　述

【概况】 2017年，推进环境污染治理，压实环境执法监管，环境质量持续改善。全市19个乡镇（街道）交接断面水质全年考核优秀，市区环境空气质量AQI优良率为90.7%，同比提升2.4%；主要污染物PM2.5浓度均值为39微克/立方米，同比下降11.4%。出境水断面水质年均值达到地表水II类标准，集中式饮用水源达标率继续保持100%；化学需氧量、氨氮、二氧化硫和氮氧化物排放量削减率完成上级下达的目标任务。

【推进综合治理】 围绕实施“治水、治气、治土”三大战役，推动环境质量持续改善持续惠民。在治水方面，持续加大污染整治力度，完成17家涉水企业整治（衢州市任务8家），8家链条生产企业实现5家纳管和3家“零排放”改造，整治无环保措施企业213家。在治气方面，聚焦“气十条”阶段性收官，统筹“五气共治”，强化联防联控，突出抓好《中华人民共和国大气污染防治法》等环保新法新规新标的贯彻实施；完成江化公司热电厂烟气超低排放改造，完成燃煤锅炉淘汰79家，中机国能实现集中供气；完成3家水泥企业清洁化改造，完成10家企业VOC废气治理；启动江山门业行业整治，推广UV生产线替代传统手工喷漆打磨工艺。联合开展秸秆禁烧巡查，查处或制止秸秆焚烧148起。在治土方面，出台印发《江山市土壤环境保护方案》，推进危废“存量清零”行动；开展铅酸蓄电池综合整治，打击非法收集废电池违法行为4起；率先在衢州开展危废全过程规范化整治，完成29处企业规范建设危废储存场所；

6月30日，开展清洁家园日活动

加强水泥窑协同处置固体废物监管，推进医疗废物产废单位联网监控监管。

【落实总量减排】 通过深化燃煤污染防治、挥发性有机废气治理、燃煤机组和热电锅炉烟气超低排放改造、城乡生活污水处理提标改造，推进畜禽养殖和面源污染防治等工程减排、管理减排、结构减排项目。根据环保部和省厅工作部署，启动国家版排污许可证的核发工作，打通组织宣传贯彻、技术培训、填报指导、技术审核、管理端核发整个流程，建立工作体系，全年发放33家排污单位许可证。运用市场机制提高环境容量资源配置效率，实现排污权有偿使用和交易机制新、老建设项目的全覆盖。

环境执法监管

【配合环保督察】 8月11日至9月12日，中央第二环境保护督察组进驻浙江进行专项督察；12月7—21日，浙江省第一环境保护督察组又进驻衢州进行专项督察，12月15—17日，督察组对江山市进行下沉督察。及时制定督察迎检工作方案，成立由市委市政府主要领导担任组长的高规格迎检领导小组，下设7个专项工作组，统筹做好资料调研、座谈问询、信访办理、宣传维稳、督办监察等各项工作，严格落实边督边改边公开的有关督察要求，确保督察组听到真话、察到实情、督到关键处。督察进驻期间，共受理办结中央督察组交办信访件81.5件（重复11件）及省督察组交办信访件31件（含7件重点件），推动解决一批群众高度关注的突出环境问题。

【打击环境违法】 坚持以确保区域环境安全、维护群众健康为己任，结合中央环保督察，持续形成打击环境违法行为的高压态势，坚持环境违法行为"零容忍"。连续开展"铁拳系列"、智慧环保亮剑行动、零点行动等专项执法检查、打击进口废物加工利用企业环境违法行为和长江经济带饮用水源保护等专项执法行动，运用查封扣押、限产停产、行政拘留等强制手段，深化公安环保司法联动，从严从实从快打击各类环境违法行为。全年出动10514人次，检查企业3553家次，共查封企业4家，移送公安案件6起，立案查处行政处罚案件95件，已下达行政处罚决定88件，罚款296.16万元，案件数和罚款较上年相比增长41.8%和109.3%。坚持拧紧环境风险防控"安全阀"，强化环境安全隐患日常监督管理，确定环境风险源企业19家，每月组织开展环境风险源环境安全状况专项检查，从污染源头筑牢环境安全防线。组织修订《江山市突发环境事件应急预案》，完成塔峰化工肥料厂等5家

开展"零点行动"专项执法检查

企业突发环境事件应急预案备案工作，全市未发生较大及以上等级突发环境事件。加大环境信访调处力度，切实维护群众环境权益，累计调处各类环境信访729件，比上年同期上升15%。

生态文明示范创建

【推进改革实践】 根据中央和省关于全面划定并严守生态保护红线的工作部署，严格落实生态保护红线生态功能不降低、面积不减少、性质不改变的划定要求，完成生态保护红线划定工作，新划定的生态保护红线面积为515.60平方公里，占比全市国土面积的25.52%。深化落实“最多跑一次”改革。建立并公布“最多跑一次”审批事项清单16项，其中环评登记表备案等10项事项实现“零上门”。加快推进“区域环评+环境标准”改革，依托衢州市智慧环保监测平台系统，新建集监测监控、数据分析和应急指挥等功能为一体的环保监控中心，通过共享衢州智慧环保平台数据，搭建江山市智慧环保综合管理软件平台，整合现有污染源在线监测监控（包括集镇污水处理站）、畜禽养殖场在线监控、环境质量监测监控等信息采集系统，实现实时监测、可视监控、超标报警、应急处理、移动执法等智慧环保功能。计划新建2个地表水水质自动监测站和5个空气质量自动监测站，已完成立项、发改备案、财政审批、项目选址、方案论证等程序。

【统筹城乡生态建设】 发挥美丽江山办的牵头协调职能，统筹城乡一体化开展生态示范创建和环境综合整治。成功创建省级环保模范城市，指导峡口镇获两美浙江体验地称号，大陈乡大陈村命名为第七批省级生态文明教育基地，戴培强等4个家庭被评为省级绿色家庭。完成省级生态文明建设示范区创建规划编制工作。加强生态环境保护宣传教育。围绕生态创建、剿劣夺鼎等环保中心工作，开展形式丰富的宣传活动和生态教育，以纪念世界环境日、浙江生态日和江山市清洁家园日为契机，与市委党校联办乡镇（街道）环保分管领导培训班，举办“6·30”浙江生态日暨垃圾分类启动仪式，协同滴水公益、锦绣江山、启梦公益志愿者协会，组建400人的生态环保志愿者队伍，激发全社会关心支持和参与生态环境保护的热情。

（周黄丰）

气象工作

【概况】 江山市气象局主要职责是气象探测资料的采集、气象预报与灾害性天气警报的发布、人工影响天气、雷电灾害防御、行政执法以及相关气象法规的实施等。努力推进防灾减灾体系建设，做好气象重点工程和气象现代化建设，为全市经济建设和社会安全提供服务。市气象防灾减灾公共服务中心开展业务工作。

【全年气象服务】 全年共对外发布气象情况汇报109期、预警信号37次，对春运、高考、“两会”、国际越野跑大赛、新年登高大会、美丽乡村现场会提供专题滚动气象服务。共制作发布气象为农服务材料61期，为农业生产提供有力气象保障。全年共出现5次暴雨，尤其在6月23—26日，全市过程面雨量201.9毫米，浙赣线上余镇余航村0号桥头发生锥体护坡塌方，及时呈送重要气象情况报告，准确预报雨势减弱，建议减少上游水库错位泄洪，为抢险指挥部及时修复损毁路段恢复铁路运营提供科学决策依据，保障全市安全度汛。

【重点工程建设】 9月6日，江山市气象防灾减灾中心业务用房主体工程通过验收。气象观测站配套设施项目竣工，基层台站综合环境得到显著改善。实施山洪气象工程，迁移江郎、裴家地等乡镇气象自动站2个。实施暴雨精细化监测预警工程，完成暴雨强度公式修订及公布工作。

【气象现代化】 地面观测项目共有14项，未实现自动观测2项，自动化程度达85.7%。新建气象实景监控系统、一键式发布平台、气象天气网站，安装江郎负氧离子站、峡口新和农田小气候站，全市自动气象观测种类齐全，站网平均间距达5公里，气象综合观测自动化程度达90%以上，气象防灾信息公众服务能力进一步提高。

（黄竞雪）

经济管理

发展和改革

【概况】 2017年，江山市发展和改革局围绕市委市政府总体思路和工作部署，以全力打造江山“大花园”为目标，以深入开展“效率提升年”和“项目攻坚年”两年活动为抓手，在“稳增长、调结构、促改革、补短板、惠民生”上下功夫，注重实效、锐意进取、真抓实干。全市全年完成地区生产总值302亿元，同比增长7.3%；完成固定资产投资额207亿元，同比增长13%；完成财政总收入25.21亿元，同比增长4.6%；完成一般公共财政预算收入16.67亿元，同比增长8.6%；实现社会消费品零售总额126.45亿元，同比增长11.2%。

【谋划发展】 定期监测江山市国民经济和社会发展总体情况，做好全年各季度经济运行分析，完善企业监测体系，加强对产业发展形势、未来预期及存在问题分析。完成2016年和2017年上半年国民经济和社会发展计划执行情况报告，下达2017年国民经济和社会发展计划，做好2018年国民经济和社会发展计划指标编制。组织申报创建省军民融合示范区，完成并报送示范区申报方案，启动江山市军民融合发展规划编制。完善深化服务业“十三五”规划内容，完成江山特色小镇规划编制，启动高铁小镇等专项规划的编制工作。制定出台《江山市空间规划试点工作方案》，明确空间规划编制的要求、时间节点，落实部门单位职责等，完成空间规划“三区三线”底图绘制工作。

【课题调研】 制定33个重点课题调研计划，实行“点将调研”，探索实行多部门“联合调研”工作机制，共完成《关于有效推进通用机场建设的调查和研究》《积极推进江山市军民融合迈上新台阶》等重大课题调研报告40余篇。获市级一等奖1篇、二等奖1篇，三等奖2篇。呈送相关专报10余份，其中《积极关注2017年中央1号文件》《关于浙能集团和我市合作项目推进情况的汇报》《基于我省“投资新政”的探析和对策建议》等多篇专报得到市委、市政府主要领导批示。

【项目征迁攻坚】 牵头开展全市项目征迁攻坚大会战，以“五个一”（一日一快报、一周一交办、半月一通报、一月一评比、半年一回顾）攻坚机制为抓手，利用考核、督查、评比等方法，调动各征迁主体的积极性，通过全方位、多

11 月 3 日，召开全市重点攻坚项目表彰会

角度的立体宣传，在全市上下形成征迁攻坚氛围。全年制订征迁攻坚计划项目 60 个，涉及土地征收 481.67 公顷、房屋拆迁 584 户、坟墓迁移 1006 穴、流转土地 184.2 公顷。全年完成征收土地 401 公顷、拆迁房屋 360 户、迁移坟墓 744 穴、流转土地 149.6 公顷，35 个项目按照“三清一无”清零标准完成征迁任务，22 个项目取得实质性进展。

【项目推进机制】 建立部门层面项目协调会商机制，牵头有关部门、项目责任单位、项目业主等参加项目问题协调会商，对问题项目进行半月一协调，力争项目问题在一线化解；深化实施“七大”集中交办机制，重点项目问题市长办公会议每周常态化协调督办，利用每周一晚上时间，对相关问题和责任单位进行当场交办、限时解决、结果反馈，形成闭环，加快项目推进；建立分口子区块推进项目机制，各分管副市长分别牵头抓项目推进、投资入库和指标落实的负责制度，谁牵头谁负责，一抓到底。

【重大项目前期】 江山市 2017 年重大项目前期攻坚计划（G50）共有项目 50 个，分属工业提升、旅游发展、基础设施、社会民生、PPP 项目五个类别，总投资达 585.3 亿元。全年转化实施项目 9 个，有序推进项目 32 个。开展项目谋划擂台赛，突出创新“一把手谋划”主题，全市 88 个单位谋划提出项目 1420 个，总投资达 1.2 万亿元，其中“一把手”亲自参与项目谋划，报送项目 95 个，总投资 2280 亿元，实现谋划个数和投资总额的双突破；成功引进城北旅游综合体、城市综合交通客运枢纽、江山国际大酒店改造提升、同景光伏年产 15000 吨太阳能光伏支架生产线等招商引资项目 16 个，协议总投资 50.78 亿元，完成投资 26.65 亿元。牵头推进总投资 80 亿元的“归江山居”田园文旅颐养小镇、总投资30亿元的江山城北童话小镇等重特大招商项目对接洽谈、项目跟进、合同拟定、方案论证等工作。

【重点项目建设】 推进省重点建设项目、衢州市重点建设项目、市年度重点实施项目、S50项目四大项目建设计划。其中，27个省重点建设项目开工24个，完成投资31.8亿元，完成年度计划投资112.7%；55个衢州市重点建设项目开工54个，完成投资60.8亿元，完成年度计划投资的110.3%；149个市年度重点实施项目开工134个，完成投资99.6亿元，完成年度计划投资90.1%；S50项目在建45个，开工率90%；完成投资56.1亿元，完成年度计划投资90.6%。实施项目攻坚年集中开工活动，全年安排4次市集中开工活动，共计123个重点项目参与活动，从项目编排、方案送签、线路安排、舞台搭建到后续的项目协调推进、数据收集报送、入库投资指导等，全年全时段无缝跟进。全年123个项目全部开工入库，完成投资80.4亿元，计划投资完成率105.8%，全面完成集中开工项目开工率、入库率“双百目标”。

【政府投资管理】 出台《2017年扩大有效投资考核办法》，实行固定资产投资“一本统领”工作机制；落实每月市长办公会交办制度、固投排名末位通报制度；创新建立固投预报制度，掌握投资形势，优化投资结构。同时，在政府投资项目管理方面，首次采用重点实施、一般实施、前期转化三类科学编排方式，首次在年中根据建设条件形势变化，对年度建设计划进行调整。全年实现固定资产投资207亿元，同比增长13%。

【现代服务业发展】 围绕构建浙闽赣三省边际现代服务业高地目标，以改革创新为动力，以项目建设为抓手，积极培育发展新动能，推进省服务业强市建设，保持现代服务业较快增长势头和良好发展态势。全市完成服务业增加值132.49亿元，同比增长10%，GDP占比达43.9%；实现服务业固定资产投资113.6亿元，同比增长17.4%，占全社会固定资产投资的54.9%；完成服务业税收10.54亿元，同比增长15.4%，地方财政总收入占比达41.8%。

【新能源发展】 有序推进金屋顶光伏富民项目，年内新建成粤兴木业有限公司等企业厂房屋顶光伏发电项目11个，装机规模约8.3MWp，新建农户屋顶光伏3100余户，装机容量共13.6MWp，引进国家电投集团帷盛新能源有限公司建设60MWp园区分布式光伏发电项目，总投资5.03亿元；继续保持地面光伏电站领先优势，同景新能源1.6MWp渔光互补地面电站和国电投上余20MWp渔光互补地面电站顺利并网发电并通过专家组验收，全市地面光伏装机规模达264.1MWp；推进风电项目前期，完成上余镇大光尖和塘源口乡门牙尖两个风电场测风和风资源评估，协调开展华能峡口风电项目前期工作；推进新能源汽车分时租赁项目，开通网点达162个，投放新能源汽车400辆。可再生能源项目累计完成投资24亿元，清洁能源在能源消费中的比重达到16.4%。

【PPP项目推进】 在全省率先成立PPP实体化运作领导小组办公室，建立PPP项目部门会商、督办、成果会审决策等机制。项目标和施工标“两标并一标”“土地+PPP”联合招标、多个项目捆绑招标等先进理念和做法得到应用，并取得良好效果。年内有4个项目被列入省发改委PPP示范项目，位列全省第一；4个项目列入省财政厅PPP推荐项目，位列衢州市第一。第二污水处理厂、锦绣江山外国语学校等5个项目建成运营，幼儿成长中心、第二福利院、餐厨垃圾无害化处理等8个项目落地或完成招标，城市智能停车、鹿溪污水处理厂、莲华山公租房等5个项目基本完成“两报告一方案”编制，初步形成“585X”梯次推进格局。全年接待客商近300批次，实际利用社会资本投资超30亿元。

【特色小镇建设】 完成2016年度贺村小城市培育考核工作，编制完成《贺村镇小城市培育试点三年（2017—2019）行动计划》，出台《关于进一步推进贺村小城市新一轮培育试点工作的若干政策意见》，贺村镇成功列入第三轮小城市培育试点单位。完成江山光谷小镇2016年度省级特色小镇考核，耕读田园小镇衢州市级特色小镇的考核工作；江山木艺时尚小镇争列第二批浙江省特色小镇培育名单；谋划储备高铁游乐小镇、极限运动小镇、归江山居颐养小镇、公铁海联运物流小镇作为争列省级特色小镇储备库。

【审批制度改革】 全面梳理公布“最多跑一次”事项清单，编制公布“最多跑一次”办事指南、一次性告知、办事流程图；牵头推进投资项目在线审批监管平台运行，完善网上申报、在线查询、信息统一归集等功能，企业投资项目备案实现“零跑”目标，其他项目审批实行从项目立项到验收全阶段“一窗受理，集成服务”机制，推动投资项目审批由“业主跑”到“数据跑”的转变。探索政府投资项目审批制度改革，制定出台《江山市政府投资项目模拟审批实施办法（试行）》，绘制项目高效审批流程图，推行容缺受理、并联审批机制，实现政府投资项目模拟审批5日办结目标。

【争列省级重点】 江山港流域综合治理工程获得可研报告调整的批复，纳入中央中小河流治理规划和省“百河综治”重大项目盘子；通景公路、姜家公路项目成功合并招标，开创全省首例投资模式；江玉公路项目成功获立项批复；杭衢高铁延伸至江山项目通过可行性研究报告评审；协助健盛产业园争取用地指标10.23公顷；27个项目列入省重点建设项目计划，8个项目列入省扩大有效投资“411”重大项目建设计划，4个项目列入省与央企合作项目推进计划，7个项目列入省重大工业项目计划，项目数、投资额指标均居衢州各县（市、区）首位，中山人防工程列入2017年省军民融合重大项目，8个项目新增省服务业重点项目，累计列入省服务业重大项目计划数达12个，公铁联运无水港项目纳入浙江省互联网物流示范项目。

【争列省级试点】 江山木艺时尚小镇列入浙江省第二批特色小镇培育名单；争列浙江省空间规划先行试点县市，成为全省8个空间规划先行试点县市之一；争列全国畜禽粪污资源化利用整县推进试点，成为全省唯一试点；成功争列农业水价综合改革试点县，成为全省5个试点县市之一；牵头推进省服务业强县试点、园区循环化改造试点、清洁能源示范县、省餐厨资源化综合利用和无害化处置试点等工作。

【争取基金资金】 争取中央预算内资金1.41亿元，其中碗窑水库灌区项目1.1亿元，全国新增千亿斤粮食生产能力规划田间工程建设项目1680万元，中机国能热电联产项目1000万元，江山市国家粮食储备库仓库拆建工程479万元。争取试点培育建设资金4200万元，其中全国畜禽粪污资源化利用整县推进试点3000万元，服务业强县培育700万元，省小城市培育试点300万元，江山光谷小镇、木艺时尚小镇200万元。农村电网维护补助4094万元，江山港流域综合治理工程获得省公建补助700万元，江山市塘源口乡公路水毁建设项目获得省公建补助100万元，工业与信息化发展财政专项资金 45 万元，2017 年价格监管专项转移支付资金 23 万元。

【民生价格服务】 加强价格收费监管监测，规范价格收费行为，优化价格环境；围绕关注民生价格，核定和调整医疗、教育、物业等方面收费标准；开展市场价格巡查和重点地段、重点节点的市场巡查，开展“明码标价”等专项检查，处置价格投诉举报问题。全年共受理价格投诉举报 65 起，办结率 100%；办理刑事、行政、涉纪等案件财物价格鉴定、证明 268 例，标的金额 278.38 万余元；连续七年获得全国农本调查工作优秀集体称号。

（毛旭水　邱柏源）

市场监督管理

【概况】 2017 年，市场监管系统通过抓改革、保安全、优服务、夯基础等一系列举措，营商环境全面优化，全市食品药品安全、特种设备安全、产品质量安全形势平稳有序，圆满完成各项目标任务。先后获“全省食品药品监督管理系统先进集体”“全省农贸市场提升发展工作先进单位”等 16 项集体荣誉。稽查大队副大队长严利强，被评为浙江省唯一的全国质检系统执法打假“办案能手”。全年共收到企业和群众赠予的锦旗 12 面、表扬信 10 封，有 100 多人次专门通过微信、QQ 等网络方法，对市场监管部门的优质服务表示感谢。

【优化营商环境】 率全市各部门之先，召开“最多跑一次”实务公示会。推进窗口标准化建设“八个一”服务，推广全程电子化登记，逐步推进“证照联办”。全年办件 18910 件，梳理出 124 个“最多跑一次”办事事项，进驻中心比例

局长在注册窗口坐班，力推“最多跑一次”

达到 100%。开展局长“四驻”系列活动，即班子成员每月至少一次进驻办事窗口、进驻乡镇平台、进驻联系企业、进驻基层所（分局），并派干部进驻贺村镇便民服务中心、开发区企业服务中心。

【注册登记融资】 新设立登记各类企业 1306 户、个体工商户 4081 户，同比增长 15.1%、17.64%。注销各类经济主体 2916 户，办理食品经营许可登记 1756 件、“三小一摊”登记 932 件，发放五证合一、一照一码企业营业执照 1972 份、“两证整合”个体工商户营业执照 5590 份。“小微企业三年成长计划”圆满收官，发展小微企业 2819 家，超额完成各项目标任务。完成“个转企”登记 443 户，公司制企业占转型升级总数的 88.5%。开展股权质押和动产抵押登记 269 件，帮助企业融资 19 亿余元。开展民企“双对接”活动，宝格商贸等 13 家企业在浙江股权交易中心创新板挂牌。

【食品药品安全监管】 开展食品安全排雷“百日攻坚”行动、网络订餐平台“净网行动”、药品医疗器械等专项整治以及节前专项检查行动。推进千万学生饮食放心工程、小作坊“整改提”活动、“阳光厨房”建设。加强食药知识宣

传教育，制作《农村自办宴席安全歌》Flash 动画视频。推进“平安护航十九大”食品药品系统平安创建，暗访全市 148 家食药生产经营单位，发现问题及时整改到位，消除安全隐患。全年共抽检食品 1375 批次，药品 110 批次，合格率达 98.5%以上，完成中共十九大期间和全省美丽乡村建设现场会等安全保障任务，以及其他重大活动、重要领导人到江山 19 起 120 餐次、约 5.7 万人次的餐饮食品安全保障。

【特种设备安全监察】 坚持“安全第一、预防为主、综合治理”方针，开展江山市特种设备领域防范较大社会影响事故综合治理三年行动、“平安护航十九大”特种设备大会战，开展各类特种设备安全专项检查工作，全年累计出动 948 人次，检查特种设备使用单位 491 家，发现并消除安全隐患 249 处。截至年底，全市共有特种设备使用单位 1088 家，在用特种设备 4858 台/件，其中锅炉 261 台，压力容器 2051 台，电梯 1059 部，厂内机动车 590 辆 ，起重机械 892 台，大型游乐设施 5 台，安装告知中的设备 357 台(套)。这些特种设备广泛分布在全市各个乡镇、街道中的竹木加工、化工、机电等行业中。

【提升产品质量及品牌】 打好“三强一制造”转型升级组合拳，实施质量品牌提升行动，积极申报创建国家级木门产品质量提升示范区，牵头拟定《江山市木门产业质量提升工作方案》，以培育创建为抓手，促进木门行业转型升级，全力助推区域产品质量提升。推进“浙江制造”品牌培育，企业参与制定行业标准 2 项，1 项标准列入浙江制造标准制订计划，《实木复合烤漆门》《木质复合免漆门》标准列入省 2017 年首批发布名单正式发布，实现江山市“浙江制造”标准“零”突破。加强商标品牌培育工作，新增省知名商号 3 个、浙江名牌产品 1 个、省 AAA 级“守合同重信用”企业 1 家。

【提升检验检测能力】 对原食药、工商、质监、农业 4 个部门的食品安全检测资源进行有效整合，投入 994.4 万元资金，建成实验业务用房 960 平方米，配备各类仪器设备 92 台（件），通过省食品检验检测资源整合建设项目验收。市检验检测研究院和衢州方圆林产品检测中心通过检验检测机构资质认定复查和扩项评审，确认检测院 671 项检测能力，其中食品领域 482 项，消防领域 189 项；新增检测能力 58 项，其中食品 37 项，消防 21 项；确认林产品中心板材、家具、胶粘剂等检测能力 54 类，其中新增检测能力 7 项。全年累计完成检定、检测 10474 批次，其中计量 7692 批次、食品 1673 批次、林产品 839 批次、消防 272 批次。年检测量首次突破 1 万批次大关。

【查处违法违章行为】 着重开展“红盾网剑”专项执法行动，共检查网站 53 个次，责令整改网站 7 个；开展汽车领域专项执法行动，检查汽车销售企业 47 家次、汽车维修企业 33 家次、汽配经营户 75 家次，抽检成品油 36 批次，不合格 5 批次；开展钢铁、水泥、电线电缆等 3 类重点产品专项监督检查，重点对 23 家疑似“地条钢”生产企业逐一实地核查，没有发现生产铸造“地条钢”现象；开展无证照非法加油执法检查，共查处非法加油案件 4 件；开展产品抽检工作，共抽检消防产品 48 批次，木门等木制品 165 批。据统计，全年共查处案件 240 个，结案 225 个，涉案货值金额 320 余万元，罚没款 324.79 万元，其中工商类案件 88 个，食药类案件 69 个，质监类案件 68 个。

【推行“双随机、一公开”监管新模式】 将

“双随机”监管方式作为日常监管的主要抓手，先后组织开展“按标监管、一次到位”试验性抽查和失信被执行名单关联企业等联合抽查活动，共检查企业233家，均按照“2+X”模式实现市场监管领域“全覆盖”，检查结果通过国家企业信用信息公示系统向社会公示，破解任性执法、风险执法、精准执法三大执法难题。企业、农专社、个体工商户三类市场主体工作年报率均居衢州第一，并名列全省各县市区前茅，得到省局领导的批示肯定。

【运行乡镇市场监管平台】 制定出台推进乡镇（街道）市场监管平台建设意见，从实际出发实行三种派驻模式，建立工作例会、联合执法、信息管理等五项工作机制，率先在全省推出市场监管平台建设“六个规范”，各乡镇（街道）均已按“六个规范”标准建设到位，指导乡镇开展“四个平台”精品线建设，就近为群众提供全方位优质服务。召开全市市场监管平台建设推进会，编印《市场监管平台资料汇编》和《网格员工作手册》，依托综治视联网平台举办全市网格员知识培训会，提升业务水平。

【创建省食品安全市】 按照考评细则，对211项指标进行逐条梳理，对有职能交叉或界定模糊的事项召开协调会议，细化任务，明确职责。加大投入保障，促使原食药、工商、质监、农业的食品安全检测资源全部整合到位。开展安全知识宣传“五进”和“食品安全宣传周”等活动，开设专栏、编印资料，利用“江山市场监管”微信公众号、江山电视台等载体，加强宣传，与群众互动，不断提高群众满意度。

【农贸市场建设管理】 牵头拟定《全市农贸市场建设与管理三年行动计划》，筹建江山市市场开发建设有限公司。按照新建新营、改造提升、规范示范“三个一批”要求，改造提升农贸市场，江东、城南、新塘边等3家市场，被省政府认定为放心市场。天余菜市场投入运营，开发区市场进行装修。江城、北关等市场建设前期工作有序开展。

【消费者权益保护】 全面开展“放心消费在江山”行动，培育发展放心消费创建示范单位，完成放心商店21家、放心网店25家、实体店无理由退货45家、放心餐饮店33家、放心景区5家、放心市场3家的建设任务。开展化妆品“百千万”美丽消费示范工程建设，创建2个示范商场及18家示范店。建成金融消费维权联络服务站3家、绿色通道2家、先行赔付企业1家。制定消费者权益保护工作联席会议制度，建立消费者权益纠纷诉调对接工作机制，提升消费维权工作效能。9月，成功调解一起轿车自燃损害索赔纠纷案，为消费者挽回损失11万余元。全年共接收投诉举报1131件，办结率99.1%，涉及争议金额153万元，为消费者挽回经济损失81万元。

开展“3·15”宣传服务活动

（祝远金　陈璐屿）

安全生产监督管理

【概况】 2017年，全市累计发生各类事故35起、死亡29人，同比分别下降23.9%、12.1%。其中，工矿商贸领域发生事故4起、死亡4人，同比持平；道路交通领域发生事故31起、死亡25人，同比分别下降27.9%、16.7%。无较大及以上事故发生。

【安全生产责任体系建设】 贯彻执行安全生产"党政同责、一岗双责、齐抓共管、失职追责"要求和《中共中央国务院关于推进安全生产领域改革发展的意见》内容，市委常委会议、市政府常务会议、市长办公会议多次组织学习上级关于安全生产工作的重要指示批示精神，研究部署危险化学品综合治理、居住出租房消防安全整治、安全生产大检查等重点工作。市长与9位分管副市长，分管副市长与126个乡镇（街道）、部门单位主要负责人层层签订安全生产责任书，每逢重要节日、重大活动等时间节点，各分管副市长带队检查和解决分管领域内的安全生产工作及问题达40多人次。成立由各分管副市长兼任主任的13个专业安全生产委员会，制定专业安委会和专业安委办工作职责；出台涉及37个安委会成员单位的安全生产和职业健康工作职责，明确管行业必须管安全生产、管安全生产必须管职业健康，进一步理清权责。

【安全生产隐患大检查】 7月22日，市政府组织召开全市安全生产紧急会议，成立以市长舒畅为组长的安全生产大检查领导小组，由各分管副市长具体抓落实，全阶段跟踪督办安全隐患整治。制定《江山市安全生产大检查实施方案》，部署涉及危化、矿山、道路交通、特种设备、旅游、消防等24个重点行业领域为期6个月的安全生产大检查工作，地毯式排查极易引发各类事故的隐患。8月23日，市委、市政府组织召开安全生产暨中共十九大维稳安保工作推进会，市委书记童炜鑫听取安全生产大检查第一阶段工作情况汇报，部署开展"江山市安全生产综合治理三年行动"，要求全市各级各部门必须压实责任，筑牢防线，把安全生产大检查各项任务落到实处。市安委办成立4个安全生产大检查督导小组，专项暗访、督查24个牵头责任单位和19个乡镇（街道）推进落实重点行业领域及人员密集场所安全生产大检查，企业大检查自查和隐患整改情况。安全生产大检查共排查隐患4176项，整改消除隐患4083项，发函交办问题隐患12批次23项，临时查封隐患点61处，消防"三停"处罚38起，累计罚款48.82万元，实现"江山不出事"的既定目标。

【行业领域安全隐患专项治理】 制定《江山市安全生产综合治理三年行动实施方案》，推进危险化学品、电气火灾综合治理，开展有限空间、烟花爆竹、"四无"企业、居住出租房、醇基燃料、D级危旧房等重点行业领域安全专项整治，遏制重特大事故发生。市场监管、商务、公安、安监等4部门联合排查出全市201家使用醇基类燃料的餐饮单位，醇基类燃料生产企业1家、经营企业3家。通过规范经营、禁止使用、整顿市场、集中回收等打击处置措施，及时消除潜在安全隐患。全年列入省、市、县"三级"政府挂牌督办重大安全隐患共计13处，其中省政府挂牌1处，衢州市政府挂牌5处，江山市政府挂牌7处，累计投入整改资金36.58万元，全部按期完成整改，各隐患点治理期间无事故发生。

【安全生产基础建设】 建立《江山市安全生

产与职业健康一体化监管机制》，将30家危险化学品企业、11家非煤矿山企业和14家喷涂作业场所列为职业健康“双随机”执法监管重点对象。全年开展一体化执法检查84家次，排查职业病隐患90项，整改85项，督促55家企业组织劳动者参加职业健康体检2000余人次，督促45家企业开展年度职业病危害因素检测。继续深化安全生产社会化服务和绿色保险工作，培育2家本土社会化服务机构开展安全生产技术服务，加强对13家在江山开展业务的安全中介机构的服务质量监督，全市19个乡镇（街道）、14个部门、280家企业购买安全生产社会化服务，71家企业购买“绿色保险”服务，为企业有效整改各类隐患3000多项。制定《江山市“智慧用电”系统推广补助方案》，鼓励在全社会安装“智慧用电”系统，严防死守电气火灾事故发生。年内全市新增“智慧用电”系统287套，累计发放补助26万元，电气火灾事故发生率下降32%。

【安全生产宣传教育培训】 推进安全知识“五进”活动，营造全社会共同关注、共同参与安全生产的良好氛围。累计投入宣传经费10万元，借助各类媒体平台和线下活动，相继开展《安全生产改革意见》学习宣传、“职业病防治宣传周”、第十六个全国“安全生产月”、《中华人民共和国安全生产法》宣传周等安全生产领域的宣传活动，将危化品泄漏、矿山滑坡紧急逃生，有限空间作业中毒科学施救，交通事故自我解救，冬季用电、用火、用煤、用气取暖事故防范等安全知识普及到广大社会群众。委托安全中介机构开展企业主要负责人、安全管理人员、特种作业人员等“三类人员”持证上岗安全培训和企业员工全员安全培训工作，提升企业安全管理能力和员工安全防护意识。全年培训“三类人员”3400人次，参与企业全员安全培训2.1万人次。

【事故调查和应急救援】 实行全员“双随机”执法检查，严厉打击违法、非法行为。全年受理安全生产非法违法案件12起，立案查处非法生产经营储存危险化学品案1件，收缴原料150桶，实施行政罚款20万元。按照事故调查“四不放过”原则，依法办结4起工矿商贸事故，对企业和负责人实施行政罚款累计27.26万元。对浙江交通科技股份有限公司（原浙江江山化工股份有限公司）“8·24”管道破损泄漏事故实施专项立案调查，对企业实施行政罚款35万元。

【“8·24”事故应急处置】 8月24日12时54分左右，浙江交通科技股份有限公司有机胺厂甲胺装置区（老甲胺）甲胺Ⅰ塔七平台物料进口管道弯头管段破损，导致管道内带压的物料（一甲胺、二甲胺、三甲胺、液氨、甲醇和水等带压气液混合物）向外泄露。事故造成厂区员工撤离和周边部分群众紧急转移，有17名人员身体不适送医治疗，无人员死亡。事故发生后，第一时间启动市级应急响应预案，立即成立以市委

7月22日，副市长巫小雄（前中）带队检查安全生产工作

书记童炜鑫，市委副书记、市长舒畅为组长的事故应急处置领导小组，指示成立以副市长巫小雄为组长的事故调查领导小组，并授权由市安监局牵头，会同市纪委（监委）、市公安局、市总工会和市市场监管局共同组成事故调查组，对该起事故进行全面调查。浙江交通科技股份有限公司启动危化品泄漏事故应急预案和环保应急预案，指挥应急处置人员启用事故应急池。同时，向周边的溪东村和双龙村通报事故情况，村领导协助村民紧急疏散。通过应急救援人员的全力处置救援，当天13时30分左右，浙江交通科技股份有限公司甲胺I塔管道带压物料向外泄漏情况得到控制，现场人员安全撤离。

（徐剑敏）

审计管理

【概况】 2017年，江山市审计局深化“党建强身，靠业务吃饭；质量至上，团结出干部”理念，依法履行审计监督保障职能，提高服务中心能力，审计信息被地市级以上采用105篇次，发出报告和专报52篇，得到市领导批示33篇次。提升审计业务质量，获省表彰项目1个，衢优项目2个，首次获省厅重点课题招标立项1项，完成省厅一般课题结项4篇并获奖，2篇调研文章参加审计署、省厅研讨会交流。加大审计监督力度，促进相关单位建章立制59项，移送问题线索8起，工程造价核减金额4939万元。获衢州地区审计系统考核第一名，获评全省审计系统考核优秀县（市）局、全省内部审计指导与监督先进县（市）。

【政策执行审计】 开展去产能专项调查审计，揭示僵尸企业的处置问题，专报得到市领导的批示；在所有项目中将“最多跑一次”作为重点审计内容，相关信息被省府办采用；继续开展保障房安居工程跟踪审计，指出公租房空置等问题，促进保障房分配加快进度；开展失地农民基本生活保障专项审计调查，纠正清湖镇、石门镇、凤林镇等地违规分配参保指标等问题。

【财政审计】 以构建财政审计大格局提升财政资金绩效。统筹数据分析，统一采集财政、税务、社保、住房、工商、车辆等数据，推进财政审计全覆盖；推进“同级审+”模式，在本级预算管理核心内容审计基础上，选择行政事业性收费、财政专户清理规范、地方政府债券置换存量债务、部门预算执行、涉企资金管理等五大专题进行重点审计调查，揭示财政体制机制管理存在的问题，提出完善建议；促进体制机制完善，揭示国有投资公司资金闲置等问题，促进出台国资公司资金集中管理办法等一系列制度12项。

9月27日，省审计厅厅长朱忠明在江山市调研

【经济责任审计】 全年对江山市10个单位21名领导干部实施经济责任审计，会同组织、纪检部门对42个单位85名党政主要领导干部进行

离任经济事项交接，审核85个单位104名领导干部的经济责任年度报告。同时，修订出台《江山市领导干部经济责任审计分类管理办法》；首次编制年度经济责任审计工作方案，实行经责项目“六必审”；规范审计评价，根据组织部要求，从个性特征、工作重点、履职风险点、审计整改等方面对被审计单位领导进行“画像”；开展领导干部自然资源资产审计试点；推进巡查与审计有机结合，实现成果相互利用，查处交互深入。

【政府投资审计】 以加快审计转型规范提升投资审计。减量增效主动转型。将结算审计项目计划标准由原来的50万元提高至200万元。出台《政府投资项目结算审计操作规程》和《结算审计项目分配办法》，一般项目基本实现3个月内完成审计任务；执法管理分离，重点转向预算执行审计、专项审计调查、竣工决算审计；联合水利、交通、住建等部门，对6家中介随机抽查8个项目；出台《江山市审计局政府投资审计廉政风险防控办法》，强化投资审计7个风险点的控制。

【内部审计】 全年实施内部审计项目112个，促进增收节支302万元，落实审计整改措施209条。2篇论文获评省内部审计三等奖、优秀奖，2个项目获评省内部审计协会优秀奖、表彰奖。推荐参加衢州市内部审计协会交流论文及案例8篇，获衢州一等奖2篇，三等奖3篇。全年组织内审业务培训班11期，参训人员130人次，其中省培训9期、100人次，衢州培训2期、30人次。

【服务中心工作】 抽调7名干部参与市监委巡察工作，发挥审计专业优势，查出市民政局、市场监督管理局等单位的主要问题；提前20天完成10户D级危房腾空解危工作，获得先进集体表彰；开展百里须江、最江南等重点工程检查，推进项目进度。《加强PPP模式项目建设管控风险的审计建议》得到市领导的关注。推动市委、市政府出台《江山市审计整改责任追究办法（试行）》，明确对未整改到位的被审计对象可进行责任追究。推动建立江山市财政预算追加资金联席会议制度，建议江山市政府实行投资项目模拟审批，促进出台《江山市国有投资公司资金集中管理办法（试行）》等5项文件制度。市教育局、市广电总台、市担保中心和市场监管局等单位采纳审计建议，出台系列制度加强管理。

（王　晶）

统计管理

【概况】 2017年，市统计局推动全市统计工作朝着科学统计、阳光统计、智慧统计、坚强统计的方向发展，努力实现数据质量、监测水平和服务能力“三个提升”，推进全年各项工作任务的有效落实。获衢州市统计工作综合考核“特等奖”，衢州调查队业务综合评价“特等奖”等。

【拓展统计服务】 做好牵头抓总。针对衢州市季度综合考核，配合市督考办，加强相关部门之间联动，及时做好每月每季各项指标的牵头汇总工作。超前分析预警，针对各项指标的运行情况，详细分析短板所在，提出有针对性的意见建议，做到每季有专篇，重点专业有专稿，供市委、市政府相关领导和有关部门决策参考。协同部署推进，针对部分指标低迷的情况，及时会同相关部门研究，查找原因，寻求提升发展思路，同时将“大统计（大入库）工作”纳入每周市长办公会议的交办督办事项。

【开展第三次全国农业普查】 根据国务院和

省、市政府统一部署，市统计局组织实施第三次全国农业普查，普查的标准时点是2016年12月31日，时期资料为2016年度。经过2016年组建机构、落实经费、广泛宣传、业务培训、清查摸底等前期准备工作，全市农业普查现场登记于2017年1月1日全面铺开，坚持“时间服从进度，进度服从质量”的原则，抓住春节前后2个月时间，集中人力、精力、物力，做好现场登记工作，全面完成“15万农户，1946户农业规模户，1658家农业经营单位”的普查登记任务。在现场登记结束后，继续做好农普数据审核验收、普查资料整理归类、发布农普数据公告、数据资料开发、总结表彰等工作。

【统计法制建设】 根据《江山市统计法治宣传教育第七个五年规划（2016—2020年）》，制定《江山市2017年度统计法制工作计划》和《2017年江山统计法制工作要点》，开展全市统计法治宣传教育工作，推进全面依法行政和法治化进程。对50家单位进行统计稽查，其中警告处罚5家。根据行政执法的新要求，选派3名局机关干部参加全省执法业务培训和资格考试，选派人员全部通过统计执法证资格考试，成为衢州市唯一一个全体取得资格证的单位。

【落实各项统计调查】 发挥统计调查在社会管理、民生事业发展中的信息咨询作用，先后组织“全民健身活动状况”电话调查（2000份）、“五水共治”电话调查（4000份）、浙江省企业发展环境调查（共48家企业）、全省5‰人口抽样调查、全省平安浙江调查（共450个样本）、“最多跑一次”专项调查等多项专项统计调查，为市委、市政府和相关部门提供精准服务，拓展统计部门服务范围。

【夯实基层统计基础】 贯彻落实中办、省办《关于深化统计管理体制改革加强统计工作的实施意见》文件精神，抓好固定资产投资统计改革，推进全域旅游统计，做好城镇和农村居民可支配收入样本户五年一轮换的工作。对照上级主管部门的要求，重点突出基层统计力量配备、乡镇（街道）统计工作规范等基层基础工作，引领和强化乡镇（街道）、部门和企业统计基层基础建设。年内，局机关新招录统计人员2名、新招录乡镇统计人员3名。开创统计劳务服务外包模式，共招聘统计劳务服务人员24名，分派开发区和重点乡镇（街道）开展统计工作。以衢州市统计局联合南京大学举办的全市统计系统能力提升研修班为契机，组织局机关干部参加研修班的学习。全年组织市内基层各专业统计人员业务培训20余批次，提高基层统计人员的操作能力；分派各专业人员进村入企，主动上门“一对一”业务指导30余次。

【提升统计数据质量】 根据上级统一部署，做好工业、固定资产投资、服务业基础数据修订工作，以提高数据质量为核心，主动对接、推进统计制度方法改革。加强和完善基层基础工作，建立健全原始记录，制发统计台账，保证数据源头的真实可靠。开展基层统计人员业务培训工作，利用召开各专业年度会议的有利时机，强化统计业务知识的培训，参加培训人数达800多人次，提高统计人员业务素质。运用江山政务公开网、江山统计微信公众号、市内电台电视台报刊等媒介，规范数据发布程序，增加发布内容，丰富信息和新闻发布形式，提高统计信息发布的广泛性、实用性，推动“数字文字化”向“数字图像化”转变。

（柯昌晖）

口岸管理

【概况】 衢州海关江山联络处，坚持“小关争先，有效作为”的发展理念，开展“对高标、讲奉献、有作为”专题教育实践活动，提升行政服务效率。2017年共受理企业管理业务95件，其中新企业注册备案29家，企业备案信息变更39家，年报逾期27家，接受电话、现场咨询200余次。开展高资信企业培训、座谈，对符合高资信条件的企业进行扶持，共启动1家高级认证企业培育工作和5家一般认证企业培育工作。推动江山“公铁联运”无水港项目前期筹建工作，多次实地走访铁路江山上铺货站，加强与杭州海关监管处和江山市铁办等相关部门协调工作，推动“公铁联运”项目落地。

【海关统计信宣】 强化海关统计预警和分析研究，健全落实进出口监测预警长效机制，及时通报地区性、行业性预警信息，提升统计工作支持重点行业发展、重点企业发展的水平，全年度共向江山市地方政府报送12篇《统计信息呈报》（江山专刊）海关统计分析，有194篇“互联网摘综合”信息被杭州海关和海关总署录用。

【企业帮扶】 通过宣讲会和走访调研等形式做好政策宣讲和企业帮扶，会同江山市相关部门召开政策宣讲会，面向200余家主要进出口企业进行宣讲，对企业重点关注的海关企业信用管理、区域通关一体化和主动披露制度等海关政策法规和管理措施进行宣讲。密切关企合作机制，“一对一”配备关企联络员和服务小分队，建立外贸企业QQ群，第一时间将新政策、措施通过网络告知企业，并为前来办理业务的企业提前提供咨询服务。

【融入地方】 做好杭州海关职能部门和衢州海关到江山开展集中工作、业务联系和相关培训会议等活动安排和后勤服务。加强海关内部联动机制，参与承办2次杭州海关职能部门大型集中工作（会议）、杭州海关企业管理座谈会和浙江省海关学会关区理论研讨交流集中工作，共参与接待100余人次。

（张　玲）

检验检疫

【概况】 2017年，检验检疫江山办事处围绕升级版浙检强局建设总体部署基本要求，遵循“三全为三衢”工作理念，弘扬“四种”精神，克难攻坚，砥砺奋进，全年共报检出境货物2954批，货值1.34亿美元，同比分别增加4.31%、9.91%。签发各类原产地证书2637份，签证货值1.14亿美元。其中江山蜂产品、黄粉虫、红曲米、调味梅出口同比分别增长2.2%、276%、18%、135%。

【落实检验检疫惠企政策和举措】 推广网上申报系统，实施无纸化，扩大产地证信用签证范围，修订重印报检业务指南，编发优惠关税减免手册，缩短流程时长，提高通关速度，增强外贸新优势，为企业传送检测样品600多批次。

【服务江山经济社会发展】 参与“最多跑一次”改革，执行“双随机一公开”工作要求，组织开展“企业服务月”“百名局长联百企”活动和结对帮扶行动，参与门业行业大整治和木门产业大转型等行动，完成出口木门有毒有害物质两轮检测全覆盖，助力欧派、恒亮、三禾等企业成功上市，主动向江山市政府报送检验检疫专报。

9月30日，工作人员现场检查首次出口的猕猴桃（郑楠琪 摄）

【实验楼项目建设】 抽调两名工作经验丰富的工作人员组成AB角工作机制，主动参与项目质量管理，协调各方关系，监督施工方严格按照设计方案施工，确保工程质量和进度，及时制止3次施工方弄虚作假违规采购现象。

（郑楠琪）

综合行政执法

【概况】 2017年，市综合行政执法局全力打造整洁有序、宜居靓丽的市容环境秩序，提升城市综合行政执法的水平效能，顺利完成全年工作目标。年内获全省综合行政执法工作先进集体、全省智慧城管工作先进集体，获江山市落实全面从严治党主体责任先进集体、江山市创建国家卫生城市工作先进集体、项目征迁攻坚大会战先进集体、市城镇D级危旧房腾空解危专项行动先进集体、江山市十九大维稳安保工作先进集体、江山市安全生产工作先进集体、江山市法治政府建设工作先进单位等。

【体制改革】 深化综合执法体制改革，与乡镇（街道）"四个平台"建设有机融合，结合现有职能情况、人员力量，调优机构设置，设立城北、城南、贺村、峡口、长台、开发区等6个派出机构，管辖范围涵盖全市19个乡镇（街道）及经济开发区，构建"两级构架、基层为主"的综合行政执法管理体制。推行干部挂联制度，实现85%执法力量下沉一线；建立一支25人机动队伍，根据乡镇需要，随时机动驰援，实现城乡执法联动。全年出动机动人员1570人次，参与各乡镇（街道）等集中行动103次，规范街道经营秩序7111处，拆除各类广告170起，查处乱堆放50起，拆除乱搭建32处，制止拆除违建60处、24825平方米。

【综合执法平台】 从零开始，细心研究、大胆探索，以打造江山模式为立足点，创新提出综合执法平台建设"664"工作法，率先为衢州地区综合执法平台建设提出格式化标准，辅以干部挂联法、执法联动法等一系列机制，实现平台规范运行。5月19日，成功承办衢州市综合行政执法系统推进乡镇（街道）综合执法平台建设首次现场会。

【开展城市容貌整治】 以国家卫生城市创建为抓手，加强市容环境秩序精细化管理，提升管理实绩、提升城市品位。错时开展城区占道经营、倚门设摊、马路市场等城市顽疾集中整治，

开展夜间整治

集中力量解决一批市民群众反映强烈、长期影响管理秩序的问题；制定定人定岗定责工作制度，对城区环境采取全天候、无缝式巡逻，确保城区环境不反弹；坚持主要领导一线指挥，班子成员率先垂范，干部职工敢冲敢拼，“朝六晚十”值班制度常态化；创新管理机制，推行市场周边管理服务外包。全年累计出动人员3.18万人次，清理城区流动摊点7523个（次），规范跨门占道经营1.46万户次，清理广告、雨棚1071处。年内实施行政处罚45起，发放限改通知书1307份。

【开展拆违控违行动】 按照违法建筑“零容忍”，坚持“标本兼治、综合治理”的基本思路，完善健全“防违、控违、拆违”工作机制。压实责任，网格管理，做到地域巡查不留盲区，时间对接不留空隙，措施落实不遗余力，工作任务不打折扣。落实“去存控新”原则，强力查处城区各类违法建设，强势开展阳光新城小区乱搭建拆除、亚龙湾小区违建拆除等专项行动，及时制止大量业主效仿，震慑仍在“观望”的其他业主。在各小区通告栏张贴通告，公布法律条款及处理依据，提高市民法律意识。全年查处违法建设397起，下达停建通知书84份，下达限期改正通知书121份，下达限期拆除通知书36份，实施罚款行政处罚（超高）25件，拆除违法建设73户，面积4754平方米。

拆违行动

【回应民众诉求】 畅通“12345”市长热线、应急联动、数字城管等渠道，高效受理、交办、反馈各类投诉举报。年内共受理“12345”市长热线358件，办结347件；受理群众来信49件，已办结47件；接待到访群众90多人次，矛盾纠纷调处率达100%；数字城管受理城市管理问题7624件，问题主动发现率98.03%。其中已结案解决7473件，解决率99%，应处理案件7474件，按期处理6987件，按期处置率93.5%。同时，依托电视、报纸、信息网、微信公众号等平台，宣传报道执法动态和成效，传递综合执法正能量。全年在省住建厅信息刊9条、《今日江山》（江山新闻网）发表信息24条，江山信息网发表19条、江山手机台16条、江山电视台播报4条、微信公众号75期。

（柴华君）

财政税务

财政工作

【概况】 2017 年，江山市财政局围绕建设江山“大花园”的战略目标，坚持“保基本、守底线、促均衡、提质量”的理财要求，依法组织财政收入，持续强化财税管理，优化收支结构，推进财税改革，深化“最多跑一次”改革提升服务水平，圆满完成各项工作任务。全市财政总收入 25.21 亿元，增长 4.6%。一般公共预算收入 16.67 亿元，增长 7.1%，占财政总收入的比重为 66.1%，其中税收收入 13.02 亿元，增长 2.6%，占一般公共预算收入的比重为 78.1%。全市一般公共预算支出 45.22 亿元，增长 7.7%。

【组织财政收入】 加强税收收入分析，推进行业税收情况对比分析。强化部门信息共享机制。强化数据审核，弥补日常管理盲点。推进浙江政务服务网统一公共支付平台建设，共 72 家单位纳入统一公共支付平台，办理业务 13 万笔，金额 2.05 亿元。规范土地出让金收益金、教育、水利等专项资金计提政策，落实土地出让收支国库管理。规范非税收入管理，实现非税收入 3.66 亿元。

【振兴实体经济】 筹措落实“三大百亿”工程和政府投资重大项目建设财政性资金，支持环境保护、城市供水等为重点的基础设施和民生工程建设。编制“两山”建设实施方案，被列为 2017—2019 年“两山（二类）”建设财政专项激励资金实施对象，获得省财政补助 3 亿元。制定政府性基础设施投资基金暂行管理办法。推广运用 PPP 模式，纳入省财政厅 PPP 项目库 12 个，总投资 32.28 亿元。与省金控公司筹资 2 亿元设

9 月 8 日，省财政厅党组书记、厅长、省地税局局长徐宇宁（左）在健盛集团考察调研（祝雪生 摄）

立江山市基础设施建设（PPP）基金，完成锦绣江山外国语学校和江山市峡口水库引水工程两个项目 PPP 基金投资入股，投资金额 1.54 亿元。参与制定《关于推动企业利用资本市场转型升级的若干政策意见》《关于深入实施创新驱动发展战略激发企业创新活力的若干意见》《关于开展工业企业综合绩效评价推进要素资源差别化配置的实施意见》，振兴实体经济。推进政府产业引导基金和子基金运转，累计投资项目 14 个，撬动社会资本 12.04 亿元。落实城镇土地使用税差别化减免政策，277 家企业共减免 1797 万元。兑现涉企财政补助奖励资金，审核补助资金 2.32 亿元。落实税费优惠政策，减免各类税费 2.96 亿元。完善企业搭桥资金管理办法，共办理 475 笔，为企业转贷 27.94 亿元。

【保障改善民生】 整合“两山”建设、幸福乡村、小城镇环境综合整治、山区经济等专项资金 1.2 亿元，保障全省美丽乡村建设现场会考察点建设和沿线整治资金需求；统筹安排资金 8071 万元，推进光伏小康工程建设，发放两期收益 300 万元；实施精准扶贫，为全市 20886 户低收入农户缴纳健康保险保费 209 万元。从土地出让金中筹措 6 亿元，充实社会保障资金；做好机关事业单位养老保险基金清算工作，累计清算补缴单位 242 家，清算资金 1.50 亿元；投入专项资金 3429 万元做好公立医院改革和医疗资源“双下沉、两提升”；调度资金 3000 万元，启动大峦口水库移民避险解困工程；统筹资金 9500 万元，支持“学在江山”品牌建设；拨付“人才强市”战略专项资金 4032 万元，推进“英才工程”建设；推进“天网”工程、“四个平台”等软硬件设施建设，投入 2357 万元保障平安综治、维稳安保、安全生产监管、流动人口服务管理等工作。加大生态建设投入，着重向环境保护、城市供水、城市保洁、绿化等民生项目倾斜；支持“811”生态文明推进行动，安排企业污染治理专项资金 700 万元，筹措补助污水处理厂运营费用及还本付息费用 1500 万元，城乡垃圾收集处理及公厕运维经费 2200 万元；筹措安排资金 6380 万元，推进小城镇环境综合整治、“四边三化”“三改一拆”等重点工作；拨付资金 3548 万元，巩固农村生活污水和生猪养殖污染整治成果。

【推进财政改革】 被国务院评为 2016 年度财政管理绩效考核先进市县，获得财政部嘉奖 1500 万元。制定《关于加强政府性债务管理意见》，被评为全省债务管理风险管控质量先进县，获省财政厅奖励资金 1000 万元。健全预算信息公开机制，公开 2017 年财政专项资金 37 项，金额 9.51 亿元。开展会计信用体系建设试点工作。

【强化财政监管】 开展市级财政资金竞争性存放活动，共 8 家行政事业单位参与，规模 1.69 亿元。强化政府投资项目评审，共评审项目 261 个，评审总价 9.58 亿元，核减支出 1419 万元。从严控制“三公”消费，全年一般公共预算“三公”经费支出 2017 万元，下降 28.5%。推进“政采云”平台应用，完善政府采购信息统计制度，累计纳入政府采购监管资金 2.68 亿元，节约资金 3319 万元。

【深化国资管理】 完善国资管理体制改革配套措施，起草国有企业劳动用工管理、负责人绩效考核及薪酬管理、工资总额预算管理等制度。制定《江山市国有投资公司资金集中管理办法（试行）》，对接引进招商银行跨行现金管理平台。做好全市国有企业清产核资，继续开展外派监事监管试点。开展国有企业 2016 年度“三公”经费专项检查。做好行政事业单位办公用房搬盘整合工作。

（薛丽红）

地方税务

【概况】 2017年，江山市地方税务局围绕组织收入中心工作，优化纳税服务，完善征管措施，圆满完成各项工作任务。全年共组织各项收入26.42亿元，增长22.37%。其中，税收收入9.25亿元，增长0.98%；社保基金收入16.26亿元，增长42.9%，被省委省政府表彰为“浙江省文明单位”。

【税源分析】 分税种看，企业所得税入库1.27亿元，下降20.1%；个人所得税入库1.94亿元，增长30.7%；改征增值税入库1.82亿元，增长155.0%；地方七税入库3.88亿元，增长21.4%；契耕两税入库1.74亿元，增长23.0%。从行业看，制造业入库税款2.91亿元，下降7.8%；房地产入库1.63亿元，下降13.9%；建筑业入库5559万元，下降6.8%；金融业入库5588万元，下降44.3%；其他行业入库2.88亿元，减收1252万元。

【加强税源管理】 关注个人所得税改革及结构性减税等税收政策调整因素，加强税收收入影响评估，探索税收弹性分析、行业税负分析、税收关联分析方法。加强经济形势分析和数据比对，做好重点行业、重点企业的税收预测预警分析，为完成全年税收收入目标提供数据支持。

【强化税费征管】 强化税收征管信息化建设，推进“金税三期”税收信息化管理系统。加强与国税、国土、住建等部门协作，强化税收预警管理。推进“个转企”“小升规”“规改股”，做好个体税收管理。加强数据管理，强化数据审核，共清理有效问题数据38个方面，18737户次。完善税收征管质量分析例会制度，解决基层征管存在的困难。完善个人所得税全员全额扣缴申报管理，完成年所得12万元以上个人所得税自行申报。开展企业所得税年度汇算清缴，申报率达100%。做好税收征管风险管理，开展纳税评估。

【优化纳税服务】 深化“最多跑一次”改革，合并精简涉税事项54个、简化需报送资料事项180个，落实资料“留存备查”“以申报代备案”“地税专邮兜底”等便民举措。做好“百名局长驻窗口”活动，联合住建、国土等部门窗口构建二手房交易一条龙办证体系。推进支付宝缴费扣款当面付、手机付测试，扩大缴费人缴费方式。推进首次办理涉税事项登记办法，开展主题为“深化税收改革、助力企业发展”的第26个税收宣传月活动。完成2016年度纳税信用评价工作，共评价纳税人2297户。开展“上门服务至少一次”活动，走访5月之后所有办理涉税业务的纳税人、2016年全市地税税收收入排名前1500名的企业及相关困难需帮扶企业，为企业答疑解惑。在省地税局委托第三方进行的纳税人满意度调查中，江山市地方税务局在全省71个市县中居第二名。

【坚持依法治税】 推进依法行政，贯彻“七五”普法规划，开展“浙江法制宣传月”等法制宣传教育活动。规范税收执法行为，强化对税收执法权的监督制约，落实各项税收政策，降低税收执法风险。开展日常税收执法督察和专项督察工作，完成税收优惠、过头税和税务稽查等三方面疑点数据的分析比对90个，并落实整改措施。7月，被省地税局命名为“浙江省地税系统法治基地”。

【加强队伍建设】 推进“两学一做”学习教育常态化制度化。继续开展“树一个标杆、创一项品牌、争一项荣誉”活动。制定机关干部政治业务学习计划，开展干部学习教育培训，全年安排各类培训班 20 个。强化财税业务知识学习，开展每月一期的“财税讲坛”。组织开展地税系统“岗位练兵、业务比武”活动。开展点子征集和课题调研。开展师徒结对活动，创新年轻干部顶岗锻炼制度。开展“补短板、提绩效、增活力”活动，发放调查问卷 1300 份，征集社会各界意见建议 150 条，共查找出各类短板 180 个，并按要求完成整改。

（徐一平）

国家税务

【概况】 2017 年，市国税局通过细化税收指标分析、强化重点税源监控、深化税收大数据应用等举措，圆满完成税收任务，全年共组织税收收入 13.70 亿元，完成年度计划的 104.58%，同比增收 2.44 亿元，增长率为 21.62%。办理各类减免退税 7.82 亿元，其中出口退税 2.90 亿元。市国税局连续十年获得全市“最佳满意部门（单位）”荣誉称号；市国税局纳税服务科被评为 2016—2017 年度浙江省青年文明号，同时被授予“江山市劳动模范集体”荣誉称号，办税服务厅被评为 2017 年度浙江省巾帼文明岗。

【税收征管】 持续深化国税、地税征管体制改革，落实《国地税合作工作规范（3.0 版）》，在全市各联合办税点布局“一窗一人一机”办税模式，在硬件融合基础上，打破征管系统壁垒。推行实名办税，在市区两个联合办税服务厅、行政服务中心财税窗口及贺村、峡口等乡镇分局设置实名信息采集点，完成全市 11024 户纳税人的实名信息采集工作，保证“一次身份确认，终身零障碍办税”的优质服务。继续对“营改增”重点企业开展“大走访”和“大辅导”，年内累计举办“营改增”大辅导 6 次，服务纳税人 1517 人次，邮寄涉税资料 6700 余份。全面推行“双随机、一公开”监管模式，全年共评结各类企业 213 户，累计查补收入 1610.31 万元；查处各类发票违法案件 24 起，涉及发票 537 份，查补入库税款 460.61 万元，加收滞纳金 107.47 万元，罚款 171.47 万元。补全完善税警协作常态化机制，探索提升税收“红黑名单”应用水平，联合市财政局、市地税局构建会计诚信体系，从制度上保证财会行业规范化发展。

【法治税务】 严格规范税收执法，明确 6 类行政许可项目，结合日常税收执法督查工作，强化已取消的行政审批事项事中事后分类管理。建立健全税收执法权力和责任清单及其动态调整机制，全面推进政务公开工作，细化涉税业务办理时限，审批结果定期在内、外网公示。以创建全国法治税务示范基地为抓手，全面推行领导干部述法评议制度。与市人民法院联合开展“模拟法庭”活动，通过自导自演、集体观看，提高干部

税收宣传进校园

职工法治意识。持续开展“七五”普法活动，与江山市中等专业学校等多所当地院校签订长期合作协议，巩固夯实“税法进校园”法制示范基地创建成果。联合浙江日报报业集团衢州分社、江山市教育局、江山团市委等部门举行“绘江山新变化喜迎十九大”全市少先队员绘画大赛。通过将投票平台移至线上新媒体，在微信开辟活动专栏，线上线下齐互动，进一步将税收宣传阵地向网络延伸。

【纳税服务】 连续四年开展“便民办税春风行动”。通过办税事项清单化、工作标准化、平台信息化，125项办税事项全部实现“最多跑一次”，74.4%的涉税事项实现“零次跑”。布局“以网上办税为主，自助办税和社会化办税为辅，实体办税兜底”的多元化办税模式。上线运行新版电子税务局，推广浙江国税手机APP，实现税务登记、纳税申报、咨询查询等涉税事项网上办理；启用运行衢州地区首家“税银互动一体化办税示范点”，设置24小时自助办税区，从根本上打破办税时空限制，实现涉税服务全天候。同时以深化“放管服”改革为支点，撬动“郑师傅”服务品牌建设。在原有“郑师傅专窗”“郑师傅微服务平台”“郑师傅服务队”基础上，通过每周例行晨会的形式，定期开展业务研讨会，提升服务团队专业素养，积极培养后备力量。全年共走访企业376户，提供涉税咨询73000人次，发放税收宣传资料33000余份，解决涉税难题5100多个。年内，联合市地税局完成2016年度纳税信用评价工作。通过基础信息比对、人工指标采集、重复纳税人核对和评价结果确认复核等环节，首次运用“金税三期”核心征管系统评出2016年度纳税信用A级纳税人200户、B级纳税人2009户、C级纳税人42户、D级纳税人42户。积极拓宽纳税信用社会化应用场景，完善丰富办税“绿色通道”“税易贷”等“失信惩戒、守信激励”措施。通过“税易贷”信用贷款产品，累计向小微企业发放贷款41户次，共计2470万元，缓解守信小微企业资金压力。

（毛子涵）

9月9日，衢州地区首家税银互动一体化办税示范点正式启用

金　融

金融办

【概况】 2017年，市金融办坚持金融服务经济这一中心，营造金融稳定环境，促进金融改革发展，全市各金融机构本外币存款余额443.73亿元，较年初新增45.61亿元，各项贷款余额325.36亿元，较年初新增23.06亿元，余额存贷比73.32%。不良贷款余额4.47亿元，不良率1.38%，不良贷款余额和不良率较年初分别下降6.88亿元，2.38%实现双降。

【推动股改挂牌上市工作】 建立挂牌上市企业培育体系，建立有104家企业的企业培育库，制定《挂牌上市三年行动计划》，制定配套扶持制度，为企业开辟“绿色通道”，建立沟通交流机制。完善股改挂牌上市激励政策，对企业对接资本市场按照股改、挂牌（上市）全过程、全覆盖奖励。实施“董事长工程”，加强对目标企业的走访交流，帮助企业协调解决问题。开展多层次专业培训，全年开展各类资本市场专业知识培训6场，参加培训的股改挂牌上市目标企业200多家。全年实现IPO企业1家，新三板挂牌企业1家，IPO辅导企业1家，股改签约企业3家，以及一批正在对接资本市场的企业。

6月5日，副市长宋超主持召开上市目标分解会

【推行绿色金融改革】 构建江山市绿色金融改革工作体系，成立江山市绿色金融改革工作领导小组，出台江山市绿色金融改革实施意见，2017—2020年目标分解以及2017年度考核细则。

【畅通政银企沟通机制】 通过召开政银企对接会、全市金融形势分析会、“一行两办”3个会议，精准把握江山市经济金融发展方向。

【推进民间非法集资清理工作】 解决国大案件、博瑞房产案件、绿牡丹案件等，年内，48家债务危机重点企业中的45家基本实现案结事了目标。增强清理工作力量，公开招投标形式聘请专业法律团队，协助江山市民间非法融资案件涉及法律问题的工作。

【开展互联网金融风险专项整治】 根据上年摸排工互金公司数据，进行全面清理，13家P2P公司已全部停业，3家原油、贵金属公司（同一人控制）因涉嫌违法犯罪，有关人员被公安机关刑事拘留。加强对互联网金融风险苗头的打压，对江山市易商通日用百货商行为“易商通”网络平台吸收资金情况进行检查，将彬利娜大酒店非法吸收公众存款的情况通报公安经侦。8月，牵头举办互联网金融风险宣传教育首场演出活动，并在贺村、峡口等互金风险重点乡镇，开展宣传演出活动，观看群众2000人。

【做好小额贷款公司监管】 定期对小贷公司进行非现场检查，全面掌握小贷公司经营现状。做好非正常经营的小贷公司有序清退。开展小额贷款风险补偿。

（姜 涛）

银监办

【概况】 2017年，衢州银监分局江山办事处增强责任意识，突出监管重点，优化监管方式，保持辖内银行业持续稳定发展的良好态势。至年末，全市银行机构存款余额436.50亿元，比年初增长39.71亿元；各项贷款余额324.06亿元，比年初增长21.73亿元。

【信用风险化解工作】 深入开展调查研究，摸清风险底数，指导辖内各银行机构制定年度信用风险防控目标，探索各种方法化解不良贷款，推动银行机构加大授信总额联合管理机制的推广力度，控制新增不良贷款规模。截至年末，银行业不良贷款率1.38%，比年初下降2.38%，实现不良“双降”目标，在衢州辖区内处于最低水平，辖内金融生态环境得以改善。

【推进还款方式创新】 引导各银行业金融机构持续开展还款方式创新工作，配合江山市政府建立搭桥专项资金，帮助企业解决银行贷款转贷问题，降低企业筹资成本。对各银行业机构工作进度进行按月统计督促。至12月末，各银行机构按还款方式创新转贷的贷款1510笔，共计49.26亿元，占当年续贷金额的49.42%，其中利用搭桥资金转贷444笔，共计24.22亿元，降低企业转贷成本。

【提高金融消费保护工作】 指导衢州银行业江山代表处设立10家金融消费维权服务站的银行网点，均已备案授牌，制定金融消费维权服务站规范管理制度，印发《关于推进江山市银行业金融消费维权服务站工作的意见》，对服务站建设程序、管理标准及标杆服务站评选等工作进行规范，引导机构更加重视合规文化建设和服务细节，提高银行员工消保意识和金融服务质效。

【完善金融组织体系】 2017年度批准设立台州银行衢州江山支行、浙江泰隆商业银行江山峡口小微企业专营支行等两家商业银行，共招聘

台州银行衢州江山支行（俞奔 摄）

员工35人。实施企业帮扶工作，协助挂联帮扶企业解决转型升级资金缺口，使用搭桥资金实现贷款到期与续贷的无缝对接，减轻企业资金转贷压力。推进普惠金融工作，改善农村支付结算环境，拓宽农村市场服务渠道，构建农村网点、布放ATM机及POS机，推广网上银行，为农户提供更方便快捷的服务。

（林　璇）

人民银行

【概况】 2017年末，江山市金融系统人民币存款余额439.34亿元，比年初增加44.83亿元，同比增长11.36%，位居衢州县（市）之首；贷款余额325.25亿元，比年初增加22.99亿元，同比增长7.60%。

【金融机构变动】 10月9日，新增台州银行股份有限公司衢州江山支行，内设前台业务部、业务拓展部，员工25人。业务包括吸收公众存款，发放短期、中期和长期贷款，办理国内外结算，办理票据承兑和贴现，从事银行卡业务，代理收付款项业务，经营总行在中国银行业监督管理委员会批准的业务范围内授权的业务。

【执行货币政策】 制发《江山市“金融服务供给侧结构性改革深化年”活动方案》，从高端制造、民间投资、小微企业、绿色金融、直接融资、农村“两权”等6个方面提出13条要求措施，引导金融机构增加实体经济有效投入。联合市总工会组织开展绿色金融劳动竞赛，明确绿色信贷投入、绿色金融改革创新典型案例、绿色支付、绿色信用体系建设、绿色金融宣传等5项任务，并纳入人民银行对银行业金融机构的综合评价。建立“供给侧结构性改革多方对话机制”，通过每季政银企对接会，常态开展经济金融“零距离、面对面”沟通交流。年内，围绕发展科技金融主题，以无形资产抵质押方式创新为重点开展的系列政银企对接活动，衢州首笔专利权质押贷款业务在江成功落地。组建金融信息联络员队伍，全年编发《江山金融通讯》6期（含绿色金融专刊2期），其中关于科技金融创新、金融帮助涉外企业降成本的2篇报道得到分管副市长的批示。紧盯地方发展战略，适时就经济金融领域重大热点难点问题提出对策建议，撰写的《对县域金融支持创业创新的分析与思考》调研报告，被市委评为二等奖，提出建设绿色金融服务线上平台，探索构建绿色融资需求信息发布反馈机制的建议，被市政府列入发展绿色金融年度重点工作。申报银行机构智慧支付和电子支付示范村建设工作得到市政府高度重视，列入年度重点工作。促成并协助市政府出台《江山市专利权质押贷款绿色担保基金管理办法（试行）》。初步构建包括“五金”在内的、较为完善的财政金融配套体系。积极向上争取信贷调控和再贷款资金支持。年内，向辖内两家地方法人机构发放支小再贷款、扶贫再贷款余额1.95亿元，累计撬动可用信贷资金11.7亿元。引导运用主动负债工具，拓宽资本金来源渠道，指导支持江山农商行成功报批二级资本债券5亿元，第一期发行2亿元，票面利率5.3%，期限5+5年。

【维护金融稳定】 坚持规上企业经营风险监测预警机制。按季对全部规上企业开展欠薪、欠息、欠费、欠税等“四欠”信息数据采集，并在政府部门及银行机构共享，为银行真实掌握企业情况以及地方政府帮扶困难企业提供信息数据支撑。继续防范化解“两链”风险，适时下发风险提示函，要求各金融机构落实“四法”。“做好加法、缓释风险”，对可能出现风险但产品前景、经营情况尚可的企业及时补充还款来源，对担保链客户，采取抵押置换、提前续贷、产品组合等措施控制风险；“用好减法、化解清收”，对产业末端、经营持续困难、风险较大的客户予以坚决退出；“做好乘法、良性循环”，落实主办银行会商制度，在不扩大风险的前提下支持经营暂时困难的企业渡过难关；“用好除法、消除隐患”，通过排查消除隐形关联担保授信，着力避免新一轮重复授信。

【推进依法行政】 做好“两综合、两管理”，建立覆盖基层央行各专业条线的季度例会制度，及时传达贯彻上级工作要求，定期总结分析金融运行和业务发展情况，并形成专门会议纪要。推行《人民银行金融管理与服务工作提示函》制度，年内就智慧公交、重大事项报告、宏观审慎管理等发出提示函3份，对金融机构经营行为进行及时纠偏。按政策性银行、国有商业银行、股份制银行、法人机构四个类别实施对银行业金融机构的分类综合评价，加强结果运用。按计划保质保量完成对5家金融机构，开展8次专项执法检查任务。加强改进外汇管理，落实展业原则，推动银行审慎经营。年内，对4家出口企业发放风险提示函，确保核查结果落到实处。加强外汇运行情况分析和数据共享，按季编辑《江山市外汇主要统计数据概览》。每半年形成外汇形势分析报告，打造江山外汇支局调研分析品牌。搭建外汇支局与政银企的“三方联动”平台，会同国税、海关、商务等部门实施“网格化”联合监管，通过集中走访企业、定期互换信息、实施联合核查等方式，提升合规监管有效性；借助外汇管理工作例会，宣传外汇新政和工作要点，实现互联互通、政策传达、经验交流；完善外汇重点监测企业走访制度，确定各银行重点联系企业名单，开展针对性帮扶。确保国际收支统计申报数据质量。组织外汇指定银行和部分企业举办外汇从业人员业务培训班。年内，对1家未规范开展此项业务的外汇指定银行实施行政处罚。

开展见清思廉活动

【严格经理国库】 通过执法检查、业务培训、个别辅导等多种方式，规范代理国库业务行为。推进国库收支业务电子化。组织指导商业银行顺利完成二代TIPS联调测试任务。召开财税库联席会议并形成专题会议纪要，协调督促财政部门做好国库支出电子化系统上线工作。探索联合浙闽赣毗邻县（市）支行开展“国债知识下乡、贴心服务上门”主题宣传推广活动。强化承销机构监管。

【推进反洗钱工作】 构建与公安侦查部门的可疑交易线索联合研判机制，加强协作配合，提高成案率。年内，辖内各金融机构累计上报有价值的可疑交易报告8个，向公安机关移送可疑线索6条，立案3个，其中一件疑似洗钱案件被浙江省公安厅确定为“厅督案件”。稳步推动“3号令”的贯彻落实。根据《法人金融机构反洗钱分类评级管理办法（试行）》，辅导辖内法人机构按照评估指标和要求开展工作梳理和自评估，按规定时间和要求完成初评工作。加强反洗钱队伍建设，通过“以查代训”提升反洗钱岗位人员业务能力。

【加强人民币流通管理】 依托“市反假货币工作领导小组、银行网点（联络员、指导员）、遍布城乡的反假币工作站（义务宣传员）”三级模式，开展人民币反假宣传和爱护人民币宣传活动。开展人民币现金服务示范网点创建，市农商行获江山市首家“人民币现金服务示范网点”。做好全辖纪念币发行各项工作，确保纪念币兑换稳妥有序开展。设立硬币自循环微信交流平台，促进硬币流通。

【提升征信服务水平】 探索“诚信文化教育进校园”新模式，率先与市教育局签订诚信文化教育战略合作框架协议，开展“诚信文化教育”教学教案评比活动，组织金融机构宣讲员举办专题诚信文化教育讲座，共向上报送优秀教案征集件12件。抓住“6·14征信记录关爱日”等节点，多渠道、广纬度开展征信知识宣传，引导社会公众关注自身信用记录，打造良好的地方信用环境。推广应收账款融资服务平台，实现平台登记金额8.29亿元，超额完成全年目标任务。

【推进支付环境建设】 全面推广应用银行卡助农服务业务管理系统，做好服务点标准化建设试点。实现服务点基础信息、业务量信息等电子化管理，并依托系统对服务点开展非现场监测。落实服务点认领管理制度，发挥金融团工委作用，开展“千名志愿者走千村”“面对面、肩并肩、手牵手”“走在乡间小路上”等系列主题活动，并通过微信平台展示认领活动风采，畅谈认领活动感悟，扩大银行卡助农服务宣传面。年内申报创建五星级银行助农点7个。落实“最多跑一次”改革要求，将开户许可证纳入外贸企业“证照联办”范围，统一规范外贸企业“证照联办”后开户许可证核发流程，落实账户行政许可服务即办即结制，提升账户行政许可服务工作效率。

【绿色金融改革创新】 年初，组织开展“走千企、访万户”活动，从输配电、木（门）业、大健康等“三大百亿”产业集群中筛选确定283家重点支持的转型升级工业企业。各金融机构共同承诺对名单内企业开辟金融服务“绿色通道”，给予“申请办理优先、授信额度优先、利率优惠倾斜”的“两优先、一倾斜”政策，并在《今日江山》、“江山发布”等平台向全社会公示。截至10月末，累计向名单内企业发放贷款37.46亿元，完成全部贷款意向的146.84%，推广“绿色金融+绿色PPP模式”助力地方绿色项目建设。年内，全市金融机构通过信贷模式先后支持并带动社会资本融入地方污水处理、饮水用水、节能减排等绿色项目等绿色PPP项目3个，贷款金额2.95亿元，发放2.7亿元。探索构建绿色信贷风险共担机制，促成市政府设立1000万元的“专利权质押贷款绿色担保基金”，基金、银行共同承担贷款风险，启动绿色融资需求发布反馈平台建设工作。按照上级行统一部署，对近年来辖内绿色金融发展成果进行全面细致梳理，共上报《“绿色金融+绿色PPP模式”加快民生环保项目建设》《设立绿色信贷担保基金完善金融支持科技型企业风险共担机制》《银团贷款新模式支持“渔光互补”绿色项目成功落地》《用好扶贫再贷款资金助力传统养殖业加快转型》《量身定制“一揽子”服务支持农产品加工业绿色崛起》《绿色金融支持水资源保护利用显成效》《“光伏养老贷”走出“光伏扶贫”新路径》《“二十年如一日”绿色金融跟踪帮扶建材企业迈上绿色转型发展快车道》等8个绿色金融案例。

【推动普惠金融】 加快科技金融融合，支持科技型企业发展。指导设立为首家科技特色支行，面向科技型企业的“一站式、全方位、多层次、专业化”金融服务。该行已专门设立科技金融贷审会制度，并在科技型企业准入门槛、考核与约束机制、专门服务团队建设方面作出特殊安排。截至10月末，该行新增科技型企业客户35户，新增贷款71笔、3.94亿元。推行“部门+金融+企业”的合作模式，设立市科技金融服务中心，负责科技金融产品信息咨询服务、与信用评级、资产评估等中介机构的对接工作。建立完善“1+4”的政策激励配套体系。除由市财政统筹安排1000万元设立科技型企业专利权质押贷款绿色担保基金外，对银行保险社会资本融资担保四类金融（中介）机构分别推出财政贴补政策。泰隆银行推出“智融通”产品，鼓励企业利用知识产权（注册商标权、专利权、著作权）中的财产权进行质押融资，成功为浙江金冠特种变压器有限公司办理衢州首笔专利权质押贷款，授信300万元，发放贷款100万元。截至10月末，全市专利权质押、商标权质押贷款业务分别办理100万元、950万元。坚持统筹兼顾，助力美丽乡村建设。顺应“生猪整规后时代”农村养殖业绿色转型以及农业规模化集约化经营趋势，重点加大对示范性家庭农场、专业合作社的支持。年内，支行通过扶贫再贷款资金引导江山建信村镇银行支持中国贫困地区文化促进会发展项目和“北牧南移”重点项目——肉羊循环经济产业链项目，首期发放贷款850万元。围绕全市“民居、民宿”发展及乡村休闲旅游相关产业的金融需求，完善农户小额信贷机制以及运用农村“两权”综合授信，加大对农村休闲产业、农家乐、家庭农场、农村电商的扶持。年内，累计向503个新型农业经营体提供3.52亿元信贷支持。践行“最多跑一次”改革，提升金融服务便捷度。借助金融科技发展新成果，引导各金融机构大力推进“网贷通”“小微快贷”“惠农网贷”等业务发展，发挥线上受理申请、快速生成额度以及随借随还特点，提升小微企业贷款的可得性和便捷度。截至10月末，累计发放贷款10.37亿元，惠及城乡小微经济主体463个。引导部分银行机构利用上级定制的ipad、“普惠通”手机等机具为客户提供上门服务，让客户“一次都不用跑”。截至10月末，仅江山农商行上门签约客户3601户、签订金额3.32亿元，通过信贷业务电子化渠道建设，该行小额贷款离柜放贷率达到86.49%。完成江郎山、廿八都景区自助售票机与POS机具的布放工作；完成贺村镇南、城北天余两个智慧菜场项目建设，在衢州辖内率先完成城乡公交线路金融IC卡支付的全覆盖，联合市农办推进乡村休闲旅游扫码支付，启动对廿八都景区的“绿色支付示范街区”创建工作，启动4家公办医院的“智慧医疗”建设项目。截止10月末，共发生智慧支付业务154.7万笔，金额8.91亿元。

【提升金融知识普及教育】 依托支行“金融墟日”品牌，以增强社会公众科学运用金融政策产品能力为重点，实施金融知识普及教育。完善金融产品与服务创新备案制度，更新《江山市金融产品服务推介宣传手册》（第二版），将其作为金融宣传的常备资料，增进社会各界对最新金融改革发展成果的认知和运用。坚持把金融知识普及教育作为金融消费者权益保护的基础工作，定期组织金融机构进企业、进社区、进农村、进学校开展主题宣传。会同地方金融管理部门编排互联网金融风险防范专场舞台剧，举办“金融之夜”晚会。精心组织“金融知识普及月”活动。宣传对象实现居民、农户、个体工商户及企业全覆盖，累计活动次数 108 次，受众人数 22587 人，发放宣传资料 16220 份，微信点赞转发 3859 次，媒体报道 10 次。

（郑 华）

工商银行

【概况】 2017 年，中国工商银行江山支行(简称市工行)，各项本外币存款 59.45 亿元，新增 4.46 亿元；各项贷款余额 38.07 亿元，获 2017 年度江山市政府机关年度考核一等奖、省工行机构业务三等奖。个人贷款新增 2.77 亿元，新增占比 42.82%，增长额列四行第一，贷款结构进一步优化。

【转型发展服务经济】 支持市政重点工程项目及工业园区发展，开展投融资及银企签约活动。下半年，成立“小微企业、个人经营金融业务中心”，争取上级行下放贷款规模和审批权限，加快信贷审批，提高办事效率。响应市委、市政府“最多跑一次”要求，实施“企业开户资料网上申办”；同时，加强资产质量管理，做到不压贷，

开展送金融下乡活动

想方设法为企业分忧解难，实现经营转型和风险有效防范。

【实施网点分类管理】 根据网点标准化改革要求，实施网点分类管理，适应互联网发展趋势要求，加快网点智能化改造，新配备 8 台智能终端、1 台便携智能终端、6 台产品领取机、13 个移动助手 PAD，提升网点智能化服务水平。支行净减 6 名员工，通过投产、发挥智能设备功效，以机器换人；加强网点厅堂服务力量，配足服务经理，提升效率，服务客户。

【参与社会活动】 组织开展“3·15”金融

4 月 24 日，午休期间工作人员为客户清点硬币 5 万多枚

消费者主题宣传教育活动，与四都镇结对，组织开展植树、“六一节”慰问儿童、慰问走访老党员等活动。在江山美丽乡村大陈村与省 FM93 电台联合开展“浙江省银行业百场普及金融知识走进农村系列活动”。组织员工为客户清点硬币 5 万多枚。

（胡卫新 林 森）

农业银行

【概况】 中国农业银行股份有限公司江山市支行内设 5 个职能部室、下设 1 家营业部，6 家

二级支行，5家离行式自助银行，4家乡镇金融便利店，共有员工131人。2017年，江山市农行紧紧围绕江山市委市政府提出的“实力支撑、美丽著称、活力开放、人民幸福”江山大花园的建设目标，主动履行社会责任，加快信贷投放步伐，全力以赴支持江山市经济发展，各项业务得到长足的发展。年末，全行各项存贷款余额达88.23亿元，位居江山市四大商业银行第二位。2017年，市农行获评省级治安安全单位，市农行团支部获评全国五四红旗团支部和全国金融系统五四红旗团支部双项荣誉称号。

【服务对接江山市重点项目】 围绕“百里须江·美丽长廊”江山港流域治理重点项目，制定专项金融服务方案，组建网格化金融服务团队，落实“分片包干、层层落实、逐级负责、责任到人、全面覆盖”的服务管理模式。加强对接、定期了解项目进度和实际资金需求，成功营销“百里须江·美丽长廊”江山港流域治理项目源头性账户。同时，市农行重点对接区域内重点工程、重大项目建设，推进企业挂牌上市“凤凰行动”，成功营销48省道延伸路段、江广公路建设、碧桂园房地产等多个项目，发放项目贷款5.65亿元。

【支持小微企业发展】 落实“双创”战略，深化小微企业金融产业和服务方式创新，推进小微企业“工厂化”批量集中运作，实行“一站式”审批，推广科技型小微企业政府补助贷、入园企业前期贷款等专项产品，根据不同小微企业，匹配不同产品，满足小微企业个性化融资需求。年末，共有小微企业用信客户95户，信贷投放11.61亿元。

【加强普惠金融建设】 开展绿色金融探索实践，推进“一号工程”，围绕破解农民贷款难问题，借助互联网思维打造以村民信贷档案数据为基础、惠农e贷为核心、惠农商场为支撑的农村金融互联网平台，立足农村“生产、供销、信用”三位一体，建立农户信贷档案，对农户实行线上线下结合，额度最高30万元的惠农贷款。全年完成村民建档1.36万户，发放惠农e贷4886万元。

【推进互联网金融发展】 “农银e管家”是农行面向企业上下游供应链打造的集订单、结算、管理、融资等为一体的电商金融服务平台。市农行准确把握互联网金融趋势，创新发展模式，开启“智能发展”新时代，联合江山市烟花爆竹经营有限公司举办“农银e管家”订货会，现场通过“农银 e 管家”电商平台下单56户，当日实现收款294万元，交易规模居全市首位。

（姜正浩　王　威）

中国银行

【概况】 2017年，中国银行江山支行现有在岗员工80人，支行内设综合管理部、公司业务部、个人金融部、营业部。下设贺村支行、解放路支行、虎山支行、鹿溪中路支行4个经营性支行。年内，获市政府综合考核金融类二等奖、中行浙江省分行中银卓越县域支行。

【推进各项业务】 2017年，支行本外币核心存款余额307074万元，比年初新增24100万元，其中公司核心存款余额183431万元，比年初新增19984万元，个人核心存款余额123643万元，比年初新增4116万元。本外币贷款余额312504万元，其中公司贷款余额158613万元，个人贷款余额153891万元。实现国际结算量18992万美元，跨境人民币结算量31150万元，当地市场份额连续多年第一。实现营业收入11133

万元，拨备前利润 8970 万元，净利润 7593 万元，人均净利润达 95 万元。

【加大清收化解力度】 做好资产质量控制工作，全年无新发生不良，持续加大存量不良的清收化解力度，全年不良贷款减少 1880 万元。加强与法院、公安、处置办等政府部门之间的联动，逐户、逐笔采取切实可行的措施，确保完成清收任务。12 月末，支行零售不良贷款余额仅 77 万元，不良率为 0.05%，完成不良贷款管控指标。

开展爱心助学活动

【落实“最多跑一次”金融改革】 在支行营业部设立社保卡专柜，实现社保卡办理、挂失补办最多跑一次；10 月，设立住房公积金贷款服务窗口，实现公积金贷款申请、受理、审批、放款全流程只跑一次的目标。联系省行相关部门开发当地公共资源招投标系统升级，让参与招投标的企业和客户减轻大量的人力成本，成为衢州乃至浙江辖内其他招投标管理部门学习引进的范本。通过软件对接，为本地驾校实现一站式金融服务，由原先的培训费现金缴存模式转变为实时在线扣划。与左邻右舍开通货款结算代扣服务，商户足不出户可实现货款自动结算，而且全免费。

（姜晓芳）

建设银行

【概况】 2017 年，中国建设银行股份有限公司江山支行本外币一般性存款余额 50.64 亿元，余额占比 26.33%，列四行第三，比年初下降 927 万元，新增占比四行第四。其中，企业存款 28.61 亿元，比年初新增 1.15 亿元，余额、新增占比分别为 27.03%、8.73%，余额四行第二、新增第四；个人存款 22.02 亿元，比年初下降 1.25 亿元，余额占比为 25.48%，四行第三，新增占比第四。各项贷款余额 35.90 亿元，比年初下降 8510 万元，余额占比为 25.30%，列四行第三，当年新增四行第二。其中，对公贷款 16.40 亿元，比年初下降 3.51 亿元，余额占比 22.27%，余额、新增均列四行第三；个人贷款 19.50 亿元，比年初新增 2.66 亿元，余额占比 28.56%，列四行第一，新增占比 40.56%，列四行第二。其中：个人住房贷款余额 15.97 亿元，余额占比 28.56%，四行第一，当年新增 2.67 亿元，四行占比 40.56%，排名第二。不良贷款余额 1621 万元，不良率为 0.45%。支行所辖网点会计基础等级均保持为二级，全年案防工作继续保持“零”案件。

【推进绿色金融改革创新试验区建设工作】 根据《中国建设银行衢州分行支持绿色金融改革试验区推进方案》，践行绿色金融创新，主动调整信贷结构，优化信贷资源配置。侧重金融支持传统产业绿色改造转型，助推当地传统产业转型升级和绿色发展。对公贷款加大投放，其中绿色信贷余额 17403 万元，较年初增加 9159 万元，均作为专项规模享受优先审批、优先投放待遇。通过“跨一级分行内部银团贷款”产品创新方式，对国家电投集团福建电力投资有限公司江山新能源分公司“渔光互补”绿色项目，给予1.26亿元的信贷支持。

【推进普惠金融政策落地】 注重结合地方经济发展实际，不断深化与市政府合作，运用“大数据+第三方”搭建平台，共建小微企业信息生态圈。与市国税局、地税局组建税银互动平台，推出“税易贷”产品（信用快贷），根据企业的纳税记录为小微企业提供信用贷款。通过借助小微快贷等产品的推广，小企业客户大幅增长，支持江山实体经济转型升级，解决小微企业生产经营的燃眉之急。运用互联网技术，创新研发“裕农通”普惠金融服务平台。服务点业主使用“建行裕农通”APP为农户提供助农取款、转账汇款、定活互转、消费结算、理财、保险、贵金属等普惠金融服务，打通金融服务“最后一公里”，成功发展20多户“裕农通”客户。

【发展智慧支付业务】 全年开展“限时抢购”“龙支付优惠购”“欢乐开学季”等促销活动，成功中标卫生系统智慧医疗公开招标项目，填补在当地卫生领域的空白；各网点深化STM的管理，加强客户业务引导和习惯培养，加快STM交易量的提升和柜面业务的分流，释放柜面交易人员充实到前台营销岗；加大对手机银行及网上银行的推广力度，移动金融交易替代率达83.11%，较2016年上升23.05%。智慧柜员机交易占比37.76%，比2016年上升25.9%。在贺村智慧菜场项目建设之后，依托“慧兜圈”“聚合支付”、ETC为载体，开展建设“一条街、一个圈”活动，开拓新的金融生态圈；发行旅游龙卡，共同打造衢州旅游生态圈；通过在电器、餐饮、综合体等商圈开展“百城万店天天惠”活动，拓展扩大商户加盟。承办“望府”“景星别苑”“首府”“碧桂园”“大都荟”等新楼盘按揭，在保持一手房贷市场优势的同时，加快拓展二手房贷市场。推进个人消费贷款发展，挖掘“快贷”“融信贷”等特色产品的优势，重点坚持移动优先，深化代发工资客户挖掘，做大快贷业务规模。

【推进善融商务发展】 结合江山特色，将爱心产品列入善融扶贫商品系列，面向全国销售。通过“1元购”、扫码购等促销形式，扩大个人商城商品宣传力度，将个人商城各类优惠活动及时传递到公众范围内。与市红十字会联合发起“掌上微捐”，通过手机银行“悦生活”，实现捐款1400笔，捐助善款1.3万元。

（金国伟）

农商银行

【概况】 2017年年末，江山农商银行各项存款余额172.7亿元，比年初增17.4亿元，增幅11.22%；各项贷款余额108.2亿元，比年初增10.9亿元，增幅11.15%，存、贷款市场份额分别达到39.86%、33.25%，连续16年保持当地金融机构首位；全年上缴国家和地方各类税金5899万元，连续10年获得“江山市纳税10强企业”称号。年度荣登“中国金融机构金牌榜·普惠金融榜”，获“2017年度最佳服务贫困农户金融机构”大奖，成为全国唯一获此奖项的农商银行；营业部成功创建“全国巾帼文明岗”，文明规范服务工作受到中华全国妇女联合会的表彰；自主创新“普惠快车贷款”荣膺“衢州第一届绿色金融十佳产品”，接受浙江省副省长朱从玖颁奖。

【普惠金融迈进全国前列】 江山农商银行加快推进落实江山市政府印发的《江山农商银行普

惠金融提升工程五年行动计划（2016—2020）》，布局普惠金融供给体系，深耕农村、实体和数字金融三个领域，围绕“智慧普惠、绿色普惠、精准普惠、共享普惠”持续发力，构建覆盖全市城乡的“一体化”的渠道体系、“全网格”的服务体系、“小而美”的产品体系、“综合化”的生态体系、“交互式”的平台体系“五大普惠金融体系”，在提升金融服务覆盖率、可得性和老百姓的满意度、获得感，助力幸福江山建设始终走在全市前列。江山农商银行在普惠金融领域的成功实践，得到中国中小企业协会普惠金融促进工作委员会（普促会）的肯定，现任普促会学术指导小组组长、中国国际经济交流中心学术委员会副主任、国家开发银行原副行长刘克崮认为江山农商银行是全国普惠金融的标杆，并指定为普惠金融信息联系行。7月，该行作为全国三家农信系统代表之一，应邀出席全国性普惠金融促进会成立大会暨首届中国普惠金融高峰论坛。

【科技金融“两专”模式助力创业创新】 主动对接江山市“国家知识产权试点城市”建设，重点支持国家高新技术企业、专利示范企业、各级科技型中小企业、江山市科技创新创业园区入驻企业发展，成为江山市首家设立科技专营机构和科技支行的银行。根据科技型企业轻资产、缺乏抵押担保的特点，先后创新推出税银贷、仓储、应收账款、商标专用权、出口退税托管账户质押贷款等科技型企业信贷系列产品，为全市56家科技型企业提供“一企一策”定制化服务，累计发放贷款9.36亿元。有针对性地推出循环额度贷款方式，为26家科技型企业1.6亿元到期贷款提供还款和续贷的“无缝对接”，减轻科技型企业贷款到期还款筹资成本和压力。

【助力青山绿水村强民富】 响应市委、市政府“坚持绿色发展理念，建设绿色生态城市”的决策部署，抓住浙江省以衢州为试点城市绿色金融改革创新试验区建设的契机，以绿色发展理念引领全行业务发展，重点围绕绿色经济、低碳经济、循环经济发展，制定出台绿色金融五年行动计划，以绿色信贷、绿色支付、绿色信用、绿色扶贫、绿色公益、绿色共享六个方面为着力点，推进绿色金融发展，助力江山市实现山青水绿村强民富。全年跟进“五水共治”项目需求31条，扶持绿色产业项目28个，累计发放贷款1.85亿元；支持1182户生猪养殖户转型转产，累计发放贷款2.1亿元；以绿色信用贷款支持家庭农场等新型农业主体建成无公害、绿色果蔬种植面积4.8万亩；以“四银并驱”的电子服务网络、四大支付工程和321家助农服务点，构建“乡镇全面覆盖、城区广角渗透、村级深度延伸”多位一体的绿色支付体系，被评为衢州市“绿色金融劳动竞赛全能先进集体”“绿色信贷投入专项先进集体”“绿色支付专项先进集体”。

【落实“最多跑一次”改革】 结合自身资源优势助推江山市“最多跑一次”改革。主动对接、及时沟通，通过金融服务进驻村级便民中心、派员挂职乡镇街道担任金融指导员等举措，将银行日常金融服务与政府便民服务充分融合。主动与江山国税合作，简化纳税人办税流程，建成全省首个集银行、税务互动业务办理为一体的“税银互动一体化网点”，让纳税人原先至少需要跑三次才能办好的税款入库扣款业务变成当前只需要跑一次。运用“互联网+自助终端”，相继打通网银、手机银行、自助终端等电子渠道放款通道，推出“普惠快车”小额农户信用贷款2.0版，实现客户自助放款、随借随还、按日计息，省心更省钱。

【精准扶贫登国家级金榜】 在2017金融时报年会暨中国金融机构金牌榜颁奖盛典上，江山农商银行登“中国金融机构金牌榜·普惠金融榜”，获“2017年度最佳服务贫困农户金融机构”全国大奖，成为年度全国最佳服务贫困农户奖项中唯一获奖的农商银行。打造最有社会担当的“草根银行”，把“金融精准扶贫”工作列入普惠金融提升工程的重要内容，实施“三联四授”信用扶贫工程，开展“一户一策”结对帮扶行动，推出“惠农快车”“创富动车”“幸福专车”三大扶贫产品，为贫困农户提供便捷、精准的综合金融帮扶服务。

【服务“江山人经济”】 江山市在外创业发展人士多达13万人，异地商会已基本覆盖全国副省级以上城市，是发展“江山人经济”的重要力量。江山农商银行高度重视异地商会金融服务工作，从商会会员取得创业地金融机构贷款的难度较大、户籍地金融机构因信息不对称也不会轻易给予信贷支持的特点出发，通过与各异地商会成功对接，加入商会微信公众号，针对性地发布江山经济、江山金融等相关信息，推介该行的金融产品、创新服务项目和内容，增进会员对家乡经济、金融发展变化的了解和关注；以与商会合作为平台，持续建立完善会员信用信息档案，动态跟进会员金融服务需求，为会员异地创业发展提供“量身定做”的信贷支持和金融服务；抓住春节等重大传统节日会员返乡省亲以及政府举办异地商会交流会、茶话会等契机，主动把金融服务送进商会，送到会员手中。成功对接江山市异地商会26个，建立会员信用信息档案2370多户，为59家会员单位提供贷款1.09亿元，带动ETC、外汇结算、信用卡、手机银行、企业代发工资等业务的发展。

【智慧+推进网点服务改造升级】 8月，正式启动峡口支行智慧化改造项目，从“智能交易”“智能控制”“互动体验”“场景营销”“智慧洞察”五大维度从内而外对峡口支行进行服务智能整合和厅堂设计优化，建设过程注重整个智慧生态体系建设，特别是在系统层面的互联互通，以升级后的物理网点为载体，通过软件系统赋予智慧内涵，让其成为支行运营人员易操控的管理驾驶舱，从更丰富的维度和更细微的粒度为客户提供优质服务。峡口支行集成叫号系统、填单系统、多媒体管控系统、客户营销系统、导览系统、人脸识别系统六大功能模块，引入叫号填单一体机、发卡机、智能终端等新型智能设备，12月28日正式投入使用，成为衢州首家正式运营的科技智慧型网点。

12月28日，峡口支行智慧网点开业

（蒋荣泽）

农发银行

【概况】 2017年，中国农业发展银行江山市支行（简称市农发行）坚持以业务发展为第一要务，以风险防控为第一责任，提升经营质效，夯实基础管理。年末，各项贷款余额119146万元，比年初减少3373万元，减幅2.8%；各项存款余额58921万元，比年初减少6656万元，减幅10.1%；实现账面利润2944万元，比上年增加1035万元，增幅54.22%；年末不良贷款余额105万元，比上年减少1695万元。

【支持粮食收储】 坚守本业，不折不扣执行国家粮食调控政策始终把粮食收储作为全行工作的重中之重，主动加强与粮食企业沟通协调，确保储备粮收储资金及时足额供应。全年累计发放粮食收购贷款6079万元，收购早稻2285.6万公斤，其中省级储备轮换贷款4921万元，收购早稻1850万公斤；县级储备粮贷款1158万元，收购早稻435.6万公斤。

【支持地方经济】 市农发行坚持“优惠支农”，积极向上争取优惠政策，让利于地方。在贷款利率上，贷款平均利率5.04%，比全省银行业平均贷款利率水平低1%，同时近两年发放的项目贷款利率也处于全省同期最低水平，其中水利基金项目年利率仅为2.8%，每年可为客户节省700多万元财务成本。积极向上争取贷款规模，一季度完成山海公司4000万元中长期项目贷款投放，实现快投放、多收益。

【清收不良贷款】 9月，在政府、法院等相关部门的支持下，现金清收1695万元不良贷款。年末不良贷款实现“双降”，不良贷款率0.09%，下降1.5%，低于全市平均水平。

（姜轶赓）

邮储银行

【概况】 中国邮政储蓄银行股份有限公司江山市支行紧抓服务社区、服务中小企业、服务“三农”的大型零售银行战略定位，打通金融服务“最后一公里”。2017年共有13个网点，24个自助银行，42个银行卡助农服务点，5个普惠金融服务站。年末，江山支行全行资产总额29.16亿元，存贷款40亿元。支行员工毛骏获首届最美江山金融人，当选市人大代表。

【深化普惠金融】 在信贷产品上，已形成农户小额贷款、个人商务、农房集聚贷款、新农贷等产品线，实现对涉农经营主体的全覆盖。通过与浙江省担保集团、浙江省农业信贷担保有限公司的合作，开发新农贷、农户担保小额保证贷款，支持农户在无担保条件下实现贷款需求，解决农户融资难的问题。年内，发放新农贷、农户担保贷款1613万元。

【创新信贷产品】 2017年，为支持新型城镇化建设，帮助江山偏远地区群众下山脱贫，解决异地农户搬迁资金难问题，与贺村镇合作创新推出贺村农房集聚贷款项目，满足农村到城镇落户居民购房融资需求，惠农近百户，贷款资金超千万。

【发展公交IC卡】 发展江山市绿色公交IC卡，全年发卡6000张，结存1万多张，在智慧支付和服务地方经济建设中得到政府和广大群众的好评。

【风险内控持续深化】 坚持传统业务和创新业务并重，坚持量、质、效并重；坚持当前发展和长远发展并重，坚持特色发展和均衡发展并重的总体要求，围绕案件防控“零容忍”，保持对案防工作的高压态势。开展形式多样的活动和检查，发现问题，及时督促整改，并进行积分考核问责，提高支行整体内控水平。

（徐建祎）

建信村镇银行

【概况】 浙江江山建信村镇银行（简称江山建信）成立于2011年9月，设立综合管理部、风险管理部和营业部、贺村支行、峡口支行3个经营机构，设立支农点31家，建信支农点2家。12月末，存贷款规模13.23亿元，其中各项人民币存款余额6.88亿元，贷款余额6.35亿元。先后获“衢州市级创安先进单位”“江山市文明单位”等称号。

【支持小微企业发展】 年末，发放小微企业贷款余额4.53亿元，帮扶企业787家，累计发放小微企业贷款3414户，余额31.83亿元，突出服务重点，支持家庭农场、农业龙头企业、专业合作社、现代农业园区以及战略性新型产业发展。并将“绿色金融”“普惠金融”工作纳入信贷范畴，设立专项资金，为江山市种养殖企业提供整治资金及帮助小规模种养殖户转型。

【精准扶贫、服务“三农”】 在服务三农方面，为加大农户信用贷款投放力度，扩大农贷受惠面积。向衢州人行争取扶贫资金，累计获得8000万元的基准利率扶贫贷款资金支持，支持江山的农业生产及农户增收。初步实现村行“支农支小、服务小微”的金融市场定位。截至12月末，共发放涉农贷款6.13亿元，占全行贷款余额的96.43%；有贷户2297户，户均贷款余额26.67万元。

【创新金融产品】 为满足不断涌现的“三农”新主体和新需求，陆续创新推出小额农户信用贷款、家庭农场金助力贷款、农业机械贷款、喜事乐贷款、“惠粮贷”种粮大户贷款、科技互惠贷贷款等一系列服务“三农”的好产品，形成比较健全的“三农”产品服务体系。同时，建立健全合规风险管理体系，确定2017年为“不良贷款清收年”“合规文化建设年”，培育健康信贷文化，夯实信贷经营基础，遏制信用风险，强化全面风险管理。

（刘　敏）

交通银行

【概况】 2017年，交通银行衢州江山支行（简称市交行）以转型发展为主题，以绿色金融和普惠金融为重要抓手，在做大项目、大客户的基础上，以快捷抵押贷、票据贴现、票据池、对公理财等特色产品为支撑点，全方位服务江山经济转型发展，各项经营指标稳步推进，全年无新增风险贷款，实现平稳、安全运行。

【特色经营服务地方经济】 继续为首个PPP项目江山市峡口水库引水工程项目投放1500万元，合计投放贷款余额1.15亿元，成为衢州市绿色金融标杆改革创新典型。依托快捷抵押贷、票据贴现等产品大力拓展小微信贷业务，全年新增小微户12户，新增余额2055万元，在衢州分行小微条线考核中名列第一。针对在按揭市场规模紧张的情况，积极向上争取规模支持，实现每月均能投放部分按揭贷款。在6—12月期间，实现投放40笔个人二手房按揭贷款，贷款金额2013.7万元。

【财富管理】 致力打造“您身边的财富管理银行”品牌形象，通过“财富管理”品牌助力企业降低优化财务指标。依托于“蕴通·票据池”品牌，打造票据管理专业银行，有11家企业在市交行签约开通，累计入池票据6142万元，为企业节省票据托收费用及简化托收手续. 利用交通银行财富管理银行品牌优势，做好资金管理类综合金融服务方案。全年共计有11户对公客户在市交行购买对公理财，累计销售表内外理财超过5亿元，帮助提升公司客户资金收益约380万元，实现以提高企业资金收益的方式冲抵企业财务成本支出。

【普惠金融】 直通车业务解决小微企业融资难、融资贵。为当地小微企业设置专项贴现规模，参照大票的贴现利率办理。全年累计为小企业办理贴现余额1.46亿元，较2016年6447万元增长126.65%，纯贴现客户达到10户，为小微企业盘活存量票据，解决小票难以贴现或者贴现价格较高的现实难题，节省财务费用45万元。通过“进学校、进社区、进企业”活动开展，聚焦周边11个社区，市区十大政府机关系统，九大居民小区的老年、职业女性、学生、小企业主等金融知识相对偏弱群体，开展金融服务与普惠金融宣传，以举办金融讲座、反假防骗宣传、现场开卡、现场手机银行激活等活动将金融服务送入社区、企业、学校，扩大金融服务的受益面。全年共开展各类普惠金融活动75场次，参加群众4215人次。

（徐天文）

浦发银行

【概况】 2017年，浦发银行江山支行落实上级行的各项工作部署，一手抓风险化解，一手抓业务转型，风险贷款清收压退和信贷结构调整取得较大进展，支行风险拐点和盈利拐点已经确立。年末，支行各项存款余额5.74亿元，较年初减少2.51亿元，各项贷款余额10.97亿元，较年初增加1.5亿元。

【支持地方经济发展】 重点做好与县域优质民营企业进行对接，年内实现江山变压器10000万元扩盘授信、永成混凝土800万元新增授信落地工作。通过主动授信模式，扩大消费贷款辐射范围，提升主动授信支用率。全年支行营销主动授信单位27户，授信金额13739万元。年末，主动授信支用余额4018万元，较年初增加3845万元。

【推进转型发展】 按照“一年起好步，两年上台阶，三年出规模”的工作思路，紧跟证券市场回暖和保险产品回归本源，及时捕捉市场热点，把第三方代理业务销售作为拓展利润增长点的新利器，以开展公私联动为抓手，促进支行第三方代理业务上台阶。及时对接合作保险公司召开业务座谈会，选取各家公司重点推进产品，合理安排保险产品，确保目标客户需求得到满足。采用保险微沙龙、保险专项产品推进会和黄金饰品现场销售等方式，营造第三方代理业务销售氛围。年末，支行保险余额1008万元，年度新增823万元，新增额占衢州支行新增额的60.12%；基金余额2037万元，年度新增1163万元，新增额占衢州支行新增额的57.23%。支行成为杭州分行全辖五家太平保险百万网点之一。

【提升社区支行服务水平】 通过与街道社区、物业公司合作开展金融知识宣传、包饺子等活动，为居民的衣食住行、休闲娱乐和商贸往来提供帮助，让社区居民切实感受到“金融服务送上门”。年末，社区银行存款2677万元、贷款32541万元、金融资产12959万元、营收481.7万元，社区银行KPI综合排名长期位列分行首位。

（毛梦尔）

泰隆银行

【概况】 2017年，浙江泰隆商业银行衢州江山支行以支持实体经济为着力点，以支持江山地方经济发展为己任，突出“支农、支小”，年末，存款余额7.95亿元，贷款余额6.80亿元。存贷规模达14.75亿元，较年初增长1.73亿元，存贷规模增幅13.27%。在6家城商行序列中占比达40.94%。资产质量稳步提升，不良贷款率1.29%，较年初下降0.81%。

【建设金融移动服务站】 Pad金融移动服务站是将先进的移动互联网技术、大数据模型技术与泰隆商业银行24年来形成的信贷技术和风控技术充分融合打造的全流程移动信贷服务平台。在Pad终端上，为客户提供便捷的移动开户、电子银行签约，并进行全流程信贷放款操作，实现线下业务移动化，可谓开卡贷款家中办。原先办理一笔贷款要反复进城需花费三四天时间，现在最快只需半小时。

【助力“精准扶贫”】 搭建“扶贫金融”平台，通过实地调研以及政府部门沟通，选择市石门镇金炉村的石斑鱼养殖产业作为扶贫重点产业，现已培育1名产业带头人，实现育苗技术突破，形成一定的养殖氛围。同时，对信用程度高、积极向上的低收入农户或种养殖大户，推出优惠信贷产品——“扶贫金融贷”，用于其创业启动、扩大经营规模和正常经营周转。年内共计授信贫困户13户，金额130万元。

【推进流程改造】 对客户进行分层分类，提供差异化服务。普惠类为100万元以下的贷款业务，小企业类为100万元以上的贷款业务，建立专业性较强的小企业团队，实现流程顺畅、提升审批效率。按照“先微后小”的业务拓展思路，“突出微、巩固小”，夯实定位，实现小微企业贷款、涉农贷款投放稳步增长。截至12月末，500万元以下贷款客户占比99.84%，余额占比93.94%，全部贷款户均22.18万元。

【创新绿色金融产品】 根据企业个性化需求量身定制，在客户群体创新、担保方式创新方面狠下功夫，形成一套泰隆江山特色的绿色金融拳头产品，推出专利权质押、商标权质押、设备抵押等产品，将企业的无形资产变成有形财富。其中商标质押贷、专利质押贷均为泰隆在江山地区的首创。累计发放机器设备抵押贷9笔，金额1529万元；累计发放商标专利质押贷5笔，金额2100万元；累计发放知识产权质押贷1笔，金额100万元。同时，探索适合绿色融资需求特点的授信模式，在客户准入、担保方式、还款方式、贷款期限和利率设置等方面，对绿色客户倾斜信贷优惠政策，根据客户的差异化设置贷款的条件，加大绿色信贷中的信用贷款和纯道义贷款的发放比例。

（何琳琳）

招商银行

【概况】 2017年，招商银行股份有限公司衢州江山小微企业专营支行（以下简称招行江山支行）秉承招商银行“因您而变”的经营服务理念，坚持以市场为导向，客户至上的原则，为客户提供最新最好的金融服务。年末，各项贷款余额5.38亿元，比年初上升2.9亿元，同比增长117.49%；各项存款余额2.87亿元，比年初上升

1.74亿元，同比增长155.11%。

【创新信贷产品】 推广信贷创新，努力创造条件为小微企业争取上级政策。推广自动转贷的便利转贷政策，对于符合条件的小微客户，提前发放一笔贷款对应原有贷款，实现贷款自动延期，全程无需客户存入资金，整个流程客户在手机银行自助办理。年末支行存贷规模突破10亿元，其中小微企业经营贷款余额1.5亿元，本年新增0.4亿元，为招商银行浙江省系统内县域支行第一名。同时新增住房按揭贷款近1亿元。

【创新绿色金融服务】 将产品创新、服务创新作为银行推动绿色金融的重要载体。借助系统综合金融优势，结合当地产业经济特点，积极创新与绿色、环保、低碳及循环经济有关的绿色金融产品和服务，打造“绿色金融拳头产品”。发放衢州市首笔大额排污权抵押贷款，为企业解决担保难问题，降低互保风险、节约相关费用。创新绿色供应链融资，借助应收账款融资平台推广期，紧抓供应链中占据主动权的核心企业，依托本行创新产品“付款代理”业务，在不改变结算方式、不产生贷款记录、不上征信的前提下大幅降低供应商融资成本，实现融资成本和财务报表双优化。综合融资方案支持绿色能源发展，对多家企业绿色授信余额为6790亿元，涉及产业包括智能电器、农业开发等。招行利用系统渠道和资源优势，创新运用项目贷款、外保内贷、内保外贷、夹层基金、股权直投等综合融资方案，帮助企业打通资金通道。

【推广闪电贷产品】 闪电贷是招商银行2017年刚上线的普惠金融产品，客户无需提供任何申请材料，只需开立招商银行借记卡一卡通账户，并下载招商银行手机银行绑定就可以在手机银行上直接申请，十五分钟内系统自动完成审批。该类贷款额度最高30万元，期限最长60个月，可以随借随还，也可以分期还款。

（徐彬璐）

金华银行

【概况】 2017年，金华银行江山支行围绕总行的“做大零售，做强小微，做好公司”的业务战略转型，结合江山市市情，着力创建特色服务，提升团队获客能力，提升业务市场占比。全年各项贷款余额22849.8万元，存款余额10553.5万元，存贷比为216.51%。新增贷款7565万元，其中小微企业和支农信用贷款新增4500万元。

【扶持小微企业】 以中小企业的信贷需求在1000万元以下的客户群体为重要支持对象，参照重点支持、审慎介入、限制禁止的投向要求，重点扶持节能环保型、诚信纳税等一批具有行业特点优势明显、发展前景理想的小微企业，针对企业纳税等级，推出“税信贷”产品，运用税务部门的企业纳税数据，纳税等级达到A级、B级分别给予100万元和50万元信用贷款。年内，办理该项贷款8户，授信余额550万元。同时，创新贷款抵押品模式，为江山市育仁职业技术学校（筹）以收费权质押方式贷款金额300万元，帮助学校完成扩建、增加学习设备。推出无本还贷产品“续贷宝”，金额合计303.9万元。12月，支行在峡口镇举行融入地方经济，服务中小企业的银企对接会，与3家企业初步达成信贷授信共2000余万元。

【推出“百灵卡”和“惠农贷”】 根据普惠金融建设的要求，先后推出针对优质客户群的个人小额信用消费贷款“百灵卡”和针对农户创业创新的支农小额贷款“惠农贷”两个拳头产品，全年“百灵卡”新增余额1050万元，“惠农贷”新增余额422万元。8月，联合江山市龙头蜂业合作社，对50多户订单蜂农进行综合授信，凡是合作社的订单农户，并且信用良好、负债情况正常的都可以申请到10万元以内纯信用的“惠农贷”，年内，已有20多个养殖户得到支行的信贷支持。

【清收不良贷款】 在强化责任清收制度的同时，抗住压力，腾出精力，做到一户一议，通过制定可行的具体清收计划及方案，平移转化、贷款重组等手段，努力降低不良贷款占比。上半年，通过万商集团资产管理人名下抵押房产进行拍卖变现，回收不良贷款1000万元。

（黄书友）

浙商银行

【概况】 2017年1月18日浙商银行衢州江山支行开业，围绕总行的“两最”目标和“全资产经营”理念，提升在江山市当地及同业中的竞争力和影响力，实现各项业务的全面有序发展。年末，各项存款余额2.56亿元，各项贷款余额4.50亿元，存贷比175.71%，表外理财业务4.1亿元，全年无不良贷款。

【助力小微企业发展】 遵循总行对小企业目标客户的定位标准“近、小、好”，重点发展一类，适度发展二类小企业贷款，确立支行小企业信贷业务的重点区域、目标客户和竞争策略，实行名单制管理。加强与清湖商会、四都商会、双塔商会、贺村商会以及安保城、万商城的紧密联系，开展拓客渠道，并以“三年贷”“十年贷”“随意贷”等小企业特色产品为抓手，助推江山市小微企业发展。截至12月末，小微贷款客户100多户，贷款余额2.33亿元。

【创新支持传统行业】 重点发展实体类客户，关注新常态下传统行业演化和新兴行业发展，挖掘结构调整中的新投资方向。以票据池、资产池等本行创新特色业务模式为依托，为核心企业及其上下游客户提供结算和授信等服务，为客户提供流动性服务平台，为优质大客户量身定制金融服务方案。利用“永乐理财”“添利加”“信用卡”“浙信贷”等特色产品，采用多样化营销方式，积极开展客户、市民活动，其中永乐理财产品收益高、收益稳、可转卖、超省心，深受广大市民欢迎。

【创新发展普惠金融】 6月，与江山市交警大队车管所、江山市运管所和当地多家驾校联合打造“普惠金融”驾校一站式服务。7月，正式派员进驻江山市交警大队车管所服务大厅，为学员在提供拍照、体检和存档等服务基础上，增加现场办卡签约绑定一站式服务。后续同时推出购车、保险、修车等一系列团购优惠服务。

（张文锐）

北京银行

【概况】 2017年，北京银行衢州江山支行围绕总行“强化管理、防控风险，不忘初心，永续发展”的工作目标，立足江山，夯实基础。年末，各项存款余额5954.23万元，各项贷款余额13959.2万元，全年无不良贷款。

【推出“智权贷”】 对于创新型企业，推出知识产权质押贷款“智权贷”。创新型企业凭借自身的发明专利、实用新型专利、商标向北京银行申请贷款，支行为企业提供免费的预评估服务，为客户的无形资产提供价值参考。全年共批复“智权贷”业务3笔，授信金额600万，实际放款用信金额400万。

【服务小微客户】 对于经营情况良好、各方面情况比较稳定的小微企业开展重点支持，全年共新增批复小微及经营性贷款50户，累计批复金额8000多万。积极向上级行申请额度，支持个人购房、消费贷款需求，发放各类个人贷款11244万元。

（毛艳如）

担保中心

【概况】 2017年，江山市中小企业贷款担保基金管理服务中心（简称市担保中心）信用等级A，资产总额13722万元，同比增长3%；负债总额2591万元，同比增长6%；所有者权益11131万元，同比增长2%；实现收入总额366万元，解决各类创业创新主体的融资担保需求。获市委市政府2017年度综合目标考核三等奖、2017年度金融工作考核良好奖。

【做大做好担保主业】 围绕打造江山大花园、加快工业振兴的奋斗目标，以开展全民创业创新活动为契机，加强与浙江省担保集团有限公司的合作，服务经济发展，做好担保主业。全年累计办理各类担保贷款150笔21410万元，12月末，三类担保贷款余额合计144笔19628万元。

【开展“暖企暖心”活动】 对符合条件的创业担保，银行实行基准利率，担保中心不收取任何费用，由市财政据实给予全额贴息，由担保中心代为办理所有手续；深入企业了解生产经营情况，提出合理化建议，使其及时规避风险，回笼资金，增加收益；开展对外宣传推介活动，印发

在洪岩顶开展主题党日活动

“十九大精神摘要暨政府融资担保产品推介”宣传宣传手册，开展“政策驻村居、宣讲进企业、服务到农户”等系列活动。

【创新贷款担保服务】 推出“机器换人”贷款担保项目（“备贷保”产品），为23家符合要求的企业提供3000万元贷款担保；印发《管理制度汇编》，完善“担保业务流程”等内容，把出现人为失误的可能性降低到最低程度；打破行业常规，与金华银行签订合作协议，开展8∶2风险分担合作模式，增强风险防范能力；开展专利权质押担保贷款业务，解决科技型企业融资难、融资贵的困局。

【加强风险管控】 制定实施风险评审红色、黄色、橙色等三级预警，做细做实担保项目前期调查；积极回访在保企业，掌握企业的发展状况，加强事中事后风险监控和预警；加强代偿项目的诉讼与追偿工作，开展“百日大追偿”行动，全年收回代偿款2100.43万元，案结款清事了案件6个。

（叶慧庆　程　翔）

人保财险

【概况】 2017 年，中国人民财产保险股份有限公司江山支公司完成全险种保费收入 22732 万元，同比增长 3.52%，占市场份额 51.72%。全年共处理赔案 19410 件，案件处理率达到 101.56%。年内，获评浙江省文明单位、衢州市青年文明号、江山市最满意单位。

【创新发展】 公司以推进企业高质量转型发展为目标，在传统车险业务创新渠道发展的基础上，转变经营管理模式，重构商业非车业务布局，开拓新兴商非领域。利用政保、政企合作平台，成功破冰全市小微企业出口信用险统保项目；紧盯政府重大项目建设，积极开拓建工意外险业务；推进江山市绿色惠民保险（大病补充医疗）的项目试点实施工作；并以保险资金支农融资为核心的保险业务，扩大直接支农融资的额度和范围。

【服务“三农”】 利用农网平台，持续抓好农村政策性保险的经营，共开办油菜、水稻、林木、蔬菜、西瓜、生猪等政策性保险产品 14 个，其中政策性农房险连续 10 年实现统保，生猪

“中国人保 · 2017 文明出行全省巡回宣传月”大型公益活动走进江山

保险实现全市全覆盖；同时，加大创新政策性险种力度，加大开发适合农村市场销售和农户需求的保险产品，务实推进农网建设，做好茶叶气象指数保险和猕猴桃损失保险对接工作，力争有所突破。

【专业化理赔】 坚持深耕细作，对照理赔关键指标加强考核和管控，持续提高理赔管理水平和服务技能. 全年共调解交通事故人伤损害赔偿纠纷 603 起，调解成功率达到 99%；全险种案件处理率达 101.56%，比上年提升 1.56%；万元以下案件理赔周期 9.56 天，达历史最低。同时，坚持专业能力建设，通过开展理赔知识专项培训、理赔技术比武等活动，强化队伍建设，提升理赔队伍的专业能力。年内，江山支公司理赔关键考核指标在全省理赔质量考核排名中位居第一名。

（祝春蕾）

中国人寿

【概况】 2017 年，中国人寿保险股份有限公司江山市支公司实现保费收入 26668.11 万元，同比增长 13.4% 。其中首年保费 7536.36 万元；期交保费 5176.21 万元；短期险保费 2416.03 万元。公司在注重保费规模增长的同时，发展风险型业务和长期性期交业务，10 年期及以上首年期交保费收入 3111.03 万元，同比增长 23.3 %，市场份额占比 40.46%。全年共处理理赔件 4908 件，支付赔款 1375 万元。

【做好政保合作】 率先推出独生子女家庭保险，参保率达 90%以上。借助各级政府力量推进安康保险、特殊困难家庭意外伤害保险、独生子女家庭意外伤害保险、女性安康保险、男性安康保险、村级计生联系员女性安康保险。

【推进金融扶贫】 根据“定向性、精准性、普惠性、创新性”四大原则，将完善低收入群体医疗健康保障与推进商业保险产品创新深度融合，在全市推出“扶贫健康保险”，该项目采用“政府监督、财政出资、国寿优惠、保本经营”的运作模式。为全市3万多低收入人群提供额外的风险保障机制，全年收取保费208万元，理赔人次1327人，理赔金额147万元，赔付率70.7%。

【开展“绿色保险”】 开展针对全市城乡居民的绿色惠民保险项目“农村小额意外伤害保险”，城乡居民基本医疗补充保险。“农村小额意外伤害保险”，共收取保费398万元，发生理赔案件1953起，赔付金额478万元，赔付率120.1%；城乡居民基本医疗补充保险，共收取保费435万元，发生理赔案件2245件，理赔金额370万元，赔付率85.06%。

（姜　翎）

财通证券

【概况】 财通证券股份有限公司江山营业部成立于1999年，内设综合管理部、财富管理部、客户服务部，现有员工16人，客户总数约42445户，资产总量约24.7亿元。2017年新开账户3187户，金融产品销售11.17亿元。

【优化业务结构】 营业部致力于创新转型，不断调整、优化业务结构，提升区域发展竞争力。把产品销售作为网点主要转型方向，以“控制风险，稳健投资”和“为客户提供多层次理财服务”为经营理念，开发并推介各类机构、个人申购财通资管理财产品，满足客户全方位、个性化理财需求；推广中小企业私募债、OTC等业务，向企业主推荐更有利于企业发展的投融资渠道，为企业规范经营，走向资本市场出谋划策。

【提升服务水平】 围绕以客户为中心，做好客户分类分级管理，通过飞信、微信、qq群以及投顾在线直播、江山广播电台连线、财富沙龙授课等形式，为客户提供消息解读、决策参考、在线直播服务。针对两融客户，除专门提供两融交易策略研究和操作指导外，做细做实风险提示工作，力求在风险可控的情况下，帮助客户获得超额收益。

【策划专项营销】 全年先后组织开展“金鸡报喜共舞阳春”“新鑫向荣抢先突围”“金秋争锋旗开得胜”等营销活动，全方位、多渠道推进业务多元化发展。在巩固现有银行渠道外，尝试营销活动向周边县、市拓展，扩大网点业务的影响。

（何新星）

浙商证券

【概况】 2017年，浙商证券江山南市街证券营业部，坚持以人为本，以公司发展战略为先导，从物质文化、行为文化和精神文化等方面开展活动，增强综合实力，促进营业部可持续发展。全年市场占有率同比上升1.89%，营业部被公司评为“美丽营业部”荣誉称号。

【服务企业】 在服务广大客户买卖股票、投资理财的同时，为企业客户提供企业改制上市、公司再融资、并购重组财务顾问等投融资服务，形成“证券+期货+基金+创投”四位一体的金融产业布局。组织人员对20多家企业进行新三板等新业务宣导，成功助推浙江希尔化工上新三板。推行个性化服务，以服务带动各项业务发展，创造价值。

（周洋燕）

教育　体育

教育工作

【概况】 江山市共有中小学校65所，包括普通高中7所，职业中学2所，九年一贯制学校2所，初中13所，小学41所。特殊教育学校1所，幼儿园84所，教师进修学校1所。65所学校中有衢州市级以上名校14所。中小学、幼儿园在校（园）生81699人。全市义务教育阶段入学率、巩固率保持100%，三残儿童入学率98%，全市学前三年幼儿园入园率97.50%，初中升高中比率98.03%。省级特色示范高中4所，省标准化学校53所。

【通过浙江省教育基本现代化市验收】 2017

召开教育基本现代化市评估工作座谈会

年，江山市顺利通过省教育基本现代化市评估，成功入选浙江省第四批教育基本现代化市，成为在第一轮省基础教育重点县中率先实现“换帽”工程的县（市、区）。同年，石门小学、凤林初中两所学校通过衢州市义务教育现代化学校评估验收。贺村二小、麻车小学两所学校成功创建省义务教育标准化学校。贺村镇成功创建衢州市学前教育示范乡镇。

【质量提升创佳绩】 2017年，全市高考一段上线人数601人，比2016年增加150人，创历史最好水平；初中毕业生学业考试初中语文、数学、社会成绩排名衢州市第二，英语、科学名列第三；小学六年级学生学业水平测试小学语文、数学名列衢州第二、第三名。

【师资队伍建设】 全市中小学、幼儿园教职工6476人，其中普通中学2331人，职业教育433人，小学2054人，特殊教育33人，幼儿园1625人。全市正式在编教师4275人。招聘新教师198人，其中硕士研究生学历19人。实施农村教师特岗津贴，全年发放金额246.78万元，共有24所学校579名教师受益。全面理顺学校党建工作管理体制，全市学校党建工作已由市教育局党委统一领导和指导，实现组织全覆盖、机构全换届、党员全回归。全系统现有基层党组织67个，党员共有1979人。年内，16人被评为衢州市先进工作者，11人获衢州市“红烛奖”荣誉，5人被评为衢州市模范班主任，10人被评为衢州市教坛新秀，3人被评为衢州市最美教育人，2人获衢州市最美教育人提名奖，4人被评为衢州市名校长。实施教师“县管校聘”改革，参与试点学校23所，涵盖初中、小学、幼儿园，兼顾城区和农村，参与竞聘教职工1754人，覆盖面53.4%。首次教师资格定期注册，全市共有3769名中小学教师（不含幼儿园）申请资格注册，注册合格3766人，3人暂缓注册。重视落实教育人才队伍政策，兑现名师和名校长补助、高层次人才安家补助、国外引智项目等人才补助150余万元。在名师、名校长评选基础上，新增名班主任、名竞赛辅导员、名师名校长工作室评选认定。拓宽国际交流渠道，江山中学、江山二中、实验小学被衢州市教育局确定为AYC项目学校，共有10位教师参加出国培训。推进教师职称评审阳光操作，做到评前立规矩、评中依规则、评后快反馈，全程有监督，确保职称评审工作过程公平、结果公正。在全省中小学教师培训工作绩效考核中，江山市获衢州市第一名，江山市教师进修学校评为“浙江省2015—2016年度县级师干训工作先进集体”。教育局党委被评为江山市2017年度基层党建工作先进集体。

【平安校园建设】 全年未发生群体性事件和安全责任事故，平安校园创建率达到100%。新建A级食堂3家，B级食堂4家，阳光厨房10家，15所学校16个食堂获2017年度浙江省示范放心餐饮单位。全市中小学（含公办幼儿园）共配驻校专职保安281人，实行政府购买安保服务全覆盖，18所荣获2017年度衢州市治安安全单位。校车使用许可146辆，其中13辆是专用校车，线路许可161条，新增线路10条。下发《关于开展“平安护航十九大”安全隐患大排查大整治专项行动方案的通知》，具体部署十九大前后的校园安保维稳工作。教育局荣获衢州市2017年度安全生产先进集体，在平安建设、食品安全、消防工作年度考核中获江山市优秀等级。5名学生获教育部基础教育司、公安部消防局联合举办的全国首届中小学生消防网络知识大赛优胜奖。

办学条件

【概况】 2017年，全市中小学（含幼儿园）实施基本建设项目38个，计划施工面积52.7万平方米，计划总投资27.99亿元，年内计划完成投资3.09亿元。截至年底，完成投资3.85亿元，在建项目15个，施工面积11.94万平方米；竣工项目11个，竣工建筑面积10.98万平方米。

【布局调整】 根据新修编的《江山市学校布局专项规划（2013—2020年）》《江山市幼儿园空间布局规划（2008—2020年）》，全年共实施中小学（幼儿园）布局调整项目14个，建筑面积约20.61万平方米，项目总投资约8.9亿元，其中贺村第二小学新建、锦绣江外学校新建、贺村育人职业学校迁建、城北幼儿园新建、贺村镇南幼儿园新建等5个项目按时投入使用，教师进修学校、清湖小学扩建、上余初中迁建、峡口小学迁建、四都九年制学校扩建、江山市幼儿成长中心新建、开发区小学新建等7个项目动工建设，窑里小学迁建、城南小学扩建二期等2个前期审批项目正有序推进。

【教育信息化】 全年投入资金达6463.5万元，生均投入1098元。全年共添置计算机2242台，更新多媒体（电子白板、电视一体机）339套，完成6个录播教室、495套移动学习终端（装备10个教室）、8个学科教室、2个创新实验室、104个教室灯光改造的省教育技术装备项目；新增27253册书香校园纸质图书；完成第六批标准化实验室创建验收，共有8所学校获江山市标准化实验室称号。

【教育经费】 全年全市教育经费总投入148415万元，增长26.49%，其中公共财政预算安排的教育经费104350万元，增长6.15%。公共财政教育经费89799万元，下降8.45%，其他公共财政预算安排的教育经费14551万元，增长64.8倍。同口径比较，养老金、职业年金等（14551万元）列入205教育支出，比上年增长6.39%，财政经常性收入140696万元，增长2.1%，低10.55%，同口径比较，高4.29%，生均公共财政预算教育事业费，普通小学12029.02元，下降7.22%；普通初中14839.26元，下降7.42%；普通高中16511.04元，下降7.43%；中等职业学校11478.62元，增长25.39%。生均公共财政预算日常公用经费（不含校舍建设费用），普通小学942.34元，增长1.15%；普通初中1250.33元，增长2.29%；普通高中688.5元，增长1.7%；中等职业学校1989.08元，增长3.93%。全市公共财政预算教育经费拨款占财政支出的比例为19.86%，比上年下降3.49个百分点，国家财政性教育经费投入占国内生产总值的比例为3.46%，比上年下降0.11个百分点。

教学科研

【课程开发】 继续推行“1+X”课程开发机制，加强对学校开发开设选修课程的指导。3月，省教育厅教研室专家到江山开展普通高中适应新高考深化课程改革深度调研；4月，承办衢州市深化义务教育课程专题研讨会。在全省的“义务教育精品课程”和“普通高中精品选修课程”评选活动中，江山市共有4门课程入选。在衢州市深化义务教育课程改革学校课程方案评选中，江山市有5所学校获一等奖，3所学校获二等奖，另有5所学校被评为衢州市深化义务教育课程改革先进集体。年内，出版江山市小学安全教育课本《生命的守护》。

【课堂教学改革】 制定出台《加强中小学教研组（备课组）建设指导意见》，开展“有效教学”的改革经验提炼。与华东师范大学联合建立有效教学联盟，举办智慧英语教学项目培训，开展“一师一优”课评比等活动。江山市被列为省小学综合评价改革试点县（市、区），城南中学、凤林初中、四都初中3所学校被列为省分层走班试点学校。全年共获全国优质课展示活动特等奖1人，省课堂教学评比一等奖1人、二等奖4人次，“一师一优课”共获评省部优10节。

【教育科研成果】 2017年，共立项省级课题4项，衢州市级课题42项（其中重点课题17项、一般课题25项），江山市级156项。全年共收到各类课题结题材料301项，其中一项获省优秀科研成果二等奖，一项获衢州市教科规划重点课题一等奖，另有40项小课题在衢州市获奖。年内完成《江山市中小学青年教师工作生活情况调查报告》，举办全市教科室主任培训，开展教科研先进集体、先进个人评选等活动。

基础教育

【学前教育】 2017年，全市共有幼儿园84所，其中公办幼儿园3所，集体办幼儿园12所，民办幼儿园69所；在园幼儿人数15918人，学前三年入园率为97.5%。有等级幼儿园80所，其中一级园7所，二级园29所，三级幼儿园44所，等级幼儿园入园率为96.58%。幼儿园专任教师918人，学历合格率为100%，持证率为95.32%，职称拥有率为66.12%，大专及以上学历占比为88.45%。衢州市学前教育示范乡镇（街道）6个。

【义务教育】 全市共有小学41所，在校生31269人，校均规模763人。小学毕业生实行免试就近入学，小学入学率、巩固率、小学升初中比例均达到100%。贺村第二小学建成投用，江山市经济开发区小学、上余初中、峡口小学迁建项目顺利动工。全市共有初中15所，在校生18327人，校均规模1222人。初中入学率、巩固率均达到100%，初中毕业生升入高中段比例为98.03%，其中升入普通高中比例为53.02%，升入中等职业技术学校比例为45.01%。着力小学集团化、初中共同体工作，推进城乡教育均衡。初中分层走班教学改革在省初中基础性课程分层走班教学改革现场会中作典型发言；有序推进小学综合评价改革试点。启动义务教育课程改革示范校和精品课程评选活动。着力办好群众关注“关键小事”，全面推行“弹性上下学工作”，“四点钟学校”工作得到社会各界点赞及副省长成岳冲、教育厅厅长郭华巍的肯定批示。义务教育阶段全部免除学杂费、课本作业本费，全市继续统一组织实行初中毕业考试和升学考试两考合一的办法，综合素质测试分为审美与艺术、运动与健康、探究与实践、劳动与技术四部分进行，按照A、P、E三个等级打分。年内，新增标准化学校2所。城南中学等3所学校被评为全国青少年校园足球特色学校，城南小学被评为浙江省

江山市率先推行“弹性上下学”工作

健康促进金牌学校，新塘边小学被评为浙江省中小学心理健康教育示范点。

【普通高中教育】 全市共有普通高中7所，在校生9538人，班级数216个，校均规模1363人。持续推进适应高考招生综合深化改革，以高考质量为考核依据，按“统筹兼顾、奖扣结合、一校一策”的原则，科学制定教学质量奖励专项资金使用管理办法，以奖励促提升。2017年高考全市第一段上线人数达601人（不含体艺类），创历史最好成绩。

【特殊教育】 2017年，江山市义务教育阶段共有残疾学生397人，入学人数389人，入学率为98%。其中接受残障学生就读的普通中小学校有50所，随班就读学生215人，随班就读比例为54.2%；全市实施送教上门任务中小学校31所，送教上门77人，送教上门比例19.4%。全市现有1所特殊教育学校（培智学校），被列入省首批“个别化教育信息管理”实验学校，是省“医教结合”实验学校。全市现建有示范性随班就读资源教室10个。落实特殊教育向高中段延伸工作，设置职高班1个；建有卫星班1个（城北小学）。

职业教育

【概况】 全市现有全日制中等职业教育学校2所，其中公办职业学校1所（江山中专），民办职业学校1所（江山职教中心），2017年毕业生1775人，招生2043人，在校生6515人。中等职业教育学校教职员工407人，其中专任教师382人；另有外聘兼职教师25人。

【职教改革】 江山职教中心高分通过省级改革发展示范校建设验收，江山中专的省级现代学徒制试点等工作进一步深化推进。江山中专的省名校、省名师（张容特级教师工作室）和江山职教中心的硅酸盐工艺与工业控制（商砼方向）、客户信息服务专业、省中职大师（朱小泉大师工作室）等3个项目被列为省中职“三名工程”立项建设项目。截至年底，各校共开发校本教材63本，其中3本被列为省级示范（精品）教材；共开发选修课程160门，开设选修课190门；共开设“3+2”“五年一贯制”中高职衔接班9个，招生385人。1人被被评为衢州市第四届名校长，1人被评为衢州市第四届“红烛奖”，1人被评为江山市第十批拔尖人才。在全国中职学校教师“创新杯”说课大赛中，3人获一等奖，1人获二等奖，3人获三等奖；在全国职业能力大赛职业素养比赛中，2人获三等奖。1人获省中等职校学校职业能力大赛“成长导师”项目二等奖。

【服务地方经济建设】 贯彻落实市委、市政府发展新战略，推动中职学校专业设置与地方产业需求的紧密对接工作，按照“做强主体专业、拓展新兴专业、提升传统专业”的思路，撤销人力资源管理专业，新增城市轨道交通运营管理专业。各职业学校和成人教育学校积极参与社会培训工作，先后举办成人“双证制”教育培训、家政培训、电子商务培训、新型农民培训等。

成人教育

【成校建设】 2017年，江山市顺利通过第五批国家级农村职成教示范县创建省级评估，并被评为浙江省学习型城市，双塔、虎山、贺村、峡口、石门等5所中心成人文化技术学校，负责指导全市19个乡镇（街道）成校工作。19所乡镇（街道）成校全部为省标准化成校，标准化成校创建率达到100%。虎山中心成校和贺村中心成校为省现代化成人教育学校。

【农民素质工程培训】 年内，上余镇成校和长台镇成校被确认为省现代化成人教育学校；双塔中心成人文化技术校的老年触网项目被评为省成人教育品牌项目。据统计，全年共开展各类成人教育培训9万多人次，其中成人双证制学员培训774人，家政服务培训4000多人次。

【扫盲工作】 全市各乡镇（街道）成校继续做好扫盲工作。截至年底，全市文盲率降至常住人口的1.3%。

【自学考试】 共组织各类自学考试报名4次，考试2次。4月开始，高等教育自学考试江山考生统一到衢州参加考试，全年总报名926人次、1434课次；全国英语等级考试2次，报名人数2067人。全年报名、考试、成绩发布、转免考办理、毕业审核等各项考试工作均实现零事故、零差错、零投诉。

【成人高校招生考试】 继续采用考生直接在网上报名的办法，报名人数97人，全部为高中起点升专科考生。在江山二中考点考试，设考场数4个。录取人数82人，录取率为84.54%。

（段齐敏　徐凌志）

电　大

【概况】 2017年，江山电大春季录取新生202人，秋季录取新生293人，秋季学期在校生人数1464人。全年毕业学生672人，累计毕业学生11074人。年内，被评为全省电大2016年度招生工作先进单位、2016—2017年全省电大系统思想政治工作先进单位、2016年度全省电大财务工作先进单位。

【招生工作】 注重形象宣传和招生宣传，全年投入8万余元，通过江山电视台、江山信息网、今日江山等主流媒体开展全方位多角度宣传，并制作招生短片，利用微信平台开展宣传，提升电大知名度和美誉度。全年开放教育共招生495人。

【教学管理】 春季学期，有113个班级，注册及报考课程6059门；秋季学期，有115个班级，注册及报考课程6095门。加强教学管理，落实教学过程各环节。做好兼职教师聘用考核工作，加强学生面授课管理、网上学习过程落实、班主任导学助学工作等，提升学校办学质量。

【考试管理】 春学期，组织考试93场，参考2099人次；秋学期，组织考试82场，参考2007人次。组织实施开放教育纸质考试、基于网络考试、奥鹏考试等各类考试，强化责任意识，严肃考风考纪，保证各类考试安全平稳有序进行。

【中青年教师素质提升工程】 组织开展“中青年教师素质提升工程”，促进中青年教师队伍快速成长。1名教师参加衢州电大教师说课比赛，获得三等奖；4名教师承担学校面授课教学任务；1名教师参加全省电大组织主题演讲比赛，获得二等奖；1名教师课题获全省电大2017年度科学研究课题立项。

（郑　丽）

体育工作

【概况】 2017年，全市承办国际性赛事1次，全国性比赛6次，省级比赛1次，衢州市级比赛6次，23122人次参与。举办第八届机关干部运动会等市级全民健身活动27次，10058人次参加。举办江山市级青少年比赛11次，3565人次参加。全年参加衢州市级以上比赛39次，共获得国家级金牌2枚，3个名次奖；省级金牌25枚，银牌36枚，铜牌27枚，81个名次奖；衢州市级赛事金牌206.1枚，银牌106枚，铜牌51枚。江山市被国家体育总局评为全国群众体育先进单位，被浙江省人民政府命名为省体育强市。

【第二次承办全国新年登高健身大会】 1月1日，“中国体育彩票”2017全国新年登高健身大会南北中心主会场分别在江山市江郎山和北京八达岭长城举行，这是江山市连续第二次承办全国新年登高健身大会南方中心主会场活动。国家体育总局副局长赵勇、浙江省人大常委会副主任毛光烈、衢州市委书记陈新等到江山，奥运冠军孙杨、石智勇等参加，在活动内容上形成国家省市县乡镇五级联动的全民健身大展示场面，开展健身达人评选、迎接第一缕阳光、江商游子登高健身活动等系列主题活动。被评为浙江体坛十佳、浙江体育十大新闻事件。2017全国新年登高健身大会南方主会场被列入浙江省首批重点培育品牌体育赛事名录库。

【举重比赛江山承办模式逐步成型】 4月15—18日，举办中国·江山“江郎山杯”2017年全国男子举重锦标赛暨第十三届全运会预赛，这是江山市连续第四年承办全国举重锦标赛，共有来自全国29支代表队261名运动员参赛，有13000人次观赛，其中1000人为外地举重爱好者。赛事承办工作贯彻“以人民为中心”和“把比赛办成百姓的节日”等精神，开展“中国力量·全民健身”公益大讲堂、“与奥运冠军一起，指点江山”体育旅行自驾游江山体育+旅游系列活动，引进北京瑞境思达文化传播有限公司开展体育展示服务工作，营造举重文化，赛事承办江山模式得到广泛认可。在4月17日结束的85公斤级比赛中，奥运亚军田涛以挺举221公斤打破自己保持的全国纪录并超亚洲以及世界纪录1公斤。

【举办江山100国际越野跑】 9月23—24日，由江山市人民政府、法国极限赛事协会主办，江山市旅游委员会、中华户外网共同承办的2017MaXi-Race China江山100国际越野跑（简称江山100国际越野跑）在江郎山—廿八都景区举行。比赛分8公里体验组、35公里组、60公里组和105公里组，来自世界各地的近1500名选手齐聚江山，其中包括来自12个国家的40名外籍选手。此外，年内还先后承办中国天空跑年度首站比赛、全国健美操锦标赛、全国啦啦操联赛、全国重阳登高健身大会等。

【启动虎山运动公园建设】 虎山运动公园项目在江山市第三届项目谋划擂台赛中获得三等奖。项目作为市重点PPP项目推进，选址在虎山东面沿快速通道至滨江中学附近长条状区块位置，规划面积263333平方米，建筑面积70000平方米，包括主体育馆（4000座）和训练馆、全民健身中心、运动员公寓及室外健身场地设施，被列入省体育发展“十三五”规划重点工程建设项目，吸引黄龙体育中心等先后到江山对接考察项目前期情况。年底已完成土地农转用报批，代理机构、咨询机构、整体设计方案等招标采购工作，启动土地征用等程序。

【举办江山市第八届机关干部运动会】 11月4—30日，“宏地置业集团杯”江山市第八届机关干部运动会举行。运动会以“庆祝十九大、健身展风采”为目标，设置乒乓球、羽毛球、拔河、

11 月 22 日，举办第八届机关干部运动会广播体操比赛

趣味体育、中国象棋、围棋、登山、篮球（男）、自行车、气排球、第九套广播体操等 11 个大项 57 个小项，有 5000 多人次参加，共产生 57 个个人和团体冠军，有 61 个单位夺得名次。公安局、财政局、农商银行、碗窑水库、住建局、国土局、峡口水库、人力社保局代表队分别获得团体总分前八名。

【加快基层体育场地设施建设】 在西山全民健身中心启动国民体质监测室建设工作，通过第三方建立健身器材巡检制度，加强健身器材管理。9 月底，学校体育场地设施对外开放，城区江滨路、西山、双垄至碗窑、贺村至清湖沿江等健身绿道相继建成投入使用，贺村镇山底村健身广场、双塔街道路垄村健身公园等一批村级体育设施建成。实施 15 个省级小康体育村提升改造工程，创建星级职工体育俱乐部 1 个、体育示范幼儿园 1 个。

【深化基层体育改革】 先后举办市级全民健身活动 27 次，10058 人次参与，形成元旦、春节、“五一”、端午等节假日体育活动高潮。春节期间 100 个行政村自发举办农民运动会，有万余人在体育健身中过春节。新塘边镇毛村山头村开展拔河、篮球以及时兴的攀岩活动，张村乡先锋村的体育活动登上《浙江日报》头版，石门镇的舞龙登上央视新闻联播。由体育局主办并有 13 年品牌历史的五一乒乓球大赛交由市乒乓球协会、宏胜俱乐部等承办，比赛场地也首次离开体育馆在西山全民健身中心举行。围棋协会在耕读农场组织举办“心之旅杯”围棋争霸赛，在赛事期间组织古琴、太极表演等活动，让围棋比赛与旅游、古琴演奏、太极表演等有机结合起来，营造体育文化。在中小学生篮球联赛中引入主客场制。

【强化体育组织和培训】 全年成立棋类协会、钓鱼协会、亿丰足球俱乐部、社会体育指导员协会等体育组织 9 个，登山、冬泳、瑜伽、钓鱼、棋类协会等借助参与新年登高活动，组织系列赛事。借助与中国登山协会的良好关系，组织承办全国初级户外指导员培训班、登山户外安全教育活动，500余名登山爱好者接受相关知识培训。组织20多人参与全国一、二级社会体育指导员培训班，开展三级社会体育指导员培训班1期，培训学员87人，加大对裁判员、教练员的培训力度，增强体育专业人才的储备力度，为开展各级各类体育活动提供人才支撑。

【提高青少年体育竞技水平】 姜灵伟在2017年“正星杯”全国青年男女举重锦标赛和2017年全国青少年举重锦标赛中均获得男子69公斤级总成绩冠军，在“体育彩票杯”2017年全国举重冠军赛中获得男子69公斤级总成绩第四名。城南小学毛晟霖在全国首届“筋斗云”杯乒乓球等级联赛中获得2009年男子丁组单打第四名。毛倩倩在2017年全国女子举重冠军赛（成年组）中获得总成绩第八名。在浙江省第十四届田径冠军赛中，江山市获得6金5银3铜4个名次奖共积136分，位列比赛乙组第一名，并在甲乙组综合排名中列第十五名。参加衢州市第五届运动会，获金牌175.1枚，团体总分3528.25分，金牌榜、团体总分榜均居衢州各县（市、区）第二。

【培养体育后备人才】 组织衢州市级以上教练员培训69人次。在册运动员达到728名，申请审批一级运动员2名，二级运动员13名，省队集训运动员7名，其中少体校毛倩倩（举重）和姜薇（举重）为正式队员，郑岚（羽毛球）为试训运动员，新增短期集训运动员2名。

【发展体育制造业】 6月1日，市委副书记、市长舒畅走访调研航宇、赢牌、江山多娇等公司，将体育产业作为大健康产业予以重点扶持。在规模以上工业中，文体用品制造业达到7.22亿元，增长6.8%。以江山航宇文体用品有限公司为龙头的19家江山体育用品制造业企业参加2017年（第35届）中国国际体育用品博览会，参展数量和规模大幅提升。浙江赢牌体育用品有限公司莲华山新厂房已经建成，年底投产；江山靓健体育用品厂在莲华山工业园购置20000平方米土地，扩大生产，为全市一季度重点开工企业；江山四季体育用品厂花600多万元购置原先租用厂房。

【发展体育产业】 全国新年登高健身大会南方主会场、廿八都浮盖山景区运动休闲项目申报成为省级产业引导资金项目库项目，江郎山景区（登山、攀岩、徒步）被评为省运动休闲旅游示范基地。石门极限运动小镇列入浙江省首批运动休闲小镇考察项目。全年统计在册的到江山参加比赛达23122人次。体育消费拉动效应显著，形成全国新年登高、全国举重锦标赛、全国健美操锦标赛以及端午、“五一”赛事承办期间江山宾馆、餐饮消费高峰。浮盖山漂流年接待超4.5万人次，绿然腾、塘源口龙潭湾漂流、耕读农庄运动休闲项目不断扩展。

【抓好体育宣传】 全年中央电视台体育频道先后两次到江山对新年登高健身大会、全国举重锦标赛等两项赛事进行直播，直播2场、录播7场，央视体育新闻14条。新春农民运动会登上央视新闻联播、《浙江日报》头版。新华社、《人民日》报刊登江山体育文章1篇，中国体育报20篇，浙江卫视新闻联播采用12条。《江山市推进“旅游+体育”融合发展打造全域旅游新名片》被浙江政务信息采用，并得到副省长梁黎明的批示。

（毛武俊）

科　技

综　述

【全市科技创新大会】 9月，召开全市科技创新大会和人才工作会议，市四套班子领导、全市各乡镇（街道）、市相关部门主要领导，各高新技术企业、科技型企业负责人共500多人参加会议。会议由市委副书记、市长舒畅主持，市委童炜鑫书记讲话，评选出第二届“江山市科技型企业家”和“江山市科技先进工作者”各10名。

【科技创新举措】 出台《关于深入实施创新驱动发展战略激发企业创新活力的若干意见》，为江山史上支持力度最大、投入预算最多、针对性最强的科技创新综合政策。全年兑现科技财政奖励补助资金959.11万元。同时，聘请18位在

9月11日，召开全市科技创新大会和人才工作会议

国内外享有极高威望、具有较高科技水平和丰富经验的知名专家成立江山市科技专家咨询委员会。浙江省江山木门产业创新服务综合体列入省创建名单，围绕木门产业链布局创新链，实现木门产业技术服务的“最多跑一次”。该项目获省资金支持1.5亿元，分三年拨付。

科技创新

【科技计划项目】 2017年组织推荐申报各级各类项目248项，其中省级项目177项，衢州市级项目3项，江山市级项目68项。共获上级立项项目173项，其中省级项目170项，衢州市项目3项；获上级资金支持2633.5万元。下达江山市级科技计划项目23项，安排项目补助资金232万元。启动实施产业创新专项，由政府出题、企业应题，开展产业瓶颈技术攻关，推进产业提升和转型升级。组织验收各级各类科技计划项目55项。

【科创主体培育】 实施高企培育三年行动计划，培育高新技术企业。全年共组织高新技术企业申报16家，其中新申报9家、重新认定7家，全部通过认定。培育省级科技型中小企业42家、省级企业研究院3家、省级重点企业研究院1家、省级高新技术企业研发中心1家。天蓬生猪安全养殖重点企业研究院被认定为省农业重点企业研究院，成为全省首批六家之一。

【科技创新券】 修改完善科技创新券制度，采用电子券记账模式，实现创新券发放的“跑零次”；调整创新券使用范围和兑现比例，重点突出对企业研发环节的补助支持。全年共发放科技创新券1108万元，涉及400家企业，兑现科技创新券254.8万元，涉及企业63家，带动企业研发经费投入1500多万元。

【企业首席科技官】 组建企业首席科技官队伍，畅通企业与政府、高校院所、中介服务机构之间的沟通合作，确保企业科技创新工作有专人管、管专业事、有制度撑。第一批共122人。

【科技金融】 出台《江山市科技型企业专利权质押贷款绿色担保基金管理办法（试行）》，设立1000万元的专利权质押贷款绿色担保基金，

9月18日，浙江农商银行向科润电力科技股份有限公司发放专利权质押贷200万元

推进科技型中小微企业的融资。全年有4家企业以4个发明专利权质押获得700万元贷款。对科技风险资金池邮储银行分池贷款进行清偿及后续相关工作的清理。继续推进工行保证保险贷款业务，共发放保证保险贷款16笔1150万元。

知识产权与专利

【创建国家知识产权试点城市】 推进国家知识产权试点城市创建。开展宣传培训，借助“4·26世界知识产权日”，在周家青社区、文化广场举办两场专利宣传活动，向企业、学校和社

区发放知识产权宣传资料300份，营造全社会加强知识产权保护和管理工作的氛围。顺利通过省区域知识产权示范单位复核验收。

【培育专利示范企业】 浙江天际互感器有限公司认定为省级专利示范企业，认定江山市专利示范企业4家。省级专利示范企业达到10家，江山市级以上专利示范企业达到59家。

【专利申请与授权】 通过与科技项目挂钩、借助高新技术企业认定契机以及力度加大的补助政策，大力开展专利申报工作宣传与服务，发明专利大幅增长。全年专利申请1920件，其中发明专利申请237件；专利授权1127件，其中发明授权106件，发明专利授权量和专利授权量破百入千。

【专利执法与培训】 开展专利执法和检查培训，对贺村镇部分药店、市区部分药店和超市进行专利行政执法专项检查，发现涉嫌假冒专利2件，责令商家整改和下架处理。加强专利保护的宣传，提高各示范单位对专利保护工作的认识和重视度。

江山市科技专家咨询委员会委员合影

技术合作

【科技成果】 组织欧派门业、科力车控等单位评审登记科技成果19项。筛选推荐衢州市科技进步奖9项、省科技进步奖2项，科力、江变、江变科技、欧派、天蓬、人民医院等6家单位获得7项衢州市科技进步奖。欧派门业公司获批“浙江省国家科技成果转移转化示范企业”。参加省厅科技成果春季、秋季拍卖，旺林生物以30万元拍得浙江大学“竹碳黑生产工艺优化及作为饲料添加剂开发研究”科技成果、江化股份以49万元拍得杭州坤法环保科技有限公司“锅炉MPC燃烧优化自动控制系统技术”科技成果、为康制药以350万元拍得方达医药技术（上海）有限公司“厄贝沙坦片150mg”科技成果。全年共实现技术交易总额超2亿元。

【科技合作】 组织100多家次企业对接中科院上海高等研究院、浙江大学、西安交通大学、快速制造国家中心、中国航天科工集团等高校院所，参加第19届上海国际工业博览会。上海第二工业大学、中科院上海高等研究院、江苏大学、清华大学、浙江大学、浙江科技学院等高校院所来江实地调研考察企业，与科润电力、雨林机械、新锦竹木等企业达成合作意向。征集工业大会科技合作现场签约项目3项、科技创新大会现场签约项目7项。

【创新平台】 建立上海二工大——江山协同创新工作站、浙江大学江山技术转移中心。谋划建设科创“飞地”，与浙江大学合作成立“浙江大学紫金众创小镇・江山创新创业基地”。

【科技孵化器建设】 年内共引进科技企业5

江山市与浙大签约共建“浙江大学紫金众创小镇·江山创新创业基地”科创“飞地”

家、工业设计企业15家。园区企业获得专利20多项，软件著作权10项，立项种子资金项目5项。推进省级工业设计基地建设，江山市工业设计基地成功通过省级专家组考核验收。

防震减灾

【地震科普宣传】 组织地震科普图板展，5次，受教育人数达2000余人次。开展防震减灾知识竞赛活动、文化广场咨询活动，让群众深入了解防灾减灾常识。

【地震应急演练】 5月，在双塔街道周家青社区周家青幼儿园、市心社区普农家电、东门社区等3个社区组织开展防震减灾应急演练活动，联合人防办、教育局在贺村初中举行防空（震）减灾演习活动。与江山市红盾应急救援队成立地震应急救援志愿服务队伍。

（姜爱武）

卫生 计生

卫生和计划生育

【概况】 2017年，全市卫计系统广大干部职工紧紧围绕市委、市政府中心工作，全力以赴抓改革、补短板、建机制、促发展，各项重点目标圆满完成，医疗卫生、公共卫生、爱国卫生、计划生育等工作卓有成效，医疗卫生服务能力不断增强，人民群众的健康水平不断提升。2017年卫计工作获集体三等功、衢州卫计委综合考核特等奖、市委市政府综合考核一等奖。

【国家卫生城市创建】 市委、市政府把创建国家卫生城市纳入决胜全面小康、打造活力城市、建设“幸福江山”的发展蓝图中，将其与全域旅游、“五水共治”、“四边三化”、“三改一拆”等重点工作同谋划、同部署、同推进。全年由市领导主持召开的创卫推进会、攻坚会20多次，形成实施方案30多个，协调处置事项78起，破解难题104件。建立市领导挂联包干制度、联席会议制度和周研月判制度，市四套班子领导全部进街道、进社区、进项目，每周对挂联项目进行督查推进，及时解决工作中遇到的困难和问题。共计办理电话投诉300多条，发放督查通报70多份，交办问题3000多个。市属各媒体分别开设“创建国家卫生城市”“健康教育”等栏目，《今日江山》刊发专题报道900多篇。江山市政府门户网站、江山信息网以及政府微信公众号均建立创卫专栏，同步进行网上宣传。在市区重要地段建筑工地、空闲地围墙粉刷创卫宣传标语和宣传画2万多平方米；在江滨公园、西山公园户外电视广告屏上每天播放创建国家卫生城市宣传片。针对国家级暗访提出的9个方面20项问题，组织召开国家卫生城市创建暗访问题整改工作会议，邀请省爱卫专家点评指导，全面整治国家暗访反馈问题。经衢州市级考核、省级暗访、省级评审、国家级暗访、国家技术评估（明察）和综合评审、社会公示等程序，7月14日，全国爱卫会公布2015—2017周期69个国家卫生城市命名名单，江山市金榜题名。

【“三风一塑”活动】 3月20日，全市卫计系统开展“抓党风、强作风、正行风、塑形象”主题教育实践活动。共编印2000多本学习资料，组织各类集中学习6500多人次；组织局管干部70多人前往江山廉政教育基地接受廉政教育；组织200多人次赴坛石镇竹子林革命遗址、大陈红军纪念馆接受革命传统教育；组织党员志愿服务、义诊活动、技能大比武、医学讲座、技能培训等实践活动，新建江山市仁心卫生志愿者服务队，开展各类志愿活动10余次。采用发放调查问卷、召开座谈会、上门走访、谈心谈话、个别交流、设立意见箱等各种形式，向社会各界广泛征求意见，累计征得意见建议626条。下属各单位利用座谈、走访，结合责任医生签约、健康体检等，征得意见建议1071条。整理归类后的510条意见建议，全部列入整改清单。坚持问题导向，重新修订机关“三重一大”决策制度、工作制度、学习制度、公车用车制度、请示报告制度、办公用品管理制度、每周例会等20项，规范设备采购、药品使用、依法执业、行政审批、医德考评、公务接待、财务管理、人事管理等，用好的制度管权管事管人。利用《今日江山》、健康江山在线公众号、信息网、电视台等多种媒介，加大对主题实践活动和各类先进的宣传，开设专栏着重报道，活动期间累计发布信息70多篇。组织“最美卫计人”“业务标兵”“微笑天使”“十佳责任医生”“十佳志愿服务者”等五类先进评选表彰活动。

【卫生体制改革】 7月3日，邵逸夫医院—

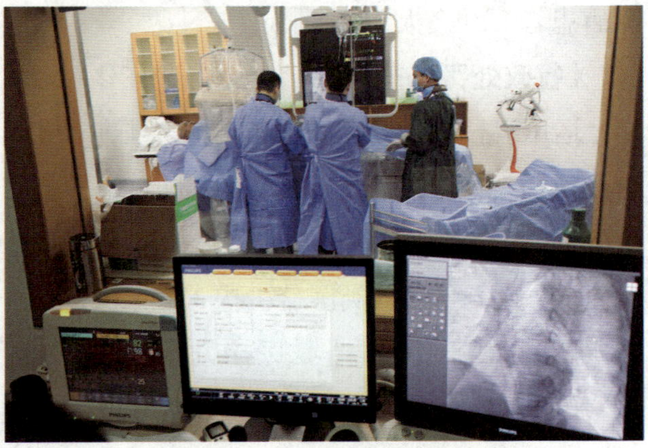

10月底，江山市首台数字减影血管造影系统(DSA)在市人民医院启用

江山市人民医院医联体项目正式启动，成为衢州市首个启动的医联体项目。11月6日，市长舒畅带队到邵逸夫医院进行洽谈，双方医院正式签署《邵逸夫医院与江山市人民医院医联体合作备忘录》。双方在麻醉科、骨科、泌尿外科等8个学科全面开展合作。建成胰腺炎诊疗中心、疼痛中心、教育培训中心，数字减影血管造影设备(DSA)高精尖技术填补江山市空白。市政府专门下发《关于全面实施分级诊疗制度的实施意见》，明确各级医疗机构职能定位，实施基层首诊制、完善差别化医保支付政策、推进全科医生签约服务及慢性病诊疗机制等分级诊疗保障措施。相关医疗机构依托统一的分级诊疗信息平台开展网上转诊、住院预约、特殊情形认定等工作。全年通过转诊平台转诊3000余人次。根据市政府《关于推进责任医生签约服务工作的实施意见》，市卫计局制定下发《签约实施方案》《考核及资金管理办法》和《关于进一步加强肺结核患者责任医生签约服务的通知》等一系列配套文件，组建签约团队197个，通过责任划片实现签约服务全覆盖。全市责任医生签约服务率32.02%，其中重点人群签约服务率60.65%。启动单位内部绩效工资分配方案改革试点，选择代表大、中、小和平原、山区性质的5家卫生院，按照基层医疗卫生机构补偿机制改革的要求，完善项目的评价定义和绩效评价系统抓取数据的路径，得到省卫生计生委、省财政厅的肯定。

【计划生育工作】 2017年全市出生人口8081人，其中计划内出生7747人，计划生育率95.87%，计划外多孩171人，非政策性多孩率2.12%。全员人口信息管理率95%以上。共办理生育登记5759例，其中全面两孩新政策带来的增量登记数2027例。全面两孩出生1985例，在出生人口中占比24.56%。全年对代表委员、村级换届、机关事业单位招录、评优评先等进行计划生育一票否决审查，累计审查113批5082人次，否决38人次。成功举办全省全员人口信息系统推广应用暨网上生育登记服务现场培训会。实现人口管理与健康服务的信息融合、数据共享。结合“最多跑一次”改革和户籍制度改革，全面推广生育登记APP应用，实现两孩以内生育登记零跑办理，累计办理1665件。完成2017年计生奖特扶人员资格审核确认，符合奖励扶助条件对象6399人，奖励扶助金额614.3万元；符合特别扶助条件对象384人，特别扶助金额282万元。依法落实国家计划生育优先优惠政策，累计发放计划生育公益金485.6万元。对全市2012年以来计划生育违规收费情况进行清理清查，全年共征收社会抚养费1147.7万元，结案272件。同时，做好计划生育案件程序、申请法院强制执行案件的审理、督促、把关和指导工作，共申请强制执行案件68件。做好计划生育协会工作，追加100万元财政补助资金，引导群众参保独生子女家庭意外伤害险。全年共举办计生培训班157期，慰问计生特殊、困难家庭及困难基层计生干部477个，发放慰问金24.4万元。

【公共卫生工作】 公共卫生服务水平得到提升，组织开展糖尿病标准化课件比武、慢病技能技术比武以及严重精神障碍管理治疗项目知识竞赛，各卫生院实行基卫理论知识一周一考，完善全市卫生应急处理机制，成功承办杭衢疾控系统卫生应急野外应急拉练活动，组织开展全市防疫人员不明原因肺炎处置应急拉练，参加浙江省防控重大动物疫情应急演习。有效处置江山市首例H7N9流感疫情，开展疫情调查、疫点消毒、疫情监测、健康教育等一系列防控措施，未发生二代病例，成功控制疫情。有序做好流感、登革热、手足口病等重点传染病监测防控。全面实施预防接种门诊环境整治，3家星级预防接种门诊通过衢州市5S管理评审。继续在全市19个乡镇（街道）60岁以上人群中开展HIV筛查，在全市102个村开展血防查灭螺工作，共查出有螺面积4.51万平方米，开展结核病中盖项目，创新推出肺结核患者签约服务。全面实施母婴健康工程，严格实行孕产妇分级管理、重度高危日报告制度。完善孕产妇和新生儿抢救绿色通道，简化危重孕产妇抢救用血程序，加强新生儿窒息复苏培训，围产儿死亡率控制在3.68‰；无孕产妇死亡。继续实施育龄妇女增补叶酸、农村孕产妇住院分娩补助、婚前医学检查、免费孕前优生检查、“两癌”筛查等国家公共卫生服务项目。健全基层精防卫生队伍，11名乡镇精防医生加注精神卫生执业类别。开展严重精神障碍患者集中排查，全市共确诊69名严重精神障碍患者，所有确诊患者纳入社区管理。落实好以奖代补、无主精神障碍患者和贫困肇事肇祸精神障碍患者及重度精神残疾患者托养、贫困精神残疾患者门诊免费服药等救治救助政策，全年共救助各类精神障碍患者800余人次。

【行政处罚工作】 以“一帮二减三化”为举措，运用科技手段，优化服务流程，推进“最多跑一次”改革，实现群众办事零跑腿，足不出户办好证。对全市所有医疗机构开展依法执业监督检查，共检查各级各类医疗机构312家次，立案41起。组织开展打击非法医疗美容“蓝盾”行动、违法违规应用人类辅助生殖技术专项行动和口腔诊疗机构专项整治，净化和规范全市医疗卫生计生市场秩序。结合创卫工作，加大公共场所卫生、学校卫生、生活饮用水卫生、传染病防治的监管力度，保障公共卫生安全和人民群众的身体健康。采用案例指导、案卷评查、学习培训等措施推进行政处罚制度化、规范化、程序化。全年共作出处罚决定129起。

【卫生资源配置】 全年共谋划项目59个，其中亿元以上项目24个。在上报的59个谋划项目中，睡眠障碍诊疗中心、江山市人民医院肿瘤诊治中心、城南妇儿医院等3个项目被列入市政府项目储备库。举办首届项目谋划擂台赛，成立工作专班和微信工作群，根据项目实施计划和时间节点，倒排计划，挂图作战，全年完成固定资产投资1.1亿元。市人民医院住院综合楼工程、长台中心卫生院住院综合楼工程均已竣工，并投入使用；城北医学康复中心项目进展顺利，康复楼、科研楼已结顶；市第二人民医院迁建项目完成概算调整和室内装饰的招投标；市第四人民医院康复综合楼工程完成初步设计方案批复。市中医院迁建项目先后接待10余批次社会资本方洽谈，计划由PPP模式改为政府投资模式建设，完成规划选址和概念性的方案设计。全市卫生系统在编卫技人员已达1796人，为历史最多阶段。其中，研究生37人，正高职称52人，副高职称204人。省“151”人才2人，省医坛新秀1人，衢州市“115”人才4人，衢州市名医专家11人，江山市第九批拔尖人才8人，江山市第二届名医专家22人。通过公款竞争性存放，由江山建行支持858万元，获得智慧医疗项目建设的第一期资金，由江山建行作为项目主体进行招标，杭州银江公司520万元中标，11月项目正式实施。市人民医院、中医院、妇幼计生中心、第四医院的银医通已投入使用，范围覆盖门诊大厅、门诊诊区（诊室）、住院各楼层，实现预约挂号、门诊自助缴费、检验单打印、住院预缴款、住院费用一日清单查询等功能，并在手机APP、微信公众号上开通上线。

患者体验智慧医疗

【卫生乡镇创建全面覆盖】 全市成功创建国家卫生镇1个、省级卫生镇3个、衢州市级卫生乡镇17个，衢州市级以上卫生乡镇创建实现全覆盖。10月底，江山市成功举办全省卫生乡镇创建现场推进会。同时，虎山街道社区卫生服务中心成功创建为全国百强社区卫生服务中心。

（徐一心）

公共文化

公共文化

【概况】 2017年，市文广新局以习近平总书记系列重要讲话精神为指引，切实增强政治意识、大局意识、核心意识、看齐意识，坚定文化自信，服务江山发展大局，主动发挥优势，积极参与全省美丽乡村和农村精神文明建设现场会、文化礼堂建设、D级危旧房腾空解危专项行动、各级大型文体活动等工作，为中心工作宣传助势，贡献文化人的力量。先后获“市‘十九大’维稳安保工作先进集体”“市法治政府建设工作先进单位”“创建国家5A级旅游景区先进集体”等荣誉。多位干部职工分别获“全省美丽乡村和农村精神文明建设现场会筹备工作先进个人”“国家卫生城市创建工作先进个人”“国家5A级旅游景区创建工作先进个人”等荣誉。

【推进文化艺术中心二期工程】 设立文化艺术中心二期项目办公室，抽调业务骨干担任项目办主任，配齐人员和设备。在与原设计公司协商解决遗留问题、设计方案修改提升和项目招商引资客商对接以及项目前期报批论证事项，局党委统筹协调，多方兼顾，同时推进，提升项目工作的进展。年内，二期工程项目前期完成立项和可研批复、PPP项目“两报告一方案”批复、项目地质灾害评估报告、项目概念方案设计论证修改完善、社会资本方招投标前期考察及公告等工作。

【巩固基层公共文化服务体系成果】 积极争取公共文化服务重点县项目，被省政府列为第二批建设县（市）。起草《关于印发江山市公共文化服务重点县建设两年提升计划的通知》，拟定《公共文化服务重点县建设乡镇（街道）工作手册》，加快全市公共文化服务体系建设步伐。开展以“流动文化加油站”“文化赶集”等品牌活动为载体的基层公共文化服务工作。全年送书下乡（含图书流通）3.5万余册；流动图书馆下乡100多次；送戏下乡173场；送电影下乡4123场；送展览讲座下乡17场次；举办专业培训70多次；文化走亲16次；文化馆专业干部下乡指导1000多人次，平均每名干部下乡辅导农村群众文化活动100天以上；培训农村文艺骨干2万多人次；建成农村电影室内放映点10个。市文化馆开设19项免费培训课程，创办“群文麦克风”专家频道；市博物馆全年接待海内外观众23万余人次，举办9期临时展览；组织开展小小讲解员招募培训讲解活动，成功入围的22名小小讲解员，经专业培训后，安排在寒暑假和双休日期间轮流上岗。市图书馆以“互联网+”思维创新服务模式，策划推出以读者线上点书、志愿者送书上门服务为主打的“江山悦读”手机APP；实行全新的开放制度，推行9.5小时不间断服务的新模式，达到每周开放时间不低于56小时，且节假日不闭馆；全年共接待读者18万多人次，外借图书335384册次，电子阅览书下载9000多册次；开展全民阅读活动24次，共7795人次参加。江山市图书馆“4·23”世界读书日活动项目获浙江省阅读推广活动创意策划大赛三等奖，设计的海报作品获二等奖及最佳创意海报奖；“天天阅读天天向上”全民阅读活动项目被评为2017年度省优秀文化志愿服务项目。在新媒体领域积极开展文化服务信息推送，加强对微信公众号“文化江山行”的管理，全年累计推送领导调研活动、文化活动开展、信息公告、美文鉴读等微信104条，点击量达14万多人次，现有订阅人数5万余名。

12月23日，江山手机图书馆APP体验交流会

【加强文物保护工作】 国家级文保单位“三卿口制瓷作坊”保护修缮工程全面展开，一期部分工程竣工并通过初步验收。完成省级文保单位泉井（含周氏宗祠）、仙霞古道“龙井客栈旧址”等修缮工程。启动省级文保单位“凤里姜氏宗祠”“礼贤城隍庙”和张村“黄氏宗祠”“周氏宗祠”以及仙霞古道“公泰酱园旧址”等文物点的修缮工程。开展国保、省保单位“四有”档案编制工作，实施省级以上文保单位安防工程。实施特色文化挖掘工程，组织评选首批“江山市历史文化名村”，并开展丛书的编撰出版工作。顺利完成全国第一次可移动文物普查工作，市博物馆被评为“浙江省第一次全国可移动文物普查先进集体”，1人被评为“浙江省第一次全国可移动文物普查先进个人”。

【开展非遗传承活动】 由市委宣传部、市文广新局、市新闻中心、市广电总台、市文联等5个单位共同主办“我和‘非遗’有个约会”文化生态行系列活动。整个活动分七批次，共收到2500名群众的报名，组成观察团成员400余人，吸引当地群众10000多人次参与。组织开展婺剧促进会换届选举筹备工作；实施婺剧经典重现工程，做好经典婺剧折子戏复排工作，打造江山婺剧折子戏“精编版”，加强对外交流，推向港澳台地区，努力打造江山对外文化交流“金名片”。完成全省地方戏曲剧种普查工作，1人被评为省级先进个人。婺剧小戏《一诺千金》获浙江省新农村建设题材小戏会演兰花银奖；婺歌《沁园春·雪》获第十四届赣浙闽皖四省四市民间艺术节金奖。《江山方言》收入《中国语言文化典藏》。江山市西砚堂雕刻厂被评为第二批省级非物质文化遗产生产性保护基地。

【规范文化市场管理】 按照“五加强”“四坚持”“三打造”的工作思路，开展扫黄打非“净网”“固边”“护苗”“清源”等专项行动。在全省率先成立联合执法巡查队、“五老”义务监督队、“小灵通”志愿者监督队3支队伍，开展文保单位的安全巡查工作。全年共出动执法人员553人次，现场检查1564家次，举报（督查）受理3件，行政处罚立案调查15件，查办重大案件2件，办结案件15件，移交案件1件。软件正版化工作顺利通过省督查组验收。江山市文化市场行政执法大队被评为2017年度全省文化市场综合执法先进集体，在衢州各县市区文化市场综合执法考核中名列第一。与相关单位签订安全播出责任书，加大巡查力度，严防邪教反宣节目通过卫星落地传播，维护境外电视传播秩序。举行广播电视安全播出应急演练，市广播电视安全播出协调领导小组全体成员参加，确保十九大期间广播电视安全播出。

【促进文化行业发展】 全面梳理行政许可事项，清理一批行政许可和非行政许可事项，重新梳理办事事项64项，将各事项的办事指南信息逐条在浙江政务服务网上更新公布，推进“最多跑一次”改革。支持“江山市西砚非遗博览馆”项目地块选址、规划及建设，推动“江山西砚”产业化发展。西砚作品《君子之交淡如水》在第十二届（中国）义乌文化产品交易博览会上获金奖，是衢州地区在本届义乌文交会上获得的唯一金奖。新编音乐剧《寻孝》获第十五届中国人口文化奖戏剧类优秀奖。微电影《饭碗》获第二届浙江省微电影大赛最佳影片奖，《江山如此多娇》获特别奖金奖，《妈妈的那碗大陈面》《不忘初心》获银奖；《愿望假条》《裂变》《面子》获铜奖。郑华敢获第二届浙江省微电影奖最佳男演员奖。市文广新局获第一届中国（衢州）文化产业博览会优秀组织奖。召开全市企业文化俱乐部建设座谈会，贯彻落实全省文化工作会议提出的关于开展企业文化俱乐部建设相关精神。

（姜虹霞）

广电宣传

【概况】 江山广电下辖媒体平台包括江山电台、江山电视台、江山信息网、江山手机台，另承办江山发布。江山电台为调频FM104.7兆赫，属于新闻性综合台，办有《江广新闻》《走进新农村》《校园麦克风》等栏目和《1047音悦汇》《1047幸福下班路》《1047快乐上班路》等直播栏目，全天播音时间为16小时。江山电视台有主频道、副频道、图文频道3个频道，办有时政新闻栏目《江山新闻》，民生新闻栏目《民生360》，专题栏目《锦绣江山》，综艺类栏目《江山大舞台》，对农栏目《须江农话》，咨询服务类栏目《新视点》等，各频道全天累计播出时间均在17个小时以上。江山信息网为新闻综合类网站，网站的品牌栏目有“西南论坛”“全媒体抢鲜报”等，网站的日点击量保持在10万人次以上。江山广电先后获2017年度全省广播电视新闻协作县级电视一等奖、2017年度全省广播电视新闻协作县级广播三等奖、2017年度衢州市电视新闻协作特等奖、2017年度衢州市广播新闻协作二等奖。江山手机台获首届“创力量”广电融媒评先年度最具成长力手机台、2017浙江省数字出版网络视听新媒体创新大赛行业创新三等奖。全年共有25个作品获衢州市广播电视政府奖，其中一等奖5个、二等奖11个、三等奖9个。获省级奖项6个，其中2件作品分别获全省政府奖二、三等奖，2件作品获浙江省广播电视文艺奖三等奖；对农栏目《走进新农村》获浙江省政府奖、广播对农栏目三等奖。

【江山手机台】 江山手机台自2016年11月24日上线以来，不断强化内容建设和用户建设，年内安装注册用户超过3万户，访问量突破700万人次，最高日点击量达到20万人次+户，单条新闻最高点击量10万人次+户，通过手机台收看《江山新闻》节目55万人次。

【系列主题专题宣传】 学习贯彻落实中共十九大和市第十四次党代会精神，围绕"升级版"工业强市、"两年"活动、全域旅游等推出《贯彻市委全会精神喜迎中共十九大召开》《工业强市旅游富民》《扎实推进"两年"活动》《创建国家全域旅游示范区》等专栏，联合市经信局开展工业强市重点宣传报道，聚焦"三大百亿产业"和龙头企业、单打冠军等，共播出工业经济报道100余篇，唱响发展主旋律。围绕全域旅游，深入宣传核心景区、乡村休闲旅游及"旅游+"特色亮点；围绕"两年"活动、"五四三"组合拳、"最多跑一次"改革、国家卫生城市创建等，阶段性推出一批系列报道、深度报道和经验报道，全年共推出"他山引玉兴工业""拔尖人才""将改革进行到底""江山工匠""两年"活动大家谈等系列报道。

【全省美丽乡村现场会宣传】 把全省美丽乡村现场会报道作为一场硬仗来打，会前电视、广播策划推出《美丽乡村入画来》和《美丽江山我家乡》两组系列报道，共播出现场会相关稿件30多篇；会中排出多位记者参与现场考察报道，挖掘现场新闻故事。展开错位策划，通过"江山发布"发布原创作品，会议报到当天，推出《江山人的那些闪亮时刻》，回顾新农村建设的重大事件；原创的H5作品《江山如画》，制作精美，受到与会嘉宾的赞誉。主动对接省台，在省台卫视推出头条报道，展示江山的成就，时长达到4分钟；省台的报道在18时30分播出，江山手机台在19时推出视频新闻，点击量5万多次。

5月26日，"我在项目一线"新闻活动启动(方晶晶 摄)

【"我在项目一线"新闻行动】 融合广播、电视、信息网、手机台、江山发布等资源，发挥全媒体特色，开展全媒体"走转改"，围绕市委、市政府部署的"两年"活动，策划开展"我在项目一线"新闻行动。5月，派出多路记者紧跟项目的各个环节，蹲点一线，采制、播发一批内容鲜活、接地气的新闻作品，营造全社会全心关注、全力支持项目建设的浓厚氛围。6月，重点配合征迁攻坚战，推出反映征迁工作的报道10多篇，展示征迁干部实干苦干的工作状态和不达目标不罢休的精神状态，促进一些项目征迁"钉子"的加速"拔钉"。

【民生热点宣传】 第一时间集中力量做好梅汛期防汛抗灾、沪昆铁路江山港大桥桥墩抢险、救人英雄朱津津、城镇D级危旧房腾空解危等事件的跟踪报道。6月，梅汛期防汛抗灾、沪昆铁路江山港大桥桥墩抢险中，江山广电迅速做好各项预案，强化夜间值班，周末全员在岗。特别是6月25日沪昆铁路江山港大桥桥墩出现险情后，安排骨干力量全程跟踪，共有12条稿件被浙江卫视采纳；央视采用稿件6条。

【技术和安全保障】 技术方面重点推进设施、设备的升级换代，筹资500多万元，实施广播电视无线覆盖工程（二期，中央项目）、广播制播系统改造、网络安全设备升级等工程。强化安全生产责任落实，领导班子成员“谁分管谁负责”，各部门责任到岗到人；加强日常隐患排查，鼓励全员查找安全漏洞，对发现重大安全隐患的员工进行奖励；开展安全生产练兵活动，有计划组织开展各类安全演练，全力护航十九大，实现全年安全生产“零事故”目标。

【对外宣传】 按照“讲好江山故事”的要求，加强与上级媒体的沟通联系，及时掌握他们的编稿动向和关注重点，有的放矢地勤发稿、多发稿。全年央视用稿13条，其中新闻联播4条；浙江卫视用稿168条，2258分，在全省89家县级台排名第十二名，获一等奖，成为衢州地区首个跻身一等奖行列的广电台；衢州台用稿总量居第一。

【大型活动和专题片品牌】 2017年，先后主办或承办青少年中华经典诗文诵读大赛、“颂歌献给党”党歌合唱大赛、最美江山人颁奖晚会、“党章党规在我心”知识竞赛等活动。6月，举办中华经典诗文诵读大赛，全市36所学校，1000多名学生报名参赛。同时，按照“创精品、优服务”的要求，抓好面向党政部门和企事业

6月19日，在“耕读农场”江山赛区举办浙江省第十一届青少年中华经典诵读活动（周燕平 摄）

单位的专题片服务，全年为省美丽乡村建设现场会、工业大会、科技大会等拍摄制作50多个专题汇报片。

（徐丽萍　江仁剑）

新闻报道

【概况】 2017年，市新闻中心围绕市委、市政府中心工作，坚持“三贴近”，弘扬主旋律，凝聚正能量，唱响好声音，全年共编辑出版《今日江山》251期，高质量完成各项新闻宣传工作任务，树立主流媒体的良好形象。在2017年度机关部门工作目标综合考评中获一等奖，江山新闻网获浙江在线“优秀支站”称号，江山新闻网微信公众号被评为浙江在线支站优秀微信公众号。

【媒体融合全面启动】 借助衢报传媒集团技术团队，开发“江山智慧传播系统”，缩短新闻生产时间，加快新闻传播速度，真正实现稿件的“一次采集、多次生成、多元发布”。新设立图片库，指定专人负责收集整理相关新闻图片。在加强新媒体采编力量的同时，修改责任制、考核方法等制度，改善优化采编硬件，为记者每人配发1台照相机，在采访部、网络新闻部各配备1架无人机，利用多次大活动大会开展直播练兵，加快采编人员融合转型步伐。

【开通掌上江山客户端】 4月，掌上江山新闻客户端在安卓、苹果各手机商城上线。同时，为方便网友更直接地获取更多、更全的本地信息，在江山新闻网微信平台新增掌上江山H5页面。客户端重点用于发布江山本地时政新闻、社会新闻、专题报道、突发性事件报道等，力求

快、新、准，弥补原有传播渠道的不足，实现手机端新闻即时发布。10 月，推出江山新闻网手机版。

【网站改版和网络直播】 10—11 月，江山新闻网对现有网站进行改版，将原有广告信息栏位置进行调整，减少广告内容的投放，加大重点工作的公益宣传，浓厚“大花园”建设氛围。11 月 12 日，世界知名人士姚明到江山参加“明智饮酒健康江山”公益活动，网站编辑与采访部记者协作配合，共同进行现场图文直播，使得当天有超 47 万人次点击观看直播。

【重大节会宣传】 中共十九大召开后，《今日江山》、江山新闻网及掌上江山手机 APP 客户端推出“学习贯彻十九大精神加快建设江山‘大花园’”专栏，采写《洪岩顶上的坚守》《让十九大精神转化为推动经济发展的强大动力》等新闻，并及时刊登各地各部门学习贯彻十九大精神的动态消息。市委十四届二次全会召开后，开设“学习贯彻市委全会精神”专栏，在四版推出“新昌县创新发展专版”“大湾区”经济发展专版、“大通道”建设等 5 个专版，并刊发相关部门单位表决心、表态度、抓落实措施的新闻近 20 篇。

【“工业强市”建设宣传】 新年伊始，《今日江山》在一版刊登各地抢开工、争发展的典型报道 10 多篇，全面反映相关项目、企业主体开好局、起好步，勇夺“开门红”的喜人景象。在年中推出“年中数据看发展系列报道”，以重要数据来回顾和透视上半年全市经济发展的成就和亮点，陆续刊登 10 多篇反映重点项目建设、工业经济、招商引资、项目建设、旅游业等方面的报道。在《今日江山》一版、江山新闻网及掌上江山手机 APP 客户端开设“工业强市”专栏，聚焦江山市重点骨干企业，组织精干力量采写反映抢抓机遇、加快转型升级、做大做强的典型报道。工业振兴主题讨论活动开展后，在各宣传平台上开设栏目，收集网友的“金点子”，并先后推出 6 个专版，刊登部门乡镇领导、专家、网友对江山工业振兴的建议。

【“两年”活动宣传】 “两年”活动是江山市年初提出的重大决策，除推出“‘最多跑一次’系列报道”外，又推出“百名局长联百企系列报道”“项目征迁攻坚大会战系列报道”“‘我为项目建设献计出力’系列报道”等 3 个子栏目。据统计，该专栏全年共刊登这方面报道 200 多篇，及时宣传各地各部门全力优化服务环境、争发展快发展的先进事例和成功做法，挖掘活动中的感人故事和先进典型。

【乡村振兴主题宣传】 推出“相约美丽乡村”系列报道，将视角聚焦到每个村、单个个体，精心挑选出一批先进典型，反映美丽乡村建设成果。全省美丽乡村和农村精神文明建设现场会召开前，《今日江山》在一版刊登 30 多篇典型报道，及时反映相关乡镇和部门推进筹备工作的情况及先进做法，并推出《乡村振兴战略的江山样本》通版，全面展示江山市新农村建设的成果。现场会召开期间，新媒体用直播全面展示会议进程和精彩瞬间，组织采访与会的领导专家，推出专访专版、活动现场图片专版，集中展现现场会的盛况、亮点及影响，取得较好的传播效果。

【专项工作宣传】 继续加大“五水共治”“四边三化”“三改一拆”工作的宣传力度，全年共刊登“五四三”稿件 140 多篇，全面反映各地专项工作的推进情况。5 月初，在《今日江山》一版开设“剿灭劣V类水”专栏，先后刊登20多篇报道，及时展现全市各地积极行动、冲刺决战目标的火热场景。《今日江山》对城镇D级危旧房腾空解危工作进度实行每日一通报，在二版还推出多个图片专版，全面展示在快速推进该项工作中江山市干部群众的风采和铁军形象。《今日江山》在一版开设“小城镇环境综合整治”专栏，全年共刊登近100篇，反映各乡镇积极行动，全力改造环境、建设美丽家园的典型报道。

【身边最美群体典型宣传】 继续抓好对最美群体的宣传，先后报道一大批最美人物。其中最有代表性的是对烈士朱津津事迹的宣传，连续在《今日江山》一版推出两篇长篇通讯；江山新闻网微信公众平台推出的报道《如果可以换你回来，我宁愿你不是英雄》，转发量超4万人次，首日阅读量超17万。在第三届“最美江山人”年度人物颁奖典礼活动中，掌上江山全程直播颁奖典礼，阅读量达3.5万人次，《今日江山》推出专版，全面展现“最美江山人”年度人物的风采。

【成立民生报道小组】 选派4名记者深入基层、深入群众，采写“老百姓的故事”。紧盯民生热点，关注与市民工作生活息息相关的热点、焦点，及时采访报道，强化舆论引导。沪昆铁路江山港大桥段险情发生后，中心迅速派出记者前往抢险一线，“掌上江山”以滚动报道的形式、《今日江山》安排一版重要位置，追踪抢险进度，挖掘先进典型，接连推出《昼夜抢修》《众志成城除险情》的组照，《无私奉献，铸就“红色盾牌”》《团结的力量，坚不可摧》等通讯。

（姜　龙）

旅　游

一江两带

综　述

【概况】 2017年，江山市旅游委员会抢抓“后5A时代”旅游发展和“全球免费游衢州”的重大机遇，以全域旅游示范区创建为主抓手，全市旅游经济继续呈现健康快速发展的良好态势。全年接待国内游客1504.65万人次，实现旅游经济总收入95.36亿元，分别同比增长20.9%和26.3%；全市景区累计接待游客178.7万人次，门票收入2954.3万元，分别同比增长98.4%和0.5%。

【所获荣誉】 年内，江郎山—廿八都旅游区成功创建国家AAAAA级旅游景区；省长袁家军、副省长梁黎明先后三次批示肯定江山旅游工作；全域旅游创建工作获省全域旅游创建先进单位，名列衢州市全域旅游考核第一名。廿八都镇被评为首批省旅游风情小镇，获省政府表彰，石门镇、保安乡入选省旅游风情小镇培育名单。魅力永兴、祈福圣地太阳山、长寿兴墩、峡风瓷韵、桃源洪福等成功创建国家AAA级景区，市域内共有 AAAAA 景区 1 个、AAAA 景区 2 个，AAA 景区 10 个。大陈村、浔里村、清漾村等 12 个村庄被认定为省 AAA 级景区村庄，数量位居全省第一。金陵大酒店创建五星级旅游饭店成功通过全国旅游星级饭店评定委员会评定验收。“最江南”绿色休闲试验区和廿八都保护与旅游开发二期项目成功入选全国优秀旅游名录。江郎山景区被评为省运动休闲旅游示范基地，枫石村被评为浙江省老年养生旅游示范基地，绿然腾家庭农场被评为浙江省果蔬采摘旅游基地，烟雨江郎生态旅游观光园被评为省休闲农业与乡村旅游示范点，大陈村、浔里村被认定为省休闲旅游示范村，和睦大院被评为省首批银宿级民宿；市旅委获集体三等功。恒亮蜂蜜、千红野生（中华蜜蜂）蜂蜜礼盒分别获“2017 中国特色旅游商品大赛”铜奖和入围奖，及 2017 浙江省优秀旅游商品。恒亮蜂蜜，福赐德牌洋槐蜜、文房瑰宝（西砚），及红盖头葛饮料、宗喜铜锣糕、和睦彩陶魂分别获“衢州有礼”旅游商品一、二、三等奖，恒亮蜂产品获得最佳人气奖。

11 月 7 日，副市长杨君主持召开创建省全域旅游示范市推进会

全域旅游

【旅游体制改革】 8 月 25 日，召开创建国家全域旅游示范区工作推进会，制定《江山市创建国家全域旅游示范区工作计划》。稳步推进旅游管理体制改革，制定出台旅委三定方案，强化统筹协调和项目前置审查职能，新设立产业发展科（乡旅办），成立江郎山世界自然遗产保护中心和江山市全域旅游综合服务推广中心两个下属公益一类全额补助事业单位。

【旅游机制创新】 建立全域旅游纠纷人民调解机制，推进全域旅游统计改革，成立旅游专业安委办，在 A 级景区村庄设立旅游站。继续推进旅游“1+3”综合管理体制运作，推动多部门旅游联合执法常态化。

【万村景区化】 启动 A 级景区村庄创建，成功认定 AAA 级景区村庄 12 个，AA 级景区村庄 15 个，A 级景区村庄 67 个。指导廿八都镇成功创建首批省级旅游风情小镇，石门镇、保安乡入选创建培育名单。继续培育提升兴墩秋收养生节、石门镇乡村休闲旅游节、保安乡茶文化节暨“江山绿牡丹”开茶节、塘源口乡猕猴桃采摘节、廿八都古镇豆腐美食文化节、峡里风草原风筝节等一批乡村旅游品牌节会活动，增强乡村旅游的吸引力。

【旅游公共服务】 完善旅游交通网络，加快新能源汽车分时租赁三期项目布局建设，累计完成 103 个租赁点、300 多辆新能源汽车的投放，更换市区至主要景区旅游交通标识牌 100 多块，基本实现城区至主要景区公路标识牌。

旅游项目

【旅游项目引进】 对接开元、华侨城、中民投、碧桂园等大企业集团，配合引进归江山居文旅颐养小镇、安徒生童话乐园、城北旅游综合体等重大项目，主导引进廿八都村味坊、EZbike骑游平台一批新业态项目。

【旅游厕所革命】 制定2017年旅游厕所规划建设管理实施方案，全年完成156座旅游厕所新改建工作，其中AAA旅游厕所7座，A级以上旅游厕所75座。在衢州市旅委组织的优秀旅游厕所评选中，江山市选送的7座旅游厕所全部获奖，几乎囊括一、二等奖。

【旅游规划编制】 加强优质资源管控，开展全域218个旅游资源点普查的基础上，邀请北京巅峰智业公司，启动全域旅游发展总体规划的编制，实现与城市总规、城乡建设、土地利用、环境保护等规划“多规合一”。

市场营销

【专业营销】 委托策划专家贾云峰团队，针对江山市全域旅游发展开展专题调研，并由其团队从专业角度编制《江山旅游营销推广战略策划书》，为谋划“后5A时代”全域旅游发展思路。

【旅游节会】 1月1日，协办2017全国新年登高健身大会。3月24—25日，举办全球“旅游+体育”大会·江山峰会、江郎山国际徒步大会。9月23—24日，举办2017 MaXi-Race China江山100国际越野跑，并与法国圣日尔韦市签订旅游合作备忘录，通过中央电视台、新华社、新华网、《中国旅游报》、浙江卫视等权威媒体宣传造势。

【智慧旅游】 建成全域旅游数据采集展示中心、旅游管理服务平台、旅游营销商务平台“一中心两平台”，将旅游大数据中心与基层治理“四个平台”相结合，实现公安、交通、气象等涉旅数据全网互通。打造“码上游江山”微信公众号、小程序，将“吃、住、行、游、购、娱”等旅游要素信息进行收集整理，实现旅游信息查询、酒店预订、厕所查找、语音导览等便捷化服务。

11月10日，江山市全域旅游大数据中心启动暨“码上游江山”微信公众号发布

【宣传推介】 举办或承办“美丽江山”摄影大赛、“大美江山走起来”无人机航拍大赛、百家媒体聚焦江山、旅游文创产品设计大赛等宣传推介活动。坚持媒体借力，组织邀请新华社、新浪网等16家新闻媒体宣传报道江山市全域旅游发展成果，吸引央视科教频道《地理中国》摄制组到江山取景拍摄。在第三届杭州世界休闲博览会上设立江山主题馆，展示推介江山旅游形象、产品及非遗文化。

（周小伟）

旅游发展公司

【江郎山—廿八都旅游区荣膺国家 AAAAA 级景区】 2月25日，江郎山—廿八都旅游区荣膺国家 AAAAA 级旅游景区，翻开江山旅游“5A时代”发展的全新篇章。江郎山—廿八都旅游区由江郎山、廿八都、清漾三个部分组成，景区资源丰富，集丹霞地貌、古建民居、毛氏文化于一体。国家 AAAAA 级景区的创建成功，是江山旅游继江郎山景区成功申报世界自然遗产地之后的又一个金字招牌。

【旅游管理体制改革】 2016年12月20日，旅发公司与原旅游局正式脱钩运营并实行市场化运作。2017年，相继完成下属江山市廿八都古镇旅游开发有限公司、浙江江山毛氏文化旅游开发有限公司、江山市浮盖山旅游开发有限公司等经营公司的整合工作。同时，全面启动景区房屋、土地等固定资产产权手续办理、资料收集、历史遗留问题处理等工作。

【组织“全球免费游衢州”活动】 根据衢州市的统一部署，5月19日开始，江郎山、廿八都、清漾、仙霞关、浮盖山五大国有景区每周一及12月整月面向全球游客免费开放，59天免费游期间，共接待游客82万人次，旅游客源市场从传统2小时交通圈延伸到5小时交通圈，主要客源市场从2016年的167个增加到243个，旅游半径由300公里扩大到600公里以上。

5月19日，江山市“全球免费游衢州”活动启动

【推进旅游营销推介】 借AAAAA创建成功的契机，3月18日，在上海举办“江郎山—廿八都旅游区荣膺 AAAAA 级景区新闻发布会”；4月28日，在杭州举办“相约世遗·漫步 AAAAA，2017年江山圆梦 AAAAA 杭州旅游推介会”，分别与上海《新民晚报》、省中旅、腾讯大浙网等签订战略合作协议。在杭州东站、杭州社区、上海公交车车身、站牌投放 AAAAA 景区广告，全年共投入营销费用545万元。引进北京强润影视投资的《斗香》剧组、浙江省慈善总会出品的《半个月亮》剧组到江山拍摄；争取中央电视台《地理中国》之《凌云霞影》《一脉钱塘》《记住乡愁》等栏目到江郎山、廿八都、仙霞关景区进行拍摄。加强与苏州同程网、上海携程网、去哪儿网、驴妈妈旅游网等电商合作，全年实现网络售票465万元，比上年增长79%。

【加大景区改造提升】 相继投入500万元完成清漾景区清漾大道“白改黑”、路灯改造、凤尾池清淤以及廿八都景区景观改造等一批涉及全省美丽乡村建设现场会的紧急工程。完成廿八都景区丁家大院、德春堂、农博馆等危房改造以及浮盖山叠石寺的修缮工作。启动仙霞关临时停车场及仙霞古道古建筑的修复，清漾景区祖宅、祖祠、游客接待中心等房屋的屋面翻修等工作。在廿八都、清漾景区各新建及改造1座 AAA 级旅游厕所，实现 AAAAA 级景区 AAA 旅游厕所全覆盖。（周国翠）

乡镇（街道）

双塔街道

【概况】 2017年，双塔街道区域总面积85.32平方公里。下辖2个经济合作社、5个社区，23个行政村，共24951户，户籍人口72428人。全年完成地区生产总值42.99亿元，同比增长15%；全社会固定资产投资10.17亿元，同比增长21.8%，其中工业技改投资完成2.6亿元，完成计划任务104%；服务业企业营业收入37.3亿元，比上年增21.2%；城镇居民和农村居民人均可支配收入分别为41545元和22907元，增长9.1%和10.4%；财政总收入4.56亿元，地方财政收入2.54亿元，比上年增长3.7%。年内，成功打造全国政务公开标准化规范化试点，创建衢州市平安示范乡镇（街道）、衢州市无赤膊墙乡镇（街道）、衢州市无违建乡镇（街道）；被评为衢州市“四边三化”先进集体、衢州市计生协会先进单位；迎宾大道东端南侧区块征迁项目工作组获“铁军”荣誉称号。

【工业经济】 工业经济稳中有进。以坳里、赵家、社后等3个工业园区为重点，做好转型引导工作，推动辖区工业发展提质换挡、转型升级。全年完成规上工业企业产值6.08亿元，完成计划100%；完成工业投资2.7亿元，增长8%。

【旅游富民】 创建省AA级景区赵家村和7个省A级景区村。围绕打造“城北乡村休闲旅游带”目标，推进灵泉生态旅游休闲等16个重点项目建设，发挥路垄“八卦田”、杨敦紫薇园等特色景点美丽效应，带动群众致富、村集体增收。

【“五水共治”】 “五水共治”全市领先。全面开展“清三河”、养殖污染整治、农村生活污水治理、农村小作坊整治等多个治水专项行动。完成省剿劣清单内的40个问题水体整治任务，出境水全年达到优秀标准。

【“四边三化”】 “四边三化”名列前茅。投资400多万元，高标准做好辖区沿线10多个公里的环境整治、美化提升工作，完成省美丽乡村和农村精神文明建设现场会筹备任务，带动辖区面上美丽乡村建设实现大变样。S221省道被评为省精品示范道路。

【“三改一拆”】 “三改一拆”全市第一。共拆除各类违章421宗，228451.68平方米，翻倍完成拆违任务，衢州市“三改一拆”专项分，双塔占江山市总分的1/3。开展农村危旧房改造和地质灾害隐患防治工作。

【项目工作】 推进土地征迁，城东、城北、城西三大区块6个征迁项目多次夺项目征迁攻坚竞赛流动红旗，迎宾大道东段南侧项目“三清一无”成全市样板，项目征迁工作组获“铁军”荣誉称号。招商引资成效显著，在谈项目信息8个，新引进项目15个，到位资金4.86亿元。引进亿元以上项目1个，引进5000万元以上项目1个。

【创建国家卫生城市】 举全街道之力创建国家卫生城市，以5个社区、2个经济合作社、1个城中村创卫攻坚队为主力军，集中一切可以集中的力量，开展地毯式排查、整治。累计出动人员4965人次，清理乱堆放3950处和乱搭乱建390处，清理垃圾9865吨，城市面貌明显改观，顺利通过省暗访组暗访。

【社会稳定】 增强群众主人翁意识，引导群众自觉参与社会治理。建立健全“四个平台”运转工作机制，融合“三民工程”，不断优化办事流程，打造市“四个平台”精品线第一站。创建“衢州市平安示范街道”四连冠，织密安保防控网络，加强民主法治建设，落实安全生产责任，深化隐患排查治理，全力以赴护航十九大。

【社会事业】 进一步完善以养老、医疗、住房、失业、残疾、抚恤等为重点的基本保障及社会救助服务体系，抓好1162名低保户、587名低保边缘户核查审批工作，做好1783名残疾人服务工作。构筑扩大就业、促进增收的保障网络。全面完成街道妇联、计生协会、残联的换届选举工作。投入17万元支持辖区义务教育，助推教学质量稳步提升。深入推进农村文化礼堂建设，积极传承弘扬优秀民俗、家风家训等特色文化。送出新兵36人，做好43名退役士兵社会化优抚帮扶工作。成功举办职工运动会，推动全民健身。

虎山街道

【概况】 2017年，虎山街道下辖14个行政村，8个社区，行政区域总面积69.26平方公里，户籍人口70440万人，常住人口90476万人。2017年度农民人均纯收入23243元，城镇居民可支配收入41545元，财政总收入6.69亿元。年内获浙江省省级文明街道、浙江省十佳和谐社区示范街道、全省中共十九大维稳安保工作先进集体、“平安衢州”暨社会治安综合治理工作先进集体，虎山司法所被评为全国先进司法所。

【基层党建】 牢固树立“党建是第一保障”的意识，打造四个一流的虎山铁军队伍，全面推进双整攻坚。下辖93个支部逐一建立双整任务清单并限期销号提升。健全党建工作例会制、季度讲评制、年度双述双评制，打造社区“公益学堂”品牌，累计免费培训学员700多人次，参加各类社会公共服务100多场。把“过得硬、敢担当、能带富、会服务、善治理”的人选进村级组织班子，共选举产生新一届村、社区两委成员122人，其中新选任村书记6人，新进两委班子20人。对10个中层岗位采用公开竞聘上岗的方式确定人选；抓作风建设，实行“学做积分、月度晒分、末位整转、一票否决”的动态管理新模式。强化大党建理念，通过实施党建文化长廊、远程教育广场、农村文化礼堂、润园法制教育基地等一批项目推动党建深入人心。推动党员干部进企业帮助建立“红色档案”。做好“党建5+”文章，注重党建在破解各类急难险重工作中的核心作用，通过打造执行力促班子建设，修订村规民约促乡风正气。

【工业经济】 全年街道地区生产总值931111万元，其中：一产7643万元，二产397373万元，三产526125万元，人均GDP95965元。工业总产值1033126万元，其中规模以上工业企业总产值523000万元。固定资产投资6.58亿元，其中工业投资6421万元、服务业投资22751万元。有工业企业785家，其中规模企业25家，形成以建材、化工、机电等为主导产品、有一定规模优势的工业体系。浙江虎山集团、江山虎集团等年生产水泥近400万吨。浙江化工股份有限公司作为中国最大的有机胺生产基地，DMF和MA的产量和质量位居全国榜首。全市70%以上的大型商贸流通物流企业均落户在虎山街道。

【禽畜经济】 年内，免疫注射存栏梅花鹿10头、豪猪30多头、蛋鸽5000多对，饲养蛋鸭3万多羽、蛋鸡3700多羽、白毛乌骨鸡3500多羽、蜜蜂1.35万多箱。抓好动物防疫工作，以重大动物疫病免疫为重点，督促规模畜禽养殖场严格按程序免疫，春、秋二季散养户集中免疫工作，同时开展犬类集中整治免疫行动。全年共免疫注射散养牛252头次，散养羊1197头次，犬类1718头次，散养家禽72312羽次。应免密度分别为猪瘟和口蹄疫100%、牛口蹄疫100%、羊口蹄疫100%、家禽禽流感98%。开具领疫苗证明29户次591瓶14.77万毫升、水鸭132900羽次。

【征地拆迁】 发扬“不等、不推、不靠、不怕”和“5+2”“白加黑”连续作战精神，实现汽车城一期、时代广场对面等6个多年遗留区块及西山西路建设、城南大型停车场、上铺通用仓储基地等6个年度项目收官清零，共完成房屋拆迁111户，土地征收79.33公顷，坟墓迁移206穴，

开展征地拆迁现场

先后3次受到市主要领导批示肯定。

【“五水共治”】 按照“全覆盖、无盲区”的要求，以村为单位，乡、村两级河长及街道联村干部联合出动，对11个行政村开展“多对一”无遗漏排查，无死角摸底，围绕河道溪流及池塘水体黑臭、河岸垃圾乱堆、污水直排等内容，对辖区内小微水体、山塘水库等水域进行地毯式排查，排查出36个重点水域，疑似劣V类水体整治点14个，水质提升整治点11个。开展“查污染、剿劣V、提水质”全民大作战，在村部办公楼、自然村村口、村文化礼堂等公共场所醒目位置张贴宣传画220处，对26个排污口设置排水排污标识，公开监督电话，邀请“两代表一委员”为治水监督员，接到治水监督员“举报件”6起，其中核实真实的4起，并针对这4起问题进行整改。深化清塘美河及河湖库塘清淤行动成果，投资320余万元，打造以封门溪彭里村段为代表的示范河道，以何家山大塘、金坞村景观塘、江山底村上横塘为代表的精品河塘，以“会呼吸、水清岸绿、水流通畅”的要求提升8个村中景观塘，全面启动封门溪生态治理河道建设。

【“四边三化”】 对辖区315省道、221省道、杭长高铁等主要干道环境问题进行全面整治，按

照拆改治乱先行要求，整治问题212个，共拆除“四边”区域违章建筑500平方米，清理乱堆乱放500平方米，绿化种植2500平方米，立面整治4800平方米，蓝色屋面整治13400平方米，改善主干道沿线的“脏乱差”现象。突出绿化美化跟进，有序抓好沿线两侧的脏乱点、绿化断档点的增绿复绿，基本消灭沿线村庄赤膊墙。

【“三改一拆”】 推进“三改一拆”“治危拆违”工作，使“无违建”创建工作走向长效。全年共拆除违章建筑247宗、20.3万平方米，完成率达157%，以全市标兵的排位成功创建衢州市无违建街道。历时19天，提早完成市里交办的18户城镇D级危旧房腾空解危工作，树立大局意识，协同住建局统筹做好城区496户D级危旧房解危任务。年内，街道81户D级危旧房，腾空17户，拆除（重建）64户，拆除重建率达79.01%；涉及公共安全C级危房11户，已关停2户，修缮9户。提前完成农村危旧房治理改造任务。

【招商引资】 引进计划投资6400万元的东华理工大学江山产学研基地项目和计划投资2亿元的百恋谷度假休闲体验园项目，东华理工大学项目已动工建设。实际到位引资额24927万元，其中固定资产投资500万元以上新增投入建项目（技改投资）4个，为江山市何家山水泥有限公司2815万元的陶瓷球粉磨工艺技改项目、浙江江山化工股份有限公司4022万元的环保技改项目等，上报亿元项目3个，为浙江百谷度假有限公司投资2亿元的百恋谷度假休闲项目等5000万元以上招商引资项目2个，东华理工大学调研其他投资6400万元项目和江山市安顺商品混凝土有限公司投资6000万元扩建项目。

【安全生产】 深入贯彻落实各级安全生产工作会议精神，坚守“红线”意识，与村社区、企业签订责任书576份，排查整改各类安全隐患653个。开展应急预案演练5次，成功处置江化“8·24”甲胺泄露事件。十九大期间，绘制作战图，组织“十类重点场所”大排查，实行一天一研判、一案一策；其间对37个重点企业实施日督查，确保企业生产安全；配合市成品油整治领导小组查封非法存储柴油点16家。

（吴菲 李波）

清湖街道

【概况】 2017年，清湖街道区域总面积73.42平方公里（耕地面积1355公顷），下辖26个行政村1个居委，总户数12491户，总人口40109人。实现工业企业产值31.3亿元，其中规上企业产值18.8亿元，完成固定资产投资4.5亿元，财政总收入1.6亿元。年内，被重新确认为浙江省卫生乡镇、被评为第六批浙江省文明乡镇，小城镇环境综合整治方案被评为省优秀规划方案，获省“2017城镇‘榜样的力量’”评选第一名，获2017年度衢州百个乡镇分类争先考核三等奖，江山乡镇（街道）工作目标综合考评一等奖。

【工业经济】 2017年全街道工业企业177

清泉淘宝村

家，其中规模以上企业20家，工业基地已经形成注塑、机电、木门为支柱三大产业区块，培育宇安消防、宝威电气、万通机械、王牌门业等行业龙头骨干企业。全年实现工业总产值31.3亿元，其中规上产值18.8亿元；招商引资成效显著，完成金和新木业等8个项目招商，累计引资3.5亿元。

【农业经济】 清湖是农林渔全面发展的高产优质农业区，食用菌、蔬菜、瓜果、甘蔗等四大产业构成了街道效益农业的基本框架。共有农作物播种面积3696公顷，粮食作物播种面积2160公顷，总产1.25万吨；豆类225.47公顷，总产416吨；薯类180公顷，总产706吨；油料637.47公顷，总产1089吨；棉花30.53公顷，总产43吨；蔬菜650公顷，总产16207吨；食用菌4358吨；果用瓜88公顷，总产2711吨，花卉苗木12.4公顷，茶园25.27公顷，总产34吨；果园18.4公顷，总产2995吨。全年肉类产量3166吨，其中猪肉1099吨，生猪年末存栏7329头，年内生猪出栏数17645头。牛年末存栏数238头，出栏177头。

【旅游资源挖掘】 通过多年挖掘、保护、发展，清湖古街区列入第三批省级历史文化保护区，区内有小江郎、老虎山、青草洲、宾肠洞等8处独特的自然风光。清湖码头入选徐霞客游线标志地，清一村和清二村被评定为省级传统文化村落。千年陶村——和睦彩陶文化村，现仍保存有60余座“馒头窑”，建有国内规模最大的仿古彩陶制作基地，其保持的制陶工艺，堪称原始制陶的“活化石”，成功创建AAA级旅游景区。花园岗村和清泉村成功创建省A级景区村。

【重点项目推进】 清湖是经济开发区大工业平台的主战场，为山海协作园、城南新城、基础设施项目等累计征收土地867公顷，拆迁房屋950余户。年内开展项目征迁攻坚大会战，实现清湖大道、江电路、清湖大道辅道等9个项目清零，共征收土地66.67公顷，拆除房屋56户，迁移坟墓87穴。7月10日，清湖大道最后一户拆迁户成功签约，提前两个月实现全段征迁“清零”，保障清湖大道9月底全线贯通，项目组被授予“铁军”称号。

【城乡面貌提升】 纵深推进“三改一拆”，全年拆除违建229宗35万平方米，其中制止新增违建112起13950平方米，复垦复绿8.1万平方米。提前完成“剿灭劣V类水”大会战，剿灭问题点130个，其中省级问题点46个，位居全市最多。“四边三化”完成问题点整治323个，雨水公园、G3高速和花峡线沿线立面整治完工；完成3557户34万平方米赤膊墙整治，成功创建衢州市“无赤膊墙”乡镇。小城镇环境综合治理效果明显，成功通过省级卫生镇复评。

【党建+基层治理】 5月，通过竞争性选择，争列省基层治理综合信息平台试点乡镇，在建成以智慧乡镇为主题的社会治理指挥中心基础上，推进“四个平台”和“最多跑一次”改革。7月，建成综合信息平台，并在全省41个县市区推广运行。运行期间，共受理网格员上报事件5217起，处置事件5217起，处置率达100%，在十九大、美丽乡村示范县现场会、互联网大会等重要节点平安护航中发挥重要作用。同时，多次承办各级现场会、座谈会及培训会，接待省内外考察团60批次以上，以“四个平台”建设为核心的基层治理综合平台成为清湖对外“金名片”。

【“红色物业”经济园建设】 集体经济薄弱村“红色物业”经济园（标准厂房）建设项目，有效解决集体经济薄弱村“造血难”问题，被列为2016年市委书记的党建示范项目，选址清湖街道工业园区龙飞路，建设规模为二层框架结构标准厂房8幢，总投资5100万元，总用地面积31676平方米，出让用地面积28091平方米，总建筑面积37546平方米，于2016年11月正式动工，主体已全部完工。

（黄云飞　余　奇）

上余镇

【概况】 2017年，上余镇镇域面积14486公顷，其中耕地面积1866.67公顷。总户数20218户，总人口41125人，下辖21个行政村293个村民小组，1个党总支，31个党支部1559名党员。全年实现地区生产总值16.1亿元，同比增长7.8%；财政总收入7742万元，同比增长39%；一般公共财政预算收入6469.5万元，同比增长3.2%；固定资产投资4.17亿元，增长12.7%；农村居民人均可支配收入22616元，增长11.5%。镇党委、政府围绕“让乡村面貌变得更美丽，让人民生活变得更美好”的“两美”上余建设，开展三大经济发展年、“四边三化”整治年、“五水共治”深化年、项目征迁攻坚年、信访积案化解年、基层基础提升年等“六个年”行动，各项工作实现质的提升、新的突破。先后被评为衢州市卫生乡镇、第三批无违建乡镇、第二批“无赤膊墙”乡镇；江山市年度最佳满意乡镇、项目征迁攻坚大会战先进集体、全市十九大维稳安保工作先进集体、“6·25”沪昆铁路桥抢险工作先进集体、平安建设暨综治维稳工作先进集体、信访工作先进集体、法治政府建设工作先进单位。高铁江山站两侧配套提升工程房屋拆迁工作组和江山至衢州沿江快速通道项目工作组先后被市委、市政府授予“铁军”荣誉称号。

【推动经济发展】 巩固生态农业塘岭品牌，推进高山蔬菜、猕猴桃、生姜、油茶等特色农业基地建设，创建高山蔬菜一村一品专业村1个，通过省级有机农产品认证1个，建设市级民宿特色村1个。完成土地流转总面积34.6公顷，累计流转面积700公顷，流转率达49.1%。做强城郊现代服务业，上余胴骨煲、吉源果品、李坪红糖、老有所依康复疗养等特色品牌有所发展，成立休闲旅游发展有限公司1家，“高塬红”游客接待中心建成投运，创建省A级景区村3个。依托江东工业园区，加大规上企业培育力度，实现工业总产值5亿元。实施招商引资、招商引税、招商引智“三招三引”，引进项目7个，其中亿元以上项目3个，区域实际到位资金3.1亿元。

【注重项目攻坚】 直击征迁“老大难”，开展项目征迁攻坚大会战，国电投20兆瓦渔光互补光伏电站、城市综合交通客运枢纽、经济开发区江东五期、城关屠宰场迁建、江山至衢州沿江公路等5个项目实现“清零”目标，共征收土地141公顷，拆除房屋31座，迁移坟墓253穴。《上余镇“三个进”做实群众工作快速实现民生实事项目“清零”目标》在江山政务第17期专题刊登，并得到市长舒畅的批示肯定。建立重点项目领导挂联服务机制，确保各项重点项目无障碍推进。实施土地整治项目13个，涉及9个村，整治面积245公顷，其中湖珠村山溪塘、余航村黄泥山、塘岭三村毛村自然村等3个垦造耕地项目和山头村高标准基本农田建设项目，通过市初级验收。总投资2.3亿元的国电投江山上余20兆瓦渔光互补光伏电站项目于7月顺利并网发电。江山港流域综合治理项目征迁工作开局良好。开展项目谋划，谋划各类项目59个，成功举办首届青年干部项目谋划擂台赛，其中《上余镇镇园互动示范区》项目入选市级项目库。

【改善镇村面貌】 推进小城镇环境综合治理工作，开展集镇环境大整治，投资400余万元完成人行道铺装、沿街店面广告牌整治、综合管道预埋和道路硬化等工程建设。投资90余万元完成镇机关食堂、办公楼卫生间、人大联络站及篮球场等基础设施建设。“五水共治”强势推进，深化“河长制”，推进“塘长制”，打赢劣V类水体剿灭战，整治山塘水库、沟渠小溪劣V类水体31个，其中省级点位18个，打造“荷塘悦色”劣V类水体整治示范点5个。《上余镇“塘小二”巡诊助剿劣工作步入快车道》在市“五水共治”简报进行专题刊载，相关做法得到省治水督导组领导和市委副书记、政法委书记汪胜的点赞。推进农村“双治”工作，完成农村生活污水治理提标改造项目7个，建成垃圾兑换超市21个，新增垃圾阳光堆肥房4个，创建垃圾分类示范村3个。“四边三化”持续发力，完成高铁、高速、315省道、双江线沿线整治点位441个，“一镇一路”项目建设顺利完成。“三改一拆”和治危拆违工作有效推进，全年共拆除各类违章建筑187宗20.7万平方米，全市综合排名第二。农村危旧房改造和地质灾害点搬迁工作实现“半月清零”目标，位列全市第一，在市治危拆违“三比三看”主题竞赛中获得循环红旗三次，建成危旧房改造示范村1个。农民建房管理全面加强，完成“赤膊墙”整治67幢，粉刷面积1.63万平方米。首创《农村私人建房建筑工匠管理实施细则》，规范工匠管理，源头控制新增违建，该做法在市“三改一拆”工作简报专题刊载。

【增进民生福祉】 完成“6·25”沪昆铁路浙赣线江山港大桥抢险救灾工作，确保人民群众生命财产安全。加强对低收入群体、低保户和优抚对象救助工作，共发放救济、补助款462.5万元，创建低收入农户集中村倍增计划实施示范村2个。通过“红色物业”、光伏小康工程、电站承包等帮扶措施，消除集体经济薄弱村5个。全镇医疗、养老保险参保人数分别达31631人和13290人，办理被征地农民基本生活保障参保19人。整合教育资源，优化教育布局，上余初中迁建项目主体一期工程全面完工，公办幼儿园建设规划提上议事日程。稳妥实施“全面二孩”生育政策，计划生育率95.24%。新增计划生育奖励扶助146人，特别扶助6人。农村文化持续发展，实施文化礼堂建设项目1个，抓好文化礼堂提升项目2个。做好村级公益事业建设一事一议项目申报，争取财政奖补资金160万元。投资771万元，完成山塘水库除险加固、小农水设施维修、山塘水库标准化维修养护及高效节水等项目建设。投资53万元，完成农村公路水毁修复及建设养护。农村土地确权登记颁证工作全面推进，入户签字率达99.23%。顺利完成行政区划调整，大夫弟、陶村、迎宾等3个行政村划归双塔街道管辖。

【创新社会治理】 推进“四个平台”建设，完成综合信息指挥平台建设，强抓网格员队伍管理，共上报各类有效信息2000多条，推进“群防群治”工作在基层的实践。全面推进立体化社会风险防控体系建设，强化公共领域视频覆盖建设，全镇共安装各类监控175个。建立完善“无信访村”创建考核实施办法，健全矛盾纠纷化解和信访积案化解工作，全年共化解各类矛盾纠纷263件，解决和答复信访件90件，化解省、市等各级信访积案2件，创建市级无信访村4个。平安法治工作稳步推进，安全生产“一岗双责”

全面落实。圆满完成平安护航十九大等重要节点的维稳安保任务，被推荐参评衢州市先进集体。

【加强政府建设】 开展便民服务平台“最多跑一次”改革，实行“一窗受理、集成服务”，努力“让数据多跑路，群众少跑腿”，全年利用云平台系统为民办事3650件，办结率和满意率均达100%。完善镇村干部分区包干网格化管理一体化捆绑式考评、镇机关内部管理、绩效考核、年度工作目标积分制考评等各项工作制度，以制度管人管事，有效推动工作落实。坚守政治纪律，严守法纪规矩，切实加强作风建设，健全廉政风险防控机制。严格执行中央“八项规定”、省委“六个严禁”及市委“十个不准”等规定，严控“三公”经费和一般性预算支出。坚持依法行政、阳光操作，严格按照法定权限和程序行使权力、履行职责，自觉接受镇人大和广大群众的监督。切实改进工作作风，着力提高抓落实的能力，努力做到情况在一线掌握、工作在一线落实、问题在一线解决、作风在一线转变，全力破解发展难题。

（徐丹燕）

四都镇

【概况】 2017年，四都镇下辖8个行政村，79个自然村，127个村民小组，总户数4891户，总人口数15810人。园区以机电产业为主，建成面积47公顷，入驻企业28家，其中规上企业11家。全镇实现地区生产总值22.2亿元。财政总收入4844.9万元，其中一般公共预算收入2574.7万元，同比增加3.1%。农民人均纯收入突破2万大关，达2.08万元，同比增长9.5%。完成固定资产投资5.7亿元，同比增长13.1%。

【工业经济】 全年实现工业总产值15.1亿元，其中规上企业产值13亿元，实现工业增加值4.5亿元，同比增长10%。实施“两化深度融合、四换三名”工程，宏电环保公司获评国家高新技术企业和浙江省创新示范企业，上美输配电公司和热威科技公司通过单打冠军企业复评，中能投电力公司实现“上规升级”，新增自主经营出口企业1家，完成21家“四无”企业整治。组建四都商会，搭建政企联动机制。

【农业经济】 推进低效橘园改造项目，完成

土地垦造项目现场

土地垦造170公顷，新增耕地97公顷。改良柑橘品质，引进爱媛28、大芬等优良品种，推广种植面积7.9公顷，发展柑橘精品园1个。创建江山市首批“一村万树”示范村，引进珍贵树种2.8万株，完成10公顷珍贵彩色健康林建设。发展2公顷茶树菇规模种植基地。

【项目建设】 全年实施项目30余个，其中千万元以上项目5个，百万元以上项目9个。举办镇干部项目谋划擂台赛，谋划项目20个，其中四都工业污水处理厂项目被列入市项目储备库，儒村水库休闲区、金山游客接待中心等项目已启动前期工作。基本完成九年一贯制义务教育学校、沿江公路2个项目征迁攻坚大会战，获

2017年江山市项目征迁攻坚大会战“铁军”称号。

【美丽乡村建设】 编制完成四都镇《小城镇环境综合整治规划方案》，开展集镇沿街商铺经营秩序及环境卫生专项整治行动11次，参与人数达751人次。完成集镇主街道（双四线）综合改造提升工程方案设计，启动建设破溪集镇段景观改造提升工程。完成水库清淤治理1个、河道清淤治理2条、水塘清淤治理3个、剿灭劣V类水体点25个，镇域水体保持II类水标准。完成“四边三化”整治问题点397处，整治赤膊墙356户2.5万多平方米，清理乱堆乱放垃圾2300平方米，打造市级最美公路1条、景观节点2处、最美庭院4个。开展“治危拆违”集中攻坚战，

“治危拆违”现场

完成拆违256宗5.2万平方米、C级危房治理14户，D级危房治理44户。推进美丽乡村建设，垃圾分类全面覆盖。成功创建“衢州市无违建乡镇”“衢州市无赤膊墙乡镇”“衢州市卫生乡镇”。

【民生事业发展】 全面完成农村土地确权登记工作。实施农村困难特殊群体生活帮扶，全年发放各类帮扶资金28万元，新增低保71户，其他经济困难户减至270人，完成认定低收入农户认1156人。完成危旧房改造92户，帮助下山脱贫45人、异地搬迁安置56人。完成地质灾害点搬迁安置2户7人，工程治理2处，基本消除地质灾害点安全隐患。实施推进“全面二孩”生育政策，计划生育率达97.61%。打响“学在四都”教育品牌，九年一贯制义务教育学校动工建设，发放教师节慰问金和教育教学质量奖9.9万元。丰富群众精神生活，实施四都村、江北村村级文化礼堂建设提升项目。

【平安四都建设】 完成“四个平台”、综合指挥室和“雪亮工程”建设，建立完善全科网格，重新划分23个网格，配备42名专兼职全科网格员，全年累计爆料各类事件3480件，开展网格巡查2000人次。全年受理“12345”热线和来信来访件106件。化解各类民事矛盾123件，圆满完成中共十九大、第四届世界互联网大会和浙江省美丽乡村现场会等重要节点维稳安保任务。安全生产三项指标持续下降，森林防火、秸秆禁焚常抓不懈，全年辖区社会和谐稳定。

【提升政府效能】 深化“最多跑一次”改革，提升便民服务中心，梳理涉及建房、社保、计生等便民服务事项94项，镇级服务中心功能日益完善，村级服务群众代办业务基本实现，全年受理各类事件1783件，办结率100 %。完善政务公开机制，主动公开政务信息140条，发布党政要闻、基层动态48条，完成上峰、四都、埠头等3个村政务公开标准化建设。推行钉钉软件、政务通APP，政务服务、政务沟通顺畅有效。加强廉政建设，认真落实《从严治党主体责任清单》，建设廉洁政府。制定出台《四都镇政府投资项目管理操作》，强化重点领域审计监督，完成2个村村级财务审计延伸。严格落实中央“八项规定”精神，“三公”经费支出同比下降35.61%。

（毛鉴波　徐瑞杞）

大陈乡

【概况】 2017年，大陈乡实现地区生产总值1.22亿元，同比增长7%；财政总收入2088.07万元，同比增长24.86%；完成固定资产投资1.60亿元，同比增长187%；农民人均可支配收入19235元，同比增长11%。年内，圆满承办全省美丽乡村和农村精神文明建设现场会，受到衢州市嘉奖；被评为第五批全国农村优秀学习型乡镇、2017年度“最佳满意乡镇”等荣誉。大陈村获“全国文明村”“全国生态文化村”“全国创建无邪教示范村”“浙江省生态文明教育基地”、2017浙江旅游总评榜之年度美丽景区村、衢州市社会科学普及基地等荣誉。《妈妈的那碗大陈面》获第二届浙江省微电影“江山如此多娇”特别奖银奖。红星村成功创建浙江省森林村庄。

【打造大陈大花园】 以做好全省美丽乡村和农村精神文明建设现场会筹备工作为抓手，强化项目支撑，彰显特色风情，以“生态美、形态美、业态美、文态美、状态美”为目标，投入4000多万元，完成“滨水休闲岸堤、风情洁净集镇、特色古韵民宿、大陈小市小吃、千米荷花栈道、最美实景夜景”等14个项目，全方位打造乡村一体、内外兼修、昼夜相成、主客共享的“美丽大花园”。衢州市委市政府专门予以嘉奖，省委副书记、省长袁家军专题批示肯定。

【全域旅游】 旅游配套设施不断完善，完成高端民宿、中式婚庆基地、中国幸福乡村展示馆等改造建设，新建星级旅游公厕2处，扩建景区停车场，打造“大陈小市”小吃一条街和音乐实景灯光秀等。举办“第二届杨梅采摘文化节”“第九届麻糍丰收文化节”“百名记者走进美丽乡村”

大陈村民俗婚礼

“大陈村晚”等一系列节会活动。全年日均游客量突破1500多人次。

【现代农业】 改善农业基础设施，投资350万元，完成红星千颂塘、大陈溪改造提升等8个基础设施项目建设。累计完成土地流转面积286公顷。发展现代设施农业，累计培育现代家庭农场35家；“田园里·大陈休闲农庄”项目一期工程已全部完工。枇杷、杨梅、早竹笋、香椿、中草药等一批特色农产品初具规模和品牌效应。

【生态工业】 引导扶持马道山矿、南方集团北蕉矿按照绿色矿山要求改造升级，江山金盛源年产15万平方米新型隔热断桥铝合金门窗生产线项目厂房主体已基本完工。吸引黄方有、汪建明、汪建新、王书根等一批乡贤回乡投资创业。引进方达物流有限公司。浙江旺林生物科技有限公司被评为浙江省科技型企业。

【文化大陈】 完成乡综合文化站、村级文化礼堂、萃文中学旧址等改造提升，建成中国幸福乡村展馆、党建馆。大陈红军纪念馆被评为省爱国主义教育基地和党史教育基地。全年共组织开展文化迎亲走亲活动110多场次，承办麻糍丰收文化节、杨梅文化节、七夕传统中式婚礼展演等节会活动，“赛歌斗舞闹新春”上了央视《新闻联播》。承办江山市宣传思想工作会议暨农村文化礼堂建设推进会。仇祥根被评为第三届“最美江山人”年度人物。全年累计助学9.43万元，争创“学在大陈”品牌。加大体育场地设施建设投入，构建全民健身公共服务体系。

【卫生乡镇创建】 打响“剿劣”攻坚，完成32处河渠库塘疏浚清淤，24处劣V类和疑似劣V类水体全部销号。6个村农村生活污水工程已移交市专业运维公司运维。全面落实“河长制”，巡河率在全市名列前茅。完成58处市级“四边三化”整治交办点整改，“垃圾分类”实现常态化制度化。完成“村歌文化风俗线”沿线85个节点整治提升和64户赤膊墙整治。完成73户“美丽庭院”打造。累计拆违138宗，面积35109平方米。24幢D级危房全部腾空清零，乌龙村和大陈村各1户地质灾害点房屋完成拆建。实现A级景区村全覆盖，承办衢州市“四边三化”现场会，“村歌文化风俗精品线”获评省“四边三化”精品示范道路，成功创建衢州市卫生乡镇。

【小城镇环境综合整治】 开展以“一加强三整治”为主要内容的小城镇环境综合整治。加强规划引领，《大陈乡小城镇环境综合整治规划》获衢州市小城镇环境综合整治规划市级优秀规划。投入280万元，按照“浙派民居”标准，完成集镇107户房屋立面改造，成功创建第一批衢州市“无赤膊墙乡镇”、衢州市“无违建乡镇”。投入700多万元，完成集镇“三线”下移、农贸市场提升、人行道铺装等工程。开展以“车乱停”“摊乱摆”“线乱拉”等为主要内容的大整治。加大日常巡查和联合执法，规范集镇秩序。小城镇环境综合整治工作得到上级肯定和群众认可，并在年底顺利通过省级验收。

【社会事业】 社保体系进一步完善，城乡居民医保参保率达97.8%。低保扩面工作深入开展，实现应保尽保。完成精准康复调查348名，实现精准康复220名；两项补贴落实到位。在全省率先实施并完成低收入农户认定试点工作，完成145户386人的低保边缘对象核定与审批。社会救助力度更大，全年累计发放低保、特殊群体补助（补贴）184.8万元，重特大医疗救助21.4万元，各类困难群体慰问金（品）、救灾救济等款物3.65万元。

【平安建设】 推动基层社会治理新改革。科学划分17个网格，选优配强“一长三员”队伍58人，完善网格管理、考评、激励机制。六类

开展基层党建活动

重点人群管控到位，信访维稳责任落实到位，一批重点积案得到稳妥有效化解，全年累计调处各类矛盾纠纷589起，实现中共十九大、省美丽乡村现场会及第四届世界互联网大会期间“京杭不去人、大陈不出事”的目标。汪峰获浙江省护航十九大先进个人。全年共开展各类普法宣传教育活动12次。大陈商会成立运行。全年无重大安全事故和森林火灾发生。

（姜铮铮）

碗窑乡

【概况】 2017年，碗窑乡区域面积98.15平方公里，耕地595.8公顷，林业6334公顷。下辖9个建制村，总户数5326户，总人口16489人。当年出生290人，死亡150人，人口自然增长率8.49‰，计划生育率98.62%。全年完成生产总值3.69亿元（第一产业8067万元、第二产业10978万元、第三产业17857万元）。财政总收入1168万元，农民年人均可支配收入19383元。获浙江省卫生乡镇、浙江省示范性青年之家、衢州市无违建和无赤膊墙乡镇、江山市十九大维稳安保工作先进集体、江山市安全生产工作先进集体，凤凰村被评为省级民主法治村及市十九大维稳安保工作先进集体，达河村被评为浙江“国乐乡村”建设优秀单位，金龙村及和源村被评为衢州市森林村庄等。

【工业经济】 全乡共有工业企业16家，主要产业为水力发电，产值超千万的企业有江山市碗窑电站，全年完成工业总产值16152万元，固定资产投资8427万元，全年招商引资引进资金7000万元。

【农业经济】 2017年，全乡农作物播种总面积1542.3公顷，其中粮食作物面积930.5公顷，总产量5886吨；油料260.3公顷，总产量389.9吨；棉花1.2公顷，总产量2.3吨；甘蔗21.1公顷，总产量907.7吨；蔬菜210.1公顷，总产量3231.9吨；食用菌总产量858吨；果用瓜24.2公顷，总产量426.8吨；茶园26公顷，茶叶产量13吨；果园208.4公顷，水果总产量2834.8吨（柑橘1368吨，猕猴桃722吨）；羊存栏数1000头，出栏数220头；家禽存栏数4.7万羽，出栏数15.1万羽；养蜂年末存1.19万箱。全年完成农业总产值10371万元。

【休闲旅游】 发展“旅游+体育”“旅游+文化”“旅游+养生”新型业态。投资37.5万元，建设天井至达里蓬3公里骑行绿道，打通环月亮湖骑行“最后几公里”。投资140万元，完成滨水

3月30日，市委常委、副市长楼健（右二）在月亮湖景区调研

游步道及天然游泳池项目。举办乡村旅游节活动，通过第三届乡村休闲旅游节、影青之路—碗窑陶瓷文化研究初步成果展、石顶写生、非遗文化展等活动，提高碗窑知名度。发展养生游，完善浙江省养老养生示范基地碗窑村的基础配套设施建设。投资200万元，对府前大桥至东村坝河边游步道进行规划重建，打造沿河慢行系统，让游客参与和互动。

【项目建设】 持续抓好新疆鑫宝集团湖羊养殖项目建设，推进项目升级成为浙江肉羊循环经济产业链项目，规划总建筑面积35.62万平方米，总投资13亿元。成功引进江山德霖板艺科技有限公司、江山市万里中药饮片有限公司招商引资

项目，启动红石谷项目建设。挖掘文化内涵，谋划移民文化主题公园，投资10万元，在凤凰村建成农耕陈列馆，展示农耕用具百余件。推进江山港流域综合治理工程项目碗窑段项目征迁，投资70万元，征用土地3000平方米，精心规划碗窑入乡口。

【农村改革】 以“农”为特色，打造集“现代农业科技、科普教育、文化体验于一体”的“多功能农场”型“后花园”。做大蜜蜂文化，成立蜂产业振兴联盟，采取乡政府——部门——村——企业四方合作模式，设立中蜂养殖保护区，建设蜜蜂文化旅游观光特色基地，中蜂养殖由2016年底的743箱发展至2000箱。投资120万元，实施水稻产业提升项目，已基本完成工程建设。实施农田质量提升工程，连片种植紫云英63.33公顷，验收绿肥50.2公顷。投资250多万元，动工实施和源等村高标准农田建设项目26.67公顷。

【环境整治】 推进“五四三”工作，清理河道淤泥120立方米，清淤池塘6个，完成市级剿灭劣V类水整治点5个，乡镇自查点70多个。推进省美丽乡村现场会建设，整治“四边三化”问题点365个，完成G3高速公路沿线、达河溪边133幢房屋粉刷，完成4万平方米房屋立面改造。全年共拆除违法建筑152宗，拆除面积62753.7平方米，开展农村危旧房整治，D级危房完成率80%，C级危房完成率66%，涉及公共安全C级完成率100%。投资435万元，全面实施6个村的农污提标改造工程。推进卫生整治，成功创建省级卫生乡镇。深化小城镇综合整治，推进农贸市场综合体项目建设，投资20万元，修复集镇游览桥。

碗窑溪风光（段刚强 摄）

【民生事业建设】 府前村创建美丽宜居示范村，和源村、达河村被评为市农村社区建设示范村。打造凤凰山异地搬迁集聚区，投资207万元，完成凤凰三期道路硬化、排污排水等基础配套设施；投资80万元，完成凤凰二期至三期道路亮化、道路拓宽工程，安装太阳能路灯108盏。投资85万元，完成碗窑达河集镇异地搬迁安置点排污排水、道路硬化等基础设施配套建设。投资50万元，完成乡敬老院危房改建工程，5月1日投入使用。全面完成各村慈善工作站建设。加强困难群体就业帮扶、重点人群就业培训，开办养老护理员、电子商务、土蜂养殖等培训班。做好残疾人扶贫工作，全年共申报护理补贴271人次，发放补贴93万元，申报困难生活补贴361人次，发放补贴85万元。

【平安建设】 加强“四个平台”建设，推进全科网格工作，全乡开通平安通41个、政务通92个，注册平安浙江3000多人。由网格员通过手机端上报信息1000余条，运用现有信息资源，实现社会综合治理联处联调联治。全乡共调解各类矛盾纠纷290件，调解率100%，调解成功率99.5%。共承办上级交办信访件49件，办结49件。开展“雪亮工程建设”，全乡三类点位安装36个，综合信息指挥室可通过52个高清视频监控查看全乡动态。开展未成年人保护和预防青少年违法犯罪工作。建立凤凰村反邪教警示教育基地。更新平安建设宣传牌200张，发放平安建设宣传资料5000多份，发放平安建设调查问卷2000余张，悬挂宣传横幅10条。开展法制宣传月活动，2000多位群众参与。

（周丽珍）

贺村镇

【概况】 2017年，贺村镇完成地区生产总值55.3亿元，工业增加值32.9亿元，全社会固定资产投资额36亿元，财政总收入5.84亿元，城镇居民人均可支配收入36554元，农村常住居民人均可支配收入24014元。年内，贺村镇被评为省十九大维稳安保先进集体、衢州市信访工作先进集体、衢州市“五水共治”先进集体、衢州市第二批“无赤膊墙”乡镇、衢州市卫生乡镇、衢州市“无违建”乡镇、衢州市统战工作先进集体。贺村镇小城镇环境综合整治规划被省小城镇环境综合整治行动领导小组评为优秀规划，贺村镇人民防空办公室获省先进单位，贺村镇综合文化站被评定为一级综合文化站，湖前村、永兴坞村被评为省五星级文化礼堂，永兴坞村、耕读村被评定为浙江省首批AAA级景区村庄。在最新发布的2017年度全国综合实力千强镇中名列第567位。

市委常委、贺村镇党委书记何日根（右二）调研贺村小微工业园建设

【工业经济】 围绕江山市委市政府提出的“一主三副”大工业平台布局，立足自身定位，打造一流工业新城。三大特色产业加快转型升级，木门产业向集群化、定制化发展，消防器材向创新型、智能化发展，文体用品向高端化、品牌化发展。2月，欧派门业主板上市，成为中国木门业第一股，总投资10亿元的欧派产业园在建设中。江山木艺小镇被列入省特色小镇第二批培育名单。全年实现地区生产总值55.3亿元，同比增长9%；行政区划内完成固定资产投资36亿元，同比增长20%；完成工业总产值145亿元，同比增长16%，其中规上工业总产值75亿元，同比增长12%；财政总收入5.84亿元，同比增长13.53%。

【农业经济】 农作物播种总面积7257.87公顷，其中粮食作物面积4406.67公顷，总产量3.03万吨；油料1400公顷，总产量2400.6吨；棉花85.33公顷，总产量173吨；甘蔗53.4公顷，总产量1906吨；蔬菜895.67公顷，总产量1.21万吨；果用瓜131.73公顷，总产量2722吨；茶园42.67公顷，产量32吨；果园134.53公顷，总产量3923吨。全镇生猪饲养总量17.6万头，年末存栏数3.5万头；牛存栏数604头，年内出栏数473头；羊存栏数1667头，出栏数4387头；家禽存栏数97万羽，出栏数194万羽；养蜂年末存1.9

万箱。新发展家庭农场3家，衢州市级示范性家庭农场1家。完成友爱、山底、礼贤村粮食高产示范片以及省级315.13公顷、市级1561.6公顷粮食生产功能区建设，新培育6.67公顷以上种粮大户10户。投资1523万元实施国家“千亿斤”粮食田间工程，对严麻车、后源、贺山头、三塘、水晶山底、吴村、万青山、棠坂等11个村田间排灌渠改造、机耕路硬化等。

【重点项目建设】 高标准、大手笔谋划实施“九龙谷”万亩土地开发项目，项目实施面积913.33公顷，可垦造耕地400余公顷，可新增水田400余公顷，年底正式动工建设。在全市率先启动潭龙小区D级危房拆除重建项目。谋划投资1.2亿元企业屋顶光伏发电项目。开展项目攻坚大会战，完成年产5万吨浓缩饲料和乳猪配合饲料的格立宝生产线技改项目、年产5万套实木门的润安门业生产线等工业发展类项目；完成贺村第二小学、育仁卫校、镇南幼儿园、江滨幼儿园吴村分园等社会民生类项目，撤并河东、溪淤、幸福3个基础设施薄弱的教学点；基本完成贺滨东路绿化、大成路改造等基础设施类项目。投资2000多万元对金塘山、淤头岗等工业园区进行道路改造、绿化亮化、雨污分流。启动黄柏山物业经济园项目，为木业市场迁建、整治低小散木业企业提供平台基础。

【招商引资】 招商引资工作突出服务至上、创新方式，在转型升级、培育龙头、江商回归、优化投资环境上作文章。通过大项目招商、产业招商、引税招商等形式，全年共引进招商项目14个，其中亿元项目8个，到位资金10.34亿元。引进总投资10亿元的欧派产业园、5亿元的王牌产业园和名雅居产业园。两个月引进总投资7.5亿元的永利百合链传动产业园。引进招商引税项目恒江劳务有限公司，全年纳税额达536万元。坚持“产业、设施、服务”一体配套，在江东新城新建江山市第二人民医院、贺村第二小学、育仁卫校、镇南幼儿园，着力打造产城融合、宜居宜业的生态工业新城，新建万人集聚区项目，保障企业用工需求。

【“五水共治”】 发起全面剿灭劣Ⅴ类水大会战，完成省级剿劣清单列出的23处整治点整改任务，提升水质210多处；完善河长、渠长、塘长制，建立第三方巡查制度。主要河流交接断面水质常年稳定在Ⅳ类水以上，出境水保持在Ⅲ类水，践行“一江清水送出贺村”的承诺。

【“四边三化”】 深入开展“四边三化”行动，全力打造“一镇一路”。全年共完成605个问题点整治，绿化种植9.5万平方米，粉刷赤膊墙32万平方米，成功创建衢州市无赤膊墙乡镇。

【“三改一拆”】 通过危旧房整治、整村推进、项目征迁等形式，完成拆违量62.2万平方米，拆违治违总量占江山的1/4，居全市乡镇（街道）首位，成功创建衢州市无违建乡镇。

【耕读品牌】 耕读村在成功创建AAA级景区基础上，积极推进“五水共治”“四边三化”“三改一拆”“清洁家园”“美丽庭院”及景区建设等重点工作。完成农村生活垃圾资源化处理站和生活污水治理工程，投资150万元实现垃圾分类化处理和农村生活截污纳管；投资750万元完成村主干道拓宽及白改黑、村主入口景观改造及4500平方米停车场；投资60万元完善景区指示牌等辅助设施；对全村农民生活用水的水塘、水井清淤修复；投资500多万元对中心村海棠湖清淤改造；投资25万元对村主干道路段绿化提升；多次组织人员对高铁沿线进行“六乱”整治；多

贺村镇貌

村庄范围内的违建、赤膊墙进行拆违、粉刷，共投入资金8万多元；举行“美丽庭院创意大比拼活动”，投资15万元完成农户美丽庭院创建；投资126万元完成北入村口停车场绿化；投资350万元完成主干道旁垃圾站以及节能环保厂搬迁；投资15万元完成主要路段文化墙建设。

【城市建设】 优化城市基础设施配套，增强小城市功能建设。镇域内交通道路网络逐渐完善，建成贺滨东路新入城口。新开通江山市区到淤头的308路城市标准公交车，率先在衢州乡镇开通镇域循环公交1号线和2号线。拥有衢州乡镇首家省四星级镇南农贸市场，镇北农贸市场即将投用。建有学校11所，医院2家、敬老院4家，学前教育普及率、建成区义务教育集聚率均达100%，获评衢州市学前教育示范乡镇。贺村图书分馆评为全省读者最喜爱的乡镇（街道）图书馆。开展小城镇环境综合整治工作，全年集镇范围共拆除违章搭建450多处1.3万平方米，清理乱堆乱放700多处，组织党员干部群众开展吴村集镇集中整治行动12次，清理背街小巷42条，吴村集镇通过省小城镇环境综合整治工作验收。成功创建衢州市卫生乡镇，向着“一年创衢卫，两年创省卫，三年创国卫”的目标迈好第一步。

【新农村建设】 以美丽乡村示范县创建为契机，全力打造“幸福乡村”升级版。通过绿化美化村庄环境，建设幸福乡村风光线和乡村休闲旅游精品村，五年来共创建“幸福乡村”15个，单项村16个，严麻车等8个村通过A级、AA级景区村验收，省级森林村庄12个，旅游厕所15座。永兴坞村投入2000多万元，打造“魅力永兴”品牌，成功创建国家AAA级风景区。

永兴坞连心塘

【“互联网+”产业】 培育发展“互联网+”产业，全年新增8家网店，电子商务营业额7000多万元。全国首个互联网C端农产品集散中心“冒个泡”项目已入驻小微企业创业基地，项目建成后预计年销售额达亿元以上。

【基层基础】 全面提升村党支部和支部书记掌控力。顺利完成45个村换届，注重发挥村党支部在村级组织中的领导核心作用，赋予村党支部书记对村两委和村务工作者配备调整的建议权，把村国土协管员由村主任担任统一调整为由村书记担任，增强村书记对村级事务的调控能力；以负面清单形式，赋予村党支部对村两委和村务工作者考核奖励分配权。全力推进“最多跑一次”改革向镇、村（社区）延伸，实现从群众跑腿办事到让群众办事少跑腿、“零跑腿”的转变。贺村镇是江山“跑小二”的发源地，镇便民服务分中心共有行政审批服务事项106项，落实“最多跑一次”改革76项，由“跑小二”认领代办并提供上门服务。

【平安建设】 贺村镇是衢州市“四个平台”建设工作江山的两个标杆乡镇之一，在江山率先完成“四个平台”建设。建立健全“源头化解、重点稳控、群防群治”的信访案件处置机制，建立镇级社会化矛盾调处中心、村级“三老”调解室、村级巡防队，多元化、社会化化解矛盾纠纷，2017年10个村实现全年无信访，在中共十九大、世界互联网大会、全省美丽乡村现场会等重要敏感时期，实现“京杭不去人，贺村不出事”，被省委省政府评为十九大维稳安保先进集体。

新塘边镇

【概况】 2017年，新塘边镇下辖19个行政村，164个自然村，233个村民小组，9700户，人口32262人，全镇实现地区生产总值9.31亿元，农民人均纯收入22376元。年内获全国创建无邪教示范乡镇、浙江省小城镇环境综合整治样板镇、衢州市首批无赤膊墙乡镇等，获江山市综合目标考核一等奖、江山市最佳满意乡镇。同时获评衢州市法治宣传先进集体，江山市“五水共治”、“四边三化”、基层党建、纪检监察、平安建设、信访工作、G20峰会维稳安保等先进集体，毛村山头村获省美丽乡村精品村称号，日月村获评首批全国农村幸福社区建设示范单位。

【工业经济】 2017年，全年新引进招商引资落地项目6个，协议投资2.33亿元，其中新增用地类项目2个，计划投资1.41亿元，总用地3.5公顷，超额完成市下达的招商引资任务。用地2.13公顷，投资8500万元的万联消防项目动工建设，恒瑞包装年产600吨发泡包装箱生产线项目正在办理土地出让手续。开展干部挂联服务企业“五个一”活动，推行“店小二”全程跟踪服务，帮助20家企业完成“个转企”转化工作，帮助企业申报科技项目，企业科技创新成果不断涌现，华隆能源生物质颗粒燃料项目列入国家星火计划，亚宁消防、超亿消防、华隆能源被评为省级科技型中小企业，成立江山市首家消防企业联盟——江山新联消防科技有限公司。永安消防ABC干粉灭火剂、超亿消防金属筒体产量居全国第一，亚宁消防船用产品创新能力在同行业内处于领先地位。

【农业经济】 2017年，新塘边镇农作物播种面积3064.2公顷，其中粮食作物面积2013.8公顷，总产量13474吨。谷类1724.4公顷，总产量12088.5吨；豆类120.47公顷，总产量362.3吨；薯类169公顷，总产量1023.2吨；油料503.33公顷，总产量969.5吨；棉花4.07公顷，总产量5.6吨；甘蔗3.4公顷，总产量239.1吨；蔬菜421.8公顷，总产量13324.6吨；食用菌总产量4845吨；果用瓜5.13公顷，总产量358吨；茶叶118.87公顷，总产量178吨。肉类产量2154.9吨，其中猪肉产量1210吨，禽肉产量935.8吨，生猪饲养总量23425头，出栏生猪18835头，年末存栏4131头；年内牛出栏50头，年末存栏66头；年内羊出栏247头，年末存栏322头；年内活家禽出栏733560只，年末存栏295610只，禽蛋产量676吨；淡水产品产量1184吨，其中鱼类1179吨，甲鱼5吨。

【美丽乡村创建】 配合全市开展美丽乡村示范县创建工作，推进日月、毛村山头AA级景区村创建，东亭、彭村、东陈、毛家仓等4个村A级景区创建，新塘边、上平天、永丰、卅六都等4个村美丽乡村示范村创建，创建数量位居全市首位。以基层党建“双整”现场会为契机，建成日月村党建公园、勤俭村党建广场、毛村山头村党建大道等特色景观，美丽乡村更具“红色”气质。

日月村村委

【乡村旅游发展】 依托“月满新塘”景区，融合特色资源，以日月、爱丰、勤俭、毛家仓、毛村山头等村为主线的幸福乡村旅游精品线路得到提升。完成爱丰村“三连塘”垂钓园、日月村领头雁大草原等乡村旅游重点项目，新发展民宿床位100张，乡村旅游设施更加完善。提高勤俭毛泽东像章馆、爱丰农耕园、毛村山头村攀岩基地等特色招牌的知名度。

【生态环境建设】 推进“剿灭劣Ⅴ类水体”工作，投入资金380多万元，完成4个省问题点、衢州市3个问题点的销号，完成全域106个小微水体整治工作。清理沟渠26条，池塘16个，河道3段1200米，共完成清淤2.26万立方米，打响“月满新塘”治水精品线品牌。推进“治危拆违”专项整治，结合农村危旧房排查，33宗危旧房治理任务全面完成。“四边三化”富有成效，新耕线、淤八线163个问题点全面销号，拆除沿线违章建筑1200多平方米，清理垃圾630多吨。

【民生事业】 做好农村社区工作，毛村山头村、勤俭村、日月村被评为江山市示范社区，日月村被评为全国农村社区建设示范单位。完善社会救助服务体系，加强医疗救助资金保障，加大门诊救助和重病、重残儿童救助力度。完成低保边缘户核查214户；医疗救助99人，报销52.16万元；走访慰问困难家庭47户，困难党员56名，发放慰问金4.55万元。开展慈善工作，在19个村慈善工作联络站实现全覆盖基础上，对各村慈善工作规章制度进行完善，新塘边镇“小慈善大用场”的经验在全市慈善工作会上作典型交流，日月村被评为江山市先进慈善工作站。

【小城镇综合整治】 按照小城镇环境综合整治标准要求，整合要素，全面开展大整治、大提升，投入1500余万元，完成龙泉广场新建、新滨路拓宽、古街修缮、集镇入口提升等12个重点工程建设。按照“干道清、巷内净、背街齐”的标准，先后组织30次3000多人次对集镇范围内的主要街道、背街小巷、房前屋后等区块进行“地毯式”整治，清理陈旧垃圾、杂物乱堆放2100余处，600多吨。拆除集镇区域违建128处，乱搭乱建143处，拆违面积4500平方米，拆除沿街洗衣池98个。整治蓝色屋面3900平方米，赤膊墙14300平方米，完成沿街“三线”整治2160米。

【基层社会治理】 以创建“无信访乡镇”为目标，完善举措，创新机制，明确责任，成功化解历史积案8件，基本实现“小事不出村、大事不出镇”，13个村创建无信访村，居全市前列。投入20多万元，新建“四个平台”综合信息指挥室，以“一窗受理，集成服务”，全镇整合全科网格员78名、“跑小二”78名，按照“快跑”“领跑”“跑实”的工作要求，实现群众诉求第一时间响应，最短时间办理的目标，全镇网格员数据上报数及质量在全市排名靠前。投资120余万元新建村级便民服务中心2个，投资30余万元完成6个村级便民服务中心改造。

（郑孝飞　姜真杰）

坛石镇

【概况】 2017年，坛石镇区域总面积124.6平方公里（耕地1324公顷，林地9282公顷）。下辖行政村13个，总户9160户，总人数28759人。年度全镇财政总收入2450万元，全社会固定资产投资1.75亿元，农民预计人均纯收入达21264元。

【工业经济】 全镇有各类法人及产业企业203家，规模以上1家，主要产业为制塑等。骨干企业有众联竹木业有限公司、华潭砖厂、星光塑业有限公司、江山市华敏塑胶有限公司等。全

坛石镇全景

镇规模以上企业总产值3780万元。

【农业经济】 农作物播种总面积3632.8公顷，其中粮食作物面积2294公顷，总产量1.32万吨；油料647.4公顷，总产量1175吨；棉花13.8公顷，总产量14.3吨；蔬菜380公顷，总产量1.6万吨；食用菌0.45万吨；果园284.13公顷，水果总产量1369.5吨（柑橘392.5吨、枇杷265吨、果用瓜339.1吨）；桑园10.67公顷；茶园94.3公顷，茶叶产量38.1吨。全年生猪饲养总量6.63万头，年末存栏数1.28万头；牛年末存栏数315头，年内出栏数132头；羊年末存栏数980头，年内出栏数1323头；家禽存栏数30.38万只，出栏数130.91万只；养蜂年末存3045箱；水产养殖368.6吨。

【农业项目】 不断改善农业基础设施，投资400余万元，做好潭边后垄塘除险加固和坛石灌渠改造提升等基础设施项目建设，配合开发办做好投资960万元的横渡溪小流域改造工程。加快农业规模化集约化经营，累计完成土地流转面积50.77公顷；发展现代设施农业，现代家庭农场累计6家。适度规模种粮经营主体进一步扩大，经营主体增至22户，面积达310公顷，其中百亩以上种粮大户新增4户，共18户，面积达301.58公顷。

【“五四三”专项治理工作】 响应全省剿灭劣Ⅴ类水誓师大会号召，共排查出小微水体272个，其中94个疑似劣Ⅴ类水体，分别落实限期整改。上报的27个省问题点、11个衢州市问题点和56个江山市问题点，全部完成销号，同时根据“一村一看点”目标要求，围绕新叶、占塘、鳌头、上溪等村的问题点实施改造提升工程，共打造景观塘14个，景观溪1条。“四边三化”专项行动，拆除各类乱搭乱建、违法建筑18294平方米，整治蓝色屋面23115平方米，清理清运垃圾面积55857平方米，清理清除各类广告牌56处，绿化面积9241平方米，镇域环境得到极大改观。“三改一拆”工作，累计完成拆违320宗，面积80521.6平方米，超额完成年度目标任务。

【小城镇环境综合整治】 完成集镇污水管网、人行道、标线等基础设施建设；开展集镇建设管理专项整治行动，分类分批破解乱搭乱建、占道经营等难点问题，推进主集镇区综合治理，维护集镇良好秩序；成立监管队伍，定期巡查维护集镇秩序，脏、乱、差现象得到明显改善，道路拓宽、停车场征用等前期准备工作实施。10月，被命名为“衢州市卫生乡镇”。

【美丽乡村建设工作】 全镇13个行政村共

7月1日，举办“七一”红歌活动

开展垃圾分类宣讲培训24次3400人；垃圾兑换超市、垃圾车、垃圾桶和阳光发酵房实现全覆盖。年内完成222户64523.94平方米赤膊墙整治工作，在全市乡镇中率先通过衢州市赤膊墙验收。持续推进新叶、鳌头等6个村美丽乡村创建工作，投资60余万元完成鳌头村口景观溪改造提升一期工程。完成对占村村、新叶村、坛石等村绿化、亮化项目设计预算。

【民生保障工作】 全镇居民医疗保险参保率达96%以上。低保扩面工作深入开展，实现应保尽保。完成地质灾害隐患点48户151人的搬迁清零工作，率先启动灾害点箬青坞自然村避让搬迁撤离房屋的拆除行动。全年累计上报特大病人员的医疗救助78人，共救助36.01万元，共发放民政救济救灾款322户，20.24万元。全镇全年共发生各类矛盾纠纷97起，调处成功率100%。坛石镇司法所被浙江省司法厅命名为第二批三星级规范司法所。十九大期间，全镇共投入各种专群防控力量7500人次。通过对重点人员的管控，其他各类人员的稳控，确保十九大期间无一人赴杭去京上访。

（邵倩倩）

大桥镇

【概况】 2017年，大桥镇区域总面积80.6平方公里（耕地1159公顷、林地5193公顷）。下辖行政村15个，总户数6040户，总人口19780人。全镇实现生产总值5.3亿元，财政总收入2347.2万元，农民人均纯收入19362元。年内通过省小城镇环境综合整治验收工作，成功创建“衢州市卫生乡镇”“衢州市无赤膊墙乡镇”。

【工业经济】 全镇有各类工业企业12家，其中规模以上企业2家。完成工业总产值31457万元，社会固定资产投资1.5亿元，地方财政收入689.4万元。全年完成25个项目谋划上报，完成穗丰牧业扩建项目，完成招商引资额5500万元。

【农业经济】 全镇农作物播种面积2770.67公顷，其中粮食作物面积1753.73公顷，总产量11284.5吨，油料465.4公顷，总产量881.4吨；棉花10.67公顷，总产量16.3吨；甘蔗8公顷，总产量493.4吨；蔬菜392.33公顷，总产量1.96万吨；果园62.8公顷，总产量1096.7吨。全年生猪饲养总量16.12万头，年末存栏5.03万头，其中开盛生态农业发展有限公司年平均存栏5.05万头，年出栏商品猪10万头；羊存栏数1685头，出栏1385头；家禽存栏数56.52万只，出栏177.97万只，其中穗丰牧业存栏蛋鸡30万只，季蛋产量1170吨；养蜂年末存量2120箱。同时， 加强土地流转工作，推进水稻规模化种植，推行稻—稻—油、稻—稻—中药材种植模式，全镇规模化种植面积达333.33公顷，实现增收500万元；推进养殖业提升，全镇10个猪场改为温室养鸡场，直接受益200万元；开展特色养殖发展，建立泥鳅养殖基地、特色养殖场1个。

【“四个平台”建设】 投资20多万元建设完成综合信息指挥平台，推进“四个平台”“最多跑一次”事项改革，科学划分网格，配备专职网格员43名，推进“最多跑一次”便民建设，设立大桥镇“桥通四方”便民服务微信公众号，完善一窗受理云平台建设，实现群众办事“少跑”“短跑”“不跑”。定期对信息网格员进行培训，要求各专职网格员要时刻掌握网格动态，及时发现问题，处置问题。推行全程化服务，让群众在“家门口”就能把事情办好。全年全镇“跑小二”代办件数量355件，一窗受理云平台事项886件，“四个平台”受理办结事件1696件，服务水平不断提升。同时抓好农村“三权”改革政策落实，在全市范围内率先完成农村土地承包经营权确权工作，颁发全市第一本经营权证。

【农业基础项目建设】 完成大桥溪桥头段1100米综合整治建设项目及大桥溪重点山洪沟

防洪治理项目，完成陈家畈高标准农田建设项目，完成3个山塘除险加固工程。持续推进长塘坞垄低丘缓坡土地开发项目，启动实施涉及10个村的仕阳尾畈和福塘片高标准农田建设项目，治理面积1420公顷。

高标准农田项目建设现场(何胜 摄)

【美丽乡村建设】 实行“三区”分片发展模式，以素有“浙西粮仓”之称的陈家村为中心，发展规模农业、现代农业、观光农业，先后投资200万元，实施陈家中心村宅间道改造工程、荷花观光园、省级千亩粮食示范片等工程；投资3000多万元，完成大弘农庄园现代农业园区建设；以西坂武学文化、桥头商旅文化、黄石义士文化等为支撑，深挖村庄文化底蕴，推进旅游精品线路建设，完成西坂、黄石等村省级卫生村庄创建。投资260余万元，完成西坂村景观坝、五谷神殿、泥鳅养殖基地、大坞垄水库休闲观光改造、黄石健身广场建设；推进黄石刘家福纪念馆建设，启动西坂村梅花拳馆修缮提升、梅花拳传承保护及申遗等工作，做深做透“非遗文化”文章，精品区范围内的所有村庄均被评为省A级景区村。持续开展以“六乱整治”为抓手的环境整治工作，投资50余万元，对芳源村、店边村进行美化改造，完成村庄沿线绿化改造，建成人行绿化道、景观塘等基础设施。

【小城镇环境综合整治】 结合“六乱整治”“五水共治”“四边三化”“三改一拆”工作，落实集镇生活污水处理和建设维护工作，推进水体清淤疏浚，巩固“清三河”成效。联合镇村干部、党员和志愿者，整治乱摆乱放和卫生死角，带动村民自觉拆除房前屋后违建搭棚，共清理乱堆放1000多处，清运垃圾废弃物1500多吨，拆除违章搭建50处，共5000平方米。开展集镇区域绿化缺失部分的苗木补植100多处，推进农户庭院美化工作。编制《大桥镇小城镇环境综合整治规划》，累计编排项目34个，计划投资2350余万元。年内，先后完成大桥镇集镇市民活动广场、集镇污水处理站及管网建设工程、集镇人行道改造提升工程、大桥公园、集镇南入口景观、集镇照明工程、农贸市场、集镇外立面改造工程、中心广场及周边一体化提升工程。成立专职集镇管理队伍，每天进行巡查，组建党员志愿巡防队伍，联合开展集镇巡查，制订出台违建处置、公物管理、墟日秩序、商户经营、交通管理、物品堆放等规范制度，开展卫生示范户评选活动，设立环境卫生红黑榜，建立商户黑名单制度，表彰先进，激励后进。

【“五四三”中心工作】 强势推进劣V类水体剿灭工作，完成3个省级、4个衢州市级劣V类水体点销号工作，完成30个池塘、4条河道、2座山塘的系统性清淤整治工作，清淤12万立方米，全镇出境水断面监测全部优秀，低丘缓坡开发消纳大桥溪流域清淤改造淤泥生态化治理模式，被列为“市级示范点”。启动实施7个保留养猪场的美丽牧场创建工作，年内成功创建3个。完成3个“一村万树”示范村建设；基本完成仕阳废弃矿山生态修复工程；完成中央、省环保督察交办整改事项12件。全面启动753户农村生活污水提升工程。全力推进“三改一拆”工作，提前7个月在全市率先超额完成工作任务，全年共拆除违章建筑326宗，面积77670平方米，及时清理拆违建筑垃圾，抓好拆后复垦工作，改善村容村貌。完成危房“清零”任务，创新提出镇企联动帮扶工作，全面腾空D级危房户90户，拆除或重建70户。快速推进C级危房改造，完成治理42户。推进地质灾害点搬迁、拆除，其中拆除2户已完成选址准备施工。常态化开展整治工作，全年完成整治问题点位240余个，拆除“四边”区域违章建筑面积3100平方米，清理乱堆乱放6080平方米，蓝色屋面整治2100平方米，立面整治3000平方米。标准化推进江青线“一镇一路”建设，投资6万余元完成江青线两侧路肩美化工作，开展沿线绿化彩化提升、美丽庭院建设，打造景观节点，提升沿线风景。

【民生保障】 投资80万元，修复西青弄水毁塌方公路255米；实施湖游、福塘等村庄道路拓宽工程，湖游、福塘等沿线村庄公交顺利通车，实现镇域公交全覆盖。争取省级资金60万元，完成敬老院消防水池建设工程、敬老院危房加固工程。投资1000多万元，启动以“农旅小镇”为特色的大桥镇粮仓骑行道旅游专项项目。做好文化惠民工作，完成新桥村、桥头村文化礼堂建设，开展送戏下乡活动5场，“非遗有约”走进大桥。落实城乡居民医保政策，参保率97%，老年人意外伤害保险政策参保2151人，参保率达68.18%。走访困难老党员，发放慰问金4.5万元。新办理独生子女意外保险1182户，承办浙江省计划生育基础全员信息系统现场会。开展低保提质扩面、医疗救助、乡镇临时救助、低保边

村民在新建集镇活动广场表演(宋颖 摄)

缘户和60周岁农村籍退役士兵享受军龄补贴认定补助工作，全面改善低收入人群生活质量。做好残疾人帮扶和各类补贴发放工作，提高残疾人生活质量和生活信心，营造良好的扶残助残氛围。全面完成15个村级慈善工作联络站建设，开展慈善募捐活动，筹集慈善资金37万元，完善全镇社会保障体系。

【社会治理】 深化平安大桥建设，抓好信访矛盾处理，全年排查民事纠纷104件，化解率达100%，重视信访维稳工作，圆满完成十九大、省美丽乡村现场会、世界互联网大会的安保工作。坚持“党政同责、一岗双责”，落实安全生产主体责任，开展安全生产大排查、大整治，共走访检查企业108次，排查出各行业、领域、生产经营单位存在的安全隐患和问题55项，全部完成整改。

(柴海龙)

凤林镇

【概况】 2017年，凤林镇下辖18个行政村，总人口42413人。全年完成固定资产投资3.89亿元、财政总收入2739万元，农民人均可支配

彩色稻艺

收入21629元，比上年增长11%。先后获衢州市粮食生产先进乡镇、衢州市卫生乡镇，乡镇（街道）工作目标综合考评复合型乡镇一等奖，光谷小镇在省级特色小镇考核中获评“良好小镇”。

【工业经济】 全镇全年完成固定资产投资3.89亿元，实现规上工业产值3.72亿元，完成工业投资1.87亿元。初步形成以光伏产业和竹木加工业为主导的工业格局，正泰和同景两大光伏龙头企业年发电量2.3亿千瓦时，产值2.4亿元。全镇共有竹木加工企业27家，其中规上木业企业2家。引进落地项目9个，招商引资资金2.5亿元。

【农业经济】 全年粮食作物播种面积2830公顷，产量1.91万吨。种植有机茶226公顷，培育食用菌315万袋。投资2000多万元实施全国新增千亿斤田间工程、标准农田质量提升工程、农业水价综合改革试点工程等大小项目16个，受益农田1000多公顷。启动官田村83.33公顷耕地垦造项目。打造“美丽农业”，促进“美丽经济”，种植“绿水青山就是金山银山”“喜迎十九大”两幅巨型彩色稻艺，吸引各地游客前来观光摄影；引导农业供给侧结构性改革，打响“红美人”柑橘、绿牡丹、秀珍菇等优质农产品品牌。

【开发光谷小镇】 投资200万元，建设绿道光谷骑行绿道4.5公里。完成“小镇客厅”用地征迁2公顷，发挥光伏产业辐射带动作用，引进江山如画樱桃园52公顷，带动休闲农业发展，全年共接待游客5万人次，深化“光伏+种植+旅游”内涵。

【建设文化名镇】 成功创建AA级景区村1个，A级景区村6个，新增民宿20家，新增床位178张，凤里村成功列入第一批省级传统村落。谋划农民体育幸福小镇、田园综合体等优质项目，为乡村休闲旅游补足后劲。举办南坞“三月三”民俗文化节、官田麻糍文化节、茅坂冬至民俗文化节等各类重大节会活动。

【打造美丽乡村】 围绕集镇建设管理“六个一”的要求，投资900多万元，实施小城镇环境综合整治。新建农贸市场1100平方米，设立摊位48个。对205国道集镇东入口、南入口等节点进行景观改造，在凤栖路、凤翔路等重要路段两侧铺装人行道，对沿街民居店铺进行统一改造，对背街小巷赤膊墙、环境卫生等重点难点进行整治。狠抓剿灭劣V类水体工作，按期完成31个点位的整治任务，完成计划外9个疑似劣V类水体和54个一般水体的水质提升，完成14个库塘景观打造。垃圾分类实现全覆盖，农污治理提质扩面。推进花峡线等路段“四边三化”工作，排查整改问题，启动3个村提标改造工程。以新205国道为重点，同步推进G3高速、贺峡线、清南线287个点的整治，拆除乱搭乱建3300平方米，清理乱堆乱放2.7万平方米，种植绿化1.2万平方米，整治蓝色屋面2.7万平方米，其中清南线和光谷小镇入口分别被评为江山市最美公路、最美景观节点。全力推进农村赤膊墙整治工作，排查整治赤膊墙762户6.5万多平方米。将“三改一拆”与其他中心工作统筹推进，全年拆违477宗16.76万平方米，完成年度目标任务的151%，复垦复绿8万余平方米。

【跨省治水新模式】 坚持源头治水、联动治水，与江西省广丰区东阳乡、玉山县仙岩镇互融互动，全力推进上下游联动，探索“一江水两省治三镇共享”的跨省治水新模式。结合“四个平台”建设，落实水体管护网格化，把横跨两省的卅二都溪纳入8个网格管理，形成“八段八治”良好局面；多次跨省联合执法关停搬迁龙溪沿线生猪养殖场21家、化工厂2家、采砂场1家；三方河长定期对接，全年召开治水沟通会20次，交办通报会7次，落实镇村互查15次，跨省执法9次。以卅二都溪为主轴，双方建立跨区域、山水型休闲农业集聚区，先后建成百亩桃源清水稻蟹种养基地、花山茶叶千亩观光园，龙溪马家柚休闲农业园、龙溪蓝莓采摘体验园等休闲农业项目，中华绒螯蟹、稻米等6项农产品获有机产品认证。

【优化发展环境】 被列为市“四个平台”精品线建设单位，完善硬件设施，建成综合信息指挥室2个，开展业务培训20多次，由55名专职网格员担任“跑小二”，负责矛盾化解、安全巡防、事件代办、信息上报等业务，提高基层信息流转办结，优化发展环境。做好城乡居民基本医疗保险的宣传与指导，全镇参保人数达到3.3万

南坞古村

多人。办结低保户 1152 户，发放低保金 542 万元；医疗救助 102 人，发放救助金 44 万多元；临时救助 59 人，发放救助金 10.9 万元。完成大花线、清南线、贺峡线等农村公路大中修项目，实施一事一议项目 4 个。开展“学在江山村·凤林您放心”优秀教师表彰会，促成衢州市实验学校与凤林镇中小学结对，创立“志澄教育基金”等助学机制，帮助 61 位学子获得 14.7 万元资助。弘扬最美精神，在第三届“最美江山人”年度人物颁奖典礼上，有 4 位凤林人受到表彰。落实计生系列保险 6728 人，落实计划生育扶助 495 人，为 7000 多人提供健康体检服务。帮助 90 名移民群众申报困难补助，完成 7 个水库移民项目建设。办理残疾证 172 本，并全部送证上门，办理残疾人补贴 203 人，为 30 户肢体重残者提供“家庭病床”服务。

（夏钰茜）

峡口镇

【概况】 2017 年，峡口镇紧扣“浙闽赣皖四省边界山水旅居小城”的目标定位，以精品集镇提升年、乡村旅游提档年、农村环境提质年、基层基础提效年“四年”活动为主抓手，经济社会发展取得明显成效。全年实现税收收入 3939.5 万元，同比增长 9.14%；实现工业总产值 29 亿元，同比增长 7.4%，其中规上工业总产值 14.8 亿元，同比增长 12%；实现全社会固定资产投资 11.2 亿元，其中工业固定资产投资 7.2 亿元；农村常住居民人均可支配收入 2.3 万元，同比增长 11.5%。先后摘得国家卫生镇、省美丽乡村示范乡镇、省园林镇、小城镇环境综合整治省级样板镇等国省级“金名片”，获评衢州市“强富美”乡镇（街道）分类争先考核中心镇组二等奖和江山市 2017 年度乡镇（街道）工作目标综合考核一等奖，被江山市人民政府授予集体三等功。

【抓好重点招商项目】 全年共引进项目 15 个，其中工业项目 12 个，10 亿元以上项目 1 个，5000 万以上项目 8 个，协议引资 29.6 亿元，利用外资 500 万美元，创历史最优成绩。总投资 22.5 亿元的开洋全屋定制产业园项目为峡口镇史上投资额最大的招商项目，在第四届世界浙商大会上成功签约。

【峡口小学迁建】 作为市 2017 年十大民生实事工程之一，峡口小学迁建工程于 6 月正式动工， 3 幢教学楼已结顶。新小学规模 36 个班，可容纳学生 1620 名。

【推进大峦口库区避险解困项目】 大峦口库区避险解困项目涉及搬迁农户 776 户 2284 人，被列入省移民扶持重点项目和江山市年度重点民生工程。全力做好农户宣传发动和用地征迁工作，完成搬迁协议签订 442 户 1497 人。

【抓好项目征迁】 7 月，组织开展“项目征迁大会战”，通过挂图作战，镇班子领导领办任务，全镇机关干部放弃休息，日夜攻坚，完成土地征收 9.73 万平方米、迁坟 101 穴、房屋征迁 43 户，拆除建筑面积 5500 平方米的王村旧砖厂。完成峡口水库引水工程、农贸市场拆违、兴华北街线路开闭所施工、小城镇违建拆除。

【推进美丽镇村建设】 7 月，峡口被正式授牌国家卫生镇，实现衢州乡镇“零突破”。全年共投入 1.7 亿元推进小城镇环境综合整治，全面清除“僵尸车”，实施重要节点外立面改造，开展空调外机、老式卷闸门整治，拆除出墙防盗窗 219 户 631 个，完成飞线、蜘蛛线入户整治，“二主三次”干道“上改下”比例达到 71.14%。完成5个村1300户农村生活污水提标改造工程。全年共拆违22.6万平方米，完成市下达任务的181%。镇财政投入240余万元，治理赤膊墙20余万平方米，整治蓝色屋面12万平方米，成功创建衢州市无赤膊墙乡镇、衢州市无违建乡镇。"美丽峡口"创建做法得到全国人大环资委副主任委员夏宝龙等领导的点赞。

【创新乡村旅游工作】 成功创建"峡风瓷韵"国家AAA级景区，广渡、柴村等5个村被命名为浙江省A级景区村庄，枫石村被评为浙江省老年养生旅游示范基地，峡里风驿栈成功入选衢州市十佳精品民宿。全年举办蓝莓节、杨梅节、风筝节、亲水节、房车露营节等各类节会活动6次，推出"风情峡里·动漫水世界"、北泉湖游船水上观光等旅游新亮点，共接待游客15万人次，同比增长15%，旅游收入438万元，同比增长42%。

8月19日，风情峡里·动漫水世界开园

【抓好试点工作】 按照集成高效原则，整合办公场所、办事力量和全科网格，投入100余万元完成"四个平台"改造提升，硬件设施以及信息上报、流转、办结等工作均居全市前列。加快"最多跑一次"改革，创新"一窗受理"模式，统一设立4个综合受理窗口及4个业务专窗。高质量推进浙江省行政规范性文件管理示范点建设，规范化登记编号政府合同52个，全面完成18个村的村规民约修订审查，承办全市法治政府建设暨重大行政决策合法性审查机制工作现场推进会。

【推进村级集体经济发展】 在原先飞地物业型、美丽撬动型、资源盘活型、集镇商贸型、土地积累型等多样化的集体经济增收模式基础上，峡东村谋划建设江山市第一个大型水上乐园项目，走出了一条"山水生财"的集体经济发展新路；大峦口村借助水库移民避险解困试点工作采购物业经济店面房5个；同桥村建设粮食烘干服务中心促集体增收；峡北村依托江山港整治后美丽景观，发展水上船览观光。全镇村级集体经济收入65.19万元，同比增长57.6%，其中经营性收入10万元以上村7个，5万—10万元6个。

【做好基层党建】 完成村级组织换届工作，选出新一届村两委干部110人，其中新任村书记5人，新任村主任9人。创新推行"跨村兼职"模式，获衢州市委副书记、政法委书记李锋批示肯定。基层党建水平全面提升，投入100余万元打造红色阵地，全镇18个村全部完成党建长廊建设。注重党建品牌打造，打出"1+X"党员先

党建长廊(董夏倩 摄)

锋治乱行动、“党员五责、村庄五好”等党建品牌；村级层面，培育枫石村“红枫+”、峡东村“风口上的龙头”、新和村“三老助兴和”等党建特色，党建盆景逐步扩展成为党建风景。

（毛淑华）

保安乡

【概况】 保安乡位于江山市域南部国家级森林公园仙霞岭下，辖区总面积73.4平方公里。2017年，全乡耕地332.09公顷，水田259.67公顷，林地6571.8公顷。全乡下辖7个行政村，58个自然村，66个村民小组。截至2017年底，完成固定资产投资1.89亿元，同比增长26%；农民人均可支配收入达17832元，同比增长10.8%；全年仙霞关等景区接待游客26.4万人次，同比增长62.8%。年内获省级文明乡镇、省级卫生乡镇、衢州市基本无违建乡镇、无赤膊墙乡镇等荣誉。

【加快转型升级】 以一、二、三产业融合发展思路，促进农业转型和乡村休闲旅游产业升级，完成山塘水库除险加固、灌区渠道、堤防加固等6个农田水利设施建设。休闲农业初具规模。全乡共累积流转田地120余公顷，共培育家庭农场32家。建成农产品质量安全追溯平台，农产品安全合格率稳定在97%以上。启动“一村万树”三年行动计划，种植珍贵树种1.79万株，先后建成赵宅门村桃树基地、化龙溪村白枇杷基地，保安乡被评为中国年度成长力森林旅游胜地。实施“旅游+”行动，抓热点，打品牌，成功举办红红火火过大年、箬山油菜花节等一系列品牌活动，用活动聚集人气，发展“美丽经济”。成立保安乡民宿协会和龙井民宿协会，加强对农户的培训和管理，为有意向从事电商行业的群体提供政策扶持和电商培训。搭乘“免费旅游”顺风车，全乡建成民宿特色村4个，每天可接待游客1000余人。以项目为抓手，加大对村庄建设、农田水利、道路交通等投资力度。全年累计投资2000余万元，实施小城镇环境综合整治建设项目，旅游厕所、停车场等基础设施不断完善。

【推进环境整治】 以美丽乡村创建为抓手，完成1个AA级景区村、2个A级景区村、2个示范村的验收工作。以民国风情为特色，围绕保安独特的自然山水和历史人文积淀，完成民国风

保安乡全景（谢丹 摄）

情外立面改造。结合“浙派民居”建设，积极谋划推进保安老街改造。增设统一标识的民国风情招牌、LED中国结和铁艺欢迎牌，形成保安旅游独特风景线。全面落实河长制、路长制和街长制，开展综合整治和垃圾、厕所、污水治理“三大革命”，龙溪村、裴家地村被评为省级卫生村，保安、后坂、赵宅门、西洋等4个村获评衢州市级卫生村。完成劣V类整治任务，两次接受省级剿劣暗访督查。四边三化亮点纷呈，2个省级、48个市级重点问题点整治已全面完成，谋划桥下空间利用2处，205国道保安支线被评为江山市最美公路。推进治危拆违，严格执行“一书三证”和农户建房“四到场”监管制度，加强对集镇农户建房的管控，全年共拆改违建3.4万平方米。采用同杆架设、管线下埋、贴墙走线等形式，开展线乱拉治理，乡主干道线缆基本完成上改下。

【强化民生保障】 惠民政策全面落实，城乡居民养老、医疗保险参保率达到全市平均水平。落实最低生活保障制度，完成新一轮低收入农户认定工作，做好低保救助工作，全乡低保家庭324户。完成全国第三次农业普查，摸清“三农”基本情况，农村土地承包确权合同签字率达90%以上。加大对教卫文体事业的支持，全年共举办各类文体活动29场。打造“学在保安”品牌，全省首个“为了明天——关爱儿童之家”项目运营良好。组织实施“七五”普法规划，鼓励创建民主法治村和无信访村，圆满完成平安护航十九大、世界互联网大会等重要节点的维稳安保工作。建立健全环境卫生保洁、门前三包等制度，动员群众参与村庄建设，引导形成乡村德治新秩序。开展社会公德、家庭美德宣传教育，在全乡打造美丽庭院70余户，以《菜根谭》为蓝本的家风家训上墙80户。在乡小学增设国学课程和民国小导游培训，在7个村统一打造党建长廊，打造“红色文化”“邻里文化”等品牌。以文化礼堂、党建长廊为文化宣传新阵地，组建仙霞挑夫等农民艺术团。

党建广场

【深化改革创新】 抓好学习教育，在全乡上下掀起贯彻落实中共十九大精神的热潮，全年开展十九大专题学习会5期，发放十九大报告和党章手抄本175本，共有576人次直接参与学哲学用哲学、学习习近平总书记“7·26”重要讲话精神等学习教育活动。完善依法行政制度体系，推行政府法律顾问制度，建立和完善乡村干部学法用法普法制度，组织全乡机关干部参加全省行政机关公务员学法用法考试。抓好为民服务，加快“最多跑一次”改革和“四个平台”建设，推出符合保安实际的保安乡政府便民服务事项指南30条，以“乡村管家”为载体，变“群众跑腿”为“信息跑路”，全年解决群众反映事件984件，调解矛盾纠纷142件。

（王璐姗）

廿八都镇

【概况】 2017年,廿八都镇区域总面积186.5平方公里。全镇耕地面积578.51公顷,山场面积12235公顷。下辖9个行政村,130个自然村,143个村民小组,总户数3674户,总人口12335人,10个党支部451名党员。全镇地区生产总值2.94亿元,同比增长7.0%;全社会固定资产投资1.8亿元;农村常住居民人均可支配收入17880元,同比增长11%。江郎山——廿八都景区荣膺国家AAAAA级旅游景区,廿八都镇被国家住建部列入国家特色小镇培育名单,兴墩村成功创建省森林村庄和AAA级旅游景区,浔里村被评为浙江省休闲旅游示范村。

廿八都古镇(王天林 摄)

【党风廉政建设】 对照“四过硬、五不能、六不宜”资格条件严把用人关,取消2名不符合要求的村委领导候选人参选资格,村党支部成员候选人预备人选、村委会换届选举自荐人全部签订履职意向承诺书和竞职纪律承诺书,做到程序到位、规范操作,村党支部、村委会、村监委等换届选举平稳有序,无违纪违规情况发生。贯彻民主集中制,坚持理论中心组专题学习、“三重一大”事项集体研究等制度,开好镇领导班子民主生活会,推动科学执政、民主执政、依法执政。深化基层党建“双整”工作,在全镇党员干部中开展“五比五为”活动,发挥党员模范带头作用,提升村级组织战斗力。开展“党员挂联重点工作”活动,每个村支书领办2个党建项目,把党旗插到重点项目上,推进村级经济社会发展。全年开展立项监督执纪28次、作风建设检查19次,下发督查通报13份,发出执纪交办书3份,提醒谈话12人次、诫勉谈话1人次,运用第一种形态处置34人次、第二种形态处置1人次、第三种形态处置1人次,接受个人有关事项报告7份。

【全域旅游发展】 全年乡村旅游接待人数36万人次,旅游收入2200万元,分别同比增长14.2%和21.8%。按照“景镇合一、融合发展”思路,启动旅游购物中心、枫桥路旅游停车场等项目建设,建成集镇第二污水处理厂并投入运营,引进新能源电动汽车,完善旅游导览标识系统,新建改建旅游厕所10个,完成公共WiFi全覆盖,引进太极湾江山驿度假酒店、岭上云间风栖坞、边城度假酒店、村味坊等高端休闲旅游项目。在兴墩村,挖掘红豆杉文化,八姐主题公园、夫妻红豆杉观赏平台、游客接待中心等相继建成。在林丰村建成6.5公里游步道环线,实现与广丰六石岩景区的通道互联。在周村村建成6公里游步道、停车场及旅游公厕等设施,发展森林游。创新旅游宣传营销,举办兴墩首届秋收养生节、古镇首届豆腐美食文化节等活动,承办江山100国际越野跑、漂流大赛等赛事,参加衢州市乡村美食文化节、“相约世遗,漫步5A2017年江山圆梦5A杭州旅游推介会”等节会,提高古镇旅游知名度和影响力。

【美丽乡村建设】 科学谋划40个工程项目,

涉及景观绿化、三线下埋、立面整治、道路建设等多个方面，总投资3000多万元。完成枫溪农贸市场提升改造、集镇沿街30幢房屋立面仿古改造、炉峰小区180多幢建筑外立面整治、浔里村文化礼堂周边75幢不协调建筑改造、珠坡岭26幢民房外墙粉刷、枫岭路白改黑等工程项目。加快推进景观提升改造，平原绿化3万多株，新建改造休闲广场6个，培育创建美丽庭院示范户30户。在205国道、溪东线等主干道补植珍贵苗木5000余株，将高速出口至国道连接线打造成“月季大道”，点亮扮美乡村风情。在集镇区域，修建文化墙500多米，改造仿古人行道300多米，铺设鹅卵石街巷1.5公里，创意改造农家茶舍11家，新增“一米菜园”景点，打造古色古香的慢生活街区。

【平安古镇建设】 组建镇综合指挥室，配备2名总管理员和16名职能部门端口管理员，规范业务流程，完善规章制度，提高平台运行实效。全面推行全科网格制度，全镇25个工作网格“一长三员”配备到位，落实村级专职网格员待遇报酬，确保网格服务管理高效。全年累计检查单位98家次，发现各类安全隐患118个，先后取缔醇基燃料使用点2处，处置农村D级危房19幢、拆除地质灾害点危房2幢，对2条存在隐患的农村公路进行升级改造，在全镇新增60个治安高清探头。认真办理“12345”政府热线投诉举报，年内36件受理投诉举报全部按时办结。全年成功调处矛盾纠纷43件，限时办结信访件10件，一批疑难信访矛盾得到妥善化解，花桥村、枫溪村等5个村成功创建江山市无信访村。

【环境整治提升】 坚持问题导向，从群众反映强烈的环境问题着手，以景区、集镇周边、两路两侧、主河道等区域为重点，开展环境综合整治，对私搭乱建、占道经营、不协调广告牌等“顽疾”进行全面清理，综合运用“路段长日巡查”“一周双整治”“联片包干”“约谈督查”等工作机制。全镇共开展集中整治行动80多次，清理乱堆乱放750多处，整治占道经营160多处，拆除更换不协调广告牌55处，新设停车位60余个，劝导车乱停120多次，清理“僵尸车”5辆，清理清运各类垃圾120多吨，拆除农村旱厕、简易厕所40个，整治农村赤膊墙149户(处)，拆违5.1万平方米。

【民生服务保障】 完成低收入农户认定786人，“雨露计划”资助15人，健康扶贫516人，全力帮扶孤寡老人、留守儿童等弱势群体。完成369名残疾人调查核对工作，组织10名残疾人参加全市残疾人运动会。投资500多万元建设枫溪物业综合大楼，打造集镇新地标。扶持周村、山峰等3个村红色物业建设，鼓励支持林丰等6个经济薄弱村通过光伏工程壮大集体经济收入，增强“造血”能力。发展“一村一品”，重点支持猕猴桃、茶叶、薏米、高山蔬菜等特色产业发展，引进和培养农村青年电商、新型农民等实用人才，推动农业与旅游、电子商务等产业融合发展，促进农民增收致富。

(叶　成)

长台镇

【概况】 2017年，长台镇区域总面积62.38平方公里，其中耕地868公顷，林地4601公顷，森林覆盖率达80%。下辖9个行政村，1个居委，总户数6325户，总人口19575人。全镇实现地区生产总值4.19亿元，完成社会固定资产投资1.84亿元，农民人均纯收入20940元。先后被评为国家级生态镇、省级文明镇、省体育强镇、省级蜂业特色农业强镇、省体育特色乡镇、省级科普示范乡镇、省农业特色优势产业强镇（食用菌）、省小康型老年体育乡镇、省老年体育特色项目之乡。

【工业经济】 全镇有各类企业45家，其中规上企业6家。全年实现工业产值10.5亿元，规模企业产值3.5亿元，工业增加值2.7亿元。挖掘现有资源，进行腾笼换鸟，利用长兴村原标准厂房引进门厂。鼓励企业进行电商换市，开通健康蜂业、天霖两家公司网上销售平台，全年网上销售额2674万元。建成长台、贺新、金檀、花园、乾湖5个农村电商服务网点村，长兴、贺新成功创建衢州市电子商务示范村，引进猫哥贸易、鑫翔贸易、路易进出口等3家电子商务公司。全员招商不放松，全年共洽谈项目9个，引进雅尔门业、千亩稻田休闲观光园等新建或续建项目7个，其中亿元项目3个，开工建设项目7个，招商引资到位资金2.2亿元。

【农业经济】 农作物播种总面积1914.53公顷，其中粮食作物面积1247.33公顷，总产量8248吨；豆类52.8公顷，总产量124吨；薯类46.47公顷，总产量254吨；油料190.73公顷，总产量325吨；棉花16.6公顷，总产量25吨；蔬菜239.6公顷，总产量6151吨；食用菌734万袋，总产量5822吨；果用瓜25.87公顷，总产量716吨；花卉26.33公顷；茶园26.6公顷，茶叶产量26.3吨；果园257.8公顷，水果总产量1952吨。全年肉类产量1491.1吨，其中猪肉909.9吨。生猪年末存栏5816头，年内出栏1.4万头；牛年末存栏130头，年内出栏163头；羊年末存栏448头，年内出栏229头；家禽年末存栏19.6万羽，年内出栏44.5万羽。全镇种粮大户15户，新增3个，流转土地400公顷。投资355万元，实施两个标准农田质量提升工程。深化土地确权改革，基本完成170个村民小组5083户，976.26公顷土地确权任务。加快推进下徐分畈千亩示范片、大长尾畈千亩示范区建设。建成省农业示范试验种植基地。花园黑莓、贺新乾湖香榧、长台覆盘子、长安红美人等农业特色项目已立项。华峰村连作晚稻百亩方平均亩产793.48公斤，单田最高亩产818.75公斤，均打破浙江省纪录。

【重点项目】 强化攻坚担当意识，东西南北中全方位推项目。东推龙潭湾养生养老基地项目，谋划龙潭湾漂流延伸至长台，融入东部山区镇村休闲旅游精品线建设。西推异地搬迁安置小区项目，投资307万元实施各项配套工程建设，小区环境逐步美化，基础设施日益完善。南推“最江南”绿色综合实验区项目，打造长台发展新引擎，已完成65043公顷土地政策处理。鑫宝牧业光牧结合项目已完成土地流转。建成长台中心卫生院住院大楼，完成敬老院一期工程，新增6个新能源电动汽车站点，建设1座组装式公厕。

【小城镇综合整治】 以高站位抓好组织领导、高标准抓好规划设计、高要求抓好整治工作，投资1500多万元，全面完成集镇街道景观整治提升、垃圾收集站建设、农贸市场改造、集镇立面整治、弱电上改下、通昌路白改黑、文化墙建设、221省道至集镇连接线、建设人行道铺装硬化等工程项目，挖掘长台得天独厚的历史、人文内涵，围绕古镇、绿水、蜂飞等文化符号打造独具魅力的甜蜜小镇。

【全域旅游】 坚持“农业+旅游”发展定位，发挥鹿鸣山庄、鸡爪槭基地、猕猴桃种植等优势，完善设施配套，实施贺新深渡至碗窑岭后林区道路工程，打通深渡旅游发展之路，拉长碗窑农家乐产业链。推进一批生态旅游项目，乾湖塔里塴至碗窑天井楼梯坑道路完成林地政策处理，龙潭湾养生养老基地项目完成土地租用、政策处理等前期工作。收储、盘活江山市健康种蜂场，做大蜂群数量，做强蜂产品开发和品牌培育，做优种蜂产业，做美蜂文化宣传，做足蜂旅结合文章。成功举办“蜜蜂·韵香梨花节”，吸引游客1000余人，长安村鸡爪槭基地接待游客近3000人。

【农村环境整治】 打好“五四三”等转型升级“组合拳”，全面落实“河长制”，投资30多万元消灭13个省剿劣点，治水群众满意度位居全市前列。防止生猪复养反弹，对6家“零排放”养殖保留场实行严控数量、严防污染。积极融入美丽乡村现场会，完成立面整治40610平方米，绿化彩化6000平方米，雕塑建设4座，庭院美化52户，墙绘1000平方米。完成20户D级和63户C级危旧房整治，累计拆除违建251宗11.3万平方米，完成全年下达任务的150.53%。投资476万元全面推进农村“双治”工作，消灭赤膊墙400多幢，整治面积8万多平方米，获衢州市“无赤膊墙乡镇”称号。成功创建浙江省卫生镇、衢州市无烟单位，长安村、乾湖村被评为浙江省卫生村，华峰村通过省卫生村复评，金檀村、长台村被评为衢州市卫生村。

【社会事业】 开展省级低收入农户核查认定试点工作，全年共认定低收入农户681户1238人。做好困难群众救助工作，累计发放救助金343.1万元。完成城镇居民养老保险、医疗保险参保工作目标任务。做好下山搬迁安置工作，帮助下山脱贫137人，安置38户。完成204户“金屋顶”光伏富民工程安装。打造“学在长台”教育品牌，长台初中2017年中考总平均分稳居农村初中第一，重点高中上线人数达38人。成立农村初中首个“嵩溪书苑名师名人工作坊”。加大教育资金投入，全年累计助学34万元。完成7个村文化礼堂建设和提升任务，长安村文化礼堂被评为衢州市四星级文化礼堂。贺新村主任陈明友入选第三届“最美江山人”年度人物提名。配合全市体育强市创建工作，省级体育强镇通过复评。投资40万元建成长台镇科普文化馆。

（伍俊斐）

石门镇

【概况】 2017年，全镇实现区域生产总值10.5亿元，固定资产投资3.08亿元，财政收入1987.33万元，农村居民可支配收入22230元。镇域内江郎山、清漾景区荣膺国家级AAAAA景区，石门旅游迈入“后5A时代”。全省美丽乡村现场会清漾考察点取得圆满成功，总投资80亿元的“归江山居”文旅颐养小镇项目成功签约，石门镇成功入选浙江省旅游风情小镇培育名单。协办系列全国性、国际性重大体育赛事。配合接待省委书记车俊和省委副书记袁家军到石门调研考察。

【工业经济】 全镇各类企业38家，以家具木业为主。骨干企业主要是，江山伟峰家具有限公司、江山市振德家具厂、江山市恒力劳防用品有限公司、江山市铁木林家具厂、江山市安旭门业、江山永明电工器材有限公司等。全年完成工业总产值2.9亿元，招商引资实际到位资金6800万元。

【农业经济】 农作物播种总面积3809.67公顷，其中粮食作物面积2600.73公顷，总产量

11月16日，全省美丽乡村和农村精神文明建设现场会嘉宾在石门镇清漾村考察

15892.7吨；薯类121.73公顷，总产量418.4吨；油料287公顷，总产量458.7吨；棉花73.33公顷，总产量110吨；蔬菜252.67公顷，总产量6822吨；食用菌1096万袋，总产量5480吨；果用瓜45.07公顷，总产量939.2吨；花卉416.53公顷；茶园106.67公顷，茶叶产量150.3吨；果园96.93公顷，水果总产量1263.5吨。生猪年末存栏2.9万头，年内出栏7.77万头；牛年末存栏155头，年内出栏249头；羊年末存栏302头，年内出栏163头；家禽年末存栏34.5万羽，年内出栏143.2万羽；兔子年末存栏890只，年内出栏2880只。10月，全省晚稻绿色高产创建现场观摩会在石门镇召开，石门镇单季晚稻百亩示范方亩产系浙江省首次突破1000公斤大关，再创“浙江农业之最”，获得省主要领导批示。

【生态旅游业蓬勃发展】 烟雨江郎国际生态旅游度假区项目进展顺利，成为全市知名休闲旅游目的地。谋划江郎山极限运动休闲小镇、中华农耕军事文化主题公园等项目。全镇农家乐增至71家，民宿床位超过800张。清漾村被评为浙江省AAA级景区村庄，界牌、江郎山、西山3个村被评为浙江省A级景区村庄，清漾、界牌、江郎山3个村成功创建民宿特色村。景区免费游火热开展，再次成功协办全国新年登高健身大会、江郎山国际100越野跑、中国江山江郎山国际徒步大会等重要体育赛事，提升石门镇旅游+体育的知名度和美誉度。成功举办阿依乐新春游园会、石门镇首届乡村休闲旅游节等节庆活动。推行农旅结合模式，高端红心猕猴桃、红心火龙果、中草药、雪藕、百香果、清水鱼等特色种植、养殖产业发展势头良好，农旅结合效益明显。全镇共发展家庭农场58家，规模经营流转面积587公顷。

12 月 23 日,举办节会活动

【优化生态环境】 全面深化河长制,圆满完成省级剿灭劣Ⅴ类水任务,通过实施农村生活污水提升改造工程、河湖库塘清淤整治工程、生态景观塘库提升工程,巩固剿劣成效。推进农牧循环经济示范小镇建设,生物有机肥厂、智能大棚、节水喷滴灌工程等项目进展良好。金炉村清水石斑鱼养殖基地初具规模。整合农房立面改造、赤膊墙整治、美丽庭院、绿化提升工程等项目,改造房屋 448 户,完成省、市、县交办点 430 余处,被评为市“四边三化”先进集体,江郎山花峡线连续两年被评为“衢州最美公路”。拆除违建 358 宗,拆除面积 12 万多平方米,拆后利用率达 90%,复垦面积 4000 余平方米,旧厂房改造 20800 平方米。

【信访维稳成绩显著】 秉承“打邪气、树正气、硬底气”的综合治理理念,实施“警官任村官”机制和“四调”工作法,实行重奖重罚,全年办结信访案件 74 件。完成全省美丽乡村现场会、十九大、全国“两会”、世界互联网大会等重要节会的信访维稳工作。通过搭框架、配设备、建指挥室、组网格员,完善“四个平台”建设,确保顺畅、协调、高效运转。联合执法 179 起,处理各类矛盾纠纷 803 件。落实安全生产“一岗双职”责任制,组织实施安全生产大检查、食品安全大检查、木业生产隐患排查等专项整治活动,开展各类检查 130 余次,宣讲和培训 10 余次,全年无重大事故发生。

【集镇综合整治】 投资 800 多万元,完成集镇中心街提升、集镇景观整治提升、三峰路整治提升、农贸市场提升等 10 余个项目,改善集镇面貌。

【重点项目有序推进】 完成全省美丽乡村现场会项目,实施项目 30 余项,总计投资 2000 多万元,成功保障 11 月 16 日现场会清漾考察点的顺利进行,获得衢州市集体嘉奖;由浙江蓝城集团开发打造“集文旅休闲、生活服务、都市农业”于一体“归江山居”文旅颐养小镇项目成功签约,项目总投资 80 亿元。项目征迁进展迅速,仅用 50 天时间,完成通景公路(石门段)征迁项目坟墓迁移、房屋拆除和 3.76 公顷土地征收工作。完成“最江南”稻香谷一期项目 37.53 公顷土地政策处理,获市委主要领导的批示肯定。

【社会事业不断发展】 “最多跑一次”和“一窗受理”改革工作卓有成效,浙江卫视进行报道。石门镇敬老院改造工程基本完成,低保提质扩面、残疾人救助等工作有序开展。被评为“十二五”期间衢州市残疾人工作先进集体、2013—2016 年度全市体育先进单位,成功创建衢州市卫生乡镇。

(叶东勋)

张村乡

【概况】 2017 年,张村乡实现农林牧渔业增加值 7278 万元,财政总收入 1421 万元(地方财政收入 1389 万元),农村常住居民人均可支配收入 15860 元。被江山市委授予“最佳满意乡镇”称号；获浙江省森林文化小镇、衢州市卫生乡镇、江山市落实全面从严治党主体责任先进集体、全市十九大维稳安保工作先进集体、小城镇环境综合整治行动先进集体、食品安全工作先进集体等荣誉称号。

【工业经济】 全乡有企业41家。有张村电站、东坞坪电站、皮石曲电站、河碓电站、老佛岩电站5家，年发电量1400余万千瓦时。全年完成工业总产值2086万元，增长5.6%；完成工业销售产值2015万元，增长5.2%；完成固定资产投资6030万元，完成市计划的110%。

【农业经济】 农作物播种面积1044.6公顷，其中粮食作物面积573.5公顷，总产量3748.3吨；蔬菜348.2公顷，总产量7298.7吨；果用瓜5.6公顷，总产量101.8吨；油料82.2公顷，总产量189.2吨；茶园257.9公顷，茶叶总产量235.5吨；果园471.9公顷，水果总产量3086吨（其中猕猴桃2906吨）。全乡致力于提升强农、富农、活农水平，深化农业供给侧结构性改革，转化“两山”红利。做大做强猕猴桃、油茶、茶叶、黄秋葵四大支柱产业，扩大种植面积，合计年产值2.5亿元，带动农民增收5635元，产销形势逐年攀升，集聚效应、辐射带动能力显著增强。

【旅游产业】 以太阳山AAA景区村为中心，推进各村休闲旅游项目发展，全年建成太阳山村、琚源村美丽庭院示范线路2条。创建休闲农业示范点2个，农家乐11家，民宿客房160间。琚源村农家乐、民宿被列入衢州市职工疗休养农家乐（民宿）推荐名录，全年实现村民年平均增收5万元，村集体增收10万元。太阳山村成功创建国家级AAA景区村，被列入职工疗休养休闲区（点）推荐名录，实现村民年平均增收7万元，村集体直接增收15万元。

【基层党建】 完成组织换届选举工作。选举产生新一届村两委63名，其中村党支部委员35名，村委委员30名，新任村支书3名、村主任7名、支部委员14名、村委委员13名。组织全乡党员干部学习十九大精神10余次，涉及党员500多人次。发挥文化礼堂的作用，安排组织开展宣讲十九大精神系列文体活动21次，惠及群众2500余人。作为“四个平台”建设及“最多跑一次”改革试点乡，建立一支由村党支部委员、乡党员干部及派驻部门联络员为主的“跑小二”队伍，并首创“周三大堂汇”集中办公制，自实行以来，完成代办事项3718项，1899件事项实现“最多跑一次”目标，《人民日报》《浙江日报》等主流媒体进行报道，成为改革的“样本”。

党建文化长廊

进一步夯实党建基础。以基层党建“整乡推进，整县提升”双百行动为契机，以洪岩顶党史教育基地为党员活动主要阵地，加大对支部党员活动阵地的建设力度，形成党员学习有阵地、党员活动有主题、党员履职有方向的良好局面。

【基层治理】 重视信访维稳工作，顺利完成十九大、世界互联网大会、美丽乡村现场会和太阳山庙会期间维稳安保工作。做好信访、矛盾纠纷化解等工作，建立驻联村干部矛盾纠纷化解包干机制，确保小事不出村，大事不出乡。全年接收信访件46起，办结46起，矛盾纠纷化解95起，化解率100%。加强法制宣传，开展各类普法教育活动，增强群众法治意识。高度重视森林防火工作，保障护林员队伍，加强宣传引导，落实巡查机制，全年未发生森林火情。推进“五水共治”工作，开展“保Ⅲ争Ⅱ”攻坚战，全域达到Ⅱ类水体标准；开展农村生活污水治理，全乡农户受益率达80%；深化推进“四边三化”，全力整治赤膊墙；推进治危拆违，开展“三改一拆”集中行动和D级危房拆除专项行动，全年完成拆违36784平方米，完成任务数的147%。开展爱国卫生运动，做好垃圾分类等工作，成功创建“衢州市卫生乡镇”“衢州市无违建乡镇”“衢州市无赤膊墙乡镇”。

【民生实事】 加强人民生活保障，实施精准扶贫战略，打好扶贫攻坚战。开展消除经济薄弱村工作，全年完成指标任务村9个，占总村数的81%；开展低收入农户核查认定工作，全年共认定低收入农户651户，1125人；做好困难群众救助工作，累计发放救助金247.8万元；全面完成城乡居民养老保险、医疗保险参保工作目标任务。做好下山搬迁安置工作，异地搬迁安置53户，182人。

【文化建设】 境内共有97处文物点，其中含7处省级文物保护单位，14项非物质文化遗产普查项目，有1座古塔、2座牌坊、5条古街、20多条巷弄、6座水碓、5座古戏台、8座石拱桥、6座古亭、9座祠堂、12幢大厅大堂、16座寺殿庵和10多处山水名胜。有省级文物保护单位江南木雕之典范的黄氏宗祠、周氏宗祠。中国传统村落和中国历史文化名村规划设计获得省优秀城乡规划项目三等奖、衢州市优秀村庄规划项目一等奖。依托文化礼堂阵地建设，开展家风家训宣传教育工作，弘扬传统美德，提升文明素质。注重培育彰显张村特色的文体队伍，黄家拳、太极拳、太极扇等文体活动进一步开展。7月，张村文体队组队参加浙江国际传统武术比赛，取得15金4银2铜的优异成绩、推送的黄家拳、太极扇等传统武术表演节目，进入衢州市第二届最美体育人颁奖晚会暨首届体育春晚。

【太阳山庙会】 太阳山庙会在每年的农历六月十五日至六月二十日举行，高峰期为六月十九日。2017年庙会，6天时间有3.5万人上山朝拜，其中农历六月十九日有1.2万人。香客除江山本地外，还有来自衢州、兰溪、金华等地。乡党委、政府协同市民宗局、旅委、安监局、公安局、交警大队、交通运输局、林业局、卫生局、市场监管局、消防大队、移动公司等11个部门单位做好安全及后勤保障工作，在通往庙会的主要路段和节点，安排人员24小时值守，保障香客安全。

（郑祎晖）

塘源口乡

【概况】 2017年，塘源口乡区域总面积105.6平方公里，其中耕地面积676公顷，林地1055公顷。下辖9个行政村，总户数3184户，总人口10227人。全年实现地区生产总值2.22亿元，完成社会固定资产投资5800万元，财政总收入2642万元，农民人均纯收入16386元。被评为衢州市卫生乡镇、衢州市无违建乡镇和无赤膊墙乡镇，获江山市十九大维稳安保工作先进集体，

仓坂村千亩猕猴桃特色基地

成功创建桃园洪福村国家AAA级景区、浙江省农家乐集聚村，成功创建洪福村、仓坂村浙江省AA级景区村庄，成功创建塘源村、青石村A级景区村庄。

【农业经济】 2017年，全乡农作物播种总面积665公顷，其中粮食作物面积339公顷，总产量1991吨；油料作物面积106.27公顷，总产量180.6吨；蔬菜面积194.87公顷，总产量3701吨；茶叶面积173.2公顷，总产量58.2吨。家禽存栏9250羽，出栏8914羽；蜂2635箱。全年农业产值14540万元。

【提升特色农业产业】 科学布局“一核二线四片”空间，持续做好栽培技术、品牌销售、产品包装等“八个统一”。全乡猕猴桃种植户1420户，种植面积666.67公顷，猕猴桃产量7000吨，实现产值6000多万元，“四个一万”目标初步完成。针对猕猴桃溃疡病泛滥的情况，着力加强技术服务，向上争取30万元专项资金，全面排查并完成猕猴桃溃疡病整治26.67公顷3万株。举办猕猴桃灾后管理、技术提升培训班5期，指导200多户桃农科学管理猕猴桃园。强化向上对接，对外推介，谋划推进塘源口猕猴桃外贸出口，打开国际市场，提升产品附加值和知名度。通过与省外贸公司的初步对接，全乡多点土壤检测和果品品质检测均符合出口标准，产业发展前景良好。覆盆子种植快速扩张，全乡种植规模达450户，133.33公顷，产值1200多万元，成为继猕猴桃产业之后又一农业特色产业。

【发展全域旅游】 围绕洪福村中国传统村落、浙江省历史文化村落、古村落保护等相关项目建设，加大基础配套设施建设力度。投资百万元，修复洪福村文化礼堂及洪公拳馆，完成游客接待中心改造提升。投资135万元，实施洪福村道路景观配套工程和洪公口至洪公农村公路提升工程，景区交通条件得到改善。塘源村全力争创衢州市民宿特色村，年内新建民宿11家，房间87个；洪福村新增民宿房间15个，床位30张，游客接待量5万多人次，增长60%以上，民宿富农增收效益明显，成功创建桃园洪福国家AAA级旅游景区。启动仓坂村民宿农家乐综合体建设。成功举办“全城猕恋”第三季猕猴桃采摘节、第三届“洪福杯”自行车爬坡赛、“清凉塘源口”系列旅游节会，电子商务稳步发展，农村淘宝实现“零”突破。

【保护水体生态】 推进“五水共治”，落实河长常态巡查、现场办公、绩效督考机制。开展“清三河”反弹隐患排查，严格按照“一点一策”水质达标提升方案抓整改。投资3万元，完成永根塘填埋；投资20多万元，治理河道900米，完成清淤0.63万立方米，全面剿灭劣V类水体，全域范围内达到Ⅲ类水以上标准。完成生活污水生态化治理，农村生活污水处理设施全覆盖，其中5个村移交运维管理。投资40多万元，在上年建成塘源口溪游步道工程的基础上，继续实施游步道延伸工程，全长800多米。推行河道生态保护奖补机制，严查电、毒、炸、网等违法捕鱼行为。组织开展“清洁河道”“清洁家园”及创衢卫、集镇整治专项行动50余次，成功创建衢州市卫生乡镇。

【建设美丽乡村】 以“道乱占、车乱停、摊乱摆、房乱建、线乱拉、物乱堆”6个专项整治为抓手，加大集镇秩序整顿力度。投资13万元，设置临时停车场1个。开展“低小散”块状行业专项整治，整改、关停“四无”“三合一”等不规范经营单位8个。完成111幢赤膊墙集中整治，成功创建衢州市第三批“无赤膊墙乡镇”。投资60余万元，实施村庄景观提升、绿化提升项目3个；投资20多万元，推进集镇街头文化墙工程、集镇蓝色屋面整治、集镇街面及背街小巷整治等项目。实行路长制、街长制，开展专人定期巡查，全力改善道路通行能力。全年共组织32次500余人次参与“四边三化”集中行动，完成乱堆乱放节点整治413个，拆除乱搭乱建42处，整治蓝色屋面1000多平方米，成功通过省小城镇环境综合整治验收。开展植树增绿、见缝插绿、拆违补绿、拆墙透绿专项行动。投资44万元，完成玉源至集镇主干道两侧绿化。开展河岸绿化工程，投资10多万元，在集镇段河岸建设步行道，并进行绿化、美化提升改造，建成一条全长1500米的滨水休闲绿道。推进集镇入口节点整治并设计制作绿化及特色标识标牌，建设“四边三化”“一镇一路”项目，投资42万元对集镇入口500米主干道两侧进行绿化。严把规划建设审批关，严格执行“一书三证”和农户建房“四到场”监管制度，完成农民建房审批35件。深入推进“三改一拆”，年内共拆除违建231宗，

集镇入口（姜拥军 摄）

面积 3.2 万平方米，成功创建衢州市“无违建乡镇”。

【改善民生福祉】 抓好大病救助工作，全年完成救助 37 户，发放救助金额 16 万元。城乡居民合作医疗参保率 96.4%，独生子女家庭意外伤害险应保尽保，安康保险参保 722 人，完成养老资格认证 2581 人。年内开取意外伤害证明 147 份，合作医疗异地就医报销 34 人次，报销金额 23 万元，降低群众看病费用负担。完成新一轮低收入农户认定工作，做好低保救助工作，全乡低保家庭 323 户，其中新增 35 户，年内累计发放最低保障金 60 多万元、五保供养金 24 万元，五保集中供养率 100 %。300 多名重残、瘫养、助学、无固定收入等困难群众享受残疾补助。走访慰问老、病、残、困等弱势群体 196 户，发放救助款 13 万元。完成全乡 47 台农机购置补贴，补贴总额 7.5 万元，受益户达 18 户。

【完善基层治理】 主动下沉一线，化解各类矛盾纠纷 35 宗，接待信访案件 11 件，全部完成处置并答复，“清风和事佬”工作室平稳运行，全乡实现无赴省集体访、无去京非正常访和集体访、无中央和省挂牌交办或未办结信访积案的“三无”目标。与长台派出所联合推出“无事、无盗、无访”平安网格“三创”工作，实现小事不出村、大事不出乡。中共十九大、世界互联网大会期间，全程一级响应，落实全域值班巡夜，守住“本地不出事、北京不去人”的底线，实现境内平安稳定。推进效率提升年、项目攻坚年“两年”活动，打造综治、行政执法、便民服务、市场监督“四个平台”，建成塘源口综合信息指挥系统，完善网格管理制度，全乡依实际情况划分 25 个网格，明确“一长三员”职责，组织全科网格员培训 12 次。实现“四个平台”建设向村级纵深推进，落实“跑小二”全程代办制度，一窗受理平台实现常态化流转运营，按照“受办分离”原则对便民服务中心功能板块进行重新布局，提高事件受理办理效率，年内超过 600 个事件通过“一窗受理”云平台实现交办。

【推进特色产业发展】 强化农旅互促发展格局，基础配套设施逐步完善，民宿、农家乐经济效益显著增长，“全城猕恋”第三季猕猴桃采摘节、第三届“洪福杯”自行车爬坡赛、“清凉塘源口”系列旅游节会发展为常态化的旅游节会，成为塘源口乡村休闲旅游提高对外知名度和美誉度的重要载体，成功创建桃园洪福国家 AAA 级景区，猕猴桃产业持续实现扩面提质，覆盆子产业快速崛起，成为乡第二大农业特色产业。

（柴兴荣）

人　物

人物传

（按出生年排列）

【姜翔翱】（1911—1937），字长高，江山市新塘边镇勤俭村大爿埂自然村人。

姜翔翱自小勤奋好学，志气高远，从新塘边镇嘉湖高小学校毕业后，考入浙江之江大学、浙江警官学校。1933年，在浙江省立体育场当助理员。后考入刚创立的电雷学校，该校直属国民政府军参谋本部，既是军校，又是战斗部队，实现姜翔翱保家卫国的愿望，改“长高”名为“翔翱”，寓意雄鹰展翅翱翔。

1934年12月，姜翔翱作为电雷学校首届航海班学员，登上“策电”号练习舰实习舰课，后又到“同心”“同德”号炮舰实习浅水作战。9个月实习期满任少尉航海副。1936年3月，电雷学校快艇大队成立“史可法”“文天祥”两个中队。姜翔翱任英制艇“史可法”中队“史34”号鱼雷艇中尉代艇长，后任上尉艇长。

1937年7月底，电雷学校奉军事委员会命令划归江阴区江防司令部，所属各舰艇均积极投入到反抗侵略的斗争中。8月，中国军队在江阴江面上构筑防线，阻止日本舰队西入长江。随着上海会战的激化，9月20日，日军出动飞机攻击江阴江面上的中国舰队，江阴海空战打响。此时，鱼雷快艇负责江阴外围机动地与敌周旋，展开水上“游击战”，阻击沿长江溯江上犯的日伪军舰，保障陆军作战地域的侧翼安全，并掩护沿海政府机关、学校、工矿企业内迁。

10月3日拂晓，姜翔翱率领的“史34”号艇在江阴夏港附近负责警戒，航行至六圩江面时，遭到日军“神威”号水上飞机母舰所属4架飞机的追踪和轮番轰炸。“史34”号艇以高射机枪与4架日机作战，并作“之”字航行，躲避敌机轰炸，日机投弹十余枚皆未命中，改以俯冲用机枪扫射。姜翔翱沉着指挥，终因距离太近，躲避不及，舰艇油柜被日本飞机机枪子弹击穿，燃起熊熊烈火。姜翔翱与官兵坚守战斗岗位，将生死置之度外，继续用高射机枪还击，打得日机乱了阵脚，其中一架击中逃亡。后“史34”号艇沉没于夏港江中，艇长姜翔翱与副艇长叶君略、轮机员江萍光、电务员马玲、列兵罗埕、孙毓、徐祥麟、舒志新、刘成学等9人壮烈牺牲。“史34”号艇成为全面抗日战争开战3个月以来被日机击沉的第一艘鱼雷快艇。

姜翔翱牺牲后，他的名字被录入《南京保卫战死亡官兵名册》，《姜翔翱等37名海军故员的请恤表》得到军事委员的核准，发给一次性抚恤金360元。后以乡镇难民的名义，亲属每年在江山申领抚恤金至1949年。

2017年1月6日，姜翔翱被中华人民共和国民政部认定为烈士。

【刘允高】（1926—2017）字宗式，号鸣鸿，江山市贺村镇水晶山底村人，高中文化，江山市教育局离休干部（享受县级待遇）。

刘允高8岁入私塾，后转入水晶山底小学读初小。1939年，考入坛边高级小学，后转到城内若瑟小学。1940年，由于两个哥哥被抓壮丁，他被迫辍学。为此，怨恨伪政权，不满国民党。1944年，为逃避壮丁，到志澄中学读书。

1948年初，与一批有正义感的青年学生上书民国县政府，控告乡长横行乡里、鱼肉百姓。11月，参加在上王竹子林建立的浦（城）江（山）衢（县）游击支队。

1949年1月，经中共闽浙赣区党委（省委）城市工作部党员高展介绍，加入闽浙赣城工部地下党。年初，根据组织安排，只身到浦城，从浦城地下党搞到200发手枪子弹，包装成春节拜年用的礼包，乘汽车顺利将子弹带回江山，转交游击队。3月，闽浙边区人民解放军浦江衢游击支队整编为浦江衢游击支队江山第一大队时，任大队教导员兼一中队长。4月，与大队长何光海，通过内应，使用攻心术，缴获坛石乡公所长短枪20余支和一批弹药。5月4日，从收音机里得知中国人民解放军已打到开化，继续向南挺进，游击队员欢欣鼓舞，擦枪备弹，准备担架，书写“欢迎解放军”标语。5月6日，游击队派2名队员去常山，迎接解放军二野五兵团十六军46师138团进入江山。向解放军介绍江山的地形及国民政府军的战略部署，一起研究解放江山县城的作战方案。后又配合解放军兵分三路，攻打江山县城。江山解放后又配合解放军和“军管会”打扫战场、遣送俘虏、维持治安、筹集粮草。

江山县人民政府成立后，浦江衢游击支队江山第一大队改为中国人民解放军江山县大队，刘允高任县大队教导员、县剿匪领导小组4位小组成员之一。率领游击队员与二野48师等部队官兵，到长台、百石、石门等乡镇剿匪。在围剿以长台张达光为首的土匪时，刘允高带领战士蹲守在张村乡瓦蓬村口的小溪里，等候土匪进入包围圈。当时，天寒地冻，大雨磅礴，游击队员双脚浸在水中，坚持到天亮，终于将土匪一网打尽。6月下旬，接到上级命令，刘允高去福建建瓯学习，参加当地支前工作队。在极其艰苦的环境下，为攻打福州的过境解放军筹集军粮、马草，组织群众准备担架及运输物资，直至福州解放。期间，2次险些被武装土匪枪杀。7月返回江山，到衢县学习整编，参加中国人民解放军103师政治部下乡工作队，任队长，兼任赵家乡乡长、新塘边乡乡长，协助搞土改，剿匪反霸，后任103师政治部管理科参谋、政治部解放官兵训练队队长。

1953年5月，因受“城工部错案”牵连，转业到地方工作。先在江山县委普选工作队当干部，在保安、大桥、吴村等乡做普选工作。1954年春节后，被分配到凤林乡中心小学当教员，仍努力做好本职工，连年荣获县级先进工作者。1959年暑假，调礼贤公社任农业中学副校长。1962年6月，“城工部错案”得以解决，刘允高恢复党籍，历任淤头中学副校长，峡口中学副校长，坛石中学党支部书记、校长，江山市教育工会主席等职。

1963年，刘允高兼任江山县农业职业学校校长，办学成绩显著，得到浙江省教育厅的表彰。在坛石中学期间，他注重抓教风、抓学风、抓学习，1977年至1980年学校升学率跃居全县首位。1979年，被评为浙江省先进生产（工作）者。1982年，被县委授予优秀共产党员称号。

1984年，刘允高被选为县教育工会主席。他领导教育工会完善各级教育工会组织，建立基层教工代表大会制度，首建先进教职工暑假旅游制度，为教工办实事。1988年7月，离休。

【姜洪水】（1927—2017），贺村镇通贤村人，大学毕业，江山市进修学校退休教师，中国民主促进会会员，江山市政协第二届、第三届、第四届委员。

1948年，姜洪水毕业于江西贵溪师范，从事小学语文教学和函授培训工作近40载。先后在原礼贤乡中心小学、石门中心小学、清漾小学、贺村中心小学、建德师范中师函授部、坛石中学、师范函授部、县文教局函授站、源口中学等地任教。

1959年，参加杭州大学中文系函授学习。1985年，59岁的姜洪水重读函授，获得大学文凭，上了浙江卫视。

姜老师善于将江山方言语音与普通话语音进行比对，在江山方言文化、民间文化、民俗文化、地名文化等方面有较高造诣。1988年，发表学术论文《江山方言与普通话教学》，通过讲座形式加以推广。1997年，在《咬文嚼字》杂志上发表的《酸甜苦辣》文章，被新加坡《联合早报》转载。2000年、2006年、2013年，陆续出版学术专著《江山方言字考释》《江山杂谭》《江山话浅解》。2005年，家庭被评为衢州市第五届文化艺术之家。

姜老师经多年的潜心研究，积累了丰富的汉字词汇，熟谙江山的人文地理，工作之余和退休之后，被《江山日报》《衢州日报》《浙江青年报》及江山广播电台、浙江广播电台、电视台聘任为评报（播）员，发表评报文章104篇，评播文章143篇。为《江山揽胜》《江山史话》《仙霞古道丛论》《徐霞客在浙江》等专著撰稿20余篇。为江山市教育工会撰写历史资料15万字。为《江山军事志》《江山民国史稿》《论语今译》《文溪姜氏家珍・艺文志》《常春藤》等10多部专著、会刊编审加标点、校对文稿。

【朱津津】（1992—2017），江山市区人，江山市公安局特（巡）警大队二中队辅警。

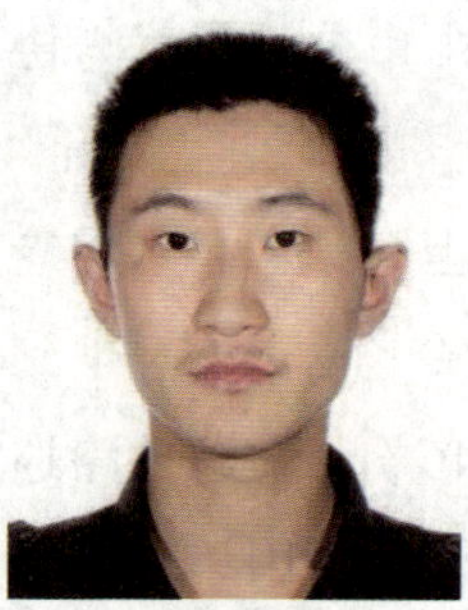

朱津津是家中独苗，家庭条件优厚，从小向往当警察。在父亲的支持下报考公安特警当上辅警，积极参加街市巡逻，处置突发事件、水上搜救、抓捕犯罪嫌疑人等，践行人民警察忠于职守、高度负责、心系群众、不怕牺牲的铮铮誓言。

2013年3月，参加工作才一月的朱津津接到的第一个任务，就是到江山港搜救一名跳江青年。40多天后，他与队员冒着旋涡与激流，撑着救生艇，用两个多小时将高度腐烂的尸体打捞上岸。8月，朱津津在一次执勤时被一个自制燃烧瓶砸中，火苗窜着全身，他只好扑进水田，打滚扑灭身上火焰，虽然身穿盔甲服，但腿部还是被烧伤。有一次，城区某医院有人在“医闹”，赶去执勤的朱津津和队友筑起“人墙”阻拦。情绪失控的家属朝瘦弱的朱津津背上猛击两掌，动静很响，但朱津津没有吭声，纹丝不动。回队后，同事为他鸣不平，他却泰然处之：“家属失去亲人情绪失控，可以理解。”

特（巡）警大队附近小区有位痴呆老人，70多岁，老是迷路。每次被市民送来，她都要在大队值班室等待，认准要朱津津送她回家。一年冬天，市民将一位满口方言的迷路老太太送到特（巡）警大队，刚好是朱津津值班。他打开暖气为老太太送温暖，买方便面和牛奶给老太太吃，还让出值班室床铺给老太太睡。第二天一大早，专门驱车到廿八都镇寻找线索，终于将老太太安全送到福建浦城家里。

朱津津从警4年余，参与抢险30余次，救助群众50余人，查获各类嫌疑人20余人，获衢州市公安局“巡逻之星”、江山市公安局优秀协辅警等荣誉。

2017年8月12日上午，上余镇一名六旬老人在河道溺亡，朱津津接到指令前去搜捞，忙到中午才回城吃饭。中午12点46分，在解放路巡逻上执勤的朱津津接到“须江游览桥附近有人要跳江”的警情，不到3分钟朱津津和队友便赶到现场。朱津津顾不上脱去衣服和鞋子，纵身跳入江中，朝着落水女子游去，一把将落水女子拉住……当队友扯下岸边灯带的电缆抛向他俩时，筋疲力尽的朱津津已无力接救，慢慢地沉入江底。13点50分，救援的队友在江底找到了朱津津。13点55分，朱津津被送往医院抢救，终因抢救无效牺牲。

朱津津牺牲后，省委常委、公安厅厅长徐加爱，衢州市委书记陈新，江山市委书记童炜鑫等领导纷纷作出批示，向见义勇为的辅警朱津津同志致敬!

8月17日，中共江山市委作出《关于开展向朱津津同志学习活动的决定》，号召全市人民向朱津津同志学习，学习他忠于职守的敬业精神，舍生忘死的英雄气概，乐于助人的高尚品格，勇于担当的精神风范。

11月22日，朱津津被追授为浙江省见义勇为先进分子。11月28日，被省政府评定为烈士。

（徐义祥）

中国好人荣誉获得者

萧日法，男，1960年1月生，国网江山市供电公司长台供电所员工。他30年如一日，坚守在江山最偏远的双溪口山区，兢兢业业，每天巡线，保障600多位群众用电安全；常年帮助群众处理日常事宜，成为群众的“贴心人”。30年来，他不顾危险，奔走在抢修一线，曾因在一次抢修作业中，脚趾被钢板砸伤，却依然坚持带伤抢修，结果错失最佳治疗时机而截趾。2008年大雪灾，双溪口成了重灾区。他战风雪，抢时间，预计为30天的停电周期，硬生生压缩成了2天。近60岁的他，仍没有离开的打算，他常说：“只要村里还有一盏灯，我就不会离开！”他曾荣获“感动浙电·2013国网浙江电力最美员工年度人物”提名奖。2017 年 4 月和 9 月分别入选“浙江好人”和“中国好人”。

第三届“最美江山人”

（按照姓氏笔画排列）

1. **仇祥根：重伤不下“火线”，任劳任怨“老黄牛”。**

仇祥根，男，1960 年 7 月生，江山市大陈乡政府综治办副主任、信访员。他几十年如一日，勤勤恳恳工作，一丝不苟做事，被同事们称作“老黄牛”。2017 年，大陈乡全力以赴、高标准做好全省美丽乡村和农村精神文明建设现场会筹备服务工作。由于时间紧、任务重，他经常放弃休息，白天跟着推土机，晚上照着探照灯，经常忙到晚上 12 点才回家。7 月 14 日晚，仇祥根在 221 省道边进行户情登记，做丈量面积等调查工作时，被一辆因躲避大货车而失控的电瓶车直冲过来，撞倒在地，当场休克。被亲友送进医院后，两根肋骨断裂，多处软组织受伤的他仍挂心工作，每天用电话交流，不到一周就急着出院，忍着未愈合伤口的疼痛又奔赴工作现场，投入到他热爱的工作中。

2. **朱津津：纵身一跃勇救人，年轻生命铸警魂。**

朱津津事迹详见人物传。

3. **朱祥彪：江山造血干细胞捐献第一人。**

朱祥彪，男，1970 年 12 月生，江山市峡口镇大峦口村村民。他是一名在外打拼的普通商人，但他心系公益，经常参与爱心救助，多年参加无偿献血，是一位“献血达人”。早在 2004 年在东营市打工时，就在当地红十字会申请登记成为造血干细胞捐献的志愿者。十年的等待，只为这一刻的生命接力。2014 年 11 月，朱祥彪接到东营红十字会的电话，他的造血干细胞与一名患者匹配成功。他非常兴奋，当即决定捐献。在接受记者采访时，他说：“造血干细胞配对成功是一种缘分，能帮助别人，我感到很幸运。”在他一张捐献造血干细胞的荣誉证书上，编号写着第 4777，他成为江山市首位造血干细胞捐献者。

4. **江山红盾应急救援队：公益救援路上的一道风景。**

红盾应急救援队成立于 2016 年 6 月，成员来自全市各行各业。救援队成立以来，迅速在江山大地刮起一阵红色的旋风，是江山市唯一一支专业山地公益救援和水上公益救援组织。他们认同公益理念，聚集在红盾公益的旗帜下，只求付出、不问回报，身怀技艺、却不争名利。洪福自行车爬坡赛、元旦登高大会、仙霞古道徒步大会等等，他们为这些赛事的平安顶风冒雨做保障；他们奔走在江山大地上，搜救走失老人儿童、搜救溺水失踪人员、搜救山地遇险游客，流血流汗，无怨无悔。在江山，“有困难，找红盾”成了一句流行口头禅。他们因大爱而高尚，因高尚而大美，他们的义举正感动和激励着越来越多拥有公益梦想的人。

5. **周多花：好弟媳 8 年如一日，护理瘫痪大哥。**

周多花，女，1952 年 10 月生，江山市贺村镇青塘尾村村民。8 年前，青塘尾村村民周正高骑三轮车不慎摔断脊柱，导致高位截瘫，失去行动能力。自此，弟媳周多花成为周正高的日常护理员，翻身、擦拭、喂饭、洗衣等事她都管了，这一管，就管了 8 年。8 年的日日夜夜，铸就了一个不平凡的女子，让人们谈起她时就会竖起大拇指。不仅如此，她还做了一件常人难以做到的事：坚持8年，用双手为周正高掏排泄物，使这个生命得以延续下去，无怨无悔。她的事迹传遍乡间邻里，被传为佳话。

6. 周珍：累倒在救护车旁，她依然牵挂着病人。

周珍，女，1987年2月生，江山市人民医院妇产科医生。2016年6月17日，她值夜班，从夜里到18日凌晨，共收治4个病人，又一连接生3个产妇，还处理1个黄体破裂出血病人，一夜没睡。次日清晨6时许，她又接到任务，到坛石镇出诊，将1名前置胎盘大出血产妇护送回医院。就在病人将被抬下救护车的时候，她晕倒在救护车旁，可她却还念叨着："赶紧将病人送到病房！赶紧将病人送到病房！"在她的眼里，病人永远最重要。周珍的事迹在各级媒体刊出后，引起社会各界广泛关注和热议，被誉为"最美医生"。

7. 金光美：微笑服务，贴心服务。

金光美，女，1974年2月生，江山市大众公交公司108公交车驾驶员。自2008年担任公交车驾驶员以来，已连续10年实现安全生产无事故。她勤勤恳恳，面对公司驾驶员紧缺等困难，主动放弃休息，服从领导安排，基本上月月都是满勤，从没有因私事耽误过公司的班次；她潜心钻研，不断提高车辆保养和驾驶技能，连续8年实现车辆维修材料费最低、油耗最低，赢得公司领导和同事的称赞；她敬业爱岗，克服许多男同志都难以克服的困难，咬牙坚持下来，努力为乘客提供安全、舒适、便捷、温馨出行服务。10多年来，他从来没有接到过一起投诉，她用"微笑服务、贴心服务"，树立起公交窗口的良好形象。

8. 姜道柏：白发爷爷乐当"文凭专业户"。

姜道柏，男，1949年11月生，江山华跃市政公司退休职工。他没有上过大学，却是满腹经纶的"大学生"；他年近古稀，却苦学不辍。2017年，69岁的姜道柏正在努力考取第九张本科文凭。27年前，他就开始参加自学考试，并先后取得了会计、工业管理工程2个专科文凭及工商企业管理、市场营销、财务管理等6个本科文凭，被誉为"文凭专业户"。"活到老，学到老"说着容易，又有几人能做到。30年考试，读100门课程，拿10张文凭是他的目标。生命不息，学习不止，他为我们树立了求学的典范。2016年，中国成人教育协会授予其年度"全国百姓学习之星"称号。

9. 徐向荣：每天三次透析，坚守三尺讲坛。

徐向荣，男，1972年11月生，江山市城南中学英语高级教师。他耕耘讲台廿三载，用双脚丈量学生的路途艰辛，用柔情呵护孩子的生命成长，是孩子的指明灯、引路人，学生亲切的"荣哥"。他有钢铁般的意志，即便身患尿毒症重症，仍拒绝学校安排后勤工作的照顾，坚持教学第一线，每天三次透析，却准时乐观地出现在课堂。他说"再大的病痛也不能耽搁学生"。他辅导学生近百人次，课题、论文、发表20多篇，各项教学指标都排在年段前列，先后获得江山市第一批中小学骨干教师、课堂教学能手、江山市第三批人才库成员、衢州市"最美教育人"等荣誉。

10. 萧日法：只为一盏灯，亦值得守候。

萧日法事迹详见中国好人荣誉获得者。

（市委宣传部）

艺　文

散　文

草木笺（五篇）

柴　薪

一条路

春天来了，风细了，瘦了，圆了，长了。丝丝地吹着，若有若无，仿佛来自灵魂的缝隙。在清晨，沉默了整整一个冬天的花斑鸠突然叫了几声，是一只，或是两只，在这条路边的杂树林子里。从此，在以后的许多个早晨它都会不停地叫下去。阳光也出来了，阳光变暖时，便成了一种抚摸。在路边，我发现那株野海棠的枝条上爆出了芽粒。星星点点的，腥红。很红很红的颜色似乎有尖锐感，像针尖。好些年了，它一直没有开花。不知道今年它会不会开。我看了一会儿，感到很愉悦。感到春天正一针一线把我织进她的图案中去。还有一株野石榴树，枝条也变得柔韧了，树皮有些被风吹破了，充满了一种生命的张力。去年，这株石榴树结了七颗野石榴，小小的，圆圆的，润润的红皮石榴，像北斗七星。毫无疑问，今年，它会结的更多。天空会在它纷披的枝桠间落下一个更加璀璨的星群。沉寂中又传来一阵花斑鸠的叫声，我没有到江对岸去，我在江这边停了下来。

从沙湾到徐家坞之间这条路，我不知道走过多少遍了。同一条路，我走得越多，越说明了我生活的单调。但是，反过来说，为什么我就不能通过对简单有限事物的反复描述，来使自己抵达某种繁复呢。从沙湾到徐家坞之间的这条路，中间隔着一条江。江上架着一座新建的大桥。去年夏末，下午，阳光明晃晃的，当我经过大桥时，我看到一大堆雪白的云。映着深邃渊静的蓝天，映着波光粼粼江面，映着地上郁郁葱葱的树梢，那堆白云显出极其强烈的亮度和质感。当然，那片白云早就消失了——没过多久就消失了。云聚云散，缘起缘灭。如今，只剩下那一片空旷的天空。只有我知道，那一片天空，曾有过多么绚丽的景象。只有我，一直对那一片白云念念不忘。因此，每次走过那条路时，也只有我一个人感觉到那片天空有一种无法言喻的荒凉。徐家坞北有一片橘树林，小小的白色的花骨朵刚刚从枝叶间脱颖而出，脆弱的美从虚无深处再次来到人间。我一直在某种极端的有限性中生活。是的，我要把同一条路，反复走，经常走，直到把它走成一种无限，直到用尽自己的这一生。

乌　鸦

草儿还没起身——是那种将要起身，犹未起身的状态。但看上去明显比前段时间绿多了。这是在东门街的尽头，老城墙根下。东门街，一个地名。我曾在此生活过几年，因此，对我而言，它已经超越了地名，它是一枚心灵的邮票。沿着东门的老城墙遗址蜿蜒向南，破败的城墙上杂木丛生芳草萋萋野花朵朵迎风摇曳，蜿蜒的老城墙根前有一排榆树林带，从衰败的城门口一直向南延伸。附近的矮房子已经差不多拆完了，留下一片空旷的空地，一片苍茫。我看到了许多鸟巢。一个，两个，三个，四个，一共十二个。鸟巢有的很大，有的很小，粗糙，简陋。有乌鸦的，也有喜鹊的。这些鸟巢参差不齐无一例外都搭建在榆树高高的树梢上。有的一棵树上甚至有两个，像一双眼睛。很快，这些榆树就会长满叶子了，就会把鸟巢掩藏起来了，而且又慢慢把它们举向一个新的高度。这样，过不了多久，鸟巢中就会孕育出幼鸟，林子里就会充满新的歌唱。

有一次，我看见四五只乌鸦，它们在榆树上飞落。我一直认为乌鸦是种孤独的鸟儿。这么多乌鸦在一起，只不过加深了它们的孤独。我又看到风把它们黑白分明的羽毛吹得有点零乱，我在风中一动不动地注视了好久，才离开。

小诊所

那个小诊所在小镇的西边，靠着一条沙石路。一个小小的院落，三间出檐的瓦房，青砖，黑瓦，白墙，院墙也是白色的；院墙外长着一排整齐的水杉。它的黑瓦很好看，半圆弧的小筒瓦，瓦上积满了青苔，瓦草；是民间小土窑烧的，如今这种小土窑已经不见了。因此，这样的瓦如今极少见了。现在的瓦都是红色的或绿色的或黄色的琉璃瓦。一片小筒瓦就像一个半括号，这些半括号依次顺势叠砌，呈鱼鳞状，便有一种沉静典雅的韵律感。

小诊所有着古朴清冷的色彩，不像大医院的大厅里那么喧喧闹闹人声鼎沸，有着乡村特有的深厚滞重的宁静，也有着可以看得见甚至可以捧在手中的清幽幽的光阴。我喜欢小诊所里一幅挂着的用镜框裱好的字，字体是汉隶，端庄古朴。内容是“一把草，一根针”。这六个字有着传统中医的平和，沉稳和自信，甚至略微显出了某种简洁的意味。诊桌上摆着一个全身画满经脉穴道的小铜人，一个把脉时用的小枕包，一支笔，一沓纸，以及插在小沙包上的几根银针，简洁的不能再简洁了。

院子里种着天南星，金钱草，桔梗，七叶一枝花，麦冬，白芍，忍冬（这种植物的花朵在美国作家威廉·福克纳的小说《喧哗与骚动》中有着那么浓郁暧昧的气味）。还有几种草药，我叫不上名字。天南星高高向上生长着，白芍刚刚冒出红艳艳的芽粒。一只鸟在院子上空叫了一声，像一滴饱满的雨水，在一片荷叶般寂静的天空中滴溜溜的滚动了好大一会儿，然后才突然笔直地落下来。生命在天地之间流转着，并且波澜不惊。

大风与小镇

在这片土地上，这些小镇其实都是大同小异的。有些零乱和陈旧，像被一阵大风突然刮成这个样子的，并且似乎永远陷入寂静之间。甚至在刮大风时，这些小镇也是寂静的。风把声音都刮跑了，冬天，这些小镇就更寂静了。尤其是夜晚，寂静到极致，似乎世上所有的声音都仿佛又回到寂静之中了。这样，寂静反倒成了一种更大的声音。冬夜，一个小镇哪怕住了再多的人，还是空的，还是寂静的，还是感到时空和岁月的无边无际。冬天的房间需要住上人，需要有灯光，熄灯后房檐上需要夜夜挂满杏黄色的月亮。风刮过来又刮过去，然后就刮到了春天。这时，风会把一些带走的东西送回来。风同时刮进小镇所有空荡荡的房间，把色彩和温暖还给人间。风吹皱河水，吹白老人的胡须，吹皱女人的衣衫，还把一些人的心吹成涟漪；风吹动游子的心，当然，风还吹动更多的东西。慢慢的，小镇在风中发生了变化。角落里的花朵在你看到或看不到的时候或在你不经意间就开了。然后在你看到或看不到的时候或在你不经意间就谢了，有的似乎在一夜之间就变成了果实。星星也特别大，特别亮，挂满老河柳瘦瘦柔柔软软的枝条。春天到来的时候，我经常在小镇与小镇之间游走，直到盛夏来临，直到绿荫重新把我覆盖。我记得二十多年前有一次我回到故乡小镇。晚上陪父亲聊天。整个小镇静悄悄的，似乎空无一人。整个小镇的人都到哪里去了呢？年轻人都到外面去打工了？留下老人和小孩？小镇有种古朴，废弃和遗忘的感觉？我感觉我自己好像一下子来到了另外一个极其遥远和神秘的地方。父亲也回忆起他自己的小时候，父亲说，江（山）遂（昌）古道穿过小镇，行人、商旅络绎不绝，那时小镇上仿佛到处都是人。尤其在祠堂看戏，锣鼓喧天唢呐呜咽二胡声声，大人们在两边厢房看戏，一边喝茶，一边嗑瓜子，一边叫好；小孩们在戏台蓬底像风一样穿梭，飞跑，欢笑，小镇一片沸腾，一派热闹。

镇头有一株大樟树，五、六个人都搂不过来，头顶是撕裂不开的浓荫，铺天盖地，似乎把整个小镇都盖住了。浓荫中还有许多幽暗又闪烁的光线，光斑和光点。那种寂静、温煦、厚实的氛围就像一个梦包裹住我。在大樟树下，我怀着好奇而又虔敬的心情放慢了脚步。那时我才十五、六岁，那时我还没读到保罗·策兰的诗句：“每当我与树木并肩缓缓穿过夏季，听到它最嫩的叶片尖叫”。那强烈到近乎尖锐的内心感受啊！那种感受我至今不忘——可是至今仍无法完全清晰地表达出来。

水 渠

我是去年夏天发现那道水渠的，它在府东街机场游泳池的大门前。那是一个下午，我送儿子去机场游泳池游泳，我看到那条水渠，两边种着整齐高大的树木，树下种着一排一排的月季，开着鲜艳的花朵。我信步走了过去，还没到那儿，就听到哗哗的流水声。那条水渠从南往北向衢江方向蜿蜒流去。刚刚下过一场暴雨，水积得很满。渠道两旁长满茂盛的荒草，几只鹌鹑突然蹿上天空。我顺着水渠随流水走到飞翔国际酒店就返回来了。深秋的一个黄昏，我又去过一次。渠水变得又细又浅，几乎静止不动，夕阳一片火红。树木的叶子纷纷落下，枯黄的茅草在风中发出极长及硬的声音，细细的，不绝如缕，像针尖，一下子扎在心上；还有枯黄的树叶在我身边漫天飞舞。这次我走得比上次远点，走过飞翔国际酒店走过水利局，我看见水渠右边的缓坡上拉起了铁丝网。我记得缓坡那边是一片菜地，菜地那头是机场。我想走上去，一个菜农对我说，“那边不能上去了，上去了，他们会打枪”。我静静站了一会儿，走了。整个冬天，我一次也没去过。但我一直记着那个水渠。有时我想，我应该再去看看它，但我最终都没去。第三次去的时候，已是春天。春天对我来说，更是一种信念。只有一无所有的人，才能看到更多的春天。这次，我顺着这条水渠一直往北向前走，最细微的事物也能把我带走。我想，就算从这条水渠到衢江这段短短的距离，也足够我走一辈子了。

（本文获首届三毛散文奖）

短篇小说

杀 狗

徐彦胜

娘生头一胎时，爹摸着娘的肚皮，给里面的孩子取名字。爹说，叫大虎吧，听着有虎气。娘说丫头崽呢？爹武断地说我说男崽就男崽！果然，大虎出生了。大虎一岁时，娘的肚皮拱起来了，爹摸着娘的肚皮，给里面的孩子取名二虎。于是，二虎出生了。

过两年，大虎三岁，二虎二岁，娘的肚皮又拱起来了，这次爹没心思摸娘的肚皮，摸不摸都一样，反正顺着叫三虎了，当然丫头崽除外，乡下人取名不用费脑子。

其实娘生三虎心神不宁，怀孕时，爹被村里派去修水库了，兼任民兵连长的生产队长趁机把娘给睡了，因此闹不清三虎到底是谁的种。三虎出生了，和大虎二虎一样塌鼻子，一样小眼睛，娘放心了。

到了大虎9岁，二虎8岁，三虎6岁，娘的肚皮又拱起来了，三虎说："娘要生小孩子了。"二虎点头表示同意。大虎认为自己是大哥，以老大自居，敲敲三虎的头："大人的事，别多嘴！"

转眼，爹的肚皮也拱起来了，大虎二虎三虎一起傻眼了，觉得男人还能生孩子，简直闻所未闻。

原来爹和娘得了肺气肿，无药可治。娘把大虎二虎三虎喊到床前，流着泪说："娘对不住你们，没把你们拉扯大。大虎二虎三虎，你们要团结在一起，合在一起，就没人欺负你们了。"

大虎安慰娘说："娘放心，我和二虎三虎一起吃，一起睡，没人欺负我们。"

娘说："你们要没吃了，就去找生产队长，生产队长是好人，一定会管你们的。"那一年刚刚进入1973年的春季，娘实在没人托付这三只虎，觉得只有生产队长还欠着她。

爹和娘入土了，成了一堆新坟。在一堆新坟面前，大虎提提裤子，对二虎三虎说："走，找生产队长，娘说他会管我们的。"

生产队长问遍村子里的人，谁愿意管大虎二虎三虎，口粮就给谁家。可家家都有好几个孩子，人人自顾不暇，谁都没吭声。

大虎说："我们会做饭，我们的口粮自己做着自己吃，放在旁人那里我们不放心。"

生产队长说："村里决定了，你们每天按定量供应。大虎四两，二虎三两，三虎二两。"

二虎三虎不乐意。

二虎说："大虎为啥比我多一两？"

三虎说："二虎为啥比我多一两？"

二虎三虎让大虎也跟着他们撩起衣裳，一样脏得黑不溜秋的肚皮展现在生产队长眼前。他们一致认为肚皮一样大，口粮就应该一样多。

生产队长想笑，但没笑，他说："好了好了，你们都三两，一样多。"

依着生产队长说的数，大虎伸出手指头掐算

了半天，手指不够用，就让二虎的手指头来顶数，却越算越糊涂。他们实在太小了。

最后，大虎一本正经地对生产队长说：“你不能少我的秤。”

三只虎真的会做饭。大虎淘米，二虎在灶口烧火，三虎屁颠屁颠搬运柴火。饭熟了，绊着霉干菜，霉干菜少油，但三只虎叽叽叽叽吃得像三只小猪崽。

吃毕不久，三虎嚷着说饿了，二虎也觉得饿，大虎想想是饿了。于是三只虎一起又煮吃的了。有时一天吃四顿五顿，有时玩过去了，一天只记得吃一顿。夜里，哥仨抱在一起，窝在一堆破棉絮里。白天，三兄弟在阳光下一样的黑不溜秋，一样的贼头贼脑的小眼睛。

离下次分口粮的日子还没过到一半，粮食吃完了。去找生产队长。生产队长说，逑，比大人还能吃，口粮都有定量的，我不管。

大虎说：“你不管，我就把你家猫宰了吃。”

生产队长家有头黑猫，不肥也不瘦，但挺会捉老鼠。过了几天，生产队长的猫真的不见了，被大虎二虎三虎淹死剥了皮吃到肚皮里去了。又过了几天，大虎二虎三虎饿着肚子去见生产队长。生产队长说：“你真的把我家的猫吃了。”

大虎说：“早屙成屎了。”

二虎笑笑，没说话。

三虎说：“猫肉真好吃，可惜太瘦了。”

生产队长想生气。看见大虎二虎三虎头发老长，长时间没洗，一咎一咎的，成痂了。身上的衣服破成一片一片的挂着，长时间没洗，看不出原来的颜色了。

生产队长觉得不该生气，摆摆手说：“吃就吃了吧。不过口粮确实没有。”

大虎说：“你不管，我就把你家的狗宰了吃。”

生产队长有条黄狗，养得肥不拉叽的。现在恰好在生产队长的身边。这条黄狗看着大虎二虎三虎，感到很好奇，走过去嗅嗅大虎的脚，走过去闻闻二虎的裤腿，又转过身去亲亲三虎的手。三虎的手被黄狗弄的痒痒的，三虎笑着摸了摸黄狗的头。生产队长一脚，把黄狗踹跑了。

三只老虎在家开会。

二虎说：“买药给狗吃，药死就好了。”

大虎不屑，学着生产队长说：“逑，要有钱，我们早买东西喂肚子了。”

三虎向来不动脑子，动脑子的事都由大虎二虎出。二虎没了好主意，就和三虎一起看着大虎。

大虎说：“智取。”

二虎三虎不懂，大虎解释说先和狗交朋友，等生产队长的狗把我们当朋友了，再吃它的肉也不迟。

三只虎开始满村子找猪肉骨头。那是 1973 年 4 月，正是笔者呱呱落地满月之日。那天家里摆了满月酒，请了村里其他的头面人物来坐席。

三只虎在我家院子里探头探脑，我父亲就是生产队长。他可怜起见，把三只老虎喊到厨房，让我娘给他们每人一个粗瓷大碗，碗上装满米饭，米饭上面是油油的肥肉。

大虎吃了三碗，二虎吃了三碗，三虎肚子小，吃了两碗，但还想和他哥俩一样吃三碗，终于只吃二碗。

我娘说：“你们真能吃。”

大虎拍了拍肚皮：“婶，我们这是饿的。”

二虎也拍拍肚皮：“爹和娘死后，从没吃过这么好吃的东西。”

三虎学着拍肚皮，说：“要是天天吃就好了。”

三头虎开始在我家收集猪肉骨头。我娘奇怪。大虎告诉我娘收购站要 8 分钱收猪肉骨头。

我娘听了，眼圈红了，恨不得把全家所有的猪肉骨头给了他们。

我满月酒那天，我家的那条黄狗正蹭在桌子底下啃骨头。大虎要三虎去把黄狗嘴里啃着的骨头给夺过来。二虎不解问大虎，我们捡的骨头不就是给它吃的嘛。

大虎从这时候起养成了用不屑的口气对二虎说话，大虎说：“逑，这能跟我们给他吃的相比吗？”

收集到的猪肉骨头用家里唯一的一口布袋装着。三虎饿着的时候，就想到那些骨头上丁点的肉丝。二虎心里也在想。

大虎开导他们：“要吃到狗肉，就得给它好处，你们要想吃狗肉，就不要去想猪骨头。”

想到有狗肉吃，二虎三虎也不太觉得饿了。

此后的日子，生产队长的黄狗总到三只虎家啃骨头。开始它叨起猪肉骨头就走，接着同意趴在他们身边啃骨头了，后来即使不给骨头它也摇着尾巴来了。它把三只虎当成了好朋友。生产队长日理万机，早把大虎说宰他家的狗给忘在脑瓜子后面去了。

动手的时候到了。

三只虎把准备好的绳子悬在屋梁上，大虎把绳子一头套在黄狗的脖子上，用劲一勒，就跑过去和二虎拉紧绳索的另一头。狗腾空而起，喉咙里呜呜咽咽，张牙舞爪地在空中荡来荡去。

按照早已策划好的，三虎拿着棍子，专门去打狗的鼻子。狗的鼻子最脆弱，一敲就死了。

三虎握着棍子，打了好几次都打不到狗的鼻子。三虎急了，哭丧着脸：“哥咧，咋办？”

大虎急了。大虎让二虎一人拉紧绳子，不要让狗着地。可大虎刚一松手，二虎吃不住狗的重量。大虎松不得手，骂了一声，叫三虎笨蛋。

大虎说：“笨蛋，过来。”

笨蛋过去了。大虎又怕三虎抓不住绳子，想了个法子。和二虎协力把绳子拴在三虎的腰上。狗的重量约莫三十多斤，三虎有二十来斤，但这样也可万无一失了。

大虎走过去拿起棍子，忍不住回头看了他的弟弟们：绳索拴在三虎的腰上，二虎抱住三虎的腰。二虎三虎热切的眼光望着大虎。大虎为自己能想到这法子露出了笑容。

一下、二下、三下。打了二九十八下。十八下有三下打中狗鼻子。狗在空中呜呜叫着，晃荡个不停。

这次轮到二虎焦急了，骂了声大虎的娘，却也自付没有大虎力气大，怕是连狗鼻子也挨不到。时间一长，二虎的力气少了许多，这样重量就往狗这边倾斜了，三虎的双脚离了地。慌得三虎哭将起来，恍惚觉得不是在杀狗，而是在杀他自己。二虎连忙紧紧抱住三虎。

大虎认为自己的弟弟太不争气了。喝道：“哭个屁，没用的笨蛋，让生产队长听到了，拿枪放了你。”

三虎只好闭起嘴巴，眼泪叭嗒叭嗒往下掉。一时之间，屋里的景象颇为惊心动魄。

时间仿佛有一个世纪那么长。狗不知是被勒死的，还是被打死的。反正现在它睁着狗眼，双腿直挺挺的。

三只虎终于可以松口气了，一高兴，忘记了下面的次序。先是二虎放开了抱住的三虎，让狗落在地上后，三虎悬挂在半空中。俯身挂在半空的三虎也没觉得有什么不妥，仰着脸兴奋地看着死了的狗和大虎二虎，想着就要吃到肚子里的狗肉。

大虎二虎手忙脚乱去解拴在狗脖子上的绳子，绳子解开，三虎那头失重，“叭”的一声，三虎摔在地上，大虎二虎转头往三虎瞧去，见三虎脸朝下摔在地上。

二虎惊叫了一声：“妈呀，我看见狗的腿动了一下。”

大虎胆战心惊，同二虎顾不到在地上一动不动的三虎，竖起耳朵，两眼不瞬地看着狗。

狗好像没有动。

大虎问二虎：“你看见狗动不没有。”

二虎竭力为自己辩白：“真的，真的看见狗动了，左腿那么动了一下。”二虎为了证明清白，还把自己的左腿那么动了一下。

大虎二虎观察许久，一致认为狗是死透了。这时，他们才想到趴在地上的三虎，大虎走过去把三虎翻了身，三虎闭着眼睛，似乎睡着的模样。

二虎说：“三虎睡了。”

大虎也以为三虎睡着了，经此一役，大家都感到累。大虎二虎合力把睡觉的三虎抬到平时睡觉的破棉絮里。

大虎就让二虎烧开水，自己拿出家里的唯一的一把菜刀，上次宰生产队长的猫，用的就是这把刀，菜刀豁了几个口子，钝了许多。两个人分工有序。大虎拿出磨石磨，准备磨菜刀。二虎搬运柴火，预备烧灶火。

大虎终于把刀砍向狗脖颈，皮没破，狗毛到处乱飞。

二虎说：“人都说刀是越用越锋利。我们家的刀就很少用。”

大虎说：“你的屁话比三虎还多，说些没用的。”

后来他们改砍为锯。像锯木头一样，在狗颈上锯，锯破了皮，露出了肉，遇着骨头，就轮流拿石头碰在刀背上。折腾一番，锅里的开水都热了三遍了，狗终于分成五大块。

大虎在院子里刨了一个坑，二虎把狗头放进去，大虎用手把泥土填平。二人一起用脚把土踩实。

大虎说：“我们终于有狗肉吃了。”

大虎掏出他的小鸡鸡，对着新土撒了泡尿，二虎也跟着撒尿。回到屋里，把其中的一大块狗肉放入锅里煮到沸腾，捞出来褪去狗毛，再放到换过水的锅中，直到锅里飘散出狗肉的香气。这时，时间已经到了下半夜。

闻到了狗肉的香气，大虎没有忘记三虎，说：“三虎三虎，吃肉啦。”二虎走过去，踢踢在破棉絮里的三虎。三虎一声不吭。大虎和二虎围在三虎身边，大虎伸手摸三虎的鼻息。

大虎说：“死了！？”

二虎去推三虎，三虎身子晃来晃去，依旧一声不吭。一时之间，大虎二虎大眼瞪小眼，但不久，狗肉香气让大虎二虎忘记了三虎。他们专心对付锅里的那块狗肉去了。

吃完狗肉，大虎二虎眼都睁不开了，踉踉跄跄走向那堆破棉絮，像平时睡觉一样，三虎在中间，大虎二虎睡两边。

翌日上午，大虎二虎醒来，眼屎把小眼睛糊得睁不开，而且嘴巴还口干舌燥。一起比赛喝水，“咕嘟——咕嘟”。肚子里有隔夜的狗肉和刚喝下的水，就想屙屎了。在院子里一字排开，撅着屁股屙屎。

二虎的脸上还留着昨夜流鼻血的痕迹，说：“我流鼻血了。”

大虎训二虎：“活该，谁叫你不要命就知道吃。”

二虎越来见不得大虎没事摆谱充老大，心想咱哥们都一样，昨晚吃狗肉时也没见你停过。可二虎到了紧要关头，把想说的话变成了“嗯嗯啊”的挺舒服的叹气，二虎满足地宣布：“我屙出来了。”

大虎看着二虎屁股下面那根硬邦邦的黑黑的屎，不再说话，憋着气，做大哥的任何事都不能落在后面。但大虎没有忘了三虎，对二虎说：

“三虎——”

屙完屎，大虎二虎又把三虎忘了，因为饿了。于是，又搬柴火烧锅煮上一大块狗肉。就这么着，一整天，大虎二虎不出门，专心致志对付狗肉。等到吃完第二块狗肉时，大虎二虎又在自家院子里使劲屙屎。现在他们认为屙屎是最舒服的事情。人吃饱了才有大便拉；没吃饱屙个屁。所以他们宁愿天天吃饱，天天屙屎。

大虎记起三虎，说：“三虎——”

二虎仰着头，说：“我又流鼻血了，我会不会死——”

话没说完全，生产队长出现了。生产队长闻到了飘散出来的狗肉香气，气得直跳脚，在村子里谁都怵他三分，现在倒好，一个10岁，一个9岁，一个7岁的小屁孩，太岁头上动土，先把他家一只猫给吃了，然后把他家的狗给吃了。

生产队长揣着公家发给他的步枪，问大虎二虎：“你们真把我的狗给宰了？”

大虎说：“我早就跟你说过，要把你家的狗给宰了吃。”

生产队长气得拉拉枪栓，枪上没装子弹，说：“逑，还真敢。不信我枪毙了你们。”

大虎挺起胸，说：“我们口粮吃完了，你又不给，叫我们吃什么？”

二虎接下大虎的话茬，说：“我们只能吃你家可以吃的东西。”

二虎的话让生产队长头皮发炸。生产队长家还养着一头猪，猪有百把斤，小崽子们怕是没力气干这事。可儿子刚过满月，要是这三个小崽子饿起来，什么事情都做得出的。生产队长不敢往下想，但又下不了台，就收起枪挂着肩膀上，在屋里巡视一圈，踩着一地的狗毛，看了看锅里的狗肉，走到那堆破棉絮边，用脚踢了踢三虎。

大虎说：“三虎死了。”

二虎说：“三虎摔死了……”

生产队长一声不吭地从三只虎的家出来，脸色很“水”。“水”是我们乡下的土话，意思是说遇到了唬人的事情。闻到狗肉香气的村里人跟在生产队长的脚跟后头，走进三只虎的家门，后来也很“水”的出来了。

喂饱小崽子的肚皮，是件头等大事。当晚，生产队长主持召开村集体会议。生产队长在会上的第一句话是：“把他们当作祖宗供着吧。”于是，大虎二虎由生产队安排活计，和大人一样记工分，吃住在瓜地，饭食由每户轮流去送饭。村子里的人很快把瓜棚修葺好了，而且在大虎二虎去看守瓜地之前，相帮着把三虎下葬在他们爹娘坟地头旁边。

看着爹娘旁边的一堆新坟，大虎说：“三虎不再害怕了。”

瓜地在离村西头二里地的河滩上，河滩边有一个深不见底的水潭。那时已是夏至，瓜地的西瓜见天就长。往年的这个时节，小屁孩们做梦都想着去那个地方。

……

待我长大到大虎一般年龄，村西头河滩荒芜了，但那口水潭仍然吸引着我们，每到夏天，我不顾大人的叮嘱偷偷去游泳，直到我父亲——当年的生产队长知道后，非常愤怒地打了我一记响亮的耳光。

（本文获浙江省内刊联盟精短小说大赛三等奖）

著　作

《红豆杉旁的泥屋》

作者：周建新。作品简介：杭州老知青黄梦怡把35年前曾经插队落户的浙西偏远落后的红岭村当成自己的故乡，当丈夫得了绝症（肺癌）后，毅然卖掉杭州的房子，带着丈夫回到了红岭村，扎根下来，倾力帮助红岭村生态文明建设，最后与村两委及村民们齐心协力，把红岭村打造成4A生态休闲旅游乡村；由于长期在宜居的生活环境中，和她一起做公益事业的丈夫的绝症也不治而愈。2017年6月，团结出版社出版，字数110千字。

《古道・古城・故土》

作者：王石良。这是一部诗文集，收录了作者自20世纪80年代至今30多年来创作的80多篇（首）作品。作者对中国传统文化和历史有着浓厚的兴趣，立足江山本地，先后创作了以仙霞古道、百里须江、文溪书院（江山中学）、清湖码头、小清湖古村、卅二都花大门等历史散文，其中《清溪清，四海行》获得“弘扬霞客精神，畅游幸福江山”全国征文比赛一等奖；《清湖之上，灵山花开》获得“江郎山杯美丽乡村”主题文学大赛全国二等奖。该书有较强的知识性、思想性和艺术性，对于年轻人了解江山的昨天和今天、增强对故乡的感情、对于学生提高写作能力，都能发挥一定的作用。2017年7月，团结出版社出版，字数220千字。

《清湖码头传说》

作者：柴俊树。这是一部长篇小说。本书在民间传说的基础上，塑造了小银当这一少年英雄形象。他机智勇敢计谋多，侦破了抛尸案，挖出了毒贩子的老窝；在审判毒贩子时，幽默风趣，妙趣横生。在迎接钦差大臣时，更是百般戏弄，让迎接官员捧腹发笑。在盐运过程中，他指挥战群盗，镇强盗。在与丁莫妮恋爱过程中，他对爱情的坚贞柔情，突显出多情的一面。本书还通过丁新元一家的兴衰，一系列错综复杂的故事情节，再现清湖古码头帆船连连、万商云集、繁华壮丽的生动画面。2017年11月，浙江古籍出版社出版，字数578千字。

《江山凌独见与孝道》

编著者：王保利、凌福海。这是一本介绍江山市上余镇方家村民国时期文化人凌独见的专著。书中收集了凌独见家族的丰富史料、自述年谱，在浙江省立第一师范学校独自创办《独见

报》相关资料。凌独见编著出版《国语文学史》《怎样生活》《怎样做人》等专著。凌独见先生是五四运动中是一个有影响力的浙江学潮的知识青年代表，是今日我们重新理解新文化运动的一把钥匙。该书还原了凌独见在那个急剧变革的年代里所起的作用及思想变化，为江山文化事业发展提供了一份非常宝贵的资料。2017 年 12 月，浙江古籍出版社出版，字数 220 千字。

《尘香》

作者：郑明诚。作品是作者历年所作的诗词汇编，皆作者亲历、亲见、亲闻，亦是作者对生活、生命的感受、感悟、感慨。全书共分梦中阙里、长安之恋、农场记事、燃情岁月等十四辑，图文并茂，编排清晰，诗意、诗境盎然，值得一读、一思、一悟。2017 年 9 月，团结出版社出版，字数 310 千字。

《赢的筹码》

作者：顾发生。这是作者的一部个人原创诗集。全书共分《不忘初心》《褶皱的记忆》《桃花开了》3 辑。全书在人性的真、善、美方面，都有着较为充分的展示，在宣传“幸福江山”的建设上有着鲜明的江山特色。如《三爿石》《花山白茶》《文化广场品茶》《左坑洞的水乳石》《杰布·克里斯穿越一线天》《天井村的桂花王》等作品，散发着浓烈的江山韵味。2017 年 12 月，黄河出版传媒集团、宁夏人民出版社出版，字数 200 千字。

《江山旅游掠影》

作者：徐旭南。作者以浮盖山为始点，以双塔为终极，以龙井坑、廿八都、仙霞关、峡口、江郎山、太阳山、江山等七大风景为核心，收集整理而成，全书有景点介绍、游踪寻觅，有古诗文钩沉，也有趣味典故，是一本推介江山旅游书籍。2017 年 4 月，团结出版社出版，字数 110 千字。

（市文联）

文件选辑

中国共产党江山市委员会工作规则

（中国共产党江山市第十四届委员会第一次全体会议通过）

为落实全面从严治党要求，进一步加强和改善市委对全市各项工作的领导，努力提高市委的执政能力和领导水平，促进工作科学化、民主化、制度化，根据《中国共产党章程》《中国共产党地方委员会工作条例》和省委、衢州市委的有关要求，结合本市实际，制定本工作规则。

市委在全市发挥总揽全局、协调各方的领导核心作用，围绕统筹推进“五位一体”总体布局和协调推进“四个全面”战略布局，落实五大发展理念，以“八八战略”为总纲，以“秉持浙江精神、干在实处、走在前列、勇立潮头”为新要求，以“决胜全面小康，打造活力城市，推动幸福江山建设向更高层次迈进”为奋斗目标，对江山经济建设、政治建设、文化建设、社会建设、生态文明建设实行全面领导，对党的建设全面负责。市委工作必须遵循以下原则：坚持高举中国特色社会主义伟大旗帜，坚决贯彻党的理论路线方针政策和习近平总书记系列重要讲话精神，坚定道路自信、理论自信、制度自信、文化自信，坚持维护以习近平同志为核心的党中央权威；坚持立党为公、执政为民，认真践行党的宗旨和群众路线；坚持解放思想、实事求是、与时俱进、求真务实，结合江山实际创造性开展工作；坚持民主集中制，增强市委领导集体活力和党的团结统一；坚持党要管党、从严治党，始终保持中共先进性和纯洁性；坚持在宪法和法律范围内活动，依据党章和其他党内法规履职尽责。

第一章　市委全会

第一条　市委在市党代表大会闭会期间，执行党中央、省委和衢州市委的指示和市党代表大会决议、决定，领导全市的工作。

市委应当通过召开市委全体会议（简称全会）的方式履行以下职责：

1. 制定贯彻执行党中央、省委、衢州市委决策部署以及市党代表大会决议、决定的重大措施。

2. 讨论和决定全市经济社会发展战略、重大改革事项、重大民生保障等经济社会发展重大问题。

3. 讨论和决定全市党的建设方面的重大问题。

4. 决定召开市党代表大会或者党代表会议，并对提议事项先行审议、提出意见。

5. 听取和审议常委会工作报告或者专项工作报告。

6. 选举市委书记、副书记和常委会其他委员；通过市纪律检查委员会全体会议选举产生的市纪委书记、副书记和常委会其他委员。

7. 决定递补市委委员；批准辞去或者决定免去市委委员、候补委员；决定改组或者解散下一级党组织；决定或者追认给予市委委员、候补委员撤销党内职务以上党纪处分。

8. 民主推荐市委、市人大常委会、市政府、市政协换届人选和重要干部。

9. 研究讨论市行政区划调整以及有关党政群机构设立、变更和撤销方案。

10. 对常委会提请决定的事项或者应当由全会决定的其他重要事项作出决策。

第二条 市委全会由常委会召集并主持，每年至少召开2次，议题一般由常委会征询市委委员、候补委员意见后确定。除特殊情况外，一般不临时增加议题。全会召开的时间、议题等一般应当在会议召开前5天通知市委委员、候补委员。

全会应当有三分之二以上市委委员到会方可召开。市委委员、候补委员因故不能参加会议的应当在会前请假，其意见可以用书面形式表达。

第三条 表决可以根据讨论和决定事项的不同，采用举手、无记名投票或者记名投票等方式进行，赞成票超过应到会市委委员半数为通过。未到会市委委员的意见不得计入票数。候补委员没有表决权。

对市委委员、候补委员作出撤销党内职务以上党纪处分决定，必须由全会三分之二以上多数决定。在特殊情况下，可以先由常委会作出处理决定，待召开全会时予以追认。对市委委员、候补委员的上述处分，必须经衢州市委批准。

第四条 根据工作需要，可以召开全会扩大会议。全会扩大会议列席人员可由常委会确定。全会扩大会议不得代替全会作出决策。

第二章　市委常委会

第五条 市委常委会在全会闭会期间行使市委职权，主持经常工作。其主要职责是：

1. 召集全会，向全会报告工作并接受监督；对拟提交全会讨论和决定的事项先行审议、提出意见。

2. 传达党中央、省委和衢州市委的重要会议、重要文件精神和重大工作部署，组织实施党中央、省委和衢州市委决策部署和市委全会决议、决定，组织对贯彻落实情况进行督促检查。

3. 审议以市委名义上报省委、衢州市委的重要请示、报告，讨论和决定下级党组织请示、报告的重要事项。

4. 对全市经济社会发展和宣传思想文化工作、组织工作、纪律检查工作、群众工作、统一战线工作、政法工作等方面经常性工作中的重要问题作出决定。

5. 研究制定常委会年度工作要点，审议市委向市党代表大会的工作报告、常委会向全会的工作报告，审议市纪委向市党代表大会的工作报告。

6. 讨论和决定有关召开市党代表大会、市党代表会议和全会及其他重要会议事项。

7. 研究决定副科级以上机构设置和领导职位、数量设置等重要问题。

8. 听取市纪委、市人大常委会党组、市政府党组、市政协党组、市人民法院党组、市人民检察院党组，市委相关部门以及市总工会、团市委、市妇联等人民团体党组的工作汇报。视情听取有关乡镇（街道）党（工）委和市直单位党委（党组）的重大专项工作汇报。

9. 讨论和决定市本级国家机关、人民团体和经济文化社会等组织中党组请示的重大问题。

10. 按照有关规定推荐、提名、任免干部，必要时对重要干部的任免可以征求市委委员意见；教育、管理、监督干部；研究决定党员干部纪律处分有关事项。

11. 听取常委会委员通报情况和有关专项工作。

12. 对应当由常委会决定的其他重要事项作出决定。

市委建立职责清单制度，明确常委会及其成员职责，并在一定范围内公开。

第六条 市委常委会会议一般每月召开 2 次，遇有重要情况可以随时召开。会议由市委书记召集并主持。提交市委常委会会议讨论的议题，事先应当作好充分准备，未经协调一致不上会讨论。除因特殊情况临时召开外，议题应当提前通知市委常委会委员和列席会议的同志。提请会议审议讨论的文件由市委书记或者书记委托副书记批印，并应当提前送各位常委会委员。

市委常委会会议应当有半数以上常委会委员到会方可召开。讨论和决定干部任免事项必须有三分之二以上市委常委会委员到会。市委常委会委员因故不能参加会议的应当在会前请假，其意见可以用书面形式表达。其中决定干部任免事项，会后应向未参加会议的市委常委会成员通报研究结果。

遇重大突发事件、抢险救灾等紧急情况，不能及时召开市委常委会会议决策的，市委书记、副书记或者常委会其他委员可以临机处置，事后应当及时向常委会报告。

第七条 市委常委会议事决策应当坚持集体领导、民主集中、个别酝酿、会议决定，实行科学决策、民主决策、依法决策。

市委常委会表决可以根据讨论和决定事项的不同，采用口头、举手、无记名投票或者记名投票等方式进行，赞成票超过应到会常委会委员半数为通过。未到会市委常委会委员的意见不得计入票数。会议讨论和决定多个事项，应当逐项表决。

市委常委会会议讨论和决定问题时，如涉及常委会委员本人或者其利害关系人，常委会委员本人应当回避。

第八条 市委常委会会议由专门人员如实记录，决定事项应当编发会议纪要，具体工作由市委办公室负责。会议纪要由市委书记或者书记委托副书记审核签发。

第九条 根据工作需要，市委常委会召集人可以确定有关人员列席常委会，也可以召开扩大会议。列席市委常委会会议的部门和单位的人员原则上为主要负责人。市委常委会扩大会议不得代替常委会作出决策。

第十条 需要提交市委常委会会议审议的重要事项，可以先召开市委书记专题会议进行酝酿。书记专题会议由书记主持，副书记和其他有关常委会委员等参加。书记专题会议不得代替常委会会议作出决策。书记专题会议酝酿的事项和形成的意见，做好记录，形成会议备忘，不编发会议纪要。

第十一条 市委常委会委员可以根据工作需要，在其职责范围内主持召开议事协调会议，研究解决有关问题，但不得超越权限作出决策。

第十二条 市委理论学习中心组主要由常委会委员组成，市人大党委会党组书记、市政府党员副市长、市政协党组书记、市人民法院党组书记、市人民检察院党组书记参加，也可根据学习需要适当吸收有关人员参加。市委理论学习中心组每年要集中一定时间学习，每季度集中学习不少于1次。

第三章 组织原则和纪律作风

第十三条 市委及其成员应当自觉加强思想政治建设，坚持用马克思列宁主义、毛泽东思想、中国特色社会主义理论体系武装头脑，深入学习贯彻习近平总书记系列重要讲话精神，坚定理想信念，严守政治纪律和政治规矩。牢固树立政治意识、大局意识、核心意识、看齐意识，坚持维护党中央权威和党中央集中统一领导，坚决维护习近平总书记的核心地位，自觉向党中央看齐，向党的理论和路线方针政策看齐，向党中央决策部署看齐，始终在思想上政治上行动上同以习近平同志为核心的党中央保持高度一致。

市委应当每年向衢州市委作1次全面工作情况报告，执行党中央、省委和衢州市委某项重要决定的情况应当专题报告。遇有重大改革措施、重大政策调整、重大突发事件、重大问题应当及时请示报告。

第十四条 市委应当坚持民主集中制，实行集体领导与个人分工负责相结合的制度，把民主集中制原则贯彻到党内生活全过程。在集体讨论和决定问题时，个人应当充分发表意见，市委书记应当最后表态。个人对集体作出的决定必须坚决执行，有不同意见的可以保留，也可以通过正常渠道向上级党组织报告。

市委常委会其他委员应当支持市委书记开展工作，自觉接受书记对其工作的督促检查，保证市委决策的贯彻落实。市委常委会委员代表市委的讲话和报告，署名发表或者出版同工作有关的文章、著作、言论，应当事先经过常委会审定或者市委书记批准。市委常委会委员在调查研究、检查指导工作或者参加其他公务活动时发表的个人意见，应当符合市委集体决定精神。

市委支持和保证下级党组织依法依规正常履职。凡属下级党组织职责范围内的事项，如无特殊情况，由下级党组织处理。市委作出同下级党组织有关的重要决定，一般应当事前征求下级党组织意见。需要市党代表大会代表、下级党组织和党员了解的重要情况和重大问题，应当及时通报。

第十五条 市委必须认真履行全面从严治党主体责任，市委书记必须履行抓党建第一责任人职责。市委常委会其他委员履行分管领域从严治党责任。市委常委会应当定期研究党建工作，每年至少向市委全会和衢州市委专题报告1次抓党建工作情况。充分发挥市委党的建设工作领导小组职能作用，加强对全市党的建设工作的系统谋划、统筹协调、整体推进和督促落实。加强基层党组织建设，实行县、乡、村三级党组织书记抓基层党建工作述职评议考核制度，完善党建工作考核综合评价体系，确保党建各项部署落到实处。

市委应当认真履行党风廉政建设主体责任，加强对市纪委和全市纪律检查工作的领导，支持市纪委履行监督责任。坚持纪在法前、纪严于法，实践好监督执纪“四种形态”，严格执行和维护党的纪律，坚决反对腐败，建设廉洁政治，着力构建不敢腐、不能腐、不想腐的廉洁从政环境。每年向衢州市委报告抓党风廉政建设情况。

市委应当落实意识形态工作责任制，定期听取意识形态领域有关情况汇报，每半年向衢州市委专题汇报1次意识形态工作。市委常委会应当把意识形态工作作为向全会报告工作的重要内容，常委会委员应当把意识形态工作作为常委会民主生活会和述职报告的重要内容。

第十六条 市委应当加强对市人大、政府、政协等的领导，建立健全沟通协调机制，及时通报重要情况。每年听取1次市人大常委会党组、市政府党组、市政协党组、市人民法院党组、市人民检察院党组工作汇报。注重通过国家机关、政协组织、民主党派、人民团体、基层单位等渠道，就经济社会发展重大问题和涉及群众切身利益实际问题，广泛协商、广集民智、增进共识、增强合力。

第十七条 市委及其常委会应当健全决策咨询机制，重大决策一般应当在调查研究基础上提出方案，充分听取各方面意见，进行风险评估和合法合规性审查，经过全会或者常委会会议讨论和决定。

第十八条 市委及其成员应当严肃党内政治生活，按照规定参加民主生活会和组织生活会。市委常委会一般每年召开1次民主生活会，遇到重要或者普遍性问题应当及时召开。会前应当认真学习有关文件，采取多种形式广泛征求意见，深入谈心交心；会上要开展批评和自我批评，认真查摆问题，深刻剖析根源，明确整改方向；会后要逐一整改落实，及时向衢州市纪委、衢州市组织部报送民主生活会情况报告，并将民主生活会情况和整改措施在一定范围内通报。

市委常委会委员应当严格执行双重组织生活制度，以普通党员身份参加所在支部的组织生活，带头为党员干部讲党课。

市委应当加强对下级领导班子民主生活会的指导和监督，提高民主生活会质量。

第十九条 市委及其成员应当带头尊崇党章、遵守党规，模范遵守《关于新形势下党内政治生活的若干准则》《中国共产党廉洁自律准则》《中国共产党党内监督条例》《中国共产党纪律处分条例》等党内法规，严格执行党的政治纪律、组织纪律、廉洁纪律、群众纪律、工作纪律和生活纪律，自觉以身作则，发挥表率作用。

市委及其成员应当坚持讲原则、讲规矩，共同维护坚持党性原则基础上的团结。在集体研究工作时充分发表意见，决策形成后坚决执行，不得违背集体决定自作主张、自行其是。坚决反对和纠正当面不说、背后乱说，会上不说、会后乱说，当面一套、背后一套等错误言行。

市委及其成员应当严格落实中央关于改进工作作风、密切联系群众的各项规定，深入贯彻落实中央八项规定精神、省委“28条办法”“六个严禁”、衢州市委“八条禁令”以及市委“十个不准”，坚决反对形式主义、官僚主义、享乐主义和奢靡之风。

第四章　督查落实和监督追责

第二十条 市委要组织、领导和保证党的路线方针政策和中央、省委和衢州市委决策部署在江山落地生根。对习近平总书记重要讲话精神，中央、省委和衢州市委重要会议、重要文件，市委应当及时进行传达学习和贯彻落实，并由常委会委员分工负责抓好落实。

对中央、省和衢州市领导批示交办事项，市委书记及副书记作出批示要求后，有关市委常委会委员应及时牵头研究，督促有关部门认真办理，并按程序及时反馈落实情况。

第二十一条 市委通过全会作出的决策，由常委会负责组织实施。决策执行过程中需作重大调整或者变更，应当通过召开全会决定。

市委常委会作出的决策，由常委会委员分工负责组织实施，落实情况及时向市委书记汇报，重大事项应当向常委会汇报。决策执行过程中需作重大调整或者变更的，应当由市委常委会会议决定。

第二十二条 市委建立有效的督查、评估和反馈机制。加强对重点工作的督促检查，常委会应当听取涉及全局性重点工作落实情况汇报。

第二十三条 市委向市党代表大会负责并报告工作，应当自觉接受省委、衢州市委领导和工作监督，并接受省、衢州和市纪律检查机关监督，接受下级党组织和党员群众的监督，接受各民主党派和无党派人士的民主监督。

市委应当有计划地邀请市党代表大会代表列席全会或者常委会会议等重要会议，适当增加列席的人员数量和频次。定期组织党代表大会代表进行专题调研，组织党代表大会代表开展提案提议，充分听取意见建议。

第二十四条 市委应当认真履行党内监督主体责任，领导全市党内监督工作，对常委会委员、市委委员，市纪委、市委工作部门和直接领导的党组织领导班子及其成员进行监督。坚持党内谈话制度，认真开展提醒谈话、诫勉谈话。担任党政领导干部的市委委员、候补委员应当每年按要求述责述廉，按规定如实报告个人有关事项。

第二十五条 市委定期对乡镇（街道）党（工）委、部门党委（党组）及其成员履行职责情况进行考核，建立健全奖惩机制。考核具体工作由市委组织部门牵头，市纪委、市委有关部门参与。

建立健全容错免责机制，鼓励乡镇（街道）党（工）委、机关部门党委（党组）及其成员积极改革、锐意进取。

第二十六条 违反本规则有关规定的，根据情节轻重，给予批评教育、责令作出检查、诫勉谈话、通报批评或者调离岗位、责令辞职、免职、降职等处理；应当追究党纪政纪责任的，依照《中国共产党问责条例》《中国共产党纪律处分条例》《行政机关公务员处分条例》等有关规定给予相应处分；涉嫌违法犯罪的，按照国家有关法律规定处理。

本规则由中共江山市委负责解释，具体工作由市委办公室商市委有关部门承担。本规则自通过之日起施行，过去有关市委工作的规定与本规则不一致的，按本规则执行。

中共江山市委　江山市人民政府关于实施党建统领和智慧治理大联动深化“最多跑一次”改革推进区域治理现代化的实施意见

（2017年5月31日）

为深入贯彻省委、省政府关于“最多跑一次”改革相关决策部署，进一步巩固和扩大“最多跑一次”改革成果，充分发挥党建统领、智慧治理的联动作用，加快推进区域治理体系和治理能力现代化，根据《中共衢州市委、衢州市人民政府关于实施党建统领和智慧治理大联动深化“最多跑一次”改革推进区域治理现代化的指导意见》（衢委发〔2017〕9号）文件精神，结合我市实际，制定如下实施意见。

一、总体要求

认真贯彻以人民为中心的发展思想，按照“制度+技术”“线上+线下”“网络+网格”的思路，把“最多跑一次”的理念和目标，向“乡镇（街道）村（社区）、中介监管、经济开发区、项目兜底服务、政府投资项目”五个领域延伸，推进区域治理体系和治理能力现代化，着力打造适应现代市场经济、现代民主法治、现代互联网条件下的现代治理体系。充分运用“互联网+政务服务”和大数据，全面推进政府自身改革，促进体制机制创新，使群众和企业对改革的获得感明显增强、政府办事效率明显提升、发展环境进一步改善，不断增强经济社会发展活力。

二、基本原则

（一）坚持党建统领。坚持党在区域治理中的领导核心地位，把“三民工程”作为推进区域治理的重要抓手，发挥基层党组织的战斗堡垒作用和基层党员的先锋模范作用，以“党建+”统筹和推动管理变治理、民主促民生、应急变长效、治标变治本。

（二）坚持智慧治理。顺应互联网条件下社会治理模式转型的新趋势，以智慧大脑工程为载体，以数据集中和共享为途径，推进技术融合、业务融合、数据融合，实现跨层级、跨地域、跨系统、跨部门、跨业务的协同管理和服务，推进决策咨询科学化、社会治理精准化、公共服务高效化。

（三）坚持系统集成。进一步厘清市、乡镇（街道）、村（社区）各级权责，突出各级统筹协调联动，建立系统集成的大联动指挥中心，坚持块抓条保、属地统领，横向打通、纵向下沉，构建基层治理一张网，打造归口收集、分流交办、答复反馈、监督制约、考核奖惩的完整流程，形成大联动、大治理、大服务的格局。

三、整体思路

（一）构建“三层架构”。做优市乡镇（街道）一体、部门联动的“顶线”。建立市、乡镇（街道）一体、系统集成的综合指挥系统，建设市大联动中心和乡镇（街道）分中心（与市综合指挥中心、乡镇综合指挥室统筹考虑），中心内部搭建信息集成系统和联动指挥系统平台。做强以块为主、条块联动的“中线”。按照条块联动、块抓条保，属地统领、捆绑考核的要求，结合基层治理“四个平台”建设，推动部门关口前移、重心下移，资源下沉、权力下放，强化乡镇（街道）治理服务职能。做实多网合一、干群联动的“底线”。按照“属地、整体、适度”原则，分类划定基础网格，实现“多网合一”。建立全科网格，充实网格力量，明确网格职责，实现党政各项工作资源在网格叠加、力量在网格沉淀、工作在网格联动、任务在网格落实。

（二）念好“叮盯钉”三字诀。坚持网格化、信息化、扁平化“多化融合”，打造信息集成、联动指挥两大系统，念好“叮盯钉”三字诀，提升“钉钉”使用的“五度”，即速度、广度、深度、精度、黏度，以“E通江山”APP为基础，构建平台互通、信息共享、全面感知、智能调度、迅捷精准的智慧大脑联网应用体系，形成线上线下联动机制，民有所呼、我有所应，上情下达、下情上传，成为打通“顶线、中线、底线”的“竖线”。

（三）推动“最多跑一次”改革“五个延伸”。在全面巩固提升的基础上，加快“最多跑一次”改革向向幸福乡村延伸、向中介监管延伸、向经济开发区延伸、向项目兜底服务延伸、向政府投资项目延伸。同时，推进审批服务向综治工作、综合执法、市场监管等各个领域延伸，为加快推进区域治理体系和治理能力现代化注入动力和活力。

四、主要任务

（一）构建智慧治理系统。以“全市统一的大数据中心”为数据交换共享平台，以“雪亮工程一体化视联网”为超融合多媒体网络，以“E通江山”APP为基层网格神经元，将浙江政务服务网、平安建设信息系统、12345统一政务咨询投诉举报平台、“三民工程”E掌通APP等系统进行整合，畅通上下联动指挥系统。积极配合省政府办公厅开展基层治理协同平台开发试点，依托浙江政务服务网的基础设施、总体架构和标准规范，构建基层治理信息系统协同平台。按照统筹建设、集中部署的原则，横向打通各部门基层专业信息系统，实现多渠道信息集中共享，突发事件综合指挥，形成上下联动、功能集成的一体化基层治理信息化体系，为实现综合指挥、全科网格、平台运行提供数据共享和技术支撑，并利用大数据构建企业、中介、个人、社会组织等信用体系，推动社会信用建设。

（二）深入推进“最多跑一次”改革。

1. 推进“最多跑一次”改革向乡镇（街道）、村（社区）延伸。推进基层“一窗受理，集成服务”，乡村便民服务采取“乡村两级综合受理、市级后台分类审批、乡村两级统一出件”的政务服务和公共服务新模式，实现基层审批服务“最多跑一次”。建立全程代办机制，充分发挥乡村干部和“跑小二”的咨询代办服务作用。因地制宜开展乡村便民服务大厅的升级改造，优化大厅布局，提升大厅功能，提高群众的办事体验。以基层需求为导向，除涉及公共安全、需要市政府统筹等事项予以保留外，其他事项能放则放，下沉一级，提升乡镇（街道）综合服务功能。

2．推动“最多跑一次”改革向中介监管延伸。对投资项目实施“多审合一，多评合一，多测合一”。“多审合一”指将建设、人防、消防等施工图审查，按照“一窗受理、一套资料、一站审查、一个平台、统一监管”的模式运行，实行统一受理、即时推送、及时审查、全程监管。“多评合一”指将项目涉及的评估、评价中介服务，实行统一组织、同步进行，并积极推行企业投资项目统一区域评估评价，凡符合准入条件的企业，不再另外进行中介评估评价。“多测合一”指将建设工程审批涉及的土地测绘、规划测绘、房产测绘等技术服务，统一委托给一家单位承担，实行统一测绘、成果共享，从而减轻企业负担，节约时间成本，提高测绘成果准确度。实现一般投资项目中介服务事项“最多跑一次”比例达85%以上。

3．推进“最多跑一次”改革向经济开发区延伸。完善部门授权，解决工业项目施工许可及竣工验收手续办理、项目综合验收、办证等问题。经济开发区范围内的企业，取得项目土地使用权应缴纳的契税，由开发区财政分局负责征收。在经济开发区管委会设江山市工业投资项目决策咨询工作领导小组第2办公室（简称开发区决策咨询办），除固定资产投资1亿元及以上、不符合产业空间布局和需提交市政府“一事一议”的项目外，其他项目全部由开发区决策咨询办审定。推行“工业项目50天高效审批”，依托投资项目在线审批监管平台和政务网，全面推动网上审批，实现项目事项“最多跑一次”比例达到90%以上。同时运用政务服务网、移动客户端、自助终端等多种形式，为企业提供方便快捷的网上公共服务。

4．推进“最多跑一次”改革向项目兜底服务延伸。抓住领导干部这个“关键少数”，全面深化百名局长轮流驻窗口活动，在实际操作中找准服务的“痛点”和“堵点”，真正使群众进服务中心“一个门”、到综合窗口“一个窗”就能把“一件事”办成。全面开展“店小二”代办制。围绕市重点项目，建立“店小二”重点服务项目库和项目储备库，对每个服务项目进行编号，落实对应“店小二”，编制项目服务交办单，进行“身份”管理，对入库交办项目实行动态调整。围绕项目立项、审批、建设全过程，根据我市项目高效审批办法，对部门单位行政审批事项和国企公共服务事项，分项目制定服务手册，实行全程导办、跟办、代办服务，确保项目顺利推进。

5．推进“最多跑一次”改革向政府投资项目延伸。提高乡镇街道、部门单位部门交易权限，具备公共资源交易平台条件的，可以向市监管办提出书面申请，经监管办确认后，法定范围和规模标准以下项目进入乡镇街道、部门单位公共资源交易平台交易。简化小额公共资源交易规则，进一步缩短交易时限。建立特殊交易方式分级审批机制。扩大乡镇（街道）、部门建设工程施工不公开招标的审定权限，将法定范围和规模标准以下项目，涉及与上级布置的急、难、重任务相关的项目，衢州及以上级别赛事、节会、论坛等重大活动相关的项目，由少数国有企业实施的供水、供电、供热、供气、通信等项目，非国有资金控股或者占主导地位的项目等情形的，可以不进行公开招标，由乡镇（街道）、部门集体研究或组织专门人员论证后，自行审定，自行组织交易，同级纪检监察组织进行监督。

（三）加快乡镇“四个平台”建设。强化基层治理“一个大平台指挥”。乡镇（街道）设立综合指挥机构，实现“一个乡镇一个平台指挥”，并与市级指挥平台互联互通。实行派驻机构“一体化管理”。派驻机构实行“双重管理、属地为主”，派驻人员变部门干部为“平台干部”，纳入乡镇（街道）统一管理。实行全科网格“一张网覆盖”。开展网格整合，取消各部门条线设置的基层网格，村（社区）网格实行“一张网”，打造全科网格。按照全域、全员、全程的理念，明确网格定位、网格划分、网格配置、网格职责、网格流程“五统一”。健全“一次办结”工作运行机制。实行扁平化管理，形成社会治理和网格事项的受理、分析、流转、处置、督办、反馈、考核的闭环管理机制。进一步建立健全咨询一次告知、事务一次办理、问题一次解决、服务一次到位的“一次办结”运行机制。

五、工作要求

（一）统一思想认识，加强组织领导。实施党建统领和智慧治理大联动，加快推进“最多跑一次”改革大延伸，加快区域治理体系和治理能力现代化事关全局、意义深远。各级各部门要着眼于满足老百姓的需求、顺应群众和企业的呼声、推动供给侧结构性改革、优化发展环境、提供优良服务、推进党风廉政建设和深化政府自身改革，充分认识加快推进“最多跑一次”改革的重大意义，树立强烈的使命感、责任感，统一思想、提高认识。各级各部门主要领导作为第一责任人，要切实加强组织领导，做到改革工作亲自部署、重要方案亲自把关、关键环节亲自协调、落实情况亲自督察，加快推动改革落地。

（二）建立工作机制，强化协同配合。各牵头部门要分别制定各自领域的专项工作方案。要加强向上对接沟通，确保工作与上级要求保持一致，争取到尽可能多的支持。要细化职责分工，明确各部门、乡镇（街道）、村（社区）工作任务，倒排时间节点，确保提前完成工作任务。要强化各层面的联动配合，依托浙江政务服务网建立统一的信息指挥系统，将各部门专网、专线全部纳入“一张网”，实现“受理、流转、处置、督办、考核”一体化闭环管理机制。

（三）坚持稳步推进，强化考核监督。按照分类指导、分步实施原则，确定贺村镇、清湖镇、峡口镇、张村乡作为标杆乡镇（街道）创建，并创建4个标杆示范村，确保在2017年6月15日前完成试点任务。其他乡镇（街道）结合辖区实际情况，于9月底前全面完成建设任务。此项工作纳入乡镇（街道）和机关部门的年度考核内容，并建立专项督查制度，对于不认真履行职责、工作明显滞后的乡镇和部门，要启动追责机制。

（四）加强宣传引导，形成良好氛围。各乡镇（街道）、有关部门要充分利用报纸、电视、互联网和新媒体广泛宣传“最多跑一次”改革，及时准确发布改革信息和政策法规解读，正确引导社会预期，积极回应社会关切，创新社会参与机制，拓宽公众参与渠道，凝聚各方共识，营造良好氛围。

关于加快人才集聚激发人才创业创新活力的若干政策意见

为深入贯彻落实中央、省委、衢州市委关于深化人才体制机制改革的意见，最大限度激发我市人才创新创造创业活力，以人才优先发展塑造新一轮发展优势、创新优势和产业优势，加快建设三省边际人才高地，现提出如下意见：

一、“筑梦江山”人才创业扶持政策

1. 实施人才“团队集聚”计划。对引进的海内外高层次领军型人才及团队在我市创办符合产业导向、拥有核心技术、市场前景好的企业，且该创（领）办人才在企业内所占股份不少于30%，根据团队、产业符合度、项目先进性等条件进行综合评定，评定结果分A、B、C三类，分别给予300万元、200万元、100万元创业启动资金奖励，并给予500万元银行同期贷款基准利率的全额贴息等方面支持。对入选浙江省领军型创新创业团队的，首个资助期内，按照省级财政投入额度给予1∶1配套资助。对引进的具有世界先进、国内领先技术的人才及团队，其领衔的产业项目在江山注册落地的，可实行“一事一议”，奖励不设上限。

2. 实施人才“创业众筹”计划。大力引进培育风投机构、天使投资者，引导社会资本投资人才项目和企业。借助省“人才服务银行”平台，鼓励金融机构对符合条件的高层次人才创业融资给予无需担保抵押的信用贷款。实施创业众筹，对高层次人才领衔创办的高科技企业，优先列入“高新技术企业培育库”进行培育并享受相应扶持政策，市科技金融合作贷款可优先给予最高300万元的信用贷款，符合市产业基金支持方向的还可给予优先支持。对基金总额3000万元以上的各类民间投资机构，累计投资我市近三年新注册的高层次人才创业企业（须有3名E类以上人才）超过1000万元的，可申请投资总额2%的财政补贴，每家累计补贴不超过200万元。创业投资企业落户我市后累计投资于高层次人才创业企业超过5000万元的，给予投资机构负责人一次性20万元奖励。

3. 实施人才“创业孵化”计划。举办全市创业创新大赛，对获奖并在江山注册落地的项目，可给予最高30万元的奖励。对获得国家、省级创业创新大赛奖项且在江山注册落地的项目，从产生地方财政贡献起，5年内给予地方财政贡献全额奖励。加强人才创新创业平台建设，大力推进政府主导型综合性科技企业孵化器建设，积极为入孵化器企业提供研发、中试生产、经营场地和办公场所等方面的共享设施，并给予政策、管理、法律、财务、融资、市场推广和培训等方面的优质服务，降低人才创业成本和风险。鼓励社会主体建设高品质、高效益的“众创空间”，对评估为国家级、省级、衢州市级优秀“众创空间”（孵化器）的，分别给予每家一次性50万元、30万元、10万元奖励。对企业主体创办的“众创空间”（孵化器），自产生地方财政贡献起，5年内给予其地方财政贡献60%返还奖励。鼓励大学生自主创业和出国留学人员回乡创业，对入驻衢州市级以上“众创空间”的大学生、出国留学人员创办的企业，自产生地方财政贡献起，5年内给予地方财政贡献全额奖励。进一步引导和鼓励高校毕业生到基层工作，按上级有关政策意见兑现奖补。

二、“智汇江山”人才引进补助政策

4. 引进高水平创新型人才。围绕我市“工业强市”目标，广泛引进国内外高水平创新人才来江开展科技难题攻关和科技成果转化。对全职引进并与用人单位签订五年以上服务合同的下列对象，分别给予：（1）中国科学院、中国工程院院士等顶尖人才（A类）为期五年每人每年60万元的购房补贴，一次性奖励100万元，每年发放12万元的人才津贴；（2）国家级领军人才（B类，国家“千人计划”除外）为期五年每人每年40万元的购房补贴，一次性奖励60万元，每年发放6万元的人才津贴；（3）省级领军人才（C类，省“千人计划”除外）为期5年每人每年30万元的购房补贴，一次性奖励45万元，每年发放5万元的人才津贴。

5. 引进海内外领军型人才。对全职引进并与用人单位签订五年以上服务合同或在本市申报入选的国家、省“千人计划”人才，分别给予每人200万元、100万元的一次性配套奖励，每年分别发放6万元、4万元的人才津贴。对携带项目来江转化并产业化的国家或省“千人计划”人才，分别给予每人80万元、40万元的一次性奖励；对携带世界先进、国内领先技术的项目在江转化的，可实行“一事一议”。鼓励引进国外智力项目，按衢州市外国专家局确认额给予资助。

6. 引进社会事业领域高层次人才。加大引进教育、卫生、文化、旅游等社会事业发展需要的高层次人才。对全职引进并与用人单位签订五年以上服务合同的下列对象，分别给予：（1）省功勋（杰出）教师、特级教师，名医专家、医疗卫生学科带头人，文化名家，特级导游，一次性安家补助30万元，每年发放4万元的人才津贴；（2）地市级名校长名师，名医专家、医疗卫生学科带头人，文化名家，高级导游，一次性安家补助20万元，每年发放2万元的人才津贴；（3）县级名校长名师，名医专家、医疗学科带头人，文化名家，一次性安家补助10万元，每年发放1万元的人才津贴；（4）体育教育急需紧缺学科的高水平运动员、教练员，一次性安家补助5万元，每年发放1万元的人才津贴；（5）近五年辅导学生获得全国高中数学、物理、化学、生物和信息五大学科竞赛一等奖、二等奖（或省一等奖）的教师，分别给予30万元、10万元的安家补助，五年内每年发放1万元的人才津贴；（6）近五年入选（获评）地级市以上名记者、名编辑、名主持人或首席记者（编辑、播音、主持），省级建筑规划大师、省级民间工艺大师，一次性安家补助10万元；（7）具有正高级专业技术职务人员或全日制博士研究生，一次性安家补助20万元，每年人均分别发放2万元、1.5万元的人才津贴；（8）具有副高级专业技术职称人员或直接考核引进的全日制硕士研究生，一次性奖励5万元。

7. 鼓励企业引进高层次人才。鼓励企业引进急需紧缺专业的高职称、高学历、高技能人才。对全职引进并与用人单位签订五年以上服务合同的下列对象，分别给予：（1）具有正高级专业技术职称人员、全日制博士研究生，一次性安家补助20万元，每年分别发放2万元、1.5万元的人才津贴；（2）35周岁以下，“985”大学（不包括二级院校）的全日制硕士研究生，一次性安家补助15万元；（3）35周岁以下，具有副高级专业技术职务人员、全日制硕士研究生、“985”大学（不包括二级院校）“一本”专业的全日制本科毕业生，一次性安家补助10万元；（4）35周岁以下，“211”大学全日制本科毕业生、浙江省重点建设高校的“一本”专业的全日制本科毕业生，一次性安家补助5万元；（5）企业急需紧缺的特级技师、高级技师，分别给予一次性安家补助20万元、5万元，每年分别发放1万元、0.6万元的人才津贴。企业引进急需紧缺的技师，五年内每年发放0.4万元人才津贴；（6）省级以上重大科技专项项目或技术创新项目带头人，一次性安家补助5万元；（7）连续三年纳税年薪20万元以上的企业实用人才，一次性安家补助10万元。

8. 实施市场化引才补助。发挥企业引才主体作用和人才服务机构中介作用，对企业或中介（个人），引进顶尖人才（A类）、国家级领军人才（B类）、省级领军人才（C类）、衢州市级高层次人才（D类）、江山市级高层次人才（E类），与企业签订五年以上服务合同，且实际服务企业一年以上的，分别给予企业或中介（个人），一次性50万元、20万元、10万元、3万元、1万元引才奖励。引进人才入选国家、省“千人计划”的，分别给予引进企业或中介（个人）25万元、15万元奖励；对引进纳税年薪30万元以上实用人才的企业，给予实付纳税薪酬10%补助，每家企业补助最多不超过100万元。拓宽引才渠道，建立市外和海外人才工作站，聘请“引才大使”，给予每个人才工作站5—10万元的工作经费补助。实行企业外出引才补助，给予交通费、摊位费、住宿费50%补助。鼓励柔性引才，对企业引进高层次创新人才来江开展科技讲座、难题攻关、项目合作、技术咨询等短期服务或民办学校、医院引进高层次人才来江开展免费公益活动的，服务结束后按实际服务天数给予引才单位“柔性引才”补贴，其中A类人才每人每天0.3万元，其他正高级职称、博士研究生、特级技师类专家每人每天0.1万元，A类人才年度内不超过9万元，其他专家年度内不超过3万元。对制约产业发展的共性难题，可由职能部门牵头，通过技术外包、合作开发等形式集中攻破解决，所需资金实行“一事一议”。

三、“成才江山”人才培育补助政策

9. 大力培养高水平创新型人才。围绕学术学科建设，大力培养一批高水平创新型人才。对于我市企事业单位在职在聘职工入选以下所列项的，分别给予：（1）入选顶尖人才（A类）的，每人一次性400万元奖励，每年发放12万元人才津贴；（2）入选国家级领军人才（B类）的国家“万人计划”中除杰出人才之外的人选、国家有突出贡献的中青年专家、百千万人才工程国家级人选、中科院“百人计划”A类人才、何梁何利科技奖获得者、“长江学者奖励计划”教授、国家杰出青年基金项目完成人、国家科学技术一等奖获得者（前三位完成人）、省科学技术重大贡献奖获得者、省领军型创新创业团队带头人或同层次其他人才，每人一次性100万元奖励，每年发放6万元人才津贴；（3）入选国家级领军人才（B类）的省特级专家、省级领军人才（C类）的“钱江学者”特聘教授，每人一次性50万元奖励，每年发放5万元人才津贴；（4）入选省级领军人才（C类）的“省万人计划”人才、省有突出贡献中青年专家、国务院特殊津贴专家、中科院“百人计划”B类人才、省级重点创新团队带头人、国家科学技术二等奖以上获得者（前三位完成人）、省科学技术奖一等奖获得者（前三位完成人）或同层次其他人才，每人一次性10万元奖励，每年发放3万元人才津贴；（5）入选省“151人才工程”的，按上级相关规定给予奖励；入选衢州市“115人才工程”第一、二、三层次的培养人员，五年培养期内每人分别发放5万元、2.5万元、1万元的人才津贴；（6）企事业单位在职在聘的具有正高级专业技术职称人员或博士学位的研究生，每年人均分别发放2万元、1.5万元的人才津贴；正高级专业技术职称人员在职未聘的，每年发放1万元人才津贴。（7）对列入我市“拔尖人才”管理的，给予每人3万元奖励，每年组织一次体检和慰问，每届组织一次疗养，连续三届列入“拔尖人才”管理的，授予“江山市拔尖人才”终身荣誉称号。入选以上人才工程培养的，每年可向所在单位报销1000元限额的报刊书籍费，优先安排赴外考察学习、进修和参加学术技术交流活动。

10. 大力培养教育名师。打响“学在江山”品牌，实施“名师”“名校长”“名班主任”“名竞赛辅导员”培养工程，扎实推进教育系统“师徒结对工程”“1358工程”的实施，大力培养一批优秀教育人才。对评为全国优秀教师、省特级教师、省功勋（杰出）教师的，给予一次性10万元奖励，每人每年发放4万元的人才津贴；对衢州市名师、名校长，每年人均发放2万元的人才津贴；对江山市名师（含农村名师）、名校长、名班主任，每年人均发放1万元的人才津贴。对辅导学生获得全国高中数学、物理、化学、生物和信息五大学科竞赛一等奖、二等奖（或省一等奖）的教师，分别给予一次性5万元/名、1万元/名奖励。增强各级各届名师、名校长、名班主任作用发挥，建立名师、名校长、名班主任工作室，经考核认定给予每个工作室每年2—3万元经费补助。推进城镇中高级教师与农村教师“师徒结对工程”，每两年评选出师徒结对工程结对帮带“十佳师徒”，并给予每人一次性0.5万元奖励。

11. 大力培养名医专家。加强医疗学科和名医（专家）队伍建设，培养一批优秀中青年医学专家。对省名中医、省重点学科带头人的，给予一次性10万元奖励，每人每年发放4万元的人才津贴；对衢州市名医（专家）、名中医、学科带头人，给予一次性2万元奖励，每年人均发放2万元的人才津贴；对江山市名医、名中医、学科带头人，给予一次性2万元奖励。开展“业务标兵”评选活动，给予每人一次性1万元奖励。扎实推进“双下沉两提升”工程，每两年评选出“十佳下沉医生”，并给予每人一次性0.5万元奖励。

12. 大力培养各类社会事业人才。大力培养文化旅游人才，对取得高级、中级导游证的旅游人才，分别给予一次性0.5万元、0.2万元的奖励，次年起，对高级导游每年发放1.5万元的人才津贴。对取得英语（日语）、其他小语种导游证的，分别给予一次性0.2万元、0.5万元的奖励。鼓励文化艺术人才多出精品，对获得国家级、省级、衢州市级奖项的优秀文化作品及个人给予奖励（具体奖励办法参照文化发展有关政策执行。）大力培养农村实用人才，鼓励农村实用人才评聘职称，对被评为高级、中级职称的，分别给予一次性0.5万元、0.2万元的奖励。对被评为衢州市“十佳农村实用人才”“拜师学艺十佳师徒”的，给予每人一次性0.5万元配套奖励。大力培养社会工作人才，对首次评为全国、省级社会工作领军人才的社会工作者，分别给予一次性2万元、1万元奖励，对取得社会工作师、助理社会工作师资格并从事社区工作的，分别给予一次性0.5万元、0.2万元的奖励。

13. 大力培养企业经营管理人才。实施“精英企业家”培养工程，鼓励支持企业家学习提升，企业管理层人员获得高级工商管理硕士（EMBA）学位证书的，给予一次性5万元奖励；获得工商管理高级总裁（MBA）班和工商管理高级总裁研修提高班结业证书的，给予一次性1万元奖励。鼓励企业经营管理人才职业化、规范化建设，对新取得特级职业经理人、高级职业经理人资质证书的，分别给予一次性2万元、1万元奖励。市委市政府每年免费举办精英企业家、高级职业经理人等高端定制培训班。

14. 大力培养企业高技能人才。实施企业高技能人才“金蓝领”工程，加大企业紧缺技能人才培训的组织和投入力度。企业紧缺工种技术工人取得特级技师、高级技师、技师资格证书的，分别给予2万元、0.5万元、0.2万元一次性奖励。次年起，经考核合格的特级技师、高级技师，给予每人每年1万元、0.6万元的人才津贴；经考核合格的技师五年内给予每人每年0.4万元的人才津贴。技能人才获得衢州市级以上技能奖项的，给予一次性1∶1配套奖励。对取得授权证书的企业发明专利第一发明人给予每人1万元的奖励。鼓励企业人才参加职称评定，对企业人才新取得正高级、副高级专业技术职称的，分别给予每人一次性2万元、0.5万元奖励。根据全市产业实际，每年举办一次全市性职业技能大赛，比赛经费30万元列入财政预算；对获得第一名、第二名、第三至六名的选手分别奖励1万元、0.5万元、0.2万元。每两年开展一次“江山市首席技师”评选，首届不超过10名，往后每届不超过5名，对获评人员给予1万元奖励。

15. 鼓励创建企业人才培养（训）机构。鼓励企业依托高技能人才创建江山市级“技能大师工作室”，每两年认定一次，经认定当年给予3万元开办经费补助，次年经考核合格且被评为江山市重点大师工作室的，给予5万元奖励。鼓励企业自主培训高技能人才，积极创建江山市级“企业高技能人才培训示范基地”，对通过认定的企业，当年给予2万元的职业培训信息化建设经费补助，次年考核合格的，给予3万元奖励。加大企业高技能人才公共实训基地建设，依托本市的职业技术学校、职业培训机构，创建高技能人才实训基地，分行业工种开展通用工种实训；职业技术学校或职业培训机构被认定为江山市高技能人才公共实训基地的，当年给予2万元的经费补助，次年考核合格的给予3万元奖励。

16. 鼓励企业自主培养人才。企业每培养1

名下列人才，且取得文凭或证书后服务企业一年以上的，给予企业补助一定的培养经费，其中：博士学位研究生（职称对应正高）1万元，硕士研究生（职称对应副高）0.5万元。同时，鼓励企业积极主动开展员工职业技能培训，完成本职业（工种）规定课程和课时培训的，结业后取得相应国家职业资格证书并服务企业一年以上的，一次性给予200—1000元/人的补助。

17. 鼓励学习深造。鼓励优秀青年人才通过在职学习攻读博士、硕士学位或出国（境）开展学习交流，用人单位要在经费等方面给予支持。企事业单位专业技术人员、高技能人才参加省、衢州市统一组织的出国（境）培训，每人次补助1万元。企业在职在聘人员获得教育部承认的博士、硕士研究生，并仍继续在原单位工作且签订五年以上服务协议的，分别给予一次性3万元、2万元的奖励。

四、“聚力江山”人才平台补助政策

18. 创建院士专家工作站。企事业单位引进“两院”院士建立“院士专家工作站”并保持正常运行，经认定为衢州市级以上院士专家工作站的，三年内给予60万元的科研经费资助（包括衢州市一次性20万元资助）。三年建设期满综合考核优秀的，资助期可再延长3年。

19、培育重点创新团队。在各行业、领域中技术水平突出、研发优势明显、创新成果显著的创新团队中，评选一批市级重点创新团队。对获得认定的重点创新团队，3年内给予15万元的科研经费资助，第1年给予一次性资助5万元，第2年、第3年考核合格的，再分别资助5万元。对获得省、衢州市认定的，按省、衢州市建设重点创新团队意见执行。对衢州市重点创新团队三年建设期满综合考核优秀的，资助期可再延长3年。

20. 建立博士后科研工作站。对企事业单位建立博士后科研工作站并引进博士后开展科研工作，一年后经考核合格的，给予一次性10万元的建站资助。对进站工作的博士后，按在站工作时间，给予每人每年8万元的奖励。博士后出站继续留在江山工作并与用人单位签订五年以上服务合同的，按本意见中人才引进相关规定执行。加强市校合作，培养本土高层次人才，对建立博士工作站的，三年内每年经考核合格的分别给予3万元的经费补助。

21. 推动专家工作站建设。鼓励企事业单位结合学术学科建设需要建立专家工作站，引进市外高水平专家进站服务，提供技术支持，带动人才培养。对经批准建立的专家工作站且运行正常，一年后经考核合格的，给予一次性5万元建站资助。对列入衢州市级专家工作站的，三年内给予30万元的科研经费资助（包括衢州市一次性10万元资助）。三年建设期满综合考核优秀的，资助期可再延长3年。

22. 加快技术（研发）中心建设。鼓励企业创建技术（研发）中心，对新认定的国家级、省级技术（研发）或工业设计中心，分别给予一次性50万元、20万元奖励。对新认定为江山市级技术（研发）或工业设计中心，给予一次性2万元奖励。支持海内外知名高校、高水平科研院所、大型企业研发机构在江山设立分校、分院、分所，三年内给予建设经费、科研设备购置经费50%（最高500万）的补助。加快推进人才“飞地”建设，构建“工作生活在外地、服务贡献在江山”的新模式，鼓励企业依托海内外高校、科研院所、高新区等科技人才富集地建立研究院、实验室等研发机构，对机构中从事研发的人才，经认定可享受本市相应的人才津贴。对工业龙头和单打冠军培育企业到海外设立、兼并、收购研发机构，在北京、上海等地或在“2011”、“211”及“985”高校、行业前3强科研院所设立专门研发机构，且企业占50%以上股权的，前三年按其研发设备投入和高端人才报酬实际支出总额给予10%的补贴，单家企业最高可达300万元。

五、“乐业江山”人才服务保障政策

23. 加强人才住房保障。鼓励人才在江购房置业，新引进的高层次人才可选择相应安家补助2倍的购房补贴购买商品房。引进的高层次人才在江购买首套商品房的，最高可按规定额度的2倍申请住房公积金贷款，事业单位新引进的高层次人才在江购买首套普通住宅的，按规定支付完首付后，余款可全额申请住房公积金贷款。有效调剂政府投资建设的公租房，面向人才租居，给予租金优惠。多渠道、分类别建设高端人才公寓、技能人才公寓，重点支持企业引进蓝领人才（即技能型应用人才），以政府划拨土地、国有投资公司投资或政府限房价出让土地确定投资主体等方式建设“蓝领公寓”，并实行保本微利限价销售、明确资格限人入住、制定规则统一管理，确保外来蓝领人才引得进、留得住。

24. 保障人才子女入学。建立“教育券”制度，妥善解决人才子女入学问题。对在江工作满一年的高层次人才的子女就读义务段学校的，可由教育部门按人才层级统筹安排到城区学校就读。需要从外地转入我市公办高中就读的，凭转出地学校录取证明和学籍证明，转入有空余学额的高中就读。对上一年度入库税金达到500万元的企业、获得当年“市长特别奖”的“社会贡献奖”企业、获评当年国家级高新技术企业，当年可安排1名实用人才申领子女就学“教育券”。其中入库税金1000万元以上的原则上可安排2名，入库税金特别大的企业可再适当增加名额。实用人才必须与企业签订五年以上服务合同，缴纳6个月以上的社会保险，且上一年度纳税年薪达到12万元以上。

25. 妥善解决人才安家落户。对引进在江无合法固定住所的高层次人才，可以在实际居住地或工作地申请登记常住户口，允许与其共同生活居住的配偶、未成年子女、成年未婚子女和符合投靠条件的双方父母随迁落户。多渠道帮助引进人才解决配偶就业问题，对符合直接考核引进条件的可优先安排进入事业单位，对现为行政或事业身份的可对口办理调动手续，对暂时未就业的，优先推荐就业。编制并定期发布我市事业单位急需紧缺人才目录，事业单位急需紧缺人才可以通过考核方式予以录（聘）用。设立江山产业研究院，首期安排20名事业编制，建立“政府给身份、企业给待遇”的人才双聘共享机制，企业引进的高层次人才，可以申请由江山市产业发展研究院聘用，并解决事业编制；市外高校、科研机构具有事业编制身份的科研人才辞职离岗来江创业创新，可申请将编制转入江山市产业发展研究院，在江工作期间保留事业编制。

26. 精心打造人才“综合服务平台”。建设人才联谊中心，成立“江山英才”联谊会，设立人才服务绿色通道，打造集政策、金融、信息、人才等资源为一体的“江山英才”服务联盟，开通人才服务专线，实行“一站式受理、一站式办结、一站式答复”，为各类人才提供“店小二式”

服务。实行人才“绿卡”层级制度，凭申领的人才绿卡层级，享受绿色就医、公共交通、景区旅游、酒店住宿等方面的权益或优惠。

27. 建立人才荣誉制度。健全人才荣誉制度，积极推进高层次人才参政议政，有计划地推荐各类优秀人才进入各级“两代表一委员”队伍，切实提升其社会政治地位。开展“江山功勋人才”“企业特殊贡献人才”“人才工作示范点”等评选，最高给予一次性20万元、3万元、2万元奖励。设立“招龙引凤”奖，引进的市外高层次人才在江山结婚的，安排一次“人才蜜月行”旅游奖励。

28. 健全党管人才机制。深化党政领导班子和领导干部人才工作目标责任制考核，考核结果作为评优评先、干部任用的重要依据。建立党政领导联系高层次人才制度，开展定人联系、定期走访、定向慰问，帮助各类人才解决工作生活中的实际困难。根据人才发展需要，优先足额安排人才开发资金，保持人才投入与经济发展同步增长，逐步建立政府、企业、社会多元化人才投入机制。加强对人才政策执行情况的跟踪评估，强化对人才队伍和创新团队实绩考核。加强人才工作宣传，大力营造识才爱才敬才用才的良好氛围。

六、附则

29. 本意见所称的高层次人才是指按能力、业绩贡献进行分类的各类人才（见附件1）。引进的高层次人才原则上不超过法定退休年龄；拥有海外学历或全职引进超过法定退休年龄的高层次人才，经市人才工作领导小组认定后，可享受相应人才政策。本意见中仅对安家补助条款实行购房翻倍补助。

30. 本意见所列人才津贴及其他项目奖励、补助（资助），有重复、交叉的，除衢州市“115人才”、我市拔尖人才外，按照“从优、从高、不重复”原则执行。另有专项政策的从其规定，原先已明确口子的人才经费按照“原口子申报受理”的原则，由相关职能部门负责兑现，同类项目获更高层次奖项的给予差额部分奖励。

31. 人才因个人原因受党纪政纪处分的，中止享受津贴补助（补贴）；未按合同（协议）履行的，不再继续享受津贴补助（补贴）。相关单位或个人弄虚作假、违反规定骗取人才奖励、补助（资助）及其他优惠政策的，一经查实，予以通报并追缴相关资金，追究相关责任人责任；人才所在单位负主要责任的，三年内暂停该单位所有人才政策资助。

32. 本意见自发布之日起实施，2017年1月1日起符合本意见的可参照本意见执行。本意见实施时部分政策已兑现的，仍按原政策执行。市委发〔2012〕54号、市委发〔2016〕18号、江人才〔2013〕3号等文件同时废止。涉及人才体制机制改革有关方面政策参照衢州市人才新政执行（见附件2）。本意见由市委人才办商有关部门解释，具体兑现程序参照本意见实施细则执行。

附件 1：

江山市高层次人才分类目录

一、顶尖人才（A 类）

诺贝尔奖、图灵奖、菲尔兹奖等国际大奖获得者；国家最高科学技术奖获得者；中国科学院院士、中国工程院院士；相当于中国“两院”院士的美国、英国、法国、德国、俄罗斯、乌克兰等国家院士及外籍院士；中国社会科学院学部委员、荣誉学部委员；国家“万人计划”杰出人才人选；相当于上述层次的海内外顶尖人才。

二、国家级领军人才（B 类）

国家“千人计划”人才；国家“万人计划”中除杰出人才之外的人选；国家有突出贡献的中青年专家；百千万人才工程国家级人选；中科院“百人计划”A 类人才；何梁何利科技奖获得者；“长江学者奖励计划”教授；国家杰出青年基金项目完成人；国家科学技术一等奖获得者（前三位完成人）；省科学技术重大贡献奖获得者；省特级专家；省领军型创新创业团队带头人；相当于上述层次的海内外领军人才。

三、省级领军人才（C 类）

省“千人计划”人才；省“万人计划”人才；省有突出贡献的中青年专家；中科院“百人计划”B 类人才；通过综合考评的省“151”人才工程重点资助和第一层次培养人选；省级重点创新团队带头人；国务院特殊津贴专家；省“钱江学者”特聘教授；国家科学技术二等奖、省科学技术奖一等奖获得者（前三位完成人）；相当于上述层次的省内外领军人才。

四、衢州市级高层次人才（D 类）

省特级教师（功勋教师），省名中医（专家）；衢州市级拔尖人才；通过考核的省“151”人才工程第二层次培养人选；通过考核的衢州市“115”人才工程第一层次培养人选；省工艺美术大师、省“钱江技能大奖”获得者及以上层次高技能人才、省“首席技师”、省级技术能手；衢州市级专家工作站带头人、衢州市级重点创新团队带头人；具有正高级专业技术职务任职资格的人才；具有博士学位的专业技术人才；相当于上述层次的衢州市内外领军人才。

五、江山市级高层次人才（E 类）

通过考核的省“151”人才工程第三层次培养人选；通过考核的衢州市“115”人才工程第二、三层次培养人选；江山市拔尖人才；作为项目负责人承担省级课题或获得地市级科学技术奖三等奖及以上（前三位完成人）的人才；省教坛新秀、省医坛新秀、地市级名师名校长、地市级名医（专家）；地市级“首席技师”、地市级工艺美术大师；企业的高级技师；企业的具有副高级专业技术职务任职资格的人才；全日制硕士毕业或企业的“985”大学（不包括二级院校）全日制本科毕业人才；连续三年纳税年薪 20 万元以上的企业实用人才；相当于上述层次的市内外人才。

中共江山市委　江山市人民政府
关于深入实施创新驱动发展战略激发企业创新活力的若干意见

为深入实施创新驱动发展战略，补齐科技创新短板，激发企业创新活力，发挥科技对经济发展和社会进步的支撑作用，推动经济转型升级，结合我市实际，现就进一步激发企业创新活力制定如下政策意见。

一、大力培育高新技术企业

开展高新技术企业培育三年行动计划，以高新技术企业培育为抓手，推进高新技术产业发展，做大高新技术产业规模。加快传统产业转型升级，重点推进输配电、门业和大健康三大“百亿”产业，化工新材料、电光新能源、消防器材、纺织服装等四大“50亿”产业的智能化、信息化提升，提高产业核心竞争力；积极引进电子信息、新材料、新能源等战略性新兴产业，促进我市产业结构调整和产业质量的提升。围绕我市主导产业，分类施策，大力推进公共服务平台建设，积极建设产业创新服务综合体，为我市高新技术企业等提供公共技术服务，实现科技资源共建共享。逐步形成科技型中小企业、高成长科技型企业、创新型企业、高新技术企业的培育体系。对新认定的省科技型中小企业、省农业科技企业给予一次性奖励2万元；新认定的省高成长科技型企业给予一次性奖励5万元；新认定的国家、省创新型企业给予一次性奖励20万元、10万元；对新认定的国家高新技术企业给予一次性奖励30万元。

科技型企业扩大生产规模需新增工业用地的，优先安排建设用地。国家高新技术企业通过拍卖、转让、兼并等方式新增工业用地（不含政府出让）并达到相应投资强度要求的，市财政按照拍卖、转让、兼并发生当年度政府公布的基准地价的15%给予补助。

根据科技型企业的科技项目实施绩效、高新技术企业认定、科技奖励等情况，开展专项信用评级工作。

二、鼓励企业加大研发投入

进一步落实企业研发经费加计扣除政策。科技型企业开展研发活动中实际发生的研发费用，未形成无形资产计入当期损益的，在按规定据实扣除的基础上，在2017年1月1日至2019年12月31日期间，再按照实际发生额的75%在税前加计扣除；形成无形资产的，在上述期间按照无形资产成本的175%在税前摊销。对执行加计抵扣政策的企业，经税务部门核实，国家高新技术企业研发经费投入高于规定下限标准的，对实际投入高于下限标准部分给予10%的补助；其他企业研发经费投入占销售收入比例高于2%且低于3%（含）的，对实际投入高出部分给予5%的补助，企业研发经费投入占销售收入比例达到3%以上的，对实际投入高出部分给予10%的补助。

三、设立江山企业创新专项

围绕我市产业发展方向，每年安排若干个产业创新项目，通过公开择优的方式，委托我市企业进行产学研协同攻关，项目完成并经过验收后，按照项目实际发生金额的30%给予补助，最高50万元；如项目因故终止或未取得预期结果，按照项目实际发生金额的15%给予补助，最高20万元。

四、加大创新券支持力度

设立科技创新券专项资金，用于鼓励企业开展技术研发，引导企业加大研发投入。高新技术企业、科技型企业和其他企业每年最高可申领创新券10万元、5万元和2万元，对上年度研发经费投入占销售收入达到3%、5%、7%的高新技术企业和科技型企业可再奖励10万元、15万元、20万元创新券。

国内外的研发设备及配套软件购置、产学研合作、购买技术或科技成果（专利、软件著作权等）、产品标准制定、工业设计、企业高层次科技人才引进、委托培养应用型专业技术人才、共享浙江省科技创新云服务平台的科研基础设施、仪器设备和技术服务等科技活动产生的费用，凭创新券按50%兑现；文献检索查新、项目专项验收、技术成果鉴定（评审）、高新技术企业认定专项审计和中介服务、委托有资质的检验检测机构进行产品检测等产生的费用，凭创新券按15%兑现。

五、支持企业建设研发机构

支持我市企业自建或联合高校院所共建研发机构，鼓励企业依托海内外高校、科研院所、高新区等科技人才富集地建立研究院、实验室等研发机构。对新认定的国家级、省级、本市级企业研发（技术）中心分别给予一次性奖励50万元、20万元、2万元；新认定的省企业研究院给予一次性奖励20万元，新认定的省重点企业研究院按有关要求予以补助；新认定的国家级、省级重点实验室（含工程技术研究中心）分别给予一次性奖励50万元、30万元。对新认定的国家级、省级产业技术创新联盟分别给予牵头单位一次性奖励50万元、20万元。

我市企业引进“两院”院士建立“院士专家工作站”并保持正常运行，经认定为衢州市级以上院士专家工作站的，三年内给予60万元的科研经费资助（包括衢州市一次性20万元资助）。三年建设期满综合考核优秀的，资助期可再延长3年。我市企业建立博士后科研工作站并引进博士后开展科研工作，一年后经考核合格的，给予一次性10万元的建站资助。

六、鼓励企业引进高水平人才

围绕我市“工业强市”目标，广泛引进国内外高水平创新人才来江开展科技难题攻关和科技成果转化。对全职引进并与用人单位签订五年以上服务合同的下列对象，分别给予：（1）中国科学院、中国工程院院士等顶尖人才（A类）为期五年每人每年60万元的购房补贴，一次性奖励100万元，每年发放12万元的人才津贴；（2）国家级领军人才（B类，国家“千人计划”除外）为期五年每人每年40万元的购房补贴，一次性奖励60万元，每年发放6万元的人才津贴；（3）省级领军人才（C类，省“千人计划”除外）为期5年每人每年30万元的购房补贴，一次性奖励45万元，每年发放5万元的人才津贴。

对获得认定的本市级重点创新团队，3年内给予15万元的科研经费资助，第1年给予一次性资助5万元，第2年、第3年考核合格的，再分别资助5万元。鼓励企业积极引进国内外高水平创新人才来江开展科技难题攻关和科技成果转化，对全职引进并与企业签订五年以上服务合同的高水平人才，给予每人每年购房补贴、一次性奖励及人才津贴等补助。对携带项目来江转化并产业化的国家或省“千人计划”人才，分别给予每人80万元、40万元的一次性奖励。新认定的省级重点创新团队给予一次性奖励50万元（具体按《关于加快人才集聚 激发人才创业创新活力的若干政策意见》执行）。

七、鼓励专利创造

法人获得发明、实用新型专利权的每件分别给予一次性资助3万元、0.1万元，同一件专利获得国外授权的再补助一次；自然人获得国内发明专利权的每件分别给予一次性资助1万元。对通过国家知识产权试点企业、浙江省专利示范企业、浙江省流通领域知识产权保护试点单位认定的，分别给予一次性奖励10万元、5万元、5万元。为引导企业贯彻实施《企业知识产权管理规范》国家标准，对通过知识产权贯标认证的企业，一次性奖励10万元。

八、推动科技成果落地我市企业

支持在我市备案的技术交易机构通过线上技术交易市场，为我市企业开展技术交易服务，市财政按照网上技术交易额的5%予以奖励，单个机构每年最高不超过50万元。支持高校院所在我市设立分支机构，为我市企业提供跨领域、跨区域、全过程的技术转移集成服务，市财政每年给予实际运行费用补助，单个机构最高不超过30万元；同时，每年按照技术交易额的10%予以奖励，单个机构每年最高不超过100万元。每年评选若干家业绩突出的科技中介服务机构，并给予一定额度的奖励。对认定为省重点科技中介机构，给予10万元奖励。

凡帮助本地企业在技术市场平台实现技术交易的技术经纪人，经确认，按交易额1%给予奖励，单个项目不超过1万元。鼓励企业明确专门人员，负责企业科技成果转化相关工作，对经备案的科技成果转化专员，开展系统性、职业化培训，并对工作业绩突出者给予奖励。

我市企业参加由市政府及各级科技部门统一组织的外出科技对接活动，且现场签订技术合同的项目，由市财政每项给予5000元的补助，其中境外现场签订的项目每项给予1万元补助；企业参加市政府及各级科技部门统一组织的省外科技对接活动，由市财政每次给予单个企业2000元补助，其中境外国际科技对接活动，每次给予单个企业1万元的补助。

九、推进科技成果转化平台建设

按照“政府主导、市场运作、产学研联动”的模式，建设江山市科技孵化中心、科创园，市财政给予科技孵化中心、科创园运行经费适当补贴。入驻江山科技孵化中心、科创园的企业三年内免收租金，在孵企业因营业收入和利润总额形成的地方财政贡献部分，三年内全额奖励企业，用于在孵企业发展壮大。探索在市外科技资源相对集中的地区创建科技孵化平台，打造“孵化在外地，产业在江山”的科技企业培育“飞地”模式。

鼓励社会力量在我市投资建设科技企业孵化载体。对认定为国家、省科技企业孵化载体，分别给予一次性奖励100万元、50万元，奖励资金全部用于孵化载体建设和孵化企业培育扶持。

新认定的国家、省级众创空间（星创天地），分别给予一次性奖励50万元、20万元。国家、省科技企业孵化载体自运行开始5年内按其地方财政贡献的80%予以奖励，对入驻载体的企业享受市委市政府有关优惠政策。

十、引导科技成果实现产业化

对企业引进《国家重点支持的高新技术领域》目录内的高新技术成果，在江山实施并形成产业化的，经市科技、财政部门认定，由市财政给予技术合同实际支付额的20%补助，最高不超过50万元。企业引进的科技成果形成的产品当年或次年年销售收入达到500万元、1000万元的，分别再给予15万元、30万元一次性奖励。引进成果在实施产业化经营中没有成功并造成较大经济损失的，经市科技、财政部门认定，由市财政按技术合同实际支付额的30%、最高不超过30万元给予风险金补偿。

对企业自主开发的发明专利在江山实施转化，并形成能单独核算的专利产品年销售收入达到500万元的，给予30万元一次性奖励，每家企业每年可申报一个项目；达到1000万元的，给予60万元一次性奖励。同一件专利或一件产品含多件专利技术的只能获一次奖励。

十一、创新科技金融支持机制

按照绿色金融改革试验区和科技金融发展的要求，鼓励商业银行设立以服务科技型中小企业为重点的科技支行，建立适应科技型中小企业发展需要的专营机构、考核制度及政策引导措施，开展科技金融产品、服务模式创新，对信用评级好的科技型企业开展信用贷款融资。对通过认定的高新技术企业增加授信额度，在认定当月开始12个月内的新增贷款（按上年度月平均贷款计算），市财政按照当期银行贷款基准利率的50%予以贴息补贴，同一企业补贴不超过20万元。开展科技型企业专利权质押贷款，扩展企业无形资产融资渠道，市财政给予企业一定的贷款成本补贴，设立专利权质押贷款担保基金，担保中心、银行按一定比例共同承担风险（具体办法另行制定）。

支持保险公司设立科技保险支公司开展科技保险专营服务，为我市科技型企业发展提供风险保障和资金融通，并推出符合科技创新创业企业需求的保险产品，实施保费补贴、风险补偿等支持政策。鼓励开展专利保险和首台（套）保险，对企业发明、实用新型专利保险等保费按实际支付额的50%给予补贴。

发挥政府科技创新创业基金的引导作用，鼓励更多社会资本发起设立专注于科技创新领域的创业投资和天使投资基金。支持在我市备案的社会资本投资机构对我市种子期、初创期科技型企业开展投资，如发生投资损失，可按不超过30%给予补偿，单笔补偿不超过50万元，单个投资机构每年补偿总额不超过200万元。

鼓励政策性担保机构创新服务模式，采取担保附加认股权、期权方式为科技型中小企业融资提供担保服务。对经市科技局确认，由担保机构提供的科技型中小企业贷款担保，市财政每年按照担保规模的3%给予担保机构风险补偿，最高补偿额不超过300万元。

十二、实施科技成果奖励制度

加强科技成果管理和登记，各级各类科技计划项目在验收、评审（鉴定）后，须及时完成科技成果登记。每两年开展科技型企业家和先进科技工作者评选，为获奖人员颁发奖牌并分别给予一次性奖金2万元、2000元。对获得国家科学技术奖和浙江省科学技术奖（浙江省科技成果转化奖）一等奖的给予一次性奖励50万元，对获得浙江省科学技术奖（浙江省科技成果转化奖）二、三等奖的分别给予一次性奖励20万元、10万元。

十三、加强对科技创新的组织领导

成立市科技创新工作领导小组，市主要领导任组长、分管领导任副组长，相关部门主要领导为成员，定期研究部署我市科技创新有关工作。领导小组下设办公室（设在市科技局），负责领导小组的日常工作及牵头落实领导小组拟定的有关工作。设立市科技金融服务中心，为科技型企业提供全方位、多要素、便捷化的科技金融服务。设立市科技专家咨询委员会，为我市科技创新工作提供决策咨询。进一步完善对乡镇（街道）、开发区、重点部门科技工作考核制度，建立科技统计监测、评价和通报制度。

十四、附则

企业当年度有发生偷税、欠缴税费行为，发生较大环保、生产和产品质量安全事故，以及严重侵犯知识产权、弄虚作假、科技信用贷款违约等情况的，当年度不得享受本政策。对个人的奖励由科技部门代扣个人所得税。

本政策执行“从优、从高、不重复”原则，按照现行兑现程序申报、审核和兑现。

本政策自发布之日起实施，有效期三年。原《关于加强科技创新加快经济转型升级的若干政策意见》（市委发〔2013〕36号）、《关于加强产学研科技合作推进产业转型升级的若干政策意见（试行）》（江政发〔2010〕50号）文件同时废止。我市此前涉及与本《意见》相关的科技政策性规定，如有与本《意见》不符的，以本《意见》为准。

文件选目

市委规范性文件目录

市委发〔2017〕1 号　中国共产党江山市委员会工作规则

市委发〔2017〕2 号　关于印发《中共江山市委关于加强自身建设的决定》

市委发〔2017〕3 号　关于印发《中共江山市委关于认真学习贯彻省委<决定>从严加强干部队伍建设的意见》的通知

市委发〔2017〕22 号　关于实施党建统领和智慧治理大联动深化“最多跑一次”改革推进区域治理现代化的实施意见

市委发〔2017〕25 号　关于印发《关于加快人才集聚激发人才创业创新活力的若干政策意见》的通知

市委发〔2017〕28 号　关于深入实施创新驱动发展战略激发企业创新活力的若干意见

市委办〔2017〕8 号　关于印发《江山市低收入农户认定及动态管理工作实施意见》的通知

市委办〔2017〕13 号　关于进一步加强全市机关事业单位编外用工管理的通知

市委办〔2017〕38 号　关于印发《江山市异地商会招商引资奖励办法（试行）》的通知

市委办〔2017〕45 号　印发《关于建立江山市重大招商引资项目决策咨询服务工作机制的意见》的通知

市委办〔2017〕70 号　关于印发《关于加快推进江山门业转型发展的实施意见》的通知

市委办〔2017〕71 号　关于印发《关于开展工业企业综合绩效评价推进要素资源差别化配置的实施意见》的通知

市委办〔2017〕106 号　关于印发《江山市工会组织改革实施方案》的通知

市委办〔2017〕117 号　印发《关于加强人民政协协商民主建设的实施意见》的通知

市委办〔2017〕129 号　印发《关于推进“两学一做”学习教育常态化制度化的实施方案》的通知

市委办〔2017〕124 号　关于印发江山市地质灾害避让搬迁安置实施意见的通知
市委办〔2017〕139 号　关于印发《江山市空间规划试点工作方案》的通知
市委办〔2017〕140 号　关于开展“一村万树”三年行动（2017—2019 年）的实施意见
市委办〔2017〕141 号　关于印发《江山市行业协会商会与行政机关脱钩实施方案》的通知
市委办〔2017〕143 号　关于印发江山市“路长制”实施方案的通知
市委办〔2017〕182 号　关于印发《江山市群团改革总体方案》的通知
市委办〔2017〕183 号　关于印发《江山市共青团改革实施方案》的通知
市委办〔2017〕184 号　关于印发《江山市妇联改革实施方案》的通知
市委办〔2017〕185 号　关于印发《江山市科协系统深化改革实施方案》的通知
市委办〔2017〕202 号　关于印发《江山市创建国家森林城市工作方案》的通知
市委办〔2017〕207 号　关于印发《关于加快推进江山公共法律服务体系建设的意见》的通知
市委办〔2017〕218 号　关于印发《关于实施消除集体经济薄弱村三年行动计划的意见》的通知
市委办〔2017〕225 号　关于印发《江山市审计整改责任追究办法（试行）》的通知
市委办〔2017〕230 号　关于严格机关、单位互联网网站信息发布的通知

市人民政府规范性文件目录

江政发〔2017〕24 号　关于进一步推动企业利用资本市场加快发展的若干政策意见
江政发〔2017〕30 号　江山市科技型企业专利权质押贷款绿色担保基金管理办法（试行）
江政发〔2017〕33 号　江山市人民政府记功奖励暂行办法（2017 年修订）
江政发〔2017〕36 号　江山市抢栽抢种抢养抢建等违法行为专项整治行动方案
江政办发〔2017〕33 号　关于进一步降低企业成本优化发展环境的实施意见
江政办发〔2017〕45 号　关于加快小微企业创业园建设促进经济转型升级的实施意见
江政办发〔2017〕46 号　关于建立健全工业企业上规升级双向促进机制的实施意见
江政办发〔2017〕61 号　关于转发浙江省 2017 年度政府集中采购目录及采购限额标准的通知
江政办发〔2017〕62 号　江山市突发事件预警信息发布管理办法
江政办发〔2017〕65 号　江山市市级政府性基础设施投资基金暂行管理办法
江政办发〔2017〕66 号　江山市土地整治项目管理办法
江政办发〔2017〕78 号　江山市人民政府金融工作办公室主要职责内设机构和人员编制规定
江政办发〔2017〕82 号　江山市危险化学品安全综合治理实施方案
江政办发〔2017〕91 号　关于加强农村留守儿童关爱保护工作的实施意见
江政办发〔2017〕98 号　江山市城区危旧住宅房屋治理改造工作实施意见

江政办发〔2017〕103 号　关于进一步加强林木采伐和营造林管理的通知
江政办发〔2017〕112 号　浙江省江山市小型农田水利项目县（第九批）建设实施意见
江政办发〔2017〕148 号　江山市科技创新券实施管理办法
江政办发〔2017〕181 号　江山市盐业体制改革实施方案
江政办发〔2017〕185 号　江山市旅游委员会主要职责内设机构和人员编制规定
江政办发〔2017〕197 号　江山市企业创新专项管理暂行办法
江政办发〔2017〕207 号　关于公布市政府及市政府办公室行政规范性文件专项清理结果的通知

附　　录

2017年度江山市所获重要荣誉

国家卫生城市（区）

全国群众体育先进单位

国家知识产权试点城市

全国畜牧绿色发展示范县

浙江省2016年度平安市（县、区）

浙江省环境保护模范城市

浙江省“五水共治”（河长制）优秀县“大禹鼎”

浙江省教育基本现代化市

浙江省体育强市

2017年度乡镇（街道）、经济开发区、机关部门综合考核结果

一、乡镇（街道）

1. 经济型乡镇（街道）

一等奖：峡口镇、贺村镇、清湖街道

二等奖：双塔街道、虎山街道

三等奖：四都镇、上余镇

2. 复合型乡镇

一等奖：新塘边镇、凤林镇

二等奖：坛石镇、长台镇

三等奖：石门镇、大桥镇

3. 生态型乡镇

一等奖：廿八都镇、大陈乡

二等奖：塘源口乡、张村乡

三等奖：碗窑乡、保安乡

二、经济开发区

参照经济型乡镇（街道）考核得分情况确定考核奖次，经济开发区考评结果为一等奖。

三、机关部门

1. 党群综合类

一等奖：农办、组织部、宣传部、统战部（民宗局）、总工会、广电总台、新闻中心、机关事务局

二等奖：编委办、信访局、团市委、残联、老干部局、妇联、文联、党校

三等奖：档案局、工商联、机关工委、咨询委办、台办、科协、电大、红十字会、人武部

2. 经济发展类

一等奖：发改局、财政（地税）局、招商局、农业局

二等奖：商务局、旅委、经信局、规划局

三等奖：林业局、水利局、交通运输局、住

建局、国土局、科技局

3. 社会管理类

一等奖：教育局、卫生计生局、政法委、公安局、司法局、体育局、检察院、民政局、审计局、法院

二等奖：行政服务中心、综合行政执法局、文广新局、人力社保局、环保局、统计局、市场监管局、峡口水库管理局、铁办

三等奖：供销联社、碗窑水库管理局、粮食局、监管办、移民办、砂石办、安监局、农发办、防范办、人防办、担保中心

4. 垂直管理类

一等奖：供电公司、检验检疫办事处、烟草公司

二等奖：华数公司、消防大队、国税局

三等奖：气象局、国安站、公积金管理分中心、电信公司、移动公司、海关联络处、邮政局、联通公司

5. 金融类

一等奖：农村商业银行、工行、人行、浦发银行

二等奖：农行、中行、建行、银监办

三等奖：杭州银行、金华银行、招商银行、建信村镇银行、人保财险公司、人寿公司、北京银行、浙商银行、泰隆银行、台州银行、邮储银行

基础奖：温州银行、农发行、交通银行

2017年度落实全面从严治党主体责任先进集体和先进工作者

一、先进集体

张村乡、清湖街道、廿八都镇、新塘边镇、教育局、财政（地税）局、组织部、交通运输局、综合行政执法局、公安局、国税局

二、先进工作者

毛水根、廖勇兴、毛建森、黄德洪、毛香水、姜建铭、江慧勋、张肖晓、姜炳旺、王之云

2017年度项目工作获奖单位

一、乡镇（街道）获奖名单

一等奖：贺村镇、峡口镇

二等奖：双塔街道、虎山街道、石门镇

三等奖：上余镇、坛石镇、清湖街道、凤林镇、四都镇

二、机关部门获奖名单

（一）经济发展类

一等奖：发改局、经济开发区

二等奖：交通运输局、国土局、住建局、规划局

三等奖：水利局、农业局、商务局、招商局、经信局

（二）社会管理类

一等奖：教育局、铁办、民政局

二等奖：卫生计生局、碗窑水库管理局、农发办、司法局、政法委

三等奖：综合行政执法局、文广新局、体育局、峡口水库管理局、审计局、统计局、监管办、人力社保局

（三）党群综合类

一等奖：农办、组织部、机关事务局

二等奖：广电总台、新闻中心、宣传部、统战部（民宗局）、团市委

三等奖：党校、档案局、妇联、残联、总工会、咨询委办、信访局、编委办

全省美丽乡村和农村精神文明建设现场会筹备工作先进集体和先进个人

一、先进集体（20个）

市委办、市府办、组织部、宣传部、农办、团市委、机关事务局、公安局、大陈乡、石门镇、廿八都镇、大陈乡大陈村、石门镇清漾村、廿八都镇浔里村、旅发公司、农业局、规划局、双塔街道、财政局、住建局

二、先进个人（150名）

刘笑飞（市委办）
徐正贵（市委办）
陈　磊（市委办）
夏　靓（市委办）
毛黎晖（市委办）
王　倩（市委办）
王荣华（市府办）
郑　俊（市府办）
陆肖惠（市府办）
邓华龙（市府办）
王俊强（市府办）
郑建飞（市府办）
郑李慧（市委组织部）
周　睿（市委组织部）
姜梦倩（市委组织部）
毛海丽（市委组织部）
曾小伟（市委组织部）
梅　杰（市委组织部）
廖庆荣（市委宣传部）
尹申东（市委宣传部）
姜明山（市委宣传部）
徐昌怀（市文明办）
朱镇飞（市委宣传部）
祝海青（市委宣传部）
郑　惠（市委宣传部）
陆天军（市农办）
姜纪坤（市农办）
刘俏斌（市农办）
陈荣忠（市农办）
毛振荣（市机关事务局）
周晓明（市机关事务局）
周中华（市机关事务局）
姜玲珍（市机关事务局）
姜淑梅（市机关事务局）
徐益宁（市机关事务局）
王　超（团市委）
占苗淼（团市委）
周凡倩（团市委）
周顺福（大陈乡）
郑华新（大陈乡）
王　浩（大陈乡）
郑熙渊（大陈乡）
邵艳华（大陈乡）
汪衍君（大陈乡大陈村）
杨子勋（石门镇）
何小围（石门镇）
王　群（石门镇）
徐爱燕（石门镇）
毛雨龙（石门镇）
张秋烨（石门镇）
毛万阳（石门镇清漾村）
钟炳根（廿八都镇）
姜剑宏（廿八都镇）
周　鑫（廿八都镇）
吴丽萍（廿八都镇）

王小亮（廿八都镇）
傅金华（廿八都镇浔里村）
徐苑卉（市委党校）
田江军（市碗窑水库管理局）
李兆祥（市水利局）
邱　宣（市水利局）
周江红（市委政法委）
杨向皖（市委政法委）
邹晓燕（市公安局）
袁　平（市公安局）
姜　静（市公安局）
毛晓冬（市公安局）
毛童斌（市公安局）
余明涛（市公安局）
周武军（市公安局）
严建平（市公安局）
黄剑飞（市公安局）
王俊杰（市公安局）
徐利伟（市公安局）
李华强（市公安局）
姜云林（市公安局）
王之云（市农业局）
郑根深（市农业局）
叶春江（市纪委、监委）
姜　清（市教育局）
刘忠彦（市教育局）
朱　良（市卫生计生局）
陈云芳（市广电总台）
叶　华（市广电总台）
汪　衡（市广电总台）
郑正权（市人力社保局）
王志军（市规划局）
金玉娟（市规划局）
陈　闻（市规划局）
毛媛媛（市文化馆）
段丽燕（市婺剧研究院）
吴倩倩（市新闻中心）
邱柏源（市发改局）
刘建刚（市市场监管局）
王　茜（市市场监管局）
吴晓敏（市市场监管局）
卢昕耀（国网江山市供电公司）
祝倩龄（国网江山市供电公司）
毛伟斌（市旅发公司）
崔　建（市旅发公司）
徐林峰（市旅发公司）
祝肖肖（市四边三化办）
余　凡（市四边三化办）
李　琪（市四边三化办）
陈　刚（市住建局）
秦少华（市住建局）
葛卫莲（市综合执法局）
徐安军（市综合执法局）
何宗义（市财政局）
黄家标（市审计局）
刘剑峰（市信访局）
江建青（市编办）
童建军（市监管办）
郑慧芸（市妇联）
徐向相（市消防大队）
张　恬（市民政局）
陆惠琳（市国土资源局）
姜小林（市交通运输局）
毛　莹（市环保局）
柴伟芳（市旅委）
毛安冬（市行政服务中心）

柴茂林（市林业局）
周新华（市峡口水库管理局）
严然春（市铁办）
方宝田（铁路江山站）
华伦贵（市商务局）
周　明（市治水办）
姜祥修（市三改一拆办）
姜晓东（双塔街道）
徐小娟（双塔街道）
周克俊（虎山街道）
周永峰（虎山街道）
姜振洲（虎山街道）
何　露（清湖街道）
戴水法（上余镇）
郑小华（四都镇）
张　彪（碗窑乡）
周水忠（贺村镇）
陈倩倩（新塘边镇）
姜真杰（新塘边镇）
徐以奇（峡口镇）
毛　翔（峡口镇）
邓柳青（保安乡）
陈科军（保安乡）
李竹依（保安乡）
陈　玙（长台镇）
王志成（长台镇）
姜鑫浩（坛石镇）
毛位远（张村乡）
毛才明（塘源口乡）

创建国家卫生城市工作先进集体和先进个人

一、先进集体（55 个）

市委办、市府办、市委宣传部、市公安局、市卫计局、市住建局、市市场监管局、市综合行政执法局、市环保局、市教育局、市广电总台、市新闻中心、市交通运输局、市水利局、市供销联社、市国土资源局、市体育局、市规划局、市商务局、市机关事务局、江山经济开发区、铁路江山站、双塔街道、虎山街道、清湖街道、农商行、工行、国网江山供电公司、华数公司、市疾控中心、市卫生监督所、市人民医院、市环卫处、市园林局、市城投公司、市市政处、市市场监管局双塔分所、市市场监管局虎山分所、市综合行政执法局城北分局、市综合行政执法局城南分局、市交警大队、实验小学、解放路小学、双塔街道周家青社区、双塔街道乌木山社区、双塔街道县前社区、双塔街道天余村、虎山街道市心社区、虎山街道东门社区、虎山街道城南社区、虎山街道安泰社区、虎山街道江东社区、虎山街道溪东村、锦绣江山志愿者协会、滴水公益服务中心。

二、先进个人（110 名）

陈新华（市委办）
姜庆华（市委办）
郑　晨（市委办）
王冠平（市人大办）
刘剑锋（市府办）
徐水波（市府办）
金德锋（市府办）
毛晶卉（市政协办）

毛　毅（市纪委、监委）
叶天生（市委组织部）
余晨辉（市委宣传部）
毛黎勇（市委宣传部）
毛剑飞（市民宗局）
陈　敏（市委政法委）
王师华（市公安局）
应维忠（市卫计局）
柴晓东（市卫计局）
杨树孟（市住建局）
汪慧龙（市住建局）
徐　明（市市场监管局）
姜建益（市市场监管局）
陈永佳（市市场监管局）
严雄华（市综合行政执法局）
周焕成（市综合行政执法局）
王　丽（市环保局）
周风旋（市环保局）
姜大福（市教育局）
郑恒君（市教育局）
周　峰（市广电总台）
柴　巍（市新闻中心）
姜小林（市交通运输局）
李兆祥（市水利局）
郑　煊（市供销联社）
赵利富（市国土资源局）
李中亮（市体育局）
郭　炜（市文广新局）
何日行（市旅委）
王雪忆（市规划局）
王　霞（市商务局）
周中华（市机关事务局）
祝新风（市粮食局）
王法根（市监管办）
王　春（市招商局）
王　菲（市审计局）
陈博烜（市人力社保局）
廖学军（市财政局）
毛志英（市司法局）
金一波（江山经济开发区）
毛华辰（铁路江山站）
毛小忠（市创卫办）
周录平（市创卫办）
姜姗姗（市爱卫办）
何　琪（市爱卫办）
周益珍（中山小学）
周中华（双塔街道）
郑鰓鑫（双塔街道）
夏　露（虎山街道）
何　婕（虎山街道）
郑茜茜（虎山街道）
叶建英（清湖街道）
廖善国（上余镇）
毛　翔（峡口镇）
周婧钰（贺村镇）
姜亚萍（长台镇）
李　冰（市疾控中心）
毛和真（市卫生监督所）
朱辉武（市人民医院）
周鹏程（市路灯所）
田　兵（市自来水厂）
李小飞（市鹿溪污水处理厂）
周建飞（市老街区改造公司）
姜继富（市市场监管局双塔分所）
刘　军（市市场监管局虎山分所）
朱洪波（市市场监管局城北分所）

毛火旺（市综合行政执法局城北分局）
何志强（市交警大队）
胡学军（市综合行政执法局城南分局）
蒋琪琦（市交警大队）
柴会昌（双塔街道乌木山社区）
余小芳（双塔街道周家青社区）
姜才美（双塔街道县前社区）
吴增法（双塔街道城北社区）
姜兴霞（双塔街道城北社区）
徐　青（双塔街道民声社区）
鲁丽芳（双塔街道民声社区）
江书修（双塔街道天余村）
周樟才（双塔街道县前经济合作社）
杨珠建（双塔街道县前经济合作社）
周菊华（双塔街道菜农经济合作社）
徐燕飞（虎山街道市心社区）
李　清（虎山街道东门社区）
施　萍（虎山街道城南社区）
徐　萍（虎山街道桐岭社区）
王晓蓉（虎山街道桐岭社区）
童来娟（虎山街道安泰社区）
郑书勇（虎山街道南门社区）
刘筱娜（虎山街道南门社区）
姜丽霞（虎山街道江东社区）
叶仙妙（虎山街道西门社区）
王　静（虎山街道西门社区）
王文娟（虎山街道溪东村）
周连高（虎山街道平棋村）
周恩明（虎山街道孝子村）
姜纪强（虎山街道达道村）
姜培基（农商行）
华有良（国网江山供电公司）
饶蔚平（锦绣江山志愿者协会）
严兴英（滴水公益服务中心）
徐中莉（红色曼波健身中心）
汪长青（市退休教师协会）

2017年度“市长特别奖”获奖企业

一、社会贡献奖

一等奖

1. 江山欧派门业股份有限公司
2. 贝林集团有限公司
3. 浙江交通科技股份有限公司

二等奖

1. 江山南方水泥有限公司
2. 江山虎集团有限公司
3. 科润电力科技股份有限公司
4. 浙江雷士灯具有限公司
5. 浙江健盛集团江山针织有限公司
6. 浙江科力车辆控制系统有限公司
7. 江山市华顺有机硅有限公司
8. 浙江江鑫建设有限公司

二、亩产效益奖

（一）一等奖

1. 江山市华顺有机硅有限公司
2. 江山易登针织有限公司
3. 科润电力科技股份有限公司

（二）二等奖

1. 江山热威电热科技有限公司
2. 浙江雷士灯具有限公司
3. 江山欧派门业股份有限公司
4. 江山市鑫源电气有限公司
5. 浙江为康制药有限公司
6. 浙江健盛集团江山针织有限公司

7. 浙江科力车辆控制系统有限公司

三、企业上台阶奖

（一）首次达1亿元获奖工业企业

1. 浙江为康制药有限公司

2. 浙江盛汇化工有限公司

四、技术创新奖

（一）一等奖

1. 浙江为康制药有限公司

2. 浙江江变科技有限公司

3. 浙江天际互感器有限公司

（二）二等奖

1. 浙江宝威电气有限公司

2. 浙江锐帆电力科技有限公司

3. 浙江江山华安电器制造有限公司

4. 申达电气集团有限公司

5. 浙江江山变压器股份有限公司

6. 江山欧派门业股份有限公司

7. 浙江九阳光电有限公司

五、企业成长奖

（一）工业企业

1. 一等奖

(1) 浙江超亿消防装备有限公司

(2) 江山市万里中药材有限公司

(3) 江山市华顺有机硅有限公司

2. 二等奖

(1) 浙江逸含化纤有限公司

(2) 浙江科力车辆控制系统有限公司

(3) 江山南方水泥有限公司

(4) 科润电力科技股份有限公司

(5) 浙江宝威电气有限公司

(6) 浙江为康制药有限公司

(7) 浙江盼家门业有限公司

（二）现代农业

浙江三禾生物工程股份有限公司

（三）休闲旅游

1. 江山金陵大酒店有限公司

2. 江山耕读农场有限公司

（四）电子商务

1. 浙江思远电子商务有限公司

2. 浙江宝格商贸有限公司

3. 江山恒沃农产品有限公司

4. 浙江江山健康蜂业有限公司

六、出口规模奖

1. 浙江雷士灯具有限公司

2. 江山市亿洋进出口有限公司

3. 浙江杰特机电科技有限公司

2017年度江山市政府质量奖获奖企业

浙江天际互感器有限公司、浙江为康制药有限公司，江山欧派门业股份有限公司、浙江交通科技股份有限公司（原浙江江山化工股份有限公司）、衢州南方水泥有限公司、浙江江山变压器有限公司、申达电气集团有限公司、浙江雷士灯具有限公司、科润电力科技股份有限公司

第三届全民创业创新十大先锋

徐忠辉　江山虎集团有限公司总经理

占仁燕　浙江雷士灯具有限公司总经理

李　卫　浙江为康制药有限公司总经理

徐水荣　江山福赐德蜂业科技开发有限公司董事长

陈荣贞　江山市八方旅游有限公司董事长

汪衍君　江山市大陈乡大陈村党支部书记

林庆柱　江山市神农猕猴桃专业合作社理事长

李　莉　浙江时代广场商贸有限公司执行董事

徐友亮　江山市安驰物流有限公司董事长

黄河清　万里扬集团有限公司董事长

江山市第十批拔尖人才名单

（25人，以姓氏笔画为序）

丁　文　浙江大唐国际江山新城热电有限责任公司发电部主任

王　驰　江山市妇幼保健院党支部书记、副院长

毛园丽　江山实验小学副校长

刘立忠　江山市海维输变电设备研究所所长

巫优良　江山市农业科学研究所所长

李艳华　江山中学生物教师

吴水根　江山欧派门业股份有限公司董事长

吴增军　江山市经济特产技术推广站站长

宋光太　江山市人民医院神经外科主任

陆承江　江山市峡口镇枫石村党支部书记

陈宏君　江山市文化馆创编

范达江　江山市石门初中校长

周玲英　江山市教师进修学校初中部语文教研员

周　超　浙江科力车辆控制系统有限公司工艺部副部长

郑江林　江山中等专业学校办公室主任

赵象元　浙江宏博网安科技有限公司董事长兼技术总监

姜　风　浙江健盛集团江山针织有限公司总经理

姜忆辉　申达电气集团董事长

姜振军　浙江江山变压器股份有限公司副总经理

姜海华　江山市人民医院康复科主任

姜景卫　江山市人民医院麻醉医师

钱　华　江山市博物馆副馆长

徐忠辉　江山虎集团有限公司总经理

傅建平　浙江纪元科技股份有限公司总工程师

潘善余　江山市中医院院长

江山市第十二批劳动模范

（25人，以姓氏笔画为序）

王　波	王　飞	王利通	毛庆德	毛小健
毛江霞	叶金花	刘珍菊	伍小娟	陈文忠
严子良	李修明	吴香华	汪子龙	周　斌
周　文	周井尧	林宝平	祝顺峰	姜衰玲
姜伟青	夏　飞	徐向荣	徐东辉	徐水荣
徐炳炎	傅建平	谢洪峰	潘善余	戴明文

图书在版编目（CIP）数据

江山年鉴．2017 / 江山市档案局（史志办）编．--
北京：方志出版社，2019.1

ISBN 978-7-5144-3570-2

Ⅰ．①江… Ⅱ．①江… Ⅲ．①江山—2017—年鉴
Ⅳ．①Z525.54

中国版本图书馆 CIP 数据核字（2019）第 040290 号

江山年鉴（2017）

编　　者：江山市档案局（史志办）
责任编辑：刘方圆

出 版 人：冀祥德
出 版 者：方志出版社
　　　　　地址　北京市朝阳区潘家园东里 9 号（国家方志馆 4 层）
　　　　　邮编　100021
　　　　　网址　http//www.fzph.org
发　　行：方志出版社图书经销中心
　　　　　电话（010）67110500
经　　销：各地新华书店
印　　刷：浙江江山鑫华印刷有限公司

开　　本：889 × 1194　1/16
印　　张：29.5
字　　数：656 千字
版　　次：2019 年 1 月第 1 版　2019 年 1 月第 1 次印刷
印　　数：0001 ～ 1000 册

ISBN 978-7-5144-3570-2　　　　定价：198.00 元